八十年生平纪事（上）

王　健◎著

群言出版社
QUNYAN PRESS
·北京·

图书在版编目（CIP）数据

八十年生平纪事：全 2 册 / 王健著 . -- 北京：群言出版社，2014.10
（民盟历史文献）
ISBN 978-7-80256-633-0

Ⅰ. ①八… Ⅱ. ①王… Ⅲ. ①中国历史—历史事件—1916 ～ 1996 Ⅳ. ① K260.5 ② K270.5

中国版本图书馆 CIP 数据核字（2016）第 154360 号

责任编辑：樊　伟
封面设计：逸品书装设计

出版发行：群言出版社
社　　址：北京市东城区东厂胡同北巷 1 号（100006）
网　　址：www.qypublish.com
自营网店：https://qycbs.tmall.com（天猫旗舰店）
http://qycbs.shop.kongfz.com（孔夫子旧书网）
http://www.qypublish.com（群言出版社官网）
电子信箱：qunyancbs@126.com
联系电话：010-65267783　65263836
经　　销：全国新华书店
法律顾问：北京天驰君泰律师事务所

印　　刷：北京鑫瑞兴印刷有限公司
版　　次：2016 年 10 月第 1 版　2016 年 10 月第 1 次印刷
开　　本：880mm × 1230mm　1/32
印　　张：21.5
字　　数：582 千字
书　　号：ISBN 978-7-80256-633-0
定　　价：68.00 元（全 2 册）

前　言

中国民主同盟成立于1941年3月，正值抗日民族统一战线遭到国民党独裁统治破坏的危难之际。民盟以贯彻抗日主张、实践民主精神、尊重思想自由、提倡依法治国为政治纲领。民盟凝聚了当时很多进步知识分子和社会精英，可谓群贤毕集。在不同的历史时期，黄炎培、张澜、沈钧儒、杨明轩、闻一多、李公朴、梁漱溟、史良、胡愈之、楚图南、吴晗、费孝通……这些民盟前辈精英们纵横捭阖、开阔放达，本着知识分子的人文良知和社会责任"奔走国是"，在政治、经济、军事、外交、教育、社会等领域都提出了明确的纲领和主张，将平等、民主、自由的思想播撒在中国的土地上。

在那苍黄翻覆、陵谷变迁的大时代，在那风云变幻、波澜壮阔的动荡岁月里，历史的浪潮将中国民主同盟，将有志于民族振兴的贤良才俊推上了风口浪尖，他们在改变中国命运的同时，也改变了自己的人生轨迹。他们为历史的进程，为国家富强、民族振兴和民主政治的进步做出了卓越的贡献；他们将自己的荣辱与民族存亡紧紧地联系在一起，为中国的民主、繁荣奋斗了一生，为后人留下了许多宝贵的精神财富；他们关于新民主主义社会的探索，至今仍具有巨大的影响和现实意义。

在和平盛世的今天，为了保存这珍贵的历史财富，为了让后人记住先辈们的独立之精神、自由之思想以及他们为国为民、励精图治的奋斗事迹，我们通过多年的精心准备和积累，出版了《民盟历史文献》丛书，这不仅仅是追忆往昔、缅怀先贤，也不仅仅是为了从学术研究的角度去厘清历史、臧否人物，更重要的是：通过回顾那段曲折的历史，传承民盟与中国共产党肝胆相照、荣辱与共的真挚感情；纪念民盟先贤为新中国做出的巨大贡献；呈现近现代中国社会的嬗变和进步知识分子的爱国情怀；同时也是为了民盟薪火相传、与时俱进的需要；为了让那些隽永传奇的人物和可歌可泣的历史再现后人的眼前。

路漫漫其修远兮，吾将上下而求索。《民盟历史文献》丛书的出版，是对先贤们多党合作历史的尊崇和传承。

《民盟历史文献》编委会

写在前面的话

20世纪是中外历史最不平凡的世纪。在中国推翻几千年的封建王朝,俄国出现了第一个苏维埃共产主义国家,中国共产党成立。经过14年抗击日本帝国主义侵略和3年解放战争,中国人民终于推倒三座大山,建立了社会主义新中国,经过了多种运动、激烈的阶级斗争,以及十年"文化大革命",直到经济体制改革,也准备进行政治体制改革。总之,在这个世纪里,中国在变,世界在变,中国由耻辱的中国变成富强的中国,屹立于世界大国、强国之林。

我一直在想把我出生到我退休,这80年(1916—1996)所亲身经历的大事记录下来,是以当时的思想认识水平、以个人的角度记录下来,看看自己这80年是怎么过来的,经历过什么重大事件,从此也可以看出今是而昨非。不是自传,也像自传,最后定为《八十年生平纪事》。从那时起我就开始读历史、找材料,写了又改,改了又写,写了十几年,又想增加图片(我爱好摄影,已收集数本影册),希望能作到图文并茂。这本《纪事》虽然从出生写起,但主要是从我20岁走进社会参加革命写起的。

我20岁参加"一二·九"学生运动,考取了大学,参加了"民先"(中国共产党领导的"中华民族解放先锋队");抗战爆发后,在天津作了将近3年的地下工作;后来辗转到了昆明,认识了李公朴(救国会“七君子”之一)。他帮我办了西南联合大学二年级的借读生。他又要我帮他开办书店。后来又请来他的老朋友张光年(即诗人光未然)创办出版社。我一面读书一面参加出版社工作。

1944年,中国民主同盟在昆明成立支部,李公朴和西南联大闻一多等教授们先后参加了民盟,第二年我也参加了民盟。闻一多既是出版社的编委会委员,我们又是民盟的同志,经常有机会见面。我在他们领导下既可学习又参加了多次学生爱国民主运动。相处5年多,直到1946年7月,他们二人先后殉难。

1946年我到上海后又到香港。1948年经中共在港负责人潘汉年的安排,要我去天津和地下党联系,他带我到了当时中共中央的所在地,河北省平山县中共中央社会部工作(部长李克农,潘是副部长),并参加了共产党。

1949年2月平津先后解放,于3月下旬,中共中央及各部门进入北平,党调我担任沈钧儒老先生秘书(沈老是救国会主席、民盟中央常委)。1950年我和李公朴的女儿张国男(从母亲张曼筠姓)在沈老家举行了简单的婚礼。沈老进城后即开始忙着新政治协商会议筹备工作。9月21日—30日召开了政治协商会议,成立了中华人民共和国。沈老被任命为全国最高人民法院院长,我也随着进法院任机要秘书。1954年召开第一次全国人民代表大会,通过了第一部新宪法,沈老也离开法院,被选为全国人大常委会副委员长,我也随之到人大。这几年,我随沈老出席了国内外多种会议,到名胜地区游览。沈老在民盟由常委、副主席,1955年被选为民盟主席,我也随之参加了一些民盟中央机关工作,直到1963年沈老90岁去世,我才正式转为民盟专职干部。参加民盟工作30多年,曾下农村接受社会主义教育(“四清”),进“五七”干校、到农村插队。“文革”结束后,我被任命为民盟中央办公厅主任。办公厅既有一定的用人权、财权，还有机关业务的管理权。我拒绝接受，我作为一个共产党员，不便给民主党派管家。我申请辞职，终被批准。后被任命为副秘书长、中央执行局委员、中央委员、中央常委、文史委员会主任。这时我已近古稀之年，多次要求离休，但因参加了五、六、七届全国政协（共15年），政协委员没有离休问题。但政协委员每年可以去各地视察，夏季可以到海边地区避暑，也是很吸引人的。

这些年里，我的三个女儿（包括干女儿张瑜）都在美国，有的在上大学，小女儿已在美国结了婚，所以给我们办了绿卡。我和国男多次去美国探亲，并去其他国家游览，到了1996年，我们已围绕地球转了两圈了，我放弃了绿卡。

我离休到现在（2013年，已97岁）身体精神思维尚好，记忆力有些衰退，常常提笔忘字，案上有一本《新华字典》得以帮助。每天我可以自由支配时间，自己订了功课表，早晨锻炼身体，晚上读报刊、看电视新闻，关心国内外政局大事。还读些历史书籍、名人著作以及海外、香港的书刊。《纪事》初稿一再修改，已成定稿，希望近期能够付梓出版，我想如能出版这本书，不但可以留给后世子孙们作为历史资料，而且可供民主党派历史研究者作为参考。同时这个期间也写些文章：怀念逝者，回忆往事，也有的议论时政，学习说真话的巴金精神。但愿我在离世之前，把自己心里想说的话尽量写出来，就心满意足了，也可以安安静静的长眠了。

序言

张冠生

一

这部回忆录近六十万字，读毕，意犹未尽，总觉得该有更多故事可说。

过去十多年里，多次拜访过王健先生，听他叙说往事，知其亲历民盟史上诸多重大事件，很期待能付诸笔墨，留下史料，惠及来者。

如今，此愿得偿，当向作者致谢，致敬。

二

叙事为说史，是该书一大特点，也是可贵处。

以作者经历、身份、资望，写本自传应无问题。“最后定为《八十年生平纪事》”，足证作者认定事重于人，史重于己。故，对事不对人。

非有公心，非重公器，不能如此。

三

“以当时的思想认识水平”叙事，是该书另一特点，更为可贵。

作者叙事八十年，有社会制度天翻地覆，亦有历史结论今是昨非。人在其中，随势俯仰者众。事后能“不失其真”，不自居诸葛亮者，少。

非有足够自信，真正自尊，不能如此。

四

为个人经历竖起时代背景，是作者自觉设计，尤其可贵。

俄国出现苏联，中国推翻帝制，抗日十四春秋，解放战争三年，新政权建立后多种运动，十年“文革”，改革开放，都直接影响到作者命运。

个人纪事如豹一斑，能窥见历史演化，方具社会价值。

五

特殊经历所致独家史料，是该书一大看点。

李公朴、闻一多大名天下熟知。一般来说，李、闻每每并称，实际多是说闻，李之非凡处并未彰显。作者是李女婿，所言其往事及细节，多前所未见。

今后再说李、闻，可从这里选取新鲜史料，弥补空白。

六

作者曾任沈钧儒机要秘书，亦有独属此职位所历秘辛。

如，新政权成立前，各方协商政协代表名单。各党派包括民盟成员在内，为做代表“争得面红耳赤”，显露内部矛盾。不少人为此求助于沈。

某日,沈笑对作者说:平时文质彬彬,现在是“性命攸关”。

七

民盟自成立之日,即含三党三派,直曲厚薄,各色人物皆有。

1983年全国政协大会上,费孝通当选副主席。当晚宴会上,作者与费同席。众人表祝贺,费说:“就是作了副主席,我费孝通还是费孝通。”

不在现场,难闻此言。不闻此言,难察费孝通性情中刚直一面。

八

作者说,对费的“学者本色”,“我比在座的人更加关注”。

民盟内,学者众多。作为盟内朋友,作者关注点在领导人能否保持学者本色。作为中共朋友,作者关注点或在全盟整体状态。毕竟,曾举足轻重。

这一点,该书作者以讲“真话,实话,心里话”自律,书中自见。

说真话、实话,如今大不易。当向作者致谢,致敬。

写于2016年3月26日

目　录

上　册

第一部分　1916 年—1949 年 从出生到走向革命

第二部分　1949 年—1965 年

“中国人民站起来了！”从开国大典到深入农村

下　册

第三部分　1966 年—1976 年
“文化大革命”十年内战

第四部分　1977 年—1996 年
“解放思想，实事求是，团结一致向前看”

第一部分　1916 年—1949 年

从出生到走向革命

1916 年—1921 年　出生～5 岁

来到人间　走进三槐堂王氏家族

王健,原学名金镳,祖籍江苏武进县,1916 年(第一次世界大战期间)出生于天津。出生前五年,1911 年中国发生了辛亥革命,孙中山推翻了两千年的封建王朝,建立了共和国。出生后第二年,1917 年俄国爆发了十月革命,世界上第一个社会主义国家诞生,马克思主义思潮传播到中国大地。在这些年代里,民主共和思想,共产主义思潮,帝国主义瓜分中国的野心,封建王朝的复辟活动,唤醒了中国知识分子,1919 年爆发了震憾中外的反帝、反封建的“五四”学生爱国运动,新文化运动,1921 年中国共产党诞生。中国在变,世界也在变,这是一个划时代的年代,是人类历史的里程碑。这些对于当时刚出生的我来说是一无所知,毫无影响,但它对我的一生,以及对中国和全世界的影响都是至关重要的。

我的祖父王葆诚,字雨田,61 岁时去世。我没有见过他。他中过秀才,教了半辈子书,始终保持书生本色。祖父只有亲弟弟一人,名王葆谦,字益三。他虽文化水平不高,但为人精明能干,克勤克俭,有创业精神,我们家发展成为一个大家庭而且走上了小康之路,要归功于他。

祖父行大,生有三男三女,叔祖父行八,是单传,只生一子二女。祖父去世后,叔祖父始终对侄辈有所照顾,叔祖父以开报关行起家,年年有积累。20 年代末,在天津北马路北门西大街坐北盖了两所青砖瓦房四合院,非常显目。本来王氏家族是三槐堂,但门外却种了五

王健的父亲王掌纶

王健的母亲姜氏

棵柳树，被人戏言，我们成了“五柳先生”。叔祖父住前院，父亲和伯父、叔父住后院，这时父辈三人都有自己的职业，生活都能自立，但叔祖父不忘大哥的亲情，把侄儿们团聚在一起，直到他去世，始终保持着这个和睦的大家庭。

伯父王锡纶，字翰臣，经营大新织染工厂。他一生以振兴实业作为救国之道。他的好友张品题，任天津商会会长。伯父为商会委员，性刚直，有魄力。他曾远行马来西亚、新加坡发展他的工厂事业。

伯父除从事实业外，业余喜写诗作画，也参加一些社会公益活动。

解放后，伯父参加了工商联合会，天津市委统战部长李定同志常称赞他为“开明人士”“爱国民主人士”。

父亲王掌纶，字笏臣，行二，生于1884年农历4月11日。母姜氏是位善良贤惠的旧式妇女。生三男二女，大姐病亡。父亲一生的为人，可以说得上是一身正气、端正无邪、严于律己、宽厚待人。他从不沾烟酒，更不近赌博女色，他对子女教育要以德为先，生活要俭朴，做人要清廉。他以身作则，很少声色俱厉地教训打骂子女。但他固执保守,缺乏创新精神,重封建礼教,神佛信仰较深。我们之间常常有争论,往往是自持己见,求同存异。他对子女还是宽容的。

1913 年,父亲在叔祖父的帮助下开办中益织染工厂。在当时的政治环境下,新兴的民族工业,确实是步履维艰、苦撑经营。直到五四运动全国掀起爱国高潮,抵制日货,提倡国货,中益织染的“爱国布”向各地销售,后由伯父带到南洋畅销一时。父亲身为经理、股东,与同仁共同劳动,亲自收货验货,一丝不苟,中益工厂的产品成为同行以及消费者信得过的品牌。

三叔赓纶,字叔扬,是三槐堂王氏家族第一个大学生,河北省法政学堂毕业。能诗能文更善于书法,毕业后在天津市警察局作文书工作,警察局多次人事更变,而他因才学一直受到留用重用。

四叔鸿纶,字渐逵,是叔祖父的独生子,生活养尊处优。他除协助父亲做些事务外,我一直不知他在外做过什么工作。但他安分守己是个老实人。到我们这一代,这个家又有发展,亲兄弟堂兄弟共有九人,大排行我行三。亲姐妹堂姐妹共有八人。但抗日战争爆发后,我们的大家庭即发生了变化,伯父和父亲先后搬出各成一家,从此我也就永远告别了生于斯、长于斯的北门西。

1922年—1936年　6岁~20岁

小学　初中学商　高中上汇文中学参加“一二·九”学生运动

6岁随大哥金镛、二哥金铠上了离家较近的城隍庙小学。到了高小,大哥、二哥毕业,我就转到私立小学。这6年(1922—1928)是军阀混战、革命军开始北伐时期。我们一度逃到租界避难。也参加过学生游行,高唱“打倒列强、除军阀、努力国民革命”。看到街上到处贴的画,画上是一个军人骑着大马,背后插着一面青天白日旗,这个人就是国民革命军的总司令蒋介石,他给我的第一个印象是雄赳赳、气昂昂的像个英雄。这正是北伐时期。

小学毕业后接着是上中学的问题。那时我才12岁,大哥二哥已上了东马路的甲等商业学校,这所学校是四年毕业,实际上就是中专。父亲是个工商业者,他认为理所当然的我要上“甲商”,而且随大哥二哥坐电车上学校他们也放心。而我心里是有些不愿学商,但又无明确的目标和志愿,盲目地就随着两位哥哥上了这个学校学习了四年(1929—1932)。国内大事只知日本侵占了东三省,成立了“满洲国”,全国人民义愤,恨张学良不抵抗。但对于蒋介石不攘外而积极“安内”,共产党成立了苏维埃政府,受到了蒋介石的围剿等等则一无所知。记得我们住在北门西大街上的青砖瓦房四合院,伯父的大新公司、父亲的中益工厂出产的“爱国布”正赶上群众爱国性高涨的时候,成了名牌货,并打入了新加坡市场。这几年,国家蒙难,而我们家正处在兴旺时期,唯一不幸的是祖母1931年去世了。

1931年，王健（右一）第一次照相。左一大哥王金镛、左二二哥王金铠，前排五弟王金铸。

这四年的学习，学习兴趣一年不如一年，什么珠算、会计、商业概论等等科目，每到考试，只求60分足矣。这个学校重视国文，不重视英语。英语的基础根本没有打好。四年毕业了，当我拿到毕业证书时，我曾考虑下一步将作何打算，考虑的结果是坚定地不学商。

先我一年毕业的大哥二哥，他们都上了天津法商学院预备班，结业后就正式上了天津法商学院商学系，志在从商。我上了甲商，成为终身的憾事。

甲商与正式中学不同，它是春季始业，所有正式中学都是秋季始业。我在甲商1932年寒假毕业后，再考中学，中间空闲半年，这半年我自己准备功课再考高中，白天上叔祖父开设的"家馆"，也叫"私塾"，叔祖父在他的四合院南房，请来一位老学究吴二爷，每天来教导家里的弟弟妹妹们，还招来至亲好友的子弟共有十几个学生，多半都是从这里启蒙的。当时我已初中毕业，成了特殊的学生。半年里我自己看了十几本《纲鉴易知录》、老师教导下读了《古文观止》和《论语》，还学作诗、对联等，初步有了一些古典文学基础。

我从少年时代就养成一种好习惯，黎明即起。这时前后院已经起来的只有叔祖父和老家人刘顺(当时已近70,农村来的)。有时帮他们做些整理庭院卫生的工作。受了叔父的影响练习书法。在他的指导下,首先从篆书、隶书开始。我先后写了石鼓文,再学大篆、小篆,学汉隶,学颜、柳楷书,坚持几年,用元书纸写了一本又一本,颇受叔祖父的奖励。他要老家人晚上无事时磨墨,以供我第二天使用。三叔喜书法,每月工资一部分消耗在有正书局出版的影印名家书法帖本,我就有了观赏临摹的条件。我进入中学住校后,练习书法的机会、兴趣也就有所改变了。但是我在书法所下的基本功却给我奠定了良好的基础。

暑假来了,我要考虑考学校的问题,这时我的思想在起着变化,已产生了反封建、倾向西方的萌芽。经我再三思考,决定投考汇文中学。

我把我的想法和父亲谈了。他是一家之主,又掌握经济大权,但他看我意志坚决,也就不再劝说我继续学商了,表示同意。汇文中学是美国人办的教会学校,和邻近的中西女校是兄妹学校,校长刘芳兼管两校。他是冯玉祥的老友,思想比较开明,倾向西方的民主、自由。训育主任范绍韩虽是国民党员,但对于学生阅读进步书刊,采取不闻不问的态度。同学大都出身于比较富裕家庭,学费较高,故有"贵族学校"之称。两校师资力量较强,又有美国人亲自教学,汇文、中西各有自己的特点,其对青年学生的吸引力仅次于南开中学。

1933年夏(17岁),我考上了汇文中学高一班,这一班新生不多,大部分都是从初中升上来的。而我的初中是从商业学校上来的,既没有学过三角几何,也没有学过物理化学,英文的程度相差很大。

正式开学上课之后,我就感觉到学的课程都接不上。跟不上班,学习很吃力,只好找功课好的、有耐心的同学补课。我们都是住校生,可以利用晚上时间,这就给我很大的方便。这一年期末大考时,我不但很吃累,而且感到精神非常紧张。在考试中,我记不清是哪门课程,我做了一件很不光彩的事,偷偷地用一小块纸密密麻麻地打了"小抄",作了弊,考及格了,但我越来越感觉到这是一件内心不可原谅的耻辱。

高二的一年还是很吃力,主要是大代数和美国人教的世界史。大代数是新课,我的基础太差,跟不上。幸而找到了我书桌邻近的林鼒同学。他的学习成绩好,特别是数学。平日他沉默寡言埋头读书,也不参加课外活动,不善于交际,但我求他帮助我辅导大代数,他欣然同意。我很尊敬他,成了好朋友。另外世界史也是我头痛的一门课,美国人一定要全班同学花五块钱买一本厚厚的洋装的美国出版的世界史。他用英文讲课,大家都感到有些跟不上,当然我更加困难了,后来受到全班同学的抵制,这位美国老师只好选用了中文本。他是长期在中国的传教士,读中文、讲中国话是毫无问题的。

这一年学校改选学生自治会。高三的同学因为是毕业班,都要准备考大学或考虑找工作,基本上就不再参加自治会了。改选后大部分是我们高二这一班的同学,也有几个是下班的。我们班的王远馨,大家认为他精明能干,有领导才能,被选为自治会主席,下面分设十个部,如文体、对外联络、消费合作社等等,我被选为文书部,主要是写文件、发通知、贴布告,以及其他专业部管不了的事,实际成了"不管部"。当时我想,大概是因为我的毛笔字写得还不错,和同学相处人缘还好而被选的,其他我找不出被选的理由了。

这一年有兴趣也有些时间参加课外活动了。我参加过"以太团",这是一个喜欢摆弄无电线的同学组织的。我特别爱好的运动是打网球,而且成了班上的选手。在我们毕业时出了一本纪念册,安正元(后改名安岗)为我题了一首诗:"潇洒风流,书法神秀,网球奇技,诗文圣手,数载一堂,知友独厚,行皆分途,实再携手。"诗里所说的"诗文圣手"应该是他自己。他在班上是大家公认的一根笔杆子,能诗能文。解放后他是《人民日报》的副总编,后来任《经济日报》的总编辑,著书立说写作能手。这句话对我来说就是溢美之词。但是最后一句他确是预见到了,他先我到了解放区,入了党,解放后我们在革命的队伍里确实是携起手了。

我上了汇文两年,家里就觉得我变了,变得洋气了。从四妹云章在她写的《世纪回眸》自传里就看出对我当时的印象："既是新派，又是洋派，总听见他嘀里嘟噜念英文，哇啦哇啦唱洋歌，一首《老黑奴》唱得我们小孩子都学会了。没事就把我们几个小弟弟妹妹叫了去给我们讲故事，多是他念的英文故事，如《天方夜谭》，讲苏丹王一天换一个妻子，一天杀一个妻子。还讲《阿里巴巴和四十大盗》，还有《蓝胡子老头的故事》等等，我们可爱听了。"说实在的，这些都是我在学校里学来的，没有什么新鲜的东西。

其实，当时触动我思想的不是《天方夜谭》，而是我已经开始在课外阅读俄国"革命"小说，我喜欢看的是克鲁泡特金的作品。他反对沙皇政府，要革命。他是采取暗杀的手段推翻旧制度。当时我们对国民党政府深为不满，看了这类的小说很过瘾，对胃口，但是后来看到对克鲁泡特金的批判，说他是安那其无政府主义者，在这种主义指导下闹革命，革命是不可能成功的。

王健在汇文中学

1935 年，日本进一步增兵华北。6 月，何应钦签订《何梅协定》，出卖华北大部主权，激起了平津广大爱国同胞的愤怒。为了反抗日军侵略，平津十校学生联合于 1935 年 10 月 1 日共同签署了《为抗日救国争自由宣言》，要求国民党政府开放言论、集会、结社自由，禁止非法逮捕学生。汇文中学学生自治会也参加了这一活动。

1935 年 11 月 25 日，在日本帝国主义一手操纵下，成立了"冀东防共自治政府"汉奸政权，国民党政府也决定撤销北平军分会，组织"冀察政务委员会"。在此民族危亡的关键时刻，北平各大中学校学生四五千人于12月9日、16日举行了两次示威游行。消息传到天津,各大中学校广大爱国同学也以学生自治会的名义,召集联系会议,决定于12月18日举行天津市学生大游行。汇文中学同学积极响应,由高三班同学率先成立了学生救国会,为迎接游行进行准备。

北平一二·九运动

12月18日,法商学院学生会负责人庄林(原名庄金林),到汇文联络,高三班学生会立即召开全校同学大会,听取庄金林介绍"一二一八"大游行的意义、准备工作和游行路线。会后,全体同学立即集合出发,按指定路线游行。这次游行后,天津共有十余所大中学校五千多人参加。最后,在南开中学操场召开大会,决定成立"天津市学生联合会"并总罢课。

汇文中学当选为学联会的执行委员。会后,又成立了汇文中学学生救国会,马毓臻当选为主席,安正元为宣传委员,王远馨、姚大衡、刘海山三人为联络委员,汇文中学便成了市学联秘密开会的地点之一。

国民党政府教育部下令各地学校提前放寒假,企图以此种手段瓦解刚刚兴起的学生运动。为粉碎这一阴谋,在地下党领导下,26

日平、津"学联"正式成立,并决定组织"平、津学生南下扩大宣传团",深入广大农村,宣传抗日救国。1936 年 1 月 8 日,到固安召开了全团大会,通过了"停止内战,一致对外"的宣言。1 月底到达保定。为了建立一个能更广泛团结进步青年,坚持抗日的群众性组织,经过大家热烈讨论,决定于 1936 年 2 月 6 日正式宣布成立"中华民族解放先锋队"(简称为"民先"),随后,在天津各学校中也纷纷建立起来。

1936 年初开学后,汇文中学的抗日救亡活动更加活跃。不久,姚大衡经法商学院阮务德介绍,加入了中国共产党,是当时汇文中学第一个共产党员。

1936 年 5 月,日军在华北不断进行军事演习,经济上走私猖獗,严重破坏我民族经济。同时,天津发生"海河浮尸"事件,引起天津人民对日军十分痛恨。学联与"民先"根据党的指示,决定因势利导,于 5 月 28 日举行天津市人民抗日大游行,市学联执委分工,去有关学校进行动员。这次反日大游行,争取了广大群众包括国民党政府派出镇压学生的一部分军警,取得了完全的胜利。当同学们沿街向群众进行宣传、高喊抗日口号时,有些军警主动向我们表白,他们是奉命而来,要求学生们谅解他们的处境。

上海群众为了纪念"五卅"举行大游行,高呼口号,沈钧儒、史良、王造时等爱国人士走在最前列。

学联和"民先"发动进步同学组织各种形式的读书会。汇文中学也与中西女中的一部分进步同学组织了"行进读书会",参加读书会的有汇文的霍世璋、王远馨、姚大衡和我。中西的有张文展、杨凤昭、杨若余等人。经常组织阅读和讨论进步书刊,练习写作,还编了一个《行进通讯》刊物。

1936 年夏,教育部宣布全国中等学校应届毕业生统一会考。为此,天津市 22 所中学成立了"天津市中等学校反对会考委员会",校方知道了这个消息,对我们高三班的同学加以种种限制。因此,我们在东马路青年会附近的一家旅馆租了一间房,以便和各学校取得联

1936年上海群众为纪念“五卅”运动举行大游行，沈钧儒（左一）、史良（左二）、王造时（左三）、沙千里（左四）走在队伍的最前列。

系。当时我在那里坐镇，有些同学在外面奔走。这个时期艾思奇的《大众哲学》出版了，我买了一本阅读。看了李公朴的序言，知道既有哲学理论，又结合当前的实际，是一本通俗易懂的战斗哲学的书。我在旅馆的几天里，把全书读完，感受很深，觉得参加“一二·九”学生运动是我一生的转折点，《大众哲学》是我的启蒙教材，艾思奇就是我的启蒙老师，是我们这代青年人的“一座指航的灯塔”。

“会考”的第一天上午，我们高三班同学都集中在沈国瑞同学家里，他家离学校近，家里又有电话，我们不断与“反会考委员会”保持联系。经“反会考委员会”研究决定，改变斗争方式，放弃抵制会考。我们在下午参加了考试。考试共考五门，我们只考了三门。

事后，大家总结经验教训，认为反会考斗争的缺点主要是未和北平、上海、西安等的毕业班联系好，以采取统一行动，本市各校行动也不一致。同时这次行动事前并未取得党的领导，在方针、方法上亦未深思熟虑，完全是自发的，带有很大盲目性。因此，失败是不可避免的。

罢考失败了，同学们不免有些懊丧。当时教育部规定，会考有三门及格者就可以投考大学。我恰好考了三门，也都及格，所以我在考虑投考大学的问题。庄林是天津法商学院高班学生，是天津“民先”和学联负责人之一，我上甲商时他也是甲商的高班同学，早就认识。在我考虑考大学时，他主张我考天津法商学院，因为这里师生党员多，有党的组织，实际上也是学联的大本营。但我没有把握，因为法商学院是河北省立的，主要的是招收河北省各县的学生，招生名额有限，各县投考的人多，所以对天津的学生不大欢迎。当时我虽答应了庄林，但还是想到北平再投考两个学校，争取多两个机会。我和汇文两个同学到了北平，报名了燕京和辅仁，这都是教会学校。我是带着侥幸的心理去投考的。回到天津，我又报了法商学院，见到庄林，他带着保证的口气，认为我考试没有问题。后来接到了三个学校的通知，燕京落榜，辅仁和法商考取了。当时何去何从，我犹豫不定。辅仁是正规大学，声誉较好，法商只有法律、经济两系，号称学院，但政治性强，庄林争取我上法商，父亲更希望我上法商，他的理由一是留在天津，二是有二哥照顾。大哥此时已离法商就业。最后我重政治，还是决定上了法商。

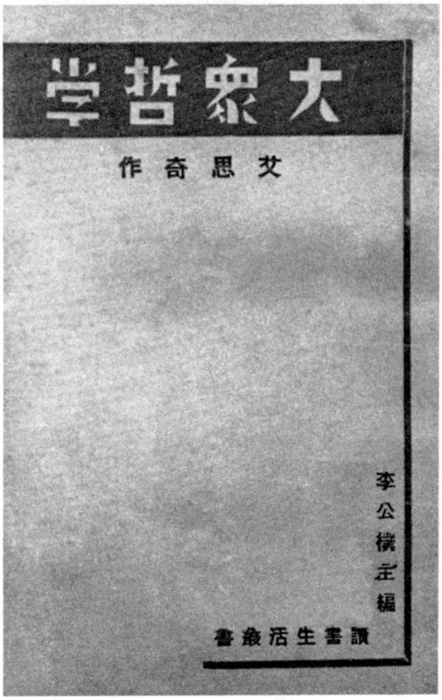

1936 年—1937 年　20 岁～21 岁

在动荡年代中的大学一年生活　参加“民先”（中华民族解放先锋队）

我上了天津法商，选读法律系。我喜欢学法律，我认为一个国家不重视法律何以治国。入学不久，庄林等人介绍我参加了“中华民族解放先锋队”（简称“民先”，党直接领导的青年组织），这是我走上革命的第一步。

九月初开学后，我每天按时上课。大学和中学不同，每天上课中间有空课，“民先”就利用这个时间安排一些活动。在我记忆中，我经常刻蜡版，印刷宣传品，参加读书会。有时去学生在校外办的“义校”参加一些活动。上课刚一个多月，10 月的某一天，“民先”、学联、自治会的负责人，四年级的同学阮务德、庄林在校外突然被捕了。消息传来，同学们群情激愤，人心浮动，再也不能安心读书了。学生自治会选出代表向当局交涉，将近一个月没有结果。11 月 24 日，自治会代表王民生召集全院同学们齐集礼堂，报告阮、庄二人被捕经过和交涉情况。当报告说警察局是根据学校密报把他们逮捕的，告密人是院长秘书莫子瑞，全场听了立即表示万分愤慨，当场全体通过决议，自即日起开始罢课，以示抗议。并提出学校当局应立即驱逐莫子瑞，向政府保释爱国同学回校，否则拒绝院长吕复进校。宣布罢课后，立即组织了学生纠察队以维持秩序。第二天中午，经济系主任卢郁文在学生会同意下走出学校，后来知道他是向吕复报告情况和研究对策的。

卢郁文和吕复见面后，当天下午即有大批警察包围了学校。晚上十时左右，警察开始冲进了学校，同学们和军警展开了斗争，最后吕复站出来，点名抓走了王民生、王邦屏、宁右龙等六人，临走前，王邦屏跳上乒乓球台，高声对同学们说："为了爱国我们不怕坐牢，希望大家为援救已经被捕的同学，坚持罢课到底。"第二天上午法院过堂，因为法官未掌握任何证据，提出了非常幼稚可笑的问题，例如："你不是共产党为什么参加抗日运动？""你不是共产党为什么学经济？"……旁听者尽管不敢笑出声来，但大家嗤之以鼻。

由于进步教授、同学的营救，第三天六位同学被取保释放。但校方已挂牌开除了被捕的八位同学（包括阮务德、庄林二人，这时他们二人已解往北平）。同学们再次集会，要求校方收回成命，恢复八人学籍，保证今后同学们的安全，才能复课。双方谈判僵持不下，没有结果。

与此同时，上海在 11 月 23 日夜，全国各界救国联合会七位领导人（称为"七君子"）因"爱国有罪"被捕，轰动了全国。我是从天津《益世报》看到的新闻和社论。社论是为"七君子"说话，认为"爱国无罪"，希望早日释放（后来据说这篇社论是出于罗隆基之手）。

不到两个星期，12 月 12 日"西安事变"爆发了。张学良、杨虎城

蒋介石

杨虎城

张学良

对蒋介石实行兵谏，扣留了蒋介石。这是震惊中外的新闻。消息传来，法商学院全体同学也沸腾起来，议论纷纷，泾渭分明。有的说张、杨挟持领袖是“大逆不道”“国法不容”，这是少数，多数同学感到大快人心，蒋介石不打日本专打共产党，这个杀人魔王，一定要交人民公审。

捉蒋亭　　　　（王健摄）

后来听到共产党主张和平解决西安事变，放蒋介石回南京，立即引起大家哗然，感到惑而不解。当时谁也看不清政治形势。我们去找了杨秀峰老师（老共产党员），他是给我们讲授“社会科学方法论”课程的，实际上就是唯物论辩证法。他给我们上了一堂课，他讲和平解决的重要意义，大局要从远处看，和平解决可以从反蒋抗日到逼蒋抗日，争取到联蒋抗日，可以促进国共合作，建立民族统一战线，这是符合全国人民利益的。我们听了合情合理，也感到共产党伟大的胸襟和气魄。民先同学在校内广泛做了说服工作。校内的争论基本平息了，而我们和学院当局以及政府当局的斗争仍在继续进行。

1937 年 2 月 22 日，汉奸控制的冀察政务委员会突然下令解散天津法商学院，学生由教育厅分别安排到北平朝阳大学和中国大学借读。消息传来，学生自治会立即组织护校运动，向社会多方面呼吁，争取支援，要求收回成命。日本帝国主义早已视天津抗日救亡运动十分活跃的法商学院为死敌，汉奸政府借故扼杀，坚决不肯收回成命，护校运动尽了最大努力仍无结果而告终。至此成立于 1907 年有光荣传统的、有革命烈士李大钊为校友的天津法商学院在战斗中被解散了。

是年 3 月间，我和二哥到北平借读中国大学，这是一所类似法商学院的大学，在北平抗日救亡运动中起着领导的作用。

我和二哥在西单辟才胡同学校附近的一所学生公寓里租了一间房，两人除了晚上睡觉前见面之外，白天是各自行动。我对二哥一天的生活是一无所知，而我除了上课外，就参加课外活动。“民先”同学们经常在国立图书馆开会，如时事座谈会或读书会，我们法商同班同学来北平借读中国大学的不过七八人，其他都是本校的同学，只有四个月，同学之间还没有熟悉起来，就放暑假了。我在“七七事变”前两天，七月五日发着高烧回到天津。这一年我就这样完成了大学一年级的学业。

1937年—1940年　21岁~24岁

“七七”事变　平津陷落　放弃学业转入地下工作
“民先”被迫解散　到上海过渡半年准备去香港

1937年7月7日，日军在卢沟桥寻衅闹事，宛平县驻军予以反击。这还是局部的战争。天津学联计划暑假中组织一些民先队员，深入农村，创办义务教育。7月19日，学联派我和汇文的林鼐同学在塘沽区七十二沽中的咸水沽去办义教。当天一早我们约好在海河边会面，乘小火轮去咸水沽。我们地理不熟，提前上了岸，然后步行沿村调查访问，了解全村儿童人数、有几所小学、教师有几位、失学人数多少等。我们用笔记本记下来，有时我们写不出村名时就用英文拼音。中午我们才走到了我们的目的地咸水沽，选择咸水沽，因为这里有直接通天津的长途汽车站，交通比较方便。我们刚刚进村，前面就来了几位跨着手枪的军人，后面跟着一大群看热闹的村民，看来他们早就监视我们的行动了。

当时我们学生装，在村民的眼里是看不惯的。军人看我们已引起了怀疑。我们实在太没有经验，正处在当时那么紧张的局势下，我们就大摇大摆地走来走去，对村民问这个那个。军人盘问我们，并翻开我的小笔记本，详详细细地一个字一个字地问，英文字是什么意思，多少师是什么意思，我们一问一答向他们说明，特别是多少师，他们误解为军队师团的师，我们告诉他们是老师的师。我们在接受盘问时，就听见周围的村民议论纷纷，其中有人就说：“我看他们就是‘高丽棒子’(指日本奸细)。”我听了就特别告诉对方我家里是做什么的，叔叔在天津警察局工作，电话也都告诉了他们。我和林鼐早就商量过，学联的介绍信不能拿出来，我们还要提防他们，因为有人就把学联看作是共产党。说我们是“高丽棒子”我们不怕，我们是地地道道的中国人，是容易查清的。要说我们是共产党就麻烦了。最后他们把我们带到一间小屋里看管起来，军人们都出去了，大概他们是到我们走过的村子查对虚实去了。我们说下午三点钟有最后一班去天津的长途汽车，如果错过了这班车，我们回不去，要他们给我们找旅馆住。一个多小时后，调查的人回来了，态度不是那么严肃的可怕了，把小本交还给我，说了一声“这个时候不要随便乱跑了”。我看看钟已经过了五点了，他们告诉我们长途汽车还在等着你们。我们连声感谢，急急忙忙地上了车。学联曾经指示过，对宋哲元和29军不要喊反对他们的口号，要喊拥护宋哲元或29军抗日的口号，今天的事来看，这个口号是完全正确的。我和林鼐商量，29军守卫国土，警惕性、责任心这么高，我们要写封信感谢他们守土尽责、鼓舞一下他们，他表示同意，要我去写。七点多钟我们下车分手了，赶快回到家里。可是天津市区的景象一天比一天紧张起来，一个星期以后，日军飞机轰炸天津，7月28日天津陷落了。

全家都逃到英租界，分别找到房子去逃难。中益厂在英租界大

日寇占领天津

沽路兴隆洋行租了一大间办公室，作为临时办公的地方。父亲在大沽路的邻街达文波路一家仓库大院里租了两间房子作为住家。我和中益部分同仁住在兴隆洋行。租界以外的天津市“维持会”出现了，汉奸们也出头露面了，日本军队到处横行，某某爱国人士被通缉，知名的汉奸被暗杀等等，我们住在最安全的租界的洋行里，但是心里怎能安宁。

北平中国大学快开学了，二哥决定去北平继续他的学业，我决心放弃了，不想在日本军占领下的北平读书。民先的组织关系断了，下一步究竟有什么打算，心里一片茫然。

这时还能见到的读书会的同志们，志同道合的同学们，几乎每天到英租界的一所小学里聚会，互相谈谈个人有什么打算。有的外地人想回老家，有的听说不少人南下可以找到出路，也有的人可以找到关系北上去延安。除了谈正事外，就是聊天、唱歌。这时大家最喜欢唱的歌就是《义勇军进行曲》和《五月的鲜花》，大家唱起来真带劲，真受鼓舞。

王远馨父亲死了，他和他妈妈（第四姨太太）、妹妹王远威将灵柩运回汕头老家。行进读书会的女同志杨凤昭、杨若余决定离开天津，杨若余是回故乡广东。他们临行前将不好带的进步书刊和笔记本、日记本都交给我暂时保存。姚大衡、霍世章、林鼐当时都已经走了，以后才知道姚和霍辗转到了延安，林鼐去了冀东参加了游击队。还有些人在考虑、在等待，等待接上组织关系。当时我的心情也很复杂，南下，我觉得没有个明确的目标；去延安，我有家庭阻碍，政治觉悟差，顾虑多。我只有等待，希望接上“民先”的关系，听从“民先”的安排。

当时在天津留下来的一些“民先”队员处于失去联络的状态，后来看到中共天津市委征集的史料记载：“就在这时，在天津的党的地下市委书记姚依林同志，及地下学生区区委书记程宏毅同志的领导下，由原天津‘民先’总队部队委张淑贞和北平来津的共产党员黄元镇、郝贻纯等三人，迅速组成天津‘民先’党支部，具体领导天津‘民先'的恢复和整顿工作。"1937年8月，天津"民先"地方队部重新建立起来。

是年深秋的某一天，庄林突然来到兴隆洋行找我。他告诉我，七七事变前他被释放出来，日本人到处抓他，他决定离开天津，并告诉我民先地方队部已经重新整顿和上级联系上关系。他认为我的家庭和所处的环境条件很好，要我接上"民先"关系留在天津工作。他不是征求我的意见，实际上就是具体的指示。他告诉我那一天几点钟，在墙子河一个桥上，有位中等身材的青年，手拿一份报纸，腋下挟着一本书，他讲一句暗语，就可以接上关系了。到那天，我到指定的地点，见到一位庄林所说的青年，听到他的暗语，我们就正式接上"民先"的关系。这位青年就是北平来的黄元镇同志。

不久，我参加了几次"民先"的会，先后认识队部的同志郝贻纯和她弟弟郝贻谋、张樾堂（后改名岳亭）、黄士俊（后改名黄平，法商学院不同班的同学）等。我原来的学名叫王金镳，在民先组织重建后改名为王健。我不喜欢"金"字旁，要改个"人"字旁。队部重新建立后，首先整顿"民先"小组，号召队员积极开展工作，密切联系周围群众，在学生和市民中发展组织，开展抗日救亡宣传，组织队员阅读进步书刊，并编印队刊《灯塔》。

根据天津市委征集的党史记载："《灯塔》出版的初期，经常在市委书记姚依林同志亲自参加下，决定社论及重要文章的编写内容，写出后由姚依林同志亲自审定。"这个队刊对宣传党的政策、宣传抗日思想及加强对队员的教育，发挥了重要的作用。

新队部分工有学生组、市民组、工人组、妇女组。市民组由黄士俊任组长，工作对象主要是在职青年和失业青年、进步市民。当时我参加市民组工作。1938年5月黄士俊去延安，7月黄元镇、郝贻纯离开天津到昆明入西南联大读书。"民先"队部领导因而有所变动，大队长由郝贻谋担任，队委成员为陈本坚、王健、张樾堂及边晓等人，我兼任市民组长，继续开展市民的工作。

1938年春，一位"民先"的同志介绍我到小白楼一所"海大小学”教书，这所小学是两位爱国青年在七七事变后创办的。我和以后陆续来的老师都是义务教学的。我对这两位青年逐渐了解，他们政治上是可靠的。所以海大小学成了我们活动的一个联络站。

我经常来往的有中国银行组的梁卫国和天津邮局组的蔡燕生。梁卫国在银行界的圈子里联系的人很广，宣传抗日救亡，组织阅读进步书刊很有成绩。蔡燕生是天津东车站邮局工作比较久的老职员，在局里人缘好，工作打得开。他有个特殊的任务是接收武汉寄来的化名邮包。这个化名的邮包里是进步报刊，他收到以后，我到邮局去取，送给队部。并由我选择一些重要的新闻和文章，亲自在兴隆洋行深夜里刻钢版，借用海大小学的油印机，油印出来，交给队部广为传播。

我的工作逐渐打开了局面，来往的人也多起来。我到哪里都可以说是个受欢迎的人，因为我给他们带去一些进步的书刊和他们听不到的抗战新闻，因而我们谈话的内容也丰富多了。我对一般市民最低的要求是：意志不要消沉，对抗战要有长期的思想准备（我们已看过毛主席《论持久战》），还要有必胜的信心，在行动表现上决不为敌伪、汉奸做任何事情，对一些强烈要求去游击队的进步青年，我们通过组织把他们输送出去。有些冀中冀东游击区患病受伤的同志回来，我们为他们安排生活、住处。

当时我经常见面的有几位女青年，陶志新和温湄都是海大的义务教员，陶志新是法租界里名牌学校耀华中学的学生，我们初次见了几面就很自然地成了谈得来的朋友。陶志新为人热情，喜欢孩子，她很高兴到海大来教书。温湄家住在海大附近，是清朝官宦后代。人很活泼、开朗，要求进步，她在学校里虽不知我“民先”的身份，但看出我是宣传抗日救亡的，天天到学校教书，所以比其他老师谈得来，以后她成为“民先”的队员去了游击区。

霍世明是汇文同学霍世章的妹妹，也是法租界里一所比较洋气的女校学生，霍世章在抗战初期就离开了天津，临行时托我照顾世明，主要是帮助她多看些进步书刊，促使她走向进步。世明父亲是开滦煤矿公司里的高级职员，人很开明。他知道我是世章的同志，对我也是很信任的。世明性格很倔强，喜欢读书，经常参加一些进步活动。我们一起在女青年会学过世界语，她有时不大听父母的话，所以他们要我多帮助她。

姚纯，是民先的同志介绍我到姚家给姚纯的侄女儿姚兢雄补习英文认识的。姚纯长得文静清秀，患肺结核病，她长期在家养病，但很关心国家大事，她有一颗火热的爱国心，见到我就要我谈外面的大事。她常常对我痛苦地说："我一身病，不能跟你到外面跑。"她感到非常难过。我很同情她，给她安慰和鼓励。每次我们谈到吃饭的时间，她就说："不留你吃饭了，回去吧，下次再给我带几本书来。"就这样我们来往了一年多，不幸的是，她的病一天比一天严重，家里要她回上海找个好医院给她治病。不久就离开了天津回到上海。她是上海人，父母都在上海。

1939 年 2 月初，旧历的春节，霍世明和住在她家里的朋友方勇（一家工厂的女工，有着坚定淳朴的工人气质）找我，准备在除夕之夜在她家举行一个春节晚会。因为有位同志从冀中回来，请他来介绍那边的情况。会场由我布置。我买了硬纸板（当时称"马粪纸"），剪了几条作五线谱，写了 14 个美术字，剪下来贴在五线谱上。14 个字是两句话："血雨腥风除旧岁，金戈铁马迎新春。"把五线谱挂在窗帘上，远看像幅木刻画。霍世明、方勇约了十几位进步朋友，其中也请了陶志新，大家听了报告，配合窗帘上的两句话，大家认为形势虽然险恶，但对胜利是充满信心的。大家说今夜过得很有意义，叫它是"幸福之夜"。最后我给大家照了一张相，这张照片里没有我，但成了我的"杰作"，照片一直保存至今。

是年春季，王远馨突然回到天津，我们是在星期天维斯里教堂见面的，我见他西装革履，风度翩翩，已经不是穿学生装时代的王远馨了。在大家做礼拜时，他告诉我，父亲去世后他带着妈妈和两个妹妹把灵柩运回老家，一家四口的生活都落在了他的身上，不得不继承父业做生意。他不问我的情况，也不问我的住处，只告诉要和他联系，

1939 年春节除夕　　　　（王健摄）

就打电话给男青年会某君。其后，我们见过几次面，他给我《中华日报》铅字小报二三十份，可以赠送朋友们。他说这是在这里做秘密工作的人接收电台新闻印刷发行的。小报上登了抗战的新闻报导，大家看了很欢迎。后来我看到登有国民党张荫梧、石友山部队和共产党部队发生摩擦的报导，是站在国民党立场讲话的。本来他说做生意是为了养家糊口，我未怀疑。他素来关心政治，交往甚广。特别是国共合作抗战时期，也没有引起我什么怀疑，但看到了国共摩擦的消息，知道了小报的立场，我就有些怀疑了。不久他告诉我王若熹在法租界因为搞地下抗日运动被捕了，《中华日报》也停顿了，王远馨的来往也少了。后来我才知道王若熹曾做过天津邮政局长，是国民党方面的人。我对王远馨就更加怀疑了。

是年夏秋之间，天津发生水灾，我们也转做救灾工作。这时男女青年会出来组织救灾赈济灾民，我们就发动我们的同志和朋友积极去参加，借此多接触群众。兴隆洋行和父亲住的地方都被水淹，我常常坐男青年会（有我们的朋友）的船，联络各救济站。这时在男青年会常常见到王远馨,同时也认识一位和青年会有关系的在运输公司工作的祁恩孚,他们有船,我可借用,逐渐搞得很熟了。水灾中以及水灾后救济赈灾工作,主要是帮助住在深水区的灾民搬到安全地带,发动捐募衣、被、生活用品,联系医院准备一些必用的药品。这些工作我们只能发动和帮助慈善机关以及男女青年会这类的团体去做。我常常到霍世明负责的那个站,帮她做些事情,实际上也是我的服务站了。

1939年夏天津水灾 (王健摄)

1939年上半年(以后才知道国民党反动派在这年第一次掀起了反共高潮)日伪气焰十分嚣张,天津日本占领军一再要挟各租界当局镇压抗日活动,到了下半年天津水灾时,日军趁机乘船进入租界,无所顾虑地逮捕抗日分子。王远馨在大水退了以后不久就离开了天津。根据天津市征集的党史资料记载:"这时,毛主席的《论持久战》的思想在党内已经深入贯彻,天津党决定改变斗争方式,积蓄力量,准备长期的斗争。'民先'大队长郝贻谋于1940年6月间经组织上调离天津(在北平燕京大学学习,并担任燕大党支部书记工作)。天津地下党和'民先'从此转入'隐蔽精干,长期埋伏,积蓄力量,等待时机',积极准备迎接新战斗的阶段。"

天津水灾退落后,日本特务已深入租界,形势有很大变化。"民先"同志有些陆续撤离,海大小学也停办了,"民先"组织也停止了活动。我也考虑离开天津,心目中是想去昆明继续大学读书。

1940下半年,我下了决心离开天津,想去昆明读书,也去了法国公部局办了海防入境的签证(那时去昆明一定要从香港去法国的殖民地越南,由海防进中国境到昆明)。在父母面前,我曾多次流露过想去昆明上学的想法。父亲说昆明天天有日本飞机轰炸,父亲知道谁家的孩子被炸死,他们坚决不同意。我也考虑到千里之行不辞而别会使双亲伤心担忧,我也于心不忍。最后我采取折中的办法,提出到上海投考大学,离家较近,而且那里有个本家叔叔王书纶,英国剑桥毕业后被聘为上海大夏大学教授。同时,中益、大新在上海都有代办处,也有个照应。父亲母亲看我天津是留不住了,只好答应。并由中益开信,说我是派到上海中益分号工作的,这也是应付路上日本人盘查的。

我去上海之前去看了霍世明,告诉她我已决定离开天津。我们在墙子河路上一面走一面谈,她说她接到哥哥的来信要她去西安,等着哥哥找人去接她。我们临行依依互相道别,我说声后会有期就分手了。离津前,我把我和同志们带不走的书刊日记本等物,装个大箱子交给兴隆洋行一位法商同学,放在洋行仓库里保存,觉得这是万无一失了(太平洋战争爆发,日军占领租界,这位法商同学后来告诉我,这个箱子付之一炬了)。

8 月初我乘津浦路先到南京再转上海。这是我第一次离家远行。火车一开就尝到"亡国奴"的滋味了。车上软席包厢几乎都是日本人。汪精卫伪政府车站人员仗势欺人,无理盘查。经过一天一夜到了浦口,全体乘客下车。日本人走另一通道,而中国人经过层层检查站,每个检查站都有日本兵把守,只能作了顺民接受检查。晚上在车站附近,在指定的旅馆留宿一夜,第二天一早再乘轮渡过江到南京。这是一个难眠之夜,我看到窗外路上微弱的灯光,稀稀的行人,恰似一座死城。深夜里一声声划破长空的车笛声,使人感到格外凄凉。我万念丛生,难以入睡。没有几个小时,天未大亮,乘客急忙赶到车站,排队上车。车开上渡轮,渡过长江到了南京城。又是一阵骚乱,又是层层检查,旅客们默默无语,不知道在想些什么。是不是都在默哀这座经过日寇大屠杀,30 万中国人的血洗过的南京城。

旅客们上了车，不记得车走了多少小时，当天到了上海。我到爱文义路上的一个弄堂里找到了中益介绍的那家办事处，处里的人我都不认识，但他们似乎已经知道我来。有的叫我“王先生”，有的叫我“少东家”，都那么热情的接待我。晚饭后，我独自逛逛大街，远远看见上海大世界的霓虹灯的大广告，早就听说“大世界”是色情化的娱乐场所，从大广告上也就看出来了，街上人来人往，一片“太平”景象。

第二天8月5日，我买了两盒点心去南京路浙江路看望久病的姚纯。我走进客厅就看见迎面的墙上悬挂姚纯的大照片，照片上挂着一条黑纱，我完全明白了。我把点心盒放在遗像前，鞠了三个躬，和她弟弟一家人谈谈她的前后情况，就告辞了。没有想到她就这样地走了，她带着满腔的爱国热情和期望悄悄地去了。

初到的几天，想看看“十里洋场”“冒险家的乐园”的上海，去大世界、南京路逛了逛。去了大新公司的分号，也去看望不久以前调到上海分公司的祁恩孚，也去拜访了王远馨的二哥王远勃，他是留学法国，学习艺术的油画家，当时他在霞飞路霞飞坊一个“薄荷管”的经销点。我见到他，我们虽不熟悉，但是他父亲久居天津，他的五弟王远馨和妹妹王远威我们都很熟识。王远勃见到我，了解我这次来的情况后，一定要我搬过来住在他那里。霞飞坊的房子，只是楼下一间客厅。这客厅里只有一个职员看守，虽有床位，这个职员又经常回家住。这里很清静，我很高兴。

第二天我就搬了进来。写信告诉父亲，我一面准备考大学，一面住在一个朋友家为销售薄荷管临时帮帮忙。我说了谎，为了使他安心。

生活逐渐有了规律，每天上午到八仙桥青年会图书馆看书，中午就在附近锦江饭店附设的小餐厅吃几角钱一份的客饭。下午看看书作考大学的准备，有时去看看朋友。晚上看看报纸和小说，生活是很规律的。在青年会图书馆，我认真地读了两本书，一本是《新民主主义论》（我记忆中，这本书作者在封面上印的是“列御寇”），另一本是厚厚的《唯物论辩证法》。当时我重读了《大众哲学》后已引起了我对辩证法的兴趣。这两本书使我受益匪浅。

我找到一家英文补习学校，每周三次，每次两小时学习英文。作考大学的准备。不久和王书纶叔叔也联系上了，他是英国剑桥出来的，给我的印象总有种傲气，表现出自命不凡。经常到霞飞坊找我，表示要上大学他肯帮助我。但他说上海也不是久留之地。这一点我也看出来一些苗头，虚伪繁荣，社会不安全，日本和汪精卫伪政府到处抓人，时有耳闻。我也根本没有久留上海之意。原来去昆明的想法从未放弃，下一步的计划是先到香港再经海防去昆明。

我总是星期日去看祁恩孚。他告诉我，他在上海是暂时的，公司决定调他到香港工作，很快就要赴香港就任。我说我也要去香港再转内地。经祁介绍认识了《大公报》驻沪办事处的一位负责人。他主动地说你在香港人地生疏，我认识范长江，有事可以找他。当时范长江已经是著名记者，我当然求之不得了。他立刻写封介绍信给我。

1941年新年过去，春节就要到来了，“每逢佳节倍思亲”，我真的想家了，想叫父母亲看看我，我也想和家人、兄弟姐妹们团聚一起过个年。在我心中，这一次回家真正意味着将要长期分别了。

1月下旬，新春的前几天，我回到天津。父母亲见到我非常高兴，又和哥哥弟弟妹妹、中益同仁团聚一起，皆大欢喜。家里家外过年的气氛已经浓浓的，一切旧历年的民俗、传统毫丝没有改变，而我的心情大大不同了。这几天到分散住的各叔伯家去看望，拜访老朋友老同学，“民先”的同志们和一起工作过的进步朋友们，几乎全不在了。温湄也去了游击区。只有陶志新还在，他已离开耀华中学，也准备去昆明上大学。

四弟金铭、五弟金铸（后改为王陶）带我去看不久前结婚的大哥（原大嫂于37年去世）。大哥家新婚燕尔，喜气洋洋。大嫂是名门后代，知识分子，人很开朗，和弟弟妹妹们很谈得来。我们畅聊一阵，又去看二哥。家里又是一种气氛，据说二哥常常不回家，怀疑有“外宅”了，父母亲也没有追问，所以也说不清楚（后来证实确有其事）。

年意正浓的时候,我又偷偷准备着新的旅程。一天晚饭后约陶志新在她家附近的英国小公园见面。我们都准时去了。路上行人寥寥,而家家户户从窗子里射出明亮的灯光,人们尽情的欢笑。对照小公园里微弱的路灯,几乎见不到几个游人,令人感到异常凄凉。我们在园里转来转去,她告诉我她有个男朋友叫辛树华,现在在西安。而大概也是参加什么救亡活动,陶要求去西安,辛不赞成她去,因此两人引起了感情上的矛盾。我告诉她,我认识辛,他是汇文中学低我一班的同学,是一个思想进步、仪表大方的青年,我劝她不要感情用事。这次见面,主要的是她想告诉我不能去西安,决定要去昆明考大学,我说我已准备去昆明,她很高兴。临别时,她从口袋里拿出一个小盒子,是块怀表,她说这是她父亲留给她纪念的,要我遇到经济困难时可变卖。这是一块有纪念意义而且是比较值钱的金表,我坚决拒绝了。最后她从手腕摘下她用的一只手表,盘比较大,男人也可以戴,很诚恳地一定要给我作个纪念,我接受了。天时太晚了,不能不分手了,她说希望能在香港、昆明见面。

家里人还在兴高采烈过节的时候,我已决定离开天津了。我骗父母亲这是回上海,上不了大学就去那家公司经销处帮忙工作,并骗说这家公司生意很大,遍及香港和内地,说不定我也可能去香港。这完全是为了下一步铺垫。我心里也很难过,为什么一次再次骗自己最亲的人。但我要自由,我实在不能再留在那窒息的地方生活下去。为了个人的自由,为了个人求学上进,我只有背着双亲家人远走高飞了。

1941 年—1942 年　25 岁～26 岁

国民党掀起第二次反共高潮（发动“皖南事变”）　从沦陷区走进香港　德国法西斯进攻苏联　日本对美英宣战　香港沦陷　从西江转入大西南（昆明）

1941 年 2 月上旬，我登上怡和洋行的湖南号的海轮，三妹（佩章）、五弟（王陶）去码头送我。这是我第一次乘海轮漂洋渡海。船启行了，第二天经过黑水洋，颠簸得厉害，想呕吐，在船上躺了一天，过了黑水洋就平稳多了。到了厦门停一天，这个城市我没来过，就随一批乘客上了岸，又随他们坐轮渡到了鼓浪屿。这是一个小岛屿，过去大都是外国人住的地方，岛上小洋楼林立，非常整洁。路很窄，岛上不准小轿车通行。岛中间是座山，我随着大家爬上了最高点日光岩，站在小山的顶峰远望大海远望厦门，觉得祖国天地之广阔，山河之壮丽，不胜兴叹。这也是我生平的第一次旅游。

中旬到达了香港，祁恩孚去接我，一起到了半山坚道他租的一间房子里，我们住在一起。他已经是公司里被经理信任的中层职员了。白天他上班，这间房就是我的天地。第二天我找到王远威，她已经成为一家小学的老师了。我和远威去看王远馨（已改名为王大光），他还是那么翩翩绅士派头，满口抗日救国不变初衷，对我招呼备至，他说他很忙，不易见面，有事找远威。

远威私自坦诚的告诉我：“五哥（王远馨行五）变了。七七事变后我们回到汕头，受到全家的排斥，五哥不能不担起一家人的生活。这时家乡的世交沈哲臣是国民党一个官吏，拉拢五哥，给他介绍工作，就这样他们合作了。到香港才知道沈哲臣是中央调查局在香港的负责人之一，是中统特务，负责海外华侨工作的。”接着又说：“五哥生活也糜烂了，跟一个女人同居，闹得满城风雨。”我听了并想起1939年在天津时他的作风，今天才得到了证实。远威自1939年就在香港参加“中华全国文艺抗敌协会”香港分会领导的“文通”（文艺通讯部），它是个进步的青年文艺组织。这个组织是党员杨刚（女，《大公报》副刊编辑）和党员黄文俞密切联系的。

当时我和远威对他五哥仍存在着幻想，我们商量怎么做做他的工作能把他拉回来。劝劝他离开香港到内地，有广大市场可做生意。事实上当时我们在政治上是太幼稚也太天真了。

我到了香港除了关心王远馨的问题外，另外一件震惊中外大事，就是1月份国内发生的“皖南事变”。国民党反动派掀起了第二次反共高潮。我写封信给《大公报》范长江，附上上海那位朋友的介绍信，我要求尽快地能见到他，向他请教。很快就接到回信，并约定会面的时间和地点。我见到他就开门见山地征询他的意见：国内局势很混乱，我想这个时间去昆明读书，自己拿不定主意向他请教。他也直截了当地说：你想读书我当然赞成，不过国内确实很乱，重庆昆明日本飞机去轰炸，学生们不能安心读书。“皖南事变”后，大批的进步文化人聚集在香港，这里也正是学习的好地方好时机。最后他还是要我自己作决定。

我去昆明的想法动摇了，远威又竭力劝我留在香港，她并介绍我参加“文通”。3月中旬，香港英当局逮捕了“文通”会员，年仅18岁的彭耀芬，因为她写了一首诗，题为《香港百年祭》，英当局认为诗里有反殖民主义色彩，借口是“有违犯本港战时法例嫌疑”。“文通”“文研”（即新成立的“文艺研究社”，实际上一个组织两块招牌）的会员们为了维护港九同胞的人权和尊严，为了伸张正义，写文章对香港当局提出抗议，并发动群众声援彭耀芬。5月间英当局为避免扩大事态，将彭耀芬解送到澳门。

我的工作问题也是远威帮的忙，她向她教书的南侨小学校长推荐我去教国语，他们一听是北京来的大学生，很快就接受了。我是穿西装打领带上的第一课（这是香港学校的传统）。高小的同学们一听我讲的国语，似乎就认同了，其实我的国语并不纯正，不过广东香港的孩子们是听不出来的。

工作问题、生活问题解决了，也参加了进步的社会活动，我一心一意地安心下来要做好工作，多读些书练习写作，多交朋友生活过得要充实些，要切切实实做到"不变初衷"。

每天我在南侨小学上课，主要教高小班，学生都十岁左右，都比较懂事，很快就和孩子们熟起来，老师中也有"文通""文研"的朋友，有李绥（后改名李少芳）、王远威（改名为王陵）、蔡史野（现名为史野），另外有一位是三青团员和一位政治上被我们怀疑的人，校长很少到学校，学校成了我们活动的场所了。

我们天天看进步人士创办的《华商报》，对国内国际重大事件总要在班上讲一讲，要学生关心国事，增加一些政治时事常识。

我记得4月中旬，报纸上登有一条苏联和日本签订中立条约的新闻。当时不了解条约的内容，只担心苏联签了条约，还会不会援助我们抗日，这个问题一直没有弄清楚。6月下旬，德国希特勒进攻苏联，苏德战争爆发，这时我们才懂得一些苏联所以签订中立条约，是为了德国进攻时，免除后顾之忧。并没有想到对中国战局有什么影响。后来我看到一些资料，看到了《苏日中立条约》内容，实际上是在日本承认蒙古人民共和国、苏联承认满洲国为交换条件下签订的，这对四万万中国人民是极大的伤害，当时知名的救国会人士沈钧儒等人联名发表声明，表示不予承认，并写信给斯大林，代表了全中国人民的心声。

5月，陶志新来到香港，她已办好一切手续，准备通过越南河内到昆明投考大学，她觉得我留在香港有几分可惜，她也难以理解我的这种自认是丰富多彩的生活。她留在香港几天，住在海滨的一家旅馆里，头两天我带她去逛逛大街、游览公园，我们偶然一次见到了王大光，王知道她是天津来客，对她特别热情。后两天，王大光单独约她游览香港名胜。远威背地告诉我恐怕五哥的旧病复发了。同时又告诉我，五哥决定过几天就去重庆，远威特别说明，这不是我们做劝说工作的效果，是他接到重庆某单位的通知参加训练班去。据远威估计，这不是沈哲臣的关系去的。远威最后加了一句，我们以为他离开香港沈哲臣就可以改变他，实际上他是越陷越深、越升越高了。几天后，我们相继送走了陶志新和王大光。

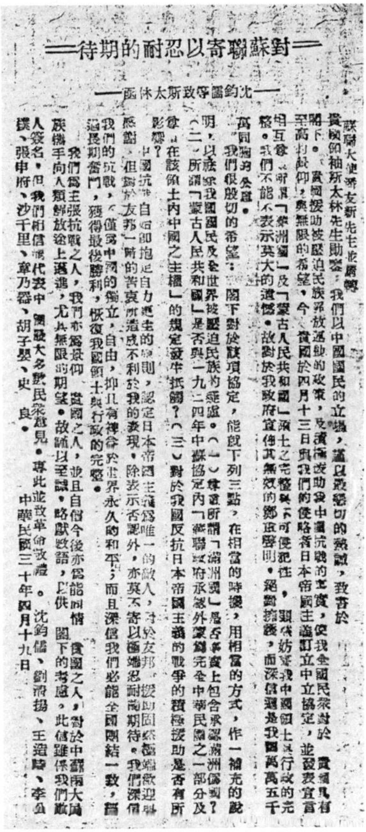
對蘇聯寄以忍耐的期待

——沈鈞儒等致斯太林函——

蘇聯大使潘友新先生並請轉貴國領袖斯太林先生勛鑒：我們以中國國民的立場，謹以最懇切的熱誠，致書於閣下。貴國援助被壓迫民族解放運動的政策，及積極援助我中國抗戰的事實，使我全國民衆對於貴國具有至高的敬仰，與無限的希望。今貴國於四月十三日與我們的侵略者日本帝國主義訂立中立協定，並發表宣言相互尊重所謂「滿洲國」及「蒙古人民共和國」領土之完整與不可侵犯性，顯然妨害我中國領土及行政的完整。我們不能不表示莫大的遺憾。故對於我政府宣佈其無效的鄭重聲明，絕對擁護，而深信這是我國萬萬五千萬同胞的公意。

我們很殷切的希望：閣下對於該項協定，能就下列三點，在相當的時機，用相當的方式，作一補充的說明，以慰我國國民及全世界被壓迫民族的疑慮。（一）蘇聯所謂「滿洲國」是否事實上包含承認滿洲偽國？（二）所謂「蒙古人民共和國」是否與一九二四年中蘇協定內「蘇聯政府承認外蒙為完全中華民國之一部分及尊重在該領土內中國之主權」的規定發生抵觸？（三）對於我國反抗日本帝國主義的戰爭的積極援助是否有所影響？

中國抗戰自始即抱定自力更生的原則，認定日本帝國主義為唯一的敵人，對於友邦援助固然極端歡迎與感謝，但對於友邦一時的苦衷所造成不利於我的表現，除表示否認外，亦莫不寄以極端忍耐而期待。我們深信我們的抗戰，不僅為中國的獨立，自由，抑且有裨益於世界永久的和平；而且深信我們必能全國團結一致，奮[illegible]長期奮鬥，獲得最後勝利，恢復我國領土與行政的完整。

我們為主張抗戰之人，我們亦為景仰貴國之人，並且自信今後亦為能同情貴國之人，對於中蘇兩大國族攜手向人類解放途上邁進，尤具無限的期望。故謹以至誠，略獻數語，以供閣下的考慮。此信雖係我們數人簽名，但我們相信確代表中國最大多數民衆意見。專此並致革命敬禮。沈鈞儒、劉清揚、王造時、李公樸、張申府、沙千里、章乃器、胡子嬰、史良。

中華民國三十年四月十九日

1941 年沈钧儒等致斯大林函

“文通”“文研”的活动相当活跃，经常组织多种学习班、座谈会、文艺通讯征文、竞赛等，老师也都是知名作家，有杨刚、戴望舒、黄绳、徐迟、林焕平、冯亦代（当时他已离开香港）、郁风、袁水拍、司马文森。袁水拍等有的给我们上课，有的作征文、竞赛评委。有时请茅盾、乔冠华给我们作报告。假期举行联欢会、远足旅游，我们的生活是丰富多彩的，我个人有时也和祁恩孚一起去游泳、到他们公司同仁家做客。

“文通”“文研”本来是一个班子，但我主要是以“文研”参加活动的。会员越来越多，机构也扩大了。大家选李绥为研究部干事，我们办了个《青年文艺》的油印刊物，我又拿起铁笔，重操刻钢版的旧业了。

这个时期经常接触的有远威、李绥和钟膺，都是女同志。李绥和钟膺都是来香港新认识的，李绥很文静秀丽，还有几分庄重，似乎不大容易接近；钟膺活泼开朗，即使生人，也可以一见如故。她们都有一颗发愤图强上进之心，都是可交的朋友。我们一起编《青年之艺》，除了自己写稿，大部分是征来的稿子。稿子是多种多样的，有的是反对香港流行的新风花雪月的文章，有的是对“皖南事变”悲愤的控诉，有的是进步书刊的读后感，也有不少的诗歌等等。我用铁笔誊写，在审阅中对我就是最好的学习。

9月中旬，香港出现了一份四开纸的新报纸——《光明报》，上面登了“中国民主政团同盟成立”的启事。虽然这张报纸就是这个“同盟”的机关报，但谁也不知它是个什么样的同盟，都有哪些政团的同盟。但从它的纲领上看是主张坚持团结，坚持抗战的（在香港殖民地上只能讲“抗战”，不能讲“抗日”）。特别是过了几天，国民党大员孙科公开否认这个政团同盟的存在。使大家初步明白了，这是一个国民党不喜欢的同盟。

当时我们的朋友们并没有注意这张新出版的报纸，但是《华商报》是每人必读的，它政治态度鲜明，立论公正，特别是邹韬奋撰写的每天连载的《抗战以来》，我是作为上政治课熟读的，他使人深居孤岛能知天下大事，复杂的斗争中能分辨是非。

记得下半年，日本外相来栖和美国谈判，美日关系相当紧张，颇受香港国际问题专家的重视。我从专家们的言论文章里知道，谈判得好怎么样，谈判决裂会怎么样。当时争论的一个问题是日军南进还是北上。争论不休的时候，日军飞机12月8日轰炸香港九龙，对香港不宣而战了。专家们的争论已得出了结论。

12月8日晚上，我从皇后大道上高台阶想回坚道住处，突然发出空袭警报，香港当局立刻实行灯火管制，路上行人一阵慌乱。人群中隐约见到了徐迟老师，他显得有些慌张，不知去处了。我把他带到坚道我们的小学里避一避，他已听到昨天日本偷袭美国珍珠港的消息，他分析日本可能还要南下马来西亚、南洋一带，他预测会酿成美国参战的第二次世界大战。我们谈了一阵，警报解除了，我们俩摸着黑各自回自己的住处。

第二天,香港当局发出公报,说日本已对英美宣战,并组织防空演习、疏散人口等等,闹得人心惶惶,学校也不能按时上课。“文通”“文研”的朋友们难以聚会,也不能正常活动了。几天后,英国当局说,中国和美、英等十几个国家已对日本宣战了。

在香港同胞的强烈要求下,香港政府当局开放了粮仓,安设了许多售米站售平价米给市民。但每天买米受到了钱数的限制,我们住在坚道周围的学校老师和市民作为志愿者,义务参加了售粮工作。这些日子警报频频,炸弹大都落在九龙,日本的炮声一天比一天听得清楚了。日本猛攻九龙,香港更加紧张,小道消息到处流传,难分真假。我们只能从炮声分辨,比较有权威的报纸、正式的新闻报导都见不到也听不到了。

13日听到了传闻,一只插白旗的船,从九龙驶来香港,两个日本军官押着港督的秘书李从为人质,是来劝降的。港督的态度不得而知,但是大家已确信九龙全被日军占领了。第二天又听到警报响和轰炸声,连续好多天听到炮声隆隆,我们照样是服务出售平价米,据说英国仓库的粮食还是很充实的。

25日下午,有人看到港方树起白旗,日军登岸上港,香港总督投降了。这天是圣诞节,入夜全港一片漆黑,谁也掌握不了自己的命运了。

我和祁恩孚在谈论下一步我们将怎么办?祁恩孚没有问题,他是公司的职员,一切由公司安排。日本长期占领了香港,公司还可以存在下去。而我是毫无着落,想这想那都无济于事。

第二天下午,远威匆匆地来我住处,直截了当地告诉我,日本大批部队可能就要登陆了,和四哥(王远询,我来香港去看过他多次,他是天津兴隆行驻香港的经理,是个憨厚的生意人)商议,要我搬到他们家里去安全些(家在半山的幽静住宅区)。我和祁恩孚也没有什么考虑,整理后就随她去了。确实是很幽静的一所小洋房。到了她们家,还有两位比我大的中年人。远威告诉我,你们都说是兴隆洋行的职员,这是职员宿舍。她和王远询都不住在这。原来的女阿姨留下来帮我们烧饭。我换上王远询的唐装大棉袍，像个生意人。倒是这位阿姨让人担心，她不到30岁，有几分姿色，穿的并不华丽，但是身材好，显得俊俏。我们帮她打扮一下，披头散发，白天不洗脸，穿上宽大不合体的布衣服，立刻判若两人。这时我特别联想到李绥、钟膺二人，不知她们怎么样了。这两天我们在家里一遍又一遍翻箱倒柜，不能留下半点可疑之物。从这天起，客厅摆了四方桌，拿出麻将牌，说好外面一有动静四个人就坐下来装作打麻将。结果几天里没有什么动静，大家无聊，真的打起小牌来了。

28日下午，突然天空飞机散发传单，通告市民，今日下午日军正式举行入城式。飞机先行向市民示威，晚饭时我们住的兴汉道上开来不少辆军车，停在离我们不远的对面一幢大楼的前面。阿姨告诉我们，那幢大楼就是香港大学的学生宿舍。我们明白了，宿舍已成了日军的营房，从此幽静的街已不再幽静了。

我住在临街的一间房子里。从窗帘缝子里就可以看到大街，屋灯不敢开。从缝子里看，日本兵一群一群的忙着搬运什么。街上除了日本兵看不见行人。街上的煤气灯显得格外明亮。这个时候我们唯一的办法，就是必要时马上坐下来装着若无其事的打小牌。

入夜，一声枪响，我马上从窗帘缝里看外面，远远的似乎地下躺着一个人。日本兵站了岗，有的穿梭似的跑来跑去，显然是出事了。是兵杀民还是民杀兵，无从了解，我们只好坐下来装着打牌。不久听见房顶上有人跑过去，外面有哨子声喊叫声，挨门挨户地叫门。终于叫到我们的家门了。我打头阵去开门，一开门，刺刀已对着我的胸膛了。日本兵比划着要大家都出去到大街的地上坐着。街上已有几十人，我们几个人挤进去坐下来，周围是日本兵拿着长枪监视着。七八个日本兵进去翻箱倒柜，翻了一个多钟头，出来了，叫我们进去，关上门。我们再翻一遍，只是同住的那位中年人说“我的一条皮带不见了”，而我从翻得满地碎纸杂物中拾得一张袒胸露背的白杨剧照，照片是无关紧要的，但我想为什么我们翻箱倒柜就没有看到，说明我们还没有做到万无一失的地步。敌人天天在我们周围，提醒我们不能不倍加小心。

过了两天，白天路上的行人多了一些，那位同住的中年人，告诉我们他决定搬到朋友家去住，我也考虑搬出兴汉道。

我和“文通”的同志朱秋倩联系好，他是商务印书馆印刷工人。我决定搬到干诺道他们宿舍里。我从兴汉道半山提着两个箱子（一大一小）走下山来，遇到几个烂仔。人群中抢走我一个大箱子，幸而大箱子只装了一套西装和一条毛毡，重要的东西都在小箱子里。干诺道是个人烟稠密的地区，沿街许多旧货、小吃、赌博的小地摊。朱秋倩告诉我，烂仔到处抢人，日本兵就想找“花姑娘”。日本宪兵队发出安民布告：夜间如有歹徒抢掠奸淫，各家可鸣锣、敲面盆以示警告。另有一张布告是要商店一律开业，禁止伐树代薪，国民党政府工作人员到民政部报到，可受到保护等等。这几天我和朱去找文通、文研的朋友，寻找出路，尽快离开香港。到了西环，找到秋野、黄涛，在他们那里住了一夜，也没有找到办法。我到兴发行找王远询，请他帮助找个出路，他给我100元大票子，这对我真是雪中送炭。我托他利用他和天津的电讯关系和我家联系，报告家里我一切平安。他也答应给我找出路再通知我。过了几天，王远询打来电话，告诉我两件事，一件是通知我家里有电报来，要我回天津，路费由兴发行先拨款。另一件是和我商量，说天津一位朋友带一家人还有几件行李想回昆明，现在困在香港，希望有想去昆明的年青人能帮他们一起通过水路走（香港到越南河内的路已断）。我答应让我考虑两天再回电话。

首先考虑的是我自己是北上还是西进。考虑的结果，我不能再回到沦陷区天津了，只好违背父母之命西进昆明了。我做决定之后，即去找想去内地的“文通”同志温少曼和何世业，我把情况告诉他们，他们表示现在只有进，到大后方去，再有困难、麻烦也要闯一闯。我们达成一致了，我再去兴发行，王远询已约好了那些位老乡，同乡之谊，一见面就感到亲切。这位老乡叫钟涤非，是上海化学玻璃厂驻昆明办事处主任。回天津接家眷，并受云南大学胡教授之托也把家眷带来，有两位夫人两个孩子，还有六件大行李。他听到我和两位广东青年朋友愿和他们结伴同行，感到莫大的高兴。钟先生知道我们都是穷学生，他表示如果你们在路上和到昆明有什么经济上困难，他可以帮助。这对我们不只是一种安慰，确实他给我们解决了不少困难。一路上深切了解了钟先生是一位憨厚、和蔼、助人为乐、有求必应的热心人。

大家都按着规定办好了侨胞回乡证，并作了先到广州的一切准备。这个时候香港和九龙的水上交通已经通畅了。我记得是1942年2月的一天，在香港雇了一条船先到九龙一个小码头，然后上了去广州的小轮船，水路到广州。这都是两个广东朋友帮忙办好的。我们在船上过了一夜，第二天到广州。事先托了广东朋友在广州下九铺一个人家租了几间房，我们下了船直奔下九铺住下了。广州虽然也是沦陷区，但社会秩序要比香港好多了。只要你“奉公守法”，彼此就“相安无事”。但住广州一个月也查了几次户口。我们三人分工，我和温少曼每天跑外找出路，何世业留在家里帮钟先生全家做些事情。

广州一个月里，我和温少曼去了佛山几次。我们找人打听怎么走，从什么地方走，见到一位自称和某镇的“游击队”有关系的人。我们接触几次，觉得这个人有根有底，温少曼对这一带比较熟悉，他认为这个人还可靠。我们决定和钟先生商量再定。在佛山期间，为了找关系也去了温的老家顺德住了两天，家里有个很大的竹林，环境非常幽静，这里像个世外桃源。

回到广州，和钟先生一家商量，在没有其他更好出路的情况下，只好下了决心，先去佛山。离开广州前我们“全家”去下九铺的陶陶居吃了一顿早茶。这是广东人的习惯，陶陶居也是几十年有名的饭馆，多种小点心，新奇而味美，大家都很满意，钟先生说：“不怪大家说玩在苏杭吃在广州了。”

2月下旬，我们和钟先生一家（三个大人两个孩子）带着六件大行李到了佛山。在佛山等一个没有月光的晚上，到约定的那个小镇，找“陆司令”接头。这个小镇是在西江边上，入夜日本军都回到县里，沿江有几个碉堡，靠探照灯监视江面。我们到达那个小镇，一路漆黑寂静，到了小镇见到灯光，满街是摊贩。有旧货、小商品、食品、药材等等，入夜后这里就是中国人的贸易市场。我们在茶楼里和“陆司令”接上头，他已安排了一只可以坐十多人的船，深夜大家上了船。两个摇船的人上船后，要大家不要作声，不要咳嗽，发现探照灯时都爬下。船一离岸，乘客们鸦雀无声，每个人自觉地伸出一只手去拨水，目的是希望船走得快些，我体会到这就是所谓“同舟共济”。漆黑的夜，除了划水声外，就是大家的喘气声。船走到江面的一大半时，划船的人低声告诉大家，我们已经出了警界线，北岸快到了，大家如释重负。上了岸，很多抢生意的大马车等在那里。一位同船的人告诉我们，前几天听说一位知名文人，在江里被日军探照灯发现了，开了几枪，后果不明。他并嘱咐我们尽快雇大车赶路，这里是三不管地区，没有日军也没有国军，但要提防烂仔。我们立即租了一辆马车，赶到一个镇上，找家旅馆住下了。我们一切外交事宜都是温少曼、何世业出面应付，我们装的就是华侨返乡。

后面的行程，大部分是乘船在西江向西行，经过肇庆，我们上去游览了七星岩。到了梧州以后，进了广西省，继续西行，到了柳州时，温少曼改变了主意不想去昆明，改道去桂林，我们就地分手了。

四月间到了贵阳，相传贵州是“天无三日晴，地无三里平，人无三分银”的穷地方。尽管如此，贵阳是贵州的首府，总算是个大城市。我们在这里住了几天，修整一下，同时联系公路运输方面找车子，走滇黔公路去昆明。

我们找到了敞篷的运货车。人坐在货物上，和坐船的感受大不相同了。钟先生跑过几次公路，他有经验，他说乘车人一定要设法管住司机。因为跑熟路的司机，常常定点停车，找“相好的”过夜。夜里睡不好，白天开车常常出危险（确实听到路上翻车的很多）。所以要和司机关系搞好，约好同吃同住，一切由我们负责招待。这一点钟先生亲自出面和司机打交道。特别是在公路上的危险地带，有名的“二十四拐”更要加倍小心。钟先生工作做得很出色，我们安全进入

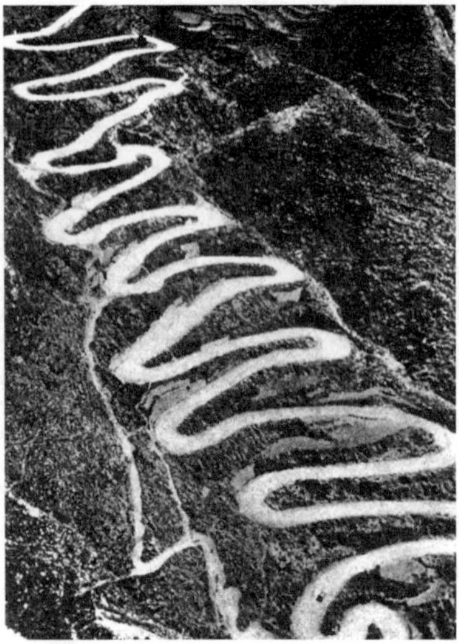

二十四拐

云南境内。我们所乘的大卡车，一路上不断有人搭车，人们称这是“搭黄鱼”，司机可以随意收费。这都是来往做生意的，包括司机来回贩运甚至走私各种货物。跑一趟车，司机生财有道，还可以花天酒地，一路风流。这是很多人羡慕的职业。

终点站是云南曲靖。曲靖到昆明有段火车，我们转上了火车，一路没有颠簸了，心里也平稳多了。我清楚地记得，我们到昆明时正是“五四”那天。

1942年—1946年　26岁~30岁

昆明结识李公朴　创办北门书屋和出版社　考入中法大学　民主运动掀起高潮　民主同盟召开代表大会　毛泽东主席到重庆　召开政治协商会议　较场口事件　昆明“一二·一”学生运动　陶行知、李公朴成立社会大学　李闻惨案

到了昆明车站，钟先生公司同仁来接，行李也有人搬运，我们坐着已准备好的车子进了昆明城。公司的地址是在昆明一条主要的街道正义路上的一条横道——绥靖路。是一座有六七间的二层楼房。我们的住房一切也都安排好了，给我们宾至如归之感。

云南大学胡教授的夫人是我们同来的一位胖太太，胡教授不在昆明，他托一位朋友李国华把她接到学校去。李国华是个进步的文化人(后来知道他是老共产党员)。日本占领缅甸后，也是几天前才逃回昆明的。他听说我来昆明是想上大学，因证件不足可能会遇到困难时，主动介绍我去找爱国人士“七君子”之一李公朴先生帮助解决。他说李先生是个交往甚广助人为乐的人，一定可以帮忙，我心里想到，就是为《大众哲学》写序的李公朴，我很佩服他。第二天他就带我去青年会见到了李公朴先生，李先生平易近人，和蔼可亲，尽管他留着胡须，我并没有把他看成老人，很快就无所顾忌地交谈起来了。当他知道我想上大学时，讲了他的一些看法，最后表示还是尽可能地帮助我。接着他告诉我，他在青年会已组织了青年读书会，有不同职业的青年30多人参加，希望我参加进来，我当然很高兴。这里我可以交一些云南的朋友，打开了一个新的局面。

在那些日子里，白天经常去青年会和青年朋友一起活动，晚上在钟先生办事处，和他们一家过着家庭生活。钟先生的朋友很多，来往的都是天津人、上海人，云南人统称为“下江人”。钟先生忙于应酬，钟太太也善于交际，对我们非常照顾，都是热心肠的人。

何世业来昆明一段时间以后，我有时带他去青年会和青年朋友们一起活动，但由于性格和语言原因，总是和云南朋友不能打成一片。加上昆明文化落后，没有什么进步的刊物，在他的眼里和香港相比，这里是一片没有文化的“沙漠地”。这里虽有西南联大，但他对这种高等学府不感兴趣。这时我们已和桂林的“文通”朋友联系上了，听说那里又成了进步文化人的聚集地。他下了决心离开昆明去桂林，他念念不忘的是“文通”和“文通”的老师、朋友们。

钟先生帮他找了一辆资源委员会去桂林的车子，上面装有笨重的机器。6月初他和公司的一位同事搭上这辆车子离开了昆明，我们去送别他。几天后钟先生接到这位同事来的信，说车子在安南某地翻了车，千斤重的机器砸在何世业的头部，当场殒命。没有几天，接到钟膺的来信，告诉我“文通”的朋友秋野和黄涛在东江游击队战斗中英勇牺牲了。两封报丧的信，使我悲痛万分。

陶志新前一年从香港顺利地经过海防到达昆明，考入西南联大外语系。我到昆明后已多次见面。她告诉我6月间辛树华有信来，他在兰州，生活很艰苦，还是希望她不要去。她对辛起了疑心，她很固执，我劝她也不起作用。

钟先生的分公司决定在8月迁到重庆。公朴先生正在找房子。想把一直住在乡下的夫人（张曼筠）和儿子（李国友）搬到城里来。我带公朴先生看了房子，和钟先生也见了面，商量好了除我住的一间外再留两间租给公朴先生。为此，我和公朴先生回到乡下的家里，昆明郊区陆家营，第一次见到李师母（当时就这样称呼她）和国友，研究搬迁问题，住了一夜，第二天我和李先生又回到城里。

9月间，公朴先生全家搬进了绥靖路，成了三口之家。从那天起自己开火，公朴先生也要我和他们一起用餐，我要帮他剪报、抄写文章，已经成了家里的一员。我暂时有了归宿，我的新生活开始了。

关于我上学的问题，公朴先生告诉我，他已见到西南联大的潘光旦，因为我要求上二年级作插班生，所以学校要原学校的证件。我离开北平中国大学时什么证件都没有要，学校说只有重考一年级，或作借读生。当时我不愿在联大上一年级，愿作借读生。借读生的好处是时间自由、学习自由。愿意上谁的课就可以旁听。而且李先生讲昆明文化落后，生活书店（邹韬奋办的进步书店）和公朴先生创办的读书出版社都被当局勒令封闭。他正在想在昆明办书店和出版社，开展云南文化事业。他要我参加跟他合作，所以他也主张我作个借读生，时间完全可以自由支配。特别是西南联大，民主自由的校风，更受到青年人欢迎的。

原天津“民先”队部的负责人黄元镇、郝贻纯订于 1942 年 7 月 25 日结婚，我收到请柬并参加了他们婚礼，想到四年前我们在地下工作，今天他们却成新郎、新娘了。他们毕业于西南联大，9 月 18 日黄元镇来向我辞行，他将赴外地工作。

二表兄李盛普随南开大学来昆明，因何廉（南大的著名经济学家）关系介绍他到昆明中央信托局工作。他和天津家里有联系，父亲通过他几次寄钱给我，怕我经济上遇到困难。表兄也常来钟先生这里做客。

我遇到天津的老朋友翁思敬。他在阳宗海（属于路南县）兵工厂工作，他回阳宗海时，邀我一起坐火车去玩几天。我在阳宗海住了两天，到处游览，不像是昆明接触的都是“下江人”，这里才真正体验了云南人的生活。

10 月间，公朴先生一位云南的军人朋友朱家璧来家探望，他是驻扎滇南个旧、开远一带的部队营长。他去过延安抗大学习，想开展滇南文化教育，组织文工团。希望公朴先生帮他组织些青年去。他见到我，从公朴先生那里了解我的情况后，觉得我是适当的人选，定要我去。公朴先生坚持不放我，征求我的意见。开始我很矛盾，朱家璧有雄心壮志，可以帮他开展一个新局面，也很想去闯一闯。但又想到这里已经有个温馨的“家”，一群云南进步的青年朋友，可以作借读生，更吸引我的是公朴先生也有雄心壮志，在昆明、云南开展文化出版事业。最后我还是决定留在昆明。

在绥靖路这一段，我与公朴先生一家生活在一起，是愉快的充实的。公朴先生是个刚刚 40 出头的“带着胡子的青年人”，热情、乐观、助人为乐、诲人不倦。白天他骑着自行车到处跑，和青年人打成一片，又接触不少上层知名人士。听他说过拜访过龙云，见到李根源、褚辅成、张冲等，目的是团结地方有实力和有影响的人加强抗战的统一战线。回到家里总是有说有笑，兴之所至，引吭高歌。我最喜欢的《黄河颂》就是和公朴先生学唱的。公朴先生鼓励我练习写作，我写了一些小文章在青年读书会的壁报上发表。此外，我还帮助公朴先生注意报纸上的国际国内新闻。每天剪报、帮他抄文章，整理演讲记录。我记得他把这个时期的作品汇集起来装订成册，封面题为《困知录》，意思是“困而知之”。第一篇是我用墨笔抄写的公朴先生观看苏联电影的一篇观后感。还有一篇是我根据公朴先生的意思撰写纪念郑一斋先生的文章（郑先生是被美军吉普车撞伤而死的）。郑一斋是一位进步开明的云南绅士、商人，曾资助读书生活出版社出版进步书刊。

1942 年 12 月，我和公朴先生全家搬到北门街 97 号，我们即着手筹备开办一家书店。

公朴先生告诉我，昆明的青年们，特别是职业青年们，迫切地要求学习，要求阅读进步书刊，但是在西南后方不但不能满足他们的需要，而且对一些进步书店、报刊，反动当局横加迫害和摧残，生活书店、读书出版社等均已被勒令关闭，书报邮寄控制极严。人们缺乏精神食粮，受着饥饿和愚昧的威胁。公朴先生气愤地说，这是出版战线上的一场生死搏斗，我们要斗下去，就要自己开书店，自己办出版社，开辟自己的阵地。

和公朴先生几次谈话，我们计划第一步先把书店开起来，第二步再办出版社，将来如有可能再去缅甸仰光筹办。我们的计划得到了周围朋友们的支持。

公朴先生搬到了北门街。全家住在楼上两间。楼下是一间临街的店铺。我们做了两个竹制的书架，用床板铺了个案子，简单地收拾了一下，就在1943年初打开了门面，书店开张了。因为位于北门街，故定名为“北门书屋”。

公朴先生是个穷书生，我是个穷学生，旧社会没有钱是很难办事的。但是，说来也不难，只要你有个真诚为人民做点好事的愿望，就会得到朋友们的同情和支援。因此，我们在缺乏物质条件的情况下，受到朋友们的鼓励，使我们有了勇气和信心，排除一切困难，坚决地干下去。当然公朴先生的名望也起了重要的作用。

书店的房子是昆明商会会长李琢庵先生的。他听说公朴先生要

1943年初李公朴先生创办北门书屋　（王健摄）

办书店，就从住房那一天起不收一文租金。我们的同行如上海图书杂志公司、华侨书店、进修出版社、康宁书店等，供给我们大批的书刊，出售以后按四六或三七成结算，售不出去可如数退回。这种无本有利、有赚无赔的生意就是对我们最大的支援。

像这样的书店，实际是大书店的代销处，毫无特点。如果说还有点特点的话，那就因为它是李公朴开的小书店。慢慢知道的人多了，生意也就逐渐繁忙起来。远道的学校、企业、事业单位，为了支援我们，舍近求远地跑来购书，特别是进步的同志和地下党的同志们给我们更多的帮助。当时滇南开远一带驻扎的云南部队，有我们地下党的同志负责。朱家壁营长是个带枪的文人，经常来书店买书，为部队选购，在滇南地区给我们打开销路。云南建水一带也是我们地下党开辟的地区，当地建民中学负责人方仲伯同志，从延安和公朴先生就在一起，在他的帮助下，建水一带也是我们书店的畅销区。有了这些支援，北门书屋算是站稳了第一步，当然谁也不会满足，这只不过是刚刚开始。公朴先生还想筹办出版社，大胆地想迈出第二步。

书店开始时，我坐在店铺里应付顾客。卖书、收钱、记账。有的顾客看来不是买书的，而是看书的，一看就是一两个钟头，我看他站得很久，就给他一个凳子坐。时间长了，认识了不少书友，有时顾客不多，我也找些书看，摸出一些规律，生活也就上了正规。李师母也常下来，看守店铺。

过了一段时间，书店请了一位广东青年陈广成，由他坐店铺应付门市，我骑着公朴先生的自行车和关系户各书店联系，选一批书来，或售出的书去结账，有时公朴先生也亲自骑着自行车跑外联系。

青年会的青年读书会始终继续活动，类似香港“文通”一样，经常请些名人演讲。最关心青年学习的有：孙起孟、曾昭抡、辛志超、潘光旦等人。他们讲的有国内外政治形势、青年问题、普及科学知识等等。我们书店开办以后，成为青年读书会的一个聚点，不断有些人来商量事情，研究稿子，没有事情就坐下来看书。我在忙着书店工作的同时，一直没有放弃作个联大的借读生，我旁听过闻一多讲屈原、罗常培讲孔子的课，确实受益匪浅，每次在课堂上像我这样的旁听的学生很不少，这就是联大的学习自由的校风。

1943年3月，公朴先生的女儿张国男(12岁，从母姓)和奶母以及奶母的女儿、女婿等四人从重庆到达昆明。4月间公朴先生岳父张筱楼(著名国画家)也从陕西来昆明，他们一家分散多年又团聚了。

第二步走的道路就更加艰难了。办出版社不但需要有一笔资金周转，也要有作家们的合作，还要有印刷厂作为后援。这些条件在昆明是有限的，因此，公朴先生和重庆的出版界很快地挂上了钩。当时作为抗战的陪都——重庆，直接在蒋介石反动统治下，所处的环境比昆明更加险恶。特别是在"皖南事变"之后，国民党反动当局疯狂地摧残进步文化事业，抓人、禁书、封闭书店。但是进步的事业是压不垮的，有压迫就有反抗，就更促进团结。"生活""读书""新知"三家书店被封闭了，但实力并未溃散，很快地就成立了"三联书店"，它仍然是个战斗的文化堡垒，它就是我们北门出版社最有力的后援。在这里我特别要提一提的是当时三联书店负责人范用同志和对外文艺联络社的盛舜同志，他们是北门出版社驻重庆的义务代理人，他们协助北门出版社做了大量的工作，北门出版社能够存在并得以发展，是和他们的支持分不开的。

公朴先生说：为群众办的事业，就要依靠群众来办。公朴先生最善于联系群众，更有组织的天才。他经常接触进步诗人、作家、学者和教授，以及各界民主人士和爱国的工商业者，这些人后来大部分都是民主运动中的积极拥护者和参加者，也都是支持北门出版社的热心人。

公朴先生周围那些文化人也都是一些穷朋友，征集一些资金也寥寥无几。没有足够的资金，我们只好先找些不付稿酬的稿子、能赊欠的印刷厂。因此，北门出版社最先出版的是两本诗集：一本是楚图南同志(笔名高寒)翻译的尼克拉索夫等的世界名诗集《枫叶集》；一本是张光年同志(笔名光未然)的诗作《雷》。这些诗都是歌唱战斗、歌唱新生的诗，是火热的强有力的诗。但是在当时的环境里这些诗却都难以问世。在公朴先生和作家的合作下，终于冲破了层层困难，像黑暗的天空闪出一道电光，惊雷震响了，人们听到了《午夜雷声》《野性的呐喊》……回忆当时我手捧着我们自己出版的第一本书的时候，见到公朴先生，见到作者，他们虽说是老出版家、老作家了，但和我的心情一样，都有着说不出来的兴奋和喜悦。我们总算为人民做了点事情，出了成果。

我们的编辑部主要是由张光年同志负责，我作为他的助手。我们在书店对面小楼租了两间房，一间准备给即将来昆明的公朴先生岳父住，一间是编辑部张光年和我一起住，从此，我的工作已转到编辑部来。编辑部成立了编委会，约请了楚图南、闻一多、赵枫、曾昭抡、潘光旦等十余人参加。这里有诗人、作家、音乐家、翻译家和科学家，也都是民主革命的战士。在他们的努力下，先后出版了苏联名著《新时代的黎明》《高尔基》的翻译本；艾青的《献给乡村的诗》和政治讽刺诗集《人民的歌》；张光年写定的云南彝族长诗《阿细的先鸡》；赵枫著的《名曲解说》，以及他和白澄主编的艺术综合性丛刊《五月之歌》；张光年和叶以群共同主编一套民主文艺丛刊，出版了第一集《文艺的民主问题》，执笔者有茅盾、何其芳、曹靖华、姚雪垠、楚图南、闻一多、李何林、徐迟等 20 余位作者，对当时文艺的民主问题提出了尖锐深刻的意见，这里也反映了毛主席《在延安文艺座谈会上的讲话》的基本精神。

1944 年，李公朴、张光年于北门出版社

（王健摄）

1944 年，湘桂大撤退，西南

北门出版社出版的部分书籍

后方岌岌可危。我们出版社也在准备迁移滇西大理,或滇南红河地区,必要时也准备上山打游击。就在这个时候,我们出版了A·托尔斯泰的长篇小说《保卫察里津》,这是曹靖华同志根据原著译出的第一次全译本,是一部洋洋24万言的巨著。《保卫察里津》的出版,对当时西南广大人民“坚持抗战,保卫大西南”起了一定的教育和鼓舞作用。

公朴先生也是个社会教育家。他初到云南曾周游滇西、滇南各县,参观考察,特别注意青少年教育,他看到那些“内容贫乏的课本和单调的学校生活,不但无法诱导孩子们的学习兴趣,而且还会束缚孩子们个性的发展”。公朴先生特别是看到当时没有人替孩子们打算,孩子们只好自己想办法。旧书摊上大批剑侠小说和连环图画,如“《济公活佛》《七侠五义》《荒江女侠》《火烧红莲寺》等等荒唐的故事、怪诞的思想和封建的毒素便担当了指导儿童思想的任务”的种种情况,就更加痛心。他说:这是文化教育战线上的阵地战、争夺战,我们要占领这个阵地,把青年儿童争夺过来。为此我们出版社决定为青少年编印一本刊物，并计划以求真出版社名义有系统地出版中小学课本以代替“正中书局”的课本，这也是云南广泛的边远地区教育界迫切要求于我们的。出版少年期刊事，公朴先生说我是“孩子头”，要我来主编。我不是搞儿童文学的，缺乏这方面的经验，但是我像公朴先生一样，有一颗赤子之心，便痛快地答应了。定名为《孩子们》，我设计了封面，公朴先生给创刊号写了序言，约请了几位对儿童文学有兴趣的朋友按期写稿。第一期《孩子们》印刷 3000 册，除昆明市外，发行外县。各地纷纷订购，不敷分配，加印 3000 册。后来每期发行 6000 册，是昆明畅销刊物之一。

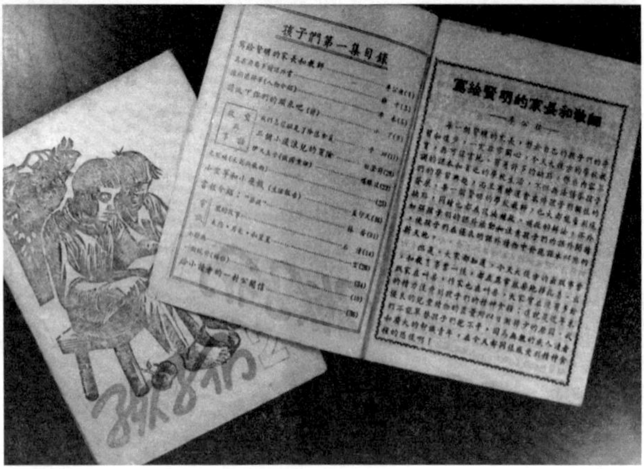

出版业务不断发展，政治活动也日益活跃，我们的生活是紧张而愉快的。北门书屋每天的顾客、读者川流不息；在楼上，公朴先生寓所里常常是高朋满座。朋友们喜欢到他这里举行各种集会，例如宪政座谈会、时事讨论会、民盟的小组会、妇女联谊会等等。外地来的民主人士和文化界的朋友们也把这里当作中转站、联络点。萨空了同志从四川集中营释放出来，到昆明经常在这里与各方面朋友会面。赵丹同志从新疆监狱出来到了昆明，就在这里和昆明文化界的朋友们聚会，听他控诉盛世才的罪行。杜聿明的叔叔杜斌丞先生来访，就透露一些国民党内幕。新闻界的朋友们把公朴先生的家说成是“文化沙龙”，称赞它是“民主之家”。在这里有时显得十分紧张严肃，但有时又感到那么轻松活泼。每到周末，青年朋友们、同学们也都愿意到公朴先生家里做客，很自然地就形成了各种各样的晚会。如果诗人张光年同志（即《黄河大合唱》的词作者光未然）在场那就很可能是个诗歌朗诵会；假若音乐家赵枫同志去参加，就会成了音乐欣赏会，常常是兼而有之。公朴先生活泼得像个青年，听到舞曲就兴致勃勃地拉着夫人或在座的姑娘们翩翩起舞；有时兴奋得忘记了周围的环境，放开嗓子高唱陕北歌曲，一面唱一面带着孩子们扭秧歌。我深深体会到，知识分子是最需要精神生活的，每天生活箪食瓢饮不以为苦，而大家聚集一堂，却要有丰富多彩的精神享受。北门书屋是精神食粮的供应所，同志们工作其间都自堪其乐也。

奶母的女婿胡少南，从重庆到达昆明以后，北门书屋门市就由他负责，我照常参加青年读书会和联大旁听。更多地接触联大同学之后，我已不安心作个没有学籍的借读生。我想重新上大学，作个正式大学生。我下了最大决心上了中法大学文学院。文学院也在北门街，离书店不过两站路，课程除了法文外，其他课程对我没有什么负担。每天的课程不多，有的可选也可不选，也像联大一样的自由，有些联大教授也在中法讲课。我上中法大学是得到了公朴先生的默许的，但公朴先生筹创出版社工作还要参加。

陶志新在联大学习上是很顺利的，成绩也是优秀的。但在感情生活上是很不幸的。她和她的男朋友辛树华又一次在信里闹翻了，她一气之下，和她服务的一家拍卖行（多数外地学生，一面上学一面打工以维持生活）的经理结了婚。这是 1942 年年底的事，1943 年 3 月底，陶志新突然来书店，说她决定离婚，希望我帮她找个律师，她只说两人感情合不来，我也不便深问她。第二天我去找了她的姐姐陶涛（在昆明工作）才知道此位经理生理有缺欠，不能房事。当时经过朋友介绍我找到了律师芮沐，陶志新和芮沐见了面经过一定的法律手续很快就宣判离婚了。

天津一别将近三年的霍世明从西安来信，她到西安已在华北新闻社工作。他告诉我四弟金铭(后改名为新吾)1月份也到了西安,是因为我的关系,她们互相认识了。世明一面在工作,一面在等待哥哥(霍世璋)的消息,准备去她哥哥那里。5月间收到她给我的信,这是离开西安之前向我告别,去什么地方不便讲,但满篇是倾吐临别依恋之情。

新吾有信来,6月间,他到了重庆,认识了王大光。当时王大光在中统局作了科长,我们从香港一别就很少和他通信,我写信告诉他王大光其人,劝告他和王不要来往。但新吾自以为是,不以为然,我很担心他走入歧途。

陶志新离婚后,她还常来书店。我很珍惜我们之间的友谊,安慰她鼓励她。而她需要友谊,更需要爱情。一天我们在翠湖公园散步,她坦率地表达了蕴藏内心对我的感情。我毫无思想准备。我一向把她看成是个知己的朋友,但她是不满足这种友谊的。她的幻想破灭了,刺伤了她的心。

六七月间,我患了斑疹伤寒,躺了一个月,她不断来看我。健康逐渐恢复以后,不见她来了。8月初,读书会的朋友纳静波和赵仁传接到陶志新从重庆来信,他们收到信马上来找我。从信里简短的内容看出这是封"绝命书"。我们对她生死未卜非常担心。几天后收到新吾的信,详细地告诉我情况。陶志新7月中到了重庆,见到了王大光(陶志新曾告诉过我,她经过香港时,王大光对她很殷勤,追求过她),王要求她准备结婚。陶住在社会服务处,一天早晨,新吾去看她,陶睡在床上已昏迷不醒。发现桌上安眠药的空瓶子,觉得不对,立即送陶到医院。经过抢救、洗肠,慢慢醒过来,新吾说幸亏发现得早方免于祸。我回信感谢新吾并安慰陶志新好好休养,我还是把她一如既往当作好朋友看待。过了一些日子,我听到重庆一位朋友传来的讯息是,新吾在王与陶之间起了促进的作用。我写信责备新吾,陶志新生活上失去了方向,你不应把她再引上政治歧途。我写信给王大光,不谈陶的事,我反映老同学在重庆见到他已"飞黄腾达"了,我不客气地指责他,有人发了国难财,而你却做了"国难官"。不久他回了我一封信，新吾讽刺我没有勇气面对陶的感情，是个“罗亭”（屠格涅夫小说《罗亭》）式的人物。我意志坚决，现在不想恋爱，更不想结婚，任凭别人说什么，我都处之泰然。王大光的信很圆滑，用温和的口气说我不要听信别人的传言，表白自己还是清廉的。最后还问候我的身体如何。我给他写的信是“绝交书”。此后，再也没有和王大光通信往来了。

国男要进初中，北门街附近有几家声誉较好的中学，但是贵族化。公朴先生决定把她送到离城十多公里的龙头村，云南大学附中。校长杨春洲是个进步民主人士，师资力量强，有几位是地下党员，张光年、赵沨都在校里教过课。该校在一座古庙里，非常简陋，生活也比较艰苦。李国友小学毕业后也上了云大附中。就是要她们去接受锻炼。

9 月间陶志新从重庆回到昆明，又来我们书店，我还像过去一样地对待她，她面色憔悴，像经过一场大病似的。告诉我她又回到学校继续读书，还想到一家商店去打工，我们之间似乎什么事都没有发生一样。

1941 年我在香港看到创刊的《光明报》上登的“中国民主政团同盟”在重庆成立的新闻，当时没有重视，1943 年听到公朴先生和邻居云南大学教授潘大逵谈到政团同盟事，我知道他们都是“救国会”的成员，救国会就是政团同盟之中三党三派的一派。公朴先生和重庆的救国会总部沈钧儒经常有联系。他们告诉我政团同盟是以政团的名义结成的同盟，个人不能参加。我见到公朴先生经常和周新民、楚图南、罗隆基、潘光旦、潘大逵等人研究筹备在昆明成立的政团同盟问题，以争取民主反对独裁相号召的。1943 年中共中央南方局派华岗到昆明作云南党政上层人士统战工作，他对民盟成立也起着指导作用。

1944 年昆明民主政团同盟成立支部，他们主张打破“政团”限制，争取个人参加，所以李公朴、楚图南、潘光旦、潘大逵、闻一多都以个人身份参加了民盟。

1944年春节的一天，我同国友从街上回来，发现五弟金铸（后改为王陶）站在书店里，我又惊又喜，他说天津广东中学毕业后，实在不想在沦陷后的天津住下去了。一个人辗转到重庆，坐飞机来昆明，目的是上西南联大，因为他有完备的证件。我找了潘光旦，先办了借读，经过一次考试，很快就正式上联大了。

公朴先生的一个侄子李克金从广西到昆明来，他说日军向西南推进，广西恐将不保，这次来是找公朴先生介绍工作的。正好胡少南因为家里人口多，一直想换个工作。公朴先生介绍他到郊区一家机械厂做管理工作，收入要比书店高许多。这样，李克金就代替了胡少南负责书店的全面工作，这时书店已有发展，打通了南洋几个地区的销路。又找了一个青年刘兴来工作。

我的活动空间和时间就比较自由了，一度我到联大宿舍去住，和王陶住在一起，认识了不少他的同学，也相识了历史系同学王汉斌（后来知道他是地下党员），这个时期我的生活是多样化的。除了出版社工作和在中法按时上课外，参加联大或联大、云大、中法联合主办的各种纪念会、诗歌朗诵会、时事报告会等。晚上去图书馆看书，或约几个人去坐茶馆饮茶、开小会、研究问题、打桥牌、摆龙门阵。

王汉斌在学校集合几位同学组织了“现实社”（主要是在校园里出版“现实壁报”）。王陶参加了，汉斌也拉我参加，并要我写稿。正好6月24日这天罗斯福总统的代表华莱士副总统访华到达昆明，联大同学赶制了一条英文大横标表示对他的欢迎，现实社也及时出了壁报，我写了一篇《不给战神留下活动的空隙——读〈天下一家〉》的文章，赞扬他的言论、文章充满了对法西斯的痛恨，洋溢着对国内、国际的广泛的民主的热望。我读了他的书，听了他的演讲，给我的印象是他确实是一位民主的副总统。后来，我多次给“现实”写稿。

上半年，日军疯狂进攻，国民党军队节节后退，洛阳、长沙、衡阳相继陷落。桂林、南宁亦危在旦夕。中国共产党在国民参政会上提出废除国民党一党专政、成立民主联合政府的主张，在广大群众和各民主党派中引起了强烈的反响。

昆明民主政团同盟支部，打破了政团的限制，积极发展了个人参加同盟，到下半年秋昆明支部改组为云南省支部。这时在重庆，政团同盟中央召开全国会议，经过激烈的争辩取消了“政团”二字，改为“中国民主同盟”（简称民盟），从此广泛地在全国发展盟员，民盟逐渐壮大起来。

10月10日双十节，民盟云南省支部联合联大、云大、中法几个大学，在云南省政府主席龙云的默许下，在地下党的支持下，决定召开群众大会，是日，聚集在昆华女中操场上有5000人之多。闻一多、罗隆基、李公朴、楚图南、吴晗相继发表演讲，大会进行中，国民党特务放鞭炮进行破坏，会场出现了混乱。公朴先生是大会总指挥，沉着镇定，挺身而出维持秩序，使大会顺利进行。最后由闻一多宣读大会宣言，宣言热烈响应中共中央废止一党专政、建立联合政府的号召，强烈要求国民党立即结束党治，还政于民。会上一致高呼“动员起来，保卫大西南”“成立联合政府”的口号。会后举行群众大遊行。这样的会在云南还是第一次，在国统区内成了民主运动的先声。

1944年在昆明昆华女中操场上举行的五千人大会（王健摄）

12月初，日军占领贵州独山。昆明城人心惶惶，公朴先生和光年同志找孙起孟等人一起商量，如果日军进攻云南，我们已无退路，只有上山下乡打游击。我们和周围的朋友们都积极地作了准备。

12月25日，是云南护国起义29周年纪念日，云南民盟又组织几个大学和文化界，在云南大学广场举行盛大的纪念会。大会由潘光旦主持，李公朴任大会总指挥。请了几位护国将军、元勋、护国起义参加者发表演讲。最后由吴晗、闻一多讲话。话题是"以历史的眼光看现实"。他们讲话后全场通过了大会宣言，宣言提出了"立即结束国民党一党专政，召开人民代表大会，组织联合政府"。大会结束后，举行数千人群众游行。群众的呼声震憾了山城，传遍了祖国各地。1945年1月，我也参加了民盟。

1945年春节期间，联大悠悠体育会组织旅行团赴路南县游石林、长湖。我和王陶都报名了。辛树华于去年底来昆明，和陶志新一起也报名参加了旅行团，这个团有数十人，其中有闻一多、曾昭抡两位老师，同学们都表示欢迎。

大家在路南各处游玩了一个星期。石林真是天下奇景，据说世界上只有意大利有个类似的石林可以媲美。又游了长湖、大滴水瀑布。大滴水的美就是在两座高峰之间瀑布垂直而下，也是奇景之一。我们逛了黑龙潭庙会，访问了圭山彝族家庭。旅行团几次集会要求闻先生、曾先生给大家讲话。他们即席讲话，既有思想，又有史料，又有故事也有笑话，妙趣横生。激增了大家的游兴。

初春的一天，蒋介石派特务头子刘健群到了昆明，专访了公朴先生，谈话间进行威胁利诱，说昆明这里不安全，要公朴先生去重庆教育部委以重任，否则"回去不好交代"，公朴先生婉言拒绝。刘健群指使联大三青团贴出壁报说"李公朴即将赴渝出任要职"。因而引起了民盟闻一多、吴晗等人对公朴先生严厉责问。公朴先生没有声辩。晚上公朴先生找光年同志谈及此事，他反躬自问：为什么刘健群不找别人而单找我？为什么朋友不误解别人而误解我？他作了极其深刻的自我检讨，一直谈到深夜。第二天光年同志走访了闻一多、吴晗，详细介绍了刘健群来的情况和公朴先生处理这件事的态度，闻先生听了就深感歉意地说：我们错了，我们要向公朴道歉。

1945 年联大悠悠体育会旅行团中的闻一多先生

4 月 24 日，毛泽东主席在中国共产党第七次全国代表大会作政治报告《论联合政府》，朱德总司令作军事报告《论解放区战场》。重庆《新华日报》全文发表。但国民党阻挠该报发行。北门书屋决定秘密印刷《论联合政府》和《论解放区战场》两本小册子，因为我们出版社有纸又有印刷厂，完全有条件印刷。各印刷 2000 本，一部分在大学里发行，一部分由书店设法运到云南各地发行。我们几个年轻人亲自到印刷厂和工人一起操作。印刷厂大门贴了“家有喜事暂停营业”，三天就赶出来了，我们分头发行。此事被人拨弄是非，说“北门书屋翻印别人东西，自己赚钱”。过了几天罗隆基亲自跑到书屋找我，查问印书事，又是质问又是责备，说我们是“书商行为”。我听了以后不想解释更不想争辩，我只讲了两句话：一、北门书屋不是民盟开的书店，你没有权利干涉；二、如果是书商敢于印这种不怕坐班房的书，我看也是可敬的。他也没有说什么，悻悻而去。后来经民盟同志解释，劝他们不要听信别人恶意诽谤，罗隆基等人也想通了，此事也就不了了之。

过了几天，晚饭后，公朴先生和我闲谈。其实他是有意找我谈话的。开始就从这两个月来民盟朋友间出现的这两件事谈起。他先问我的看法，有什么意见。这是他对青年惯用的启发青年人独立思考的方法。谈起来我就有些气愤，我想不到民盟这些大学教授们有学问，喊民主，怎么这么粗暴无理，太不尊重人了，自视清高，看不起别人到如此地步。说去年在纪念鲁迅的会上，闻先生还作了检讨，自认为是“京派”“清高”，骂鲁迅是“海派”，说现在看我们错了，都像我们这么“清高”，国家要弄到什么地步了？我说当时我很受感动，但遇到具体问题，他还是那么“清高”。罗先生我也是很敬佩的，他演讲敢于揭露蒋介石独裁专政。谈到这里公朴先生接过去说，闻先生这个人是个疾恶如仇、从善如流的人，性格有些急躁，但品质非常纯洁，有诗人的气质。公朴先生感叹地说：大学学府里确实有些人看不惯我们这些人，在旁说些“风凉话”，起了些坏作用。接着他带着自我检讨的口气说，自己在社会交往的人太多，难免不被人视为“社会关系复杂”，难免不被人各种猜疑，还是要注意严于律己。说到这里，转口对我说：“你是不是也有思想负担？”我愣住了。他马上说，很早有人对我说你的社会关系复杂，所以有的人对你有些戒备。他说1942年朱家壁来要你去个旧，就有人提醒我对你留意。公朴先生说，当时我坚持不同意你去，那里不如在我这里可以多了解你。他又有感叹地说：“不然很容易毁了一个青年。”他已经把我看成是个可信赖的青年了。他还告诉我，1942年延安整风，他听说和他一起的教学团团员，有些人因为他的关系被审查，就是怀疑他的“社会关系复杂”。他提醒我并鼓励我说今后这种事情，你也许还会遇到，不过不要怕。我在监狱里蒋介石还不是用威胁利诱，而我的宗旨是绝不失去个人的人格和爱国的立场，无愧于心，也就无所畏惧。我听了感动得流出泪来。

三月间，陶志新写封信来，说她已到镇南（昆明郊区的小镇）和辛树华结婚了，但信里又讲有人暗中写信给辛，表示对他的好感，陶认为是第三者想破坏她和辛的关系。信里说得很含糊，但我可以想像出陶虽然结婚，二人关系不一定搞得好。所谓第三者可能是她最要好的同学。这位同学曾对我说过，她觉得陶不是真心地爱着辛，这位同学对辛印象很好，深表同情。接信不久，我去乡下看过陶志新，那时她在新村小学教书，生活不错，但是在感情上我实在是看不懂，总觉得她是怪里怪气的，做事太任性，看来辛也难以应付她。我也不便深问，我还把他们看成是我的好朋友。

夏天，我听说陶志新和辛树华离开了，和这位同学也闹翻了，而且这位同学和辛树华相爱已经明朗化了，陶志新单独一人仍留在新村小学。我去看过她几次，她向我苦诉衷情，而在我看来，她虽然是感情用事放纵自己，但还不是个放荡不羁的女人。她和我单独在一起时，我们从来没有做过一点出格的事。在她最痛苦的时候，她把我看作是亲人一样。最后一次见到她，她的心情平静多了。她告诉我，当地驻军的一位营长（就是有一次我来时见过一面的那个军人），有文化，有正义感，他来陶的学校参观时认识的，对她很关心，她病了几天，他几乎天天来看她，他对她有感情，也抱有希望。陶似乎是征求我的意见，但在我心目中觉得他们“木已成舟”了，我还有什么可说的。

1945年6月，少芳（李绥）、王远威从重庆相继来信，我们又恢复了联系，少芳在中外文艺联络社工作，他的爱人就是我们出版社代理人盛舜。远威信里看来心情很苦闷，有时写些稿子投《大公报》副刊，一直没有找到工作，她与五哥（王大光）也很少来往了。

这个时期，民主运动已风起云涌。联大、云大、中法、英专联合起来，经常组织各种活动，“五四”那天在雨中举行数千人纪念大会，会后游行高呼口号，反对一党专政，实行联合政府，当时还经常举行诗歌朗诵会，壁报联合会，高尔基、鲁迅纪念会等等，当时一个中心问题就是争取民主，正如闻一多先生曾说的，现在我们要的第一是民主，第二是民主，第三是民主。公朴先生也讲过没有民主就不能团结，没有团结就不能抗战，中心问题是个民主问题。青年学生们高喊民主，向国民党政府公开挑战！

民盟云南省支部内部对“民主”的看法意见发生分歧，主要是要什么样的民主？苏联的民主，还是美国的民主，有人提出我们要走第三条道路。这时李先生、闻先生在政治上已结成亲密的战友，创议出版“民主增刊”，由北门出版社张光年负责主编，我参加了编辑工作。

8月15日，“日本无条件投降了！”消息顿时传遍了昆明全城。不论男女老少，一时涌上了街头形成了一条条人流。锣鼓声、爆竹声、欢呼声，全城在狂欢，在沸腾了！

公朴先生从朋友家出来，随着人流几乎跑了大半个城，兴高采烈地回到了家，在家里又和家人欢庆了一阵，不知不觉已经夜深了。我和张光年同志住在书屋对面的小楼上。光年同志和大家一样，在大街上、家里欢庆到半夜，回到小楼不久就睡了。我一夜没有合眼。一时兴之所至，找出一颗长方石章，作了一番设计之后，把灯压得低低的，声音放得轻轻的，找出一把铅笔刀就刻起来。这是我少年时代的爱好，根本谈不到是刻章治印。一夜之间，刻了15个篆字，上下两行阴文“抗战胜利纪念”“北门出版社”，中间四个阳文大字“民主和平”。当时我一心想的是，抗战胜利了，盼望“民主和平”早日实现。

天快亮了，我看见对面公朴先生房间的灯还在亮着，显然他也是一夜没睡觉。第二天一早，书屋打开了店门，所有出售的书刊都印上了“民主和平”印章。读者知道的多了，都赶来买书，为的是留个纪念，因此，书店的生意兴隆了好几天。

公朴先生早晨见到我就问：“你也一夜没睡？”两人相对地笑了。他告诉我，他一夜又兴奋又感触，写了一首诗，题目是《不要教胜利冲昏了头脑》，他讲了诗的内容和他所思索的一些问题，他认为真正的民主和平并没有来到。我听了感到自己幼稚，因为我除了兴奋之外，公朴先生所想的那些极为重要的问题，我都没有想过。

9月2日西南联大新诗社主

办的“为胜利团结与民主而歌”的诗歌朗诵晚会，公朴先生应邀出席，会上，他朗诵了他的新作《不要教胜利冲昏了头脑》，他提醒大家：“不要狂欢，且慢骄傲，胜利团结与民主并没有真得到……让我们抓紧时机，打定主意，把民主和平的呼声高唱入云霄！”

9月，公朴先生和周新民、冯素陶、辛志超等民盟中央执行委员秘密赴重庆参加民盟中央临时全体代表会议（以后确认为第一次代表大会）。闻一多因学校事未能前往参加。

1945年9月，民盟中央临时全体代表会议在重庆召开

9月中旬，国民党反动政府迫害在昆明《扫荡报》担任编辑工作的地下党员和进步人士，其中有我们的朋友高天（任总编辑）、吕剑、洪遒和“文通”的朋友廖源（后改为廖一原）。在公朴先生等人的帮助下，高天走出国境进入越北，吕剑转移建水，廖源去路南景立中学任教。民盟同志商议由潘光旦领衔写信给龙云，揭露此事并向政府要人，信里要他看清形势提高警惕。我们大家在信上都签了名。后来才知道当时龙云已是秘密盟员了。

不久，张光年秘密离开昆明去北平，我们寄去了一些出版社的纸版，在北平再版托中外出版社发行。北门出版社想先在北平打开局面，公朴先生还在考虑再到上海和香港，但一切还都要看形势的发展而作出最后决定。

日本无条件投降后，蒋介石一面备战，一面邀请毛泽东去重庆谈判，毛泽东为了战后人民渴望和平，毅然前往。国共谈判了 43 天，双方签署会谈纪要（即“双十协定”），纪要中国共双方同意召开有各党派和社会贤达出席的政治协商会议，讨论和平建国方案。1946 年 1 月 10 日政治协商会议正式举行，参加会议的共有五个方面的代表：国民党、共产党、民主同盟、青年党和社会贤达共 38 人。会议期间共产党和民盟曾有协定，在重大问题上事先交换意见达成一致，互相配合。经过 22 天的激烈斗争，最后签署了五项决议。十天后（2 月 10 日），重庆各界数千人举行庆祝政协会议成功大会。会议开始，国民党特务捣乱会场，打伤大会总指挥李公朴和郭沫若等人，造成了“较场口血案”。政协协议墨迹未干，蒋介石即公开撕毁。重庆谈判、政协会议失败了，但彻底暴露了蒋介石的反动嘴脸。同时，共产党取得

《双十协定》签订后国共两党领袖的合影

1946年2月，在较场口血案后入院疗伤的李公朴先生

亿万人民的信任和拥护，喊出“只有共产党才能救中国！”

公朴先生伤愈后即留在重庆和陶行知创办“社会大学”，请著名学者教授（包括共产党员学者多人），还请周恩来作时事报告。

10月3日，蒋介石调“中央军”包围昆明城，炮轰五华山（省政府所在地），发生巷战，没有几天，省主席龙云被挟持而去。

11月25日晚，在西南联大的广场，5000多学生举行时事晚会，当地驻军包围了会场。四面枪声骤起，同学和老师们镇静地开完了会。第二天，联大、云大、中法、英专四校联合全市中学举行罢课，抗议武装干涉学生集会，发表《告全国同胞书》。当天即成立昆明市“罢课联合委员会”，领导罢课运动。一个星期后，12月1日，法西斯军队闯进联大，乱丢手榴弹，四名师生倒在血泊之中，死伤数十人。此事件造成了震惊中外的“一二·一”惨案，青年学生愤怒了！和国民党反动派的斗争已掀起高潮。

这些日子里接到公朴先生从重庆的几封来信，除讲讲出版社事务和民盟的情况外，还告诉我全国各界救国联合会改组为“中国人民救国会”，发展新会员，公朴先生来信征求我的意见。我对救国会印象极好，是个左派的政治组织，成员不少是共产党员。我即回信表示同意，从那时（1945 年底）起我就成为救国会的成员，我想一时不能入党，先参加一个最靠拢党的组织，也算近了一步。

信里还告诉我们他和陶行知合作创办了“社会大学”，开展民主教育，陶任校长，他任副校长兼教务长。还说他在较场口受伤后即送医院急诊。受伤的还有郭沫若、施复亮等人，公朴先生的伤势最重，流血过多。周恩来亲赴医院探望。事件发生后，中共中央和民盟中央向国民党政府提出严重抗议。

“一二·一”惨案罢委会在党的领导下和反动当局进行了有理、有利、有节的斗争，斗争取得初步成果，于 12 月 27 日宣布复课，继续深入持久地将斗争进行到底。在此期间，我们中法大学学生自治会负责人和参加“一二·一”罢委会的委员以及进步分子朱润典（丁江）、陈炳钧（安阳）、徐知免、梁志宏、苗孕华、王健等人，筹划决定出版一张四开小报，每周一期，开辟一个新的阵地。我们的想法报告了闻一多老师，得到他的赞同。并嘱咐我们：“我们必须把这运动扩大到广大市民、农民群众中去，我们要为广大群众办报。”闻先生亲笔写了“大众报”三字，给我们的报纸题字，也是给我们报纸命名。

转年 3 月 17 日为四烈士举行轰轰烈烈浩浩荡荡的出殡仪式，三万多人为死者送葬。我们的《大众报》就在这一天发行了创刊号，“一二·一”殉难烈士纪念专号。发刊词上说：“《大众报》就是用血的孕养而降生了”“死者埋葬了，而这个斗争并不算终止”“我们应肩负死者未完成的任务”。这一天发散了 5000 余份。

我是《大众报》编辑之一，由于有出版社和印刷厂的便利条件，我这里就成为编辑中心。大家把初选的稿子送给我，由我再选稿、编排、画版面、加木刻，然后交给印刷所。我们和工人一起检字、排版、校对、蹬机器（四开平板印刷机），争取及时赶印出来。每期如期出版不误。3 月 26 日《大众报》和《民主周刊》《学生报》等十一期刊联合发表《为国民党政府破坏政协决议和停战协定的抗议书》。4 月 17 日十一期刊再次发表《坚决反对撕毁政协决议》，揭露国民党政府

为四烈士举行出殡仪式

大衆報

創刊號

一二，一殉難四烈士出殯紀念專號

發行者：大衆報社
編輯者：大衆報社
代售處：本市各大書店
出版日期：民國卅五年三月十七日
定價：一百元

稿約
一、本報歡迎外稿
二、來稿勿超過一千字
三、編者對來稿有删改權
四、稿交：中法大學文學院收

四烈士簡傳

于再烈士傳

潘琰小傳

張華昌　李魯連　潘琰　于再

反对民主、扩大内战的阴谋，和国民党反动统治斗争到底。

国男已是云大附中初三的学生了，两年前初来时 12 岁，看上去还是个文静的小姑娘。在附中学习，锻炼了两年，在学校已成了小有名气的“四大金刚”之一。从头发到服装满身男孩子气，胆子大，心直口快，性格爽朗像父亲一样。她积极参加“一二·一”学生运动，沿途卖报、唱歌宣传，反对专制政府，争取民主和平，她已成了运动中一名战士了。

5 月间，公朴先生因“社会大学”被国民党当局百般刁难而停办，又回到了昆明。此时的昆明已开始了国民党反动派的白色恐怖，昆明市中心近日楼的墙上已出现了反动组织“自由民主大同盟”咒骂民主运动的标语和壁报，说“李公朴奉中共之命携巨款来昆密谋暴动”，对民盟的负责人的名字篡改为“闻一多夫”“罗隆斯基”“吴晗诺夫”，诬蔑他们是组织暗杀集团拿卢布的俄国特务。昆明在紧张的气氛中，公朴先生和闻先生态度自若、照常活动。公朴先生回昆明之后的一个星期，联大文艺社在我们书店楼上举行了一次文艺问题座谈会（实际上是学习毛泽东的《在延安文艺座谈会上的讲话》），公朴先生和闻一多、楚图南、李广田、尚钺、孟超都在会上讲了话，座谈会记录登在《文艺新报》上。据我的回忆，这次座谈会是在我们书店的最后一次集会了。

这时朋友们都劝公朴先生和闻先生“要避避风，多加小心”“联大、中法已宣布复员北平了，你们也早点离开昆明”。公朴先生早在4月8日追悼王若飞、邓发等四烈士时写了一首诗，题目是《你们的死让我格外不怕死》，闻一多的答复是“民不畏死，奈何以死畏之”。公朴先生也曾对李师母说过，我们搞民主运动的人，“前脚跨出大门，后脚就不准备再跨回来”。看来他们在思想上早有准备了。

6月，西南联大、中法大学师生陆续分批复员回平津，公朴先生虽然也开始考虑这个问题，但家庭、事业搬动起来，确实很不简单。我个人的问题只有和公朴先生一致行动，必要时可以放弃最后一年的学业不复员北平。

滇军184师师长潘朔端在辽宁海城起义，发表《反对内战通电》。大众报社和民主周刊社、妇女旬刊社、学生报社等十二期刊联合致函对184师官兵表示“遥致慰问，并致崇高的敬礼！”

潘朔端率领的起义滇军，表示愿改为民主同盟军，与此同时，驻在昆明的龙绳祖（龙云之子）滇军24师，不听调动，在昆明自行解散。由于这两件事，反动派流传民盟勾结地方武装企图暴动。为此，民盟云南省支部决定在商务酒店举行三次招待会，分别与党政军机关、社会各界以及新闻界人士见面，公开阐明自己的观点与立场，借此以正视听。招待会是由民盟省支部负责人楚图南、潘光旦、闻一多、李公朴、潘大逵、费孝通、冯素陶七人主持,6月26日到28日举行三个半天。

6月26日召开第一次会,出席者有中委杨杰、省委金龙章、警备司令的代表女参政员张邦珍等五十余人。首先由潘光旦讲开会的意义,一是我们民盟负责人借此机会和大家见见面,有些人不久离昆,顺便与大家告别。二是外面对民盟传说纷纷,多有不甚了解者,乘机向各界说明一切。接着由楚图南说明一贯主张与对时局的看法。着重指出民盟主张就是"民主团结和平建国"。李公朴继之报告民盟的历史,特别指出各政党应该是友谊竞赛,不能采取谩骂毁谤或武力消灭异己的方式。最后闻一多说自己是从事学术教育的,愿意伸出我们的手与各位合作,我们的手虽无缚鸡之力,不可能也不愿来威胁利诱别人,但也决不接受别人的威胁利诱。我们并愿意以这满是粉笔灰、毫无血腥气的手去扭转中国的历史,与促进中国民主政治的实现。闻先生讲完,杨杰等人发表了感想,主要是关于如何挽回垂危的国运。

27日召开第二次会议,出席的有文化、教育、金融、实业界、宗教界人士共80余人。这次会赵沨和我在签名处招待来宾,客人到齐后,我们背后突然窜出一人将签名簿抢走,我和赵沨紧追于后,人声呼喊,惊动路人,特务见势不妙,丢掉签名簿而逃。这次招待会,首先还是潘光旦、楚图南、李公朴、闻一多讲开会的意义,民盟的主张,民盟的历史和民盟的性质与作用。接着是云大教授朱驭欧讲话,他说民盟是可信赖的,一是他们都是文人学者,文化水平相当高;二是他们对一切政治问题的判断相当正确……我们也要起来说话了。接着是工业协会主席徐佩璜、女青年会总干事倪瑾、男青年会总干事王齐兴讲话,主要的是说现在中国政治不民主,我们也要关心政治。一位商界人士站起来说,我看了一些近日楼的壁报,总以为民盟的领袖们是很可怕的怪物,今天见了面,看来都是文质彬彬、手无寸铁的书生们,并不可怕,非常和平。方才听闻先生说,愿意伸出他们沾着粉笔灰的手跟社会各界人士紧紧地握起来,我是个商人,我愿意第一个伸出我这污秽的手,同他们握,也希望我们士农工商各界伸出自己的手同他们紧紧握着。跟着一位省参议员孙元霖沉痛地说,我们云南人不能讲话,议员们常常因为说话而受到警告。我赞成闻先生所说的,以教育手段,以和平态度来从事政治。我也希望大家伸出手来和民盟合作,以建立民主康乐的中国。一位参加邮务工会的青年也表示,愿意伸出自己的这双工人的手跟他们紧紧握起来。最后潘大逵代表民盟省支部做结论说了民主同盟是代表第三方面的政治组织,愿与大家紧紧的握手向民主的道路前进。这次会开的是非常和谐的,成功的,特别的收获是闻先生伸出的这只手,已经和还有一分良心的中国心紧紧地握起来了。

28 日,第三次招待会,由于商务酒店受到了反动当局的警告,已不能再用了。李先生得知后,立即要我和他去金碧路一家冠生园(有餐厅的食品店)找经理商议。很快得到经理的支持,招待会就移到这里举行,虽然延误了一些时间,而对开会未受多大影响。这就是李先生善于随机应变的能力。新闻界、编辑记者和各期刊的负责人到会的约三四十人。大家坐下来,一面谈一面吃(李先生准备了小点心),是记者采访方式的。提的问题有:民盟对时局有什么看法?民盟作为第三方面有什么办法能止内战?第三者的力量能否促使和平条件实现?民盟内部如青年党、民社党参加国民党召开的国大,对他们会采取什么态度?民盟有什么报刊?民盟对美国援华法案有什么看法?对马歇尔的态度如何?等等。民盟负责人分别作出回答。(这三次会议我从头到尾参加的,并作了记录,这段记录是参考《闻一多年谱长编》写出来的)

民盟的三次招待会,开得非常成功,得到了绝大多数与会人士的同情和理解,但从另一方面得到的却是仇恨和报复。

7 月的昆明,形势更为险恶,近日楼成了特务反动派的阵地,整天造谣诬蔑蛊惑人心,我们书店周围也出现了不少怪事。7 月初,书店对面突然来了一个"修鞋匠",整天坐在那里像似修鞋,却低着头翻着眼,望着书店出入的人。

一个疯女人披头散发,这几天不断出现在北门街。手拿着一本《圣经》,嘴里似在不停地念着什么。站在我们书店门口,不是念经,是在咒骂。说什么不信我的教,让你们不得好死,听说她也多次去过闻先生的家门口,甚至张口大骂。

8日那一天,书店突然来了两个彪形大汉,自称是退役军人,听说李先生正在招兵买马,组织武装特来投靠。公朴先生在楼上都听到了,亲自走下来和颜悦色地告诉他们,我是个文化人,就开这么一个书店,做些文化事业,我不懂得军事,什么招兵买马,不要听信谣言,二人悻悻而去。

这都不是好兆头。7月11日,公朴先生继续写世界教育史,正写到文艺复兴时代,还要我帮他找些资料。写了一天,晚饭后,公朴先生想起赵沨之托,想借南屏电影院举行义演,便和李师母出去到南屏电影院找刘太太洽谈。刘太太也是个进步的爱国人士,谈好了并请他们看了一场电影。9点多钟乘公共汽车回家,下了车,走在学院坡小路上,被跟踪的特务开枪射击,李先生当即倒下。正好路上云大同学听到李师母的呼救声,急忙赶到。在书店里拿到帆布床,立刻将公朴先生抬到云大医院。当时我正在《民主周刊》社开会,十点钟回到书店。听到这个消息后,飞跑到了医院。大夫们正在抢救,取出了子弹,肠子已穿了几个洞,从肠胃中流血不止。夜深了,手术完毕,病房里看守的只有李师母、国友和我(国男在学校,第二天一早到了医院)。这个消息很快地就传遍了。我们守了一夜,大夫们不断地来检查。公朴先生时而清醒时而昏迷,不断地咳嗽,吐出的都是血。口中有时喃喃自语,听不清楚,有时清醒说了两句:“卑鄙!”“为了民主,为了民主!”最后的一阵,眼睛半睁开,断断续续地问什么时间了。李师母说“天快亮了!”接着一阵紧促的咳嗽声,吐出最后一口鲜血。大夫听了呼吸已经停止了。这时是5时20分。

天还没有大亮,闻一多先生就赶来了。他流着眼泪安慰李师母,“这仇是要报的!”“公朴没有死,永远没有死”,李师母劝他,外面风

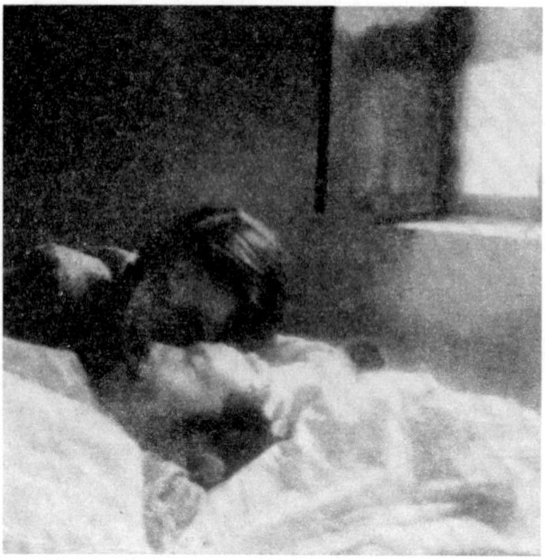

1946年7月12日李公朴逝世 （王健摄）

声很紧，你也少出来，要当心。闻先生说："现在外面大风大浪，我们不出来，谁来掌舵。""我们不出来何以对死者。"此时此刻，听到闻先生这番话，只有化悲痛为力量！

闻先生离开医院后即找楚图南、冯素陶等人商讨起草省民盟支部对李先生被暗杀向反动政府抗议书，研究组织治丧委员会并起草《李公朴先生被刺的经过》一文。均发表在《民主周刊》3卷18期上。

学联在联大校园一早就贴出了李公朴先生讣告。《学生报》及时编出了"李公朴先生死难专集号"，原定12日印刷出版的《大众报》，梁志宏、詹开龙、王开揩几位编辑立刻赶到印刷厂，改版登出"民主战士李公朴被特务暗杀"的消息，当天这个噩耗就传遍了整个昆明城。而近日楼贴出的大字报却说李公朴之死是因"桃色事件"，还有的说是被艾思奇派人暗杀的。真是卑鄙无耻之极。

民盟发表声明，向反动政府提出严重抗议。治丧委员会决定停尸三天，接待各界人士瞻仰、吊唁。三天后遗体安放停尸房，我们和云大附中同学日夜轮流看守，以防特务们再下毒手（"一二·一"四烈士有此事例发生）。

第二天接到延安毛泽东、朱德唁电，称赞公朴先生"威武不屈，富贵不淫，今为和平民主而遭反动派毒手，实为全国人民之损失，亦为先生不朽之光荣"。周恩来率中共代表团也从上海发来唁电，这些日子里各地各团体各界人士吊唁和慰问函电如雪片飞来。在书店里，入夜，有些人偷偷地从门缝里递进来匿名信，简单的几句话表达他们悲愤之情，对死者唁吊，对家属慰问，有的还附上5元、10元以表物质上支援。

7月15日上午，李公朴治丧委员会在云南大学至公堂举行李公朴殉难经过报告会。大家请求闻一多先生不要去参加，因为风闻黑名单上有他的名字。他说这个会不能不去，答应只出席不讲话。报告会主要的报告人是李师母，这些天她身体不好，还有几分烧。届时，我们雇了一辆人力车，李师母坐在车上，我和书店的刘兴和孩子们跟在后面。到了至公堂李师母上了台，声泪俱下地报告公朴先生遇刺的经过，到泣不成声时，特务们乘机起哄。闻先生再也忍耐不住了，拍案而起，发表了气壮山河、正义凛然的讲话，痛骂特务们卑鄙无耻。"你们害死了一个李公朴，会有千百万个李公朴站起来！""我们不怕死，我们有牺牲精神，我们随时像李先生一样，前脚跨出大门，后脚就不准备再跨回来！"闻先生痛斥法西斯政权必然灭亡，赞颂人民民主必然诞生。这就是闻先生的《最后一次演讲》。

是日下午，闻先生和楚图南去《民主周刊》社召开记者招待会。四时许结束后，闻立鹤（闻先生长子）陪闻先生走回家。走在西仓坡家门口，周围暗藏的特务开枪射击，闻先生当即倒地殒命。闻立鹤扑在闻先生身上，连中数枪，家人闻声出来，急送医院抢救。是日晚，我们刚刚吃过晚饭，就听见我们书店门口，有人急声喊叫"潘大逵！""潘大逵！"（住在我们楼上隔壁，云南大学教授、民盟负责人之一）我赶快下去看，是金若年（和赵沨在中苏文协昆明分会一起工作的民盟盟员）坐着美国领事馆的吉普车来接潘大逵的。说是要他们到领事馆暂时避避难，他还要接其他人。潘大逵急忙上了车而去。一直紧张的空气，风声鹤唳草木皆兵了。夜深了，李师母和孩子们入睡了。我和刘兴轮流值班严加警惕。

16日上午，李公朴治丧委员在云大操场举行李公朴火葬告别仪式。民盟的同志和群众来告别者1000多人，我流着热泪去广场向公朴先生告别，并拍了几张照片留念。据我了解，昨晚去美国领事馆避难的有潘光旦、费孝通、潘大逵、楚图南、张奚若、冯素陶、赵沨、尚钺、

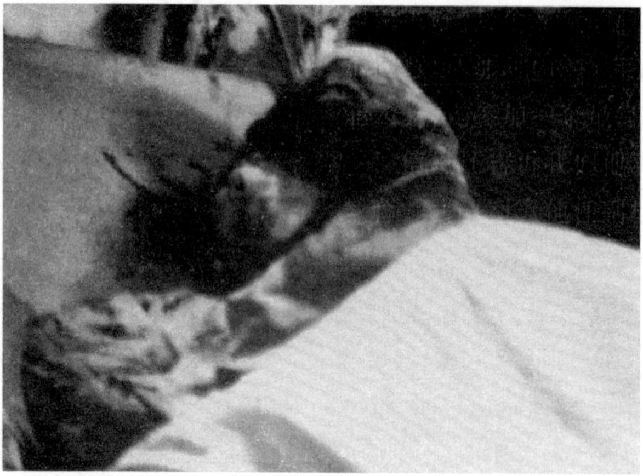

闻一多被暗杀，当即倒地殒命。

金若年等。过了两天，住在里面的人需要有关李、闻的资料，要我去领事馆和陈瑾联系（陈是在联大的女同学，当时她是领事馆的翻译）。大约两三天，给她送资料时见到领事馆外有沙袋围着。国民党士兵不知是保护领事馆的还是监视领事馆的。据陈瑾说楚图南和张奚若不愿住下去提前出来了。我听到比较确切的消息是，国民党政府当局答应他们出来，给他们办理飞机票尽快离开昆明。一个星期以后，事实上也确实证明了这一点。

《大众报》已准备出一期纪念李公朴先生的专刊。不料闻先生惨遭杀害后，昆明十几个期刊基本上都停刊了。《学生报》克服重重困难终于在15日出版了“李公朴死难专号”，事前还请闻一多题了词：“反动派！你看见一个倒下去，可也看得见千百个继起的人！”这是在闻先生被害前一天编辑好的。

我和李师母在做回上海的准备，但至少还要办完三件事：一件是决定在西山为公朴先生树座墓碑；二件是办理书店、出版社结束事宜；三件是等民盟中央派人来进行李闻惨案调查，我们要配合工作。

我和李师母全家到了昆明湖畔的西山，这是风景秀丽的游览区。在朋友们的帮助下已经准备好了一块青石墓碑，张筱楼用隶书刻上

"李公朴先生之墓",我们在聂耳墓的附近选了一处依山面水的地方,埋了"衣冠冢",立了碑(解放后,公朴先生衣冠冢已由西山移到西南师范学院,原西南联大旧址,立在"一二·一"四烈士墓和闻一多先生墓地后面)。骨灰盒决定到上海入葬。

王健和张国男在李公朴先生墓前

民盟中央派梁漱溟、周新民于8月6日到达昆明调查李、闻事件真相,国民党中央党部派张秘书同来"协助调查",他们三人住商务酒店。周新民先生来我们书店向家属表示慰问,他告诉我不要去商务酒店,周围有特务监视,有事他来找我们。所以我一直没有见到梁先生。

周新民常来我们这里,除了向李师母和我调查事件发生的前后情况外,还借我们这里约一些人见面收集资料。他要我帮他整理。

我陪他去云大医院看闻师母和闻立鹤两三次,闻师母因心脏病住院,闻立鹤身中数枪,腿部受重伤,但未中要害,恢复较快。除了她们二人外还有两个妹妹及赵妈,她们谈了很多情况,我在一旁记录,回去再加整理。跟踪的特务一直在医院门口监视着。

梁、周两先生冒着危险调查了16天,多次和当局党政军方面交涉、会谈、争论。也受到干扰、欺骗,还演了一场"假审判"的闹剧。但周先生告诉我们,另一方面他得到了冯素陶和民盟组织的帮助,特别是得到了一些内幕知情人埋名隐姓、偷偷递给他们的揭发材料以及有力的证据,他们于22日回到了上海,整理资料,写出了《李闻案调查报告书》,李闻惨案真相已大白于天下。但是,真正暗杀李闻的凶手早已远离,并未受到审判。

1946年—1948年　30岁~32岁

全家迁移上海　上海各界举行李闻追悼会　上海“五二〇”学生运动　全家迁移香港　民盟召开三中全会　中共中央发布“五一”号召　胡愈之夫妇奔赴中共中央所在地　沈钧儒、章伯钧等赴东北解放区

1946年8月中旬，李师母、国男、国友乘飞机回上海，我和刘兴留下办理书店、出版社扫尾工作。后于9月上旬也乘军用运输机到达上海。我们之所以能顺利地回到上海，这都是梁、周二先生向国民党当局在谈判中争出来的。在离开昆明的前夕，我和刘兴几乎是彻夜未眠，回想在昆明的岁月，是战斗的岁月，也是血泪的岁月。我念念不忘的是我的两位最敬爱的老师。我受过他们的教诲，也得到他们的鼓励，我亲眼看见了公朴先生吐出的最后一口鲜血，我亲耳听到一多先生气壮山河的《最后一次演讲》。我有幸在昆明认识了他们，又悲痛地在昆明送别了他们。昆明是我们第二故乡，明天就要向它告别了。

我们到了上海，又和李师母全家团聚了。我们住在北四川路的狄斯威路天同里四号。国男、国友因沈钧儒的关系进了上海法学院附属中学。我到了上海以后，就马上投入筹备李闻追悼会的工作。我来上海的前几天，救国会发起为公朴先生举行家奠，有各党派和社会知名人士参加。李闻追悼会于10月4日在天蟾大舞台举行。由宋庆龄、孙科领衔，包括国民党、共产党、民盟和各界知名人士组织主席团。上海市长吴国桢为主席，沈钧儒主祭，史良、楚图南分别报告

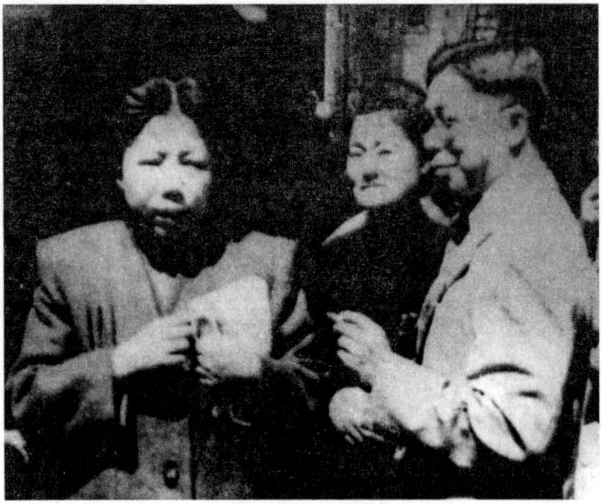

上海李闻追悼会结束后邓颖超(左)、史良(中)、吴国桢(右)在会场门外　　（王健摄）

李、闻生平,讲话者为潘公展、郭沫若、邓颖超(代表周恩来)、罗隆基,最后李师母代表家属致答谢辞。参加者有群众5000余人。据说国民党组织了一批“群众”,坐了几辆卡车参加追悼会,是想寻衅滋事来的。当邓颖超在会上宣读了周恩来的亲笔悼词:“今天在此追悼李公朴闻一多两先生,时局极端险恶,人心异常悲愤,但此时此地有何话可说?我谨以最虔诚的信念,向殉道者默誓,心不死,志不绝,和平可期,民主有望,杀人者终必覆灭。周恩来。”讲到这里博得场上热烈鼓掌。正气压住了邪气,特务们也不敢惹是生非了。

两天后,6日,上海各界在静安寺举行李、闻两先生公祭。寺内几个院子四周挂满了挽联、挽诗、挽幛。从上午到下午,各界民众参加公祭的络绎不绝,其中也有国际友人。胡厥文、章伯钧、黄炎培分别代表民主建国会、第三党、中国民主同盟在灵前致祭,中共代表团周恩来、邓颖超、李维汉、齐燕铭、潘梓年、章汉夫、熊瑾玎等均来参加致祭。当时我站在灵堂家属群中,特别是周恩来向家属表示慰问时,我感动得流下泪来。这是我第一次亲自见到周恩来,见到共产党的代表团，我见到了国家民族的希望！今天参加致祭者还有其他民主党派各人民团体。本来事前曾电催闻师母全家来沪，但国民党当局处处刁难，以至追悼会、公祭举行后几天才能到沪。到沪后，邓颖超特地去看望她们全家。几天后由我安排请联大同学周简叔护送闻师母全家回到北平。全家生活，由清华大学照顾。

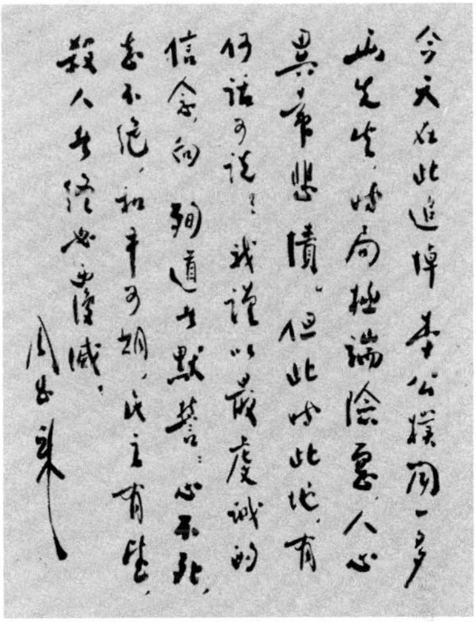

蒋介石一面扩大内战，一面玩弄假和谈。10 月攻克了张家口，蒋介石违反政协决议立即宣布召开“国民大会”。中共与民盟都郑重宣布拒绝参加“国大”，第三方面调解国共和谈已告失败。11 月间，国民党举行了“国民大会”并制定了“宪法”。为此，我去看望沈钧儒先生，想听听他对和谈的看法，谈了三个钟头(中间几次来客干扰)。谈后，我写了一篇《访问沈钧儒先生》，寄给香港民盟的机关期刊《光明报》发表。

沈老已是 70 以外的老人了，还是那么神采奕奕，好客健谈，我们很自然地谈起“国大”来，沈老干脆地说：“我们既不参加，又何必去谈它。”但老先生对这次“国大”制定的宪法，说六个月以后再加修改，感到难以理解。他说“宪法是根本法，百年大法，在中国就这么短命”；“六个月，多打几枪就过去了，又何必劳我们去研究这个短命的宪法”。沈老表面上是巍然道貌的长者，而说起话来是很幽默风趣的。我问到国共和谈有无重开的希望？他很爽朗地说：“在今天政府一面围攻延安，一面想派代表去延安，这根本没有诚意，这不过是个和平攻势而已。”老先生对美国协调人马歇尔印象很坏，使他对和谈的前途就不敢存着希望。我们谈到和谈停止后，民盟应该做些

1946年10月19日，三方代表在上海吴铁城公馆进行第二次非正式商谈时合影。前排左起：黄炎培、周恩来、郭沫若、沈钧儒、华岗、李黄；后排左起：胡霖、陈家康、陈启天、蒋匀田、邵力子、罗隆基、吴铁城、李维汉、左舜生。

什么？老先生胸有成竹地回答说："时代最迫切要求的是要有一个广大的民主运动，把一切民主的力量团结起来，来争取民主是最有力而可靠的。民盟负着时代的任务，就是团结与扩大这个民主运动。"最后从民社党（民盟组成的一部分）一面参加"国大"，一面又强调党的"中立性"问题，老先生笑着说："民社党大部人共同犯了一个毛病，就是没有弄清楚什么是'中'。"老先生回忆起几年前在桂林与胡愈之等几位朋友谈到"中"的问题，当时他就发表了一些富于哲理的意见。他说："一般人所谓'中'就是不偏不倚的'中间'，因此分为左与右。其实真正的'中间'是没有的，只不过是近左或近右而已……历史永远是前进的，'中'不会是静止不动的，它必然依照辩证法的法则而前进的。而且它是有一定的方向向前推进，这个方向从历史发展的道路看来，会是偏左的。"其实在今天，这已经不是一个理论上的问题了，我们只从已经拆了伙的中间调人"第三方面"来看，已足够解释了"中"的含义。所谓"中间"的"青年党"已经参加"国大"，投靠了国民党，民社党内部分裂了，有的向右，有的向左，多数所谓"中间"的民主党派，和中国共产党采取一致行动。正如老先生所说，这是朝着历史发展的道路向前推进的。

1947年1月6日至10日，民盟在上海召开一届二中全会，主席张澜特于上月下旬从四川赶来参加。会场就在章伯钧家。会议经过几天的讨论，最后通过了《政治报告》，报告中公开申明对国民党统治表示失望，坚决主张实行政协决议，成立联合政府。并作了时局进一步恶化，上层公开，下层秘密，转入地下斗争的思想和组织准备。我作为临时干部和王颖（民盟总部干部）从始至终参加了这次会议，负责记录并最后将记录整理、刻钢版、油印装订成册。至今成为民盟的历史资料。

是年2月间，和公朴先生一起创办读书生活出版社的黄洛峰，介绍我到读书出版社（将原名"生活"二字去掉）工作。出版社在四川北路仁智里办公，办公室负责人范用。当时国民党反动派倒行逆施，不少进步书刊被查禁，但黄洛峰和范用却大胆地决定出版《资本论》。而且黄洛峰找到朋友协助，居然在南京国民党中央机关报《中央日报》头版上登了出版《资本论》的广告。广告是由范用设计的，几行字上写着："读书出版社发行世界伟大名著，卡尔·马克思原

1947年，张澜从四川乘船到上海，李济深、沈钧儒等到码头迎接。
（王健摄）

著，郭大力、王亚南合译的《资本论》。”下面还写了两行字：“是政治经济学不朽的宝典，是人类思想的光辉的结晶。”据说蒋介石看了广告大发脾气，大骂宣传机关负责人，但已成事实，出于无奈不了了之。还听说预订《资本论》的不少是银行家和资本家。那时我和范用的工作是看校样，看的是马克思有关剩余价值学说的部分，约一百几十万字。范用白天到印刷厂，晚上在家看校样。我可以不上班，拿稿子回家看，必要时我们在办公室碰头。这个工作对我是极为有利的，白天我还可以照样参加一些活动。同时我附带的一个任务是每期中共的刊物《群众》出版，黄洛峰交给我十几本，要我回家时分送给住在狄思威路的进步民主人士们。我记得最清楚的有郭沫若和翦伯赞。这个任务很简单，不见人、不叫门，把刊物丢在信箱里就算完成了。

是年2月底，国民党反动当局限令中共驻南京、上海办事处及四川省委《新华日报》全体人员于3月5日撤回延安。中共委托民盟代管南京和上海的办事处，沈钧儒周新民出面接收了上海马思南路107号“周公馆”，成为民盟总部的临时办事处，沈老和周新民要我经常去那里“照看照看”。

上海马思南路107号周公馆
（王健摄）

民盟总部在南京，总部经常有人来上海即住在马思南路，民盟有比较重要的会议或民盟与其他党派联系，也都在马思南路举行。当时我已成了民盟总部宣传部的干部，部长罗隆基，副部长叶笃义，秘书陈新桂。陈新桂要我草拟每月的“宣传大纲”，罗隆基常驻南京，每次来上海就住在马思南路，成了我的顶头上司。他一来上海，《文汇报》的名记者浦熙修（女）必来看他，我们也相识了。罗浦二人过从甚密，他们的绯闻时有所闻。那时我把罗隆基看成是“多才而少德”。我相信他的朋友评论他的一句话:“罗隆基可以鼓动起一场群众运动,但他很难交上一个知心朋友。”在我看来,罗隆基周围很多女朋友、干女儿,但是很难有个白头偕老的结发夫妻。

上海朱葆山路上一座大楼里还有几间办公室、仓库也是中共委托民盟保管的房产,由原北门书屋店员刘兴看管(后来他去浙江游击区打游击)。宋庆龄想办儿童福利事业,需要房子,找史良陪她去朱葆山路。史良通知我,要我也去。当天我去了,陪着她们看了房子,以后她们怎么商议我不知道,但这一天我最大的收获是我第一次见到了我最敬仰最崇拜的杰出女士,“国母”宋庆龄。

我在民盟总部宣传部草拟“宣传大纲”,内容丰富,大部分材料都是来自我们的对立面——国民党与美帝。如美军强奸女大学生事件;上海劝工大楼国民党特务打死职工梁仁达,制造的“二九惨案”;国民党发动内战,工商业破产,物价飞涨,民不聊生;上海法学院纪念“五四”上街游行,遭到国民党警察殴打,学生多人受伤造成“上法五四事件”;5 月 20 日上海、南京、北平、天津等许多大城市爆发了大规模的“反饥饿,反内战,反迫害”的学生运动,遭到国民党军警宪特的镇压,伤百余人,30 余人被捕,制造了震惊全国的“五二〇血案”等等。这都是宣传鼓动群众的有力材料。我没有参加运动,也没有去游行,我在写通讯、发稿,我到现场拍照,留下了不少宝贵的资料。

我的校样工作,一直没有停止,不过大部分时间是在晚上。有时在家里,有时在马思南路住的时候进行。我对马克思大部头的经典著作,可以说是没有研究,对剩余价值、资本剥削一知半解,这次校对,确有一定的难度,但作为一次系统学习的机会,确实提高了一些对马克思的理论的认识。

是年暑假期间,我和李师母一起商量,看情况我们是不能不离开上海了。情况是:民盟小组会经常在我们家召开,民盟组织有人通知,我们小组里有个“盟员”已发现是特务,要我们停止活动。另外是国男在上法附中积极参加学生运动,多次参加示威游行,特别是一次在市政府门口静坐，和市长吴国桢面对面地斗争，引起校方注意。在学年成绩报告单上评定为“该生本学期学业成绩列为第三名”，但“评语”是：“不受教导，滋生事端，勒令转学。”据我们了解，像这样评语所谓“转学”，上海任何学校是不会接收的。情况就是这样的，国男闹着要去解放区，全家当然也愿意，但中共代表团以及工作人员全部被迫撤回延安，有的已转入地下，我们也难以联系。最后商议的结果决定去香港，到香港看看情况再说。上海的房子留给外公张篠楼来住。

我们商定好，7 月底李师母、国男、国友三人先走，我要回天津家里看看。7 年没有回去了，9 月初我再去香港。我送她们三人乘海轮离开上海后，就坐火车回到阔别 7 年的天津。我记得当时家里，除了大伯父家搬出去外，父亲、三叔又都回到北门西老房子了。父母亲都很健康，母亲有些高血压，精神很好。见到我回去当然很高兴，父亲的中益工厂虽不太景气，但还能维持着，同仁们见面格外亲切。二哥在沈阳做生意，五弟还在北大读书。因此我去了一趟沈阳，去了一趟北平。到沈阳见到二哥，他已经不是我印象中西装革履那样气派，是个规矩本分的生意人了。他很关心政局形势，问我这问我那，我告诉他，国民党已发动全面内战，去年国共和谈最多是东北问题，双方战争最激烈的也是东北。我劝他在关内想想出路，早点离开沈阳。我觉得我的话他也意识到了。住了几天，在沈阳各地走走看看，到了北陵，走过了清帝国的发源地“故宫”，也看到“张大帅”的公馆，有人告诉我，凡是有石基上面刻着“××堂张”的建筑，都是“张大帅”的产业。一路上我就看到几座（有楼房也有平房）。非常偶然，我又从杜聿明的行辕前面经过。门前军队把守，威风凛凛。我想找找日本人占领东北的遗迹，据说都被国民党改装占用了。正好二哥给我找的住处却是过去日本人住的“榻榻米”，我终于找到了，而且亲身感受到了日本人的遗迹了。这次我沈阳之行，虽无所得，但是所见所闻却感到世事沧桑，感慨万千。

回到天津，又去了北平，在北平见到了五弟。当时他在北大，我住在北大三院学生宿舍。暑假期间，五弟陪我去看昆明的朋友，去参观“红楼”，和周简叔一起去“民主广场”照相留念。最感兴趣的是那几天晚上，逛王府井吃夜宵，“馄饨侯”、芝麻烧饼加牛肉末，宿舍周围一个个小摊子，多种小吃，又像回到西南联大的那种生活了。

再回到天津，我几乎整天忙着去看老同学。汇文的、法商的、中法的，多是志同道合的老同学。谈起来，不同的年代，不同的回忆，也有不同的感受。法商同学王宝慈见了面首先告诉我，我托他在兴隆洋行秘密存放的两个箱子在日本接收租界时，被焚毁了。这件事我很惋惜，他解劝我说：那些书如果现在拿出来还都是违禁的，这一点国民党不亚于日本人。

三妹、四妹都在上大学，各有专长。平时大家各忙各的，有时坐下来聊天还是很谈得来的。四弟很少见，听说他和天津民盟的徐景星在一起，在一家报馆里工作。在昆明时我就发现他聪明过人，笔下也能写作，但令人担心的就是没有个明确的方向和坚定的信仰。

和父母亲多次谈话，他们相信我“三十而立”，自己有独立生活的能力，也就放心了。他们担心的是时局，时局关系他的事业。对中益今后如何发展，我说不出什么意见来，但对时局的前途，我对他们表示乐观。父亲自己也说：“政府腐败，失去人心，这样下去也怕长不了啦！”我所接触的人，几乎人人都看到这一点，都希望这种日子快点过去。但对未来的日子是什么样，谁也说不清楚，可是又露出不少恐惧与疑虑。这些日子我就有针对性的做了些宣传和说明工作。

半个月过去了，我又回到上海。外公和奶母已先来到上海，外公年已古稀，有奶母照料大家也放心了。我一面料理家务，一面准备去香港。二表哥李盛普夫妇二人来上海，在我们家里住了两天，他们决定去台湾，台湾在国民党接收后，百业待兴需要各方面人才。也在这几天，李何林全家到上海，决定到台湾大学教书。我先后在码头送走了他们。在全国即将解放前，李何林全家回到大陆。二表哥留在台湾一直断了消息。

在拿到船票准备两天后即离开上海时，我回到家里。奶母交给我一张名片,万万想不到是王大光的一张名片,上面写的“来访未遇改日再来”的话。名片上有他的官衔:淞沪铁路局中央调查统计室主任。他已毫不避讳他的中统特务身份了。我非常奇怪,他怎么知道我在上海?怎么会知道我住在这里?是不忘旧情想见见老朋友?还是有意想加害于我?为什么不早不晚在我要离开上海前来看我?想的很多,最后决定我主动地去看他。第二天上午我按他名片上的电话,打电话给他约定下午三点去看他。我到他的办公室,他已经在等候我了,我们见了面,他还像是见到老朋友那样热情,他胖了,成熟得更像个官了。我的思想准备是少说话多听对方的。他寒暄几句就大发议论了,首先谈到开政协会议,他说政协会议政府是委曲求全才达到协议,而他们还召开群众大会庆祝成功,结果闹出血案来(指“较场口事件”)。东北苏联出兵,把机器都运走了,苏联大兵强奸妇女,政府不派军队去行吗?我插了一句:大概你们高高在上都是听下面人的报告,是真是假也难以查证。我接着说,你知道我在昆明是跟李公朴开书店的,闻一多是教书的,手无寸铁,不过是呼吁民主,下面造谣说他们要“企图暴动”、要“组织暗杀公司”。还没有等我说完,他抢着说:“那是军统干的,不是中统干的。”他解释中统不干那些杀人的事。我实在听不下去了,我转了话头,说到自己的身体,得了一场斑疹伤寒(其实那是三年前的事了)一直没有恢复过来,现在主要的是把身体养好。他说我们的铁路医院条件很好,我介绍你住院检查检查,我说看看再说了。谈到下班的时候,他说我们一起走,顺路到我家里坐坐。到他家里见到他的妹妹王远军,在天津见过还是个孩子,这时已经是个高中女学生了,她一心想演电影做个明星。凭她哥哥的本事也没有想出什么办法来。我问她远威的情况怎样。他说她已回广东老家了。我告别了,我在回家的路上一直在想,四年前(1943 年)他在给我的信里还写“不忘初衷”以掩饰自己,而今天却赤裸裸地露出他已法西斯化了。

9 月中旬,我从上海乘海轮到达香港,我在甲板上看到国男在一个小船上来接我。素不好打扮的国男,今天穿着时装连衣裙,已长成婷婷玉立的少女了。我是意外地高兴。我们上了岸住在半山千家驹租的一栋房子里。我又回到香港，全家再次团圆了。李师母在一个福利事业单位工作（是宋庆龄主办的），天天上班。国男、国友已上进步人士创办的培侨中学。当时正值解放军全面大反攻开始。又像“皖南事变”后，大量的知名进步文化人和民主人士云集香港了。我一到香港，孙起孟、萨空了即要我参加《国讯》半月刊复刊的准备工作。《国讯》是黄炎培在太平洋事变前在香港创办的，香港沦陷后停刊，现在决定复刊。黄炎培委托孙起孟负责，并由他做主编，并定于10月10日双十节出版。编辑部是在轩理诗道83号租了一间办公室。我每天去办公，负责编辑工作，并联系印刷厂，也找到生活书店作为经售处。复刊号的全部稿件孙起孟、萨空了已早有准备。10月10日“港版新一卷一期”正式出版了。封面是方菁（萨空了夫人）设计的。

当时香港有党的《华商报》（日报）、民盟的《光明报》（期刊）。《国讯》要办成一份“中间立场”的刊物。写稿的人有：黄炎培、章乃器、张东荪、柳亚子，也有郭沫若、茅盾、千家驹、沈志远、吴晗、宋云彬等人。孙孟起、萨空了以及化名的共产党员也经常写稿刊出。表面上是个“自由论坛”，实际上他们的倾向出版几期后就不难看出来了。

编辑部由我负责，孙、萨二人经常来办公室。当时孙起孟还在主持“持恒函授学校”校长工作。《国讯》的主编实际是由萨空了负责，编辑的工作改稿审稿，我更多的时间是找萨空了商量，最后由萨核定，和上海黄炎培方面的联系是由孙起孟负责的。我也常去萨空了家，和他的夫人方菁、女儿苦茶、苦荼也都熟了。萨家住英皇道马宝道，很多知名人士、文化人住在那里，如马叙伦、邵荃麟夫妇、乔木（乔冠华）、杜宣（剧作家）等。孙起孟和邹韬奋夫人、女儿也都住在附近。据说这一带已成了国民党特务注意的地方。

这个时期，民盟西北总支部负责人杜斌丞，重庆、西安民盟中委杨伯恺、于邦齐先后被国民党反动派杀害。有些盟员被捕，关押在重庆渣滓洞。国民党发言人宣布民盟为非法团体，11 月 5 日民盟总部被迫宣布自动解散。萨空了、孙起孟常来编辑部议论此事，有时中共在香港负责人潘汉年也来参加。当时议论的主要问题是如何营救南京、上海上层民主人士问题。我们以救国会的名义，放了几场电影（我记得有一场是放映《一江春水向东流》）募捐，给沈老准备了住处。沈老在党的安排照料下乘美国轮船于 11 月 26 日秘密离沪，30 日安全到达香港，住在已经安排好的铜锣湾歌顿道 7 号。李师母全家和我也从千家驹住处搬到这里和沈老同住。与此同时，民盟有些常委也自行设法来到香港。他们来到香港以后立即筹备于 1948 年 1 月初举行三中全会。大家紧张地忙了一阵，于 1 月 5 日至 19 日在沈老和章伯钧两位常委共同主持下召开了民盟一届三中全会。会议通过了《紧急声明》《政治报告》和《宣言》等，否认总部解散，号召和中国共产党携手合作，彻底摧毁南京反动独裁政府，建立一个联合各民主党派、民主人士的民主和平独立统一的新中国。同时，严肃的批判了盟内一些人的中间路线思想。调整和充实民盟中央的领导机构。决定暂由以沈章二常委的名义领导全盟工作。三中全会召开之前，沈老与上海张表老（张澜主席）是保持联系的，而且受到表老精神上和经济上支持的。

这次会议是民盟的历史转折点，政治态度极为显明，民盟从此走上了新的征途。会前我参与了一些工作，会议中我忙于《国讯》工作未能参加，具体工作是由张纪域（云南大学毕业生）和王颖负责。

沈钧儒、章伯钧到香港以后，民盟和救国会的工作也活跃起来。我除《国讯》工作外，也要分出一些时间参加社会活动。沈老的女儿沈谱(范长江夫人)早期来到香港经常来看望沈老,我和沈老同住,当然义不容辞地对沈老要有些照顾。

中國民主同盟
舉行三中全會
緊急聲明否認總盟解散
民盟三中全會宣言

4月间,胡愈之从新加坡回到香港。他是曾应陈嘉庚之邀去南洋主编《南洋商报》的。他在马来亚建立了民盟支部,开展了反帝反蒋的斗争。我是在香港第一次见到胡愈之的。

愈老在香港停留短短的几个月,他很少公开露面,但做了不少工作。其中做了一件了不起的工作,至今还难以估计它所起的作用。愈老在南洋期间非常关心华侨的教育事业,特别对于国民党正中书局的中小学教材,已感到不适合南洋华侨青少年的需要。愈老到香港后立即和新加坡上海书局负责人温平、香港的经理王叔扬商谈,决定先为南洋华侨小学编一套完整的课本和教科书,以代替旧的教材。愈老请老教育家孙起孟、作家宋云彬两位同志担任主编,同时组织了一批进步文化人和教育工作者参加编写。当时请的有:方与严、蒋仲仁、秦似、傅彬然、曹伯韩、程浩飞等人。课本插图请漫画家廖冰兄、米谷诸人。在九龙弥顿道安设一办公室,由方与严同志坐镇,胡愈老、孙起孟把我从《国讯》调到这里来协助方老工作,主要是联系几十位作者们,后来也参加了编写教科书的工作。当时香港进步文化人生活很艰苦,工作条件也差,但编写的进度是惊人的。工作正在紧张地进行当中,愈老肩负更重大的任务,便和夫人沈兹九悄悄地离开了香港,赴华北解放区。在我于10月底也离开香港的时候,整套的课本和教科书基本上编写出来,后期工作由蒋仲仁、程浩飞等人继续负责。

全国解放以后,大家都忙着参加新中国的建设事业,谁也无暇过问此事,不知这套教材在南洋出版、发行情况,反映如何。后来偶然见到了温平问及此事,知道新加坡当局曾禁止发行,后经多方努力,才发行南洋各地,被学校所采用了。

愈老的名字蜚声南洋,但他为南洋华侨作的这件好事恐怕是鲜为人知的。

为了纪念公朴先生,在香港的朋友们沈钧儒、胡愈之、郭沫若、章伯钧、沙千里等发起创立公朴出版社,由胡愈之起草捐募基金缘起,发起人签名者30余人。英文的缘起由沈钧儒、郭沫若、茅盾、马叙伦、章伯钧、曾昭抡、胡愈之等7人签名发出,具体工作由我和李师母商议办理。

这个时期我们的生活是丰富多彩的。围绕着沈老,经常有人到家里开会。有的是谈时事,有的来聚会联欢,有时去海边乘船野餐,有时登上太平山环游一周。中年妇女们李师母、邹师母、于立群、李文宜等在沈老家也经常聚会。特别是国男的培侨同学一批青年们已经参加了新民主主义同志会,也常来家开会,使得家里生气盎然。我和她们也渐渐熟了,她们也随着国男叫我"大哥"。国友素来不大合群,有独力思考能力,不容易接受别人意见,常常流露出自我清高思想。但他是聪慧过人的。

不知是谁介绍来的一位靓丽小姐陈霞飞来找我们。她是曾经演过电影的明星,后来又做了上海《文汇报》记者。我们留她住在家里,她一心想去解放区。要求我们给她联系关系。我和天津五弟、三妹联系好,经我的介绍她到了天津,在五弟、三妹的帮助下化妆进入了华北解放区。

5月1日,中共中央发布纪念劳动节口号,号召"各民主党派、各人民团体、各社会贤达、迅速召开政治协商会议,讨论并实现召集人民代表大会,成立民主联合政府"。5月5日,香港各民主党派和各界爱国人士一百余人联合通电全国响应"五一"号召,此时解放军大反攻,节节胜利,蒋介石的"国民政府"也到了摇摇欲坠的地步。

中共"五一"口号发布,显然沈家的活动逐渐多起来。常常有些各党派负责人来沈老家开会，有时沈老也外出开会。当时沈老已年过古稀，一个人出去不仅担心他身体、精力，还怕有特务加害。每次出门有时是由女儿沈谱来陪同，有时是我同行，当时的条件沈老和我们一起坐电车，赶公共汽车。

在沈老家开会时，潘汉年和连贯也常来参加。当时我们已经知道他们党员身份，谈论的内容是筹备召开新政协，特别是如何离开香港的问题。虽然说这是少数人的秘密会议，但是在沈老家里开，我要做些布置和招待工作，他们对我并不隐瞒的。

8 月间胡愈老和沈兹九悄悄地离开了香港，9 月间沈老一批人走，先离开家住在九龙一个地方。具体的几个人走，什么时候走，是怎样走的都要潘汉年、连贯等人的安排。几天后，在国民党小报上只登了沈钧儒、章伯钧等秘密离港，具体情形他们也弄不清楚。

这些日子里个人有办法的也不声不响地走了。公朴出版社的筹备工作自然地搁浅了。我和李师母也去研究走的问题，特别是国男、国友闹得厉害，似乎香港一天都不想多呆了。

潘汉年、连贯知道我们都想走，他们已代我们做了安排。他们找我，告诉我邹韬奋夫人和女儿都想走，和李公朴全家一起走，要我负责陪她们一路走。因为潘汉年早就从沈老、萨空了那里了解我的情况，知道我天津有家，而且是工商业者，同时还有些朋友，利用这些条件决定从天津走。他们负责联系天津的地下关系接待我们，一切听他们的安排。潘汉年要我到了石家庄见到董老（董必武）了解情况后，如有可能要我再回到香港，打通一条路，以后还有人从这条路走。萨空了要她的两个女儿随我们一起走，张潜（张冲的女儿）也要求同行，潘都同意了。可是我的负担加重了，我们商定 10 月底乘海轮离开香港直达天津。临走前，潘指示我说，这是给你的任务，你要负责完成。我知道这是党对我的信任，也是对我的一次考验。

1948年—1949年　32岁～33岁

从香港经天津到达平山中共中央所在地　参加中央社会部工作　加入中国共产党　中共中央全部进入北平　调任给沈钧儒做秘书　召开全国政治协商会议

1948年10月26日在香港上船那天起，到1949年3月26日随中共中央各部会机关全部进入北平，整整5个月，我每天都写了日记，总共约6.7万字。这本日记题名为《解放日记》，这里不可能也不必要把全部日记照录下来，我想只把简短的"前言"和有重要内容的那一天日记照录下来外，其他的就简单概括地写出来，看看解放区是怎样生活的，我是怎样改造走向革命的，这是我一生最值得记忆的一段历史。

《解放日记》前言

1948年是难忘的。多难的祖国面临着一场光明与黑暗、革命与倒退的生死搏斗。垂死的制度即将毁灭，新生的政权喷薄而出，中华民族几千年历史正处在新旧交替、方生未死之间。

我们的一家——两位受人尊敬的母亲，几个患难与共的兄弟姐妹，在风雨交加的漫长黑夜里，我们都在寻求光明，渴望解放，为了这个共同的目标，实现这个共同的心愿，我们结成了革命的一家，战斗的集体。我们下定决心，登上长征的航船，远渡重洋，乘风破浪，奔向光明，迎接全中国的解放。

我们已经走进自由天地，走上了新的里程，历史翻开了新的一页,新的生命开始了!

但是,谁也不能忘记过去,我们走的每一步脚印都值得珍惜,值得记忆,我们把它记录在新的日记卷首,让我们永远纪念它,珍惜它——那些艰苦历程留下的足迹。

1948 年 12 月于河北省平山县滹沱河畔东皇垭

(中共中央社会部所在地)

10 月 26 日这天,原来计划忙一天把该办的事该找的人都办好,晚上把大家的行李都集中。27 日一早,人和行李上船就等候开船。后又得到消息,开船的时间又延至 28 日。这样对我来说倒松了一口气,时间从容多了。我过海到九龙,去看看黄绍峰、宋云彬向他们告别,又去找茅盾,拿他给韬奋图书馆题的字,交给邹师母。晚上萨空了请我们大家吃饭,十点半我和国友去码头在一家旅馆租了一间房,主要是放大家的行李,我们两人睡在这里看守。第二天写封信给天津钟涤非,告诉他我们乘什么号船,请他务必到码头去接。大家到齐了。我们就带行李上了船进了大舱,租了几个帆布床,安排好位置,放好了各自的行李,把邹师母和小妹(邹嘉骊)安排在后舱吊铺,较为舒服一些。一切都安排好了,就等着开船了。船上的茶房说明天一早就开船,下午和晚上的时间都自由安排了。

我上岸又去了《华商报》一趟,又去看了徐伯昕,把邹师母和我们的情况告诉他们请他们放心。六点许李师母带着孩子们上岸晚餐,我上岸回去冲了澡,和沈谱以及一直帮我们做饭、打扫卫生的广东姑娘阿葵聊了一阵,我不能不回去了。她们送我出来,阿葵难过得哭出来,我感动得也要流出眼泪了。

我回到船上,她们都休息了,我到后舱看看邹师母,见到两位熟人王逸和郑森禹(国际问题专家),心照不宣没有打招呼。我们的大舱里也发现了周颖(作家聂甘弩夫人),面对面装得互不认识。大家安稳地睡了一夜,28 日一早船开始移动了,船开到鲤鱼门,大家心里都有一种恋别的心情,"再会了香港!"

1948年乘海轮从香港到天津途中。持柱者为李公朴夫人张曼筠，中间半身者为邹韬奋夫人沈粹缜。　　（王健摄）

我深有感触：第一次我们是逃出香港的，而这一次是我们偷着离开香港的。

10月30日　星期六　晴和（日记摘录）

上午风浪还是很大，船摇动得很厉害。大家都没有起床，而且有人有些呕吐，我还好，一个人送水送饭，我成了大家的看护。

下午，不知到了什么地方，风浪逐渐平息了，船也平稳多了，大家都活跃起来。起来后第一件事就是吃，两天没有好好吃饭。甲板上的咖啡摊子这两天几乎无人光顾，今天突然兴旺起来，我的这群弟弟妹妹们兴高采烈，拼命地吃，拼命地玩，又说又唱，时而忘乎所以，大谈起学校生活，我在一旁提醒她们。

上船以前我们这一家人共九口，分为互不相识的四家，而且约法四章:大家是在船上萍水相逢,可以交谈不可过于亲热;不谈过去,不谈将来,偶尔相遇随便聊天;见熟人心照不宣不打招呼;牢记自己的化名、身份。

听到消息,船决定先到南朝鲜停泊三天,装货与卸货,再开往天津。这样到天津也要推迟三天。

这些天我们出来的人可以说都很自由自在,而我却"提心吊胆",苕荼、苕蓁遇到一位香港大学毕业生,喜欢音乐戏剧,谈得很投机,事后我就提醒她们不要随便接触人谈起了容易露了马脚坏了大事。国男倒是挺老实,很少说话低着头在打毛线,她一定要在上岸前打好一条围巾。叫人不放心的是李师母和周大姐(周颖),常常忘记自己的化名,互相叫出了真名,说来是无所谓,但就怕有心人。

风平浪静时我们就在邹师母舱里组织大家打麻将牌,牌桌就常设在那里,谁愿意来就打几圈,我也偶尔凑凑数打几圈。

船上有的客人听说我们到天津,觉得奇怪。他们说有钱的人都南逃了,你们这个时候还往北方跑?我们只好编造出一套理由骗他们。

从水手那里传来"沈阳丢了""天津丢了"。这个"丢"字不同的立场就有不同的心情,我是又高兴又担心,高兴的是我们在军事上得到了胜利,担心的是我们下一步怎么办?船还能不能开进天津港?想也无用,只有听天由命了。

11月2日　星期二　(日记摘录)

下午船到了南朝鲜仁川港,只能停在港外,不能靠岸。我用望远镜看看岸上的人和建筑,看得很清楚,过去我在天津看惯了朝鲜人,称他们是"高丽棒子",最看不起,也最恨他们,日本侵略军里不少就是他们这种人。

船停泊以后,能自由上下的是美国人。中国人、朝鲜人都要排队,经过检验才能放行。

南朝鲜的京城——汉城,离仁川很近,据说交通很方便,当天就可以来回，我们都有点心动，想上去看看。正好，乘客中有位姓金的朝鲜人，能说中国话，他对苦茶、苦荼表示有办法，带她们上去，甚至可以介绍当地外务处的人帮助一切，说得她们相信了，想上去玩一玩。我听了以后反而更加慎重起来。我去问正在排队的一位很像商人的乘客，谈起来他很熟悉朝鲜的情况，他说现在市面乱得很，不平静，千万不要上去。我们大家议论了一番，也都死了这条心。

美国大兵，开着军用船板，把一箱一箱的罐头和酒，以及网球拍子等等送上来，又带一些人下去，上上下下，来来往往通行无阻，不知这竟是谁家天下。

大舱全部打开了，整天忙着卸货。我一直在舱口看着我们的行李，满舱的灰尘，舱里原来的布置都打乱了，李师母和孩子们都在后舱里玩牌了，我在舱口甲板溜来溜去，找人聊天，听到了不少新闻。有人说：三八线以南很多村镇都挂了红旗，人民军到处组织游击队。有的说：苏联军撤出了北朝鲜，美国军还厚着脸皮留在南朝鲜。天津没有“丢”已得到了证实。

舱里的货全部卸光了，没有装上什么货，也没有上来什么人，封了船，我们又恢复了原样，船里空空的，我数了数除了我们九人和周大姐之外，乘客只有12人。王逸和郑森禹不知什么时候已在仁川上岸了。我们这些人就更显得突出了。5日下午5时船启动了，这次就直奔天津。

6日船过黑水洋，我走几次每到这里，总是大风大浪，据说是海水江水冲击之处。船身像个摇篮一样，一个个好似重病患者，有的吐酸水，有的不敢睁开眼睛，我也没有很好吃饭，只吃了几块饼干和水果。

晚上风浪逐渐平息，大家反而觉得疲乏都不肯起来。船上一个船员，不知什么时候走进舱里鬼鬼祟祟地在靠近苦茶、苦荼床边，拿个毯子来问她们冷不冷，借故问这问那，我心里想是不是看上苦茶长得漂亮，想打什么主意，是不是还有什么政治目的？苦茶、苦荼也意识到了。本来大家躺在床上一天都感到郁闷，突然出现这么一个人给我们增加了几分恐惧。

11 月 7 日　星期日　天气晴朗　今天是十月革命节(日记摘录)

我一大早就跑到甲板呼吸新鲜空气,远望大海,万里碧波。东方的太阳已升出海面,几只海鸥映着朝霞自由飞翔,多么一幅美丽的景色,多么令人向往的阳光和自由啊,已经出现在我的眼前了!

师母和弟弟妹妹都上来了,甲板上顿时欢腾起来,国男和苦荼跳起新疆舞,我赶紧拿出照相机,给他们照下来,也照了日出,和全家的合影,留个纪念。

中午时,早就请船上食堂准备了两斤红烧肉,加上一棵大白菜,又开了最好吃的罐头,把周大姐也请来,共进午餐。国男突然说今天是阴历十月初九,是我的生日。我很奇怪她怎么记起我的生日了?她是看船上的日历知道的,大家都知道了,又是苏联革命的生日,又要了一锅面条,作为寿面庆贺一番。过去我是过旧历生日的。我决定从今以后,我生日就定为 11 月 7 日这天。

下午五时,船到了天津外港大沽口停了下来,可靠的消息说停泊一夜,明天上午开进天津,全家听了都很喜悦。我却更加紧张起来,接着就有人上了船,我看到的都是海关人员,大概是先行经济检查。

晚上,我们表现得俗气、灰色一些,摆起桌子打牌,要学像个赌徒,海关的人来了,他们不抓赌,反而站在旁边观看了一阵。

上午 8 点钟船开了,大家再一次检查行李,捆绑起来,我把我们编的几个组,每人的化名身份重述一遍,要大家温习温习。把钱、钢笔、手表分配妥当了,以免海关刁难。大家穿上最好的衣服,要打扮得像是富裕的人家。天津的天气冷起来了,飘着雪花,再冷我一直站在甲板上东望西望,看有什么动静。

船开进了市里,停在太古码头,岸上的人和船上旅客热烈地打招呼。钟先生也来了,我的心安了很多。这时武装人员上了船,要甲板上的乘客都回舱里去,一时空气异常紧张。接着上来一位穿皮上衣的宪兵，武装人员向他敬礼，显然是这里的头目。一个宪兵拿着一张纸条递给他，他叫华人买办把乘客名单拿出来。这时船上工作人员走来走去，我趁机混了进去。这位头目拿出纸条对照名单时，我挤上去看了一眼，条上写的是“马×伦李公仆”旁边盖了个图章。马字下面的字很模糊，看不清楚，我相信周围的人谁也看不懂。而我一看心里就有数了，写的是“马叙伦”，“仆”字应是“朴”字写错了。我心里明白，马叙伦（知名的爱国民主人士，解放后任教育部长）上个月从马宝道（萨空了邻居）搬家，搬到跑马地，可能被特务们误以为离开香港了。“李公仆”我认为李公朴被暗杀全国皆知，他们不会不知，这里指的是李的家人，当然是指其夫人。其所以被怀疑，很可能是因为国男、国友突然退学，以及我们搬出特务注意的沈老家。我见了纸条，愈发紧张起来。看见宪兵和船上买办等人到大客厅开会，我被赶到大舱，在舱口探望，只有在等待命运随他们摆布了。

一小时后，宪兵等一群人来到大舱，领头的拿着登记表格开头就叫“李小兰”，正是国男的化名，接着叫“李沈瑛”（邹师母）、“李西孟”（李师母）。天啊！怎么就没有考虑到都化成姓李的了。国男生平还是第一次穿上了旗袍，盘问她的身份、来历，答得很自然流利。李师母也是按编好的说。但问她在天津的住址时，她如实地把钟先生住址说出来了。因为我没有告诉她们纸条的问题，所以态度从容不迫毫不紧张，这很有利于解除对方的怀疑。但钟先生的地址告诉了他们我总放心不下。邹师母和周大姐盘问得也比较详细。

我同伙的是张潜（后改为张大简），问了几句就过关了，我因为早在天津办了“国民身份证”，苦荼、苦荼一伙也没遇到什么麻烦。

我们把行李都运到岸上，听候海关检查。我和苦荼她们比较顺利。查李师母、邹师母都是女检查员，查得比较仔细，特别带有文字的东西，都要给旁边监视宪兵看过。可巧从李师母的包裹里找出个大镜子，她翻出镜框夹层有张公朴先生的底片，检查员问这是谁，李师母顺口说是孩子们的老爷爷，幸而女检查员不认识李公朴，更想不到李公朴是个留胡须的人，看看也就过去了，而我们却是一场虚惊。

她一面检查一面问话，她们沉着应付，也没有查出什么来。我和张潜出了检查站，把行李交给钟先生暂时看管，我再去接李、邹二位师母，这时我看见苦荼、苦荼已坐上了人力车，说了一声去“裕中饭店”就走了。我很惊奇，她们自作主张，个人行动起来了。

我把李师母一家介绍给钟先生，其实他们在昆明绥靖路已经见过面。请他带她们和行李一起到安排好的住处（钟先生的家）。我和邹师母、嘉骊只好也去裕中饭店，开了二楼43号房间，办了登记手续。我在柜台问了苦荼她们的房间号（61），立即去看她们。61号只有苦荼在，叫我马上离开这个房间，她说姐姐和稽查处的人交房钱去了，就要回来了。我告诉她邹师母房间号码，晚上我还来，带点钱给你们。回到邹师母房间，在过道上，发现对面来的苦荼，旁边的就是船上穿着皮衣的那个家伙。我觉得事情不妙，把情况都和邹师母说了。她告诉我，检查时有人问她，认识不认识李公朴的太太。对苦荼来说，也许因为她长得漂亮被稽查处穿皮衣的人看上了。看来敌人似乎已经盯上她们了，可能是想把苦荼作为突破口。

我即刻回到钟家，一切都安排好了。把邹师母和苦荼、苦荼的情况都和李师母、国男、国友说了，再三嘱咐她们提高警惕，不要外出。我吃了钟先生给我们准备的葱花饼，找钟先生拿了80块钱，下午5时又赶到裕中，把苦荼叫出来，她说稽查处的那个人还在房间，苦荼不好走动。她说那个人告诉她们自己的身份，叫她们不要害怕。还讲：“现在我帮你们的忙，将来也许要你们帮忙了。”接着她又想起那个人说的一句话：“可惜两个重要的人在仁川登陆了。”我们把这几句话联在一起研究是实话还是麻痹我们。真是琢磨不透令人费解。但无论如何我们还要作最坏的准备。邹师母嘱咐苦荼“今晚不论发生什么事你们就到我这里来”。大家议定明天一早苦荼、苦荼就搬到她父亲的朋友家里去。邹师母和嘉骊去北平韬奋的妹妹家。说完了，我分给她们一笔钱，决定明天一早我就来。

我在回钟先生家的路上，难得的清闲一时，到兰牌电车道一家书店转了转，看到《中建》还在出，这是黄炎培办的，和香港《国讯》是姐妹刊物。买了本新出的第8卷，翻了翻，似乎还保持着“中间”立场，但有几篇文章我看完全是“中间路线”言论，这就和《国讯》有所不同了。《国讯》虽然是中间刊物，但里面有争论，而且潘汉年化名也写过文章。

回到过去英租界伦敦道新华村钟先生家，这是富裕人家的住宅区。看来这几年他回天津后生活事业都不错，钟太太待人还是那么热情风趣，钟琪也长大了。晚上他们一家请我们一家吃饭，饭后我们和钟先生谈谈我们这次来北方的目的和我们编造的姓名、身份等，以防有人来调查查出破绽。钟先生为人我很了解，忠厚义气，作为朋友是十分可信的。

我说服了李师母明天去烫发，也要国男、国友穿得漂亮一些。我也穿上了西装，此时此地需要的是太太、小姐、少爷，要学会适应环境的能力。

新华村已经生了暖气，室内温暖如春，李师母和孩子们对这个地方非常满意。大家聊了一阵，劳累紧张了一天，她们早早就睡了。我躺下去却难以成眠，支着耳朵听外面有什么动静。心里想着裕中饭店会出什么问题，还要打算明天将怎样安排。

一早起来，走出门外觉得衣服单薄，天气又阴又寒，急忙赶到裕中，邹师母告诉我昨晚平安无事，姊妹俩一早就离开饭店去朋友家了。我放下一件心事，接着忙邹师母去北平的事，先把她们不带走的三件大行李运走，拿到一笔钱送她们母女上车。我想到附近的一家五金行张七爷，是家里的亲戚，我见他就编了一套假话，留下了三件行李，暂借了200元，谈得很恳切。临走时七爷告诉我：“你父亲病了很久了，你要回家看看他。”这样一来，我非要很快地回趟家不可了。

回到裕中，结了账和邹师母二人坐上车到车站，送她们上了车厢，约好几天后北平见。没等车开，我就走出了车站。又放下了一件心事，肩上又轻松了许多。

回到钟先生家，吃了晚饭我就准备回家。钟先生一再嘱咐我一个人上街要当心，市面上太乱，到处是关外下来的国民党残兵败将，有时就明抢明夺。这一点我在船上时就听人说过了。

晚上到了北门西的家，三妹（佩章）一开门，看见我突如其来，感到十分惊讶。见到了母亲和二嫂，她们也又惊又喜。我急着进了父亲的房间，看见他满头白发，面色憔悴，一看就是久病的样子。见到我精神兴奋起来，我的心里一阵心酸。父亲说是牙痛，影响周围也不舒服。牙疼看了也不见好，现在还找不到病在哪里。

我回到家里又是一套谎言，说是知道北方局势吃紧所以回家看看，住些日子还要回南方去。反正他们看到了我这个人身体、穿着都不坏，没有多问什么也就放心了。

三妹偷偷告诉我，五弟（王陶）在今年夏天，因学生运动受到当局通缉，8 月份去解放区了。

晚上 10 点多我去中益办事处，同仁们见到我这个不速之客惊喜万分。二哥（金铠）正在打牌，看来他心宽体胖一定顺心如意，同仁们也都那么悠闲自在。很自然谈起当前的局势来。刘兴周（中益驻沈阳的工作人员）说他几天前从锦州回来，身上带有几千块金圆券，被解放军查出来，没有受到任何麻烦。刘对解放军纪律严明称赞不已。有的同仁接着谈到天津周围解放了的地区情况他们都很了解，特别是蔡子祥谈到家乡胜芳解放后的情况很详细，老百姓都安居乐业了。出乎我意料之外，我一直还把这些事严守秘密，而他们却成了谈话资料了。谈得太晚，我就留宿在办事处。我得知中益的青年职工孟昭全就是地下党员，我很高兴，我们的事情更好办了。但我对父亲的病心里很担心，只有对二哥说请他多关心父亲的治疗问题。

这些天我每天是两面跑。新华村李帅母的事不多，父亲家里和中益要应付。我去看老七爷（本家叔祖父，他是个孤老头子，住在中益由叔祖父八爷照顾），七爷很健康，说我们还能见面，他非常高兴。回家同婶母谈了一阵，她对金铭（四弟）在北平参加“剿匪”总部文化新闻工作非常担心。母亲为我做了一顿丰富的午餐，我一面吃一面同父亲聊天，他说他准备告老了，希望我留下把工厂整顿整顿。我只有似是而非地应付几句。但我在中益和二哥谈的时候，我以沈阳、锦州、济南为例，说明共产党保护工商业的政策，鼓励他准备恢复生产，使他相信共产党来了还是大有可为的。

11日上午，我在中益正在给香港萨空了写信（用暗语告诉他们我们上岸情况），一位陌生的商人模样的人找我，他告诉我是谁介绍来的，我明白了他就是来和我接关系的。我们到另一间房里密谈。从他那里了解到解放区的路线和应准备的事项。他要大家的一寸照片，去办"国民身份证"。这位同志告诉我是从天津西站上火车，去唐关屯穿过封锁线去泊镇，就到解放区了。我首先要考虑的是我们先在西站附近找地方住几天，便于一大早上火车，西站周围是天津小市民区，我们来往要装得像个小市民。我想到蔡子祥，他家住在西站那一区，我找他商量，托他代我找一间房子，我把我们实情告诉了他。他听了毫无考虑地说，他家里可以腾出两间房来给我用，我不客气地就这样接受了。他要我明天就可以来住。

我赶回新华村，告诉李师母已经联系上了地下交通，同时要很快搬到离火车站近的地方，要她们立即开始做准备。我带他们去老日租界一家照相馆照了相，找饭馆吃了饭。好多饭馆和商店都关门了，细打听才知道国民党东北的败兵入关，窜到天津到处抢吃抢东西。后来在一家开着门的清真羊肉馆里吃了饭。原来这家老板思想守旧，就不愿听"关门"二字，就是散兵来抢他也不肯关门。跑堂的告诉我们，昨天一天就叫士兵白吃了好几百块钱。

我又去看了苦荼、苦荼，她们说这家朋友对她们有些怀疑了，想另找住的地方。我们商量她们可到北平邹师母处住几天，再说我也要去北平和邹师母商量走的问题。她们一听能到北平高兴极了。因为她们的儿童时代是在北平度过的。

转天下午我赶回新华村，李师母已整理好行李，马上就搬家。我去看钟先生，告诉他搬家事，扯了谎，但表示感谢，是真诚的。

现在需要找孟昭全来帮忙，请他来把我们的行李全部运到蔡子祥家，告诉他我们进一步的打算和行动，嘱咐不要向任何人说。下午我们一家乘车到蔡家，蔡先生早已在家等候了，他们腾出一间北房给我们，吃饭也不要我们自己动手，中益大师傅可以做出菜送来，这就方便多了。

国男、国友从来没有住过这种环境，感到新奇。对于李师母最大的难题，就是个化妆成为一个市民或农村妇女。她是高鼻梁，素有西方美人之称，烫了发就更像个贵夫人。现在再改装实在太难了，举手投足都有些"洋"味，但是此时此地需要的是"土"，越土越好，对李师母来说真难为她了。

我又赶回到家里，主要的是找三妹，要她找些女工人穿的旧衣服。王陶去解放区以后，为去解放区的人联系、化妆、运输工作都是三妹负责。

13日一早，我要孟昭全去张七爷五金店，把邹师母的三件行李取回来，还上200元的账。我去苦荼那里把她们要带的几件行李取回来，我们约好时间车站上见面。

转天上午七点多我赶到车站，孟昭全已将三件行托运了。苦荼、苦荼也来了，八点钟上了车，她们还带了一只烧鸡。三个人一面吃一面聊。忙乱几天，今天一起旅行，感到心里轻松多了。我们周围不少是军人，关外败下来的，一个兵自言自语地说："妈的，打了败仗，连要饭都要不出来。上车还要票，老子坐车就没买过票。"有的愁眉苦脸，唉声叹气。我们说说笑笑，大吃大喝，两个钟头就到北平了。

我们三人和邹师母、小妹见了面，倍加亲切。我和大家研究下一步怎么办，应该注意些什么，要大家分头准备。约好了我后天再来办身份证，走的日期、如何走法后天再说，我搭下午的车返回天津。

到了天津先去蔡家看看李师母她们，报告我一天的活动。吃了晚饭去家里找三妹，告诉她我们需要些什么衣服要她准备。在她的房间里，来往解放区的同志们留下的好的、坏的、新的、旧的衣服用品，到处可见。

回到中益去住，同仁们在打牌，我写信给仍在香港等我的信息的沈谱（沈老女儿），用我们自己的语言，告诉她这里的情况和路上应注意事项。

14日，上午听说伯母病重，我去看她。二妹（玉章）在，十多年不见了，已经是几个孩子的妈妈了。伯母倚在床上，消瘦多了。见了我眼泪汪汪。她有气无力地谈了一阵，她担心这次病怕顶不过去了。在院子和大哥（金镛）谈了半天，他说他们银行的职员人心惶惶，大家看得很清楚，蒋介石的统治已到了崩溃的边缘，对共产党也听到一些传闻，有些好感，但谁也没有亲身感受过，也不免有些惶恐。但结论是，时局不能不变了，变了总比不变好。

回到家里吃午餐，母亲知道我喜欢吃鲢子鱼，特别买了几斤。十多年没有吃过了，味道比过去觉得更加鲜美，这种鲜美也是对家乡之恋和母亲之爱。

把三妹给我的一些旧衣服带到蔡家，有的还要自己准备。我带着师母全家在南市逛夜市。买些蓝布、棉布鞋和一般老百姓的衣服用品。回来李师母化了妆给大家看，大家笑不可抑。孩子们说，活像个话剧的蹩脚演员。

17日中午大哥来电话说，伯母于早8时去世了。幸亏我还见到了最后一面。我立即赶到大哥家（这时大伯在北平）在遗体前行了礼，安慰大哥、二妹几句就回到中益。路上遇到法商的老同学郭绍曾，寒暄几句。他告诉我法商老同学黄平最近被捕了。当时我想到十年前日本统治时，我和黄平在“民先”队里一起工作过，他是银行职员，地下党员，被日本人逮捕过，因没有暴露身份，释放出来。后听说去了延安就没有消息了，这次被国民党抓了去，怕是凶多吉少了。

约好了地下联络人18日下午在北平见面。18日上午，苦茶、苦荼决定陪我去逛逛北平，先到了中山公园，苦茶拼命在找一个地方。当走到来今雨轩时，她记忆起这是儿童时代常来的地方，同时也引起我的回忆。1936年来北平考大学，1937年来北平上大学都来过中山公园，在大学时代还在来今雨轩“民先”组织讨论会讨论“新启蒙运动”。那时大家只有钱喝茶没有钱吃饭。一晃11个年头了，来今雨轩依然还是那个老样子。

出了中山公园再去王府井东安市场，她们指名要到荣华斋请我吃奶油栗子粉和奶油咖啡,然后又到一家吃了一碗奶酪,在那些紧张的日子里,难得偷得半日闲,好好地享受一番。

回到师母家,约好的地下联络人来了。谈完了几件事,决定苦茶、苦荼后天到天津。大后天随着生活书店几个同志一起走。她们走了之后,我们另有一位地下交通员和我联系,他陪我们一路走。身份证、介绍信和汇票由交通员带到天津,关于邹师母和嘉骊决定暂时不走(因怕嘉骊过于紧张而犯病),看看情况再说。

一切谈妥,我准备返回天津。听说平津路因铁轨被破坏暂不通车,今晚走不成了。我决定去前门外住旅店。联络员不要我去,他说每晚旅店盘查很严,证件不足,恐生意外。邹师母要我留住她们那里,我觉得这里也诸多不便,突然我想起四弟(金铭,后改名新吾)的"文化新闻社",到他那里倒是个安全之所。

"文化新闻社"是傅作义"剿总"下面的文化特务机关。他母亲对我说过希望他早点脱离这个地方,我趁这个机会对他做点工作,也可以解决我今晚的住宿问题。

坐了车到王府井大街,文化新闻社牌子很容易就找到了。新吾正在宿舍,见到我突如其来,感到惊讶但很高兴。他说"这个时候正需要找你谈谈,帮我拿个主意"。我顺水推舟说,就是这个时候我才来找你。这是没有料到的结果,很自然的有了共同的语言。

新吾自动地介绍他们社里的情况,说这是傅作义下面的文官秦风川领导的部门,秦留学苏联,最初表现进步。他对秦很崇拜,所以才进来的。他表示自己未变初衷,不愿意在这里干下去了,正在准备辞职。我问他下一步如何打算,他说已有家室,去解放区不可能,改行开个杂货店也可以。我告诉他形势发展很快,平津朝夕难保,早点离开这个地方是上策。将来局面变了,城市政策能自食其力,总是有路可走的。我们说得太晚了,他留我住一夜明天再走,当然我欣然同意了。临睡前他告诉我两个内部消息:一是最近可能实施华北总戒严;另一条是今年夏天他看到一张学生黑名单,准备逮捕的其中有五弟,他预先和五弟打了招呼,所以他就去了解放区。

19日一早，新吾打电话到车站，说已经通车了。他送我到南池子就回去了。我到邹师母家，告诉她们有关宣布华北戒严令事，要她们早点上户口，临别时和邹师母、小妹蛮有信心地说，不久我们会再见的。

我回到中益，一位陌生的商人打扮的找我，他说是严先生（是指潘汉年、连贯）介绍他来的，他讲了一些暗话，一听就明白了。这是陪我们去解放区的地下交通员，我们称他是刘先生。他告诉我沿途的情况和应有的准备，并再三嘱咐我"东西少带，主要是人"。什么时候走再通知。

中益同仁们说这两天市面更乱了，关外退下来的、保定退下来的，还有长官的家属，每天有几十辆大卡车开进天津。各学校、戏院都住满了，一伙伙的兵强行上招商局的海轮想到上海。宪兵也管不了，弄得全市乱哄哄。

大伯父过两天才能从北平回来，家里在筹备伯母的丧事。父亲和老七爷嘱咐过我"大娘的白事，你多帮帮忙"。我在中益趁着晚上没有事，帮他们写了100多份请帖的信封，算是尽了我的一点心意。听说伯父从北平回来以后不同意出殡。他说："南京、上海到处闹抢米风潮，部长老爷们家里都被抢了，平津还不知哪天了，咱们还铺张什么？"三叔还是执意发帖子，认为不请朋友亲戚来送殡对不起死者，对朋友亲戚也说不过去。他们起了争执，我们初步决定22日清晨就走，结果如何我就不得而知了。

20日上午联络员带着苦茶、苦荼来到蔡家住了一夜，21日一早一切都准备好就出发了，联络员要我一起送她们姐妹俩和行李走，到老日租界"中华茶园"对面一个胡同，叫开了门，出来的是倪子明，生活书店的熟人。我们相对笑了笑，心照不宣，把苦茶、苦荼交给了他们，我默默地告别了。我在想，这一带向来是娼妓聚集之地，见不得人的地方，中华茶园就是有名的色情下流的娱乐场所。他们选择这个地方，可能认为这正是容易掩蔽的好地方。

21日又阴又寒，一早看到《民国日报》头版头条新闻就是"自明日零时起华北宣布戒严”。里面有条“严格检查出入境旅客”,这完全冲着我们来的,我们定的就是明天一早走。

我回到蔡家,把这个消息告诉她们。再检查衣服、行李,不能带的尽量拿出来。她们又忙一阵,我又回母亲家里偷偷找三妹,再找些需要的东西,母亲看见了跟着走进来。她看我们鬼鬼祟祟的,向三妹说:“你别瞒我,每天晚上来的还是学生,一清早就成了老妈子,不都是投八路的吗?”她转向我说:“咱可别去啊。”我笑了笑,母亲又想到五弟,担心五弟在外面吃苦。谈了一阵最后又说:“这日子,八路早点来就好了。”这是多么善良的母亲。

父亲醒了,我去看他。他还是那么消瘦,精神还好。母亲告诉我就是牙痛,中医西医看了说不出什么病。我来是向他告别的,我又在骗他们,明天有一件公事急于去北平,可能要多住几天。父亲听了也没说什么。而我看到父亲这个样子我无能为力,就这样的走了心里实在很难受,只有希望天津早些解放。

这些天气候阴寒,我借来二哥的皮领大衣跑来跑去,身上倒很暖了,但心里压得更加沉重,赶到中益,准时见到了来者,约好明天一早西站见面。

再回到蔡家,送了一些东西答谢蔡家对我们的盛情,把几大件带不走的行李要昭全带到中益临时保管,约他明天一早到西站。

最后又检查了一次带在身上的东西,重新整理了一次。每个人都分一些钱带在身上,万一走散了自己可以应付。大家早点睡了。今晚我睡在蔡家。

11 月 22 日 (星期一) 阴寒(日记摘录)

一大早大家就起来了,忙着整理、化妆,我穿着破长袍,戴着瓜皮帽,像个破了产的商人。她们说我化妆得最好。

张潜、国男还可以,像个生意人家的闺女。国友穿了一套新棉裤棉袄,成了地主小少爷,李师母戴上旧式妇女的帽头,拿着一个烟袋锅子,像个地主婆。我们家如果站在一起真像一出“文明戏”。

告别蔡先生一家人，感谢他们的深情厚谊，匆匆地赶到西站，已经七点半了。售票窗口已挤满了好几层人，八点半了窗口没有动静，人越来越多了，你挤我我拥你，警察用皮带乱打，更不能成行了。

地下交通员看到我们了，昭全也找到我们。开始卖票了，人群又是一阵骚乱。交通员叫我出来站在前面去，他已找人排队占了位子，这就快多了。票买到了，分给每个人。等了半个钟头车子才到，大家又拥挤了一阵，挤上了车。但座位早叫总站、北站的旅客占满了。车开动了，走得很慢，而且每站必停，有人上下。趁人们流动时，给李师母找了个位子，她已疲惫不堪了。12点多到了静海，下的人不少，但我们还是抢不到座位，只好坐在别人的行李上。站上买了些包子作为午餐。下午一点多，到了陈官屯。这是终点站，津浦路就在这里中断的。

全车人下了车，争先恐后地跑到检查口，我和交通员招呼着前前后后，没有丢下一个人。到一个广场就是检查口，警察宪兵喝五吆六，加上皮鞭维持秩序。群众排成一队，这时又宣布了命令。男女分着排队，队伍又乱了一阵。我要国男、张潜多照顾师母，我和国友挤在男人的人群里，手持皮鞭的宪兵一面咆哮一面抽打，人们不住地喊叫。检查开始了，在皮鞭下大家又重新排了队，前拥后倒，上了年纪的人几乎喘不过气来。交通员一直在我们左右，我聚精会神地看着检查口，看他们怎么检查，检查什么。我得出的结论是，可能是重视"经济检查"。我记起中益同仁说过，在去解放区的多条交通线上，"跑单帮的商人"可赚钱了。难怪我看到我们排队的人中不少人背着大包袱小包袱，大概就是这种人。如确实的话对我们这些没有什么商品可查的人可能会放松一些。但愿如此吧！

果然如此，轮到我们接受检查时，打开我们的包袱，除了一些自己用的旧衣服外没有值钱的，也没有盘问什么就通过了。

跑出检查口，赶快找我们的人。李师母她们早检查过了。交通员在等着我们，他包了辆马车，立刻赶到闸口。下午四时到了闸口，这是国统区的最后一道检查站，这里检查主要还是经济检查。他们认为不能通过的货物或商品(但也不能说是违禁品),让你拿出来交给路旁的收购商人廉价收买。这都是检查口做的圈套,狼狈为奸。但有些真正的"走私商"人杰地灵,花点钱就过去了。在这个检查口,不知有多少共产党人都通过了,但一枝钢笔、一只手表是不能通过的,主要是要钱。

我们这些人没有遇到什么麻烦就通过了。前面是一条窄窄的泥水河,这就是分界线。过了河就是三不管的地带。交通员要马车跑得快一些,趁着天还未黑,尽快赶路。走了好长一段路天色已经黑了,但仍微微地分辨出前面的路。一路上前面有几辆马车相伴而行。不知为什么马夫离开了前面的马车孤单地走了另外一条路。我们有些担心,对马夫埋怨起来,交通员不要我们讲话,马夫很沉着地继续赶路,十几分钟后远方突然两声枪响,隐隐约约的有些喊叫声。马夫说:"听见没有,那边抢了,这条路我比你们熟。"后来我们问他,才告诉我们那条路国民党的"讨伐队"常常出没,专门讨伐老百姓。

前面看到人家灯火了,到了罗店。大家想停下来,马车没有停,说那里不安全。继续又走了几里路,到了清河庄,交通员和马夫商量决定,就住在这里,问问老乡才知道十点多了。

大家进了旅店,上了店簿,里外两间,地上已铺好了稻草,我们铺上被子,每个人要了一碗面,喝点酒暖和暖和,大家和衣躺下就睡了。深夜查店的小队来,看看身份证,就走了。

这就是我们现身经历的华北总戒严令宣布的第一天。

转天鸡刚叫了两遍,马夫就来叫了。人家匆匆赶路,天阴沉沉正下着毛毛雨,国男她们低着头,东倒西歪还没睡醒。我打破了沉睡,大声讲起话来,鼓励她们说说唱唱。青年人清醒过来,看到天渐渐发白了,车子走过一个村又一个村,已经有人在干活了。

10点多到了沧县城,交通员把我们带到一家四合院里,给我们介绍一位张科长,问问路上的情况,告诉我们这两天的新闻,小勤务员忙着打水冲茶搬行李,我们感到是到家了。

中午吃了一顿丰盛的午饭，张科长要我们这两天好好休息，后天还要赶路到泊头，并嘱咐我们这里接近敌占区，国民党特务多，环境复杂，尽量少出去。尤其我可能还要回香港，更加小心，不要暴露。

22日大家洗澡、理发都换了装，穿上灰布棉军装。国男她们到街上转了转，看什么都觉得新鲜。晚上张科长请我们吃面条，准备了酒，不管会不会都痛饮一番。餐后我和张科长谈，他介绍泊头镇的情况，党的正式联络站设在那里。在这里我们和交通员告别了，他不久还要回天津，大家深深地感谢他们。

25日一早刘科长派了一位丁同志护送我们坐上大马车沿着津浦路向南走。天气晴和但寒风凛凛，一路上青年人又说又唱，不知不觉已到了泊头镇，这时已经下午两点了。

这里负责的同志接待我们，并安排好住处。我们打听苦荼、苦荼是否在这里，他答应帮我们去问问，他告诉我楚图南先生也在这里，我马上去看他。楚老知道我们一行人安全到达这里高兴极了。他说下一步，要听候这里的安排，吴晗于一月前已去中央了（平山县西柏坡）。

我们意外地见到一些熟人，特别是云南来的杨白云（云大附中校长杨春洲的大女儿）。国男、国友兴奋得跳起来。她说她可能暂留在泊市准备接收天津。还有西南联大的同学，其中有同学们公认的“校花”沈渔村，也穿上了布鞋、旗袍，带着几分乡气，而风采犹在。有人告诉我联大的吴谟（王陶的同学）在泊头镇工作。

晚上苦荼、苦荼从几百个学生中找到，带着行李来我们这里“归队”了。

26日到28日我们共七人从泊头镇坐大车继续沿铁道线向南走，经过连镇、桑园到达了河北、山东交界的德州。镇上一位同志一直和我们同行。沿着铁路线走，路基已被破坏，发动周围老百姓抢修，限期完成。我们一行青年人一路歌声、笑声，聊天讲故事，成了流动的俱乐部。车停休息时，找老乡聊天，听到许多农村的新鲜事。特别想知道土改分田的情况，我们开始在了解、体验解放区劳动人民的生活。

28日下午3时许到了徐州，这是个大地方。我们走了几条街，找到了接头的地方。一位王同志接待我们，他告诉我们每天有火车去石门（石家庄），我们当即决定今天就走。王同志即派人买火车票又吩咐厨房准备晚饭，我们坐下来休息看看几天的报纸。很快车票买来了，面条也做好了，我们饱餐了一顿。没有休息就坐上大车赶到火车站，王同志派了一名交通员专送我们去石门。

我们上了一节铁闷子车厢。这是军人的车，今天成了我们几个人的专用车了。车上不是一排的座位，而是两边各一条连着的长椅，正好把被子铺开，每人都有床位。天还未黑，车不能开，大家到月台上走走。这时上车的乘客越来越多了，每个车厢里满满的人。有的人还找不到座位，据说这是为解放战争修建的德石铁路，当时的地图上是没有的。

我们上车前，买了几只德州有名的烧鸡，还有一大堆花生、栗子和冻柿子。六点钟天黑了，车开始移动，走起来车身摇动，哗啦啦响声很大。车厢里不开灯，灯火严格管制，一片漆黑。大家早早地躺下了。有的穿着衣服盖上被，国男和苦茶像在家里一样脱了衣服钻进了被窝。车厢没有窗子，到处透风，像冰窖一样。我最担心的是李师母，她睡不着坐起来，披着被打瞌睡。青年们都呼呼地睡着了。

车走得很慢，走走停停。夜深了到了某站，停车时间较长，站台有灯光，青年人都醒了，第一感觉就是肚子饿了，最想吃的是烧鸡，有的自己起来吃，国男、苦茶起不来要我拿给她们。吃了烧鸡还要吃冻柿子，李师母担心她们吃坏了肚子，车上又没有厕所。她们可不管这些。我穿着棉袍，披着国男在蔡家织的大毛围巾，时而坐下来打瞌睡，时而走来走去，为大家服务。这时远远的石门的灯光已经在望了。

车停了，站上的灯火照进来，大家已收拾好行李，跳下车。交通员带着我们过了大桥，未经任何检查出了车站。路灯亮亮的，行人来来往往，一片太平景象。

交通员把我们带到华北人民政府交际处，申伯纯处长和夫人郭西接待我们。办好了必要的登记手续，把我们带到后院的日本式的小洋房里，分配了房间。房里家具用品应有尽有，申处长告诉我们许多战场上胜利的消息，他蛮有信心地说，一两个月就可以拿下平津。

大家到饭厅午餐，饭厅里满满的人，许多人和李师母打招呼，有的是延安见过的，有的是云南、上海见过的，大家都那么兴奋愉快。

在交际处住了四天，好好休息修整了一番，楚图南先生经过此地准备到中央去，胡愈之沈兹九早去了中央、沈老郭沫若等人仍在东北。楚先生很关心我的问题，是留下来还是就回香港。他说他到中央商议后即可决定。他希望我参加将来的代表团的工作（指民盟参加新政协的代表团）。

我找申处长说了我们的问题，传达了潘汉年的指示。我问他要不要见见董老（当时董老是华北人民政府主席），他说现在的石家庄情况不同了，我的问题向上面反映后再作决定。当时听到传说，傅作义包围了石家庄，也有的说中央和傅作义谈判争取和平解决北平的问题。

交际处组织我们去民主剧场看了一场话剧《赤叶河》，像《白毛女》一样的感动人。在剧场里苦荼、苦荼遇见一位剧团的朋友罗坚，是重庆陶行知办的育才学校的老同学。罗坚认为苦荼有艺术天才，争取她参加这里的文工团演戏。苦荼思想上也有波动。为此我们坐下来认真讨论了几次，提高到人生观、艺术观问题，居然开展起批评与自我批评，虽然最后并没有解决苦荼去不去文工团的问题，但大家在许多思想认识上有所提高，这是到解放区后的收获。

交际处的林青同志（进城后在中央统战部工作）给我们介绍华北大学的学习和生活情况，希望我们这里的五位青年人先去华大学习，以后再谈工作。她们听了毫无异议，决定去华大。苦荼也不再考虑文工团的问题了。林青是王陶北大的同学，他知道王陶现在可能在团中央。

在一次午餐时，饭厅又来了一批人。李师母见到了几位熟人，有沙可夫、肖三、周巍峙。据沙可夫说光未然（张光年）在正定华北大学教课。我们想到阿蕙（光未然的爱人）一定也在那里，国男她们去华大更高兴了。

韬奋的小儿子嘉骝突然来招待所看望他母亲邹师母。招待所的同志告诉他邹师母留在北平没有来，他很失望。但见到李师母，又知道国男国友，苦荼苦荼都在这里，高兴极了。这都是儿童时代的朋友，现在都长大了，相见不相识，但谈起往事又是多么亲切。嘉骝13岁（韬奋于1944年去世）到了延安，在延安学习五年，现在已成为一个青年工作的骨干了。在这里他没有见到母亲，这几天成了我们一家的成员了。

12月12日，国男她们五人决定上午去正定华北大学。等她们走了以后，李师母即去李家庄中共中央统战部。处长也通知我，昨晚有电话来，要我去“中央工校”。他们告诉我这就是中央机关的代号，什么机关没有说，我和李师母作了准备分头出发了。

交际处派了一个姓刘的小勤务兵一路送我。他们问我骑马还是骑自行车，大约100多里路。我很想学学骑马，再想这是赶任务，不是旅行，少找麻烦，还是选骑单车了。骑了40里满身大汗，停下来休息一阵，继续又骑了40里，已到了平山县城。我们决定留宿在这里。小刘同志找了一家客店。我正在门口洗脸，街上一群穿军装棉制服的青年走来，其中有人向我招手，原来是中法大学的同学陈秉钧（改名安阳）和缪祥焘，太兴奋了，坐下来聊了一阵。他们告诉我中法的朱润典（改名丁江）和他们在一起，他们认识王陶，告诉我他在中央团校的地址，我高兴极了。解放区的朋友们联系越来越多了。

吃了晚饭，到街上转了转，买些日用品，回来九点钟就睡了。

转天一早继续赶路，十点左右到了温塘村，村民大都头缠白毛巾，口音很难懂。这已经快到山西边界了。午饭后继续赶路，小刘说大约还有30多里，争取天黑时赶到。下午两点多到了洪子店，这是个大镇子，在山沟里。我们在山脚绕来绕去，又走了一段沙子路，到了滹沱河，沿着河没有多远，在一个小村子停下了。小刘告诉我，这是东皇遛村，中共中央社会部的所在地，我们要来的就是这里。

我们走进一家破旧的小院里，首先见到的是冯同志（二室的主任冯基平，解放后任北平市公安局长）和管人事的王科长。我正在谈我们从香港一路经过情况时，罗主任（一室主任罗青长，解放后曾任中共中央调查部部长）来了，我的问题看来是他管的，他见了我就说："你的问题要和香港的潘汉年同志联系决定，如果赶回去，一定要在本月15日以前，否则怕来不及了。"据他的估计回去的可能性不大。平津就要发动总进攻了，并嘱咐我在我的问题没有作最后决定前，暂时还是少出去少见人，我完全明白了。

天黑了，王科长叫人把我送到分散的招待所，是老乡家里的一间客房，收拾得干干净净。靠墙的砖搭的火炉生的旺旺的。不需到饭厅吃饭，有小勤务兵送来，给我中灶待遇。我太享受了，内心反而感到不安。

住在招待所的日子里，我每天的生活基本上有了一定的规律。早早起来到滹沱河旁散步，回来小勤务兵生了炉子，送来早点，带来昨天的报纸。然后读书。不像过去在书店时有什么新书就看什么，这时订了"功课表"，主要是理论学习，精读《毛泽东选集》，和《论共产党员修养》并写笔记。下午晚上都看看报纸，在第一个星期里补写从香港出来后一个多月的日记，以后每天写当天的日记。有时在院里晒太阳找老乡聊天，了解些农村特别是土地改革运动情况，了解农村过去的生活，实际是上了忆苦思甜的一课。有时也找找部里的同志聊天，谈个人的思想或要求解答政策上理论上的一些问题。在这个时期我严格求自己有计划地读书，联系思想作自我检查。像国男她们上华北大学一样，我上的是自办的大学，部里的同志和周围的老乡都是老师。我的劳动课就是自己打扫房间和洗洗衣服。

来社会部不久，王科长送来一本自传纲要，让我根据纲要来写自传。我花了几天的时间写了几千字，好好理一理自己过去的这段历史，也写出了自己的思想和努力方向，特别写了入党的要求。

关于我入党的问题，多年来一直存在心里。由于个人政治觉悟不高，世界观没有彻底改造，加上家庭出身工商业者资本家和社会关系复杂（主要是和同学王大光中统特务有过来往），所以入党问题迟迟得不到解决。现在到了中央社会部，这是党的最机密机关，我认为这是党对我的信任。我接受这次考验，提高觉悟，彻底改造世界观，要求党审查我的历史，争取在这里解决我的入党问题，完成我的一大心愿。

我的去留问题香港已有答复，暂时不能回去，等待一个时期看形势发展再作决定。部里王科长告诉我，部里的考虑是准备派我去参加接收天津工作，在天津可能是仍保持秘密身份，现在还要注意，不要暴露。

最近连连听到我军前线胜利的消息，北平的外围涿县、密云解放了，天津外围唐山解放了，这里训练班的100多人，已星夜赶到保定，令人闻之精神振奋。

孟秋江夫妇带着郭沫若的日本女儿郭淑瑀来到这里。秋江是在香港时的熟朋友，他们也是从香港走我们的路线来的。他是社会部的关系来的，像我一样等待分配工作。郭淑瑀满口的中国话，穿上我们发的棉袄，一点也看不出是日本人。但对这里的农村生活却是格格不入。我在晚上没有事，就到她们那里聊天，有时打打麻将，和郭淑瑀也熟了，说话也随便了。她对郭老抛弃了她们一家很不满，对中国男人不相信。我们劝她，也替郭老作了辩护，说这是时代的悲剧，看来她对我们的话大概也是格格不入的。

刘少文副部长从外面回到部里来，他找我先谈国家的时局，后又谈到我的问题。他要我不要心急，不久进城了，那时事情是做不完的。二室主任罗青长同志突然一天找我，交给我一些资料要我看看整理。我花了几天工夫整理好交了卷，我估计这就是要我参加部里工作的开始。

忙里偷闲写信给李师母和弟弟妹妹们，以及给王陶他们，真想念他们。收到国男她们回信，大部分写的都是学习心得和生活情况，自我批评写得一本正经。显然是自由主义少了，正像她们说的“华大就是一座革命的熔炉”。我看了非常高兴,对我也起了促进作用。

1949年,新的一年开始了。

除夕之夜,部长大院里举行露天晚会。我已可以走进部长大院和大家联欢了。一室、二室的同志和领导们都来了,拉着二胡伴奏,大家自由自在找到舞伴就跳起来了。我是从大城市来的,但从未进过舞场,更谈不到会跳舞,在大家面前我却成“土包子”了。小郭(郭淑瑀)虽然来自日本大城市,却和我一样,这里的男女同志都很大方,拉着我们跳,教我们跳,弄得我们十分尴尬。我跳了几场溜出来,找秋江、王科长和方志纯(方志敏烈士弟弟)同志打了几圈麻将。一直玩到深夜12点多。

新年元旦一早起来,走在冻了冰的滹沱河畔,遥望东方,想念师母和国男她们,想念着天津的亲人,真是“每逢佳节倍思亲”啊!祝愿她们,见面的日子为期不远了。

部长大院里挂上两个大红宫灯,点缀了新年的气氛。我和秋江去给李克农部长拜年,给同志们拜年。十点钟举行团拜,各部门的同志齐聚在大院里,部长给大家讲了两句吉庆话“人财两旺,利达三江”,并解释就是要加紧训练干部发展生产,把人民的利益推展到长江、赣江、珠江。我们联系到昨天学习的新华社的新年献词《将革命进行到底》,提出的1949年的任务是过江、召开新政协、成立联合政府、推翻蒋政权。大家都会意识到1949年将是中国历史上大转折,最辉煌的一年。

青年诗人、作家力扬、何其芳从马列学院来部里,我们一起去戈茅家聊天。何其芳告诉我光未然离开了华大,已去涿县准备接收北平。

有人从李家庄(中央统战部所在地)来,告诉我来解放区的民主人士都住在那里,其中包括李师母、胡愈之、楚图南、吴晗等人,我和秋江商议决定去李家庄看看他们。15日上午我们搭部里的吉普车出发,中午到李家庄招待所。正赶上吃饭,在饭厅里一部分都是熟识的知名的老前辈,有李师母、胡愈之夫妇、吴晗夫妇、翦伯赞、韩兆谔、楚图南，同船来的周颖大姐、何惧、周建人全家，天津同乡刘清扬，他们都以为我们两人去接收天津了。吃饭时和杨刚坐一桌，她是我们"文通"时代的老师。谈到当年的"文通"，还谈到钟膺、李绥、远威、陈善文等人。

午餐后，大家回到自己的房间，我和秋江分别串门。先到李师母房里，她告诉我国男、国友在华大的情况。生活苦一些，精神身体都很好。国男选为组长，小弟选为代表，她自己已被邀请参加在北平解放后三八节时召开的全国妇女代表大会，她是代表昆明市出席的。还告诉我五弟已去北平前线了，听了为之振奋。

我们去看楚图南同志，他说这里的民盟小组已经成立，还希望我在民盟小组里参加筹备新政协工作。这时我对民盟已失去了兴趣。

再去看胡愈之和沈兹九，章汉夫、胡绳、巴人（作家王任叔）、何惧（救国会成员）都在，我还以为这些国际问题专家、理论家、作家谈什么国家大事，其实是何惧大谈跳舞经，准备今晚文艺晚会节目。胡愈之说我们到这里都自觉年青了，我说我看大家也都胖了。

晚餐后，宦乡把起草的民主人士响应毛主席八条和平条件的电文读给大家听，征求意见修改后，发给沈阳沈钧儒、郭沫若等。合计55人联名发表。这是我们在战场之外对国民党发动的和平攻势。

文艺晚会开始了，有艺术天才的钟灵同志领先唱陕北民歌，教大家扭秧歌，一群老同志兴高采烈地在学，特别是沈兹九最活跃，学得很出色。跳累了又改跳交际舞，我和秋江、周大姐、周建人的女儿回到房里打扑克（桥牌），玩到12点多尽兴而散。

转天（1月16日）一清早就送捷报来，大喊"天津解放了！"大家听了，虽然这是早已在预料之中，但还是兴奋不已。秋江决定24号去天津接收《大公报》，我写了一封信，把汇文老同学，后在燕京大学新闻系毕业的周明钧介绍给秋江。他政治可靠，在中学时英文是全班第一名，是个有用之才。

早餐后去看刘清扬，她聊起来就没完没了。她从"五四"在天津和周恩来、邓颖超创办觉悟社谈起，谈了她的几十年革命事迹。一口一个小超（指邓颖超）如何如何。她参加革命时间确实很长，她说张申府（她的丈夫）是周恩来的入党介绍人。接着她特别表白，他（张申府）现在已经脱了党，去年写了一篇《呼吁和平》，成了中间路线的代言人，自己和他已脱离了关系，并表示对革命未改初衷。

午餐时又看到田汉、安娥、严信民也在这里，田汉在上海一个偶然的机会见过面，我喜欢他的书法，他给我写了一张条幅。吃饭时传来一个消息说，今晚周恩来副主席要来看望大家，要大家一定睡个觉，说不定要谈个通宵。

晚饭时，大家精神抖擞倍加兴奋，为了庆祝天津解放，大家都举起杯来痛饮。饭后食堂刚刚收拾好，七点多钟周恩来、邓颖超来了，沈谱也一起来了，中央统战部李维汉等领导同志也都来了。我发现香港的连贯也在这里，最后毛主席的老师符定一先生，在年轻的夫人搀扶下也走进来了。

周恩来和大家一一握手，大部分人是多次见过的，也有的是老朋友了。我是第二次看见他、第一次和他握手，感到荣幸之至。

周恩来给大家作形势报告，先讲述两年来和国民党谈判的经验与教训，分析当前敌我军事力量的对比，人民解放军的伟大战绩，我们提出八项和平条件的政治意义……谈到12点多了，工作人员摆上了夜宵，听说有人今天带来的烟台苹果和红葡萄酒，摆了满桌，过年的宫灯也挂上了。墙上已贴上了一条大红纸写的“庆祝天津解放”大标语，整个饭厅的气氛立刻热闹起来。大家互相举杯痛饮，争着向副主席、邓大姐敬酒，又说又笑满堂生辉。今宵，是多么令人难以忘怀的历史时刻啊！

夜宵过，大家坐下听周副主席继续报告。谈到召开新政协、成立联合政府，以及新政府的经济、文化教育、外交、税收等政策问题，征求大家的意见。现在已谈到很具体的问题了，很多人都讲了话，讲话最多的是吴晗，他具体谈到进了城，大家先住在清华大学，如何接收学校，以及人事安排等问题，似乎他已经知道他将做北平的副市长了。

散会时已深夜将近四点了。每个人对当前整个政治形势，以及未来的新政权的各项政策都已了如指掌，对全中国的解放充满了信心。

17日上午我和秋江回到东皇逕。由于形势发展得很快，有的同志已经去了新解放和即将解放的地区，秋江同志也准备去天津接收《大公报》，机关的同志学习《将革命进行到底》社论，做好进城的思想准备。据报载蒋介石已宣告下野，李宗仁代理总统，想和我们进行和谈。

我的工作问题，罗青长同志通知我，决定要我参加部里一室的工作，他就是我的顶头上司。当天我就从单人招待所搬出，同一室的两个同志睡在一个炕上。他们都是大学生，我们有共同语言。每天躺在炕上聊得很晚，了解了不少部里从不向外人公开的事情。听说部里在研究即将公布的战犯名单，第一名就是蒋介石。

我和大家一起参加听党课、参加学习、按时到办公室办公。每到星期日，可以和小郭、秋江的爱人去洪子镇上赶集，晚上和大家参加文娱晚会、跳舞、看电影，白天和男同志打乒乓球或篮球，有时京戏班子来在广场上搭台演出，周围的村民都来观看。我已经有了集体生活，而且也走入群众中了。日记也写得简单了，不该记的就不记了。

工作问题解决了，我急不可待的是解决组织问题，我正式向部里作党的工作的周大姐提出来，她表示欢迎并给我鼓励，要我先学习《论共产党员修养》和《关于修改党章的报告》，我在业余时间认真地阅读并写了笔记，写了心得体会。定时找周大姐谈谈自己的思想，挖掘思想深处的一些问题。她像带研究生一样指导我，我也把她看成是导师。

我开始写入党申请书。我们室里的一位岳大姐，工作上有什么问题我都请示她。她沉默寡言，但和她谈起来又觉得她那么和蔼可亲，那么关心人体贴人。而且她特别关心我入党的事情，她的办公桌就在我的背后，时间长了，我们很谈得来，她告诉我她是在1942年延安整风时因爱人的问题离了婚脱了党，最近听说爱人的问题改正了，她要求恢复党籍,或重新入党,现在也正在办理中。

北平和平解放了,李师母来信说李家庄住的人们就要进北平了,听说李宗仁也在组织“和平谈判代表团”来北平,部里的工作也紧张起来。室里抓紧整了一些资料供应天津、北平,甚至上海和南京。在这个期间还经常请人来作报告,有王炳南、廖承志、冯文彬、薛暮桥、李培之、陈家康等作各方面政策报告。还听了一次部里的王鞠同志和蒋介石的特务头子康泽(在某个战役中被我军俘虏)谈话的报告,对蒋介石反动集团内幕也多一些了解。在这里还过了一个农历新年,几乎每天晚上在本村或外村都有京戏地方戏看,我的生活是紧张而丰富多彩的,精神是愉快的。

某天,和罗青长同志遛街闲谈,他告诉我沈钧儒等在东北的一些人2月下旬到北平,胡愈之有信来,要求组织上调我到沈老身旁工作,这也是沈老自己提出来的。他说我们正在考虑,他没有征求我的意见,我只有服从组织分配。

3月上旬,中共中央在西柏坡召开了七届二中全会。

接国男来信,说她和张潜(改名张大简)要求入党,已经批准了,候补期一年。同时告诉我学习即将毕业,她填了表格要求毕业后参加南下工作团,但在表格里有一栏是问有无“对象”,她填的“有”。所谓有无对象,就被理解有无“爱人”,因而学校为了照顾“对象”的关系,决定她留在北平,不南下了(国友被批准南下)。我看了信,思想上很矛盾。多年来,我一直把她看成是小妹妹,我深深地爱着她,但我在任何人面前,没有公开过我们的关系,国男却在组织面前坦白率真地确认了我们的关系,一方面我很高兴,她坦率地确认了我,另一方面,我想她刚刚入了党,第一件事就受到组织的“照顾”,失去了南下工作锻炼的机会。这都是为了我,使我内心又感到不安,我觉得她太过于坦率了,但又想对组织坦率难道还有什么错误,一时我处于矛盾之中,但心里还是很愉快的。

中旬,部里有些同志悄悄地去了北平,小郭跟他们走了。我们突击了一份南京的材料,搞了好几天。刚刚交了卷,部里宣布从20日起停止一切工作，各室清理文件，打包装箱，准备和中共中央各机关一道进北平。

24日出发，中央派来5辆大卡车，人和箱子装得满满的。当晚到达石家庄，住公安局招待所。25日到达保定，住公安局里。26日晚到了北平西郊。一路上数十辆大卡车，都是中央机关的。我们单位在北平西郊，住在东北义园，听说毛主席早一天到了北平，受到了各民主党派领导人和无党派代表人物的热烈迎接，庄严地举行了阅兵仪式。

进城以后，宣布一个月内不经允许不准出门上街，东北义园离颐和园不远，可以看到万寿山。每天看看万寿山就知道自己身在北平了。我和同志们一样口头说不想进城，但心里有些浮动了。我们照样忙着工作，因为要找一些地方材料，我和两位同志进了城，先到弓弦胡同李克农部长办公处，再到图书馆翻阅资料，又到市人民政府联系一些事情。城里所见图书馆还是不少人安静地看书，市政府很多旧公务员照常办公，路上人来人往也看不出多大变化，和我几个月前来北京情况差不多少。可是我有些看不惯了，旁边的同志提醒我，北平是和平解放的，和天津铁扫把扫过的不同，在北平我们的工作会更复杂，更要谨慎、细致。

在东北义园，白天忙着赶工作，学习二中全会的城市政策，每晚都有舞会。我几乎每场不缺，和同志们尽情欢乐。时而听到谁谁进城了，谁谁南下了，组织上也要大家准备着随时进城。4月14日罗主任通知我，组织上调我到北京饭店去帮沈钧儒老先生工作，你先回天津家里看看，三天回来，办了手续就去上任。我问他我的组织问题，他说申请书我看了，我和薛樵作你的介绍人，已经先在支部会上批准了，现在送上去了。听了以后，我想有他们作我入党介绍人我就更安心了。

同志们知道我要离开部里了，聚在我的周围依依不舍。我要求大家临别时给我提提意见，同志们先是讲了我不少优点，接着，同志们坦率的提出几点：保密观点不够，工作不大胆，小资产阶级好面子。

我自己挖掘根源还是自由主义、个人主义作祟。临别了，同志们鼓励我要注意理论学习，希望我组织问题上面尽快批下来，据说他们不久也要进城了，相约城里再见。

下午四时，部里为了安全派了车送我到车站。途中车子抛锚，我等待修理时，非常凑巧，遇见昆明认识的陆凡、范瑾两位女同志。她们是从山东来参加三八节召开的全国妇女大会的。她告诉我会上见到李师母和另一些熟人的情况。我们谈了一阵，车修好了，我赶六点半的快车到天津。一路上，我穿着一身灰棉制服，人们都另眼看待。当时我听群众里有一种说法，灰制服是管黄制服的，他们认为灰制服是中央来的。九点多到了北门西家门口，大铁门已用砖砌成像个狗洞，一看便可以想到社会治安一度混乱是不可避免的。进了家，母亲、嫂子、侄儿见了我初是惊讶，继而笑我是从“八路国”来，急着去看看父亲，精神还是那样，就是牙病不见好，说是必须要动手术。三妹、四妹都来了，你一句他一句述说打仗时多么可怕，一时街面上到处抢劫，但大家都认为解放军进来就平静了，对解放军虽有些害怕，可是没说他什么坏话。三叔离开了警察局工作，已失业了。四弟已改行从事小手工业生产，一切都在变，这不过是刚刚开始。第二天一早五弟三妹都来了，他们的情况大不一样，我们有共同语言，他们常来家里，对这个家族的转变，我相信会有帮助的。我去看了叔祖父，他更老了一些，身体还好。去看看中益同仁们，表面上还都是依然如故，他们大多数都是老解放区的胜芳人，对解放军还有些认识，对“变”早有思想准备。我整理整理留在中益的几件大行李，准备明天运回北平，还是要昭全帮忙，我对他和蔡子祥代表全家表示深深的感谢，在患难中见友情，难能可贵啊！

上午我去新华村看看钟涤非一家，也是代表我们一家感谢他的帮助。一进他的家，情况大不同了，屋里屋外喜气洋洋，男女亲朋欢笑满堂，我见了钟先生却茫茫然不知所云，他告诉我钟太太在戒严期间，因难产送不了医院而去世了，昨天和表姐结了婚。至亲好友闹了一夜，早晨沙发上还睡着人，麻将牌桌也没有收，我们几乎找不到一块可以亲切谈话的好地方，我只连声说了一些感激的话。我不能表示哀悼，也说不出贺喜之词。只好借口“客人太多不便打扰”而告退了。这一场弄得我真是啼笑皆非。

下午四点我回到北平。直接去了弓弦胡同见李部长，部长要我留住一夜，明天再上任。晚饭后和几个同志去北大红楼、北大宿舍找找熟人。回来部长找我谈话，嘱咐我做沈老的秘书工作，是个政治任务，不能当作事务工作。和他们相处要心胸开阔，不要苛求对方，而要加强自己的党性和组织纪律性。部长写好了一封介绍信，这是我住进北京饭店的通行证，也是我走上工作岗位的委任状。

转天到了北京饭店，首先见到的沈兹九和李师母，她们正在开会出来。她们告诉我，救国会成立了临时工作委员会，推沈老为主席，胡愈之为秘书长，现在正在开会讨论如何配合中共南下接收问题。会后我和与会的救国会同志都见了面。我对沈老说我来上班了，他表示欢迎。沈老神采奕奕，70多岁的人，耳聪目明，实国家之福、人民之福。

20日上午，和李师母去中山公园托儿所看邹师母（当时邹师母在托儿所工作），下午又去新中国书店去看邹嘉丽，到处见到了一些长辈、熟人，晚上去参加一场文艺晚会，到场以后才知道这是为欢迎南京和平代表团而举办的。我看到邵力子夫妇、卢郁文（法商学院老师，现在是代表团的顾问）等十多人坐在前排，林老（林伯渠）和林彪作陪，看他们谈笑自若。但是今天是和平谈判签字的最后期限，现在和谈代表先生们坐在这里看戏，不知南京的态度如何。我们的百万雄师已集聚在江北，不知这些先生们此刻作何感想。不要说这些代表先生们，就连我，心里想得很多，也没有专心看好这场精彩的节目。回到饭店又去和部里的王鞠同志谈话，王鞠同志是我离开部里以后，被指定为我的工作和组织问题的单线联系人。

4月21日，上午《人民日报》号外，南京反动政府拒绝签字，毛主席和朱总司令发布大军南下命令。沈老告诉我，他前几天就看到南京无和平诚意，曾向毛主席建议：“摆队送客，下令进攻。”沈老的建议传到《人民日报》，记者特来访问，希望为“下令进攻”事说几句话，明日见报。我根据沈老的意思帮他整理个稿子，送给胡愈之看看交了报馆。22 日一早沈老就告诉我，昨夜长江（范长江是《人民日报》社长）有电话来说，30 万解放军已渡江了。过了一天《人民日报》大字标题“南京解放了！”街上到处是庆祝的游行队伍和震天的锣鼓声，推倒了蒋家王朝，北平以及全国都沸腾起来了。

这些日子，救国会临工会召开了几次会，座谈形势、开展工作、参加筹备政协等问题，还讨论了参加“五四”青年节召开的中华全国第一次青年代表大会，救国会代表名单问题，决定千家驹、孟秋江、高天、王健、薛迪畅五人代表救国会参加。

我来北京饭店后即和国男通了电话，她被分配到外国语学校学习俄文，苦茶、苦荼也在一起。22 日下午她来饭店，我们感情是与日俱增，她已公开确认了我们的关系，她又刚刚到了成人的年龄，我觉得我可以结婚了。我看她满脸红润，结实的身体，一副讨人喜欢的面孔，心里有说不出来的高兴。国男看见我穿上西装，住在高级饭店，感到惊讶不可理解，问我工作每天干什么？这一问我很难解答，说心里话，我也很不适应这个环境，天天人来人往，不少是知名的上层人士，有不少是从解放区或香港来的，也有的是沈老旧关系老朋友为孩子谋工作的，沈老应接不暇，所以才需要有人帮他。从国男来了以后，苦茶、苦荼、张潜她们也常来饭店聊天、洗澡、看看朋友，有时逛逛王府井。和五个月前对比，自由得多了。

5 月 4 日，我作为救国会的青年代表，参加了中华青年第一次代表大会，会议在北大四院礼堂举行，从 4 日到 11 日，为时 8 天，与会代表 550 人，代表了各民族、各阶级、各党派，来自全国各个角落，以至遥远的南洋各地。其中有战斗英雄、劳动模范、科学家、艺术家、工程师、青年工作者以及宗教团体的代表，充分体现了这是一次中国青年大团结的会议。

全中国和全世界的进步青年都关心这次大会，贺电像雪片飞来，祝贺中国青年在争取世界持久和平与人民民主的斗争中，和各国民主青年并肩作战，作出了卓越的成绩。

大会由冯文彬致开幕词，朱总司令给大家讲话之后，接着有董必武、吴玉章，以及总工会、全国妇联、民主党派、作家协会等代表讲话，表示衷心祝贺。会上我们听了廖承志、蒋南翔、严继慈、吴晗的四个报告，提出中国青年今后的任务，号召中国青年要积极参加国际青年的活动与斗争，鼓励中国青年要努力学习科学，学习文化，参加建设新中国的艰巨工作。周恩来副主席给大家作了一个题为“全国青年团结起来，在毛泽东的旗帜下前进”的讲演，对全体代表们寄以希望并给予极大的鼓舞。此外会上还有40位代表发言，讲了英雄事迹、斗争经验、学习总结、今后方向等等。会议进行过程中，举办各种座谈会，到电台广播，到各学校讲演，大会从始至终是和群众密切联系在一起的。

会议的最后一天经过选举，成立了中国青年运动的统一组织与领导机构——中国民主青年联合总会。

12日下午，毛主席接见全体代表，我们集合到香山，分左右两排，等候迎接毛主席的到来。4时许，军乐齐奏，毛主席姗姗走来，青年们一哄而上包围了毛主席，口号声沸腾起来，我抢着和毛主席握手。我高高举起照相机照了几张相，把这个幸福的时刻拍下来了。接见后我们走进礼堂，刘少奇同志给我们做了天津之行解决劳资问题的报告，主要阐明了我们的“公私兼顾、劳资两利、发展生产”新民主主义的政策，这对安定、团结当时的私营企业、民族资本家发展生产力起了十分重要的作用。

我在北京饭店和程子平同志住一个房间，程是负责接待民主人士工作的，一天忙到晚。我参加青代会期间他搬走了，搬进来的是孙起孟同志，在昆明时我们看他是老师，在香港是《国讯》的主编，他是民主建国会（私营工商界的党派）创始人之一。好读书，有理论水平，他也是参加青年代表会的代表。我们同住了一个时期，对我的学习帮助很大，特别是在学习党对私营工商界的政策上，解决了我很多过去的糊涂的思想，我一直把他当成老师看待。

毛主席接见青年代表大会全体代表　　　　（王健摄）

5月以来，捷报频传，武汉三镇解放了！上海解放了！青岛解放了！江苏解放了！一批批人南下，一些知名人士到达北平，6月15日新政协筹备会开幕，筹备工作紧锣密鼓地开始了。

沈老74岁的老人，整天忙着开会、接待朋友、客人、来访者，经常参加中央的各种会议商谈国事，特别是毛主席的召见，总是在深夜两三点钟回来。每天有些当天的事向他汇报，安排明天的活动，他也很乐于把一天的事和我谈谈，所以我常常会得到"第一手材料""内幕新闻"，住在北京饭店也听到一些不见报的花花絮絮。

政协筹备会开过以后，各方面积极酝酿提名，协商参加全国政协大会的代表名单。我从各民主党派方面包括民盟在内不断听到为了提名做代表，争得面红耳赤，暴露内部的不团结。不少人来求助于沈老。有一天沈老笑着对我说，平时看上去文质彬彬，现在真是"性命攸关"。北京饭店住入的大部分是各党派的头面人物，这种事情时有所闻，一个时期内，这个问题成了人们谈论的中心。我是旁观者，所以名记者彭子岗、高汾、陆慧年等人，常常跑到我的房子里聊天，探询情况，了解动态。跑新闻是她们天职，而饭店里的内幕新闻"花花絮絮"她们更喜欢听，而我和她们谈论这些新闻，还是注意保密，掌握分寸的。

若干年前的民盟盟员董时进，因不同意民盟有些主张而退出民盟。6月间，董某特派代表来找沈老，希望能参加政协做代表，当时还听说他想组织"农民党"，成为新政协组成单位之一。当然沈老和民盟同志是不能接受的。另外有两个自称为民治党的成员，不知通过什么关系找到沈老，要求沈老为他们提名做政协代表，被沈老当面拒绝了。这个期间，几次救国会的例会讨论救国会结束问题，虽然少数人有些不同意，但沈老、胡愈之等多数人认为"救国"的历史任务已经完成，应该停止活动，结束组织了。当时基本上确定了救国会参加新政协后即宣布结束。

在饭店里，我经常接触一些党派的同志，谈得来的就一起聊天，交换情况，无拘无束地发表议论。夏康农同志是老三党（邓演达创办的第三党，1947年改名为农工民主党，主席章伯钧）的成员，昆明时代中法大学理学院教授，我在文学院，没有上过他的课，但同住在一个饭店里也就熟了。我很喜欢找他聊天，幽默、健谈、有见解，始终保持学者风度。他针对当前各党派为参加政协提名事闹得乌烟瘴气，给我讲了一些法国大革命的故事，以史为鉴，以古喻今，最后的结论是：小资产阶级革命、掌握政权不会成功的。我完全同意他的论断。

接待民主人士除了北京饭店外，还有六国饭店、远东饭店和翠明庄。几个月来，来的人越来越多，就连南京和平谈判代表团在谈判破裂后，被我们劝留了下来，也成为我们的客人。邵力子先生及夫人就住在北京饭店里，北京饭店成为中心。其他饭店的客人、家属经常到北京饭店来，每到午餐，大饭厅总是满满的，十人一桌随便入座，常常遇见一些"大人物""知名人士"同桌共餐，谈笑风生，其乐融融。正赶端午节那天，我同桌有郭沫若及夫人于立群，当然立即成为全桌的中心，大家就听郭老讲话，讲屈原离骚，满口是诗，有人说我们桌上端午节成了诗人节，也有人开玩笑地说如果屈原活到今天，他就不会投汨罗江了。

民主人士的文娱活动也是丰富多彩的,北京饭店每逢假日,照例是举行周末跳舞晚会,我借这个机会总是约国男、苦茶、苦荼来玩。跳舞并不是她们唯一目的,更主要的是看看亲人,会会朋友,洗洗澡,留宿一夜,星期日畅快地玩玩。另外一部分,就是我约了社会部一室的同志们来跳舞,他们在 4 月底也全部进了城,我们一直保持着联系。特别是在假日舞会上,她们最愿意来玩。我们有时跳舞,有时聊天,这是最开心的时刻。除了北京饭店的舞会外,中南海也经常(虽不定期,几乎每星期都有一两次)举办各种文娱活动,有京剧、评剧晚会,也有舞会。参加者有各党派民主人士、中共中央各部领导人和解放军将领们。京剧、评剧有新戏也有旧戏,都是一流的角色,我看过梅兰芳的“贵妃醉酒”,郭兰英、新凤霞的“刘巧儿”“小二黑结婚”。舞会上也常常出现毛主席、朱总司令和刘少奇、周恩来等领导人,这是怀仁堂、勤政殿最高级的晚会了。我陪沈老去参加,在舞会上沈老接受一些文工团女演员的邀请,几乎每场不虚。

沈老的四子沈谅留学德国,和西德学汉语的女生艾尔德结婚。沈谅回国后曾在台湾大学教书,后沈老托地下党的帮助,把沈谅和艾尔德接来北京,住远东饭店。沈谅参加民主人士东北参观团赴东北参观,艾尔德初来中国人地生疏,又对共产党没有好感,在沈谅去东北期间,沈老要我多帮助她。这时郭沫若的日本女儿郭淑禹(我们在社会部经常在一起)也住在远东饭店。她们经常来北京饭店看父亲,她们二人也成了朋友。有一天艾尔德来北京饭店,沈老不在,她要我带她去郭老房间看郭淑禹。郭老外出开会,我们坐下聊天,她们都会讲汉语。谈话间,艾尔德对中国很不了解,对中国革命更有反感,对沈谅和女同志接触也产生误会,谈话中感到伤心,流了眼泪,也引起了郭淑禹对自己的家庭颇为伤感。她们共同的语言是“中国的男人是靠不住的”。正在这个时候,饭店的服务员进来收拾房间,见此情景,也就避开,但也听到了一言半语,结果把我弄得非常尴尬。茶房们都知道她们是日本人、德国人,现在又来了一个中国男人,又都是青年人，究竟发生了什么事情？饭店里像这类“新闻”，很快会传遍的，其实是什么事也没有发生，可是我又能向谁解释清楚。好在沈老、郭老以及我的朋友都会相信我的。

我被调到北京饭店以后，定期写报告给罗、薛两位领导，汇报我的思想、学习、工作情况，每次都检查了自己思想上存在的问题和改进的决心。有时临时发生一些问题，就近在饭店里找王鞠同志请示解决。7 月上旬，王鞠同志通知我，要我去东北义园找杜主任研究举行入党宣誓仪式事。第二天，我七点半借邵力子夫人的自行车（当时虽然和邵老夫妇比较熟，他们也住北京饭店，我还求邵老写了一幅字，但邵老夫人怎么会有自行车，那时我怎么会骑她的女车？想来想去想不出一点线索来，但日记是这样记的）到东北义园，中途遇大雨，全身湿淋淋的。管文件的同志给我看了中组部的批示文件，又填了一份志愿书。初步决定八月间和岳虹、周明两同志一起举行宣誓仪式，具体时间再行通知，下午我又冒着大雨赶回来，晚上饭店里照例举行周末舞会，我通知了社会部的同志们，平常不喜欢跳舞的岳虹大姐也和我们跳了几场，大家跳得特别开心，她们说这是先为你们举行个跳舞庆祝会。

光明日報
首次檢決國特匪徒五名
從犯九名分別判處有期徒刑
民盟主席張瀾即來平
決定十八日自滬啓程
羅隆基史良二氏同來
團結一致建設民主新中國
團結起來
光明在望
慶祝光明日報出版
毛澤東
民主光明
建設人民新南京
財經已土崩瓦解

6 月 16 日民盟机关报《光明日报》创刊。沈钧儒题报头，毛主席题词“团结起来，光明在望”以表祝贺。社长章伯钧，总编辑胡愈之，秘书长萨空了（1953 年 1 月，该报改为各民主党派联合主办。1957 年反右运动后，归属中共中央宣传部、统战部领导，报头也改为毛泽东题写）。

7月份，北平有两次群众大会。7月1日是庆祝中国共产党诞生28周年，《人民日报》发表了毛主席写的《论人民民主专政》，上午和沈老阅读这篇重要文章。一面阅读一面议论，沈老对这篇文章从文字到内容感受到收获很大，赞叹不已。下午为沈老准备今晚庆祝大会上代表各民主党派致词稿。像在这种场合的发言稿照例是由胡愈之执笔的，在这些大手笔面前，我承认只是个学生，我老实对朋友们讲，沈老的一秘是胡愈之、萨空了，我不过是二秘而已，但在这个职位上也无法推辞，这就是对我最好的锻炼。

吃过晚饭，饭店备有大车，和大家一起赶到先农坛体育场，场上看台都坐满。刚刚到场，倾盆大雨，看台上无避雨之处，全场秩序井然，反而雨越大，秧歌的锣鼓声越响，人们倍加兴奋。八时许，雨过天晴，八时半大会开始，薄一波致开幕词，朱总司令、董必武、彭真相继讲话，会议进行中毛主席、周恩来、任弼时赶来参加，全场顿时掌声雷动。沈老代表民主党派，郭沫若代表无党派人士讲活后，文艺晚会节目开始，节目进行中两次电灯熄灭。据报纸说国民党特务破坏，并得知会议所以在晚间举行是为防范敌机进行骚扰。这些使大家认识到带枪的敌人已被消灭，地下暗藏的敌人还在斗争。我想到我们东皇遝社会部的同志，第一任北平市公安局局长冯基平同志进了城，保卫的任务就更加沉重了。

大会结束已深夜一时，夜宵后和沈老、胡愈之研究明日沈老出席文学艺术界代表大会的讲话稿。到二时半始入睡。

另一次大会是7月7日，纪念“七七”抗战12周年。晚6时我们到天安门集合，群众聚集广场者，据说有20余万人。忽闻警报声，主席台宣布全场疏散。我们又回饭店。8时警报解除，8时半大会开始。毛主席及中央领导同志走上天安门城门楼，频频向群众招手，全场一片欢呼声、口号声，许多人讲了话，10时许在军乐声中散会。

8月初，我回天津住了两天。我心想一则是看看父亲的病，再则是想把刘少奇“天津之行”的讲话精神和父亲说说，鼓励他们放手发展生产。见到父亲后,他的身体没有多大变化,理了发刮了胡须就精神一些,他告诉我中益已购置厂房、安装了电力机器,不日即可开工,我听了父亲这种积极乐观的态度非常高兴,这说明刘少奇的讲话不但在天津已经传播,而且在父亲这样比较保守的工商业者身上已具体行动了,这就是党的工商业政策取得的胜利。我特别去看了新的厂房,虽然规模不大,但能迈出这一步是令人可喜的。

我约昭全特别去旧英租界海大道小白楼走了走,旧地重游不胜感慨。去志同里 11 号世明家,见其母亲,告知世璋去东北,世明在南京,都已结婚生子了。去胜世里打听陶志新的消息,已无人知晓。我一路上注意男女小学生,希望能找到当年我在海大的学生,但是看来看去一无所获。我猛然想起,时间已过去十一二年,即使当年的学生在面前走过也难以辨认了。昭全听了大笑不止。

晚上约大哥、二哥、宝慈(法商同学,兴隆洋行的朋友)、郭克恭(汇文同学)等人来中益晚餐,他们对共产党进城后有些作为和政策表示不满,引起了我们之间的一些争论。争论是争论,我们的友谊还是一直存在。

去看叔祖父一家,几乎都在生病。四弟闭门研究制造墨水,准备向市场销售,全家暮气沉沉。值得喜悦的是七弟金镳(三叔之子)参加政治学习后即准备去西北工作,在新的社会里迈出第一步。回到北平,王觏同志通知我 8 月 23 日在东北义园举行入党宣誓仪式,我于下午 3 时到东北义园,周明、岳虹同志也到了。晚餐后 6 时半开会,唱国际歌,我们每个人谈了入党动机和对党的认识,然后宣布支部的意见,接着杜主任和罗青长主任都讲了话,最后举行宣誓仪式。我和岳虹同志举着手含着热泪宣誓的。特别是岳虹同志,走过一段漫长而曲折的道路,又回到革命的队伍里面来,她更加感动。这一天对我也是极不平凡的日子。

我的入党介绍人为罗青长、薛樵,预备期两年,批准日期为 7 月 9 日。入党后暂不对外公开党籍,和党单线联系。

国男在今年 3 月被批准入党。我宣誓回来后,第一个告诉了她。

其实也只能告诉她一个人,因为她将是我终身的革命伴侣。我们将一起互助互爱,终生为实现共产主义而奋斗。

8月下旬,为沈老今后定居北平,我们看了几幢住宅,有的是四合院,有的是小洋房,最后由沈老选定了东城东总布胡同24号的一幢洋房。经办人介绍这是国民党励志社的房产,最早是为接待法国霞飞将军修建的。一幢三层洋房,宽宽的院子,关起大门闹中取静,沈老在院中任意布置,也可自由活动。组织上给沈老一个好环境,度过他的幸福晚年。

9月8日,沈老离开北京饭店迁到新居。胡愈之、沈兹九夫妇,萨空了、方菁夫妇也暂时搬进来同住。我们的生活立即改变一个新的局面。

随着沈老搬进来的警卫班、司机、厨师、会计、服务员也都齐备了。厨师何德海,他是伪满时代给溥仪做西餐的御厨。我们搬进24号大门以后,我这个"二秘"自己又委任为"总务科长"了。当然这种局面只能是暂时的,我们也正在给沈老物色一位生活秘书。

筹备已久的中国人民政治协商会议第一次全体会议于9月21日在中南海怀仁堂正式开幕。各党派、各区域、各团体以及军队代表和特邀代表共560多人参加了会议,会期为时十天,领导讲话,代表发言,小组讨论,最后全体通过了《政协会议组织法》《共同纲领》《中华人民共和国中央人民政府组织法》三个重要文件,会议还决议通过了五星红旗为国旗、《义勇军进行曲》为国歌、国都为北京,即日起北平改为北京,大会选出了政协第一届全国委员会,还选出了中华人民共和国中央人民政府主席、副主席及委员。大会最后一天(30日)下午6时,在天安门对面,举行人民英雄纪念碑奠基典礼。周恩来代表主席团致辞之后,全体代表脱帽静默致哀。毛主席宣读纪念碑文。最后毛主席和各单位首席代表一一铲土奠基,对烈士表示真挚崇高的敬礼。

第二部分　1949 年—1965 年

“中国人民站起来了！”
从开国大典到深入农村

1949年　33岁

开国大典　“中华人民共和国中央人民政府成立了!”中国人民救国会自动宣布结束　中国民主同盟一届四中全会

新中国诞生了,中华民族五千年历史翻开了崭新的一页。

这天我记有日记,我原原本本抄录下来,作为我的回忆。这是最有意义的一天,最值得纪念的一天,也是一生最难忘的一天。

10月1日(星期六)

今天起了个大早,把房间收拾了一下,九点钟和方菁(萨空了夫人,我们住同院)一起去北京饭店集合。首先看到了香港简小姐(企业家简玉阶的女儿)和小黎(黎章民,西南联大学生,与简小姐是夫妇),还有很多各地来的熟人,大家互相问候倍感亲切。

11时我们结队走到天安门,一路红旗招展,群众如潮。我们的观礼位置是在天安门对面西侧旁观礼方阵,也不少熟人。突然在旁边的方阵发现了李绥(香港“文研”的同志)和新地(国男香港培侨的同学,名记者陆诒的女儿)。因领队的有话,大家不要随便走动,所以未能去与她们聊天。这时大家望着天安门城楼上,首长们走来走去,当魁伟高大的毛主席出现在主席台中间时,全场沸腾,欢呼雷动。下午三时典礼开始,乐队奏起国歌,这是大家最熟悉的《义勇军进行曲》。国歌毕,毛主席庄严地向全世界宣布:“中华人民共和国中央人民政府成立了!”接着毛主席亲自按着电钮,新中国的第一面五星红旗冉冉升起。这时在军乐声中礼炮齐鸣。毛主席宣布中央人民政府公告。其后阅兵式开始，朱德总司令检阅海陆空各兵种部队，飞机列队在天安门上空飞翔。各部队雄赳赳、气昂昂经过主席台接受检阅。群众开始游行时天色已晚，街上店铺也挂起了红灯，和红旗相映，顿时成了一片红色的海洋。群众队伍经过天安门时，与城楼上招手欢呼，向主席台致敬。直到晚间九点多群众游行结束，我们回到家里，全城仍沉浸在狂欢中。

入夜，久久难眠，心情激荡，思绪万千。我想起观礼时身旁那位劳模讲的一句话："这是万年不遇的大事啊！"是的，一个腐朽的中国灭亡了，一个新的中国诞生了，这确是一件万年不遇的大事。几十年来，在中国共产党的领导下，多少英雄先烈、人民大众艰苦奋斗、流血牺牲不就是为了这一天吗？我一生有幸，生在中国，长在这个年代，亲眼看到三座大山推倒了，万年不遇的，这还是刚刚开始，历史将按照共产党指引的方向走下去。我作为一名中国人，作为一个共产党人感到骄傲！感到自豪！

毛主席在宣布中央人民政府公告里，任命沈老为最高人民法院院长，这是新中国的第一任大法官。是全国人民众望所归，沈老当之无愧。

中央人民政府公告宣布后，接着就是根据政府组织法，组织政府和考虑政府任命名单问题。10 月 7 日周恩来特来沈老家和沈老谈政府人事安排问题，听取沈老意见，我和周总理随从秘书何谦聊天，他说总理已跑了好几家去交换意见，准备中旬提出一个名单来再征求大家意见。15 日沈老带回一张名单，我们（包括和沈老同住的胡愈之、沈兹九、萨空了等人）先议论了一番，几天内各党派先后开会讨论。据闻讨论时争执很多，等到名单正式通过发表时，我和原来的名单对照，是有不小的变动，我深深体会到"政治协商，民主监督"确实起了作用。名单中不少是党外人士，如宋庆龄、张澜任国家副主席，郭沫若、黄炎培任政务院副总理，史良任司法部长，章伯钧任交通部长等,共30多名党外人士任部长、省长职务。这就是在中国共产党领导下多党合作的联合政府,今天实现了。

新的政府里设有情报总署部门,原来在东皇逕社会部一室的同志们都在这个署里办公。机关离东总布胡同只有几个胡同,我和同志们常来常往,特别是署里周末举行舞会,我是常客。署长是邹大鹏,我没有见过。罗青长同志后来出任中共中央调查部部长。

沈老上任之后,在党中央和中央政府领导下,即着手建立和健全司法机构以及选拔司法人才,以共同纲领中规定的"废除国民党反动政府一切压迫人民的法律、法令和司法制度,制定保护人民的法律、法令,建立人民司法制度"为原则,在全国各地筹建各级人民法院。一个多月后高院工作逐渐走向正轨。我被任命为院长秘书、法院的机要秘书。我的编制是法院秘书厅,我的机要工作是由政务院机要处直接领导的。

机要工作没有时间性,机要处机要通信员随时随地送一个皮夹子,皮夹子加锁,只有机要处和我有钥匙开锁。常常在半夜送来,最多的是地方各级法院的机要文件。凡是处以死刑的案件,一律送最高人民法院裁决。河北省刘青山、张子善案件,地方判了死刑,半夜送来,我一早送给沈老和有关副院长签字裁决。溥仪从苏联引渡到抚顺劳改管理所,我是从机要电报知道的。这个工作开始时我觉得很新奇,做久了也习以为常了,但始终自己警惕着"保密观点"。

沈老的家庭也有了变化,沈老的三儿沈叔羊全家、大儿沈谦和夫人先后从上海搬来,沈老可享天伦之乐,这对老人是个极大的安慰。同时沈家人也请来一位有点亲戚关系的青年人徐辅中来管家务和会计。警卫班也加强了,住在附近的宋庆龄公馆是由一个警卫排负责保卫,沈老家由班长刘连杭负责,后来成了沈老的警卫秘书。当时最需要的是沈老随身的生活秘书,我的工作就可以减轻多了。

沈老新家几乎是每天宾客盈门。新中国成立后,苏联及东欧社会主义国家纷纷和中国建交,互派大使。苏联大使和其他外国朋友也登门拜访;还有的是党的领导同志有事来商量,征求意见;民盟、救国会的同志来开会；老朋友来探望，还有来求职的、要官的；加上法院每天转来一批批沈老的信件，我的工作要比北京饭店时期更加复杂忙碌了。沈老已是年过古稀的老人，天天不但应付家里来客，还要外出参加各种会议。新成立的会很多，如中苏友好协会、新法学研究会、国际性的会议中国成立分会等。参加高院、民盟会议和各种纪念会、座谈会。特别是中央领导召集的会，总是在晚上。一次是毛主席拟在12月间赴苏联祝贺斯大林70诞辰，约请沈老等赴中南海晚餐，商谈两国的政治经济问题，谈到深夜。我和家人、警卫也都等到深夜。国男看我每天不知在忙些什么，她不喜欢我的工作，她希望新中国成立后我能踏踏实实地做点实事，我也有同样的想法。我们谈到"党性"和"个性"问题，党性是要一切听党的安排，因此我们做了自我批评，有些想法是党性不强、个人主义的表现，值得警惕。有一天瞿秋白的夫人杨之华来看沈老，沈老正在会客，我陪着杨大姐聊天，我要求她谈谈过去苏区、白区革命斗争的故事，她谈了些亲身经历，也提到一些秘密通信员、联络员的故事，对我教育很大。对我来说，就是要甘心做一个党所需要的螺丝钉，这就是党性。

11月15日民盟召开第一届中央委员会第四次全体扩大会议，12月20日会议结束。历时35天，会上充分地暴露了民盟内部的矛盾。主要是有宗派活动，闹不团结。特别是罗隆基和章伯钧的关系已然成了水火不能相容的地步。就在民盟的会议期间，救国会于12月18日发表了《救国会结束宣言》。是日救国会在北京饭店举行招待会，除在京的救国会会员外，并邀请了党的领导和各民主党派负责人以及社会名流。周恩来总理因故迟了半小时也赶来参加。下午三时开会，沈老致词后由胡愈之宣读《救国会结束宣言》。《宣言》里说："救国会所号召的政治主张已全部实现，它所负担的历史任务已胜利完成，救国会的同志已经参加到不同的岗位上工作，不少同志参加了共产党，大部分参加了民盟和其他各党派。我们的同志从来没有把救国会看作一个自己的山头或自己的小圈子，因此救国会这一组织形式的消灭将更便于我们同志们在各种岗位更积极地努力。"

沈钧儒领导的中国人民救国会，在英勇奋斗14年后，鉴于国家已发生了伟大的变化，人民已经翻身作主，救国会的历史使命业已完成，遂于1949年12月18日在北京、上海同时举行茶话会，招待各地会员和各党派人士，宣告中国人民救国会光荣结束，发表了《中国人民救国会结束宣言》。站立讲话者为沈钧儒。

（王健摄）

救国会宣告结束，这“一切是由时代决定的”。宣言最后宣布成立救国会纪念委员会，沈钧儒、史良、沙千里、沈志远、千家驹、胡愈之、萨空了、曹孟君、王健九人为委员，负责收集整理出版救国会烈士及救国会史料工作。最后，来宾中李济深、张澜、马叙伦、章伯钧致词，周恩来总理也即席讲了话，沈老致了答谢词。事后据闻毛主席从苏联回来后听说救国会结束事，对有关部门提出了批评。

民盟的四中全会已到了尾声。毛主席和周恩来总理分别接见了出席会议的全体人员并讲了话，毛主席语重心长地和大家谈了心，毛主席说：新中国的建立如“大厦将建，独木难支”，需要多党派齐心努力，共建大厦……一个政党是不能不犯错误的，一个党内有许多山头，但是要克服山头主义，没有不团结的理由。都是民主人士、革命同志，只要应用批评和自我批评的武器，就会无往而不胜。毛主席的讲话给与会同志很大鼓舞和教益。大会通过了《政治报告》和盟章等文件，终于12月20日结束。一个星期后又召开了五中全会，张澜被选为民盟中央主席，沈老被选为副主席。

在北京饭店时期，民盟成立了一个临时工作委员会的组织，辛志超负责整顿组织、盟员重新登记的工作。当时，我的想法是救国会即已结束，民盟也无必要参加。所以我一直没有登记，也没有参加四中全会的任何工作。沈老被选为民盟副主席后，我去见党的组织关系联系人王韧同志，当时他已是外交部某司司长，谈到民盟问题，他提出，经过党的考虑，今后要我还和民盟保持联系，至于是否参加民盟具体工作，要和沈老商量决定，因此我重新登记了，恢复了盟的组织关系，但仍保持秘密党员的身份。

12 月初，沈老提出要在家里组织俄语学习班，希望家里人都参加学习，沈老也愿参加。经朋友介绍找到一位俄国人，据警卫班了解，这个俄国人是位中学俄文教师，没有劣迹，为人正派。我们请他每周二、四晚 8 点到 10 点来家里教俄文，他讲一口流利的中国话，大家都称呼他为谢先生，家里参加的有九人，我和方菁、华庆莲（沈叔羊的爱人，中学老师）、沈人骅等人。沈老不固定参加。现在新中国是“一面倒”，学校都要学俄文，英文几乎无人过问了。1950 年我学了一个时期就感觉到，学习语言是要几分天才的，我就没有这点天才，所以学习成绩差。我们学了一年后，华庆莲在学校不但教英文而且还教俄文。我的俄文没学好，英文和法文也都生疏了。

1950年　34岁

艾尔德之死　赴沈阳调查　父亲舌根癌症　司法视察团赴河北地区视察　全国司法会议　我们的婚礼　全国政协一届二次会议　中央访问团访问西北少数民族　访问塔尔寺会见班禅　任弼时去世　抗美援朝　土地改革

元旦到来了,这是新中国第一个元旦。元旦年年有,今年不一般。上午我和沈老到法院和全院工作同志举行团拜,并讲了几句鼓励、祝贺大家的话,然后到民盟与民盟领导同志、干部同志团拜,回到家里和家人及警卫、勤杂人员团拜,感谢大家,祝贺大家。下午我陪沈老又去政法大学和全体师生团拜,沈老即席讲了话,鼓励大家学好政治、法学为新中国服务。晚上沈老和胡愈之、萨空了、李师母参加中央人民政府团拜及庆祝晚会。沈老整天的忙着过新年,在家里还要接待亲朋好友的祝贺。

下午,国男和师母来,张大简(即张潜)和萨沄、萨石(即苦茶、苦荼)和俄专同学都来了(小弟国友参加工作团南下了)。在大厅里放了留声机的舞曲,我和沈老回来,大家就请沈老跳舞。沈老喜欢跳舞,虽年逾古稀但他来者不拒,他还怀着一颗年轻人的心,人们都称他是老青年。

晚饭前,正是大家欢庆新年的时候,我收到法院送来的一份急电。是沈阳电器工业局(沈谅在该局任工程师)局长打给法院的,转告沈老说艾尔德突于昨日下午自尽身亡。我立即告知沈谦,我们商量今天暂不告诉沈老,回个电报要沈谅带女儿艾玲尽快返京。第二天沈谦婉转地告诉了沈老。沈老十分镇静,说等沈谅回来,了解情况再作处理。沈谅回京后,认为是由恐惧共产党而引起精神错乱所致。这几天我和沈老照常去法院办公。

沈老家属在办理艾尔德骨灰安葬的过程中,发现沈谅精神异常,看出他有报复的念头。一天警卫班丢了一支手枪,经大家分析后,即从沈谅常去的好友家中找回,因而引起大家的重视。中央统战部决定要我去沈阳了解情况。第二天我持统战部和沈老的介绍信到沈阳,先介绍我见到东北大区军政委员会林枫和高崇民两位副主席(高岗为主席),和高崇民主要谈的是杜重远遗产和其夫人子女生活抚养问题。林枫副主席给我介绍了工业部安子文部长和公安部汪部长,两部长派市公安部的一位干部解衡同志(后来他提升为国家公安部副部长,他的爱人是国男香港培侨中学后几班的同学,我们成了亲密的朋友)和我一起到铁西区工业管理局见周局长,并到沈谅的宿舍和周围的干部、家属、工友们进行调查。了解的情况是,二战末期苏联反攻德国时,艾尔德亲眼目睹战争的残酷,精神受到震动。她随沈谅到了沈阳,铁西区当时还驻有苏联红军,她出入街头,作为一个德国少妇,苏联红军很注意她,有时跟踪,甚至有时对她调戏。她精神极度紧张。而且和周围的干部家属思想、生活又格格不入,无法交流。特别是宿舍烧开水的锅炉工,每天艾尔德去打开水都要接触,锅炉工喜欢开玩笑,据说有时还想调戏她(大家分析沈谅想“报复”的就是这个人)。艾尔德怀疑他是共产党派来专为监视她的。她每天无时不在神经紧张之中,久之精神失常最后走上绝路。我们几人作了记录,分析研究,上报了有关领导后我就决定回北京了。在沈阳一个星期,住在沈阳人民政府的招待所里,据说那是伪满时期为日本天皇访问“满洲国”时修建的。在沈阳几天,有老朋友尤在(新华通讯社记者)陪我跑来跑去,带我逛街,去过丘林公司(苏联人办的),吃过马来亚晚餐、游北陵、参加舞会、晚会。在一次文艺晚会上见到高岗等大区的领导们都在座。

回到北京,第二天写了报告,去中南海统战部与程绯英同志汇

沈阳人民政府招待所　　　　　（王健摄）

报，晚上和沈老、胡愈之详细谈了沈阳调查情况。这些日子大家作了沈谅的工作，并决定了安葬艾尔德的日期和安排沈谅到天津工作问题。沈谅到天津工作安排完了，几个月后又结了婚，这件事是从悲剧开始，转到喜剧收场的。

3月中旬，接二哥来信，说父亲的牙疼病查出来是舌根癌毒，要我打听北京哪家医院有放疗设备。我即找沈谦大夫，这时他已在中南海门诊部作内科主任。他告诉我这种病很危险，最好是开刀，放射治疗不一定杀死癌细胞。他给我打听当时认为最好的德国医院（我们接收后改为北京医院），说原来有这种设备，后来被日本人搬走了。我们正在到处打听中，二哥又来了电话说，父亲已找到了一家朝鲜人开的医院，朝鲜大夫说这种病开刀还有救，电疗没有把握。父亲决定住院，几天后动了手术。我请假去天津看看父亲。在恩光医院见到父亲，他开刀后面部变了样，但恢复得很好，精神状态很乐观。大夫告诉我这次手术很成功，癌细胞清除得很彻底，老人的身体基础好，会很快恢复的。我听了很高兴，但是下午去中益，听到同仁们告诉我老七爷（叔祖父）惨死的消息，心里十分难过。一位将近八旬的孤寡老人住在中益宿舍由八叔祖父和父亲照顾，因八叔祖父已去世，父亲在生病，因此走向这条自戕之路，其内心的苦痛他人是难以体会的。我在天津逗留了七八个小时，思想感情上悲喜起伏也是他人难以理解的。下午即乘车返京。

回北京以后，我照常去法院办公。法院正在清理大量的积案工作，沈老已作了动员报告，我很想参加这次工作。我虽在大学学过一年法律，只是书本上讲的理论多，没有实践锻炼，但是大家考虑我在沈老身边工作，事情多不便参加，我的想法落空了。秘书厅给我新的任务，是要去新闻总署参加一个会议，我去了以后才知道这是个新闻秘书会议，是新闻总署召集的，中央政府各部都有人参加，主要是沟通讯息、写通讯稿，像政务院（后改为国务院）机要局召集的机要秘书会议一样，不定期但每月至少开一二次。不知是谁任命的，我又成法院的新闻秘书了。

我的单线联系的组织关系已由王韧那里转到法院，我们每周二、四的俄文班，一直在继续着，我和沈老常缺课。我和警卫班商量，我给他们开个文化班，每周不定期的晚上上两次课，基本上是讲近代史现代史，从太平天国、鸦片战争，到辛亥革命、共产党诞生……其实这些中学历史课本里都有的，我讲的也没有什么新的内容。有时我听了中央领导作的形势报告、国际关系报告和重大政策报告，我作了笔记及时的给他们传达，这对我个人的学习也大有好处。

5 月下旬，中央政法四个机关：最高人民法院、最高人民检察署、司法部、法制委员会组织司法视察团到河北省几个地区视察，沈老任团长。参加的有陈绍禹（即王明，法制委员会主任）、李六如（最高人民检察署副署长）、司法部苏联顾问苏达尼可夫等共 30 余人。司法部长史良因故未能参加。第一站到天津，下午与市领导们会见听取地方汇报，预定了天津视察日程。此外还安排了一些宴会和晚会。晚宴前沈老去看了别离 30 年的留学日本的同学董老先生。我抽空为七妹（王冷）事找了孟秋江，又一起去了公安局，然后同沈老参加市委、市府领导人黄松龄、王笑一等的宴会。

这次视察全程预定共 10 天，以天津为基地，还去了塘沽（许多人未见过大海，包括有些老同志和苏联的苏达尼可夫，故特请章伯钧交通部长批准一只轮船在海上游了两小时）、沧县和唐山。所到之处，听取报告，召开各种座谈会，了解新婚姻法执行情况，视察监狱、看守所等，还参观开滦煤矿、启新洋炭公司和德盛窑业公司。王明到南开大学财经学院作关于新婚姻法的报告，沈老参加天津民盟盟员的欢迎大会并讲了话。

5月27日是父亲69岁寿日，庆九是个大喜日，我因公正在天津，我特意把刘副市长送给我的酒带到家里祝寿。父亲面色红润，留了胡须，身体恢复得很好，母亲看来也很愉快舒畅。亲朋好友来了不少，我多年很少见的家属和亲友几乎都见到了。这真是一次异乎寻常的会见。我穿着一身解放区带来的灰色制服，在人们中间格外显眼，但见了面谈起来更格外亲切。二哥告诉我王远猷来过天津，听说王远馨（中统王大光）弃政从商，在香港开了饭馆。

父亲这个大喜的日子，家人、客人欢声笑语一片喜气洋洋。我的突然出现，也给大家带来喜悦。但是使我扫兴的却是四弟新吾和七妹王冷情绪低落，消极悲观。一个是几年前去过重庆，在参加民主活动后历史上走过一段弯路；一个是正在华北革命大学学习时生活作风犯了错误。我分别找他们谈了话，开导四弟有什么问题就讲出来，放下包袱，轻装前进。对七妹我答应帮她去北京（她已怀孕，一直瞒着家里），我和王陶可以帮她解决她的问题。她听了很高兴，减少些精神压力。

过了两天我又找个机会回了一趟家，把国男一张穿制服笑眯眯的放大照片带给父亲母亲三妹他们看。告诉他们我们准备今年结婚。母亲看了很高兴，说她长得很讨人喜欢。但是担心我们两人相差15岁，怕人家不愿意，我只有笑了笑。父亲不在家，听说是去民政局看戏了。三妹是主张婚姻自主的，预先表示祝贺。母亲把照片给周围的人看了，大家都很喜欢她，我告诉他们今年暑期结婚，就在沈老家举行一个简单的仪式，不通知更多的人，一切从简。我把照片留给父亲看，据说他看了很高兴，也同意我们的想法。

李师母这边，我们告诉她我们今年结婚的打算，她是看着我们俩好起来的，除了她私下和最熟的朋友谈论过我们的年龄相差问题外，她从未干扰过我们在一起，听说我们决定要结婚，她当然是很高兴的。

6月3日我们全团回到北京，接着我又投进全国政协会议的工作中去了。

去年政协代表大会选出了全国委员会，全国委员会第一次会议选出了主席、副主席和常委，沈老被选为副主席，我也很自然的和政协挂上了钩。

6月14日到23日召开政协第一届全国委员会第二次会议（每年召开一次）。这次会主要的是讨论、通过土地改革草案。我参加了全国委员会联络组，是和民盟中央辛志超一起工作。我们的任务是在会外和各地来的委员接触、交谈，谈谈会上讨论的议题，谈谈地方的情况，谈谈会上没有机会讲或不便于公开讲的意见，像记者采访一样，然后整理出一份报告向上面反映，我们偏重采访一些有代表性、有知名度的人物，常常听到一些大会小会上听不到的声音。这也是委员们参政议政的另外一种方式。

联络组的同志可以列席大会和小组讨论，一次我列席大会，有十几位委员大会上发言，都是对土地改革草案表示态度。其中有一位是四川大地主刘文辉，解放四川时立了功，被选为政协委员。他的讲话很简单，是以把自己所有的土地交还给国家的实际行动表示拥护土改的态度。他的讲话博得了全场的掌声。当时他已经是秘密民盟盟员了。

我们还常去委员们住处访问。一次在前门外解放饭店见到了大伯父，他是开全国税务会议来北京的，我们长谈、一起午餐，谈得很高兴。他在天津解放后表现很好，拥护共产党，参加工商界一些进步活动，天津中共市委统战部李定同志曾经告诉我，他在天津工商界改造中起了带头作用。

在政协会议期间，我忙着跑会场、跑饭店，和对方交谈，聆听他们的意见。回来要记录写汇报，有时也要给沈老准备讲话稿，工作是很充实的。但思想上总存在着一种“不务正业”的想法。把当前的工作看成是临时性的，希望有个长久性的“正业”“专业”，但是什么算是正业专业，当时自己也不清楚。我在大学学了一年法律，有志于法，希望从这方面，利用法院和沈老有利的条件走上正业和专业的道路。

当时李师母在中南海游泳池参加政务院事务管理局工作，我在怀仁堂参加会议时，常去看她。那时中南海正在修建，在里面走动还比较自由。星期日国男常到她母亲那里住，我们去瀛台吃过饭，参观过勤政殿，游泳池游过泳。于立群（郭沫若夫人）常带几个孩子去游泳，国男成了教练。我们还多次去怀仁堂参加京戏晚会、舞会。中南海修建完毕后，好多地区已成了禁区，没有通行证连大门也进不去了。

七妹王冷在我和孟秋江的帮助下来了北京，在五弟、张逸（五弟的爱人）的团校宿舍里住了一个时期。正在我忙着政协工作时，王冷住进医院生产了，一切都是五弟和张逸操办的。出院后王冷在痛苦中下了狠心，把婴儿送给五弟的一个同事收养，我把七妹介绍到新街口辛志超家里去休养。辛志超的母亲，一位慈祥的老人把王冷看作自己女儿一样伺候她做“月子”，听说孩子已送人，老人难过万分，我和王陶、张逸也为之心酸。一个月过去了，七妹离开了辛家，辛老太太哭的像个泪人，而七妹是自由了。以后她的工作都是由五弟和张逸去安排的，我也无暇顾及了。

政协会议结束了，接着就是准备7月召开第一届全国司法会议。全国司法会议是最高人民法院、最高人民监察署、司法部、法制委员会四个机关共同召开的，从7月26日到8月11日共17天。筹备工作由四个机关出人负责，我只是和法院的秘书长闵刚侯帮沈老作些准备工作。大会期间，我参加新闻组，新闻组是由王明负责，新闻组的同志第一次到他家里开会，他作了几点指示，对我们写新闻稿也提出一些要求。当时我对王明，只知道他在党内犯过错误，而对他的错误性质有多么严重以及他的为人，是不了解的。他和夫人孟庆树都很健谈，有才华也很风趣，特别是新婚姻法，新中国的第一部法律是他主持起草的，普遍受到广大群众的好评。所以当时我是相当崇拜他的。

1950 年 7 月第一届全国司法会议。前排长髯者为最高人民法院院长沈钧儒，其左是法制委员会主任王明，其右是最高人民检察署副署长李六如。（王健摄）

大会讨论了人民法院暂行组织条例、刑法大纲、诉讼程序通则、犯人改造暂行条例等。大会发言也批判旧六法的观点，据说批判旧六法的观点，有些旧社会从事法律工作的教授、律师思想上受到了震动。对我来说，过去我学的也是旧六法，究竟如何用阶级观点批判旧六法，我在会上旁听，听了一些发言，有些讲法我未得要领。

司法会议期间，沈老给董老（董必武）写信，提出要参加共产党。董老回信表示沈老这种心情是可以理解的，拟将此信转给中央请他们考虑。董老在党内分工是领导政法工作的，他和沈老无论是私交还是工作方面都是非常亲密的。1946 年国共和谈破裂，中共代表团返回延安，临行时董老将一件古董瓷如意赠给沈老留作纪念。董老一直把沈老当成是党的忠诚同志，经常把党内文件由秘书送给沈老阅读，有时我亲自去取。有一次我去董老家取文件，董老在客厅接见了我，首先他询问沈老生活，身体的情况，接着对我说，沈老是我们党最忠实可靠的朋友，在我们党最困难的时候，他总是挺身而出，给我们党很大的支持。董老具体讲了30年代在上海、40年代在香港从事抗日救国运动和民主运动(我认为是指30年代沈老发起成立全国各界救国会和40年代在香港召开民盟三中全会,号召与共产党携手合作),所起的有些重要作用是我们党起不到的。最后问了我们一些工作情况,并要我代他问候沈老,我取了文件就告辞了。

我和国男是在8月5日司法会议期间结婚的。事先我们早商定一切从简,不声张、少请客、不备宴席。我们的新房是在沈老家三楼,新房只是收拾一下,没有什么布置,萨沄、萨石来了觉得新房里太素,一点红色喜气都没有。她们买了张大红纸,写了几句祝贺的话,要他们俄专的同学签了名,挂在新房里点缀了一下,才有点喜气。上午我和国男去派出所办理结婚登记,办事员说:新的婚姻法公布以后,新的结婚登记表格还没发下来,我们没登记就结了婚。但我们是在最高人民法院院长家里结婚,有大法官在场,登记不登记也无所谓了。我们在晚8点30举行了简单的仪式,这时陆续到了一些客人,大多数都是沈老、母亲(从今天起李师母改叫母亲)的朋友,也都是公朴先生(应叫父亲了)的朋友,我没有通知法院和情报总署的同志们,国男同学也只有几个不能保密的同学。到场的有统战部金城、陈复君夫妇、沙千里、史良、范长江、沈谱、光未然(张光年)夫妇、赵沨,我通知家人只有五弟王陶和张逸,法商的庄林,西南联大的王汉斌,

1950年8月5日,王健和张国男在沈钧儒家结婚照。

还有中法的两位同学。这都是不能不通知的，总共约三四十人。最宝贵的是沈老给我们题字的几首诗，这是他给女儿和范长江结婚时写的祝贺诗。题诗后是来宾的题字和签名，这是我们最珍贵的纪念品。仪式开始，沈老、光未然、史良、庄林、母亲都讲了话。当场有人提出要光未然作首诗代表大家祝贺，他说他们从恋爱到结婚就是一首美丽的诗。最后我也说了几句感谢的话。国男的同学闹了一阵，然后举行了舞会，婚礼就算结束了。赵沨用镁光灯给我们拍了一张结婚照，我们俩穿的都是平时的旧衣服，谁看了都不相信这是结婚照，但对我们来说，是最值得纪念的一张照片了。舞会结束后，国男有几个同学留下来畅欢到深夜，当晚留在客厅里，没有回去。

8 月 5 日这天，伏天酷暑气温奇热，我们没有任何消暑设备。我只准备了西瓜和我自己做的酸梅汤。西瓜和一瓶瓶酸梅汤放在大浴池里凉水冷冻，深受客人们欢迎。金城对我们制作的酸梅汤称赞不已，说不亚于东安市场老字号的酸梅汤。从此我的酸梅汤也小有名气了。

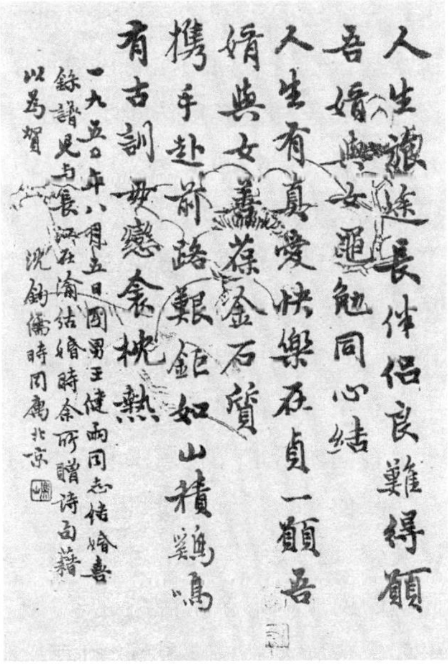

说起来在我青年时代的三件大事：一件是上中学读了商业学校很不如愿，上大学闹学潮，又遇到“七七事变”，中途辍学很不顺利的；二件是入党，因社会关系复杂和家庭出身受到些阻碍，耽误了多年；第三件是婚姻大事，国男 12 岁时，我们相遇了，家庭生活中兄妹相称，久而久之，国男逐渐成熟，悄悄地产生的感情，我们青梅竹马顺乎自然、水到渠成，我们没有过“山盟海誓”“谈情

说爱”,也没发生什么“情海风波”,举行了平平淡淡简简单单的婚礼就完成了终身大事。我一生这三件大事,两件大事感到遗憾,最后一件大事最顺利、最美满了。

新婚之日过去,第二天我和国男各自回到岗位。我去司法会议、上俄文课、给警卫上文化班。国男又回到学校。不久,沈老又接受了一个新的任务。中央组织西北少数民族访问团,任命沈老为团长,萨空了(蒙)、朋斯克(蒙)、马玉槐(回)为副团长,团员从中央各机关选派的,是个很庞大的组织。随行者有记者、医生和京剧团。为了照顾沈老,也请了沈老的大儿子沈谦作为随身大夫参加。这次访问各少数民族地区有:陕西、新疆、甘肃、宁夏、青海,行程准备用两个多月的时间。

8月底开始访问,第一站是西安,到西安后,西北军政委员会主席彭德怀请团长、副团长举行家宴便餐。彭德怀很健谈,介绍了西北少数民族地区情况和存在的主要问题,给我们上了第一课,使我们心里有了底。这几天参加各种欢迎会、座谈会、宣讲政策,听取意见,了解情况。访问了清真寺及阿訇和满拉以及喇嘛寺(广仁寺),并到回民聚居区进行慰问。沈老还参加了西北区民盟的活动,并游览了临潼骊山和碑林。其后访问团兵分两路,沈老和萨空了、朋斯克一路离开西安,经兰州、酒泉、哈密,于9月11日抵迪化(今乌鲁木齐)。新疆人民政府主席包尔汉,中共中央新疆分局书记、军区代司令员王震等亲自到机场欢迎。进城途中受到各族人民、部队、学生夹道欢迎。沈老下榻于新疆分局(即原盛世才的督办公署),王震也住在这里,我们几乎天天可以见面。当时看王震很年轻。在人们的心目中,他不只是个带兵的将军,也是生产建设的劳动英雄。

访问团听取了包尔汉和王震的报告后,召开了各族各界的座谈会。我们接触了维吾尔、塔塔尔、乌孜别克、锡伯、俄罗斯、柯尔克孜以及蒙、回、汉等十几个民族。沈老在大会小会上呼吁各族人民在共同纲领的原则下亲密团结起来,努力生产建设新新疆。当时特别提出要求各族人民提高警惕,彻底粉碎美帝国主义及其走狗企图继续

沈钧儒率中央访问团在西安和广仁寺全体喇嘛合影　（王健摄）

侵犯我国的一切阴谋。

17 日，在新疆省人民政府副主席赛福鼎陪同下飞抵伊犁。在伊犁像其他地区一样，参加欢迎会、座谈会，访问各族各界代表人物，深入民族地区慰问群众，也参观了工厂、学校、法院等，晚上经常有文艺演出。除了团里集体活动外，团员三五成群自由活动，逛大街、游风景、买纪念品，我到处找镜头拍照，还去了伊犁河畔，给沈老捡石头。画家叶浅予也是找目标特写、画像，记者彭子岗见了人就进行采访，写了几篇新疆游记，各自都有不小的收获。

伊犁位于中苏边境地区，这里的风俗习惯、建筑街道似乎已走进了苏联的境内，这里有斯大林街，到处是列宁、斯大林像。人们普遍讲话是俄文、维文。我们参加一所以斯大林命名的中学开幕典礼时，沈老和苏联领事、学校当局、家长来宾都讲了话，然后揭开斯大林像。大家欢呼毛主席万岁！斯大林万岁！在开幕典礼的整个过程中，似乎都是在苏联领馆指导下进行的。家长来宾的讲话，祖国的观念十分淡薄，深深感谢苏联，我们的同志们听了很不舒服。回来大家在议论：像这样的典礼我们中央访问团是不是应该参加？像这样的中学

沈钧儒(右一)率中央访问团到新疆,左一赛福鼎,左二王震,左三陶峙岳。(王健摄)

是不是应该在中国境内开办？但是中央访问团在伊犁几天的访问工作,宣传政策,听取意见,沟通感情,增进团结所取得的成绩是不能低估的。

24号又回到迪化,下午沈老、萨空了在为毛泽民、陈潭秋烈士扫墓。再去杜重远墓,发现墓已被人挖掘。周围墓地一片土丘,据说都是盛世才一夜之间屠杀的。沈老和萨空了找有关方面了解杜重远情况并联名登报寻找(后来一直没有消息)。

再回到兰州,甘肃省政府邓宝珊主席亲自来接,沈老及部分团员,住在邓主席的花园里,要比招待所舒服自由得多。省政府秘书长沈求我,我们是老朋友,事先约好国男的来信都由他收转,因为兰州是我们访问团的中转站。

在兰州访问团活动了几天,10月1日国庆节,上午访问团参加了各族人民10万多人的庆祝新中国诞生一周年,同时也是欢迎中央访问团的群众大会。广场上红旗招展,锣鼓喧天,我们和各族人民共同渡过了这一欢庆的日子。

我在主席台后台,出乎意料之外地见到了穿着军装的七弟(金

沈钧儒、萨空了向毛泽民、陈潭秋烈士墓献花圈

（王健摄）

沈钧儒与甘肃省政府主席邓宝珊在兰州邓府花园

（王健摄）

镒），他是来参加布置会场的。见了面非常高兴。我印象中他还是个娇生惯养的孩子，而现在站在面前的却是一个充满活力的解放军的一名新兵。他很愉快地把解放军部队看成是个最好的锻炼学校，我祝贺他并为他成为一名解放军战士感到荣幸。

在兰州访问了半个月，我们于16日分乘8辆大轿车，浩浩荡荡向兰州西南方向前进,到民族问题复杂的地区——临夏县进行访问。一路经七道岭,后到洮河,汽车过河需要渡船,这时在渡口处又有地方党政负责人、阿訇、各界代表学生等四五百人恭候欢迎。访问团下了船就地举行欢迎大会。双方领导人讲了话,各界代表讲了话,群众与团员互相交谈,打成一片,其中有的向我们诉苦,有的递上状子,向我们提出要求,对我们寄予希望。

访问团继续前进,一路阴雨绵绵、泥泞路滑,经宁定城到大夏河(拉卜愣),有的车抛锚河中,团员下车牵拉,始得登岸。17 日中午抵临夏(素有"中国的麦加"之称),已有六七千群众夹道欢迎。进城后,我们住在原马鸿逵的大宅门。

一路上虽然天不作美,地上湿滑,但是大家饶有兴趣,游览山河美景,沈老诗兴大发,当即朗诵一首,诗曰:"'贯通'河水碧澄澄,草树连畴宁定城,红叶白杨分外美,秋来此景画难成。"我和副团长马玉槐与沈老同车,沈老要我们即兴吟诗,或讲几句观感。马副团长是回民大队的英雄人物,也有文化根底,当即和了一首:"最高领袖心意诚,访问民族甘青宁,古稀团长得爱戴,齐呼万岁毛泽东。"我不会作诗,但在这种情况下,也只好凑上几句,和沈老诗原韵:"洮河流水水不澄,马匪刮民活难成,红旗白刃西风卷,念念不忘民族情。"我们的诗很快传了出去,给大家疲劳、紧张的情绪增加了一些雅兴。

在临夏进行访问活动,参加群众欢迎大会,召开宗教和各界人士座谈会,个别访问上层人士,听取各方面的意见。这是个民族关系相当复杂的地区,不断还有特务们造谣、挑拨,每日都有人拦车告状。我们来了几天,就有几十多份状子,成了我们团里的一项重要任务。在访问期间,我们充分发挥京剧团的作用(女角有云燕铭、男角有张云溪等),多次在原马步芳住宅蝴蝶楼演出,招待各界人士,借以加强民族间的团结友爱,增进互相理解。

因天雨在临夏多留了两天,10 月 25 日第三次又回兰州。

下一步的计划是 28 日赴青海访问。是日一早,分乘大车出发(沈老和马副团长乘小轿车)经乐都留宿一夜,第二天到达西宁市。

一路所见，沈老有诗记之："河源屈曲万山趋，滩浅奔湍急跳珠。一叶羊皮筏自在，水车轮畔过徐徐。"羊皮筏、水车轮成了甘肃、青海交界地区的特产，也被大家看成是个景点。我特意拍了羊皮筏、水车轮几张照片以配沈老的诗句。

羊皮筏　　（王健摄）

访问团车队临近西宁市十余里，省政府主席赵寿山、班禅的老师喜饶嘉错副主席和各族人民、学生早已列队相迎。赵寿山、喜饶嘉错致了欢迎词，沈老讲了话，我们看到欢迎队伍中有些白发长须的回族老人一早远道而来，深为感动。

到了西宁市，得悉任弼时同志在京逝世的消息，沈老闻之潸然泪下。两天后，西宁市党政军方面在人民礼堂举行任弼时同志追悼会，沈老率访问团全体参加，并送去了亲笔写的挽联，代表全团致以深切的哀悼。追悼会上我偶然遇见了离别将近20年的甲商、法商的老同学刘济光（后改名刘瑞方），当时他任青海军区政治部宣传部部长。他告诉我他在法商读书时即是地下党员，后参加新四军。"皖南事

水车轮　　（王健摄）

变”发生，战争中被国民党用马刀砍了几刀，砍掉了一只手指，这是我们握手时发现的，因此他才讲了这段历史。

访问团在西宁市参观访问了两天，于 11 月 1 日出发到了湟中县塔尔寺（黄教圣地，成吉思汗陵墓在此）进行访问。班禅额尔德尼十世率千余喇嘛到五里外相迎。喇嘛的仪仗队、乐队为前导，中间有万名旗、万名伞，班禅陪着沈老走在伞下，后面有法台们随行。这是以最隆重的宗教仪式迎接访问团。吃了奶茶稍稍休息即往塔尔寺，参观班禅行辕。各个房间到处见到的佛像和藏经，但是在班禅的几间住房里发现了一辆自行车和照相机，我问陪同我们的同志，他小声告诉我，班禅还是个 13 岁的孩子，他也想玩这些现代化的东西。我们到的第二天，适逢释迦牟尼降生日，演出了特别节目。演出者都带着各种凶恶的鬼面具，在寺里大院转圈“跳神”，以表示祝贺。这一天远地而来的藏民到寺参拜者甚多。沈老参观了大小金瓦寺、大经堂、到屋顶看了金瓦和菩提树。下午参拜了成吉思汗陵。还和大僧官喇嘛举行了座谈，访问团当日回到西宁。临行时，班禅、法台又是送至几里外拱手而别。

中央访问团团长沈钧儒（右二）、副团长萨空了（左一）访问青海塔尔寺时与班禅（左二）合影　　（王健摄）

我的收获是从始至终不失时机地抢着拍了几十张照片，给沈老和班禅拍了几张，也给藏民群众，特别是穿着五彩服装的妇女。到处所见尽拍在我的镜箱里，都是一些很难得的宝贵资料。

我们访问团一路上所到之处，京剧团为各族同胞演出。在塔尔寺，多次在宴会上、晚会上，我们发现程砚秋在场，还有几次我们京剧团演出时也请程粉墨登场。程是全国闻名的四大名旦之一，所到之处受到群众的欢迎。他这次来西北，对促进民族团结也起了积极的作用。

回西宁后，第二天我们又第四次回到了兰州。

回到兰州以后即听到朝鲜战争爆发的消息，美帝国主义出兵支援南朝鲜，已越过三八线，向北挺进。我国政府决定由彭德怀司令员率领人民志愿军跨过鸭绿江参加抗美援朝战争。沈老接到周恩来总理的电报，催沈老早日返京。11 月 5 日的报纸发布了中国共产党与各民主党派发表《誓以全力拥护全国人民的正义要求，拥护全国人民在志愿基础上，为着抗美援朝，保家卫国的神圣任务而奋斗》的联合声明。当天沈老即向《甘肃日报》发表谈话，表示坚决拥护这一宣言。沈老又接政务院电报，希望在 10 日前返回北京。我们原定五省少数民族地区进行访问，现尚没有访问的有宁夏一省，经团长会议决定，由萨空了率领部分团员赴宁夏继续访问。其他团员由沈老率领于 10 日飞返北京。

沈老回北京第二天，即去高院欢送机关赴东北和朝鲜参加抗美援朝同志。11 月 26 日沈老参加民盟一届六中全会，《政治报告》中号召全体盟员："用志愿的行动抗美援朝保家卫国，是目前中国人民的紧急任务。""用人力物力支援朝鲜人民军和中国援朝部队。""为巩固人民民主专政而斗争。"沈老在会上即席也讲了话。

中央访问团分团相继返回北京后，沈老约几位副团长来家座谈，准备起草五省访问的总结报告。谈了多次，最后由萨空了同志起草，我在旁协助，写出了初稿。在起草总结报告中，我们参考民委同志在访问中的记录和统计数字，使我对五省的少数民族的情况和目前存在问题有了比较全面的了解，同时也认识到毛主席派访问团深入少数民族地区进行访问的重要意义。

我们这次访问全程历时三个月,访问地区30余处,行程三万余里,访问17个兄弟民族,以及各地的人民解放军和修筑公路的部队。个别访问了300余人,各地各民族参加我们招待会座谈会的统计将近30万人,这在西北五省兄弟民族中产生了广泛的影响。

这次访问主要的收获是,普遍宣传了共同纲领中的民族政策,进一步促进了民族间的团结,直接或间接地帮助地方政府解决了一些问题和困难。但我们也看到了长期历史所造成的民族间的仇恨、隔阂也非短时间所能消除的。兄弟民族迫切的要求是希望可以实行区域自治的地区尽快实施;各级人民政府和人民代表会议希望增加干部和代表,发展铁路公路交通、兴修水利,发展各族语言,推行义务教育制度,推进文化出版事业,盼望培养卫生人员增加医疗设备等等。我们把兄弟民族提出的这些要求,以及当前存在的问题,如实地写在报告里向中央反映,并提出若干条建议,提请中央参考。

年末,忙着各种会议,各种活动,除了花了几天时间起草了访问团总结报告外,主要是围绕着两件大事:一是土地改革;二是抗美援朝。我欢送了许多同志,包括领导同志们分赴全国各地深入农村,奔赴东北、跨过鸭绿江,我是多么需要这种锻炼啊!但我怎么能开口向组织提出要求?我思想非常矛盾。我在高院找林亨元同志谈心(林是法学家,40年代初和沈老、沙千里等人在重庆成立公正律师事务所,抗战胜利后我们在上海救国会开会时相识的。高院成立后,沈老请他来院任民庭、刑庭副庭长,他是老党员,现和我一样党籍是不公开的,我们不参加支部活动,但我们之间是相通的),他认为我的想法是好的,但太不现实。法院、沈老、统战部是不会通过的。他劝告我,参加土改、抗美援朝是革命工作,在沈老身旁帮助沈老的工作对他个人,以及他的家庭同样是革命工作,参加西北访问也是革命工作,为了个人锻炼,帮助沈老工作也是最好的锻炼,这就是对一个共产党员的考验,他给我上了一堂政治课,我把他看成是良师益友,每逢心里有什么解不开的问题就想去向他请教。

1951年　35岁

国男开始北京医院翻译工作　开展镇压反革命运动　林老(林伯渠)、沈老率团赴苏、德两国访问　批判《武训传》电影　沈老组团赴柏林参加国际民主法律工作者协会第五届大会　全国政协召开一届三次会议　民盟中央举行组宣会议

1月2日是沈老77岁寿辰,他精神抖擞,神采奕奕。上午亲朋好友登门祝贺,沈老亲自接待谈笑自若。中午民盟和原救国会的同志们在南河沿文化俱乐部设宴为沈老祝寿。柳亚子特送来诗一首《祝沈老七十七旬生朝》为贺。诗曰:

大老由来世莫京　高歌为唱寿星明
百年国耻翻身日　万岁千秋七七龄

几天后,借新年期间,沈老在文化俱乐部召集中央访问团全体团员聚会,沈老向大家祝贺新年并总结访问团工作。后放映《中央访问团在西北》《中国各族人民大团结》新闻影片。看完影片,大家围着沈老为祝贺这次西北访问成功,向沈老表示敬意。

我国请来了大批苏联专家来帮助我国进行建设,军委卫生部北京医院(原德国医院)是中央领导同志的保健医院,也派来了几位苏联医学专家。院方调俄文翻译一定要政治可靠的共产党员,最后调来了中共中央编译局俄文专修学校尚未毕业的陈复君(中央统战部秘书长金城的爱人)和国男。这年1月份,国男正式开始进北京医院工作，同时也参了军，这时她刚刚20岁。

继全国进行土地改革、抗美援朝，我国政府又大张旗鼓地发动了镇压反革命运动。蒋介石逃往台湾后，大陆上遗留下大批反革命分子，继续进行各种破坏活动，气焰十分嚣张。2月间，中央人民政府颁布了《中华人民共和国惩治反革命条例》，打击的重点是特务、土匪、恶霸、黑社会势力，反动会道门和反动党团。在党的领导下，全党动员，发动群众开展一场人民战争。

在运动期间，高院的工作也更加繁重，沈老参加讨论《惩治反革命条例》，在《人民日报》发表了《坚决镇压反革命、巩固人民民主专政》文章；向高院全体同志作学习《条例》的动员报告。我除了协助沈老的工作外，我担任的机要秘书、新闻秘书工作也较平时繁忙起来，这时我的思想很明确，也有了劲头。因为这是为了巩固人民民主专政，为保卫我们的新政权而工作。

4月中旬，政府组织了中苏友好代表团和中德友好代表团，对苏联和德意志民主共和国进行友好访问。中苏友好代表团以林伯渠为团长，沈老为副团长，中德友好代表团沈老任团长。这次安排沈谦陪同沈老并担任德语翻译，我未参加。4月下旬到莫斯科开始参观访问，后去高尔基城、列宁格勒城。5月中旬中苏友好访问结束，林老带部分团员回国，沈老率部分团员去柏林、莱比锡等地参加“德中友好月”活动，6月底沈老率团回国。

沈钧儒访问民主德国与总统皮克会见

沈老回国后，曾去中央人民广播电台作访苏访德广播讲话。8月间参加中国史学会召开的反法西斯抗战胜利座谈会，史学会郭沫若、范文澜、郑振铎等人出席会议。沈老在会上讲了话，谴责美国帝国主义单独对日本媾和，公开武装日本的阴谋，并要求史学家应多写历史真相，揭露帝国主义侵略罪行。

2月间，北京各电影院放映《武训传》受到了观众的好评。我和国男也去看了，觉得赵丹演武训演得好，特别对武训一个贫苦出身的穷人知道教育的重要，靠着乞讨，为穷孩子们兴办义学，这种精神令人感动。一时在文艺界、电影界以及教育界不少人士发表评论文章，一片赞扬声。5月中旬《人民日报》转载了几篇批评《武训传》的文章，编者加上按语，说"歌颂清朝末年的封建统治，拥护武训而诬蔑农民革命斗争，诬蔑中国历史、诬蔑中国民族的电影《武训传》的放映"。几天以后，《人民日报》又发表一篇社论《应当重视电影〈武训传〉的讨论》。社论中开列一个48位写过赞扬武训和《武训传》文章的作者名单，所谓"讨论"，实际上是指责这些作者，对《人民日报》编者按语里所说的歌颂清末的封建统治者武训的四个诬蔑，"难道是我们所应当歌颂的吗?""难道我们所能容忍的吗?""对于武训和电影《武训传》的歌颂竟如此之多，说明了我国文化界的思想混乱到了何等的程度!""资产阶级的反动思想侵入了战斗的共产党，这难道不是事实吗?"社论最后说："为了上述种种缘故，应该开展关于电影《武训传》及其他有关武训的著作和论文的讨论，求得彻底地澄清在这个问题上的混乱思想。"

这篇社论震动了文化界、知识界。我周围的朋友们在议论，民盟的一些大知识分子们在议论："这篇社论一定会有来头的。""敢于给武训定性，敢于下这道指令，除了毛主席还能有谁?""对武训对电影《武训传》都作出结论，只有自我批评，还能开展讨论吗?"一场政治批判运动随着土改运动将在全国范围内开展了。6月7日在《人民日报》看到郭沫若写的《联系着武训批判的自我检讨》，这是我看到的第一篇自我检讨的文章。郭沫若是文学界、史学界的泰斗，他的检讨，可以说是开了文化界批判运动的先河。

郭沫若在自我批判中说他犯了错误，原因是没有从本质上看武训，把他孤立地看了，没有把他和太平天国与捻军的革命运动联系起来。今天他的本质被阐明了，证明武训的落后、反动甚至反革命了。经过这次讨论受到了很大启发，过去没有仔细研究随便发言，没有慎重考虑随便替人题辞题字(1950 年为《武训画传》题辞)。说这是小资产阶级的老毛病，已下定决心加以痛改。这篇检讨还提到他对武训的盲目称赞，也是受到陶行知表彰武训的影响。郭沫若批判不久，《人民日报》又发表了连载六天的《武训历史调查记》(当时文艺界盛传江青参与了调查)，调查的结论是，武训是“劳动人民的叛徒、大流氓、大债主兼大地主”。郭沫若读了“调查记”又作了一次检查《读〈武训历史调查记〉》登在《人民日报》上。文章开头说他多次阅读了这篇《调查记》，认为这是一篇用科学的历史观点研究和解释历史的实事求是的记载，对武训的本质看得更清楚了，他觉得调查记给武训戴上的几顶帽子还不够，说“他以一人之身而兼备了大流氓、大骗子、大地主、大债主、大名人、大善士、大偶像……真可谓集封建反动落后势力之大成了”。这篇调查记使郭沫若心悦诚服而再次作出检讨。我读了调查记，也读了郭沫若的一次再次的检查。调查记是党作出的结论，郭沫若是我崇拜的学者，但对武训其人，几个月的时间就从天上落到十八层地狱，我一时思想转不过弯子来。特别是对待陶行知的看法和批评，使我思想混乱，更加模糊不清。

陶行知毕生从事教育事业，和李公朴相交甚笃。他们同年去世，临终前两人共同的事业是创办了一所新型的社会大学。当时受到党的大力支持，广大群众的称赞。陶行知崇拜武训是尽人皆知的。早在 20 年代，陶行知即宣传武训的“办学精神永不死的”。40 年代陶行知在重庆办学，即公开宣布“我决心跟武训学，我们要做一个集体的新武训”。1946 年 7 月在李公朴被国民党特务暗杀后，半个月陶行知突然去世。毛主席和朱总司令吊唁他是“为人民教育，为民族解放与社会改革事业奋斗不息”。中共中央所作的悼词说他所走的道路是正确的，和伟大的民主主义者鲁迅先生、邹韬奋先生等所走的同样的道路。但在开展批判武训和《武训传》时,《人民日报》转载一篇《文艺报》发表的杨耳的文章,题目是《陶行知先生表扬"武训精神"有积极作用吗?》文章说:在满清的反动统治下武训的道路、"武训精神"是错误的,难道在蒋介石的反动统治下这种道路、这种精神就会不是错误了么?说明陶行知所走武训的道路也是错误的。经过这场大批判,我们一向尊敬的陶行知的形象受到损害,也影响了对他教育思想的研究。前后五年,党对陶行知的看法和评价就截然不同了,在这个问题上我思想上一直没有想通,我相信没有想通的也绝非我一人。

去年成立的新法学研究院,沈老为主要领导人之一。随即向设在比利时布鲁塞尔的国际民主法律工作者协会申请为团体会员,很快即被批准。1950年协会召开理事会,我国派驻布拉格新华社记者吴文涛列席参加。同年11月理事会开会,我国请钱端升教授出席,并为主席之一。今年9月协会在柏林召开第五届大会,我国正式派以沈老为首的代表团参加,团员有柯柏年(外交部某司司长)、梅汝璈(参加东京军事法庭审判日本战犯的中国法官)、陈体强(法学家)共四人,我作为代表团的秘书,并有翻译一人。我们于8月28日乘苏联飞机出发,经蒙古首都于下午进苏联境内到伊尔库斯克,当晚停留一夜,第二天继续飞行。第三天下午到喀山,傍晚到达莫斯科。苏联对外文化协会和大使馆刘铮同志去接,把我们安排在红场对面大街上的 National Hotel,住在四楼。从大玻璃窗就看到了红场上塔楼尖顶上闪烁的红星,心里无比激动。晚上,大使馆举行宴会,张闻天大使和大家一一握手。大厅里满满的人,其中我只认识吴晗、冯文彬,大使馆一位工作同志指给我的客人有郑君里、杨静仁,都是知名人士。他还告诉我中国电影代表团也来了,人群中受人注目的一位活泼美丽的女青年是著名的孙维世。主人来宾讲了简短的话,互相敬酒十分热烈。散席后,我们回到饭店,沈老等四人回房休息,我和青年翻译同志跑出饭店,穿过了街就走到红场。红场里显得庄严雄伟,当时我们辨不出方向,从历史博物馆走进了红场,我们在电影上经常看到的克里姆林宫和列宁墓,还有一座不同尖顶各种色彩的老教堂。9 月的莫斯科秋意很浓,时间已将午夜,仍有不少人在红场走动,而我们也久久不肯离去。

我们的日程,决定明天在莫斯科逗留一日,后天去柏林。

第二天上午吴晗来看沈老。他已来了几天,大家听他讲在苏联的见闻和观感,大家更注视当前抗美援朝的国际形势。他明天回北京,我托他带一封信给国男,请他在北京寄出。午餐后,沈老略事休息后,兴致勃勃地和我们一起上街,先去红场再去对面的高尔基大街,商店林立,店里商品琳琅满目,显得市面繁荣。再游高尔基公园。从公园到地铁站,莫斯科地铁站是国际上公认的世界之最。我们参观了几个大站,都那么宏伟、瑰丽,到处可见绘画、雕塑像,在灯饰下不同的艺术造型,使我们感觉不是地铁站而是身在艺术之宫。除了装饰壮观之外还实用方便。有的地铁站是上中下三层,地铁网贯通全市,四通八达,人们说莫斯科的地铁就是地下的莫斯科。我是第一次走进地铁的,大开眼界,同行的有坐过西方地铁的,对莫斯科地铁称赞不已。

第三天,9 月 1 日,因为买不到几个人的飞机票,决定改坐火车去柏林。中午登上火车,沿途经过二战的很多战区,但已很少看到战争的残迹。每到大站停车,我必下车到站上的售货厅去买纪念邮票,一路收获很大。2 日下午到苏波(波兰)边境的最后一站,我们下了车,检查护照。一位小姐来接待我们,她带我们到五一公园休息。这里是属白俄罗斯区,维吾尔族人很多。他们的衣着服装、街上的马车房屋与我们去年在伊犁所见的非常相似。小姐带我们走在列宁街,逛了商店然后回到车站。深夜一时许进入波兰境内,到达首都华沙。彭明浩大使和两位参事特赶来迎接。寒暄后车继续开行,3 日下午到达柏林。德意志民主共和国司法部长和先期到来的苏联代表团都到车站迎接。我们住进了旅馆,大会派了一位中年妇女莱雅专门来招待中国代表团。她能讲简单的英语,我们借此可以沟通,我的英语水平也是很有限的。4 日,沈老与柯柏年同志拜访苏联代表团,参加各国代表团团长会议。我国驻德大使姬鹏飞来看望大家。晚上莱雅陪我们去看马戏。这一天过得非常紧张。

9月5日上午,国际民主法律工作者协会第五届代表大会正式开幕。这次大会的主题是“国际民主法律工作者为和平而斗争”“国际法律工作者为保卫人权和公民权利及反对法西斯主义复活而斗争”。协会主席和民主德国总理、司法部长讲了话。宣读各国致大会的贺电。我们向大会和各代表团赠送了礼品(毛主席像章和锦旗)。下午协会秘书长和苏联代表团团长以及世界保卫和平大会代表讲话。晚上,国际被纳粹残害者协会宴请各国代表团,与会者自由发言,有的在控诉、揭露法西斯各种暴行,有的为保卫人权而呼吁,场上最响亮的声音是“我们要和平”。

9月6日,上午大会继续举行,德国代表发言后,中国代表团团长沈老作了关于检举和惩罚战争罪犯问题的发言。明确指出,美帝国主义者为了要实行其“全球性的战略计划”,不仅在欧洲包庇和利用纳粹战争罪犯,在亚洲包庇和利用日本战犯,而且它自己也在制造新的战犯。美帝国主义对朝鲜和中国的侵略,以及它在朝鲜战争中的暴行,都证明它完全是在采取纳粹德国和法西斯日本的残酷手段。沈老提出我们民主法律工作者必须:一、严厉谴责美国政府擅自释放德日战犯和利用德日战犯的行为;二、郑重警告美国政府无论是策划或参加侵略战争,或从事战场上任何暴行的人们,都将被列为战犯,应受到法律的严厉制裁。最后沈老提出了三项建议:一、确定侵略的定义;二、取缔煽动战争的宣传;三、禁止使用原子弹和细菌、化学武器,请大会考虑。沈老半个钟头的讲话,公开地严厉谴责美国的罪行,受到了全场热烈的鼓掌。

下午,有波兰、英国、捷克、苏联、一位大主教、世界民主妇女协会、意大利、希腊相继发言,中间插进黎巴嫩、叙利亚代表团赠送大会礼品,播放宣判美国间谍录音,德国少先队向大会献花献旗。

大会休会一天,各国代表团去波茨坦市访问,参观了波茨坦会议的会场,并到法学院参观,该院师生举行招待会欢迎各国代表。中午在露天一面听音乐会一面吃午餐,代表们兴奋地随着音乐高唱歌曲。我和三个青年保卫人员坐在一桌,还有从捷克布拉格来的,在世界和大工作的李风白同志(特别来柏林帮助中国代表团工作的),三个青年告诉我们,他们的父母在集中营里受尽了虐待折磨而惨死。一位法学院同学走过来也讲述他亲眼看到他家里亲人被纳粹杀害的情景,他讲话的声音几乎发颤了。我也告诉他们日本在南京的大屠杀,到处实行"三光"政策,有些村庄成了无人村了。经过李风白的翻译,我们在控诉法西斯的罪行,这时什么动听的音乐、美味的佳肴,谁都没有心情享受了。

波茨坦会议会场　　　　　　(王健摄)

晚上,德意志民主共和国司法部长在部长会议大楼(原戈林的航空部)举行招待会,招待各国代表团代表,总理格罗提渥偕夫人也前来参加,进入会场时,全体代表起立鼓掌欢迎。格罗提渥身材高大魁梧,一表人才,夫人也美丽大方。莱雅在身旁告诉我,夫人是柏林出色的美人,深受全场代表们的注视。招待会开始,司法部部长致词后,总理讲话。身后一位驼背的中年人担任翻译,他先翻英语再翻法语、俄语,出口流利,态度轻松自然,他的精彩表演,受到各国代表团的欣赏,也成了会议被注视的人物。沈老和其他几位代表团团长讲了话,当沈老讲话时会场上有人欢呼"毛泽东!毛泽东!"表示对中国的敬意。最后巴西、西班牙代表团讲话,要求国际上建立一个民主和平的大家庭,备受大家欢迎。

9 月 9 日，上午代表们到苏联烈士公墓献花，公墓建筑雄伟壮丽，庄严肃穆，这里所用的地下石板，据说都是从希特勒总统府拆下来的。昔日赫赫一时的总统府，今天被人民踩在脚下，烈士们死而无憾了。10 时参加广场上群众示威大会，会上有受害人控诉法西斯残暴罪行，群众高呼口号，台上台下连成一片。场上情绪激昂，出现了感天动地的悲壮场面。下午大会继续举行，通过大会宣言和"法律工作者为和平而斗争的任务""保卫民主自由""反对种族歧视"等问题的决议。最后选举新的领导机构，沈老当选为协会的副主席，柯柏年当选为理事会理事。大会胜利闭幕。散会后，有些代表团，主动走过来和我们代表团握手，双方虽语言不通，但相顾一笑，以表示对中国人的敬意。

第二天，我们代表团去大使馆拜会姬鹏飞大使。下午沈老和柯柏年同志参加理事会，我没有出门，去梅汝璈的房间找他聊天。我只知道他是国民党时期的法官，审判过日本战犯，其他知之甚少，想借这个机会和他聊聊当年他审判日本战犯的那段历史，增长一些知识。他告诉我，东京军事法庭是由中、美、英、法、印度等 11 个国家指派 11 名法官在 1946 年初组成的，他是当时国民政府指派代表中国的法官，经历了将近三年，开庭几百次，最后大家在判刑上意见分歧，有

1951 年在德国波茨坦，左起王健、柯柏年、梅汝璈。

些遭受日本侵略暴行不是很严重的国家，对罪犯仇恨不深，主张从轻处理；有的废除死刑的国家不赞成处以极刑。梅汝璈说，他有根有据地揭露日本在中国各地的惨无人道的罪行，主张对罪大恶极的日本战犯处以死刑。最后以无可争辩的事实说服了有些法官，以六票对五票判决南京大屠杀的罪魁祸首土肥原和东条英机等对中国人民犯下滔天罪行的七名战犯处以绞刑。梅汝璈说还有一个引起争议的是起草国际刑事判决书的问题。有的法官主张统一书写，而梅汝璈认为日军侵华罪行，中国人民感受最深，中国人最有发言权，关于日本罪犯的部分判决书，理所当然地要由中国人书写。他的意见使其他法官无话可说。最后，梅汝璈写下了十多万字，留在将近百万字的国际刑事判决书里，为四亿五千万中国人民伸张了正义，争得了尊严。我听了他的一席话，使我不但增长了历史知识，增进了对梅汝璈的了解和尊敬，更为我国在东京大审判中取得胜利而感到无上的光荣。

大会结束后，我们代表团决定到莱比锡市和魏玛市访问。上午在莱比锡市参观季米特洛夫受审和被监禁的地方，还去看了歌德写《浮士德》的酒店，酒店还陈列着当年的壁画、雕刻和酒桶。市长一直陪我们参观，还送给我们每个人一张哥德的画像。傍晚我们一行才到了魏玛城。魏玛是个古色古香的小城，是世界名著《浮士德》《少年维特之烦恼》作者歌德的故乡。

《少年维特之烦恼》小说曾风靡一时，我中学时代的青年人争相阅读。歌德的名字在我脑海里印象最深。今天我是带着崇敬的心情来到了魏玛的。魏玛司法部长特来欢迎，并安排我们今晚留宿在这里。晚餐后，走着去看歌剧。一路所见，都是中世纪的建筑，幽静而美观。第二天上午，我们参观歌德故居纪念馆。纪念馆展品十分丰满，有歌德的手稿、图书和他收集的各种艺术品、绘画、雕塑等。歌德对地质学有过研究，展览品中还有各种各样的矿石。歌德在魏玛居住约50年，使这座小城成为德意志的文化艺术中心。下午访问耶拿市，由市长陪同参观耶拿大学。市长介绍说，黑格尔在此校任过教，马克思在这里获得博士学位，歌德也来听过课。其后参观蔡司光学仪器

沈钧儒参观歌德故居

厂,上山参观天文台。据说拿破仑打退普鲁士军队就在这个山上。

14日回到柏林。15日回到莫斯科。离开柏林时,一直陪着我们的莱雅非常难过。她很同情中国、关心中国。在魏玛时她知道我很崇拜歌德,特地送一件金属制作的歌德浮雕头像给我留作纪念。到了莫斯科,苏联对外友协(BOKC)派了一位中年妇女廖娃来安排我们的几天活动日程。在莫斯科做客一个星期,拜会张闻天大使,参观克里姆林宫、斯大林礼品馆、列宁博物馆、画廊、科学技术博物馆、逛高尔基大街。我独自一人特别到我崇拜的青年诗人马雅可夫斯基广场绕了一圈,向他的铜像致敬。这几天几乎每天晚上友协都送来国家大剧院的戏票,我们看了最著名的芭蕾舞舞蹈家乌兰诺娃的芭蕾舞剧和几场著名的歌剧。在规定的日子、时间内我们去了列宁墓,瞻仰了列宁的遗容。

23日,下午蒙蒙小雨,我们走到红场列宁墓前,站在长长的队伍里,顺序走进了列宁墓,列宁墓是用赭色的花岗石砌成的。缓缓走进陵墓,立即显得庄严肃穆。慢慢移动,终于看到了伟大的列宁的遗体,静静地躺在水晶棺中,身上覆盖着苏联的国旗,面部是被一种特制的柔和的灯光照射着,显得红润、安详。我们环绕水晶棺,目不转睛地凝聚在列宁的脸上，久久不愿离去。随着队伍走出陵墓，我心中突然想起诗人马雅可夫斯基歌颂列宁的一句长诗：“列宁现在比一切活着的人更有生气。”确实列宁还在活着，我们一直遵循他指出的道路前进。

走出列宁陵墓到克里姆林宫的红墙下，那里安放着为国家和人民做出卓越贡献的杰出人物的骨灰盒。骨灰盒外表的大理石上刻了他们的名字。我们走在每个骨灰盒前时都肃然起敬。我们再走向西侧，那里是为国捐躯的无名烈士墓，墓碑上刻着：“你的名字无人知晓 你的功绩永世长存。”墓前摆满了国内外各地来凭吊者献的鲜花。

9月23日晚我们一行登上飞机，经喀山（到处是残垣断壁，苏德战争最激烈的地方）、新西伯利亚、伊尔库斯克，于26日下午回到北京。

北京到处已充满了国庆节的气氛，我在家里和警卫安排节日的安全保卫工作，接待来看望沈老的客人。国庆节之间我有些朋友来北京，如云南的祁仲安、广东的洪遵、陆蔚芳夫妇。祁仲安在昆明开办颇具规模的印刷厂，他给北门出版社印书，特予优惠。洪遵是作家，也是电影工作者，与公朴先生、光年同志交往很深。其夫人曾在我们出版社作过会计。据说他们现在在广州都参加了珠江电影厂工作。我和母亲（岳母）、国男在南河沿文化俱乐部（俱乐部隶属于全国政协，有会议室，有餐厅，有舞场，是政协系统、民主党派经常活动之地）宴请了他们，共同欢度国庆。晚上国男约来俄专的同学，我也约了几位原社会部（新中国成立后为情报总署）的女同志在文化俱乐部跳舞叙旧以欢度国庆之夜。

全国政协决定在10月23日召开一届三次全体会议。我和闵刚侯同志为沈老准备在大会上讲话，沈老想讲加强人民司法建议问题。这次会议我在辛志超领导下参与工作，在会外专访一些上层知识分子委员，听取他们的意见和反映知识分子本身的一些情况，写出报告上交联络组。

这次会议，毛主席在开幕词中着重提到知识分子思想改造问题。他说：“思想改造，首先是各种知识分子的思想改造，是我国在各方面彻底实现民主改革和逐步工业化的重要条件之一。”毛主席号召知识分子广泛开展一个自我教育和自我改造的运动。不久，中共中央先后发出指示，要求学校和文艺界开展思想改造和整风学习运动。指示发出后，在全国范围内知识分子思想改造运动立即展开了。运动的目的，是清除封建思想、买办思想，批判资产阶级思想，划清敌我界线，划清无产阶级思想和资产阶级思想的界线，确立工人阶级在文化、教育领域中的领导地位。

会上，周总理作了《工作报告》，总结过去一年工作，指出如何进一步开展社会主义革命和社会主义建设问题，其中也提到知识分子思想改造问题。会外我所专访的几位上层知识分子，他们参加这次会，把注意力几乎全部放在知识分子思想改造上来，他们认为这个问题一定要来的，但又觉得来得这么快，这么猛。全国性的知识分子思想改造运动已逐步展开了，现在首先要考虑的是如何"自我教育和自我改造"。首先认清自己的世界观，认清存在自己脑子里的各种非无产阶级思想，如何划清界限，如何进行批判……总之几天来，大家想的很多，震动很大，精神上处于紧张状态。

10 月 23 日会议结束，晚上怀仁堂演出京剧招待全体委员，今晚演出非常精彩，剧目我记不清了，角色我记得清清楚楚，出场的有梅兰芳、程砚秋、周信芳、小白玉霜、新凤霞，这都是全国著名的角色。这些名角同台演出实在难得。不只我一个感受到，我周围许多人都感受到此生有幸，看这台戏还是生平的第一次。

民盟中央为了加强自身的思想改造和组织建设的需要，于 11 月 11 日召开全国组织宣传工作会议。会上沈老讲了话，首先他传达全国政协一届三次会议的精神，并提出民盟要实现当前三项中心任务：继续加强抗美援朝运动；提倡和推动爱国增产节约运动；广泛开展思想改造运动。这次会议特别邀请了中共中央宣传部副部长胡乔木作了关于知识分子思想改造问题的讲话。他在讲话中分析了中国知识分子的两面性，有革命的一面，同时也有动摇的一面。并说明知识分子在社会主义革命和社会主义建设中所处的地位，以及知识分子自觉摆脱资产阶级世界观的束缚，特别是对崇美、恐美、亲美的思想，资产阶级民主、自由思想和极端个人主义进行自我批判，树立全心全意为人民服务的无产阶级世界观的重要性。提出以共同纲领为准则，进行爱国主义教育、集体主义教育，学习马克思列宁主义毛泽东思想，开展批评与自我批评，自觉改造世界观。这是知识分子的重要任务。

与会同志对胡乔木的讲话非常重视，认为使自己初步明确了知识分子为什么要思想改造？怎样进行改造？改造的重要性和它的特殊任务。但也体会到这对一个旧知识分子来说，是一次脱胎换骨、触及灵魂深处的改造，这是一个长期自我革命的艰巨任务。

组宣工作会议除讨论知识分子思想改造外，还讨论了整理、发展和巩固民盟的组织问题，修改了盟章，并作出了一些有关的决定。

这是我第一次参加民盟的会议，是带有偶然性的。回国后，一天我去看望胡愈之同志，想向他汇报国外的工作和观感，适逢吴春选、薛博民都在座。当时胡愈之是盟中央组织委员会主任，吴和薛都是该委员会的工作干部，他们正在研究如何筹备召开组宣工作会议问题，见到我他们一致要我参加这次会议。因为干部力量不够，正在调华北大学学习的民盟学员来盟中央机关工作（会议前调来的有周克欧、敬季超、另外还有高山等人）。我推辞说，要和沈老商量再作决定。回来和沈老谈，他认为我参加民盟工作，对他也有帮助，同意我去。从此，参加组宣工作会议后，我也就成为组委会的一名干部了。也就在这个时期里，沈老和家属商议决定聘请了一位朋友的爱人、中年妇女马时方来家作沈老的生活秘书。这就省去了我在家里的一些闲杂琐事，就成了沈老专职的政治秘书了。

今年最后一个月，党中央又有新的部署。12 月 1 日中共中央发出《关于实行精兵简政、增产节约、反对贪污、反对浪费和反对官僚主义的决定》。一个星期以后，又发出《关于反贪污斗争必须大张旗鼓地去进行的指示》。12 月 29 日全国政协全国委员会发出指示，要求动员群众，协助政府同犯罪行为作斗争。

年末，全国人民在迎接新的一年到来的同时，也在迎接即将在全国展开的一场轰轰烈烈的“三反”运动的到来！

1952年　36岁

全国开展三反、五反运动　接待国际民主法律工作者赴朝调查团　沈老赴维也纳参加国际法协理事会　访问匈牙利布达佩斯　国男陪江青赴苏联治疗　沈老患肺炎住院治疗

新年元旦，沈老赴中南海参加中央人民政府新年团拜，毛主席在团拜会上，号召全国人民和全体工作人员，“大张旗鼓地、雷厉风行地开展一个大规模地反对贪污、反对浪费、反对官僚主义的斗争，将这些旧社会遗留下来的污毒洗干净！”

国男早晨接到医院通知今天元旦不放假，上午九时召开党员大会开展“三反”运动。沈老团拜回来，对我说他准备明天上午去高院开全院干部大会，会上作开展“三反”运动的动员报告。家人在旁边提醒他，明天是你的生日。他说今年不过生日，有人来就说我在照常上班了。我问他要不要准备讲话稿子或写个提纲，沈老说都不要，只要点有关“三反”的具体材料就够了。我体会他的意思，我就在还没有公开发表的党内传达的文件里选了一些材料，如有些资本家违犯《共同纲领》和政府法令，做些非法活动，抬高物价、牟取暴利、腐蚀干部进行行贿、偷税漏税、偷工减料，更有甚者是用质量低的胶鞋、烂牛肉作的罐头、旧棉花作的急救包，高价卖给志愿军等等。这些材料送给沈老，他看了后，认为这些足够说明我们为什么要大张旗鼓地开展“三反运动”了。第二天他在全院作了动员报告，全面说了几个问题，组织得很好，我的材料只作些例证而已。看来78岁的老人听党的话，对国家的高度责任心，这几天费了不少心血，早已胸有成竹了。4日，沈老再去高院，在干部大会上带头作自我检查，用自己真实的思想、生活、家庭和干部对比，批评自己的特殊化，他没有稿子，反而讲得很真情自然，生动感人。最后他希望同志们给他提些批评意见，口头提、书面提都可以。我听了沈老的动员报告，也可以说是启发报告，我要更高地要求自己，用党员八条严肃地要求自己检查自己，作个合格的共产党员。

1月7日，沈老去全国政协政治委员会讨论《惩治贪污条例》。当晚，沈老出席民盟总部“三反”运动动员大会，当场发表了讲话，并作了自我检查。

1月下旬的一天，早餐后我下楼去看沈老，他很高兴地告诉我，今天天气晴朗，一早红云满天，眼望窗外，听到传来《东方红》歌声，诗兴大发，起身就用冷水洗脸，头脑清醒，腹稿已成，洗漱毕立即提笔写下诗句，我看到了诗稿，诗曰：

涵咏毛诗对太阳，人间无事不光明。
清洗头脑排脏物，鞭挞先从己一身。

这是多么可爱的老人！多么光明磊落虚怀若谷的老人！他热爱党、热爱祖国。我相信他能真正做到他常自勉的“学到老、改到老”。我在沈老面前表了态，在这次运动中，我一定学习沈老作到最后两句诗的要求。

1月26日党中央又发出《关于在城市中限期展开大规模的坚决彻底的“五反”斗争的指示》。所谓“五反”即反对行贿、反对偷税漏税、反对盗骗国家资财、反对偷工减料、反对盗窃国家经济情报。党中央连续发出指示，“三反”“五反”运动雷厉风行地在全国开展起来。

2月1日，最高人民法院在中山公园音乐堂举行公审贪污犯大会。沈老庄严地坐在审判长位子上，陪审官分坐在两旁。经过一定的审判程序后，最后沈老神圣地执行惩治贪污犯条例，宣布判处盗窃国家财产罪大恶极的薛昆山、宋德贵二人死刑，三人徒刑，另三人态度较好，坦白从宽，免于刑事处分。最后薄一波同志讲话，给除判死刑外的犯有的各种罪行的指出一条自新之路。

1952 年 2 月 1 日，在“三反”“五反”运动中，中央人民政府最高人民法院在北京中山公园组织临时法庭，公审贪污犯。沈钧儒任审判长，旁立者为法院副院长吴溉之。

10 天后，河北省高等法院经请示高院批准于 2 月 10 日举行公审大会，判处大贪污犯刘青山、张子善二人死刑。刘、张案件立即在社会上引起了剧烈的震动，对所有的共产党员更是一个沉痛的教训。毛主席早在七届二中会议上就说过，共产党员进城以后要防备资本主义“糖衣炮弹”的腐蚀，防止被他们拉下水。谁能想到解放前长期在党内为革命作出贡献的、曾任天津地委书记的刘青山和曾任天津地委书记兼专员的张子善，进城刚刚两年就堕落成为如此腐化变质分子。他们不顾党纪国法，不顾人民疾苦，丧心病狂地干出盗窃机场建筑物款、治河款、救灾粮、救济粮、克扣民工工资，生活腐化堕落挥霍无度，犯下了严重罪行。党中央所以掀起这场轰轰烈烈的"三反""五反"，从严惩办腐化堕落分子，为了挽救意志薄弱的共产党员，警告社会上不法资本家，稳定社会、发展经济是十分必要的及时的。我联系自己，出身资产阶级家庭，长期生活在大都市，旧的思想没有彻底清除，应随时提高警惕，以刘、张为戒，真正做到沈老的两句诗："清洗头脑排脏物，鞭挞先从己一身。"

民盟总部"三反""五反"运动1月份就逐渐开展起来，徐寿轩（秘书处主任，主持机关日常工作）作了动员报告以后，沈老副主席也去讲了话并带头作了自我检查，先后有些领导同志去作了自我检查。我从去年组宣工作会议以后，胡愈之、徐寿轩就拉我去参加民盟的工作，这次运动开展起来，民盟征得沈老和高院同意，我的工作重点主要在民盟（高院举行大会时也去参加，机要秘书工作不变）。总部运动开始时主要由罗子为（秘书处副主任）、田峰（警卫班班长）、吴春选、薛博民（组织委员会干部）等同志来管，我去了以后也经常在一起研究工作。我们首先要作的是组织一批骨干力量和发动群众工作。各种委员会的主任副主任人数很多，政府里都有工作。除了总部有重要会议外，平时很少来机关（民盟总部领导干部无一人是专职的）。干部感到上下不通气，有些比较重大的问题往往拖延得不到解决。实际上领导们对如何开展运动也心中无数，即使开会（为迁就领导们的时间，常常在晚上或假日开会）也往往议而不决决而不行，使下面的工作很难做。运动开始经过学习文件、座谈讨论，进一步联系实际对照检查。这个时期，社会各部门各团体运动也都开展起来。沈老建议家里也开开会谈谈"三反"问题，特别是精简节约问题，互相提提意见。开了几次会议，谈得不深但也揭露出一些问题作了一些改革。沈老以家庭和为贵，适可而止。我在警卫班里晚上学习，我也谈谈"三反""五反"问题，传达中央领导的讲话。但我声明我们只限学习座谈，不搞运动，有问题由警卫班党支部去解决，更不能牵涉沈老家里。运动起来了也就难免出现一些离奇古怪的事情。匿名信、控告信多了，有的显然是借机无理取闹，互相攻击，甚至揭露个人隐私)。有的家里保姆去机关控告主人,有的干部写信揭发领导丑闻。对这些家务事难以调查,只好听之任之不作处理。干部间学习检查互相批判,开始时无所不谈,把用派克(Parker)钢笔,说成是“买办思想”。家里在海外有个亲戚是有“海外关系”,成了政治问题受到怀疑,甚至有些会议不准参加……经过领导上多次传达统战部有关政策,运动不断深入,组织了检查组,对一些群众议论多、怀疑多的问题,经过研究定案作个问题进行调查。民盟调查财务组确有人有贪污、烧账行为,还有个别人吸毒的、买卖黄金的、倒卖房产的。特别是一位中层领导干部生活作风问题,引起机关大多数女同志的众怒,受到了停职反省处分。其他有些问题的人,进一步继续追查再作处理。三月中旬总部机关宣布即日起上午恢复正常办公。

沈老一直关心民盟和高院“三反”“五反”开展情况。我每天晚上向他汇报,高院方面由高院秘书长闵刚侯经常来汇报。沈老对高院比较放心,有党领导,干部力量强。而民盟太杂,领导班子各有各的岗位,松松散散,干部旧人员多,骨干力量差,怕运动搞不好,出偏差。民盟总部只能在干部中开展运动,虽然章伯钧(中央政治局秘书长)、胡愈之、徐寿轩、黄药眠(宣传委员会副主任)、周鲸文(财务委员会主任)等人来总部作了自我检查,干部们背对背提提意见也就算过关了。干部们说“只打小老虎,不打大老虎”。小老虎确实打出一些,腐败堕落,继续追打下去,还不知出现什么意外,这是人们所预料不及的,素称民主党派是“清水衙门”,被这次运动完全揭穿了。

我在全体会上也作了检查,当场大家提了一些意见,会外我也找了特别对我有意见的同志,个别的听听他们的意见。会内会外大家意见总不免有些溢美之词,但批评意见是不少的,主要有:思想过于急躁,掌握政策不稳,搞小圈子,联系群众不够,冲锋陷阵有余、打持久战不足。统战部党派处林青同志(我的组织关系不在统战部,但和林青同志在解放初期我们就经常往来,他很关心我,无话不谈)认为我急躁,常常遇事不冷静,主观主义。国男知道我和民盟领导徐寿轩争吵过一次，甚至吵到沈老家里来（原因是徐寿轩主持群众大会，群众正在义愤填膺地揭发、批评一个伪君子。会还没有结束，群众情绪正在高潮时，他因个人有事，提前宣布散会，甚至讲了一句“大家讲话不要意气用事”，第二天我当面批评了他，他不接受大吵起来，甚至到沈老家里告我的状）。她批评我统战工作不懂政策和工作方法，自由主义，自以为是，突出的个人英雄主义。我和沈老闲谈，想听听他对我有什么批评意见。沈老是不习惯当面批评人的，我以自我检查的态度，讲讲民盟同志们对我的批评。这样引起他的话来，沈老说，我常常喜欢说，一个人为人处世要“主张坚决，态度和平”，他解释说，坚决不是刚愎自用、固执己见。和平不是示弱、丧失原则，坚决是讲立场，和平是讲态度。对待朋友要宽容大度一些。青年人容易气旺，气旺不是坏事，但不能骄傲自满，甚至盛气凌人。我意识到这完全是针对我的缺点而谈的。我在沈老面前承认我有这些缺点，特别在徐寿轩问题上我检查了自己的错误。沈老说，我还是常说的那句话，一个人就是要“活到老、学到老、改到老”。最后又补充一句说：我们民盟有些知识分子对思想改造有些抵触情绪，这是民盟今后工作的长期任务。

“三反”“五反”运动，我还是新中国成立后第一次参加的政治运动，已充分暴露出我的各种缺点。这次运动最大的收获，是进一步认识了社会的复杂性，更认清楚了自己身上存在的进步和落后的两面性，作为一个党员，改造的任务同样是很艰巨的。

2月底，“三反”运动在民盟仍在继续进行中。一天沈老告诉我，国际民主法律工作者协会组织了一个调查团，赴朝鲜调查美帝国主义的种种暴行，中国也决定派人参加，外交部拟派梅汝璈，征求沈老意见，沈老觉得梅在法学方面是有权威，怕他政治上比较弱些，外交部提出要我作他的秘书陪同前往。沈老认为梅很自负，遇到问题不一定能听别人的意见，你难以起到这个作用。我也很愿意去朝鲜走一趟，但这样大的任务，特别在专家面前我的能力和水平确实难以担任。我告诉沈老我有自知之明，不是不愿去而是不敢去。两天后，外交部董越千同志电话，告知沈老外交部再次考虑并经周总理批准，决定派柯柏年同志个人参加，他又是国际法协的理事，派人事就这样决定了。接着考虑成立一个招待委员会，负责招待调查团到来。除生活招待外还负责组织座谈会、参观游览、记者招待会等事项。外交部成立了招待委员会，闫宝航（外交部）负责，工作人员有王健、丘琴等十人。临时动员外交部、国际新闻局、和大、对外文联局、北京大学、法院、军委卫生部等五十余人成为工作组，负责协助审稿（调查报告）、翻译、打字、印刷等工作。招待委员会和工作组均由闫宝航统一负责。

我们在北京饭店订了11间房，其中8间为调查团团员住宿（有英、法、意、中、比、波、巴西、奥地利8国团员），其他房间由我和政法学会派来的一位同志进驻，协助闫宝航办理日常事务。闫宝航不住饭店，但每天来饭店指导工作。其他工作人员除打字员外都是流动性的。

我于3月中旬进住饭店，即开始进行各项筹备工作。这里成为工作人员联络站，电话日夜频繁。这时国际民主法律工作者调查团已在朝鲜进行调查，20日来到北京，我们举行盛大欢迎宴会。席间我们正式提议请调查团到我国东北作进一步调查美帝细菌战罪行，调查团决定在北京逗留两三天，写出朝鲜调查的报告后即去东北。我们的翻译、打字工作也大忙起来了。

调查团在东北调查几天返回北京，四月初赶写出东北调查报告后，游览了颐和园、天坛等地，随即在北京饭店召开了盛大欢送宴会。宴会后举行了中外记者招待会，把美帝国主义在朝鲜及中国东北使用细菌武器的暴行公布于世。

代表们离开北京的前一个晚上，我们工作人员分头去看望他们并带给他们每个人一个小箱子礼物。我和翻译同志去看的是比利时布菲郁夫人（布鲁塞尔高等法院律师），她是代表团里唯一的女性。她听说给她送礼物来，急不可待地打开小箱子，看到了礼品，拿出绿色的丝绸睡袍和绿色的沙发垫子套时，她惊呆了。问我们："你们怎

1952年，国际民主法律工作者协会访问中国，在北京与沈钧儒合影。

么知道我的心理？我是最喜欢绿色的。”我们笑而未答。其实这都是从外交部礼宾司学来的，平时接触中要了解客人的心理和爱好，究其源，应该说还是周总理训练出来的。布菲郁夫人高兴地马上换了衣服穿上丝绸睡袍，连声感激不已。我们感谢她们从朝鲜到东北不辞辛劳胜利地完成了任务。她对我们说，回去一定向世界大声疾呼，揭露美帝一切残暴罪行，为人类伸张正义。

时间已近午夜，我们向她们道别，她紧紧地拥抱我们，已热泪盈眶，自我安慰说，我相信我一定还会来中国的。

3月底即接到国际民主法律工作者协会秘书长诺德曼（法国）电告，4月中旬在维也纳召开协会的理事会。我们电复准时参加，并要求将抗议美帝细菌战暴行列入议程。

沈老和柯柏年同志是国际法协的副主席和理事，他们决定出席维也纳的法协理事会，我做秘书，丘琴为翻译，四人一行于4月9日乘飞机先到莫斯科。送行者有谢觉哉、钱端升、张奚若、陶希晋、史良、廖梦醒、吴溉之、闫宝航及外交部和高院的同志等。在飞莫斯科途中第一站是伊尔库斯克，这是我们往来过两次并留宿的地方。这里招待所的负责人已经很熟悉了，热情地接待我们，帮我们搬运行李、安排房间、兑换卢布、拍电报，坐下来聊天。他对中国表示非常敬佩，他说中国的革命政权是中国劳动人民流血牺牲取得的。他知道中国正在土改，他听说我们的土改政策对地主除了罪大恶极者外，一般是用教育改造的方法，他表示怀疑，他不相信地主能够改造，他认为地主就是帝国主义的基础力量，不杀掉他们帝国主义就会侵入，他说地主可以改造就是奇迹。他告诉我们他去过德国，参加过反法西斯战争，而且得过奖章，德国的地主表面上似乎老实，一有机会就反扑过来，一定要消灭他们，不能心软。我们有些同志在土改中就犯了“左”的错误，但看来这位苏联同志比我们更“左”。丘琴在，我们才能谈得起来。

第二站我们到达 Omick，招待所的同志还是去年那批人。他们已知道沈老的身份，招待特别热情。招待所主任告诉沈老，参加世界和平理事会的中国代表团团长郭沫若和茅盾等人都在这里。郭沫若昨天到莫斯科接受了斯大林和平奖，今晚市长设宴特为他们祝贺。晚餐后，市长特来看望沈老，并请我们观看歌剧，他说本来也请了郭沫若和茅盾等人，因为宴会中他们酒喝多了，所以都不去了。我们反而成了主客了。市长陪着沈老坐汽车到火车站坐了一节火车看 Omick 城市，沿途都是铁路员工宿舍。市长告诉我们毛泽东主席曾来过这里，并参观过这里的工厂。下了火车又上了汽车，司机同志告诉我们说他是苏联红军，在 1945 年到过中国哈尔滨，打退日本侵略军，他听说了很多东北的中国抗日义勇军的英勇事迹，表示非常敬佩。到了歌剧院，剧院的主人介绍今晚演出的四幕剧内容是：1812 年拿破仑进攻莫斯科，俄国人英勇反击，拿破仑全军溃逃。演出结束后，剧作者和主要演员都来和沈老握手并征询对演出的意见。剧作者问我们梅兰芳的近况，他说他是梅兰芳的崇拜者。市长始终陪着我们，一直把我们送到招待所，这时 Omick 的时间已经深夜一时。

第二天(4 月 11 日)郭沫若、茅盾等上午 8 时乘飞机返北京，我们在 10 时上飞机飞向莫斯科。在飞机上我阅读毛主席于本月初在《人民日报》上发表的《矛盾论》，因水平有限，我未完全看懂，所幸者有柯柏年同志在旁，他是老共产党员，对马列理论颇有研究，我尊他为师，他也诲人不倦，他虽尚未届花甲，但两鬓斑白，我一直尊称他为“柯老”。

下午 3 时到达莫斯科。大使馆戈宝权、刘铮来接，仍住 National Hotel。沙千里率中国贸易代表团也住在这里。沙千里来看沈老，谈到中苏贸易谈判尚称融洽，预期今后中苏两国贸易往来将日趋通畅。在莫斯科逗留两天，白天和沈老、柯老准备沈老讲稿，晚上去大剧院看了一场《睡美人》芭蕾舞。第二天去看了马戏团表演。苏联的芭蕾舞和马戏团在世界上都算得上是一流的。我和丘琴抽空出去逛街，我们发现路上行人不少，有些伤残的男人，有的拄拐的，双拐的也有，坐轮椅的，我们打听才知道他们大都是反法西斯战争中苏联红军战士。苏联人民在战争中伤亡惨重，据说有两三千万人之多，有人说几乎半数家庭里都有孤儿寡母。另外我们看到街旁还有没有融化的积雪，路上行人还穿着冬装，有些大人孩子一路走一路吃着冰淇淋，路旁到处是卖冰淇淋的小推车，看来莫斯科人们安居乐业，市面一片繁荣。除了路上还有些伤残的人员外，当年莫斯科保卫战那种残垣断壁、烟硝迷漫的景象已荡然无存了。但没有那些伤残人员也没有今天的繁荣，而人们内心造成的伤痕是难以消除的。

14 号一早，我们和国际经济会议西欧国家的代表团包一架飞机同行。经过华沙，停留一小时，我们乘车游览周围的市容后，登机继续飞行，两个小时后达到布拉哥。我们一行下了飞机，准备在这里停留一天，谭大使和李风白来接。我们先到大使馆，谭大使谈了捷克的政治经济社会情况，沈老也说明我们的来意。在大使馆晚餐后，我们到了大使馆给我们安排的一家旅馆。今天正是捷克的复活节日,一路所见,市民都穿着华丽的服装,商店都关门停业,甚至连街上的警察也放假一天。

晚上,钱三强、李风白夫妇来看望沈老、柯老,钱三强谈到这里有些知名人士以及和大的成员,对美帝使用细菌武器抱怀疑态度。和大开会发生了争论,国内送来的国际法协代表团的调查报告,大家看了确实说服了不少人,有些人明显改变了态度。还听说世界和平理事会在挪威首都奥斯陆召开讨论关于反对细菌战问题时,争执不休。当国内转去调查团从平壤和沈阳发来的两份电报,有根有据地揭发美帝确实使用了细菌武器的罪行,这两份电报在会上起了重大的作用。这次我们还带来一盘调查团证明在朝鲜和中国东北美帝使用细菌武器的录像,特来布拉格就是找钱三强去影片公司播放,再进行一次审阅、修改后,成为我们最有力的宣传武器。第二天下午李风白来同我们一起坐上飞机飞往维也纳。同机的不少是参加国际民主法协理事会的理事,苏联的蔡丁(国际民主法协副主席)也在。飞行一个多小时到了维也纳,国际民主法协主席普里特(英国上议院议员)、秘书长诺德曼(巴黎高等法院律师)等都到飞机场迎接。我们到了旅馆安顿好以后,就开始了活动。沈老和李风白去参加执行会会议,柯老和丘琴去参加世界保卫儿童会议的音乐晚会,我在旅馆整理资料,作明天开会的准备。他们回来后大家交换情况检查工作。我提出兑换奥币问题,过去都是大使馆帮我们办理,奥地利和我国没有建立外交关系,我不知如何兑换。柯老说国际保卫儿童会议正在这里开会,中国代表团团长是康克清,要我明天去会场找她了解。第二天我和丘琴一起去国际保卫儿童会议开会的地方,找到了康克清,了解到银行兑换奥币的办法。她们都很关心沈老身体健康。会场上还见到柳湜和王汝琪(女,司法部某司司长)。

国际法协理事会从16日到18日举行三天,议程是:一、对德国的和约问题;二、美国在朝鲜和中国进行细菌战问题。开始时,首先听取了国际法协调查团关于美帝在朝鲜和中国东北进行细菌战的报告后，沈老、柯老和各国理事会相继发了言。沈老的发言进一步强调了调查团的报告，最后提出了几点建议：建议理事会全力支持调查团的调查报告，揭露美国政府严重违反国际公法和屠杀人类的罪行，宣布细菌战的发动者、组织者、执行者，包括使用细菌武器的空军人员为战争罪犯，并禁止使用细菌武器，惩办细菌武器使用者；建议理事会通过决议，号召国际法协各国分会，采取行动积极支持世界和平理事会执行局为“反对细菌战”而发表的“告世界法律工作者书”，一致声讨美国政府使用细菌武器的罪行。沈老的讲话博得全场理事热烈欢迎。在会议进行中，报纸公布了国际民主法协赴朝鲜和中国调查美国使用细菌武器代表团团长、本会的理事布兰德魏纳教授被奥地利政府解聘其大学教授职务，并称其调查报告是“荒唐的”“有失学校尊严”等等，与会的理事们闻讯后，表示极大的愤慨。会议进行最后一天，讨论了关于德国和约问题，会上一致谴责西方国家和波恩政府分裂德国，拒绝缔结和约是违背德黑兰、雅尔塔和波茨坦会议决定的。最后会上通过了几项决议：发表《告世界法律工作者书》；通过《国际民主法协调查团对于美国在朝鲜和在中国领土使用细菌武器的调查报告》《关于对德和约的决议》《致联合国安全理事会呼吁书》《致联合国裁减军备委员会呼吁书》《对于奥地利教育部长处分布兰德魏纳教授的抗议》。到此会议取得了圆满成功。晚上沈老又出席了主席团会议，讨论经费问题和沈老提出的召开亚洲法律工作者会议问题。理事会结束的第二天，维也纳的报纸对这次会议有的如实、详细作了报导，并发表了社论表示拥护和支持；也有些反动的报纸，极尽诬蔑谩骂之能事，把这次会描写成“虱子的马戏”，甚至对与会者进行人身攻击，把布兰德魏纳说成是“鼠疫教授”。维也纳在新闻舆论界成为世界上两大阵营没有硝烟的战场。

会议期间，我们看了一场歌剧，参加了维也纳法学会和波兰代办处分别举行的鸡尾酒会，还有些个人的往来，交了一些外国朋友以及记者的访问等等。年近八旬的沈老和柯老始终是精力充沛兴致勃勃地参加各项活动，会内会外作出了重大贡献。我和丘琴也列席各种会议。丘琴是翻译,他要在会场上帮沈老、柯老工作,我比他自由一些,常常出来为代表作些工作,也借这个机会逛逛街。我喜欢照相和集邮,但我们出国不能带照相机,只好收集当地各种名胜古迹的明信片,和奥地利发行的各种邮票。我还要为民盟的李文宜大姐收集火柴盒,这是她多年的爱好,在她心里已成为艺术品了。我每到一地都为她收集普通的火柴盒。我在维也纳最高兴的是买到一架一尺左右精美的小提琴,看来像是儿童玩具,但有弓有弦可以奏出曲子来。这是我来"音乐之都"最好的纪念品。

我们观看的那场歌剧,是在维也纳歌剧院,演出的是贝多芬谱写曲子的歌剧《费德罗》。据说这个歌剧第一次演出就在这个剧院里,而且是贝多芬亲自指挥的。我对歌剧并不内行,但听到优美的名曲,高亢悠扬的歌声,感到这是一次难得的艺术享受。

我们参加了两次鸡尾酒会,特别是波兰代办处举行的鸡尾酒会,是在离城很远的景色优美的地方。一路经过密密丛丛的森林,森林覆盖着一个个幽静美丽的村庄。看到了村里的木头房子、水井,村头的小磨坊、小酒馆。眼前是如诗如画令人神往。我们到了一所古老的建筑,进入一间宽敞的大厅,鸡尾酒会开始了。几天来一起开会的人们离开了喧嚣的城市,都有轻松闲逸之感。主人讲了话,大家互相敬酒交谈。不断地有人走近沈老、柯老举杯向他们致敬,向新中国致敬。一位参加会议的伊朗人来到沈老的身边说:"中国是我们的榜样,我们要向中国学习。"还有一位自称是哥伦比亚来的,告诉我们他是如何冲破政府当局的阻挠,美国关卡的刁难,几乎被拘留起来,但终于还是来到了维也纳。他说我是光明正大的,是为世界和平、争取自由而来的。我们向主人告别,从原路回到市区,但夜幕降临,已看不见森林和村庄,而我心里一直在想着那部百看不厌的《翠堤春晓》,百听不厌那首施特劳斯的名曲,今天我已身临其境了,《维也纳的森林》更深深地印在我的心中。

人人称赞维也纳是个美丽的城市,是世界"音乐之都",不幸的是二战期间维也纳四分之一毁于炮火,而今天全城仍被英、美、法、苏分区管辖,区与区之间交通虽然没有什么阻隔,但在人们的心灵深处存有一堵围墙,一道伤疤。我们一行到了维也纳住在苏联管辖区。进了旅馆不久,区里有关部门就派一位中年人到我们旅馆来,说是负责招待我们的,实际是保安人员。沈老、柯老外出时他总是跟随在后面。理事会结束的第二天,保安人员陪同我们游览维也纳市容,一路上经过了几个管辖区,我们坐在车上观赏。维也纳的地理位置被称为"欧洲心脏",因而成了欧洲各种风格建筑的荟萃之地。罗马式、文艺复兴式等等的建筑各具特色,纷呈绮丽,特别是到处可见的各种姿态的雕塑人像,都是精美的艺术品。我们走了几条维也纳古城旧街,仿佛走进了一条艺术长廊。陪同仁员带我们去参观一座高尖顶挺拔的老教堂,介绍说这是17世纪哥特式的建筑。因为多年尘埃,建筑外型变得褐黑、更加显得古雅肃穆。最后我们登上山顶,曲折婉转的多瑙河和维也纳全城的美丽风貌尽在眼底。我们明天就要离开这里了,今天特来这里俯瞰全城,向美丽的维也纳告别。回到旅馆,沈老、柯老都很高兴,特别是今天风和日暖,大家都感到心旷神怡。

晚上参加苏联BOKC(对外文化协会)举行的鸡尾酒会,告别参加这次理事会的理事们,苏联驻军的参谋长也来参加,作为主人招待非常热情。本来沈老、柯老已经答应了匈牙利民主法协的邀请,访问匈牙利四天,决定明天乘火车出发,参谋长得知此事后,决定派军用列车送我们去匈牙利,沈老表示感谢并欣然同意。酒会上放映了不久前举行的世界青年联欢节的纪录片,看到了青年人朝气蓬勃充满团结友爱气氛,也表现出要求世界和平的强烈愿望。酒会后举行舞会,BOKC请来了乐队和年轻的女舞伴,主动地找来宾跳舞,沈老美髯公格外引人注目,不断有舞伴请他跳舞。他喜欢跳舞,认为这是一种有节奏的运动,舞兴很高,几乎每场不虚。舞场上大家得悉,今天上午英美管辖区学生和各界人士拟举行群众大会,抗议奥地利教育部无理解聘布兰德魏纳教授职务,英美当局出动武装阻止布兰德魏纳教授和群众入场,群众大会终于流产。并得悉下星期一在苏联管辖区举行群众大会,对布兰德魏纳教授给以最大的支持。沈老、柯老和会场上的理事们，相继走到布兰德魏纳教授面前，表示慰问和鼓励，沈老对他说："我们中国支持你，和帝国主义斗争到底。"布兰德魏纳教授向大家坚决地表示，他对一切迫害无所畏惧，争取世界和平是有充分信心的。舞会结束，大家向主人们表示感谢并致以敬意。

在回归的路中，我不禁在想，"二战"后形成两个阵营，无处不在针锋相对地斗争。社会主义阵营有了中国更加强大，更加巩固，今天在这场鸡尾酒会上深深感受到，我们已生活在团结的友爱的社会主义大家庭之中。

4 月 20 日一早起来收拾行李，和旅馆结了账，沈老、柯老和布兰德魏纳夫妇以及同一旅馆里一起开会的朋友一一握手告别。到了车站，王汝琪和另一位同志来搭车同行。苏联军用专列已在站上等候我们，苏联驻军司令和参谋长都来车站送行，10 时列车启行，12 时到达奥、匈边境。苏联特派一位招待我们的同志，帮我们办入境手续，兑换匈牙利钱币。我送他一枚毛主席像章表示感谢，他把像章吻了吻，对我们唱起"莫斯科—北京"，以示好感。这时火车已换了电器化的火车头。军车继续开行，一路森林、村庄美丽如画，但也不时看到炮火遗留的废墟。车开到了多瑙河畔，停了车要大家下去散散步，沈老、柯老也下了车，他们在河边散步，我去沙滩为沈老捡选石头。车上下来的还有一些中国人，大概都是参加世界保卫儿童会议的。看到沈老散步，他们走到我的面前问沈老的身体情况，关心沈老这么大的年纪还不辞辛劳为国事奔走，都表示十分敬意。他们看我为沈老捡石头，好奇地谈起沈老和石头来。我告诉他们沈老一生爱好石头，他认为"石头秉性坚贞，表里如一"，他收藏的不是观赏石，而是有纪念意义的。去年春天他访问苏联，在列宁格勒参观列宁十月革命前曾躲藏的拉菲里火车站附近的小草棚，从地上捡了一块极普通的石头，摆在他的书斋"与石居"里，他说看到这块石头就想到伟大的列宁、想到苏联革命的胜利。去年秋天我们到德国柏林开会，住在台尔曼广场招待所，对面就是希特勒"总理衙门"，已成一片废墟，在废墟里捡了一块带有血迹燃烧的砖头，也摆在书斋里，他说看到砖头就想到反法西斯战争的胜利,也看到希特勒的末日。我说现在我捡的这几块石头,沈老会摆在他的书斋里,为了纪念他来过这美丽的“蓝色多瑙河”,大家听了很感兴趣,觉得这位老人可敬可爱。也纷纷捡了一些石头上了车。

车继续开行了,王汝琪带来一位一起参加世界保卫儿童会议的美国女代表到我们车厢里聊天。她说这次出国听到许多国内听不到的事情,美国人就不知道自己的国家在朝鲜和中国使用过细菌武器,她说他们的报纸都是欺骗人民的。特别是她对过去美国和日本打过仗是敌人,战后美国又扶持日本对付俄国和中国是想不通的。柯老用英语给她作了些解释,我看她频频点头似乎听懂了,今天柯老给她上了一堂政治课。

下午六时到达布达佩斯。大使馆参赞、匈牙利司法部副部长、最高法院院长、外交部的有关负责人都来车站迎接。下了车我们被送到布达佩斯的风景区幽美的小岛上,住在 Grand Hotel。据说这里过去是个皇家花园,而现在成为布达佩斯市内最美丽的公园。这一天正是星期日,多种皮肤的男女青年盛装在这里听着音乐欢畅地跳舞,特别是演奏约翰·施特劳斯的《蓝色多瑙河》一曲,优美的旋律,使此情此景更令人陶醉。我们下楼到饭厅晚餐,我们几个人特别是沈老的长胡须备受青年们注目。有些人知道我们是来自中国,虽然语言不通,都来热情地打招呼,互相握手。我的磕磕巴巴英语也用上了,对方的英语也不流利,但我们讲话没有什么口号,一句共同的语言是“争取世界和平”。这时已不问国籍,不分种族,白人、黑人、黄种人在一起充满了团结友爱的气氛,在这里似乎天下已成一家了。

晚饭后,沈老回房间休息,我和柯老走在多瑙河畔散步。路灯照着蓝色的河水,清澈见底,远望山影,满天星斗,对岸的市面灯光通明,五彩缤纷,多式多样的建筑,风景如画,布达佩斯不愧被人们称赞是一颗“多瑙河明珠”。一路柯老很有风趣地聊天,他是位老革命,学识渊博、经历广阔,谈话诲人不倦,给我增加许多见闻。我们已走到小岛的尽头,乘 26 路公共汽车返回饭店。

我们访问布达佩斯三天，一位带小胡子的中年人负责招待我们。第一天我们花了一天的时间参观斯大林城，主要是重工业，参观了炼钢厂、机器制造厂、蒸汽发电厂。到每个厂都是听负责人的介绍，然后去看看各个车间。参观后给我们的印象是：在苏联的大力帮助下，国家建设计划雄伟，发展迅速，人民生活不断提高，一切以苏联为榜样，发展重工业占为第一位。像我国一样，对苏联是“一面倒”。

第二天上午沈老、柯老到国会大厦参加记者招待会，会上谈的不外是维也纳会议的内容和会上提出的一些问题，一个多小时就结束了。在国会里因时间关系，我们只能走马观花。陪同招待我们的小胡子介绍，这座大厦是19世纪末期，历时20年落成的哥特式的建筑。现在匈牙利国家主席团、部长会议和国民会议等最高领导机关都在这里办公。我们从正门走向主楼拱顶大厅，宽阔高大，金碧辉煌。走进几个大厅，厅内尽是雕像、壁画和挂毯，我们像是参观艺术博物馆，名贵的展览品美不胜收。走出大厦，站在河畔，回头看到大厦全貌，在周围的建筑群中是最引人注目的。庄严、雄伟，和在欧洲其他著名的建筑同享盛名。最后，我们和最高法院院长严柯和律师工会会长柯瓦斯一起在大厦正门前合影留念。

中午，匈牙利法协在公园饭店露天设宴招待我们一行，宴会后到儿童队铁路参观。儿童工作人员接待我们，彬彬有礼态度和蔼。从车站到办公室都是儿童们自己负责管理。我们参观了售票处和办公室，儿童们忙着售票、发电报、打电话和各站联系，儿童们很有礼貌地给我们介绍情况，工作态度严肃认真负责十分可爱。我们赠送每个儿童一枚毛主席像章，他们立即挂在胸前像接受奖品似的感到光荣。

第三天早晨，我陪沈老沿着多瑙河散步。一面走一面研究下午匈牙利法协举行座谈会的发言稿，主要还是揭露美帝在中国和朝鲜使用细菌武器的罪行，这是这次出来开会党所指示的方针。回到饭店，沈老和柯老在大使馆接见匈牙利党报记者。我在饭店赶写发言稿，中午送柯老审阅，后交丘琴准备翻译。下午和沈老、柯老去参加匈牙利法协举行的座谈会，与会者多半是匈牙利法学界名流。会场

中国法律工作者代表团在布达佩斯参加民主法律工作者会议时与匈牙利代表合影。左一王健、左三沈钧儒、左四柯伯年、左五丘琴。

上发言热烈，从反法西斯战争谈到朝鲜战场，沈老讲了话，与会者统统谴责美帝侵略朝鲜，使用细菌武器的罪行，并对中国志愿军参加抗美援朝表示敬意。下午又参加了司法部举行的欢迎会，司法部长亲自主持并致欢迎词。匈牙利法协负责人报告维也纳国际法协理事会经过，沈老也讲了话。会议进行中，手持鲜花的少年先锋队走进会场，向主席台敬礼献花，对中国客人表示深切的敬意。我和大使馆一位同志坐在台下第一排，清楚地看到当时沈老激动的表情，握着儿童的手久久不放。我告诉大使馆同志说，沈老有一颗赤子之心，最喜爱儿童。大使馆的同志说：所以人们称沈老是个“老青年”。散会后，休息片刻又赴司法部长的晚宴，在匈牙利轻快优美的音乐声中，宾主畅欢亲切交谈，最后沈老柯老举杯向主人敬酒深表谢意，并宣布明日

沈钧儒在匈牙利法协举办的会议上发言　（王健摄）

在匈牙利司法部举行的欢迎会上，匈牙利少年向沈钧儒献花。（王健摄）

即离开布达佩斯特向大家告别。转天一早我们收拾行装，法协的朋友和一直招待我们的“小胡子”送来昨天欢迎会上的照片每人一册，还有其他的小礼物，我接受的是厚厚的一本吉卜赛音乐唱片册。在去飞机场的路上，“小胡子”从上衣里掏出一张他母亲的照片，告诉沈老,他母亲是在1944年被纳粹杀死的(我们在维也纳的保安人员也曾告诉我,他弟弟是被纳粹关进集中营死去的)。他还说在这个城市里几乎家家都有不同情况的不幸遭遇。他对中国表示深切的同情。到了飞机场,司法部副部长、法院院长、法协的负责人、我国大使馆的同志均在飞机场等候欢送,大家一一握手后登上飞机。飞行了四个小时到达了莫斯科。大使馆的刘铮来接,我们还是住在National Hotel。北京来莫斯科参加"五一"节观礼者,有不少人住在这里,有诗人萧三和柳湜、王汝琪等人。晚上柳湜来看沈老聊天,我和柯老逛街。又到了马雅可夫斯基广场,我们在谈论马雅可夫斯基的诗及其人,柯老谈了很多,看来他也是马雅可夫斯基的崇拜者。回来的路上,莫斯科街头冰雪已经融化,气候温和春意盎然,老少市民们一天工作之余漫步街头广场,有的对对成双坐在椅子上悠闲潇洒,我似乎看到了苏联的今天就是我们的明天。

我在大使馆拿到了26日回北京的飞机票并办理这次行程的最后结算事务。沈老、柯老去拜访苏联最高人民法院副院长、国际民主法协副主席蔡丁。下午我和丘琴去红场,场上游人众多,不少是先期到来的各国代表团来参加"五一"观礼的。工作人员忙着布置"五一"节日的大型标语和各种装饰,红场上各处是红旗标语,充满节日的气氛。

26日下午8时起飞。上午我们去参观画廊,莫斯科画廊是历代名画荟萃之所,我幅幅看得入神,大饱了眼福。我买了一些名画的印刷品回去,作为节日赠送朋友的最好礼物。下午我和丘琴再去红场,按开放时间排队走进列宁墓,这是我第二次敬谒列宁遗体,心情还是那么紧张激动。

晚上七时许,我们上了飞机。同机的有波兰、罗马尼亚、保加利亚、匈牙利四国代表团,赴北京参加"五一"节观礼。大使馆戈宝权等同志来送行。29日下午到达北京,飞机场站满了人,多数是迎接各国代表团的,也有人来接沈老、柯老。母亲和国男也来了,我们同车回家,到了家感到疲惫,精力体力反而不如沈老。但比较满意地完成了这次任务，精神感到极大的安慰。

去年和今年两次出国，凡是动用钱的事都由我负责，先和政务院政治法律委员会作出“因公出国费用预算表”，表上有机关首长董必武盖章、出国首长沈钧儒、柯柏年盖章、会计王健盖章。然后送中央政府财政部核定，核定后我就直接和财政部打交道了。说来也可笑，我在20年前上过四年商业学校，学过会计、簿记、打算盘，但经过20多年早就忘光了。即使没有忘光，当年的簿记，已不能适应今天的会计。特别是出国到几个国家，用人民币换美金，再用美金换卢币、马克（德国币）、先令（奥地利）、弗林（匈牙利）、克朗（捷克币）多国的货币。兑换折合率完全不同，我在出国前到财政部要了一些表格，准备回国报账之用，这些表格只能作参考，但应付这些复杂情况还要自己设计附加表格。我的原则是大笔外币兑换尽量请当地大使馆代理，经我手兑换的，都要对方出具说明（主要证明折合率），而且在附注栏里，不厌其详加以说明。凡是付出款项要有发票或收据，无法找到发票收据的先由我写白条子，请柯老签字证明。做到了动用的钱必须清清楚楚，要有根有据，回国后经过三四月的时间（主要是和国外几个大使馆清账），最后我作出“因公出国费用计算表”和差旅费开支明细表。先送给财政部，经过他们的指点，我作了一些修改后正式制表，经出国首长盖章后送财政部审核。最后我见到财政部的同志，他看出我对会计工作是个外行，表格也不大符合规格，但每笔账很清楚，附注里的说明也很详细。总之，审核无误可以通过。他还告诉我有的代表团出国费用计算表拖了一年多还没有弄清楚，还有些在“三反”运动中查出了一些问题，代表团里的问题提到“三反”运动中来解决。他对我说，你虽是外行，你们代表团向财政部结算反而比较快，是拖延时间较短的一个，省了我们不少麻烦。为此，他还表扬了我几句，最后他开玩笑地对我说：“像你这样的外行人，让你作假也作不出来。”

下半年又回到民盟参加“三反”运动。几个月来运动有些进展，新的问题不多，已揭出的问题挖得更深一些，这些人都作了初步处理。各部会的领导，先后也作了检查，我听了还是那位伪君子的第三次的检查（他写好了七八十页，洋洋万言的检查稿），当场拿着稿子宣读，中间有同志提问，一离开稿子就讲不出话来，大家实在耐心不下来，要他继续反省彻底解剖自己，交代问题。看来出生地主家庭染上的恶习，自我改造确实是很难的。

沈老回国后第二天就去看了张表老（张澜主席），向表老汇报这次出国开会的情况，我也借这个机会去看看表老。平时在总部开会时见到表老，很少说话。这次想去当面见他，但心里似乎有些紧张，一是表老身为国家副主席，地位显赫，再者表老一向很严肃，不苟言笑。我们到了复兴门外嘉兴里他的寓所后，见到家里不像豪门官府，客厅里陈设也很简单朴素，我的紧张情绪也就放松了一些。表老衣着蓝布长衫走进客厅，我面对这位全盟公认的“一身正气，两袖清风”年高德重的忠厚长者，肃然起敬。沈老讲完情况后，表老很关心沈老的身体，对沈老这次出国跑了几个国家，长途跋涉非常辛苦，并赞扬这次会议沈老讲话影响很大非常成功，最后表老问我民盟总部的情况，我简单地汇报了一些运动的进展，干部思想反映出的一些问题。表老听后说，总部要建立一些制度，调整机构看来是很必要的。沈老也很同意表老的意见。

沈老回国后参加各种会议，出席高院全体干部欢迎大会；中央政治干校全体学员大会以及政法学会作出席国际会议报告；参加高院处理贪污分子大会；接受新华社记者采访；看望彭真市长谈话；参加儿童节向北京市儿童作广播讲话；发动各大学教授签名抗议奥地利政府解聘布兰德魏纳教授事件；观看新凤霞主演的《刘巧儿》，发表观感，宣传新婚姻法等等。到了下半年，又忙于国际活动，出席亚洲及太平洋区域和平会议（简称“亚太和会”）筹备会常务委员会；参加中日贸易协议签字仪式；参加来京亚太和会筹备会的各国代表座谈会；先后与日本代表、美国代表交谈；在寓所接见来华的印度代表和新西兰代表；出席外交学会欢送英中友好协会访华团宴会；在寓所宴请来华出席亚太和会国际法协理事布兰德魏纳和夫人布菲那等等，沈老参加这些活动，现场是要有足够的精力应付，对一位走近八旬的老人，确实是难能可贵的。

全国“三反”“五反”运动，经过发动群众检举揭发、依法处理和思想组织建设三个阶段，到今年6月基本结束了。据报载全国约有900万国家工作人员参加了“三反”运动，有各种问题而受到组织处分和法律处分的约占4.5%，对“五反”运动中揭发的问题，分五类作了处理，严重违法户约占参加运动的私营商业的总户数的5%，说明这次运动的意义深远，为即将开始的第一个五年计划的大规模经济建设作了准备。

9月初，北京医院党委找国男谈话，派她一项特殊的任务：陪江青去苏联治疗休养，她作为翻译，一行共二人，这次绝对秘密，除特许可以告诉爱人外，其他任何人都不能泄密。谈话就是命令，要国男即准备行装，一星期内即将启行。国男到外交人员服务处赶制几套西装，医院送来了9月6日的飞机票，到了这天国男脱去“武装”穿上“红装”出发，我只能在大门口向她送别，以后通信规定由外交部信使传递。至于去苏联什么地方，大约何时可以回来等等均一无所知。当然她这次出行，一时我会感到孤单寂寞，但想到她去的是苏联，陪的是江青，生活上会受到优待，我是绝对放心的。

9月间高院开始整党，党委向我和林亨元传达了中央整党报告。这是一次以党员八项标准教育为中心的整党运动，要我们自我学习自我对照检查。我找了高院淳处长（党的单线联系人）、统战部的程绯英（民盟工作的联系人），要求他们对我们帮助提提意见。最后我根据他们的意见和民盟总部在“三反”中同志们对我的意见，经过自省反思，写出了检查报告，作了自我鉴定，提出今后努力的方向，并填了党员登记表上交党委，我又重新被承认是个合乎党员条件的党员。同时，我入党的两年预备期从此也转正了。

10月2日亚洲及太平洋区域和平会议在北京开幕，参加会议的有37个国家，宋庆龄致开幕词，郭沫若作题为《团结一心，保卫和平》的总报告，最后会议通过了《告世界人民书》《致联合国书》《关

1953年张国男(右一)作为翻译陪江青(右二)去苏联治疗休养,左一是林柏渠女儿林莉,左二是保健护士。

于朝鲜问题》等12项决议,13日结束。沈老非常关心这次大会,他先后宴请了参加大会的国际民主法协的一些成员,并和他们深切地交谈。19日由于气候变化和操劳过甚,突患肺炎,住北京医院。沈谦和专家不敢大量用药,高烧一直未退,屡濒于病危。适置苏联医学专家来中国,会诊后他主张采用超剂量药物,中国大夫也只有同意。超剂量用药后,烧度下降,逐渐脱离危险,但健康状况受到损害。我每天到医院看望他,并向齐燕铭秘书长电话汇报。周总理、李维汉部长亲自来探视。在他头脑清醒时,仍关心国内外大事,特别关心知识分子改造问题。他想写一篇要向苏联学习的文章,我根据他的思想代他写了一篇,题为《向先进的苏联知识分子学习》短文,在12月份的《盟讯》发表。

今年的除夕我是陪着沈老在医院里度过的。

1953年　37岁

斯大林逝世　沈老赴南方、青岛休养　寓所拆除重建　国男回北京　毛主席严厉批评梁漱溟　党提出过渡时期总路线

过了元旦，沈老坚持5日出院，回家休养。家里的条件不够，就动员家人和全体工作人员作了很大努力，把家里医院化。沈老大病初愈，体力精力以及思维记忆、表达能力均有明显衰退现象。2月初全国政协一届第四次会议开幕，沈老请了假，他仍要我去参加大会工作，了解会议内容和进行情况向他汇报。我概括地向沈老汇报，这次会议总结了全国人民经过三年的艰苦奋斗取得了国民经济根本好转，今年已开始进行有计划的经济建设，明年准备召开全国人民代表大会通过宪法，现在已开始宪法的起草工作。沈老听了异常兴奋。沈老体力逐渐恢复，很想出去各地走走，作为旅行休养。

3月5日，新闻广播了斯大林不幸逝世的消息，开始时我们不敢告诉沈老，怕他精神上受刺激。后来电台天天广播，报纸发表悼念文章，周围的朋友们在谈论，也瞒不住了。沈老听到这个消息以后，精神还比较平静，而他关心的是斯大林的继承人马林可夫，大家不太了解，不知能否担负起领导这个国家的重任。几天后我接到外交部信使带来国男的信，告诉我斯大林逝世举国哀悼，国家领导人轮流守灵，她和江青还有林伯渠的女儿林莉三人，也去守灵半个小时，瞻仰斯大林遗体，感到悲痛又感到荣幸。

东总布胡同寓所，发现地基倾斜，决定拆除重建。4月间沈老暂移居陈嘉康原来在京的寓所东城马匹厂30号。到了5月间，沈老决定赴南方休养，随行者有家人沈谦夫妇，生活秘书（马时芳已调离，聘沈老的外孙女何鲁陶来担任）、警卫和厨师，沈老指名要我去，我很矛盾，沈老去休养有家人和生活秘书陪同，我无事可做，但又不能不去，我只有多带一些书，趁这个机会自我学习。

5月5日上午我们登上了专列。在车上我们和沈谦一起研究沈老在上海休养期间的生活，特别是会客问题。根据沈谦的意见，规定有些亲友由沈谦代表接见或拜会、有些亲友可集体会见、旧日的朋友和学生一概不见。这次有沈谦随行，我们有事就好办多了。6号下午到达上海。吴克坚、管易文、沈志远（这都是上海党和民盟的负责人）来接，沈家亲属有几位也到了站上，这次沈老来上海对家属、亲友是保密的，不知从哪里走漏了消息。下了车我们被送到环境很幽静的永嘉路一所很精致的小洋房里，沈老很高兴。

每天一早我就起来，这是我从幼年养成黎明即起的习惯。开始我的读书计划，第一本是苏联列昂节夫的《政治经济学》，因为今年开始实行有计划的发展经济建设。今天没有什么人来，大家休息过个清静的日子。第三天早晨，中央统战部李维汉部长和金城同志来看沈老，谈了一阵就走了。沈老请大家去锦江饭店吃早餐，巧遇宋庆龄。沈老和宋商议餐后同去参观鲁迅先生纪念馆、孙中山先生故居，最后去参观宋庆龄创办的少年宫。在鲁迅纪念馆，我给沈老和宋庆龄二人拍了一张照，然后和随行人员拍了一张合影。沈老和宋庆龄都很高兴，大家能见到宋庆龄更加高兴。我是第二次见到她，第一次是在1947年，她和史良在朱葆山路看房子。那时她还算是国民党党国的国母，而今天是人民共和国的国家副主席，她一生的经历令全国人民尊敬。

下午，潘汉年副市长来看沈老，约大家去上海大厦16层楼晚餐，观看上海夜景。潘汉年和沈老畅谈当前形势、上海的变化，我听到的都是振奋人心的消息：抗美援朝胜利已成定局，和谈基本上达成协议；三年来国民经济逐渐恢复，党决定从今年起开始实行发展国民经济的第一个五年计划；目前党中央正在讨论制定党在过渡时期的总路线，提出向社会主义逐步过渡的任务。沈老听了非常高兴。我在饭后抽个机会和潘汉年私自谈了几句话，我带着感激的心情告诉他，我的党籍问题在东皇塋解决了，介绍人是罗青长，现在党籍还没有公开。我看他很高兴的样子没有说什么，在这里也不便说些什么。

1953年沈钧儒与宋庆龄在上海合影
（王健摄）

我的入党所以要感激他，是他把我领进党里来的。1947年秋在香港和潘汉年开始有了接触，他曾向沈谱了解我的情况，一年后民主人士响应中共中央“五一”号召，秘密安排沈老等人赴东北。是他给我的任务，带领一批人去石家庄，我由石家庄分配到中共中央社会部，这也是根据他的意见安排的。后来我能入党，而且社会部罗青长作我的入党介绍人，我相信也会征求过潘汉年意见的。所以我内心一直把他看成是给我新的政治生命的恩人。

沈老在上海几天，见了一些至亲好友，特别是过去一起参加政治活动的朋友，感到非常愉快，自己觉得体力精力恢复的很快，他的两鬓黑发增多了，更加高兴。

沈老从1947年来离开上海，已六年了。这次来上海除了想看看多年不见的朋友，还想看看上海几年新旧社会的变化。这几天参观了革命历史纪念馆，去虹桥公墓祭邹韬奋、李公朴两先生墓，参观曹杨新村工人宿舍和将近万人职工的公共汽车保养厂。沈老参加潘汉年在沙逊大楼的午宴，席上见到许多老朋友：金仲华、盛丕华、箦延芳、夏衍、盛康年、沈志远、刘思慕、周而复、荣毅仁、梅达君、胡子婴等。在座的有的是共产党员，都参加了市政府的领导工作，有的是上海工商业者头面人物，也就是被人称为“资本家”的。他们今天坐在这里同席共饮，接受共产党的领导，为新中国发展经济建设作出贡献。潘汉年同志在旧社会从事隐蔽工作，对敌斗争作出卓越的贡献，今天担任上海副市长，兼任市委统战部长，在团结工商界人士和文化、教育界知识分子作出了可喜的成绩。席散归来，我和沈老聊天，沈老说过去的情况你不大了解，潘汉年除了作隐蔽工作之外，还作了许多统战工作，在他联系“救国会”的工作中就显出他这方面的才能。

在上海住了 9 天，我每天早晨坚持学习，有时抽空我就独自一人出去找过去熟悉的地方看看。所到之处都有些不同滋味的回忆，我去了南京路外滩；过苏州河到北四川路，找到原读书出版社办公处和我们住过的天同里；去了马斯南路 107 号（已改为思南路 73 号）原“周公馆”（中共代表团上海办事处）；在八仙桥青年会找到图书馆（我在这里读过《新民主主义论》和《唯物论辩证法》）；去过霞飞路（已改为淮海中路）、霞飞坊（我曾住在许广平家的邻居）。这里的街道、建筑变化不大，但社会安定，环境卫生好得多了，特别是在一个晚上我去了“大世界”和上海有名的“四马路”，变化太大了。“大世界”已不再是黄色的“大世界”，成了工人市民文明的娱乐场，“四马路”再也看不到街头巷尾到处拉客的妓女“野鸡”。解放军进城后，曾把妓女舞女全部拘留集中起来进行集训改造，一年后出来大部分成了自食其力的劳动者，电影《姊姊妹妹站起来》里就写她们如何从深渊里走进新生活的。从“四马路”看到上海的变化（还有很多我没有看到的），确实是移风易俗，换了人间。所谓“十里洋场”“冒险家的乐园”已一去不复返了。

15 日下午沈老一行到达了杭州，住岳坟街 79 号，这是我第一次来到杭州，而对沈老来说也是他的故乡。他游兴很浓，到了住所略事休息后即去灵隐寺、飞来峰，兴致勃勃。第二天乘船至三潭印月、先贤祠、小瀛洲、平湖秋月。午睡后乘车去花港观鱼、玉泉寺、珍珠泉。沈老在大家劝阻下乘兴而归。黄昏时至，我的游兴未尽，和刘连杭（警卫秘书）又去岳王庙、苏堤，晚霞斜射着西湖，远望保俶塔的倒影如诗如画，令人流连忘返。刘连杭对我说：我们已到“天堂”了。

第三天沈老没有出门，上午姜震中、宋云彬来看沈老，谈民盟工作。下午浙江省谭震林主席、霍士廉副主席来看沈老，谈浙江省各方面的发展情况。第四天去游虎跑寺、济公塔院。我一个人进城想看看杭州市区，在公共汽车上巧遇陶志新。我们昆明一别约有八九年了，互相音信毫无。见了面有说不完的话，我只好给她留下地址，约下午见面。下午她来到我们的住所，我们倾心而谈。她告诉我1945年在新村小学时，她认识的那个国民党军官，一直对她很好，后来就结了婚，生了一个女儿。1949年她丈夫随军撤到台湾，她坚决不去，便带着女儿回到家乡浙江，住在杭州。现在在一家中学教英文，生活很安定。我也谈一些别后情况。接着我们很冷静地回忆起我们在昆明那一段的感情生活。她说现在想起那段生活来真足够写本小说，拍成电影，当时在我感情感到极端痛苦的时候，你还是无动于衷，我们西语系有的同学说你是个“正人君子”，也有同学说你是个“木头疙瘩”。我对你无怨无恨，但是对你已感到绝望，在我醒过来以后，我还是去找你，还是把你看成是最可信任朋友。陶志新自我检讨，自幼就过于任性，想得到的东西就一定要得到，而且自信一定能够得到。但一旦失望就不惜毁灭自己。我听了之后也作了自我检讨，我内心受到了谴责。我说，当时你需要的是爱情，我需要的是友情，但是这两种感情确实难以分清，而我无拘无束地发展这种感情，享受这种友情，却不知不觉地越来越深地在伤害着你，伤害到你不可自拔的程度。这个问题我们敞开心扉心平气和地说清楚了，从此我们继续保持着联系，保持着十分珍贵的友谊。过了两天她又来看我，本来讲今晚这里招待所有舞会，我们一起去跳舞，又是巧合沈谦夫人张绚见到了陶志新，谈起来她们是海盐县的小同乡，不但是小同乡，谈起海盐的亲戚来，她们还沾点亲，她们越谈越投契，吃了晚饭还在谈。本来今晚有舞会，也只好放弃了。

在杭州最后几天，还有许多名胜古迹，沈老游兴未尽，一连两三天去云楼观竹林，路经钱塘江，登上六和塔，再去净慈寺、运木古井、南屏晚钟、绕宝石山观保俶塔，还去了玉皇山紫来洞，在山顶远望钱塘江。沈老旧地重游，引起了许多往事的回忆。

这几天还游览市容，沈老请大家到楼外楼吃了午餐、参观了都锦生丝织厂、麻纱厂工人宿舍，还去了省图书馆看了清文澜阁本《四库全书》。在住所接待了地方党政领导同志，民盟同志和亲友故旧、特别是民国初年的老友张阆生、吕公望来访，畅谈往事倍感亲切。

民盟总部于5月27日召开一届七中全会，我代沈老写信请假，并向全会表示祝贺，向与会同志致以问候。全会于6月8日结束，会议决定撤销中央政治局，选出沈老为第一副主席，增选章伯钧、罗隆基、马叙伦、史良、高崇民五人为副主席。

沈老想去嘉兴祖坟扫墓，市府招待同志建议要我先去嘉兴和当地公安局作好安排以保安全。市府派了一位科长陪我，两个多钟头到了嘉兴，和公安局取得了联系，乘车又乘船，我第一次见到的别有风趣的江南水乡。找到了沈老本家弟弟沈敦儒，看了沈家祖坟。一切布置妥当后，公安局王处长陪我游览嘉兴市，参观了南湖烟雨楼，这是第一次党代会开会的地方。我们经过城区的一个角落，王处长指着告诉我，老人们亲眼看到就在这里，日本鬼子闯进来，见人就杀，遍地血流成河，惨不忍睹。今天我来到这里所见所闻受到了一堂爱国主义教育。

28日一早，沈老一行整理行装到车站，10时许抵达嘉兴，沈老一家到了六经塘祖坟墓地，大家行了礼扫了墓。再回到车站，下午6时许直返上海，沈老很高兴，这次返乡扫墓了结了一件心愿。

沈老回到上海，还想住几天再去无锡、苏州、南京。在上海这几天沈老外出时少，沈家老少和亲戚朋友不断有人来访。另外还有党政领导同志和过去一起参加政治活动的朋友，沈老要我登记来访者姓名有：管易文、吴耀宗、沈志远、刘思慕、沈粹缜（邹韬奋夫人）、司徒美堂、张定夫、周宗琼、韩学章、褚凤仪、戴白韬、傅于琛、苏延宾、方学武、陆诒、梅达君、王造时、潘念之、盛丕华。每天高朋满座谈笑风生，沈老应接不暇。我和沈谦协助应酬来客，他偏重家属，我偏重朋友，同时沈谦作为大夫，关注沈老日常起居饮食，保证他在休养期间，增强体力恢复健康。

我读完了《政治经济学》，开始读《苏联社会主义经济问题》。

6月23日沈老一行邀请邹师母和女儿邹嘉骊陪同去无锡游览。住小箕山，在无锡住了将近半个月，其间去苏州5天。在无锡乘船游太湖，经长街游外湖，比西湖更加辽阔，游鼋头渚、并登山寻访王昆仑故居。游蠡圆、去惠山、饮二泉水。到沈瑜（沈谦的女儿）的工作单位血吸虫病防治所参观。沈老十分重视血吸虫病对人体健康的严重危害，嘱沈瑜将血吸虫病的危害及防治情况写成报告，准备回北京写信向毛主席反映。董必武也在无锡特来访沈老，并一起去大礼堂观看了锡剧《罗汉钱》，还去拜访司徒美堂。这次来无锡以休息为主，每天锻炼身体，打乒乓球、下跳棋或找人聊天。我在这个期间也读完了《苏联社会主义经济问题》，开始重读苏共党史（1948年底在东皇遥第一次阅读）。

7月1日离无锡去苏州，住十全街蒋介石大老婆的公馆二层楼房。房间很多，环境幽美。苏州是沈老和邹师母生活最久、回忆最多的地方，他们有重返故乡之感。连日来，沈老兴致勃勃地游览了拙政园、虎丘、经西园、狮子林等地，特别接内弟张次乾来畅谈往事。在苏州所到之处有的乘车有的乘船，车外无处不是景，船上看到的是别具风格的江南水乡。

沈老想去离苏州不远的东山和西山看看。上午7时许大家坐上火车，到木渎，改乘船于十时许到达洞庭东山，住席家花园（疗养院）。午睡后游龙山，这里背山面水，风景不亚于太湖。次日乘船至洞庭西山，登石公山、归云洞、夕光洞，沈老怀念60年前与父亲同游此地，今天旧地重游，引起了许多回忆。

在木渎留了一天，即返无锡。听新闻广播，苏联共产党开除贝利亚党籍，真相不明，但引起许多人猜想，是否因斯大林逝世，苏共内部发生内讧，令人担忧。几天后离无锡去南京住招待所（原加拿大使馆），下午参观中山陵，晚上江苏省管副主席和冷禦秋等设宴招待，晚宴后乘登陆艇过长江。上了专列，次日（7 月 18 日）上午过黄河，下午抵达北京。沈老和何鲁陶、警卫住在马匹厂，我和沈叔羊一家和何鲁陶子女住在马匹厂附近的一个胡同里的小四合院里。

回到北京，我去东总布胡同看看新房子建筑的进展情况，我到了总布胡同，看见工人们在紧张地劳动，房基已打好，可以说已初具规模。据工头估计明年春天就可以全部完工（包括内部装修），我们谈话间，走进一位像是工程的负责管理人员，我们见了面，完全出乎我的意料之外，他就是 1941 年在香港我们住在一起的老朋友祁恩孚，当时他在长途运输系统工作的，现在已转到建筑系统里来，香港沦陷后，我听传闻他已经牺牲，今日相见倍感亲切。他说过去他不大过问政治，这几年已走上革命之路，我听了深感欣慰。

我去了高院和民盟总部，看看老同志们了解当前的工作情况，我已在外省跑了三个多月，现在应该安下心来开始工作了。但是我和沈老谈话之间，听出他似乎还没有安下心来，还想出去走走。这时中央保健的领导同志来看沈老，谈到目前国家高层领导人暑期疗养，除北戴河疗养区又开辟了青岛疗养区，那里的条件很好，沈老听了就决定去青岛住一个时期。

从上海回来以后不到 20 天，沈老一行除沈谦夫妇外全班人马并有萨空了陪同，于 8 月 3 日乘公务车赴青岛，住太平角二路七号，也是一座精致的小洋房，先来青岛休养的史良夫妇也住在附近。史良夫妇来看沈老，告诉沈老这里分两区，太平角和汇泉角，住的都是中央高层领导同志包括军队领导干部，设有医疗点，派驻医务人员，这里的医疗保卫是最安全的，史良说这里来了很多熟人，已经见过的有章伯钧夫妇、李维汉夫妇、吴溉之夫妇、李济深、陈叔通、柳湜夫妇、董必武夫妇等，沈老很好客，听了很高兴，觉得在这里不会寂寞的。

我们来青岛住了一个半月，这里的朋友几乎每天互相拜访，有的寒暄应酬，有的谈工作，有的谈国家大事，有时在海边相遇，老人们穿着浴衣晒太阳，下水游泳的很少，都是找人聊天。疗养院设有健身房可以打乒乓球、康乐球、下围棋、象棋，经常组织晚会，有海政文工团音乐舞蹈表演或放映电影（不少是苏联电影），马连良到青岛演了一出《四进士》。每到周末我总是和萨空了、陈同生比较年轻的同志去东海饭店跳舞，有文工团的女同志伴舞，跳到午夜尽兴而归。

沈老还是要我把来访者、去拜访者以及海滨相遇交谈者姓名登记下来，记下了一个相当长的名单。除史良讲的几人外，还有：吴玉章、何长工、朱学范及其子女、王绍鏊、施复亮、华岗、孙冶方、吴大琨、陈同生、章蕴、黄琪翔夫妇、沙千里、吴觉农、彭泽民、张治中夫妇、师哲夫妇、王统照、阳翰笙、茅盾夫妇、晚来的胡愈之、沈兹九、高崇民夫妇、吴晗夫妇等，至于地方市长、市委书记、公安局长、交际处长等均未列入。母亲也来了，她是为工作而来的，当时她在政务院事务管理局工作，专门联系几位民主人士大公馆，她来找沈老谈中央即将召开会谈，了解沈老能否参加，还有沈老回北京后，暂时移居北京饭店问题，征求沈老意见。谈后母亲偷偷告诉我，国男有消息可能最近就会回来了。我们很久没有通信，今天突然听到喜讯，当然我是非常高兴的。下午母亲下海游泳，在海边见到的都是熟人，畅快地聊天，晚上沈老招待，我们一起共进晚餐，餐后母亲匆匆地赶回北京。

沈老接待拜访朋友之余，多次去海滨作日光浴和海水浴，也抽时间和朋友们去参观名胜风景区。曾约山东省和青岛市民盟的同志座谈，会上见到了童弟周、陈仰之、吴富恒和夫人陆凡，还有北京的黄药眠、浦熙修、吴春选。沈老出来休养，见到这些人谈的还是民盟工作和国内国际形势。

章伯钧时任交通部长，掌握全国水陆交通大权。他调了一艘海轮，约请来休养的同志们约百余人，在黄海大港登轮畅游胶州湾，船上午餐招待，今日大家看的、谈的都是“海阔天空”，别有风趣。

在我们离开青岛的前三天，我和胡愈之、吴晗夫妇并约华岗一起去崂山旅游。崂山位于青岛东北郊区，黄海之滨，是著名的风景区。

乘车经九水路至鱼鳞瀑到达崂山,深山峻岭颇为奇观。进了崂山游太清宫,宫内有唐朝大树、黄杨树、白果树,还有千年的榉树,据说这种树木坚韧耐水可以造船。我们再深入参观了白云洞、明露洞,洞里游人寥寥,到处阴森森的,但并不影响我们的游兴。出洞后上狮子峰经过一小溪,溪上架一木桥风景幽美。我给他们在桥上拍照留影。回归路上,半山临海开路,一路经过奇山怪石。遥望大海,令人心旷神怡。回城后和胡愈之单独去华岗家小息,华岗谈到山大情况(当时他任山东大学校长)和胡愈之(时任出版总署署长)谈到出版问题,也谈到民主党派出版报纸刊物问题,他们的谈话颇有新意。我和胡愈之回家的路上,胡告诉我"三反"时有人揭发他存有美金(据胡猜想可能是华岗写书在国外发表所得的外币稿费),给他找了不少麻烦。

沈老决定9月14日返回北京,是日下午沈老一行登上公务车,这次同一列车返京者有胡愈之夫妇、沙千里夫妇、吴晗夫妇、阳翰笙、王绍鏊、章蕴等。一路上大家打牌、下棋、聊天颇不寂寞,次日下午到

华岗(左一)、胡愈之(左二)与吴晗夫妇(右一、右二)在山东崂山合影

(王健摄)

达北京。车站接迎者多半是家属，母亲也去了。见到我告诉我一个好消息，说国男昨天回来了。沈老暂住北京饭店（还住在原来住过的119房间），警卫和何鲁陶留在沈老身旁，我还回到我们的那个小四合院。我到了房间看到国男的行李，床上零散的衣服，桌上照片。我把屋里收拾整理一番，等到11点多，国男回来了，穿着西装显得成熟些更加漂亮了。当晚国男倾谈这一年的生活和江青的为人。所有的照片都是江青初学摄影时照的。但她最高兴的是这次出国、回国两次见到了我们伟大的领袖毛主席而且握了手，毛主席亲自到机场送江青和接江青的，江青坐的是苏联图104专机。毛主席特地上了飞机说"我也坐坐图104"，并要国男翻译感谢驾驶员和服务员。我们别离了一年有说不完的话，一直谈到半夜。

沈老回京第二天，毛主席召开中央人民政府委员会，在京的全国政协委员可列席参加，沈老请了假。会议结束后，胡愈之和萨空了来看沈老，报告开会情况，特别讲到梁漱溟的发言，梁说"工人农民生活有九天九地之差"时触怒了毛主席，毛主席在会议中连续讲话，说梁漱溟是伪君子、野心家，反动透顶；过去一直是代表地主反共、反人民的；蒋介石用枪杆子杀人，梁漱溟用笔杆子杀人；说梁漱溟没有一点功劳，没有一点好处。梁再次发言时，希望毛主席有点"雅量"，毛主席立刻回答说"我没有雅量"，梁想再说下去，台下代表委员们群起而哄之，没有再讲下去。先是周总理发言追述往事，批判梁一贯反动，国共和谈暗中帮助蒋介石，并举两事为证。继续发言者有：陈铭枢、何香凝、史良、荣毅仁、章伯钧、李维汉等人。一致对梁进行严厉的批评。最后举手表决，把梁的问题交付政协委员会开会讨论处理。胡愈之、萨空了谈完情况后，萨空了表示觉得毛主席讲话似乎讲得太过分了。他记起1941年他和梁漱溟在香港创办中国民主政团同盟的机关报《光明报》时，他对梁有一定的了解，从办报这件事来说，当时国民党根本不承认民盟的存在，极尽诋毁破坏之能事，而共产党在物质上、精神上予以支持。梁漱溟任《光明报》社长，萨空了任总经理，《光明报》的政治态度是中间偏左的。萨空了说那时梁漱溟敢于创办《光明报》不能说不是一件好事。当时我也说了我的看法：过去我对梁漱溟也一无所知，但是“李闻惨案”发生后，民盟中央委托梁漱溟和周新民到昆明，在国民党白色恐怖下，进行调查，那时我和冯素陶暗中协助，和梁漱溟虽没有过接触，但对他的印象是个有正义感的民主人士。他们经过一个月的努力回到上海，写出了一份《李闻惨案调查报告书》，报告里义正词严地痛斥国民党特务的暴行。把李闻被杀真相公布于世。这也不能不说是梁漱溟做出的一件好事。我同意萨空了的说法，觉得毛主席说话是有些过头了。沈老听了大家的议论，没有表示态度，他在年轻时就认识梁，可以说是最了解梁的，我想沈老不会像那些会上发言批判的人轻易表示态度的。这场风波过去了，从此梁漱溟和去年批“武训”一样，遭到了同样的命运。

9月2日，中共中央发布庆祝国庆四周年口号，向全党和全国人民宣布了我国过渡时期的总路线。不久又发表了《为动员一切力量把我国建设成为一个伟大的社会主义国家而斗争——关于党在过渡时期总路线的学习和宣传提纲》，提纲里对总路线作了概括的阐述：“从中华人民共和国成立，到社会主义改造基本完成，这是一个过渡时期，党在这个过渡时期的总路线和总任务，是要在一个相当长的时期内，逐步实现国家的社会主义工业化，并通过对国家农业、对手工业和对资本主义工商业的社会主义改造。”（即“一化三改”）总路线提出后，全国人民十分关注。有些人认为《共同纲领》不提“社会主义”，而今天“建设社会主义”已提到议事日程上来，感到无比的振奋。这个时期全国又展开学习总路线的热潮。

民盟总部学委会组织各部门的负责人进行学习，并领导机关干部每周一三五分组学习，我参加干部学习组，并参加整理上层人士学习组每周的学习记录，摘要向沈老汇报，向统战部汇报。大家在学习讨论总路线时提出许多问题，也讲了自己的看法，如什么是过渡时期？今天我们新民主主义革命和建设是不是就是过渡时期？过渡时期究竟有多长？十年二十年？几个五年计划？社会主义工业化和资本主义工业化有什么区别？如何改造农业、手工业和资本主义工商业？是采取和平转变还是革命手段？改造到什么程度就能入了社会主义？今天资产阶级还有没有两面性？和平转变是不是改良主义？转变就是阶级和平代替阶级斗争？人民民主专政即无产阶级专政？到了社会主义社会还要不要阶级专政？大家特别关心的还是知识分子自身的思想改造问题，中心点是在过渡时期如何改造。学习总路线的过程就是思想改造的过程，知识分子是单干户主要的是自由主义，过渡时期是一场翻天覆地的大转折大变革，改造到什么程度才能过好社会主义这一关？讨论中也暴露一些糊涂思想、资产阶级思想以及抵触情绪。看来，这个过渡时期确实是需要一个相当长的时期，这是一个过社会主义关的大问题。

在学习期间，民盟中常会扩大座谈会上传达了李维汉部长关于中央委员会扩大会议的报告。李维汉在政协学习干事会作了学习总路线动员报告，使大家明确了学习总路线的重要性，和过渡时期的方针和任务，“一化三改”的必要性和艰巨性。报告中涉及到梁漱溟批判，使部分人受到震动，惶惶不安，急于自我检讨。也有些人在学习发言中结合了对梁漱溟进行批判。

1954年　38岁

沈老迁入新居　慈母去世　全国人民代表大会召开第一次会议，并颁布《中华人民共和国宪法》　沈老参加全国政协第二届第一次会议

新年期间，沈老住颐和园介寿堂休养。元旦的第二天是沈老80（虚岁）华诞。救国会老同志和民盟总部负责人设宴于介寿堂为沈老祝寿，中央统战部李维汉部长也特来参加。席间沈老和大家亲切交谈，心情十分舒畅。沈老住颐和园期间，不断有人前来看望，母亲来和沈老谈谈去年赴朝慰问志愿军的情况，民盟和高院的同志来主要是汇报工作，我经常去看他，有时留宿一两夜。一天我带国男去看沈老，沈老知道她陪江青去苏联治疗，想了解她在苏联的情况。国男告诉他，她们在苏联住在雅尔塔黑海边的别墅，那是罗斯福参加雅尔塔会议时住的地方。江青因为去山东到武训家乡，对武训及其办学进行调查，过于劳累，身体生病而去莫斯科检查治疗的。沈老问到江青其人，国男告诉他，江青为人还是很谨慎的，她是受中央政治局委员级别招待，她很注意节约，不搞特殊化，但有时发脾气，甚至到盛气凌人的地步。国男还告诉沈老她和江青在斯大林灵堂守过灵，见过苏联一些国家领导人和当时隆重举行国葬的情况。有一天晚上，我住在颐和园和陪沈老的何鲁陶、警卫司机和厨师何德海在聊天，听到最有趣的是何德海是老北京人，他在长春给"满洲国皇帝"溥仪作过西餐厨师，但他在北京住了几十年却没有来过颐和园，这次来颐和园还是第一次。他抽出时间走遍了颐和园前山后山每个角落，他才知道北京还有这么一个好地方。

全国人民在继续学习过渡时期总路线时，中共中央已起草出中华人民共和国宪法初稿，并成立了中央人民政府宪法起草委员会，沈老被推为委员。3月下旬举行宪法起草委员会第一次会议，开始讨论宪法初稿，会上决定讨论一个时期后经过修改再交付全国人民讨论，最后由今年下半年准备召开的全国人民代表大会上通过颁行。沈老带着极其兴奋的心情从始至终积极参加讨论。沈老是位法学家，从清朝末年即主张君主立宪，参加立宪运动。民国初年沈老提出"贯彻民主精神，厉行立宪政治"，并发起组织"立宪党"，北洋军阀统治时期，沈老主张各省分权自治，起草浙江省宪法，并为省宪运动进行宣传。40年代国民党一党专政，沈老联合爱国民主人士发起宪政运动。毕生参加的立宪、宪政的运动，均以失败而告终。沈老今天参加在中国共产党领导下讨论制定的"我们自己的宪法"，他这种喜悦、兴奋的心情是可以理解的。

4月初，突然噩耗传来，天津二哥打来电话，告知母亲因病去世，要我尽快回津。我听了电话悲痛万分，我在反省自解放以来我以共产党身份和家庭（当时统称为"资本家"）一直保持一定的距离，母亲长期患高血压病很少关心，自改为工资制后，每月给母亲寄20元，以表我仅有的"孝心"。三妹写信给我和五弟（中央团校工作）说我们很少回家，也不写信，母亲时常惦念。50年我和国男结婚，一直就没有回天津去看看父亲和母亲，这些使我悔恨终生。第二天我赶到天津，父亲又住在兴隆洋行大楼。走进大楼侧门，楼梯旁安放着母亲的灵柩，我见到灵柩立即泣不成声，站在灵柩前行了礼默默地站了很久，心中只有悲痛和悔恨。我上了二楼见到父亲，父亲很镇静，反而让旁边的人给我拿手巾擦擦眼泪，倒杯茶。我逐渐安定下来，父亲告诉我母亲的病情，简简单单地办丧事，然后告诉我中益在"三反""五反"运动中是怎么过来的，最后上面把中益划为"工商业者""基本守法户"，这个结论父亲很满意，我听了也很放心了。接着父亲问我在北京生活工作情况，我告诉他全国正在学习过渡时期总路线，我讲了讲"一化三改",特别讲了工商业改造问题,尽管过渡时期是个相当长的时期,但我认为给父亲早作些思想准备还是必要的。最后父亲说安葬很简单,现在也没有过去那些旧规矩,抬到坟地安葬就是了,你工作忙就不去墓地了。我和兄弟妹妹们研究父亲今后生活如何安排问题,第二天就回北京了。事后我知道这次母亲丧事一切由二哥和三妹筹资办理,三妹卖了金戒指和公债,而我却对此事未加闻问、未出分文,事后每思及此深感内疚,心情一直是很矛盾的。

母亲去世了。过去为母亲养病而每月寄去20元,今后是否还寄给父亲,我很矛盾。我对钱并不吝啬,但父亲是工商业者,究竟还是资产阶级,如是给父亲寄钱就难以表明和家庭保持一定距离,混淆了阶级界限。但又想到父亲在"三反""五反"之后,基本上半退下来,生活已大不如前,资产阶级已在转变中。我思索再三,念及亲情,决定继续照寄20元,稍解内疚聊以自慰。

4月底,东总布胡同24号寓所新房子建成,沈老与叔羊一家迁入新居。条件大大改善,沈老非常满意。我住在二楼,房间宽敞,生活舒适。我和国男在这种环境生活感到过于优裕,应时常自加警觉,本着共产党八项条件要求自己,不能丢掉党的优良传统和父亲的教导,要永远保持艰苦朴素的作风。

中华人民共和国宪法草案初稿,经起草委员会多次讨论修改后,再由各民主党派领导人、各人民团体和各界代表人物进行讨论,再经修改后,由中央人民政府于6月中旬公布交付全国人民讨论。我在民盟总部参加讨论,领导和干部在讨论中提出很多问题和意见,如讨论宪法对照《共同纲领》有什么相同和不同;问中国共产党对全国人民代表大会是国家最高权力机关有无矛盾?两者是什么关系?有人建议"以工农联盟为基础"是否可改为"以工人农民和知识分子联盟为基础"(建议人说苏联宪法是这样写的)?民盟知识分子很注意基本权利和义务一章,大家渴望信仰自由,出版、言论自由能够确保实现,还对人民权利、个人人身自由、拥有私有财产、法律面前人人平等等问题提出一些意见。总之,大家对这部宪法草案,是中国人民几十年、上百年英勇斗争取得的，是新中国第一部宪法，认为我们有了根本大法，从此可以走上了法制国家而感到无比地振奋。

宪法草案向全国人民公布后，沈老写了一篇《为宪法草案的公布而欢呼》在《人民日报》发表。文中指出："宪法是真正人民的宪法，绝不是容易得来的，它是中国人民长期斗争和革命先烈流血牺牲所换来的。"还说这部宪法，"不但摧毁旧基础，而且还要为巩固和发展新基础新制度服务。……加强人民民主法制，提高人民群众爱国守法的思想教育，使宪法和法律能够贯彻执行，以巩固人民民主专政保护社会主义经济建设。"沈老以一个法律工作者在为宪法草案公布而欢呼，同时号召全国人民认真讨论、共同制定新中国第一部宪法，是具有重要的意义。

全国人民讨论了两个月，提出了很多修改和补充意见，宪法起草委员会再度作了修改，并经中央人民政府最后讨论通过，正式提交即将召开的第一届全国人民代表大会。

9 月 15 日第一届全国人民代表大会第一次会议在中南海怀仁堂隆重举行，毛泽东主持大会开幕式，并致开幕词，题为《为建设一个伟大的社会主义国家而奋斗》，刘少奇作关于宪法草案的报告，周恩来作政府工作报告。沈老作为主席团成员之一。母亲也被选为人大代表参加了大会。会议开了 14 天，代表们审议宪法，最后一致通过。大会选举毛泽东为国家主席，朱德为副主席；选举刘少奇为全国人民代表大会常务委员会委员长；宋庆龄、林伯渠、李济琛、张澜、罗荣桓、沈钧儒、郭沫若、黄炎培、李维汉、陈叔通、达赖喇嘛·丹增嘉措、赛福鼎为副委员长；选举董必武为最高人民法院院长；选举张鼎丞为最高人民检察院检察长；决定周恩来为国务院总理（宪法规定原政务院改为国务院）。陈云、林彪、彭德怀、邓小平、邓子恢、贺龙、乌兰夫、李先念为副总理，并通过国务院的组成人选。这次人事组成重大的改变是加强了党的领导力量。大会于 9 月 28 日胜利闭幕。

《中华人民共和国宪法》正式公布后，沈老深有感慨地说："我一生从事宪政运动，不知费去多少心血，今天才见到真正人民的宪法。”另外，去年北京基层选举时，沈老长子沈谦被选为北京市西城区人民代表，沈老长孙沈人骅在东北军区空军工程部被选为人民代表，沈老一家以“三代代表”而感到光荣。

12月21日中国人民政治协商会议第二届全国委员会第一次会议开幕，沈老为主席团成员。周恩来作政治报告，陈叔通作第一届全国委员会工作报告，会议选举毛主席为政协名誉主席，选举周恩来为主席，沈老被选为副主席，会议通过《中国人民政治协商会议章程》，会议举行5天于25日闭幕。

我随着沈老离开了高院，党的关系由高院转到中央统战部，工作关系也随之转到人大和政协。供给关系由高院转到国务院机关事务管理局，我是沈老秘书，经常到民盟总部办公，有时也到人大、政协开会，总之我的工作是以沈老为中心而转移的。

1955年　39岁

沈老八旬大寿　宝宝出生了　张澜主席逝世　胡风反革命集团　高、饶反党联盟　潘汉年夫妇先后被捕入狱　周总理赴印尼参加万隆会议　高岗被捕　大张旗鼓开展肃反运动　沈老游庐山

1月2日沈老八旬大寿(实足年龄),许多至亲好友相继前来祝贺,除祝寿外并祝新居之喜。晚上人大常委会办公厅在中南海紫光阁设宴为沈老祝寿,毛主席和党政领导人赴宴祝贺。沈老和毛主席亲切交谈,精神益感兴奋。

1月16日,我们的小宝宝降生了,是个女孩,完全是按照我们的计划和意愿生的。我和国男结婚之时就商定,为了不影响工作五六年后生育,而且生的是我喜欢的女孩。今天一切如我所愿,喜悦之极。沈老得知后特写一纸祝贺之词送给我和国男。几天后国男准备出院,沈老一定要用他的吉斯车(苏联送的最高级轿车)把国男母女接回家。沈老喜爱孩子,对宝宝(乳名以"宝宝"呼之)的成长,时加关注。奶奶(国男的奶母,在上海、重庆、昆明一起生活了20多年,我们叫她"妈妈",现在叫"奶奶"了)也请回来了,我们已组成了三代人的小家庭,小生命给我们全家带来了欢乐。

2月9日,人大常委会副委员长、全国政协副主席、民盟中央主席张澜因病不幸逝世。朱德、刘少奇、周恩来、宋庆龄等党和国家领导人组成了治丧委员会。张表老遗体从医院移至中山公园中山堂,毛主席、朱德、刘少奇、周恩来、宋庆龄、林伯渠、董必武、陈云、彭德怀、邓小平、李先念等和民盟中央沈钧儒等领导人前往亲视含殓。12日举行公祭，党和国家领导人以及各国使节，首都人民群众参加了庄严、肃穆的公祭仪式，第二天出殡时，刘少奇、周恩来亲自执绋，至八宝山革命公墓安葬。在悼词中，党和国家对张表老一生给予了高度的评价和荣誉。2月10日民盟中央召开了中央常务委员会扩大会议沉痛哀悼张澜主席，会上推举沈钧儒副主席代理民盟中央主席。

自从对武训和武训传电影开展批判以来，时而听到文学、艺术界内部发生争论。去年下半年在讨论红楼梦研究中批判胡适派俞平伯等资产阶级唯心论倾向。同时中国作协主席团召开扩大会议，对胡风在文艺问题上的《三十万言书》开展批判。批判他的资产阶级唯心主义。12日《人民日报》头版发表了这条消息，说"会议决定对胡风的错误理论展开彻底的全面的批判，以提高马克思主义文艺思想水平，加强文艺思想的团结，更好地为国家的总路线服务。"于是在全国范围内批判胡风思想全面展开。北京和各地的批判调子越提越高。4月初《人民日报》发表了郭沫若的《反社会主义的胡风纲领》，这篇文章把思想领域的批判扩展到政治领域。在郭沫若的文章发表后的五天，《人民日报》头版又发表了一条惊人的新闻《中国共产党全国代表会议公报》，公报内容是会议通过了"关于高岗、饶漱石反党联盟的决议"，开除高、饶的党籍，撤消他们所担任的一切职务。几天后，惊人新闻接二连三地接踵而来，上海市副市长潘汉年被捕了。他来北京是参加党中央代表会议的，会上对高、饶案件他是举了手的。会议期间，一天我在北京饭店遇到了他，我们简单地谈了几句，他问问沈老的身体近况，我告诉他沈老的住址，我回家告诉了沈老，沈老要我马上和胡愈之联系，想请他来家吃顿饭见见面聊聊天。4月2日（党的代表会议已于3月31日结束），潘汉年来到家里，沈老、胡愈之，又请萨空了等几个人，在午餐上大家畅谈上海的新变化，谈得非常高兴，尽欢而散。几天后突然听到潘汉年被捕了（4月3日晚被公安部逮捕的），大家听了感到极大的震惊。最初听说他是"进行反革命活动"罪被捕的，后在广播里说他是"内奸"，朋友之间传说纷纷，有的说潘汉年是国民党特务，有的说是汪精卫的特务。沈老说：他如果是特务，像我们在香港那么多人，都是在他的安排下还能平平安安秘密到了东北，实在令人难以置信。我也在想，1947、1948年在香港，我们经常有所接触，像我这样一个家庭出身不好、社会关系复杂、迟迟不能入党的人，他不拉我下水，反而给我任务到华北解放区，进了中央社会部工作，最后接受我入了党。他是特务，我真百思不得其解。一个月后，潘汉年夫人董慧因受株连也被捕入狱。据悉潘汉年入狱后经过审讯调查，给他戴上了“内奸”“叛徒”“反革命分子”三顶帽子，至于最后如何结案，我们再也听不到什么消息了。

又是一条震惊中外的新闻，4 月 11 日，前往印度尼西亚参加在万隆举行的亚非会议的中国代表团，和越南代表团的工作人员和中非记者，包用印度的克什米尔公主号客机，在前往雅加达途中飞机爆炸，机上人员全部身亡。后经调查证实是台湾特务阴谋破坏。所幸者中国代表团团长周恩来总理坐了另一架飞机如期到达了万隆，和29 个国家政府首脑举行了万隆会议。面对着帝国主义，以及与会各国的矛盾分歧，周恩来总理鲜明地提出“求同存异”的方针，会议通过了公报，提出了促进世界和平合作的十项原则，实际上是我国一向

周恩来总理在万隆会议上讲话

提倡的和平共处五项原则的体现，十项原则受到与会各国代表团的热烈欢迎。克什米尔公主号事件，激怒了中国人民，各地群众纷纷集会抗议台湾蒋介石特务的阴谋破坏活动。

6月初，国男再次接受了特殊任务，陪江青去莫斯科、列宁格勒皇家医院治疗妇科病，同行者有天津妇科专家俞霭峰大夫（女）和一名女护士。我们对暂别已很习惯了，她最惦念的是刚刚出生四个月还在喂奶的小宝宝。

《人民日报》从5月到6月连续发表了三批《关于胡风反革命集团的材料》，所说的材料大部分是胡风和他思想一致的作家们互相来往的信件，材料外附加了序言和按语。很快就流传说，这是毛主席亲笔撰写的。序言里说："我们现在将《人民日报》所发表的关于胡风反革命集团的三批材料，和《人民日报》发表的4月10日社论编在一起，交人民出版社出版。这本书里，仍然印了胡风的《我的自我检讨》，作为读者研究这个反革命两面派的一项资料。反革命分子怎样耍两面派手法，以假象欺骗我们，而在暗里却干着我们意料不到的事情呢？这一切，成千成万的善良人是不知道的，就因为这个缘故，许多反革命分子钻进我们的队伍中来了。"按语中说："他们的基本队伍，或是帝国主义国民党的特务，或是托洛斯基分子，或是反动军官，或是共产党的叛徒，由这些人做骨干组成了一个暗藏在革命阵营的反革命派别，一个地下的独立王国。这个反革命派别和地下王国，是以推翻中华人民共和国和

1955年，对胡风文艺思想的批判，演变成了政治上、组织上的"肃清胡风反革命集团"运动，株连了一大批文化人受到错误处理和不公正待遇。

恢复帝国主义国民党的统治为任务的。”随即中国文联主席团和中国作协主席团召开联席扩大会议,《人民日报》发表了会议上发言摘要:《揭露和谴责胡风反革命集团的罪行》。在这篇文章的号召下,全国总工会、团中央、全国青联、全国学联,以及各民主党派、工商联纷纷集会声讨胡风反革命集团的罪行。7月19日《人民日报》公布了已将胡风逮捕的消息。从此,大规模的肃反运动便开始了,各地已被认定为胡风分子的几乎无一人漏网。这里我要特别一提的是和胡风一起在北京被捕的谢韬,他是人民大学马列教研室的负责人,全国政协组织各民主党派干部学习班,学习唯物论辩证法,请谢韬担任我们的讲师,学习班办了几期,他深受学员们所敬仰。他成了胡风分子而被捕,使我们学员感到震惊。后来我在民盟中央召开的声讨“胡风反革命集团”座谈会上,听到与会者大多数都是根据报纸上的材料作些表态发言,其中有位同志特别提到谢韬,他说谢韬根本不是文艺界的人,只是胡风在写《三十万言书》时,时常请谢韬查找马列著作中的原文,因而被视为胡风的“参谋”而被捕。他对谢韬的遭遇感到愤愤不平。我们听了“胡风反革命集团”这桩大案,实际上还是一桩令人难解的疑案。胡愈之告诉我,我们在崂山一起旅游的华岗,也被认为是胡风反党集团分子和“向明反党集团成员”(向明是中共山东分局代理书记)被捕了。提起华岗(40年代初在昆明民盟支部的领导人没有人不知道他的),他是老共产党员,曾任过《新华日报》总编辑,后中共南方局派他到云南作龙云等上层人士的统战工作,同时他化名在云南大学教课,他对民盟昆明支部工作也起着指导作用。前年在青岛我们一起游崂山,当时他是山东大学校长兼党委书记。几十年的老革命,今天一旦之间突然成了“反革命”。胡愈之和民盟所有熟识他的人都感到震惊,而内心都有些怀疑。

7月5日,第一届人大第二次代表大会在北京举行。沈老参加了大会,李富春作了《关于发展国民经济第一个五年计划的报告》,李先念、彭德怀、彭真、邓子恢都作了有关的报告。周总理作了关于目前国际形势和我国外交政策的发言。沈老很少参加小组讨论,他要我去了解小组发言情况,简要向他汇报,他特别更关心浙江组,因为这组大都是熟悉的同乡人多,我从各小组讨论的情况了解,大都集中讨论第一个五年计划,认为这个计划是振奋人心的,给我们提出了建设社会主义的方针和任务。代表们情绪是热烈的。但也有些不同的意见,甚至引起争论。浙江组马寅初(当时是北京大学校长、人口学专家)的发言,他提出第一个五年计划要改善人民生活,就要控制人口增长,他认为我国这几年人口增长过速了。当时担任浙江组组长的是宋云彬(是沈老的老朋友),他带头批驳马的发言,小组里也是一片反对的意见。有的人说,在社会主义国家是没有人口问题的,认为马在人代会谈人口问题是有些"放肆";有的人认为马谈的人口问题,完全是资产阶级马尔萨斯人口论的那一套。马寅初当场没有争辩,而且他已写好一篇提交大会的发言稿也主动地撤了回来。小组里表示同意马的观点的只有邵力子一人。马曾表示,现在的气氛谈这个问题不合时宜,以后有机会再提。我回来向沈老汇报,沈老说这是中央没有提过的人口问题,所以有人反对。

代表大会于7月底结束,8月份沈老准备去庐山一游。同行者有沈谦夫妇、何鲁陶、厨师何德海、警卫四人,和我共十人,13日晚搭上了公务车,15日上午到达汉口,市委统战部部长、市政府秘书长和民盟省委聂国青、李伯刚等主委副主委到站迎接,住市委招待所德明饭店(德国人建筑)。午睡后参观汉水公路大桥工程和已通车的汉水铁路大桥。乘小火轮到长江参观长江大桥初步工程,该桥计划1958年完工。归途一路参观市容,汉口市镇反运动搞得轰轰烈烈,到处可见漫画、标语。我觉得我们此时来这里参观游览,确是不合时宜。晚上参加市委市府的晚宴。16日乘江新轮赴九江,到了九江,庐山已在望了。九江登岸,即乘车向庐山进发,先到牯岭,继续上山。我们行车如穿云驾雾,似入仙境,进了山就体会到身在庐山不识庐山真面目的奇妙之处。庐山管理局招待人员为沈老准备了半山上一座别墅,原是熊式辉的住所。室内布置富丽堂皇,不免有几分俗气。这里海拔1200公尺,气候宜人。沈老心脏平稳,体力不觉疲惫,八旬老人游兴正旺。沈老幽默地说,过去(指1937年"七君子"在狱中)蒋介石请我们来,遭到我们拒绝,今天自由自在的来了,还是"自由"好啊!

听说国际民主法律工作者协会主席普立特先生和夫人在庐山休养,沈老即专程拜访。相见亲切畅谈,和在柏林时另是一番心情。陈体强陪普立特先生来此,并担任翻译。我和陈体强在这里相见也算是老朋友了。庐山上的物质条件很好,而且山道可以通行汽车,交通非常便利,气候时有阵雨,雨过天晴,空气新鲜,真乃避暑胜地。

庐山虽然是群山峻岭,但修筑了登山公路和环山公路,游客可以乘车登山,游览各处风景区,庐山是游览胜地,也是最好的自然疗养区。据招待我们的同志介绍,庐山的名胜古迹,已发现者约有200余处,有五大丛林、三大名寺、多为古代建筑物。山岭甚多,各山风景不同,并传说山中有历代诗人学士在此吟咏玩赏留下了遗迹。这些都

沈钧儒会见国际民主法律工作者协会主席普立特和夫人
(王健摄)

引起了沈老极大兴趣。

在庐山沈老住了20多天，有时行车观景，有时下车游览。沈老游兴很浓，游览了不少景点，我们去了海会寺，这是五大丛林之一，背山面湖，风景优美，据说寺内藏有81卷华严经，曾遭日寇破坏，大部遗失；游览了仙人洞，这算是庐山最有名的风景区，是绝壁上一个天然石洞，一棵劲松挺立在石壁旁，石壁上刻有“纵览云飞”四个大字，登其上，天水一色，令人心旷神怡；游了“花径”，这是唐代诗人白居易咏桃花之地，沈老在花径亭坐了许久，想起了白居易的诗句，非常开心舒畅。我们还去了小天池，登上革命烈士纪念塔，沈老带着我们在塔前静默一分钟；去了含鄱口，远望含鄱湖，远望大汉阳峰在云雾之中，俯视植物园全景，花木众多，据说有1700余种；还去了芦林大桥，到上天池登文殊台眺望长江；经舍身崖时风景绝妙，大家下车，但不敢走近崖边。我独自一人前去，见到巨石峋嶙，下临深壑，惊险万状，崖前有虬盖松一株，苍翠挺拔风景绝妙，我走到尽处，拍了几张照，冲洗出来后，庐山主人都觉得“奇绝”。沈老出游，一路群山峻岭，有的高入云霄，时而晴空万里，时而穿云驾雾，到处可见瀑布，有的形如马尾（马尾泉），有的水流三叠（三叠泉），更壮观的是，从数十丈山顶奔流而下，势若悬河。庐山之美，美不胜收。

庐山有两个疗养区：东谷和西谷疗养区，是在东西两条的山谷

仙人洞　　（王健摄）

里，地势平坦，环中山公路，交通方便，约有数十座疗养院、休养所集中在这里，这些院、所都是帝国主义、官僚、地主们的“官邸”“别墅”，现在都为劳动模范、战斗英雄、各界有功之臣服务了。沈老想去参观，最后选定了一座湖北省工人疗养院。沈老一行到了疗养院，院领导们门外相迎。工人们已认出来沈老，围着他大谈他们自己的幸福生活。每天晨练，户外活动，室内读书阅报举行座谈会，有的下棋玩牌打台球，青年人唱歌、跳舞，每周一两次放映电影。工人们连声感谢共产党、感谢人民政府。院长陪沈老参观了工人的卧室、饭厅、图书馆、俱乐部、医疗室。沈老一面参观，一面感叹，庐山是游览胜地，劳动人民的天堂。真是换了人间。

舍身崖　　（王健摄）

沈老不出门时，大家尽量陪他消遣，下棋、玩牌、打乒乓球，他很关心时事，何鲁陶每天给他读报，我们聊天时，他常常给我们讲古代诗人如苏轼、陶渊明、白居易以及李白等人有关庐山的诗句。他还说宋代岳飞也喜欢庐山，曾写诗寄友人。有的诗沈老背诵如流，而且还讲了一些诗人的故事。给我们上了一堂历史课。我利用这个期间，读完了《牛虻》，也读完了《联共党史》9 至 12 章。根据支部的安排还写了关于“胡风事件”学习文件的思想认识。

9 月 5 日上午沈老一行乘车到九江，九江暑气逼人，方知山上之清凉。晚餐后登上江新轮，于翌日中午到达汉口，民盟的主委聂老等人、统战部领导同志和交际处长码头迎接，沈老接受大家的盛情，决定留武汉两天,至东湖招待所休息。这两天,聂老等亲自陪沈老游东湖、参观听涛馆、黄鹂馆、屈原纪念馆、行吟阁,至武昌游珞珈山,远望武汉大学,经过辛亥革命起义的原址。晚登上火车,9 日返回北京。这次庐山之行,沈老以八旬高龄接受了一次考验,对身体更加增强了信心。

第四季度,民盟总部开始积极为明年春季召开中国民主同盟第二次全国代表大会作准备。胡愈之、费孝通负责起草盟务报告,他们提出首先要了解当前的知识分子存在的问题,因此在主席副主席办公会上决定对知识分子的状况进行一次调查,通过串联、访问、开座谈会等调查方法,了解知识分子,特别是高级知识分子的情况,以供分析研究,为开好这次大会作好充分准备。这个时期,我回到民盟投入知识分子调查工作。

1956年　40岁

工商业社会主义改造　知识分子"脱帽加冕"　赫鲁晓夫作秘密报告　匈牙利发生"裴多菲俱乐部事件"　波兰发生"波兹南事件"　沈老赴天津视察　民盟召开第二次全国代表大会　毛主席《论十大关系》发表　沈老黄山之游　党召开八大会议　《争鸣》月刊出版

1955年到1956年,我国社会主义革命和社会主义建设事业迅速发展,基本上完成了对农业、手工业和资本主义工商业的社会主义改造,提前完成了第一个五年计划。中国民主同盟和全国人民一样,欢欣鼓舞地庆祝社会主义改造的伟大胜利。1月中旬,首都举行20万人庆祝社会主义改造胜利大会。沈老等领导同志带领民盟机关工作人员和部分盟员参加了盛大的庆祝游行。北京市的私营工商界代表,敲锣打鼓上天安门城楼向毛主席报喜。接着上海、天津等100多大中城市相继实现了全行业公私合营,完成了对资本主义工商业的社会主义改造。

1月14日中共中央召开关于知识分子问题的会议,周总理作了《关于知识分子问题的报告》,提出了我国知识分子绝大多数已经是劳动人民的知识分子。月底全国政协召开第二届全国委员会第二次会议,会上周总理的工作报告中又重述了知识分子的问题。郭沫若作了《在社会主义革命高潮中知识分子的使命》报告,提出要充分地动员和发挥知识分子力量,为伟大的社会主义建设服务。从此知识分子"脱帽加冕",并赋予崇高的使命,这对知识分子给予极大的信任和鼓舞。知识分子听了两个报告后奔走相告,互相庆贺,喜悦心情难以言表。中国民主同盟就在这种气氛中于2月9日召开了第二次全国代表大会,沈老参加了大会并致开幕词。这次会议着重讨论了知识分子问题,并修改了盟章,使民盟的性质由"新民主主义政党"转变为"为社会主义服务"的政党。并制定了相应的路线、方针和政策。号召全盟发挥潜力,提高觉悟,加强团结,联系群众,为社会主义建设和社会主义改造服务。总之,一句话就是"一切为了社会主义"。最后大会选出新的中央委员会,选举沈老为民盟中央主席,章伯钧、罗隆基、马叙伦、史良、高崇民为副主席。并选出中央常务委员会,决定中常会下设组织、宣传、文教、学习、妇女、联络、监察各委员会,胡愈之为秘书长。成立办公厅,下设四个处分管组织、宣传、文教、秘书的日常具体工作,叶笃义任办公厅主任,他要我参加办公厅工作,当时我的党籍已经公开,在参加办公厅工作问题上,民盟中央一位领导同志说我是"给统战部打小报告的",提出反对意见。秘书长为领导班子的团结,因而考虑我的工作另作分配。

2月下旬,苏联共产党举行20次代表大会,总书记赫鲁晓夫在会上作了秘密(是在一次秘密会议上)报告,尖锐地揭露了斯大林在领导苏联社会主义建设中的严重错误以及对他的个人崇拜所造成的严重后果。帝国主义乘机掀起反共反社会主义的浪潮。中国共产党在《人民日报》先后发表了一论再论《关于无产阶级专政的历史经验》两篇文章,表明自己的原则立场,不赞成全盘否定斯大林领导时期为社会主义所作出的贡献。从此,中苏两国在一些重大问题上发生了分歧,苏联为对中国的报复,减少对我们一些支援,这使我国社会主义建设增加了不少的困难。但中国共产党反而增强了自力更生的意志,破除对斯大林和苏联经验的迷信,探索中国自己建设社会主义的道路。民盟总部召开了多次座谈会,学习《人民日报》一论、再论文章,表示坚决拥护中国共产党的原则立场,在党的领导下为建设中国自己的社会主义而奋斗。

赫鲁晓夫的秘密报告很快在东欧匈牙利和波兰引起了强烈的反

响。匈牙利在苏联批判斯大林的影响下，一批不满共产党的知识分子和党员，成立了号称民主自由、民族独立的“裴多菲俱乐部”，受到了政府压制，因而发动数十万人上街游行。拥护一年前被撤职、开除党籍的原总理纳吉出来主政。他提出取消一党专政，成立多党制政府。纳吉执政13天，苏联出兵镇压并逮捕了纳吉（两年后被绞刑处死），一场风暴平息了。波兰一直处在经济困难、政治动荡之中，人民对共产党和政府极为不满，1956年经济发生危机，引发了大规模的工人罢工、游行，发生了“波兹南事件”，这时成员复杂的“团结工会”应运而生，上台成了主宰波兰政权的一支政治力量。

4月25日，《人民日报》发表了毛主席在中共中央政治局会议上《论十大关系》的讲话。会上在讨论“党和非党关系”中提出中共和各民主党派“长期共存、互相监督”的方针，在讨论“是非关系”中提出艺术上“百花齐放”、学术问题上“百家争鸣”的方针。其后，中共中央宣传部长陆定一在《人民日报》发表了《百花齐放，百家争鸣》一文，提出：“我们所主张的‘百花齐放，百家争鸣’是提倡在文学艺术工作和科学研究工作有独立思考的自由，有辩论的自由，有创作和批评的自由，有发表自己的意见、坚持自己的意见和保留自己的意见的自由。”中共中央统战部长李维汉在人大一届三次会议上发言中正式宣布：“中共中央已经提出了共产党和民主党派‘长期共存、互相监督’，首先是对共产党起监督作用的方针。”“这个方针的提出，同时就再一次宣告，同党外人士实行民主合作，是共产党的一条‘坚定不移’和‘永远不变’的原则。”并提出：“要充分尊重民主党派在宪法赋予的权利和义务范围内的政治自由、组织独立和法律上的平等地位。”“任何党派和团体对其他党派和团体的这种自由和独立，都没有权利加以干涉。”各民主党派纷纷表示拥护这两大政策，民盟总部连续召开了多次座谈会，与会同志受到极大鼓舞，敞开了言路，激发了参政议政的热情。民盟中央通知地方组织即组织座谈。

5月间，国际民主法律工作者协会部分会员来华访问，有些会员亲自来沈老寓所拜访，沈老请柯柏年来一起接待，来访者分别有：意大利法学代表团团长泼莱梯葛莱、印度法学家辛格、美国学者著名法律工作者金斯伯利、国际民主法律工作者协会秘书长布兰德魏纳暨夫人等。

在这个期间沈老浙江同乡的老友钱家治(均夫)带着去年回国的儿子和儿媳来沈老寓所拜访,沈老把陈叔通也请来作陪。钱老先生介绍他的儿子留学美国取得博士学位,多年在美国从事尖端的科研工作,新中国成立他和夫人就想回来报效祖国,受到美国当局百般阻挠,直到去年,美国才准予回国。当时钱老先生介绍他儿子的名字时我很陌生,未加注意,但外貌堂堂,一表人才的形象,却留下深刻的印象。钱老先生临别时,沈老全家三代人出来相送,我在客厅门前为他们拍照留影。几个月后,我在报上看到周总理接见这位青年人的照片,我才知道他是著名科学家钱学森。

5月中旬,国男再次陪江青去莫斯科复查,据江青透露,时间不会太长,估计两三月可以回来。一切保密信件仍是由外交部信使转交。力平(宝宝起名为力平)由奶奶看管,我们都放心了。

5月下半月,沈老和萨空了、叶笃义同去天津视察,住市委招待所。下午黄火青市长和市委宣传部长吴砚农来看大家,共同安排了几天视察参观的日程。首先由黄火青市长亲自陪同视察了重工业——天津第一机床厂,视察时见到五弟王陶也在场接待。几年前,王陶随冯文彬离开团校工作到天津,冯任市委工业部长,王陶也转向工业方面,负责筹备该厂并担任厂长。今天他出来接待并介绍该厂创办经过,以及几年来发展情况。我们参观了几个车间,看到了"一化三改"中的工业化几年来取得了可喜的成就。同一天沈老等参加王笑一、王赣愚主持的司法座谈会。晚上到干部俱乐部(实际上只是高干俱乐的地方)参加晚会,遇到贺龙副总理,还有蔡廷锴、卢汉、陈其尤等民主党派负责人。晚会的节目是曲艺表演,表演者有王佩臣、小彩舞(即骆玉笙)的大鼓,这是我青年时代喜欢听的曲艺节目,看到她们虽不相识,但有一种亲切之感。如今她们都已进中年,声韵依旧,风采犹存,过去"唱大鼓的"现在是为新社会歌唱的艺人。我一面静听，一面回忆，今昔对比感慨万千。

这几天，我们还深入基层，视察居民委员会。一位老人出来报告街道工作和居民的生活情况，然后陪我们参观妇女联谊会的幼儿园。居委会主任介绍这位老人是鹿钟麟老先生。提起鹿钟麟，大家都感到惊讶。他就是二三十年代显赫一时的国民党高级将领，而今坐在我们面前的却是一位生活朴素、态度安详、热心公益的普通公民。我们谁也不知这几年他是怎样转化过来的，但相信社会主义是座可以改造人的洪炉。

沈老一行还参观了历史博物馆、天津大学学生宿舍、郭庄子小学、居民住宅、天津特产魏记风筝、泥人张的展览会；和陈叔通、高崇民、蔡廷锴、陈其尤、卢汉等人参观塘沽新港，乘海轮出海畅游渤海湾。

1956年，沈钧儒在鹿钟麟老先生陪同下参观天津妇女联谊会幼儿园。

市政协举行汇报会，孟秋江向沈老、李济深、陈叔通汇报政协工作。午宴时我和吴砚农、叶笃义同桌，他们亲切交谈，谈到抗日战争初期在天津法租界创办知识书店的那段历史，当时我在天津，我知道知识书店是一家进步书店，我经常在那里买到一些市上买不到的进步书刊。听了他们谈话之后，才知道这个书店是叶笃义弟兄们和地下党吴砚农共同创办的，从此我对叶笃义改变了看法，增加了几分敬意。

沈老和萨空了、叶笃义参加民盟天津市委组织的座谈会及知识分子座谈会，还邀请了几位南开大学教授来了解知识分子情况，听取他们的意见，我都摘要地作了记录。

我抽出时间，约了五弟和三妹回家看看父亲，特别想了解工商业改造后他的生活和精神状态。我们见了面，出乎我意料之外，他很高兴地告诉我："我已经完全退下来了，厂子交出去了，轻松多了，有时工商联要我去开开会，送我晚会票我就去参加，晚会散了，赶不上公共汽车就走回来。"他表示，他身体很好还可以工作，给厂里看看门也行。我看到父亲已经是七十五六的老人，有这种的精力体力，心态开阔非常高兴，我们称赞他鼓励他可以作个工商业改造的模范，他更感到高兴。我和妹妹、弟弟都很了解他，他一生是个宽厚待人、严于律已的人。心里有个"忍"字，遇到任何困难、委曲能够忍下去想得开。他的高兴乐观是真想得开的。过后我们背着父亲在议论，刘少奇天津之行，鼓励民族资产阶级讲的话，到今天已不兑现了；毛主席说过渡时期总路线"一化三改"，至少要10年或15年，甚至要更多一些时间，现在才几年就加速完成了。他们也都听到传说，党内存在分歧，刘少奇提出过渡时期总路线要巩固新民主主义问题，受到毛主席的批评，在农业合作化问题上邓子恢主张反冒进，毛主席说他是"小脚女人""右倾"。我告诉他们北京一位资本家在锣鼓声中登上天安门城楼，满脸笑容地向毛主席呈上大红信封报喜，回到家里，对家人们说，祖上几代家产在我这代给送出去了，感到万分无奈与惋惜。我们议论许多，这里的道理谁是谁非我们没有水平判断，但每天在报纸、广播里看到的听到的全国一片大好形势，我们还是欢欣鼓舞的。

我是在天津长大的，算是老天津了。何鲁陶要我带她去看看天津卫出名的地方，我们抽空逛了劝业场、中原公司和娘娘宫。我和萨空了、叶笃义（也是老天津）经常到外面吃早点，专门找有特色的天津小吃，还有一次到天津老字号的起士林吃了西餐。我们离开天津多年，往事沧桑，换了人间，但天津风味小吃对天津人仍具有很大的吸引力。

这次出来，整整10天，参观视察，沈老见到了堂妹沈慧儒和四儿沈谅全家，他们都在天津工作，了解了她们的生活和工作情况，特别堂妹在小学教书，真实地反映了学校情况和基层老百姓的生活，是这次参观视察中听到了许多市面听不到的声音。我们于5月底回到北京。

我抓紧整理这次视察的记录。民盟总部仍在座谈《十大关系》和"长期共存、互相监督"以及"双百方针"。我在总部已经没有职务，但我以组委会委员和沈主席秘书的身份参加座谈，以便我把座谈的内容每晚摘要地向沈老汇报。

去年沈老游兴未尽，一直想着今年作黄山之游。经大夫和家属考虑决定于7月底出行。同行者有沈谦夫妇、沈叔羊（想去画黄山）、何鲁陶、何师傅、四位警卫人员和我共11人。7月25日上午乘公务专列启行，26日下午到浦口，乘江轮到南京住南京饭店。休息一天，27日到芜湖。市委书记、市长举行晚宴招待并介绍黄山情况，转天上午乘大轿车向黄山进发。经宣城（出产宣纸出名）、歙县（出产笔墨出名），下午盘山而上，在万山丛中穿行。到黄山管理处，处长接待，并已为沈老准备好半山上的一座小别墅"观瀑楼"。它背靠两座高山，楼前开阔，远望群山山峰，在流云行雾之中。从管理处到观瀑楼只有台阶可走，共247级，我们住进观瀑楼后沈老出入上下台阶，中间歇歇，并不感觉吃力，但是沈大夫却不常出来，觉得这里物质条件差，交通很不方便，吃菜用水都感困难，而且这两天阴雨连绵，他更觉得乏味，已露出让沈老回北京之意。

观瀑楼　　　　　　　　　　　（王健摄）

说到雨，沈老说游山不能无雨，更不能无云，正好这几天一场暴雨，观瀑楼左面高山，从山上有瀑布直下到半山，根据山形又为左右两行，远望形成“人”字。水流汹涌，急流而下，故称为“人字瀑”。“观瀑楼”就为它而建。成为黄山新建（1955年修建）的一景，沈老非常欣赏。

黄山和庐山可以说完全不同，黄山七十二峰各有特色，上山下山无平路可走，只有走小路或爬石阶。山上宾馆招待所寥寥无几，所以游人吃住均感不便。黄山只是游览区而不是休养区。沈老对此不以为然，他说既来之则安之，待天晴决定上山。

我和招待处同志作了各种准备，除了起居饮食需要的以外，特别要找个滑竿和两个轿夫，怕沈老吃累以备万一。

气象台发出预报，本周内可放晴。我和警卫班长立即上山探路，上午8时出发进山，先到慈光寺、立马桥、半山寺，继续前行通过天门坎，经一段窄路小坡、蓬莱三岛、一线天，至玉屏楼（原为“文殊院”改建），至此才算出了山。游过黄山的人一向有“不到文殊院，不见黄山面”的说法。确实在楼前纵目远眺，南望天都峰，北望莲花峰，前望群山险峻。特别是楼之左侧有一棵苍劲挺拔青翠古雅的迎客松。枝干一边伸展，恰似彬彬有礼，迎接山中来客姿态。我们到此，正是中午 12 时，我和警卫商议，沈老游山也只能到此为止，也算和黄山见了面，可以满足其心愿了。我们在玉屏楼午餐后即开始回程，六时回到观瀑楼，我们把一路经过如实向沈老汇报，既有险路也有美景，既不鼓励也不劝阻，但是我们向沈老表示，是有信心保护沈老一路安全的。

8 月 8 日天气晴朗，沈老下定决心上山。沈大夫自称他不适应高山生活，故未随行。管理处即选派一名青年医生茆家升照料，杨处长亲自陪同前往。上午 8 时出发，走我们所探之路，行至立马桥，略事休息，管理局的同志给大家讲了立马桥的故事，说相传古代一将军骑马至此，久立不敢前进，将军看前面有一段陡坡，也知难而退，立马桥因此而得名。我们请沈老坐滑竿上坡，他坚持不肯，警卫搀扶，沈老安然上坡未感吃力，一直坚持走上玉屏楼（拔海 1766 公尺），沈老站在迎客松下面对黄山群山峻岭，感到赏心悦目。

沈老在玉屏楼午睡，我和警卫、何鲁陶去爬天都峰。山高坡陡，台阶旁有石柱铁链，抓链而上，何鲁陶爬至中途而归，我们冒险攀登走过一段最狭最险的山脊。再登峰顶有块石碑刻有“登峰造极”四字，拔海 1915 公尺，可俯瞰黄山全景都在白云缭绕之间。我照了几张相，原路赶回。沈老醒来，楼前观望，脚下的白云翻卷，四周奇松怪石，沈老赞不绝口，美不胜收。我们本想，沈老观黄山后在这里休息两天即可

迎客松　　（王健摄）

沈钧儒在玉屏楼前与工作人员合影　　（王健摄）

回程。而沈老上玉屏楼见到黄山此情此景游兴更浓，决定明天继续游山。

翌晨，沈老早早起来，八时出发，先至狮子林，经过蒲团松休息片刻，该松树矮枝茂，形如蒲团，上面平坦，我爬上去可盘膝而坐，可谓奇松。再行至莲花沟到莲花岭。莲花岭山高陡峭，陡坡凿出石阶，上山险峻。这时沈老不再拒绝乘滑竿上山。我们一行，中年人都取粗树枝为杖，沈谦夫人和何鲁陶相扶而行。翻过莲花岭登上莲花峰，又是天空地阔豁然开朗。过百步云梯，到鳌鱼背望天海，一段平坦之路到达光明顶（拔海 1943 公尺），顶上有座气象台，我们就此休息。沈老去参观了气象台，并对几位长年坚守在山顶上的气象尖兵表示感谢和敬意。下了光明顶，游览西海排云亭，见到西海群峰在晚霞笼罩下，薄雾游荡，神奇迷离，使沈老也叹为观止。

晚上沈老一行住宿在散花精舍，门外远处有一小山头，形如毛笔笔峰，峰上一株古松直立，称之谓“梦笔生花”，它虽不属于72峰之内，但小巧玲珑别有风味。沈老今天走了很长而且艰险的一段路，又在气象台站了半个多钟头，已感到腿酸、疲乏。晚餐后休息了，我们大家商议，虽然还有些景点未去，但沈老可能已尽兴了，游览可到此为止。明天劝他从后山（无风景区，可通公路）乘车返程。

梦笔生花　　　（王健摄）

转天一早五时，我赶去清凉台，清凉台建在山顶突出的悬崖上面，诸峰环抱，前面天空地阔，是黄山观日出之处，我来时已有多人在等候，五时半出现了一片红霞，渐渐旭日东升，游人掌声相迎，我急忙打开相机，一瞬间将其摄入，“东方红太阳升”也是一景也。

我回精舍，沈老已接受大家的意见，9时出发，走后山到云谷寺休息，再前进到苦竹溪公路。已备好轿车，沈老和警卫、陈处长、两位女眷乘车返观瀑楼。我和青年医生等人经眉毛峰山路直上直下赶回来，已感到筋疲力尽了。回来后和民盟叶笃义通了电话，了解些民盟情况，看到几天的《人民日报》。这几天与世隔绝，上山过了几天仙人的生活似乎又回到人间。特别是国男的来信，她已回到北京，报告力平身体健康和全家平安，这是最大的安慰。

回到观瀑楼，又恢复平静的生活，沈老和大家照例在温泉洗澡，沈老出温泉至附近小溪选捡石头，我也常常去洗衣服。我争取在黄山期间读完《历史唯物主义》一书，并翻阅《黄山志》想多了解黄山史料，沈叔羊常常个人行动，他到处找景点写生，我的游兴未尽，还有一些景点未看，特别是在黄山宾馆见到一张标有“石笥岗”的照片，据介绍系一位国民党将领驻防歙县一带，曾五上黄山，一次去了没有山路的石笋岗，发现万丈深渊前后三层悬崖绝壁，他看飞云缭绕其间，云厚则一片茫茫，云薄又不见层次，他逗留五个小时终于找到适当时机，一瞬间拍出了一幅层次分明富有立体感的三层悬崖照片。对面山石又衬一株古松，远处又隐隐约约诸多山峰，风景绝妙，可称黄山之最。据宾馆同志说这张照片曾在国际摄影展览会为得奖之作。但石笋岗究竟是位于何处，只知在石笋峰后面，但谁都没有去过。我看了这张照片，游兴更浓，决定再次上山，不找到石笋岗我不甘心。

我把我的想法告诉沈老，沈老也知道有些风景他也未去，他要我拍几张照片带回来他看看也就满足了。他要我带个警卫陪我去。他还说叔羊这个人就想独来独往，要他带个人陪他去，他反而觉得不自由，叫人担心。我顺便告诉沈老，陪您的医生知道您是书法家，他很喜欢您的书法，他希望您给新盖的玉屏楼题几个字。沈老没有表示意见，他说要等我回来再说。

17 日一早我和警卫再次上山，曾经游览过的地方，我不看风景，我画黄山地图，一路直奔光明顶，只花了两个半小时，然后开始在云雾中游览了始信峰，一路所见奇松怪石美妙异常。下山遇到上海民盟主委陈望道先生（他是中国翻译《共产党宣言》的第一人），他一人独行，家人住在狮林精舍。他很关心沈老，约定下山后看望沈老。下午我和警卫在西海，想观云海，今天云薄，云中露出一些山峰似如小岛，据说杭州附近有个千岛湖，现在我看到的是“千岛云海”，这是我给它命名的，我把它也看成为黄山一景。晚上我和警卫仍住在散花精舍，第二天又起个大早，直奔石笋峰。石笋峰并无特点，形如一棵大竹笋，独立群山之间，所奇者，山腰突出一株古松，使这棵石笋增添了生气。我们最终的目的是石笋岗，询问来往的游人，都知石笋峰而不知石笋岗，我们只好绕过石笋峰自己去寻找。见一山，没有山路，我们登乱石抓住小草向上攀登，登上山峰，又是一片天地，终于见到远处万丈深渊中出现三座悬崖绝壁，正是我在照片所见之景，时有云雾穿插其间，我们逗留了两个小时，拍了十几张，也算满足这次游览的心愿了。

我们原路赶回精舍，一瞬间弥天大雾，面前一片茫茫。警卫在凉台儿尺之隔，只闻其声而不见其人，宛如隔世。我们也飘飘欲仙了。午餐后略事休息，我也完成了黄山游览地图，即原路赶回观瀑楼。晚餐间我向沈老汇报这两天游览所见，特别是石筒岗一景，他说此景我无法身临其境，听听也满足了。我想回北京后洗出照片，他会更高兴的。这几天我彻底休息，看完了《历史唯物主义》，再翻阅《黄山志》，书上记有徐霞客两次黄山之游，一次是冬季，“石级为积雪所平，其阴处冻雪成冰”，他不畏险阻游览各山峰。第二次是九月，正是我们这次的季节，他一路游览都有游记。最后有人问他：“游历四海山川何处最奇？”徐霞客答道：“薄海内外无如徽之黄山，登黄山天下无山，观止矣。”我把徐霞客的这句话告诉了沈老，沈老顺口说出，有人说“五岳归来不看山，黄山归来不看岳”。沈老也是走遍名山大川的人，他同意徐霞客对黄山的评语，也推崇黄山是天下群山之最。

石筒岗　　　（王健摄）

关于沈老题字事，沈老告诉我，他上山一路所见石刻题字，皆为古人，他作为今人不愿在黄山留名。他只给青年茆医生写了一幅，记载这次游览并感谢一路关心照顾。我把这幅送给茆医生，他非常惊讶，完全出乎意外。我告诉他沈老不愿意为玉屏楼题字的想法，他对沈老的为人品德更加敬仰，特地亲自来向沈老表示感谢和敬意。

20 日下午陈望道特来看望沈老，畅谈两个多小时，他决定明日回上海，沈老表示两三天后也即离黄山，去杭州、上海住几天，在党的八大开会之前赶回北京。

22 日晨杭州交际处苏科长来接，我们分乘四辆轿车离开黄山，一路有山有水，农家正是忙季，到皖浙交界处的昱岭关，休息、午餐。

下午三时到昌化，在县政府休息片刻继续赶路，直到杭州，住灵隐寺朱庄招待所，晚间交际处长来看沈老，介绍了杭州这几年的新变化，恳请沈老多留两天。这几天沈老游览了灵隐寺，登游艇环游西湖，至三潭印月游览，再登艇至西山公园，都是人工修建装饰，是西湖又一景点。游虎跑，也整理一新。

我去看望了老朋友陶志新，她仍在学校教课，工作很努力，群众关系好，思想很大改进，终身大事已选定了对象，也是一位老师。我们谈话间她时有反省，和过去判若两人，我鼓励她，社会主义会给你带来新的生命，幸福的生活，愿我们始终保持可贵的友谊。

25 日，沈老一行乘公务车到上海，盛康年等人去接，至上海大厦 13 楼休息。沈老在上海的家属来看沈老，沈老的侄媳邵展也来了，她为人爽朗，思想开放，我们已成可以交谈的朋友。晚上曹荻秋副市长设宴迎接沈老，金仲华、陈望道、沈志远、盛康年等来参加，宴席设在大厦 16 层。沈老想到三年前潘汉年曾在此楼宴会，而今不知何罪，他已身陷囹圄，感慨万分。当晚登车，于 27 日晨返回北京。沈老家人以及国男抱着力平均在车站接迎，力平（一岁半）远远见到我，举手高呼，见到沈老连声叫爷爷，亲切异常。一个月的旅行结束了，全家又团圆了。

我们回来不久，中国共产党于 9 月 15 日举行第八次全国代表大会，这是党在全国执政后开的第一次代表大会。毛主席致开幕词，刘少奇作政治报告，周总理作第二个五年计划的报告。邓小平作关于修改党章的报告。沈老和李济深、宋庆龄等人列席了大会。刘少奇在政治报告中分析了国内外形势和国内主要矛盾的变化，提出了今后的根本任务。明确指出我国对农业、手工业和资本主义工商业的社会主义改造已取得了全面性的决定性的胜利，“这就表示，我国无产阶级同资产阶级之间的矛盾已经基本解决……社会主义制度在我国已经基本建立起来了。”报告里说明今后我国的主要矛盾是先进社会主义制度同落后的生产力之间的矛盾。邓小平在关于修改党章的报告中，提出如何加强党的建设外，也提到“个人崇拜”问题，他指出个人崇拜是一种有长远历史的社会现象……我们的任务是要坚决地执行中央反对把个人突出和对个人歌功颂德的方针，继续坚持集体领导和个人负责相结合的制度，党的民主原则和群众路线在一切方面都得到贯彻执行。最后大会选出了新的中央委员会，选举毛泽东为中央委员会主席，刘少奇、周恩来、朱德、陈云为副主席，邓小平为总书记，并由他们六人组成中央政治局常务委员会。大会在国际歌声中胜利闭幕。民盟和其他民主党派一致表示拥护中共八大的正确路线，并对中共成功地召开八大致以祝贺。

为了贯彻“百花齐放、百家争鸣”方针，民盟北京市委主委吴晗决定出版《争鸣》月刊，成立编辑部，由市委陈鼎文负责，编辑部设在东四魏家胡同甲四号北京市委会内，并开始对外征稿，决定于 11 月 1 日创刊。在这期间，民盟总部提出了拟与北京市委合办《争鸣》，经多次磋商，吴晗同意合办。从第三期起，编辑部移到太平胡同(1965 年后改称东厂胡同北巷)一号民盟总部内，成立千家驹等 19 人的编委会，其中推出千家驹、萧乾、陶大镛、费孝通、潘光旦、萨空了六人为常务编委，并推千家驹为主编，负责领导编辑部工作，编辑部仍由陈鼎文担任主任，千家驹提出我参加编辑部任副主任。从编委会到编辑部都体现出《争鸣》月刊是民盟总部和民盟北京市委联合主办的。

1957年　41岁

民盟《争鸣》月刊公开发行　毛主席作《关于正确处理人民内部矛盾的问题》报告　中共中央发出《关于整风运动的指示》　反击"右派"分子猖狂进攻　附录:6月6日民盟六教授会议发言记录

新年过后,我开始到民盟总部上班。《争鸣》的编辑部设在总部的东花园一直空闲着的三间南房。门外有山石、古松,环境非常幽雅清静。关于编辑部组成人员问题,去年多次找编辑部原主任陈鼎文商议,我提出市委的原任编辑全部过来,再补充总部几位组成,陈坚持不同意,而且说他自己也就挂挂名,一切由总部决定好。千家驹提出我作副主任,我在办公厅主任叶笃义的支持帮助下,调了韦士宾、吴又熊、尹肇雄和两位1953年来的大学生团员刘淑孙、曾宪斌五人组成,并调来汪淑莲负责会计、收发工作。去年年底班子已组成,今年过了元旦就开始工作,我几次通知陈来上班主持工作,他总是推辞不来,很显然民盟市委并无诚意和总部合作。从此,《争鸣》全部由总部主办。总部决定《争鸣》代替总部《盟讯》,并改内部印发为国内公开发行。《争鸣》陆续发表了盟内盟外大知识分子有较高学术水平的文章,在各个领域里提出有建设性的意见。因为《争鸣》出版不久来稿还比较踊跃,但盟外发行数量不多,我们求助于《光明日报》代我们广为宣传。也希望《光明日报》有些不好发表的争鸣文章,转给《争鸣》上发表,以表现我们的刊物是名副其实的《争鸣》。

2月27日,我参加一个一千多人的大会,我已记不清是人大还是政协的会，开会时，主持人宣布今天大会改为扩大的最高国务会议，毛主席要作重要讲话。（最高国务会议每次都由毛主席召开，开会时间，什么人可以参加会议，都由毛主席决定，今天如果不是临时改变，我是不能参加这种最高层会议的。）大家听了都很高兴。我急忙拿出笔记本准备记录。毛主席出来作了《关于正确处理人民内部矛盾的问题》的长篇报告。其中讲了12个问题，把正确处理人民内部矛盾问题作为今后国家政治生活的主题，并且从理论上提出关于社会主义社会矛盾的新学说。报告中也提到知识分子问题和长期共存互相监督、百花齐放百家争鸣等问题。3月间，毛主席又在中央宣传部召开有党内外800多人参加的全国宣传工作会议上讲了话，提出党对知识分子的估计，知识分子改造和同工农群众结合的必要，同时宣布双百方针是一个基本性的也是长期性的方针，领导我们的国家应该采取“放”的方针，就是放手让大家提意见，敢讲话，敢于争论，敢于批评。毛主席这两篇讲话在广大知识分子中进行了传达和讨论，引起了热烈的反映，也受到了极大的鼓舞。

在这种鼓舞下，《争鸣》来稿逐渐多起来，有人对“教育学试行教学大纲”敢于提出不同意见，有人认为在教学中可以开展争鸣（反驳那些不可争鸣的意见）；有人提出唯心主义也可以争鸣；也有一些来稿是对某些学术权威发表的文章提出“商榷”。《争鸣》的内容逐渐活跃起来。4月号《争鸣》由千家驹主持召开“如何展开学术界的‘百家争鸣’问题”座谈，发言者有千家驹、邓初民、孙毓棠、吴景超、沈志远、岳劼恒、陈达、范朴斋、彭迪先、潘光旦。会上做到了各抒己见，畅所欲言。5月号由曾昭抡主持召开了“关于科学体制问题”座谈，参加者都是著名的社会科学和自然科学科学家，有钱端升、李宗恩、钱学森、张景钺、童弟周、曾昭抡、褚圣麟、吴景超、马大猷、孙渠、陈士骅、张维、蒯伯赞、费孝通、钱伟长。他们有的在会上发言，有的是书面发言。我们整理出记录发表，内容很有分量，深受科学界知识分子所重视。6月份曾昭抡又组织“关于当前学制问题的讨论”，参加者有教育部的领导同志，也有大学的校长、教授，也有中小学教育

争鸣 1957年5月号 (总第7期)

关于科学体制问题(座谈纪录) ……(2)

关于目前高級农業生产合作社主要矛盾的討論

1. 高級农業社当前的主要矛盾問題的座談(摘要报导) ……(14)
2. 关于高級合作化以后农村主要矛盾的一种看法 ……(15)
3. 我对于目前高級农業生产合作社主要矛盾的一点意見 ……(16)

再談方塊字的横排 ……(18)

汉字的書法問題 ……(21)

康有为梁啓超改良派所繼承的傳統是什么? ……(24)

評王亞南"馬克思主义的人口理論与中国人口問題" ……(25)

……(26)

美国共产党第十六次代表大会"关于美国經济情况的决議" ……(29)

……丁(28)

工作者,会上大家对学制问题提出许多中肯的意见,有些讲话是代表了一部分老师讲出了他们的心里话。我们编辑部的同志看到《争鸣》真的能"争"起来,感到欣慰,也增强了信心。

民盟中央另外由黄药眠主持召开了"高等学校中的党委负责制问题"座谈会,会议记录未在《争鸣》发表。几位主持人根据座谈会上所提出的意见和建议,整理成为《关于有关我国科学体制问题的几点意见》送《光明日报》发表。另整理出一份《关于高等学校领导制度的建议(草案初稿)》分送有关方面征求意见,准备在《争鸣》发表。

4月27日中共中央发出《关于整风运动的指示》。在全党开展以反对官僚主义、宗派主义和主观主义为内容的整风运动。几天后,毛主席在天安门城楼上邀请各民主党派负责人和无党派民主人士开座谈会,发动大家对共产党提意见。从5月上旬到6月上旬,中央统战部先后召开了各民主党派负责人和无党派民主人士座谈会十余次,大家踊跃发言,对党政工作和干部的思想作风提出了大量的意见、批评和建议。在这期间,北京一些大学学生闹事,对校党委有些做法表示不满,甚至有人声称驱逐校党委,使学校秩序发生混乱。民盟中央章伯钧、史良、胡愈之于6月6日邀集曾昭抡、吴景超、黄药眠、钱伟长、陶大镛、费孝通等六人(有的是大学副校长,有的是大学教授)来了解各校情况、分析形势,并研究民盟如何出面做学生的工作。6月8日《人民日报》发表题为《这是为什么》的社论,指出有人想利用党的整风进行尖锐的阶级斗争,我们必须用阶级斗争的观点来观察当前这些现象,并得出正确的结论。接着我就在党内听到传达中共中央的机密文件《关于组织力量准备反击右派分子进攻的指示》,要求全体党员作好思想准备,把处理人民内部矛盾的党内整风立即转为反击右派分子的对敌斗争。6 月 19 日《人民日报》公开发表了毛主席在 2 月 27 日的《关于正确处理人民内部矛盾问题》的讲话。这里新增加了辨别"香花"和"毒草"的"六条标准",以便用它来检查、批判和揭发"右派"分子的言论行动。在这期间民盟中央已经先后作出了《关于全盟开展反击"右派"斗争并开始盟内整风的决定》和《补充指示》,并成立了由沈钧儒等 31 人组成的民盟中央整风领导小组,和由胡愈之为主任李文宜为副主任的整风办公室。开始对民盟有些人在中央统战部召开的座谈上发表的言论进行批判。7 月 1 日《人民日报》又发表了一篇题为《〈文汇报〉的资产阶级方向应当批判》的社论。这篇社论具体揭露出了民盟章伯钧和罗隆基"反党反社会主义"的"同盟"。社论里说:"民盟在百家争鸣过程和整风过程中所起的作用特别恶劣。有组织、有计划、有纲领,都是自外于人民的,是反共反社会主义的。"民盟有人"呼风唤雨,推涛作浪,或策划于密室,或点火于基层,上下串联,八方呼应以天下大乱,取而代之"。"整个春季中国天空上突然乌云乱翻,其源盖出于章罗同盟。""文汇报在春季里执行民盟中央反共反人民反社会主义的方针……其方针是整垮共产党,造成天下大乱,以便取而代之。""罗隆基-浦熙修——文汇报编辑部,就是文汇报的这样一个民盟右派系统。"我看了报纸赶快读给沈老听,不知沈老听了这些话心里作何感想。他没有表示任何态度。我想他作为民盟主席,内心一定是很沉重的。

我已进入不惑之年,但面对当前的现实反而有些困惑不解,从去年知识分子脱帽加冕,对民主党派提出长期共存、互相监督的方针,对科学、艺术提出双百方针,知识分子确实感到春天到来了。今年 2 月,费孝通反映大家的心情发表了一篇《知识分子的早春天气》,虽然早春天气还会乍暖乍寒,但毕竟是春天到来了(据说毛主席、周总理看了这篇文章,都认为写得很好),但是万万没有想到,正在这个春季,知识分子的党派民盟却成了反党反社会主义的政党,素来水火不容的章伯钧、罗隆基却结成了反党同盟？6月6日六教授的会也成了黑会，民盟所发表的各种意见和纲领包括费孝通《知识分子的早春天气》文章也都成了反共反人民的黑纲领、黑路线。我作为一个共产党员，身在民盟“阶级斗争最前线”却毫无察觉，但我应该相信毛主席和党中央是明察秋毫的。

“反右”时批斗民主人士、交通部部长章伯钧

7月上旬沈老参加全国人大一届四次大会，在大会发言《号召民盟成员，克服温情主义，把反右斗争进行到底》。

《争鸣》月刊从7月起已成为反右斗争的专刊，有些人利用这个阵地，争先恐后发表文章，以表明个人的心迹，有的自我检讨，有的揭发批判，我以极其复杂的心情也写了一篇反右文章，从发表过的座谈会记录里找到一些作为批判的资料，以化名发表。

去年知识分子一片大好形势中，发展组织吸收了不少新盟员，这年2月《争鸣》第4期上还刊登了一篇荀慧生《我光荣地参加了民盟》。自从反右运动开展后，章伯钧受到盟内外广大群众大批判，民盟中央“恶性大发展”成为章伯钧罪行之一（因为他是民盟中央负责组织委员会工作的），特别是“七一”社论发表后，许多新盟员纷纷提出退盟，其中文艺界的有侯宝林、马连良、荀慧生、曹宝禄等人。

民盟中央的反右斗争逐渐向纵深发展，大鸣大放大字报。重点在揭发批判"章罗同盟"，进一步发动全国民盟组织挖掘"章罗同盟"的分店、军师、谋士、代理人和骨干，范围越来越大，人数越来越多，揭发批判材料如雪片飞来，整风办公室研究拟将这些材料和报纸上的有关材料收集起来编印一本"章罗联盟"（民盟把"同盟"改为"联盟"）资料汇编，立即开始收集资料作准备工作。

民主党派是阶级斗争的最前线，为了增强前线的战斗力量，统战部又调来几位党员来参加反右斗争（有的是暂时调用的），我在《争鸣》编辑部的同时，除了列席参加在京中央委员会"反右"斗争组外，还参加机关干部组的"反右"斗争，在这个组里我参加大鸣大放大批判。当时在我心目中有两个干部是有右派言论的，一个是《争鸣》编辑尹肇雄，平时他就讲过"君子不党，是党必黑"，我们就有过争论。另一位是老盟员，宣传部的陈新桂，他读了不少马列主义著作，但他认为"无产阶级专政是产生官僚主义的根源"。我在组里把他们的右派观点提出来并进行了大批判。至于其他干部大都有些牢骚，说些怪话，我不认为是右派言论，但我也发言予以批评，后来定案时有些人也划了右派，我的发言起了一定的不良作用。为此，我常常感到有些内疚。

沈老和陈叔通、黄炎培等相约于8月初到北戴河避暑，这次我不能陪同，我每周把民盟中央运动情况向沈老汇报。从何鲁陶的来信中得知，这次去北戴河避暑者除陈、黄二人外，还有李济深、张治中、杨明轩、陈劭先等人，有时聚在一起座谈，并请统战部部长李维汉参加，座谈内容主要是各民主党派如何深入开展反右斗争和整风问题，还谈了和平解放台湾等问题，9月初返京。

到了年底，我们在胡愈之、李文宜的领导下将《章罗联盟资料汇编》编印成册，全书共530多页40多万字，其中牵涉的人难以统计。书的首页"编者的话"里说"章罗是首脑，一部分是骨干（极右分子和右派分子），加上中间偏右分子，在三大高潮到来以后，他们互相勾结，逐步形成一个反动的政治联盟……"

我在参加编辑这些资料时，很注意对《争鸣》的批判。不少人揭露章罗控制《光明日报》、上海《文汇报》以及《争鸣》作为他们反党反社会主义的阵地。吴晗在批判发言里愤愤地揭露章罗在苏共20大，匈、波事件后，世界掀起反共高潮，他们把我们市委创办的学术性刊物《争鸣》争夺过去，成为民盟中央反党反社会主义的刊物，而且积极向社会广泛发行。曾昭抡在揭露文章里说，章罗把《争鸣》夺到手，章主张《争鸣》要多谈政治，罗主张《争鸣》的文章“要言人之所不敢言”，这就可见他们的政治“野心”了。

1958年　42岁

天安门广场举行“社会主义自我改造促进大会”并列队游行　沈老去上海民盟调查反右整风情况　全国出现了“三面红旗”　批判马寅初“新人口论”　沈老和陈叔通赴徐州参观人民公社　沈老赴武汉视察　沈老、胡愈之赴重庆、成都视察并游三峡　民盟召开第三届全国代表大会

沈老在《光明日报》发表元旦献词《为彻底完成中国民主同盟的自我改造而奋斗》，号召全体盟员在整风运动中加强自我改造。沈老从自身做起。自反右整风后，沈老写一纸条放在口袋里，上面写着：“你是不是听党的话？你是不是听毛主席的话？你是不是走社会主义道路？你对人民究竟做了些什么事情？”时时取出来，反躬自问。

1月下旬，民盟中央常务委员会举行扩大会议，对中央委员、候补中央委员一级的1/3划为“右派分子”的作出处理。会上并通过了《通知》：“要求全盟立即开展一般整风运动，以扩大反右斗争的战果，使民盟的根本改造和盟员的政治立场改造更向前推进一步。”据1月份初步统计，全国盟员1/10强划为右派（各省市主委、副主委约占1/3），《争鸣》编委会划为右派的占半数，“六教授”中五位教授是《争鸣》编委。根据《争鸣》的几次座谈会整理出的《关于有关我国科学体制问题的几点意见》和民盟中央另外一份《对于高等学校领导制度的建议（草案初稿）》也都成为“章罗联盟”的黑纲领。去年《争鸣》7、8、9月暂停刊3个月后，10月份继续出版，性质完全改变。千家驹和我职位未变，但在整风会上我们受到批判都作了自我检讨，千家驹还在《争鸣》上向读者作了书面检查。他说他是被保护过关的。我们做了检讨,未受到任何处分。

二三月间,各民主党派共同作出决定,号召各民主党派通过整风,加速自我改造。3 月 16 日,各民主党派和无党派民主人士约数千人在天安门广场举行"社会主义自我改造促进大会",沈老任大会主席,并致开幕词(胡愈之起草的),李济深、郭沫若、黄炎培先后讲了话。大会通过了《社会主义自我改造公约》和上毛主席书。会后,全体与会人员走上长安街,高呼口号,列队游行。都已年届耄耋之年的沈老、李济深、郭沫若、黄炎培等走在游行队伍的最前列。游行队伍浩浩荡荡,情绪激昂,掀起了自我改造大跃进的高潮。

1958 年 3 月 16 日,各民主党派和无党派民主人士约数千人在天安门广场举行"社会主义自我改造促进大会",沈钧儒(左二)任大会主席。 (王健摄)

4 月间,沈老和萨空了、何鲁陶和我四人,一起去上海,了解民盟反右整风情况,活动了一个星期,见到陈望道、苏步青、谈家桢等民盟市委的负责人。在民盟市委座谈会上,听取了寿进文、陈学铭汇报从反右、整风到准备召开代表大会,改选新的领导班子。目前正在发动盟员写大字报交心(交出自己的黑心)。萨空了讲话,肯定反右整风所做出的成绩,要求下一步以大字报为武器,开展批评与自我批评,揭盖子、交黑心、评比竞赛,集体讨论,自己定出改造计划。我们还参加了民盟黄浦区支部、水产学院支部、复旦大学支部座谈会,也听到谈家桢、苏步青讲了话。我们回来后,沈老、萨空了对上海的反右工作总的印象是抓得不够紧,急于忙着市委会改选,大字报交心启动得太慢,甚至有的支部还没有启动,复旦大学大知识分子多(大右派也多),对整风改造有抵触情绪,教授的架子还没放下来。但各支部同志们对沈主席带头交心,带头在天安门游行却受到鼓舞,促进了大家自我改造的决心。

26日,上海民盟市委在市政协礼堂举行代表大会,代表400多人,首先是中共市委负责人魏文伯讲话,沈老和萨空了都讲了话,陈望道作工作报告,经过分组讨论各区支部介绍经验体会。最后选出了新的领导班子。这次会上我看到已划为右派的沈志远、徐铸成也在后排就坐。会后,魏文伯、刘述周请沈老、萨空了等晚餐,餐后并举办晚会招待。

这些天里,沈老等人参观了邹韬奋纪念馆,见到了邹师母、小妹(邹嘉骊)和毕云程。陈望道陪我们到锦江大厦14楼晚宴。俯视上海夜景,还去了黄浦江边,参观了虹口公园鲁迅先生纪念馆。27日(星期日)一早,全市锣鼓喧天,轰麻雀的战役开始了,家家户户敲脸盆,敲铁锅,有的上房顶吹喇叭。麻雀一夜之间飞来横祸,成了飞禽中的右派了。

离开上海的前一天,沈老特约沈志远、徐铸成来谈。沈志远在我心目中,30年代他在生活书店出版了几本马列主义通俗读物,指导青年走向进步,今天何以成为反马列主义的右派,令人难解。徐铸成是上海《文汇报》的负责人,“七一”社论上点了《文汇报》,并定了性,徐铸成是在劫难逃的。沈老对他们还是念念不忘的老朋友,耐心地开导他们,鼓励他们,希望他们振作起来。沈志远和徐铸成都感谢沈老在这个时候还能约见他们,但他们都心里不服,不承认自己是反党反社会主义的。

我回到北京后，就听说北京大学里批判他们的校长马寅初的《新人口论》。后来我了解到来源是从 4 月间毛主席在一篇《介绍一个合作社》里讲过“人多议论多，热气高，干劲大”的话。5 月，刘少奇在八大二次会议上的工作报告里，不点名地指出：“某些学者，他们只看到人是消费者，人多消费要多，而不首先看到人是生产者，人多就可能生产得更多，积累得更多。显然，这是一种违反马克思列宁主义的观点。”很快，党内陈伯达出来点名批判马寅初的《新人口论》，北京大学也就随之而起，北大校刊发表批判文章，全国性的报刊也展开了批判，说他是马尔萨斯主义，否认“人多是好事”；说他否认社会主义制度的优越性；说他对上亿人口缺乏感情等等。后来，我进一步了解《新人口论》主要的观点：马寅初提出在综合平衡经济理论方面，要正确处理农业、轻工业、重工业的关系，积累与消费的比例关系等。他说：“人多固然是一个极大的资源，但也是一个极大的负担。”他认为中国人口问题的性质是“人口压迫生产力”类型的。解决人口问题的根本途径是：“必须发展生产”“控制人口”“提高人口质量”。还说“就粮食而论亦非控制人口不可”。马寅初面对批判，坚持真理，宣称：我虽年近 80，明知寡不敌众，自当单身匹马，出来应战，直到战死为止，决不向专以力压服而不以理说服的那种批判者投降。

社会各方面对马寅初的批判延续了很长时间，有的好心的朋友劝他认个错就可以了结。马寅初表示，为了学术的尊严，拒绝低头认错，最后马寅初被迫辞去北京大学校长职务。

夏秋之交，全国出现了“三面红旗”，即：“社会主义建设总路线”“大跃进”“人民公社”。这“三面红旗”早在去年毛主席即已提出：中国在 1957 年真正取得了社会主义革命的胜利，但现在的生产力还很低，争取 15 年超过英国、苏联，赶上美国，那时世界面貌就会大改变。后来提出了奋斗目标是，加快速度“超英赶美”，概括为“大跃进”。

5 月间，中共八大二次会议上，正式通过了“鼓足干劲、力争上游、多快好省”作为党的社会主义建设总路线。认为中国正经历着一个“一天等于20年”的伟大时期，要求每个工厂、机关、部队、学校和农村合作社，都要“插红旗、拔白旗”，实现全面大跃进。要求工业战线上以钢铁工业为核心，“以钢为纲”，“一马当先，万马奔腾”。与此同时，报纸上不断报导大肆宣传全民大炼钢铁和一些农业社高产“卫星”的消息（如河南省西平县放了一颗亩产小麦7000多斤的“卫

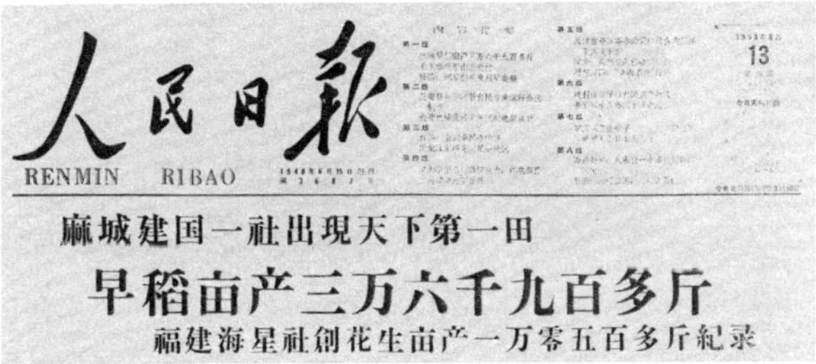
人民日報
RENMIN RIBAO

麻城建国一社出現天下第一田
早稻亩产三万六千九百多斤
福建海星社創花生亩产一万零五百多斤紀录

星”；广西环江县放了一颗中稻亩产13万斤的“卫星”等）。党内有些领导同志认为，农业生产合作社已不适应生产力发展的需要了。8月，中共中央政治局会议通过了在农村建立人民公社的决议，决议认为，人民公社是形势发展的必然趋势。建立农林牧副渔全面发展、工农商学兵互相结合的人民公社，是指导农村加速社会主义建设，并逐步过渡到共产主义的必须采取的基本方针。早在几个月前，小型农业生产合作社开始合并为大型合作社时，《人民日报》就推荐河北省徐水县“苦战三个月，改变全县自然的面貌”的报导。这些报导、决议、口号，在当时是振奋人心的。9月中旬，沈老便约陈叔通同赴徐水，参观徐水人民公社、徐水大学和幸福院、参观商庄、谢坊人民公社，以及钢铁厂、炼铁厂和化肥厂。二老心情激动，合作诗四首以记其观感。

诗云：

争说人民公社好，我闻徐水已开端。
此行亲眼来观看，飞跃心情胜激湍。

1958年8月，毛泽东视察河北徐水县。同月，中共徐水县委在报纸上公布了《关于加速社会主义建设向共产主义迈进的规划草案》，要求到1963年进入“伟大的共产主义社会”。

理想都能成现实，岂惟岁岁大丰穰。
工农商学兵一体，如此真能到富强。

思想解放是先锋，干劲才能向上冲。
只有党先来领导，人民从此信心浓。

壁画诗歌尽动人，最为难得感情真。
蓬蓬勃勃皆生气，爱社如家自有因。

全国人大、政协建议各代表、委员多外出参观、视察，了解一些各地“大跃进”的新的变化，沈老在徐水参观回来，在他身上也有一种蓬蓬勃勃的生气。一个星期后，即决定去武汉、重庆等地参观。

9月22日上午，我们到了车站，闵刚侯、吴晗、史良和国男带着力平去送行，我们上了车，一路所见确有一番新的气象。到处是土高炉，大炼钢铁。遍地是密植庄稼，已经看不到单干户了，都是一群群地在劳动，这就是毛主席说的“人民公社好”。车上广播同车里有一批北京大学的学生，是去湖北义务劳动支援炼钢的，向乘客一次再次表扬他们这种公益精神，我们也受到教育。9月23日上午到达汉口，当地党政负责人和民盟领导人，以及先期来武汉的代表、委员们有吴觉农、郭则沉和母亲都到车站迎接，住江汉饭店（即3年前住过的明德饭店）。下午张纲伯、张难先、李书城、梅龚彬、杨东莼相继来看望沈老。张难先已85岁，眼睛视力很差，他坚持来参观视察，他说我看不清楚，摸摸稻穗也是好的。沈老说我们都要忘记自己的年龄，就觉得年轻了。

母亲来看沈老，向沈老报告，现在是一面参观视察，一面组织座谈，沈老可自愿参加。27日请大家去东湖过中秋节，有晚会，并告诉沈老，胡愈之明天可到汉口。

湖北省民盟负责人李伯刚来向沈老汇报省盟大跃进情况，也谈到湖北省的情况，说“大跃进”到处出奇迹，沔阳石桥乡受了灾，还是大丰收，每人万斤粮；家庭妇女发明了草酸；麻城一个8岁的孩子搞水稻棉花试验田；钢铁战线上非常紧张，市委成立了指挥部，书记亲自挂帅等等。我们听了也感到振奋不已。第二天我们参观长江大桥，1955年我们来时，只看见第一个桥墩，现在已全部通车了。沈老步行走过大桥，一位负责同志解说，这是世界第一的大桥。我们经汉阳龟山下来，看见许多男女少年，在龟山掘矿石，一车一车运走，运到土高炉去炼钢，孩子们也动员起来了，为钢铁而战。晚上我和李伯刚等去车站接胡愈之，晚点了一个多钟头，说是为钢元帅让路。接到了胡愈之，见到敬季超，他是陪胡愈之从河南视察来的，我们同住江汉饭店。

第三天我们去武昌青山，参加庆祝武钢建成典礼，各界来宾很多，沈老上了主席台，记者们争先摄取镜头，举行剪彩仪式后，来宾们参观各车间。招待的同志告诉我们，武钢的规模比鞍钢大，未来发展前途将更大。晚上沈老参加武钢盛大的晚宴，席上沈老的讲话，热情洋溢受到来宾欢迎，席间有人带头高呼口号，增加了宴席的热烈气氛。沈老即席讲话虽然很简单，但听之感到亲切自然真情动人。

第四天上午沈老去武昌参加武汉重型机械厂验收典礼，参观了两个车间，规模宏大号称是东亚第一。下午游中山公园，经民生路，沈老去找过去（1938 年抗战初期）他住过的地方。沈老告诉我这个地方是救国会同志们经常聚会之所，也是和李公朴创办《全民》周刊的社址。这条街还在，而原住所已找不到了。

第五天上午去车站接闵刚侯、千家驹，高山同来。大家集中到沈老房间，共同商谈民盟工作，如何筹备召开民盟三届代表大会问题，胡愈之提出，人民公社成立后民主党派的存在问题，如继续存在，如何发挥作用，这都是新形势下的新问题。下午游东湖，到听涛馆、屈原馆、行吟阁、长天楼。省市委、省市政协负责同志设宴招待沈老一行和全国政协组织的参观团全体成员。成员中我发现六年前同赴柏林开会的国际大法官梅汝璈，此时此地相遇，却成了老朋友。今天是中秋佳节，宴会后大家到后花园露天赏月，满天彩云，皓月当空，大家欢声笑语秋色满园。我举头望明月而心却是思念国男和力平，古诗说出游子的心情，而今晚我深有感受。

第六、七天上午，沈老等一行全部参加民盟湖北省委会举办的座谈会，听取湖北民盟负责同志报告，并讨论在新形势下民盟如何开展工作，大家提出许多问题。这对我们召开民盟三大做好准备工作有益处的。

第八天（9 月 30 日）按照既定的计划，沈老、胡愈之和我三人登上江轮去重庆、成都参观视察。天气晴朗，风平浪静，沈老在轮上休息，心情舒畅，健康情况良好。我们在船上住了四天四夜，一路经过岳阳、沙市、宜昌，继续前行即进入三峡。先到西陵峡，经巴东入巫峡，巫峡有巫山 12 峰，巫山传有神女，昼兴云，夜布雨，“巫山云雨”之说即出于此。沈老登船顶，两面山高陡峭，奇景壮观，我给沈老摄影留念。再经瞿塘峡，到奉节县，三峡即已全部通过了。船继续前行经万县、忠县、丰都县，这里虽是穷乡僻壤，但政治挂帅，标语甚多，标语上写：“过去人见山发愁，现在山见人低头。”“干劲冲破天。”“蹬着地球，征服自然。”好大的气魄，这里的山地农民敢于提出“争取千斤

1958 年 9 月 30 日，沈钧儒乘江轮自武汉溯长江赴重庆。10 月 2 日船经三峡，沈钧儒登上船顶，观赏三峡风光。

（王健摄）

果，荒山变良田”的口号，以表现他们“大跃进”精神。

10 月 4 日一早进了嘉陵江，开到朝天门码头，重庆邓副市长、统战部长和四川民盟负责人肖华清、李嘉仲等同志均来码头迎接。我们登上石阶，走上重庆市区了。住四维路怡园，一所精致的别墅。这是曾招待过马歇尔的地方。上午参观了曾家岩 50 号中共办公处旧址（现在已成了纪念馆），也看到周围特务监视的小楼。还去参观了人民大会堂，外表富丽堂皇雄伟美观，但这正是前两年批判建筑学家梁思成的“大屋顶”“复古主义”那一类型的建筑。

下午去拜访张表老夫人并向全家表示问候。随即去枣子岚垭，寻找到了 83 号良庄故居。故居依旧，但已成了民房。沈老走进所有的房间，引起了无限的回忆。告诉我当年这是救国会的大本营，多少人都来过这里，住过这里，而且还有不少值得纪念的历史故事。沈老在故居逗留良久，最后给他在住房前摄影留念。随后去市人民委员会(原蒋介石的总统府)拜会市长。去临江路市委统战部拜会,并研究这几天活动日程。

沈钧儒在重庆枣子岚垭故居前留影

(王健摄)

沈老、胡愈之在重庆住了四天,主要是听取民盟市委汇报反右、整风、交心出大字报,以及盟员和"右派分子"在运动中的情况,参加盟市委召开的各区支部负责人座谈会,参加沙坪坝重庆大学民盟盟员座谈会,参加盟员大会,会场在沧白堂,沈老在讲话中特别提到了旧政协时代在沧白堂和特务斗争的那段历史。今天的沧白堂已翻修一新。沈老还特去看了较场口,这是庆祝旧政协会议成功大会特务捣乱,打伤李公朴、郭沫若等人的地方。参观手工艺商店、大阳沟市场和体育馆,还吃了四川小吃、看了川剧,最后参加中共市委的盛大宴会,沈老向大家告别。

在离开重庆的那天的上午,沈老想去重庆郊外的青木关看看。沈老告诉我,抗战期间,青木关有个关卡,有一次他到了青木关,受到了国民党特务阻拦，不许他通过关卡，实际上是不许他离开重庆，蒋介石把他软禁了。我们的车子开到青木关，现在已成了四通八达的公路。沈老找到青木关旧址，又摄影留念。下午我们离开重庆，于8日上午到达成都。李宗林市长、刘文辉、民盟负责人田一平、彭迪先，以及沈老的第二儿子沈诚全家到车站迎接。住永兴巷招待所（原是潘文华的公馆）。下午即参加民盟省委会召开的座谈会，听取田一平和市、区支部的汇报。云南的丁维铎、贵州的唐弘仁也赶来汇报工作。刘文辉和邓锡侯也来看望沈老，向沈老汇报自己的思想改造和劳动实践所得的成果。他们说，有一次参加劳动实践团的座谈会。会后给他们一包种子和一把镰刀，希望他们种子长成无产阶级思想，用镰刀割断资产阶级、地主阶级的尾巴，他们表示是有决心的。

沈钧儒在青木关留影　　（王健摄）

这几天，我和胡愈之早晨到春熙路（有名小吃的一条街）吃早点，我们都喜欢甜食，特别是成都的汤圆。晚上我们都在赶写发言稿，准备下面还有个盟外的大会，沈老、胡愈之都要发言。我代沈老写的稿子，最后要送给胡愈之审阅修改。有时我给沈老写稿子，总不免写上几句官话套话，形成了八股文，反而不如沈老即席讲话讲的生动自然。但是在某种场合讲话，这种八股文还是不可少的。过去沈老参加市委会议或对重大问题的发言稿，胡愈之是沈老的大秘书，我从胡愈之的大手笔，学了不少东西。

沈老和胡愈之参加省政协主办的报告会，劳动实践团千余成员出席，会上刘文辉代表劳动实践团作总结报告。沈老、胡愈之和政协领导同志都讲了话，对他们在劳动实践中取得的成绩感到满意。沈老在发言中，在发言稿外即席讲了一些话，既热情又亲切，博得全场掌声。

快离开成都的几天，沈老去二儿沈诚家，看到二儿媳勤俭持家，孙辈茁壮成长，非常高兴。和胡愈之拜访了李大章、刘文辉、张曙时以及统战部的同志，向他们辞行。还游览了杜甫草堂、武侯祠、望江楼、春熙路等处。10 月 18 日我们登上火车，经过广元、秦岭、宝鸡、西安，停车半小时，车再行经潼关、三门峡、远望华山高峰，沈老几次很想去华山一游，终因华山一条路，山高坡陡，未能成行。过了华山，尽是平原，到处看到熊熊烈火，座座高炉，村民大炼钢铁，比种农田还忙。我们于 20 日上午返回北京。

回到北京后，我一面忙着整理一个月来各种会议的记录（摘要）。一面参加下月民盟中央召开三大的筹备工作。九、十两期《争鸣》由千家驹亲自负责，并拟于民盟三大后《争鸣》停刊，继续出版《盟讯》。

在全国大跃进的高潮中，民盟第三次全国代表大会于 11 月 12 日开幕。沈老作《工作报告》，《报告》里总结了反右、整风以来的经验教训，得出的结论是："民盟是一个资产阶级性质的政党，盟员的多数还没有完全抛弃资产阶级立场。""两条道路的斗争，是盟在根本改造中的中心问题。""盟员的个人改造，首先要改造政治立场，同时也要批判形形色色的资产阶级个人主义和资产阶级学术思想。""拔白旗，插红旗，改造立场，改造思想，跟上形势，过好社会主义关。"小组讨论，采取"大鸣、大放、大字报、大辩论"的方式，促进加强自我改造（会上有人提出这是一场"脱胎换骨"的自我改造）。最后一致通过了《工作报告》，并通过了《中国民主同盟社会主义改造计划草案》和与各民主党派展开自我改造的"竞赛书"。大会选举产生了新的中央委员会。沈老当选为主席，杨明轩、马叙伦、史良、高崇民、胡愈之、邓初民、陈望道、吴晗、楚图南等为副主席，闵刚侯为秘书长。划右派的沈志远、罗隆基、章伯钧、曾昭抡、费孝通、黄药眠、潘光旦等人仍被选为中央委员。

1958年民盟召开第三次全国代表大会，沈钧儒主席在家与部分民盟领导合影。前排邓初民（左一）、沈钧儒（左三）、陈望道（右三）、胡愈之（右二）、楚图南（右一），后排左起史良、沈兹九、吴晗、千家驹。

（王健摄）

在大会期间，民盟中央机关干部，在机关四合院西侧小院里自己建起来的土高炉，收集了各家的废铁，日以继夜地大炼钢铁，居然炼出来一些不成形的钢块，急忙送到大会报喜，受到大会的表扬，参加炼钢的同志们都引以为荣，我也是其中的一个。

新的中央委员会召开第一次会议，讨论盟中央各部会的人事问题，推举萨空了为宣传部部长，李文宜为副秘书长兼宣传部副部长，我也被推举为宣传部副部长之一。李文宜由劳动部正式转到民盟为专职干部，也劝我转来为专职，我未同意，我的供给关系在全国人大，在民盟机关仍是兼职工作。从此，《争鸣》停刊，我已由东花园转到西四合院到宣传部上班，开始时，李文宜负责《中央盟讯》编辑工作，不久她被任组织部副部长，《中央盟讯》由我负责。

1959年　43岁

沈老赴广州从化休养　西藏发生叛乱沈老发表谈话　全国人大召开第二届第一次会议　中共中央举行庐山会议批判彭德怀　特赦战犯和第一次给部分右派摘帽子　国男陪中医去莫斯科给尤金大使看病　在全国开展党内反右倾运动

我刚到宣传部上任不久,即于12月中旬随沈老去广州、从化休养,在广州过的新年元旦。

到广州时,民盟负责人许崇清、罗雄才、王越以及省市统战部负责同志都去车站接迎。住在胜利路省委招待所,这里最早是汪精卫的国民政府,以后是李宗仁作了副总统的行辕。李富春、蔡畅、陈同生就住隔壁。他们时常来看沈老一起聊天。招待所的同志告诉我这里国民党特务活动很猖狂,到处进行反革命宣传,最近几天破获了几起,提醒大家警惕。

沈老游览了黄花岗七十二烈士墓、广州公社起义烈士陵园,沿着珠江走进沙面(过去这是中国人不能随便走动的地方),在广州住了三天即去从化。离开广州前,省委书记陶铸来看沈老,并请沈老晚餐。餐后我去参加招待所大厅的舞会,今天有些首长来跳舞,著名的粤剧演员红线女被邀请参加。

到从化住招待所第一楼,这原是陈济棠的住所,是这里最出色的一所别墅。从化四面皆山,气候温和,到处是温泉,有各样各式的别墅,是冬季避寒的胜地。沈老去看过陈汝棠、董必武、包尔汉、何香凝、李克农等人。陈同生、黄霖、周刚鸣、柯麟就住第一楼附近，经常有所来往。沈老参观了供销合作社、炼铁炉、人民公社的幼儿园，经常到温泉洗澡，到俱乐部打打乒乓球、下棋。这里有各种花草树木，有的很新奇。环境幽静清洁，沈老来此心情平静感到舒适愉快。

元旦之日，胡愈之来到从化，住在一号楼上，和沈老每天可以见面。胡愈之带来了去年11—12月间党中央召开的八届六中全会通过《关于人民公社若干问题的决议》。胡愈之认为决议非常重要也很及时，它针对那种急于向全民所有制和向共产主义过渡的错误倾向，作了理论说明，并指出对人民公社要及时加以整顿。去年中央北戴河会议以后，人民公社一哄而起，农业合作社合并为人民公社，尽快向全民所有制过渡，大办公共食堂，吃饭不要钱，大刮“共产风”。去年我在报纸上已看到为“共产主义已出现地平线上”而欢呼的报

1958年沈钧儒（前排左二）与胡愈之（前排左三）在从化。左一陈同生，后左一哥麟，前排右一黄霖。　（王健摄）

导。沈老说去年在徐水参观就有再试验三年就可过渡到共产主义的说法。我组织同来的工作人员和警卫一起学习六中全会《决议》,明确了农业生产合作社变为人民公社并不是由集体所有制变为全民所有制,更不是由社会主义变为共产主义。过渡到共产主义必须以一定程度的生产发展为基础。目前最重要的是大力发展生产。经过学习我们脑子清醒了些,不会再随着社会上的各种"风"而飘荡了。

这次我出来,没有带什么理论性的书籍,特别是经济学方面的。因为我认为这方面的书对今天我国"大跃进"形势不太适合,解决不了新形势下出现的新问题。我只带了几本翻译小说,如《战争风云》《绞刑架下的报告》等,另外我完成了一门作业,整理和重抄我的《解放日记》第一部分,约两万八千多字。重新整理第一部分,是记 1948 年 10 月和李师母一家、邹师母一家从香港经天津到华北解放区的,国男、国友、张大简去正定上了华北大学,我去了中共中央社会部,李师母去李家庄招待所,这部分是公开的,可以给同行者看的。第二部分是记我个人的,而且记的是在中央社会部保密机关工作,不宜拿出来的。在这个期间,我除了看完我带来的小说外,把全部日记重抄整理出来。我还看了陈同生送给我一本他写的《不倒的红旗》,书里写的是他们在狱中的战斗生活,其中有田汉,写得很生动感人。但看到他在狱中受到特殊的待遇,不免令读者对他有几分怀疑。我从周刚鸣那里知道洪遒、陆蔚芳夫妇的广州地址,我们北京一别已七八年未通音讯,现在又取得了联系。特别使我高兴的是我们在离开从化的前两天,在路上遇见了 1941 年在香港"文通"的老朋友廖原(后改名廖一原),他率领香港一些电影明星和摄制组到广州拍戏,拍完戏特地来从化游览一天。我们巧遇,十分亲切,我陪他们一路走一路谈,他是继洪遒之后被派到香港电影界工作的。现在他已是香港新联电影公司的总经理了。从此我们又开始通信联系了。

沈老和胡愈之从从化又回到广州,住了一个星期,又惊动省市领导同志们和至亲好友来看他。这几天里参观了中国农民讲习所、中山纪念堂、文史馆、出口商品展览会,游览粤秀山、六榕塔、长堤。沈老和胡愈之去中山大学看望许崇清校长，他是民盟广东省委主委，并和中山大学民盟支部同志们座谈，了解整风学习情况，他们学习了中共中央八届六中全会决议，一致认为中央已经发现“大跃进”和人民公社化出了不少问题，认识到这是“左”倾错误，所以作出《决议》及时纠正，这是十分必要的。民盟支部的同志基本上都是大知识分子，其中有的是经济学教授，他们对当前种种现象如“以钢为纲”、大炼钢铁、高指标、瞎指挥、浮夸风、共产风等等给人民生活造成了混乱局面，口里不敢讲，内心里是深以为虑。他们说如果没有《决议》出来，心里话还是不敢讲的。

沈老、胡愈之于1月14日回到北京。当时西藏发生叛乱，印度当局对西藏民族分裂活动暗中给予支持，我国政府出兵平息叛乱并对印度当局予以谴责。中央要求各民主党派主席对西藏问题及时发表谈话。我和秘书长闵刚侯为沈老起草了谈话稿。当晚我们亲自送新华社审阅。是晚，各民主党派都去了人带着稿子送审。我们的稿子是吴冷西审阅的，他作了不少删减，增加和修改了一些词句，特别对印度的谴责部分，改得很有分寸，我们读起来觉得文字有力、流畅，不愧是个大手笔。我当场誊清一份交了稿。其他的党派稿子也都审阅完毕，新华社准备了丰富夜宵招待大家。我们回到家已经深夜了。3月底，沈老和其他民主党派主席的讲话相继在报上发表。

4月中旬，第二届人大第一次会议召开，沈老在会上发言，题为《对印度朋友的直率忠告》，阐明我国政府对西藏叛乱的严正立场，这是我们照着上次讲话的精神尺度写的。会上，选举刘少奇为国家主席（党的八届六中全会上毛主席提出不再担任国家主席的建议，并在会上作出了决议），宋庆龄、董必武为副主席，朱德为人大常委会委员长，沈老继续被选为副委员长。我仍是属于人大的干部，因此国务院事务管理局分配我一套三居室的房子，位于西城国务院宿舍内，和母亲住在一个组里（为了照顾），毛主席的一个亲戚王老先生和家人王海蓉等也住在同组楼下。力平和奶奶从东总布胡同搬了过去，我和国男仍住在东总布胡同，星期假日回家看看。从此我的生活起了一定的变化。

今年夏季，由于国民经济比例失调，造成农业生产情况不佳。夏收粮食、油料、棉花大幅度减产，蔬菜、肉类等副食品更加短缺。工业部门特别是轻工业被“以钢为纲”所排挤，人民日用品生产下降，严重影响人民生活。政府逐步印发各种票证，市民凭证购物，严格限量。干部中根据级别高低，限量供给，有“肉蛋”“糖豆”干部之分，引起群众情绪极大波动，社会上人际关系出现了紧张局面。

7月初，中共中央在庐山召开中央政治局扩大会议，这次会议主要内容是在肯定当前总的形势取得成绩的基础上，也指出存在的问题不少，要求在前一段纠“左”的基础上进一步深入进行。会议第三天彭德怀（国防部长）给毛主席写了一封信，陈述自己的意见，认为大跃进以来我们工作中存在一些严重问题，原因是国民经济比例失调引起的，主观上是思想方法和工作作风有问题，“犯了不够实事求是的毛病”“小资产阶级的狂热性”“总想一步跨进共产主义”等等。毛主席批示将这封信印发给与会全体同志，并提出要几位常委“评论这封信的性质”。小组讨论中，有的不赞成信里的说法，张闻天（外交部副部长）的发言明确表示支持彭的基本观点，还有黄克诚（总参谋长）、周小舟（湖南省委第一书记）发言中也表示支持。最后毛主席表了态，也定了调子，认为彭德怀是反对“大跃进”和人民公社，他的信是给党中央下“战书”，是右倾的表现。还说，现在党内外出现了右倾情绪、右倾思想，右倾行动正在增长，大有猖狂进攻之势。现在是应该反右的时候了。会议最后通过《关于以彭德怀同志为首的反党集团的错误的决议》和《为保卫党的总路线，反对右倾机会主义而斗争》两个文件。庐山会议“是一场阶级斗争”（毛主席语）是结束了，而一场大规模的反右倾斗争在全国范围内展开了。

去年，李文宜正式被调到民盟中央为专职干部之后，中央统战部即把民盟、农工、九三、民进四个以知识分子为主体的党派机关里的共产党员组成一个党支部，指定李文宜为支部书记并组成了支委会。庐山会议后，支部经过一段学习两个文件，后来一面学习一面即开展反右倾进行批判自我批判。支部里十几名党员，来自各个方面，有的家里在农村，成分比较好的，有的是部队转业的，有的来自游击区，有的是城市里长大的小资产阶级知识分子。支部书记李文宜是1926年入党的老同志，是党的领导同志罗亦农烈士的夫人，理所当然的受到党的信任、同志们的尊敬。而我在支部同志们的心目中是比较特殊的。我出身资产阶级家庭，长期生活在大城市里（天津、上海、香港等地），念过洋学堂（中学是教会学校），读过大学，社会关系复杂，而且先入民主党派后入党的（他们是先入党，后派进民主党派工作的），入党后又是秘密党员，没有参加过支部集体生活。我了解这都是我的弱点，所以我一直努力想作个坚强的阶级斗争战士，也甘愿作个党的驯服工具。但是常常面对一些现实问题困惑不解，就流露出多种疑问，甚至也谈点个人的看法，看到周围的同志很少有人提出什么疑问和看法，我自认这就是我的小资产阶级动摇性，党性不纯的表现。自己下定决心今后我必须努力自我改造，加强党性锻炼，作个名副其实的、合格的共产党员。

9月中旬，毛主席召集各民主党派、各人民团体负责人，和著名的无党派民主人士座谈。就反右倾、鼓干劲、坚持社会主义总路线和关于在建国十周年对确实改恶从善的各种罪犯实行特赦，以及对确实表现好的右派分子摘掉右派帽子的问题进行座谈，与会人士一致表示拥护。国庆节前党宣布了一批特赦罪犯和摘掉“右派”帽子的名单，据说被特赦的罪犯和一部分摘帽的右派分子对党的宽大感激涕零。但有一部分摘帽的右派分子，认为摘掉了帽子在人们的眼里还不也是“摘帽的右派”，心里并不踏实，还有人认为把右派和罪犯同等看待同时处理，非常反感，更谈不到感激之情了。

8月底，国男陪一位国内著名中医去莫斯科给尤金大使治眼睛，尤金在中国时很相信中医，9月份中国针灸代表团去莫斯科办学习班给苏联人讲课，要国男去担任一段时间的翻译。10月1日我们的国庆节，我国在列宁山上新建成的驻苏大使馆举行盛大的庆祝会，庆祝建国10周年，邀请苏联党政方面领导人参加，国男也被邀请，国庆节过后不久回到北京。

在国男出国期间,9月中旬,建国以来第一届全国运动会在北京开幕,我和李文宜同车去工人体育场参加开幕仪式。第二天即开始各项体育比赛。第二天我接到统战部干部处的一位高同志电话,要我去统战部谈话。我们见了面,高同志开门见山地对我说:你在解放前有段历史还不很清楚,你想想还有什么需要补充的吗?他不说哪个时期,哪个方面,要我自己去想想。所谓补充就是交待。他三言两语态度比较客气,但对我来说像一块大石头压在心里,觉得沉重得很。我回来苦思冥想,中学同学中统特务王大光问题我早已交待清楚了,据我听说王大光在重庆,重庆《新华日报》就有人调查过他,《新华日报》的一位负责人的夫人在天津参加学生爱国运动和他有过接触就受到审查。还有人在延安整风,查出和王大光的关系,被停止党籍。王大光是早就被我们党注意的特务,如果我和他的关系还没有弄清楚,我想那怎能逃过潘汉年、罗青长这一关,潘汉年给我任务,罗青长介绍我入党。这一点我对党是于心无愧的,此外还有什么人可疑呢?想来想去,想不出什么线索来,索性我把有关政治方面的朋友包括有关的朋友的来往信件找出来都交上去,还附有账单,上面有经济上往来的人名和钱数,作为我的"补充",全盘交给党审查。我把交上去的材料写了清单加以说明,几天后我交给了部里的高同志,我听候审查。白天到机关照常办公,但运动会我也没心思看了。回到家里,国男远在莫斯科,我独自一人,精神上感到孤独与不安。

十月间,国男回来了。我一直在等待、等待,组织上一直就没有再找过我,我送去的材料也没有退还给我。结果,这件事就这样不明不白地不了了之,反而使我一场虚惊。

庐山会议原来的主题是反左,突然一变而为反右。会后又在全国范围内展开一场大规模的反右倾斗争(只在党内干部中进行)。反右倾斗争,使大跃进和人民公社化运动中许多已被发现有待纠正的错误,重新发展起来,而且国民经济比例失调的情况越来越严重,高指标、浮夸风、共产风再度泛滥,人民生活更加困难。我们支部在第四季度即开始反右倾运动，连续开了几次会，我已成了重点批判对象之一。我回想这一年，建国以来第一届全国运动会，10 月 1 日国庆 10 周年，普天同庆，而我是在烦闷不安的心情中度过的。

沈老除了照例参加人大、政协两会和毛主席召集的会外，其他的开会活动不多，发表谈话也较少，但他对于反右倾斗争运动还是很关心的。我特别告诉他在民主党派中和知识分子中不搞反右倾斗争以安他的心。春天他住颐和园休养，夏天去北戴河避暑，冬天又去从化避寒，我都没有陪他去，他知道我在党内参加反右倾斗争，但我没有告诉他我的情况，怕他为我担心。

1960年 44岁

统战部总支大会批判我右倾思想　上海民盟召开五省二市经验交流会　民盟举行“神仙会”　《毛泽东选集》四卷出版

党支部继续开会，反右倾斗争，每人都作了检查，有的同志如军队转业的、解放区来的同志检查，问题很简单，对总路线、三面红旗没有半点疑惑，和中央保持一致，从来没有暴露出什么思想问题，只是在工作上、生活上检查一些问题，检查半小时就“过了关”。有两位同志家在农村，一位同志家里有棵几十年的大树，他是想给父亲打棺材用，被乡里“一大二公”砍伐了，他很不满，平时也流露出很多怨言。一位同志讲了家乡来信的情况，说乡下没有吃的，浮肿的人越来越多，也有饿死的，这两位同志都成了反右倾的重点批判对象。连续批了几次，他们心有不服，作了检查勉强过关。我的情况和他们不同，没有他们这些问题，但批判起来比他们的问题严重。同志们深挖我思想阶级根源的劣根性、动摇性，阶级斗争时左时右，“三反”“五反”运动中斗争是坚决的，自视清高，淡泊名利，实际上是要“权”，在群众中有一定的威信，干部有事都找你商量，有人说太平胡同1号是“王府”（这里原来是清朝时代的王府）、骄傲自满、突出表现个人英雄主义。到了1956年思想转为右倾，说知识分子已是工人阶级一部分，不会造反。双百方针出来，强调放，特别在编《争鸣》时，是为章罗联盟反党反社会主义服务，完全失去了阶级斗争的警惕性。反右斗争有温情主义，和右派划不清界线（当时我确实对林亨元、冯亦代划为右派感到不平，我们时有往来）。对总路线、三面红旗有怀疑，觉得大炼钢铁得不偿失等等。我作了三次检查（有些检查是违心的），每次都是两个多小时。最后一次检查同志们认为“有所提高”“以观后效”。

约两个星期后，李文宜通知我，下星期去统战部参加反右倾斗争大会，要我准备作自我检讨。会议是在晚上，届时我到会参加，我看到大会议室里坐满了人，除了我们支部的同志，各党派支部的同志都到了，我想这大概是总支大会。使我奇怪的是，民盟左派领导同志也请来了，有胡愈之、萨空了、闵刚侯、沈兹九等，这当然是为我检讨而请来的，我也明白了这个会是专为我一个人召开的。大会主席、主持人我不认识，估计就是总支书记，会议开始我先作了自我检查，接着就是同志们发言，发言的主要的是党派处和我经常有所接触的同志。一开始是带着批判斗争口气。综合起来，我的罪名有：《争鸣》是章罗联盟反党反社会主义阵地，你为他们坚守阵地，利用“双百方针”大放毒草，“章罗联盟”的几个黑纲领就是从《争鸣》组织的座谈会里产生的。与右派言论共鸣，对右派有温情，脑子里缺了一根阶级斗争的弦，阶级斗争前线上你抱着枪睡大觉，对总路线、三面红旗抱怀疑态度，不重视党的方针政策学习，反而听信谣言，传播谣言，组织上入了党思想上没有入党，你的错误主要是右倾的错误。民盟几位领导同志只有李文宜和胡愈之讲了话。李文宜对我的意见基本上还是在支部会上的意见，说我反右时和右派划不清界线，编《争鸣》找《光明日报》要他们不敢登的稿子，强调《争鸣》登言人之不敢言的东西等等。胡愈之提的意见和大家意见有所不同，他说王健检查自己时左时右，我看他“左”的比较多，“三反”时在民盟开会，徐寿轩主持会议，他觉得斗争性不强，会外两人争论，王健拍了桌子，左得盛气凌人。作沈老秘书，对沈老要求过高，有时露出工作不安心。“三反”时召开沈老家职工开会搞“三反”，会后给职工订了几条必须遵守，虽然没有直接对沈老家属，但是间接也涉及了家属，我看这些作法是过左的。胡愈老的讲话，会上没有反映，这种会是批判会，个人讲自己的意见,没有讨论更没有争论。会议开到十点多钟散了会,我感到我已走到右倾机会主义分子的边缘了,精神有些紧张。我走出会场,干部处处长肖贤法同志赶出来,很和蔼地对我说:听听大家的意见,有错就虚心改正,不要紧张,更不要有抵触情绪。我看他的表情,听到他的讲话,心里感受莫大的安慰,我一个人骑着自行车走在夜静人稀的长安街上,心里想着肖的话,但还是担心头上盘旋着的这顶"右倾机会主义"帽子会不会扣下来。回到家国男还在等着我,我向她诉说,她安慰我说,干部处长心里有数,他怕你太紧张,才对你讲了这些话的。以后再没有为我开过会,帽子也没有戴上。同志们在支部和总支两次反右倾整风会上的批判发言,有的确是击中了我的要害,良药苦口,以利于个人的改造。

这年初,民盟中央召开会议,提出以"政治为统帅,以岗位业务为基地,以劳动服务为基础"的方针,发挥盟员服务与改造的积极性。各地也竞相召开会议交流经验。3 月初,上海召开五省二市经验交流会(江苏、浙江、江西、安徽、福建和北京、上海两市),李文宜、汪世铭两位组织部副部长,以及詹永泰和我前往参加。到了上海首先见到陈望道(民盟副主席兼任上海市主委)和市委统战部负责的同志,研究会议如何进行,并推陈望道副主席代表中央致词。会议开了八天,我们分别参加各地区小组座谈,了解当前知识分子的思想状况,贯彻盟中央的"三以"方针,扭转当前的沉闷局面,调动知识分子的积极性。我们带着各地交流的经验和一批知识分子调查材料回到北京,参加其他地区调查工作的同志也相继返京。即开始为盟中央于 7 月召开的三届二中全会扩大会议作准备工作。

民盟准备 7 月召开三届二中全会,民进、九三、农工三个以知识分子为主体的党派也同时召开中央委员会,因此,有人提出四个党派可以采取大协作的方式进行,初步已达成协议,组成一个联合小组,有些筹备工作,可以统一办理,这次会议,学习孙起孟介绍民主建国会开会的精神,"和风细雨""三自""三不"(自己提出问题、自己分析问题、自己解决问题,不抓辫子、不打棍子、不戴帽子)的方式,使问题的讨论比较深入,与会者心情比较舒畅,大家称之为“神仙会”。后来有的党派领导人不同意大协作,所以决定分而开之,可以互相交流,而且都采取“神仙会”的方式。会议开了40多天,最后毛主席和其他领导同志接见了四个党派的全体与会人员,并一起合影留念。会后,在统战部党派处的领导下,四个党派派人参加共同对“神仙会”进行总结。我从始至终参加总结会,大家讨论了一个多月,最后写出四个党派的中央委员会的《传达提纲》。

在我们7月开会的同时,中苏之间、美苏之间突然发生的事件,对我们的会不无影响。赫鲁晓夫在6月罗马尼亚工人党开会期间,对中国党横加指责,7月苏联政府突然照会中国,单方面决定立即召回在华工作的全部苏联专家,废除两国经济技术合作的各项协议。当时我国正经受着严重的经济困难,苏联的做法极大地损害了中苏两党两国的关系。正在这个时候,苏联把导弹运往古巴,美帝国主义对此态度极为强硬,两国关系异常紧张。这两个事件,也成了“神仙会”谈论的议题。

《传达提纲》里总结我们的“神仙会”是分三个阶段进行:第一阶段讨论国际形势、战争与和平等问题;第二阶段讨论国内形势和知识分子问题;第三阶段讨论民主党派今后的任务和工作问题。《传达提纲》里,总结了各党派这次会议,都开得很好,取得了很大成绩,通过讨论和听报告,多数人认清了当前国际国内的大好形势,对帝国主义的本质、战争与和平的两种可能性、和平共处、和平过渡以及现代修正主义的危害性等主要问题,提高了认识,增强了反帝的勇气和信心;对国内的三面红旗和三大革命,认识有所提高。对各党派成员和所联系的知识分子,肯定了大有进步,同时也明确了还有问题,还需要改造。对于和党的关系问题认识到主要应当反求诸己,并必须紧紧地依靠党的领导,端正态度,才能解决问题。对于各党派的方针任务,明确了今后主要是改造世界观,并把学习毛主席著作作为今后一个时期的中心任务。

《传达提纲》四个党派向地方组织层层传达下去之后,纷纷举行

“神仙会”,采取“和风细雨”“三不三自”的方式,开展政治思想工作,推动服务与改造。据上报的材料看,都“取得了一定的成绩,发挥了有益的作用”。

9月底,《毛泽东选集》第四卷出版。第四卷包括毛主席在第三次国内革命战争时期写的70篇著作。全国政协学习委员会决定首先组织委员学习,当时我是学委会办公室副主任,主任是朱洁夫,学委会负责人之一孙起孟领导这次学习,规定一周内学习三个半天(上午)。70篇文章逐篇学习,每篇学习先指定中心发言人,办公室干部负责记录。这个期间,我除民盟宣传部《中央盟讯》工作外,主要是学习毛主席著作,逐篇熟读精读,讨论时有人中心发言,学得深入透彻,对毛泽东思想有了比较系统的了解,认识上也有所提高。每次学习,政协供每人清茶一杯,清香扑鼻,消食止渴。当时我每月粮食定量28斤,还要节省几斤帮助他人。而且每天早点吃的质量下降,学习每到十点左右,茶叶喷出清香就感到腹内空空,这对学习讨论起了一定影响。

国男脱产去人民大学进修政治学,她已经怀孕五六个月了,住在学校里,伙食不好,粮食不足,有些浮肿现象,我算是“肉蛋干部”,有些特殊供给,尽量给她增加营养。我们到星期日回家看到力平,她正在“茁壮成长”,是奶奶想尽办法,排队或托人高价买些鸡蛋或肉类供养了力平。力平是不缺营养的,奶奶见到我们不停地唠叨,说现在什么都要排队,连买手纸、洗衣肥皂都要排长队,有时还买不到。我们感激她,安慰她说这是天灾人祸造成的暂时现象,将来会好的。奶奶善于理财管家,我们就把这个家都交给她了。

沈老是属于四副二高(副总理、副委员长、政协副主席、军委副主席和高院院长、高检检察长)等级的特种供应,一切都有保障的。

我的级别属于“肉蛋”干部(据说13级以下属于“糖豆”干部)每月可买一定数量肉类和鸡蛋,还发四张优惠餐券,可到政协餐厅和文化俱乐部吃西餐或中餐。这年最后一天,我带着国男和力平到政协文化餐厅,请她吃西餐,我们找个空桌子坐下,这时餐厅来了不少食客，溥仪正在找座位，就座在我们桌子的空位上。政协的同志都认识他，即便不熟也和他打打招呼，他是特殊知名人士。他坐定了，我也和他寒暄几句，我开玩笑的口气告诉力平，他就是“宣统皇帝”，力平从上到下看着他，惊奇地问我：“他是皇帝怎么到这里来的？”溥仪腼腆地笑了。我在回家的路上给她讲他是清朝末代皇帝，三岁就坐了皇位，孙中山辛亥革命废除帝制，到了1931年日本占了东三省，把溥仪弄去当了“满洲国的傀儡皇帝”。抗战胜利后，东北的苏联红军把他抓到苏联，新中国成立后，苏联把溥仪移交给中国政府，把他送到抚顺战犯管理所。去年大赦出来，给他安排在政协里。我们政府对他很优待，沈大夫（沈老大儿子沈谦当时在中南海门诊部做医生）给他看过病，还想给他找个对象。力平听了很入神，回到家里，就向大家喊叫“我见到皇上了！我见到皇上了！”

1961 年　45 岁

沈老书写毛主席诗词庆祝党成立 40 周年　第二个女儿出生　沈老赴东北三省参观游览

今年是中国共产党成立 40 周年,新年伊始,沈老就想着如何祝贺党的生日,最后他决定亲笔书写毛主席诗词装订成册献给党和毛主席,以表示祝贺。整个春季,他几乎每天早餐后就端正地坐在书房里,工工整整地书写毛主席诗词,篇幅格式、字体大小都是他自己设计的,我们只是在旁边帮助他准备纸墨笔砚而已。写一张,仔细观察,如有败笔,不惜再写,要求一笔不苟、整齐美观。最后选出 21 首,由陈毅题诗一首为序,交人民出版社设计封面,仿古线装印行出版,作为祝贺党的 40 周年献礼。我看到 86 岁的沈老对党如此一片忠心,实在感人至深,不愧被称为党外的布尔什维克。

3 月 8 日这天,妇女的节日,国男已将到临产的日子,她骑车从学校回来,沈老特准备两个菜要国男和我同他共进晚餐,说是庆祝"三八"节,但我们体会老人是想借这个机会给国男增加一些营养,我们感激他的心意。当晚入睡前,国男感觉腹内有些动静,我急忙推出自行车送她,国男很镇静,我们步行到协和医院(北京医院正在修建)办好手续进了产房。第二天我去医院看到我们的第二个女儿出生了。几天后国男回到国务院宿舍,我到处奔走想买些营养食品,国男托医院的同志在郊区花 18 元买了一支乌鸡,5 元钱买了 10 个鸡蛋。当时我的工资 160 余元,国男的 87.5 元,但我们相信困难是暂时的。奶奶会管家理财,困难会克服的。我已经听到党的八届九中全会的传达,会上通过了“调整、巩固、充实、提高”的八字方针,我们国民经济的发展将会逐步好转的。

人大、政协两会决定今年暂停召开。沈老经大夫检查,身体健康情况良好,想到外面走走,决定8月间去东北三省参观视察。

这次东北一行,随行者有闵刚侯夫妇、邹师母、沈谦大夫、生活秘书、警卫和我。8月下旬启行,首站到达吉林长春。省市党政负责同志到车站迎接,原民盟中央代理秘书长徐寿轩,现已调任为吉林省副省长,也到了车站迎接。乘车经斯大林大街到南湖省委招待所。南湖是个绿化的公园,省委高干多住在这里,一般市民不得入内。下午游览市容,特别去参观溥仪的伪满故宫,本来想找“皇妃”李玉琴来陪我们介绍“故宫”,她和溥仪离婚后和一位普通干部结婚,现在长春图书馆工作。遗憾的是她昨天到了北京,我们没有见到“皇妃”。晚上省市委盛大宴会接风,民盟省市负责人作陪,吉林市的民盟负责人关梦觉(经济学家)也特赶来参加。宾主济济一堂欢声笑语,茅台助兴更加开怀。入夜我独自走上平台,皓月当空,不是中秋恰似中秋。我想到家里和出生四个多月的女儿,我想到那些为一包红糖、一块肥皂排着长队的人们,我想到那些为了生存疲于奔命的人们,想到今日酒肉宴席,联想到路有饿死鬼。我对着皎皎的明月,不胜感叹之至。

在长春,我们参观了第一汽车制造厂,规模很大,看了三个车间,看到了解放牌卡车(九分钟装好一辆)和红旗大轿车;参观了净月潭水库(有十三陵水库的三分之一);参观长春电影制片厂,天津越剧团正在拍戏;参观了吉林市,住松花江畔原张作相的公馆。参观了小丰满发电站,坐汽船游松花湖;上了北山公园,北山号称“天下第一江山”。回程的路上经过化工区,看了化肥厂、染料厂、电石厂、热电厂。回到长春市,叶剑英元帅和吉林军区司令员来看沈老,告别时我给大家照了一张合影。国男在昆明的老同学张潜(改名张大简)、冯宝兴夫妇来看我。张不仅是昆明的同学,也是香港同学,我们一起进入解放区,和国男一起上了华北大学,同一天入了党,进城后上人民

9月1日，叶剑英(右二)在长春看望沈钧儒(右三)，左二为吉林省副省长、民盟中央常委徐寿轩，左三为沈粹缜。　　(王健摄)

大学经济系，现在和冯宝兴都是大学里政治经济学的讲师。我们谈了很久，对当前经济形势作了些分析，但我们对前景还是比较乐观的。

在长春住了八天，下一站到哈尔滨市，徐寿轩陪同，这次住中山大道省委招待所。两位副省长李延禄和杜光予(民盟省委主任委员)和原东北大区副主席高崇民(民盟中央副主席)都来看望沈老。李延禄是东北抗日联军创始人之一，任第四军军长，"九一八"后和日寇战斗了14年。

我们首先游览市容，参观俄国建筑马达尔饭店(现为哈尔滨饭店)，13年前沈老从香港秘密到达哈尔滨就住在这里，他对当时的记忆已不深了，李副省长指着附近公安局，告诉我们那里就是赵一曼受审的地方。我们到了新市区参观了动力之乡，三个大工厂，这是个新兴的工业城市。高崇民、李延禄、杜光予三人陪我们乘汽轮游览松花江，登太阳岛，岛上都是俄国式的建筑，他们在船上介绍这个城市几十年里曾遭受过俄国、日本残酷的剥削，血腥的镇压，中国人民几代人受尽了摧残，真是多灾多难的东北。对我感触最深的是中学时代的“流亡三部曲”，我看到过很多青年学生是淌着热泪歌唱的。同时也听到李延禄同志讲了东北抗日联军如何在最艰苦的环境里，饮冰雪、吃树皮，坚持战斗的。

沈老来东北之前，陈叔通老先生去看他，告诉沈老，不久前，他曾在黑龙江到过东京城，访渤海国古迹，那里有个镜泊湖，环境幽静、山水如画，不可不去住住。陈叔老并在渤海国王殿阁遗址检了一片檐瓦和火山爆发的碎石赠送给沈老，引起沈老很大兴趣，他一直记在心里，所以这次来决心去游镜泊湖。

李延禄同志陪沈老去镜泊湖，因为增加了随员（摄影记者、交际科长、警卫等），又挂了一辆专车，一直向东南方向开行，经牡丹江市到达东京城站，已晚上9时，决定车停在这里，大家在车上住了一夜，沈老感觉住得很舒服。

第二天乘轿车到镜泊湖，这已经是临吉林省延吉市的边境了。我们乘汽轮游湖，湖水如镜清澈见底，从北向南游到湖边平房别墅。沈老说这里确是避暑休闲的好地方。我到处取景拍照，沿着湖边给沈老捡石头。

在镜泊湖住了三天，游大孤山、小孤山，登山看到湖面全景，看到

镜泊湖　　　　（王健摄）

瀑布，上了大坝还有城墙砬子（大石块）。最后回到东京城，游了渤海国，上京龙泉府，参观了紫禁城旧址。县委书记和文物保管机构负责人给我们讲解这段历史，大家对这里是太生疏了，我认真地记录下来。沈老最感兴趣的是在旧址处捡了一些残砖碎瓦，这是此行最大的收获。

沈钧儒在镜泊湖畔　（王健摄）

我们坐上专列到了牡丹江市，这是个美丽的城市，建筑也雄伟壮观，这是苏联曾驻军的地方，立有苏军纪念碑，大家在碑前肃立致敬。然后到望江亭游览，正是夕阳西照，远望江面更加绚丽多彩。当晚地委、市委设宴送行，第一书记胡立教亲自送给沈老当地挖掘出来的全支老山人参，说这是东北三宝的第一宝。其实沈老并不需要这些贵重的东西，他最喜欢的还是有纪念意义和收藏价值的石头。

我们从牡丹江市又回到了哈尔滨。邹师母的第二个儿子邹家骝和闵刚侯的第二儿子都在哈尔滨，先后来见到亲人，云燕铭是这里著名的京剧旦角演员，知道沈老来此，特地带着女儿来看望沈老。云燕铭是1950年沈老率中央访问团去西北少数民族地区访问时，她随访问团在各地演出时认识的。她对沈老这位忠厚长者问寒问暖，亲如家人，沈老带着她们一起参观亚麻厂，一起共进午餐。

离开哈尔滨的前一天，李延禄副省长带我们参观东北烈士的纪念馆，一路参观一路亲自解说，每位烈士都有一段英勇壮烈的历史，尤其是杨靖宇、赵一曼他讲得最多。他告诉我们“九一八”以后东北人民在敌伪的残酷压迫剥削下如何生活在水深火热之中，民主联军在零下三四十度下如何艰苦顽强地斗争。一段段可歌可泣的历史给我们上了一堂最为生动的革命教育课。最后李副省长指着这个纪念馆说，这里就是当年的敌伪警务厅，审问拷打革命烈士的地方。这条街是“一曼路”，赵一曼同志就在这里受刑牺牲的。大家听了肃然起敬。

同一天，我们游览了儿童公园，乘儿童火车，车站的全体工作人员都是儿童，见到我们一群人，儿童们热烈欢迎。站长向我们汇报，然后请我们照车站的规则买票、检票上车、入座，从“北京站”到“莫斯科站”全程共两公里，行车五分钟，全车可乘旅客160人。服务人员最大的14岁，都是各小学里挑选来的优等生，轮流服务，火车司机也是儿童。我们从“北京”坐到“莫斯科”下车，沈老向孩子们一一握手，表示感谢，并鼓励他们全心全意为人民服务、为社会主义服务。

今天所见所闻使我感触很深，我们缅怀老一代革命先烈英勇抗敌流血牺牲，也看到新中国的下一代正在茁壮成长。我们不能忘记过去，更要面对未来，烈士们的血没有白流，中华民族的前途是光明的，是充满信心的。

我们乘专列从哈尔滨直接到达沈阳，到辽宁宾馆（这是12年前沈老住过的地方），休息两小时后，继续乘车开往大连。大连市委书记、市长和先期来大连休养的范长江、沈谱夫妇都到车站迎接。我们住在郊区棒槌岛交际处一号楼，这里对一般市民是禁区。

在大连住了五天，见到了张鼎丞和市委第一书记郭述申，他们介绍了大连、旅顺的情况。沈老游览了老虎滩公园、星海公园，参观中国自己制造的万吨轮（英国人来参观都难以相信，惊叹不已），乘汽艇游大连湾，还参观了贝雕厂，这是以贝壳制作的各种装饰品，是家庭妇女的手工业，行销国外，深受欢迎。

沈老一行乘小轿车到旅顺，长江和沈谱同行。到旅顺住白玉山下的海军招待所，这是帝俄时代俄国海陆军司令斯特塞尔住的地方。日俄战争被日军占领，苏联红军驱逐日军，将旅顺交还我国。现在成为我们的军港。这里不能照相，是不经军区批准不能参观的军事特区。当天下午我和几位青年人一起爬上白玉山，登上280级台阶的白玉塔，登高远望，全旅顺尽在眼底(从望远镜里可以看到烟台)，从地形看这是一个重要的军事港口，难怪是当年日俄必争之地。我们下了白玉山，又和沈老等人在刘华清司令陪同下乘海燕汽轮游海港，出海围海岩黄金山绕行一周，到海岩参观阵地，刘司令告诉我们这是个极其重要的阵地，也是世界上有名的军港。

9月18日，我们在旅顺和招待所的同志们共同纪念“九一八”事变30周年。我们听了李延禄同志讲述抗日联军英勇战斗流血牺牲的历史，又听到这里的老人回忆东北14年在日伪统治下的苦难日子。沈老为招待所在四尺整张的宣纸上大笔一挥写了“河山永固”四个大字，我立刻联想起沈老在苏州监狱里写的“还我河山”的那张照片。我马上给沈老和四个大字拍了一张照，今昔对比整整30年。我们看到祖国的大好河山日益走向繁荣富强，这里纪念这个日子是非常有意义的。就在这一天，沈老参观胜利纪念碑、中苏友谊纪念塔，还去看了万忠墓(这是为悼念日本人惨杀两万多中国人而立的墓碑)。下午参观了历史博物馆和军事博物馆。在这里看到一批一批老师带着中小学生来这里上了一堂爱国主义政治课，我们也受到了深刻的教育。

在沈老离开旅顺前，刘华清司令和范长江都向沈老表示，希望他多留两三天，说这里还有些地方可以看看，如蛇岛、潜水艇舰队。沈老向来不会当面表示拒绝，但也没有表示同意，事后我和何鲁陶单独问了沈老的意见，沈老说还是回去吧，不想再去其他地方了。所以我们按原计划于19日回到大连。不料19日一早范长江大发脾气，认为沈老受到王健的控制，王健想走就走，一切都要听王健的指挥。他因身体不适不去送行了，沈谱也留下陪伴长江。我们到了大连休息一天，第二天晚上到达沈阳，住北陵休养所。

在沈阳沈老预计住两天，高崇民刚从千山回来，徐寿轩也从长春赶来，都来看望沈老。沈老参加民盟省委会的招待会，和省委的负责同志陈先舟、车向忱等见了面。邹师母的长子邹嘉骅和夫人叶楚梅

“九一八”事变30周年纪念日，沈钧儒心情激动地写下了“河山永固”四个大字。（王健摄）

（叶剑英的女儿）带着两个孩子来看望邹师母和沈老。这两天沈老游北陵寝墓、故宫，参观工业大学、工业展览会。参加中共辽宁省委告别宴会，席间见到了孙起孟、朱洁夫、黄玠然等同志，他们来东北是进行调查研究的。沈老一行于9月23日上午回到北京，胡愈老和史良来火车站迎接。我坐在胡愈老的车上，他向我交代了任务，要我下午去他家看文件，准备民盟开会。我们东北之行已告结束，工作即时开始了。

我回到北京，胡愈老就给我看了中宣部和教育部党组起草的、后由中共中央批准试行的《教育部直属高等学校暂行工作条例（草案）》（简称高教60条）和中宣部、文化部、全国文联党组起草的《关于当前文学艺术工作若干问题的意见（草案）》（正在报请中央审批)。这些条例的重要问题是调整党和知识分子的关系。过去认为知识分子绝大多数是属于资产阶级,拔"白旗",批"白专"道路,看成是社会主义革命时期的革命对象。现在要求一切有知识分子工作的部门和单位,对知识分子凡是批判错的都要甄别事实,分清是非,纠正错误,戴错了帽子的要摘掉,有利于解除思想疙瘩,发扬民主,增进团结。同时贯彻落实科学和文艺工作中"百花齐放、百家争鸣"的方针,在批判错误观点时要严格划分政治问题和学术、艺术问题的界限,敌我矛盾和人民内部矛盾的界限,不允许用政治斗争、更不允许用对敌斗争的方法,处理人民内部在学术、艺术问题上的不同观点。我看了这两个文件,这对民盟调整知识分子工作是至关重要的。胡愈老说下一步民盟的工作是准备召开中央常务委员会讨论摘掉一部分右派的帽子问题,同时积极筹备,民盟中央召集全国部分省市工作座谈会,座谈进一步贯彻"长期共存、互相监督"和双百方针。中央常委会于11月下旬举行,会议宣布摘掉1958年由民盟中央处理的黄药眠、钱端升、吴春选等一部分右派的帽子。12月上旬民盟中央召集北京、上海、河北、山西、陕西、江苏、浙江和东北三省十个省、市组织的负责同志进行座谈会,会上虽没有正式传达上面我看到的两个条例,但这两个文件的基本精神在知识分子群中已表达出来,这对会上座谈进一步贯彻"长期共存、互相监督"和双百方针起着鼓舞的作用,知识分子又重新感受到1956年春天的气息。但也有些知识分子心里余悸未消,还要"再走走、再看看"。当时听到盟外有的知识分子说:"希望把这个条例刻在碑上。"这充分说明了知识分子是拥护党对知识分子政策的,但也反映出希望政策不要再变来变去的忧虑心情。

我在参加民盟会议的同时,统战部通知我,金城副部长找我谈话,我按约定的时间去见金城同志,我在会议室里看到除了金城同志外还有邹师母在座。金城同志见到我开诚布公地对我说,有人反映你在沈老身旁工作很霸道,要沈老做什么事都要听你的,沈老到哪里想多住一天,你说走就走,而且,你和沈老同桌吃饭,也享受副委员长待遇。问我有没有这种情况，这样做对不对？你自己考虑考虑。我一听就全明白了，这是范长江告了我的状。统战部请邹师母来，也只有她才能作个证人。我首先检讨自己工作不安心，帮助沈老不够，特别在政治上帮助不够，这两年我在民盟的时间多，在沈老的身旁少，处理问题常常简单急躁，这些我在支部生活中都作过检查，我知道自己的缺点。至于在旅顺的情况，沈老早就预计去住两三天，不想多住，决定离开也是我和何鲁陶根据沈老的意愿和他身体情况而定的，我没有自作主张，如按我个人的意愿多住两天游游蛇岛、参观潜水艇何乐而不为。谈到和沈老同桌吃饭事，每逢随沈老外出，总闹这个问题。不陪沈老一起用餐，他总是不高兴，陪沈老一起吃，我听过家属有反映，弄得我很为难。说心里话，我愿意和工作同志、招待人员在一起，不拘束，自由自在，说说笑笑，有时还有白酒啤酒喝。这件事邹师母倒是替我说了几句话，她说沈老喜欢热闹，少一个人吃饭总是问。1953 年在苏州时，我就看到发生过这些事情，这次在东北也有这个问题。最后金城讲沈老虽不是党员，但他的作用，有时是我们党员所起不到的，从这里谈起批判我工作不安心，对沈老帮助不够，至于旅顺的事就不提了，但是要我一定和沈老家属搞好关系。这一场就这样结束了。事后我想，金城把邹师母找来可能是为范长江作证人的，事实恰恰相反倒给我作了证明人。要说霸道，据《大公报》的人说，范长江在工作上是有魄力的，成绩是显著的，但作风是很霸道的。就从这种事看来，是显得太霸道了。为这件事我想了好几天，最后决定给部里写信要求辞职。我想的是沈老年纪大了，参加政治活动逐渐减少，我的工作不多，而且沈老到了晚年更加重感情，他最喜欢的是女儿沈谱，我想沈老在晚年有沈谱在身边多陪陪他，沈老一定很高兴。沈老有什么事需要我做的我还照样做，辞职的事可以不告诉他。最后我下定决心给统战部党派处按照我所想的写了一封辞职信，推荐沈谱来代替我作沈老的政治秘书。这是我这年的最后一件事，决心离开住了 12 年的东总布胡同。

1962年　46岁

中共中央举行七千人大会　参加中央统战部第二期轮训组　党召开八届十中会议　沈老立有遗嘱

沈老于1月上旬离京南去南宁、桂林、广州、从化等地休养游览，预期两个多月。有何鲁陶和家人陪同。我得到沈老的同意，未随同前往。我利用这个时间，报名参加中央统战部第二期轮训组，得到批准。于1月中旬开始，为期两个月左右。轮训地点在西郊万寿路，那里有十八所小别墅，我们简称它为“十八所”。我们轮训组共八人，来自统战系统几个单位。组长是中央统战部副部长经济学家许涤新同志，他没有住进来，经常来参加指导。

第一天，许涤新同志作启发报告，提出这次轮训的目的是通过读书、思考、讨论，总结经验、提高认识、改进工作。是学习也是整风。

接着我们学习了《中共中央关于轮训干部的决定》，明确了为什么要轮训、轮训的目的、轮训的内容、轮训的方法等等。《决定》中还提出了14个“不”。除了不戴帽子、不抓辫子、不打棍子“三不”外，还有不作重点批判、小组不作记录、不作鉴定、不写思想总结等等14条，尽量使参加学习的同志解除各种顾虑，宽松、愉快、自由、自觉地学习。改变过去学习的方法，预期得到实际的效果。

我们这次轮训，一个最有利的条件是党中央于1月11日至2月7日召开扩大的中央工作会议，参加会议有中央一级和各省、市、地、县的主要负责人和全国重要厂矿、部队的负责干部共七千余人（简称为“七千人大会”）。会上首先讨论了刘少奇代表中央提出的书面报告草案和他在大会上的讲话，以及毛主席作的长篇讲话。会议根据毛主席建议的开法“白天出气、晚上看戏、两干一稀，大家满意”，实际上是采取和风细雨、轻松愉快“神仙会”的方式。

许涤新同志参加这个大会，给我们传达了七千人大会全部报告和重要讲话，我们围绕这些报告和讲话进行学习、讨论，提出问题，由组长来一起解答问题。每天学习不超过六小时，可以自由漫谈，可以出气，晚上有电影看，或同志们自行娱乐。两干一稀，吃得不坏，大家都感到满意。我们这次轮训，像似参加在七千人大会之中。

刘少奇同志在会议报告中初步总结了大跃进以来经济建设工作中的经验教训，提出了缺点和错误：如生产计划指标过高；基本建设战线过长，使国民经济各部比例关系严重失调；在人民公社工作中，不适当地急于向全民所有制过渡，刮起“共产风”，犯了平均主义错误；急于建立许多完整的工业系统，权力下放过多，分散主义有所滋长；对农业增产估计过高，刮起“浮夸风”；农村生产困难，城市人口大量增加，加重了城市供应，供应严重短缺。报告强调总路线、大跃进、人民公社这“三面红旗”的基本方向和重要原则是正确的，这几年的工作成绩是伟大的，缺点和错误是第二位的。这些缺点和错误的责任首先要中央负责，其次是各省级领导机关也要负责。刘少奇在讲话中说，过去把缺点错误比作一个指头和九个指头，现在从全国讲，恐怕是三个指头和七个指头，有些地区缺点错误可能是七个指头。其原因是由于自然灾害，大部是由于工作中的错误，可以说是“三分天灾，七分人祸”。这个报告和刘少奇的讲话，受到大家热烈欢迎。最后毛主席也讲了话，中心是讲民主集中制。强调不论党内党外都要有充分的民主生活，让群众讲话，有了错误，要作自我批评，也让人批评。毛主席先作了自我批评。接着讲，我们工作还有很大的盲目性，还有很多未被认识的必然王国，要去调查它、研究它、弄清它的规律。并且指出，中国人口多，底子薄，经济落后，要赶上和超过世界最先进资本主义国家，我看没有一百多年是不行的。中央其他领导同志也讲了话，分别代表中央书记处和国务院作了自我批评。

我们听到“七千人大会”的传达，把当前存在的问题都摆出来了，也听到毛主席和中央领导都作了自我批评，这对我们是个极大的鼓励，使我们的学习更加敞开思想，知无不言，言无不尽了。

这次学习规定以自学为主，并指定要读几本书，有的是关于党的生活和社会主义建设方面的，有的是关于经济、农村方面的。具体规定了要读《中央关于讨论和试行人民公社工作条例（修正草案）的指示》和工作条例（修正草案）。选读斯大林的《苏联社会主义经济问题》等。这次七千人大会透明度是比过去强，既肯定成绩，也承认了缺点和错误，而且中央领导同志都表了态，所以我们自学都敢于理论联系实际，敢于敞开思想，畅所欲言。

根据“十四不”，小组不作记录，但我个人每天要作学习笔记的，我记下了同志们包括我自己在会上提出的有些值得思考和研究的问题。现在写在这里，我还在进一步探索，求得解答，列举以下几个问题：

毛主席的《新民主主义论》是一部发展了马克思主义的经典著作，它把马克思主义基本原理同中国实际相结合，找出来一条从小农经济的穷国，如何走向社会主义、共产主义的道路，这是需要一个相当长的时期。新中国成立后，1956 年中央在制定过渡时期总路线时，毛主席提出了“一化三改”至少需要 10 年甚至 15 年或更多一些时间才可以进入社会主义社会，但不到六年我国就进行了，而且很快完成了“一化三改”，五种经济改成一种经济（即社会主义经济），接着吃“大锅饭”，进入“共产主义”。这些教训七千人大会上讲得还不够明确，批判得还不够深刻，这种情况产生的根源是什么？

马克思说过：“在生产力没有发展到可以消灭私有制的时候，不能消灭私有制，否则，即使消灭了，旧的东西还会卷土重来。”这个经验教训值得吸取。而我们“大跃进”大炼钢铁、种高产田，每亩上万斤放卫星。我们的党是久经考验的党，党的领导同志不少出身于农村，当时这些现象党的机关报还在大吹大擂，农村出现的千千万万人浮肿，以及饿死人的现象，却一字不提。难道这是党的传统作风吗？

我提出什么是“党性”问题，因为我每次在整党中被批为“党性不强”。我为坚强党性曾作过努力，但始终弄不清标准是什么，同志的解说各有不同。我在历次运动中看到有些党员（特别是高层的领导人）对大是大非问题的表现更加模糊。有的同志说：加强组织纪律性，坚决贯彻党的方针政策；加强阶级斗争观点，一切要以阶级斗争为纲。有的同志说：要忠心耿耿地作党的驯服工具，甘心作个螺丝钉等等。但也听到领导同志说过：不要惟书，不要惟上；甚至有人说“舍得一身剐，敢把皇帝拉下马”。但是我看到庐山会议上除张闻天等人外，一致举手通过了“彭德怀反党集团”；1957年春天费孝通写了一篇《知识分子的早春天气》，我亲自听到一位党员高干对这篇文章赞赏不已，几个月后，反右斗争开始，我也亲自听到这位同志大批特批费孝通这一篇文章，说是“右派言论”“煽动知识分子不满情绪”。等等这些，使我弄不清这些同志们的“党性”的标准是什么？

有的同志谈到“双百方针”问题，认为当前不是百家争鸣而是两家争鸣，事实上是一家。不敢争，争鸣不起来。反右以后，《光明日报》改为公办，民盟的《争鸣》也停了刊，自然形成了“舆论一律”。马克思说：“没有出版自由，其他一切都谈不到。”知识分子对这个问题反映很大，但敢于说这个问题的却划了右派，“这是为什么？”

同志们在会上谈得很畅快，有的谈理论，有的谈当前社会、农村各种见闻，反映基层群众的议论。有的人提出问题，有的人发牢骚出了气。尽管大家谈了许多意见和批评，但对我们党的前景进入社会主义实现共产主义还是充满信心的，只是时间问题和党的领导是否正确问题。最后我得到启发，作为一个共产党员对党虽犯有这种那种错误，而自己能改正错误（七千人大会就是一个好例子），始终对党是有信心的，我想这就是党员最起码的党性标准。

我们大部分时间还是讨论大会报告和重要讲话，特别是关于经济方面的内容如：生产关系如何适应生产力的发展；农业是国民经济发展的基础；商品生产的价值规律；坚持按劳分配、反对平均主义，以及民主集中制和双百方针等问题。我们自学看了些中央文件和经济学方面的书籍，还有经济学家许涤新组长来辅导、解答问题，两个多月来，学了不少东西，受益不浅。最后总结确认我们的学习已达到预期的目的，也有几点不足之处。3 月 31 日第二期轮训正式结束。

沈老于 3 月 16 日从广州回到北京。

3 月间中央有三个大会，一个是在广州召开的科技工作和文艺工作的会议。会上周总理讲了话，他恢复 1956 年对知识分子的阶级状况所作的基本估计，肯定知识分子的绝大多数已经是属于劳动人民的知识分子，而不是属于资产阶级的知识分子。陈毅副总理在会上特别强调，经过 12 年的考验，尤其是这几年，严重困难的考验，证明我国知识分子是爱国的，相信共产党的，是跟党和人民同甘共苦的。会上他宣布给广大知识分子"脱帽"（资产阶级的帽子）"加冕"（劳动人民之冕）。是月下旬民盟中常会在和平宾馆进行联欢晚会，招待各地来京参加人大和政协的盟员同志，并祝贺知识分子再次"脱帽加冕"，大家希望知识分子的春天这次真的会来到了。

广州会议以后，我从统战部听说，党内对划为右倾机会主义分子和重点批判的党员和干部统计约有 300 多万人进行了甄别平反。根据党内资料到 8 月份甄别平反的达 600 多万人。

另外两个大会是全国政协三届三次会议和全国人大二届三次会议，都在 3 月下旬召开。沈老出席了政协大会的开幕式和人大大会的闭幕式。我轮训回来，列席政协的大会，听了周总理（三届政协，周总理已被选为政协主席）作的《关于人民民主统一战线问题的讲话》和大会发言。大会发言中我特别注意千家驹的发言，他会同了陈翰笙、沈志远、彭迪先、关梦觉、吴半农五位经济学家所作的联合发言。谈到"粮食过关"不能要求每个公社都做到；谈到工业要"就地取材、就地生产、就地销售"不能要求大城市也这样做；最后一个问题是他们主张"开放农村集市贸易市场以活跃经济"。他的发言博得会上一些人的好评。但同时也听到一些异议，认为开放农村集市贸易市场是有悖于"三面红旗"的。

在两会闭幕之后，中央统战部党派处准备起草一份《关于参加民主党派的党员如何做好民主党派工作的几点意见》(草稿),党派处通知我也去参加。经过讨论写出了一个初稿。重要内容有:提到党员在民主党派中总的任务是宣传、贯彻党的方针政策,宣传马克思列宁主义、毛泽东思想;在职权范围内应负责做好岗位工作;党员在工作职权上应划清政策界限,党员在民主党派应多抓政治,少抓事务,不宜担任正职,不宜负责领导他们的组织和人事工作;党员必须经常加强党性锻炼,民主党派是阶级斗争的第一线,在任何时间和情况下必须坚持党的立场、原则,和资产阶级思想划清界限;不安心工作,在某种程度上是个人主义的表现,克服个人主义,是党员在民主党派中党性锻炼的重要内容;党和民主党派是长期共存的,党员要树立长期工作的思想,要甘心作个党的驯服工具,在民主党派里作个无名英雄。初稿经过多次修改成为一个征求意见稿,经过时间较长,最后如何定稿,是否发出,是否贯彻执行,以后我就一无所知了。但这个草稿对我来说,确是起了一定的指导作用。

4月初的一天,风和日丽,民盟中央机关干部组织碧云寺春游。章伯钧约了罗隆基也想同去碧云寺一游。章、罗在民盟中央本来矛盾很深,水火不容。从碧云寺春游以后,罗常到章的家里,先是争吵,后来同命相怜,结成无话不谈的好友。这次去碧云寺是罗搭章的汽车去的(划右派后章降为八级仍保留车子,罗降为九级,不供给车子)。到了碧云寺,民盟的干部都不大接触他们,我因为他们多次去沈老家开会,所以比较熟识,见面还打了招呼。在碧云寺大家自由活动,游了一阵,章、罗找了一个树林,有两块大石头,坐在那里休息。正好我走在那里,看见他们和颜悦色地在聊天。章伯钧看见我带着照相机,就叫我,开玩笑地说"给我们章罗联盟照张相"。他们坐得端端正正,我就照了一张。我答应洗印出来寄给他们每人一张。回来洗印,照得很好,我除了寄给他们二人外,没有给任何人,这是一张独家照片,成了"章罗同盟"的"铁证"。

北京盛暑,沈老到北戴河避暑休养,我未陪同前往。8月间据传党中央在北戴河召开工作会议,会议内容不详。9月,党中央在北京

1962 年，章伯钧（左）与罗隆基　　（王健摄）

召开八届十中全会，会后发表公报，指出“在无产阶级革命和无产阶级专政的整个历史时期，在由资本主义过渡到共产主义的整个历史时期（这个时期需要几十年，甚至更多的时间），存在着无产阶级和资产阶级之间的阶级斗争，存在着社会主义和资本主义两条道路的斗争”。

会后，中央撤消了由邓子恢担任部长的中央农村工作部，包产到户的改革实验被停下来；为右倾机会主义平反工作就此结束；为被划作右派分子甄别的提议被中央批驳回来。还传说毛主席同意《刘志丹》这部小说是为高岗翻案，支持这本小说写作的习仲勋等人，被说成是为高岗翻案的反党集团。毛主席说：阶级斗争必须年年讲，月月讲，天天讲。

9 月份的一声惊雷震动了中国大地各个角落、各个阶层。一位同期轮训的同志，看到公报即打电话给我，首先向我作天气预报：今年的气候是晴间多云,多云转阴,时有雷阵雨。接着一连串问我,会不会跟着就来狂风暴雨?“白天出气”是否又是“引蛇出洞”?“十四不”“三不”还有效没有?我听其言,想象他已成了惊弓之鸟了。我告诉他,你放心好了,“十四不”里不是有一个不作小组记录吗?没有记录就没有凭证,至于我个人的学习笔记,我不会蠢到拿它出卖同志也出卖自己的。

沈老从北戴河回来,自己感觉身体日渐衰弱,又去颐和园介寿堂休养。9月9日约了最亲密的人胡愈之、沙千里、萨空了、范长江来介寿堂,有话想和他们谈,沈谱和我也在他身旁。

沈老谈了他身后的事,我作了记录,后经胡愈老根据我的记录亲自整理修改,我又腾清一份送给统战部金城副部长。沈老谈话的重要内容:沈老首先谈到入党问题,“我很早期望参加中国共产党。以前曾为此写信给董老,董老回信说要和党内同志研究研究,我想可能是因为民盟的工作还不好参加。现在我仍恳求党加以考虑。如生前不能入党,希望在我死后追认为共产党员。”“我一生做了一些事,有些是做对了,有些做得不对……我想约一些党员同志和亲密的朋友谈谈,如过去有些事做得不对,说出来还来得及改正。”“我没有财产,也没有嗜好……我的石头不少,此外一无所有;我的儿女都学有专业,他们都还好,我死了以后希望他们和睦相处。”“民盟的事我不能管了,盼望朋友们大家把民盟的工作搞好。”“最后顺便提一下,何鲁陶和工健帮助我工作很好,我不在时,如果我的家里人和他们搞得不好,要请朋友们主持公道。”

沈老讲话态度非常镇定,想的问题很周到,不会是一天想出来的。这些日子,对自己的身体已有预感,所以找亲人谈谈,我听了心里很难过,但是看到他这种“学到老改到老”的精神,这种执著追求共产主义的信念,确是令人可敬可佩的。

报告送上去,估计入党问题一时不会有答复,但是我接到统战部党派处的通知,同意我去年的辞职报告,由沈谱于10月开始接替我的工作任沈老政治秘书。

我和国男决定9月底搬出东总布胡同，搬到民盟机关大四合院西侧小院里的一间空房（过去郭则沉、叶笃义相继住过），房前有个十米长的小游泳池，毛主席畅游长江后，游泳之风大振，小游泳池重新整修，每天可以游泳，机关同志上班时不能游泳，下班时不来游泳，就成了我和国男晚上专用的游泳池了。

1963年沈钧儒在医院中，这是王健（左）与沈老最后一张合影，右侧是沈老生活秘书何鲁陶。

我离职事不告诉沈老，我还像往日一样去看看他，有些事还照常和他谈谈，沈谱经常在他身边，也很自然，不会引起他怀疑。十月间，沈老因天气变化，受点风寒，略有烧度，住北京医院治疗。经检查无大病，家人好友不断去医院探视。除夕之日，我去医院，沈老精神甚好，我和何鲁陶陪他过除夕之夜，并摄了一张三人的合影。这竟成了我们和沈老最后的一次留影了。

1963年　47岁

沈老是民主人士左派旗帜　沈老逝世　中苏两党关系紧张　全国政协大会批判千家驹等六人发言

新年元旦，全国政协主席周恩来以全国政协的名义，在政协礼堂举行宴会，招待在北京的70岁以上的全国政协委员、全国人大代表、各民主党派中央负责人以及国务院各部门领导人和参事室中的老人，借此为沈老祝寿（1月2日虚岁90生日），也为各位老人祝贺健康长寿。

沈老尚在医院休养，经大夫同意前往参加招待会。周恩来在祝酒词中特别讲到："沈钧儒老人今年90岁，我们为他祝贺。沈老是民主人士左派的旗帜，他曾为民主主义，为社会主义奋斗到老。"沈老十分激动，起立举杯祝酒，感谢中国共产党和毛主席领导中国人民走上社会主义道路。他提议大家举杯，祝毛主席健康长寿，祝大家健康长寿。在座老人频频举杯向沈老祝寿。招待会后沈老仍回医院。

"沈老是民主人士左派的旗帜"，我想这就是党中央对沈老要求入党的正式答复。我们在《中央盟讯》上表示祝贺，盟内有些同志为有这面"左派旗帜"引以为荣。我听到邓初民唯一的不同意见，他认为"民主人士"是属于资产阶级范畴的，"资产阶级左派"和党素来把沈老看成是"党外的布尔什维克"两者属性是不同的。这个意见在盟内没有引起什么争论。

沈老在医院住了四个多月，体力精力逐渐恢复，遂于1月中旬出院。出院后，去参加民盟三届三中全会，并讲了话。4月应北京市文

1963年元旦,周恩来总理在政协礼堂设宴招待在京全国人大代表、全国政协委员、各民主党派中央负责人、国务院各部门领导人和参事室中70岁以上老人,并为沈钧儒祝90岁大寿。

联举办的首都书法篆刻展览会之请,沈老挥笔写了"将革命进行到底"七个大字。沈老本拟参观展览会,不料于5月底突患急性支气管肺炎,再入北京医院治疗。经医生竭力抢救,于6月11日凌晨3时去世。在病重期间,党和国家领导人董必武、朱德、周恩来、李维汉、陈毅、陆定一、张鼎丞等人前往医院看望。是日下午,国家领导人以及民盟和有关方面负责人、沈老至亲好友到医院瞻仰遗容,向遗体告别。遗体于当晚火化,13日在中山公园中山堂设灵堂,国家主席刘少奇亲往吊唁。国家机关各部委、全国人大、全国政协、各民主党派、各人民团体、中央和北京市各机关、各学校的代表,民盟中央机关和北京市机关负责人,沈老生前好友,以及各国驻华大使馆外交官亦前往吊唁。次日上午,首都各界在中山堂举行公祭。由人大常委会朱德委员长主祭。董必武、周恩来、郭沫若、黄炎培、李维汉、陈叔通、刘伯承、林枫、邓子恢、贺龙、陈毅、李富春、李先念、聂荣臻、薄一波、谭震林、陆定一、张治中、张奚若、张鼎丞、杨明轩、史良、高崇民、胡愈之、邓初民、楚图南等陪祭。董必武致悼词,史良报告沈老生平。公祭大会后，骨灰由朱德委员长等护送至八宝山革命公墓安灵，在八宝山举行了安灵仪式。沈老逝世后，各友好国家领导人及海外有关组织均打来唁电致哀。民盟中央的《中央盟讯》出版了《悼念沈钧儒主席专刊》。

为沈钧儒的逝世举行追悼会，史良报告沈老生平。

沈老逝世后，我的供给关系由全国人大（国务院事务管理局负责）转到民盟中央，从这时起，我已成了民盟中央机关的专职工作人员。

党的八届十中全会之后，国内政治形势和中美关系都有重大的变化。这一年，苏共22大以后，苏联领导、苏联报刊和在苏共影响下东欧许多的共产党的国家连续发表声明、决议、文章，攻击中国共产党。我们党陆续发表文章答复和批评苏共及其影响下的东欧许多国家的共产党，国际共运中的争论愈演愈烈，关系愈来愈紧张。对国内的政治形势，毛主席在中央的会议上，总结外地调查经验，指出“阶级斗争，一抓就灵”。决定在农村进行以“四清”（清账目、清仓库、清财物、清工分）为主要内容的社会主义教育运动。在城市开展“五反”（反贪污盗窃、反投机倒把、反铺张浪费、反分散主义、反官僚主义）运动。毛主席主持制定了《关于目前农村工作中若干问题的决议（草案）》（称为前十条），决议指出：“当前社会中出现了严重的尖锐的阶级斗争情况，‘四清’‘五反’是打击和粉碎资本主义势力猖狂进攻的社会主义革命斗争。”要求各地训练干部进行试点，为普遍开展社教运动作准备。9月间，中央根据试点中提出的问题又制定《关于农村社会主义教育运动中一些具体政策的规定（草案）》（称为后十条）。后十条明确提出运动要“以阶级斗争为纲”的方针，同时也规定了要团结95%以上的干部和群众，要依靠基层组织和基层干部等具体政策。

与此同时，毛主席认为中国党内也出现了修正主义。他对邓子恢在农村工作中提出多留自留地、多搞自由市场、多搞自负盈亏、包产到户（被概括为“三自一包”），是修正主义的国内纲领。对中央对外联络部部长王稼祥提出的为争取时间，加紧建设，必要的对外关系的相对缓和，同美国、苏联和印度的斗争要注意策略，对外援助要量力而行，被概括为“三和一少”，是修正主义的国际纲领。中央统战部部长李维汉关于统战工作向中央提出许多建议（如对右派分子的甄别等），被认为是“向资产阶级投降”。他们都被作为“党内的修正主义分子”受到严厉批判，王稼祥、李维汉被撤销职务处分。

党的八届十中全会公报发表之后，那位同期轮训的同志又打电话问我：多云转阴时有雷阵雨之后，会不会接着有急风暴雨？现在看来，一场急风暴雨打击资本主义和修正主义的阶级斗争真的开始了。上半年我在忙着沈老的丧礼，接着就忙党内学习讨论中央的指示、前十条、后十条。中央统战部响应中央的号召，积极组织包括各民主党派干部的四清工作队，我征得民盟中央领导的同意，宣传部工作也作了安排，立即向统战部报名参加。统战部开了几次会作好思想和组织准备，决定明年春节后即开赴农村进入阵地。

11月中旬，我列席参加了全国政协三届一次会议，开始听了陈叔通作常委会工作报告，后又听了几次大会发言，有一位政协副主席发言，他批判在上次政协大会上有几位民主党派成员，竟借政协的庄严讲台，发表“反对社会主义”的言论，要“挖社会主义经济的墙脚”，要“复辟资本主义”，“其严重性不下于右派六教授的右派言论”。批判的内容就是去年政协大会上千家驹等六位经济学家联合提的意见。这个发言对被批判者虽然没有指名道姓，但与会者尽人皆知所指的是谁，而且也都意识到，如果上面没有指示，谁也不敢这样发言的。大家都为千家驹等六人(除陈翰笙是中共党员外，其他五人都是民盟盟员)担心，会不会遭到1957年“六教授的命运”。

政协闭幕后，民盟中央接着召开了三届四中全会，会议认为“在国际国内阶级斗争的风浪里，有些同志政治思想上存在着问题，甚至有些问题是很严重的”。因此要继续深入三个主义教育，“加强阶级观点，提高阶级觉悟，自觉改造立场和世界观”。会上同志们纷纷议论，有的同志说，前两天我听彭真同志的报告，批判“三和一少”“三自一包”的思想，同时也提出了知识分子思想出现了“大反复”的问题；有的同志认为，中央认为知识分子思想“大反复”，可能就是从千家驹等六个人的发言引起的；有的同志说，去年上半年知识分子“脱帽加冕”，下半年阶级斗争升了级，知识分子思想滑了坡，今年就出现了“大反复”，这一反复，资产阶级的帽子又戴上了；有的说，解放后知识分子就开始思想改造，1958年又是“脱胎换骨”的改造，改来改去，现在又出现了“大反复”，对改造已失去信心；说自我改造，自己都掌握不了自己的命运，何以谈自我改造。

1964年　48岁

赴霸县平口村参加四清运动　北京郊区模式口集训 赴霸县新安公社第二次参加四清运动

从1963年秋季起，中苏关系进一步恶化，开始了大规模的论战。中共中央以《人民日报》编辑部和《红旗》杂志编辑部的名义，连续发表评论苏共中央公开信的文章，指名批判赫鲁晓夫修正主义，同时也提出了社会主义国家和平演变和资本主义复辟的历史教训问题，对国际共产主义运动发生了巨大的影响。

一二月间民盟中央根据全国政协关于开展"三个主义"(即爱国主义、社会主义和国际主义)思想教育运动的计划大纲，在民盟中央原有的四个学习组，由宣传部负责组织民盟在京的部分人大代表、政协委员和民盟中央委员成立三个学习组，和北京大学另组织了知识分子朱光潜、冯友兰等为第四组，进行"三个主义"教育的学习。民盟中央把"三个主义"教育的学习，作为今年的一项中心任务，并专门设立了"三个主义教育学习委员会"，由胡愈之任主任委员，宣传部张毕来负责学习组工作，我负责《盟讯》，也参加学习组学习。

毛主席在中苏两党争论日趋激烈的情况下，决定在城市和农村开展社会主义教育运动。认为这是国内反修防修、防止资本主义复辟的一个重大战略措施。3月初，中央统战部、全国政协与各民主党派中央机关组织部分委员和干部，到农村参加社会主义教育运动(即"四清"运动)。我已决定参加第一批，于3月4日集中在政协出发，到河北省霸县煎茶铺公社。第一批共47人，分配到四个村。我和民盟的同志共六人，分配到平口村。

我们进了村，和先来的工作队同志总共21人，其中有南开大学的五位同学和公社下来的几位调干。队长姓韩，是县里搞农村工作的。他们把我们看成是“中央派来的”，我们声明是来接受贫下中农再教育的。队长召集全体工作队开会，首先大家作了自我介绍，接着韩队长简单地介绍平口村的情况：这个村里贫下中农数量不多，党员的威信不高，干部问题不少，依靠的力量底子薄，青年人热情高，是可以培养的新一代。会上，韩队长推举我为副队长。会后我们首先下去，学习土改的做法，扎根串联，访贫问苦，把情况摸摸清楚。

我被安排在贫农陈云起家里和韩队长同住。这间房原是陈云起父亲住的，父亲死了没有几天，腾出来让给了我们。吕光光、李宇、马德成分别住在贫下中农家里，黄景钧、汪青山住在队部，他们负责资料、记录工作。

我在贫农任德润家里吃饭，吃得比较差，但家里老少都很和善。任德润本人是个老红军，在贺龙120师当过兵，打过几次恶仗。本村一起去的几个人都牺牲了。任的父亲今年73岁，在陕甘宁一带也当过兵，还去过延安。任的孩子叫“领道”，出生的时候，八路军来了，任德润给领过路，所以给孩子起了这个名字。我每天在他家吃饭，总是聊个没完，他对我了解本村的历史、干部的情况帮助很大。后来我听传说，日本占领时，任做过一度副

平口四清工作队。前排左侧韩队长，右王健，队员中半数是民盟同志。

保长,村里的人传说不一,但他给地主扛过活,这是全村都知道的。

我没有参加过土改,这还是第一次来到农村,看什么都是生疏的,也是新鲜的。很想到处去看看,但是一进村立即就忙起来。整天的会,工作队内部的会、支部会、大小队干部会、贫协会,还要串户到干部家、贫农中农家单独谈话。我经常还要去煎茶铺公社听领导报告,定期和北京来的党员同志徐云(支部书记)、谢公望、尹惠敏、赵亚兴、陈炳基、张淑惠、吴万祥等同志开支部委员会。还有些突如其来召开的各种会,以及除了开会之外工作队每周两次学习毛主席著作(这一期主要的是学毛主席的《矛盾论》)。工作队 21 人虽有分工,但有些会是交叉的,分不开的。每个人从早忙到晚,早晨五六点起,晚上很少 12 点以前睡觉,遇到有争议的问题,甚至开会到深夜,结束不了,明天接着再开。这就是我们入村后生活的基本情况。

我们进村一个月,了解了大小队干部和贫协、村支部负责人的情况。大队长牛宝森,解放前是要饭的,妹妹八岁作童养媳,全家苦大仇深。土改后,分了地,干农活很勤快,也比较能干,后来逐步升了干部被选为大队长。一旦掌了权,封建家长的思想作风逐渐就冒出来。群众反映,1954 年遇到天灾,他克扣了灾粮,近几年家里盖了几间新房,买了“洋车”,娶媳妇生孩子,请客大吃大喝,群众背后议论纷纷。治保主任牛万忠,也是贫苦出身,掌权以后也变了质,盖新房买洋车,特别是滥用职权,捆人打人,民愤很大。4 月份起,连续召开了全村社员大会,大队主要干部进行检查(俗称为“洗手洗澡”)。大队长牛宝森的检查,主要讲自己一家过去的苦日子怎样苦,作了大队长生活逐渐富裕起来,就忘了本,口口声声说对不起乡亲们,但具体的问题躲躲闪闪,群众发言揭发,有人气愤地就直接叫他外号“黄屎罐”,揭发他给孩子过满月请客大吃大喝,收了多少礼、多少钱。有的批判他的生活作风,说他“欺上瞒下,假公济私”“穿着大皮袄,架着胳膊走路,神气得很”。我们掌握了他的贪污行为,让一位知情人当场揭发他和大小队干部集体贪污,共克扣灾粮 2400 斤(10 斤里扣 1 斤)。当时全场哗然。他低头无语,在群众的激愤下,最后他表示“我检讨,我交代”。工作队同意他下次大会如实交代。下面接着大队治保委员牛万忠作检查,他看到会场群众的激昂情绪,估计不交代点实事是难以过关的,他结结巴巴地检讨了一些打人捆人的事,但是总还带着一些辩解,认为有些人不这样治一下是改不过来的。有人揭发“私设公堂”事,他矢口否认,群众认为他的态度不老实,检查的“浮皮潦草”,要他“换个大池子洗澡”。村支书王桂义检查,他曾在贺龙120师当过兵,在陕甘宁一带打过恶仗,复员返乡,跟农民群众关系较好,他检查作了支部书记后,逐渐就忘了毛主席嘱咐的“戒骄戒躁”了。有时大手大脚,吃请的事也多了。村里红白喜事、盖房子、娶媳妇、生孩子、过满月,吃吃喝喝都有我,特别是和外单位联系,托人办事,就要请客,吃了酒肉就好办事,就在这方面我比有些干部就多吃多占了。而且吃请,照样记工分,搞特殊化这就是占了社员的便宜,我要检讨,也要退赔。王桂义检查的态度比较老实,检查的内容也比较真实。特别是吃请,成了风气,村里如此,县里尤甚,所以社员也提不出什么意见来。有的提出质疑,问他每次吃请有没有假公济私,想占便宜。有的在规劝,说作为党员,大队支部书记,不应随大流,要刹一刹这股不正之风。我们听起来,社员们能够分清善恶是非,是通情达理的。

大队长集体贪污事被揭出后,有些参加作弊的干部坐立不安了。会后,有的干部找工作队承认了自己做错了事,表示对不起乡亲们,也对不起工作队,表示一定要交出来。有的受到压力,内心不安,不得不来向工作队认错,大队会计高志中特来向工作队检查,讲了当时作弊的动机和行为,有事实,有过程,有分析,讲得很全面,对我们清查工作很有帮助。我们也听到有些合伙人,骂那些找过工作队认错的干部,还想坚守“同盟”,顶着干。同时,我们分别找大队干部谈话。我找了牛宝森,从过去的苦到新社会做了些对不起乡亲伤天害理的事,谈到最后,良心发现,他流了眼泪。说自己没有文化,觉悟不高,忘了本,这次四清,一定把自己“洗一洗”。晚上我和工作队另一位同志,找了牛万忠和大队村支委刘海丰谈话(刘的问题不只是大吃大喝，据说还贪污公款，乱搞女人）。工作队其他同志分别找大队小队干部谈话，摆事实，讲道理，深入耐心地帮助他们端正态度，认真检查，早点“下楼”，过好这一关。

4月中旬，煎茶铺公社下属村干部开始“洗手洗澡”，天津陈义唐书记召开32个村的工作队、部分干部和社员贫协代表共两千多人的大会，作动员报告，讲解“双十条”，主要内容是集中全力向资产阶级进攻，挖资本主义根子，清经济也要清政治，并交代“四清运动”中有关干部的政策。第二天，继续举行全体大会，内容是控诉资本主义，找了几个村干部作为典型，在大会上检查。他们忆过去旧社会之苦（有的受地主剥削，有的当兵，家破人亡，有的沿街要饭……），解放后作了干部，就忘了本，利用自己手中的权作了一些贪污腐化、假公济私、欺压群众、道德败坏的事情，现在提高了觉悟，认识了自己受到了资产阶级的侵蚀，走上腐化堕落的道路。他们控诉资本主义对社会主义以及每个干部的危害性，现身谈到个人的体会，有的放声大哭，检查自己失去了无产阶级的良心，对不起党，对不起父老乡亲们，全场为之感动，激发起大家的阶级仇恨。会后，每村工作队的同志和部分干部决定留住几天，连续小组讨论。我们工作队学习陈书记的报告“四清革命运动中四个第一”。这四个第一是：一切矛盾抓阶级矛盾第一；清钱、清粮、清人第一；对干部的问题政策攻心第一；干部思想抓当前思想情况第一。在讨论中我们也暴露了思想，对资本主义认识不足；思想上对资产阶级恨不起来；行动上宁左勿右，怕犯立场上的错误；对如何团结95%以上干部和群众产生了怀疑；清经济、财物劲头大，清政治清人的劲头小等等。经过多次学习讨论，前后作了总结。大家提高了对“以阶级斗争为纲”的认识，检讨了本身存在的多种错误思想，明确了“四清运动”抓“四个第一”的重要性和工作中要依靠基层组织和群众的具体政策，大家认为收获还是很大的。

5月里是“四清”高潮，几乎每天都是会，全体社员大会、小队社员会、大小干部第二次作检查会。干部、贫协、支部分别开会以及三五人个别谈话小会，研究对策，核实问题，说服教育。干部检查交代会上，群众逐渐发动起来，平常不大讲话的中老年妇女们也讲了话，干部的检讨老实不老实，大体上从群众的讲话就可以看出来。有个大队干部，检查得比较深刻，交代了贪污公物的动机和过程，当场交出了159元赃款。群众虽然批评他的贪污行为，但也鼓励了他改过自新的勇气，群众对有些态度不好、民愤很大的干部，揭发的问题越揭越多，越揭越广。有人揭发大队干部几千元的钱就没有下账；卖苇子的钱一直是一笔糊涂账；干部在外面跑生意，社员们都不知道。工作队查账，查出来有改的、涂的，还有撕的，另外是些白条纸，干部们都说不清。治保干部权很大，社员辛辛苦苦劳动一年，拿工分，没有他们一季拿的多；社员愁着棉衣还没上身，他们大皮袄都披上了。社员说"你们作了官都成了土皇上，我今年60多了，有工作队给我撑腰，我把话都说出来了……"社员越说越来气，社教运动的威力也显示出来了。特别是男女青年人表现的劲头大，顾虑少，敢说敢干。中老年妇女们说，很少参加过这样的会，这样的会可壮了胆，受到了锻炼。但我们也注意到，会上有些人始终沉默不语，一言不发，我们找人研究过，他们分析：有人自己也有小辫子、小毛病不敢说话，有的人一向是胆小怕事顾虑多，怕日后干部打击报复，给"小鞋穿"。

两个月来，大会小会，个别谈话，反复宣讲"双十条"，交代政策，大小干部基本都作了检查，有的干部滑头滑脑，交代问题避重就轻。经过会内会外教育，有的悔改，有的干部一直存在抵触情绪，百般狡赖，一次再次检查，换了"池子"（小池变大池），群众帮助"搓澡"，还是洗不清，群众没有通过，还是下不了台。只好暂时挂起来，再作工作，社员说他们成了"钉子户"。

干部检查暂告一段落，我们工作队的任务更加繁重了。会上提出的有些问题，需要进一步调查、核实，有些干部需要进一步做思想工作。这就还要开各种形式的会议，单独找人谈话，给干部和群众一次再次地宣讲"双十条"。传达华北局李雪峰书记对"四清"工作的指导，工作队开会，重新分了工，我负责定案工作，给"下了楼"的干部写定案材料，并兼管写村史的工作（由吕光光执笔）。

我和韩队长常常还要去煎茶铺参加公社召开的各种会议，有的是传达中央最新文件和上级对“四清”工作的指示，有的是各村“四清”工作经验交流会，会上可以见到北京来的分散各村的同志们，听到各村汇报的情况证实，霸县地区确实是很复杂。从小我就听说霸县地方穷，土匪多（这里称土匪为“白脖子”），所以“四清”的工作不好搞（平口还是个比较单纯的村子）。同时也听到各村的一些奇谈趣闻：如河里村党支部选举，结果选出一个不是党员的支部书记；十间房村的巫婆，横行霸道，拿着菜刀追民兵，民兵抱着大枪跑，党员给巫婆磕头烧香。大家听了，觉得好笑，但又感到“四清”工作的艰巨性。

4 月底，全国政协组织各党派领导同志来到煎茶铺现场参观“四清”。其中民盟有胡愈之、周新民、千家驹、邢其毅、朱光潜、浦熙修等，陪同来的干部有詹永泰和敬季超。另外还有其他党派的同志。徐云打电话给我，我即赶到煎茶铺，他们正在参加贫农忆苦座谈会，会后会餐。餐后我单独找胡愈之谈了谈民盟的情况。胡愈之告诉我，民盟学习组还在进行“三个主义”教育。特别是学习最近《人民日报》和《红旗》编辑部发表的八评苏共中央的公开信，大批赫鲁晓夫和铁托的“和平过渡”问题。胡愈老还告诉我，沈老去世一周年，沈老纪念馆筹备工作即将完成，决定于一周年之日（6 月 11 日）开幕。已调林亨元任纪念馆主任。纪念馆就设在你们的《争鸣》编辑部。我听了非常高兴，沈老在天之灵也会感到欣慰的。胡愈老还告诉我，第四学习组准备批判千家驹在政协大会的发言（批的是“开放农村集市贸易”的意见，去年政协大会上已有人批判），这是统战部和政协的意思，要他先作自我检讨，再开展批判。我问胡愈之，和千家驹联名发言的四川彭迪先、上海沈志远、吉林的关梦觉怎么样了？胡愈之说他估计在当地他们都逃不脱的。胡愈之一行参观学习了几天即返北京。

接公社党委通知，要我们在 5 月 20 日以前结束社员的自我教育和干部的“洗手洗澡”工作。同时要把阶级复议工作抓起来，20 日以后就开展对敌斗争。党委顺便通知，南开大学的五位同学，准备6月初返校，事前要做好鉴定工作。工作队立即开会研究了下月20日以前的工作安排。两天后开了一次全村社员大会，我们把支部书记、大队干部，态度比较好的再作一次检查，得到群众的认可后，准备解放出来和工作队结合起来，以后还有很多工作要做。

这个期间，我做了一件和"四清"毫不相干的事，是帮助一位年轻的妇女"清"了她的婚姻问题。不知社员们是怎么知道我曾在最高人民法院工作过的。一位中年妇女，请我到她家里去，谈谈她女儿的婚姻问题。我去见到她们母女，女儿刚结婚一年，男方因生理缺欠，不能房事，找过几个医生，吃了中药西药也没有改善，女方非常痛苦，提出离婚，男方不肯，女方搬回娘家来住，男方扬言要向法院起诉。母女不知如何应付，所以找我拿个主意。我告诉她们，这个问题很简单，这是法院可以解决的问题，既然男方生理有缺欠，又有医生可以证明医治无效，你们就理直气壮的向法院起诉他，法院会维护女方权益，批准离婚的。我一再嘱咐她们，男方可能会采用软硬两手对付你们，你们要下定决心离婚，不要心慈手软，男方根本没有结婚条件的，法律是站在你们一边的。经我嘱咐和鼓励，她们下了决心去告男方。在我们离开平口前，听说男方心虚，找到女方，双方协议离婚了。同志们和我开玩笑说，你来"四清"连人家的婚姻也给清了。

平口的对敌斗争，并没有开全体大会开展轰轰烈烈的斗争。因为村里的四类分子个人和家庭情况已基本摸清，而且土改时有些敌我矛盾也都定案解决了，现在没有发现什么新的问题。工作队进村后，韩队长指定一位南开大学的男同学负责监管教育四类分子工作。他的阶级斗争意识强，每月定期召集四类分子开会。要他们汇报自己和家人的思想、劳动、生活情况。然后工作队的同志训话。这次工作队只开个对四类分子的阶级斗争会，有部分贫协委员、干部和群众参加。首先要他们交代工作队进村后有什么思想活动，对个人的罪行有什么改悔。接着是贫下中农忆过去的苦，受地主老财的欺压剥削，用斗争的口气批判他们不老实，存着希望有一天反抗报复。四类分子有人当场交出了过去的房契、地契，还有的交出了家谱，有人批判他还存着“变天账”，一直忘不了喝人血的老祖宗。群众批判了一阵，最后工作队主持人讲了话，我也讲了几句，我的讲话语气比较温和，主要的是讲不管什么人都可以改造，坏人也可能改造为好人，并举例四川大地主刘文辉在政协大会上宣布他把他的全部土地交给国家，决心重作新人，受到全场委员们的欢迎，也给四类分子改造重作新人的希望。

对敌斗争会后，我们研究阶级复查问题，我没有参加过土改运动，不了解运动中如何划阶级的。我分别找了几位贫下中农老人（大多是70岁左右的），补了一堂土改运动课，也听一些对土改划阶级的议论。一位老人谈起陈云起（我和韩队长住在他家）家老一辈的情况，像讲故事似的，他说陈云起的大爷是在北京闹革命的，晚年给自己算了一命，很不好，精神受了刺激跳井死了。陈云起的爹行二，好吃吃喝喝，游手好闲，把日子搞穷了，土改时划为贫农。陈家老三也好吃，也劳动，日子过得平平常常，划为中农。老四叫陈纪丰，勤俭治家，省吃减用，买了地，雇了长工，自己也参加劳动，划为富农。当时，背后不少议论，都同情老四，替他抱委曲，可是请了长工，说他就是剥削，只好自认了。

进了6月，工作队一面研究阶级复查问题，一面抓紧给南开的同学作鉴定，鉴定会开了两个半天，他们先作自我检查，然后大家提意见，意见里有表扬，有批评，更多的是对他们今后的希望。最后请他们对工作队的同志特别是对韩队长和我提提意见。他们即将离开工作队，有惜别之情，又想借这个机会把心里的话说出来。对韩队长的意见是，工作能力强，经验多，但作为队长一长制作风严重，有些事不同大家商量，常常和同志们工作不协调，对同志有偏爱，影响队里团结，对青年工作不重视，始终提不到工作队的日程上来，有些工作我们是偷偷作的（这是南开大学同学祖伯光、贾森的意见）。对我的意见是平易近人，没有架子，有任务一个人埋头苦干，但遇到事情，不大胆，不主动，看队长的眼光行事，自己说有宁“左”勿右的思想，可是处理问题又“左”不起来，和富农谈话，讲话也是那么温和……我诚恳地接受大家的意见，特别要警惕的是，在我的思想感情上是常常出现右的倾向。

6月6日上午，南开大学五位同学离开了工作队，离开了平口村，平口村的青年们结队送行，社员乡亲们站在村头摇手相送。许多青年和社员们都哭了，我随他们走了一程，最后祖伯光握着我的手说：“你是一直支持我们的，今后的青年工作就依靠你了。”我要他们放心，并表示我不会辜负你们心愿的。

提到青年工作，我们一进村就发现平口的男女青年是有朝气的，他们欢迎工作队，也愿意帮助工作队作些调查研究、了解情况的工作。祖伯光、贾森还有白凤兰都是青年人，经常接触他们，一起成立了“青年之家”（借用学校的一个教室），祖伯光从天津请同学捐助了几十本青年读物。我托民盟黄玉琴和国男先后也寄来了近百本适合青年阅读的书籍。充实了“青年之家”，使他们在劳动之余，享受着文化生活。每到晚上“青年之家”总是很热闹的，青年们希望我常去，我也想借这个机会给他们讲讲“双十条”，宣传“四清运动”的有关多项政策，有时也讲讲中国革命斗争的历史，吸引了越来越多的青年以及成年来看书、开会。祖伯光、贾森几个人确是为了“青年之家”花了不少时间和心血作出贡献。不久，受到了县委的注意。县委派人下来，了解平口青年工作的情况，并帮助总结经验，还召集各村在平口开个青年工作的现场会议。这个消息传开了，青年们受到鼓舞，生产队干部们也重视起来，拨款给青年之家买书，买文娱用品，装电灯，打桌子，有些干部、成年人也愿意来看看书，坐坐聊天，青年人更加活跃起来，平口村也出现了新的气象。

青年之家成立之前只有六个团员，很少开会，有了青年之家，青年人活跃起来，又吸收了八个新团员。5月下旬的一个晚上，青年之家灯光明亮，喜气洋洋，举行新团员入团仪式大会，这件事已轰动了平口村。祖伯光等和青年们忙着准备会场，我写了大张的入团誓词，贴在毛主席像和团旗的下面。仪式开始了，新团员庄严地举起右手

作青年工作　　（王健摄）

宣读誓词。之后，请大队支书王桂义和工作队韩队长相继讲了话。青年之家门里门外都站满人，我和祖伯光、小白、贾森以及三个老团员（黄俊祥、陈德厚、王伯季）在一起，我们高兴地祝贺青年团壮大了，青年之家发展了。一位老团员说，我很高兴我们青年团“复活”了。大家在欢笑中度过了一个难忘之夜。

南开同学走了之后，工作队开会，又重新分了工，并研究在我们出村之前，还有些什么工作要作。首先还是抓紧做干部的工作；帮助他们“洗手洗澡”，尽快地解放更多的干部出来。还有的是继续查账（包括工分）退赔、阶级复查，定案材料，组织建设（重建大队干部班子、改组贫协组织、党支部改选等），写村史，最后写总结报告，工作队队员鉴定等。从煎茶铺传来的消息，说各村工作队准备八月份结束离村。估计我们的工作还有两个月左右的时间，但是当前面临着农忙季节即将到来，在那个时间内，大家要全力以赴地参加夏收劳动，所以感觉工作繁重，时间更加迫切。当时我估计还有两个月的时间，很难完成尚待完成的工作。我建议选拔已解放和待解放的干部，培养他们，学习双十条和有关政策，加强“四清”意识，帮助工作队完成我们预期完成的任务，即使工作队撤出来以后，希望他们能本着双十条精神自己管理自己。同志们同意这个意见，当场即提出一些比较好的，而且准备选进新的领导班子的大小队干部，工作队要我和另一同志负责这项工作。

工作队同志都有了紧迫感，抓紧时间，分工忙起来。我每天抽出时间写定案材料，不定期地找选定的大小队干部聚会（非正式的会议），共同学习双十条和有关政策，并和他们研究阶级复查、退赔、组织建设等问题，听取他们的意见，加强他们对村里工作的责任心。

我同时分工和吕光光抓写村史工作。吕光光通过调查访问初步起草了一份村史草稿，我们约了村里几位七八十岁的老人开个小型座谈会，想听听他们对草稿的意见。他们不大关心村史，但谈起了亲身经历的往事谈得很感兴趣，有的谈义和团八国联军，说霸县有人去天津参加了义和团，村里有几个人始终就没有回来；谈到孙中山闹革命，我们这里闹剪辫子；多少年后张作霖、吴佩孚打了好儿年，城里有钱的人反而躲乡里来，又怕"白脖子"，个个装穷；日本人来了天天家里搜查，抢粮食，拉走牛羊，弄得全村鸡犬不宁，好多人家家破人亡；共产党来了，斗地主分田地，穷人翻了身，过了安定生活，有的老人顺口提到了1958、1959年，大跃进来了，吃大锅饭，反而没有吃的，村里有人浮肿，饿死了不少人。我们越听越不对了，有意把话叉开，继续谈过去。有个老人说村里有人参加过第一次世界大战（1914—1918），当过华工，带着36个铜子儿和两个饼子，就到法国当了炮灰；还有人被日本人抓去当华工，到了朝鲜以后就没音讯了。老人很得意地谈到村里不少人当红军参加革命的故事，感到光荣。整整谈了一个下午，我们像听历史，像听故事，津津有味，吕光光把可用的资料都记录下来，来修改补充他的村史草稿。

工作队半数以上的同志在韩队长领导下，几乎是天天大会小会，帮助干部"洗澡搓澡"，有的是第一次检查，有的是补课，有的态度较好当场交代问题，痛哭流涕，有的还在顶牛，证据面前，拒不承认，有的避重就轻，存心抵赖，也有的今天承认了，第二天就翻了案。会后工作队和解放出来的干部分别做工作。本着团结95%以上干部的精神做干部思想工作。我们体会到，干部做干部的工作要比工作队做工作更加有利有效。所谓有利是干部做干部工作可以增进他们之间的团结；所谓有效，是他们之间互相知根知底，难于蒙骗隐瞒。这种情况下经过一个月的时间，大多数大小队干部逐渐解放出来，余下顶牛的越来越孤立。群众说对这些扫尾工作，必要时开个斗争会斗一斗。这句话传出去，对那些顶牛的"钉子户"确是起了一定的震慑作用。有的主动地找工作队交代了问题。当然，工作队是不同意开斗争会的。

接着，工作队分别和老贫下中农、干部一起研究阶级复查问题。老贫下中农老实告诉我们，土改时确实有个别错划的，而且有名有姓，这些人心里一直委曲不敢讲。当时我提出陈云起家，他的父亲好吃懒做不务正业，家里穷了，土改时划为贫农，他四叔勤俭治家，买了几亩地雇了工，自己也参加劳动，被划为富农，我不知他们怎么想，我就不服气。还有社员高友琴的大舅子，土改时划为贫下中农，到了肃反，为了他参加过佛教会，认为是“一贯道”邪教，给他戴上四类分子帽，戴了十多年，1962年中央有文件，佛教会不是“一贯道”，不属于邪教，给他摘掉帽子，但他心里不顺，这些年经济上和精神受到损失，他告到县里，要求退赔，县里不接受，后来他知道我是北京法院的就来找我，还想上告，我告诉他我们没有“冤狱赔偿法”，法院不会审理的。我举例说，有些上千上万的人划了“右派分子”，减薪、降级、甚至送到北大荒劳改，不少右派家里人也受牵连，摘掉帽子后，什么都没恢复。最后，我劝他，你的阶级成分给你改正，这就是大好事，恢复了你的名誉还有什么抱怨的。我在会上说明当时土改、肃反因为政策界限掌握不清，划错了一些人，我要求在座老人们，大胆地提出来，划错的就改，如果有漏网的我们也不放过。当场老人们提出了可以改成份的几个人，经过讨论，终于定下来，准备交改选后的贫协会作最后决定。

工作队里分工管负责退赔和查账工作的同志，找有关干部开会，研究退赔问题（包括多吃多占、贪污盗窃等问题），研究退赔对象，退赔物件等。查账工作查出了不少问题，有些是查清了，有的遇到困难，一本糊涂账，有的根本没有账。工作队和解放干部费了很大力量，甚至跑煎茶铺霸县去查，查到我们出村时还是有几笔账没有查清，只有交社里大队继续去查了。

有些人很痛快地退出来，有的人则抵赖，不承认。会上决定先开一次退赔的会，于是在醋酱厂院里放个桌子，地上铺了两张大草席，把干部交来的贪污的布、棉花、雨衣、大袋、小袋的粮食等等摆满了大席。不断地有人交来实物。群众惊奇地说:“这次是真的退赔了。”“工作队下来这么多人,能不动真格的吗!”这次退赔传遍了全村,群众积极性起来了,有的社员去做干部的工作,有的向工作队揭发。第二天,王文治就把夜里偷队里的粮食背来了,有人承认自己没干活多拿了工分……

我每天还是抽出时间写干部的定案材料,定案材料实际上就是对每个干部的鉴定、评价,以及对存在的问题如何处理。一面写一面讨论,在工作队内部讨论,找一些干部征求意见。讨论中大家提出不少意见,核对一些事实,我及时做些修改补充。讨论和征求意见中,听到的虽然很多,但使我感到最困难的是,在工作队中如何掌握定案的政策界限问题,有的强调阶级斗争,把一般的问题也提到阶级斗争的高度,有的强调团结95%的一面,常常争论不休,难以定案。

在六七月间,从北京传来毛主席的声音,据毛主席的估计:全国有1/3左右的基层单位,领导权不在我们手里,而是在敌人和他们的同盟者手里。因此,后十条作了修改,认为“这次运动,是一次比土地改革运动更为广泛、更为复杂、更为深刻的大规模的群众运动”。中央强调“当前主要危险是右倾”,要求在地、县两级干部中“批判怕左不怕右的思想”。我们的工作队为此开会,学习后十条,并开展批判自我批判。有的同志批判我写的定案材料,强调团结的一面多,有右倾情绪,我根据后十条的精神作了自我检讨,并对写过的材料作了一些修改。但我觉一方面批怕左不怕右的思想,一面又强调团结95%以上的干部,抱有这种矛盾思想的不只我一个人,但都只好变得“宁左勿右”了。

6月中旬,麦子熟了,农忙季节到来,生产队决定先收自留地,再收割集体的麦田,家家户户早晨四点多钟起来,老老少少、男男女女齐动员,割麦、打场,中午也不休息。忙了两三天,自留地收完了,然后各队开始收割,估计要大忙十天半个月才能入库。

工作队下乡,实行三同(同吃、同住、同劳动),但进村以后,同劳

大田劳动

动也只是给同住的户里挑挑水,扫扫地,帮户里做做杂活,一直没有下过大田。这次我们工作队全体正式参加同劳动,也是"脱胎换骨"考验我们的时候了。我和两位工作队的同志,一早到村里第一队,要我们和青年妇女们下田割麦子,开朗大方的女青年社员牛德英、任树珍看我们笨手笨脚,她们走过来教我们怎样拿镰刀,怎样割才省力,割了一行,我们就落后了一大段,我们割了几行已经腰酸腿软、气喘吁吁了。牛德英她们一边劳动,一边说说笑笑,和地斗其乐无穷。我们和大家割了几天,一队的田全部割完,打场机磨加工我们又学习了一门技术。队长说今年的收成不错,胜过往年,每个社员喜形于色,今年过冬有了保障,这就是农家盼望的大事。这些日子里家家户户改善了伙食,我吃饭的贫农任德润家,这几天也大大改善,孩子们像过年一样,欢天喜地。我在高兴之余,感触很多,我们建设社会主义什么时候城乡差别才能消除?

农忙基本告一段落,工作队抓紧时间召开各种会议,讨论定案材料,四类分子阶级成分评审,大小队干部人事安排,选举党支部,改组贫协等等。虽然不一定都要工作队亲自去干，但都要有个意见或定些原则，还要订一些今后必要的规章制度。所以在出村之前，我们的任务还是很繁重的。6月下旬，县委指示下来，各村普查人口和成立防汛指挥部，要求立刻行动，限期完成。工作队必须争分夺秒，完成以上任务。我们发动了“青年之家”的团员和群众，得到了很大的助力。

我和韩队长去煎茶铺参加组织建设工作会议，传达了中央组织部安子文部长的报告，和省委组织部负责同志的讲话，以及煎茶铺公社领导的讲话，主要是要求工作队加紧组织建设工作，以及依靠群众团结95%以上群众和干部问题。组织建设工作我们正在进行，工作队和贫协、村支部、解放出来的大队小队干部，先后研究组织建设问题，并提出了人选名单。上下反复征求意见，最后初步定出了名单，送给上级审阅核准。我们召开了各种会议，成立了党支部委员会、贫协委员会、大队小队的领导班子，选出党支部书记、贫协主席、大队长。我们本着县领导讲话的精神“我们不能拖着他们走路，要领着他们走路，要他们自己走路”。我们体会就是把双十条和四清有关多项政策交给他们，有些工作可以教他们自己处理，工作队是暂时的，他们是长久的。我们根据这个精神，依靠他们很多问题解决了，当然还有些“顶牛”的扫尾的工作，我们帮助他们在逐渐解决，省了我们不少时间。

我们工作队定期进行毛主席著作学习，虽然受了农忙季节的一定影响，但基本上并未完全停顿。特别是《光明日报》发表的解放军丰福生学习毛主席著作的经验文章，我们抽出时间学习了两次。大家讨论，并联系自己的实际，边议边作批评自我批评，互相之间提提意见，敲敲警钟。我深有感受的是下来“四清”，和贫下中农“三同”，同吃同住同劳动是暂时的，表面的。要真正做到“同心、同德”，才是阶级本质的改造，才是彻底接受了贫下中农的再教育。

青年之家已发展成为“青年俱乐部”，每天晚上开着灯，吸引着一批人，我只要有点空闲的时间，总要到俱乐部看看。有时找几个人聊聊天，或者了解村里一些情况。团支部书记肖素花告诉我，最近县教育局派人来村，认为平口村青年工作很有成绩，拨款100元予以奖励。还告诉我民盟一位姓黄的同志又寄来一批书籍（黄玉琴已来信告诉我，是机关办公厅大家热心找来的书），她表示非常感谢。她还说她们准备在俱乐部的基础上成立“青年联合会”，现在正在征求会员，报名入会的已有120多人，不久将举行第一次大会，通知我一定来参加并希望我在会上讲讲话，我当面就答应了她，我听了青年之家在不断发展壮大，我感到非常高兴。未来的平口希望就寄托在他们身上。

成立青年俱乐部　　　　（王健摄）

8月间，阴雨天气，一场倾盆大雨，整整下了一天一夜。煎茶铺公社周围的各村，都已被水淹没，平口村大田庄稼全部都被泡在水里。不少人家房屋漏水，墙被冲倒塌。工作队放下一切工作和社员们一起抢险救灾，我们有的去西瓜地抢摘西瓜，有的作泥瓦匠给贫下中农家里修房子。公社的领导同志冒着雨分头到各村里视察。村里大队长、书记整天在外面跑，看水位，下大田指导抽水。王桂义书记家里房子漏了、猪圈垮了、猪也跑了，老伴到处找不到他，跑到韩队长那里求救。我找了两个青年去书记家给他们补房顶、围猪圈,青年人登梯爬高很灵便,我只是在地上作个小工。休息时说说笑笑大吃西瓜。生活中别有一番风趣。

平口村大田庄稼全部都被泡在水里　（王健摄）

平口村地洼,水越抽越多,各村的水都流进来。大队干部到煎茶铺公社开会,作出决定“丢卒保车”,牺牲平口村和邻村的两万亩,保住公社的四万亩。社员们痛心疾首,虽有怨言,但都能顾全大局。我们工作队在大队干部和党支部的指挥下,决定村里搭埝,尽力保护村里的房子。晚上和大队管理委员会开会研究有关抽水、抢救庄稼、社员生活、生产自救等问题。我们“四清”工作队除了“三同”外,还要同社员同甘苦共患难。劳动休息时找社员聊天,他们说过去涝时,各家只有远走他乡各奔前程了。现在才看出社会主义的优越性。

韩队长召开工作队和大队干部开会,对当前排涝救灾工作做了安排,帮助社员家属尽其所能搞副业(如搓麻绳、打苇箔……),提出救灾生产和“四清运动”两不误。

水灾期间,灾区停了电,全村一片黑暗,晚上很少开会。白天我们一面劳动,一面抓紧“四清”工作。我赶写定案材料,8月中旬基本完成,送韩队长审阅修改。吕光光的村史也写出初稿,同志们作些补充扫尾工作。

煎茶铺公社召开各村工作队、大队干部会，我和韩队长、大队贫协主席、大队干部、支部副书记一起坐船到煎茶铺，一路上是一片汪洋。上午到公社大礼堂听佟书记作生产救灾问题的报告，下午各小组议论，根据本村的情况研究具体生产救灾的计划。我在公社食堂午餐时见到徐云、谢公望、陈炳基、常学良、张淑惠等同志临时开个支部会，互相通报情况并研究统战部党委的通知，决定8月下旬各村工作队结束工作回北京的问题。

公社的同志，递给我一封信（我们的信都由公社转），是民盟中央李文宜同志8月5日写来的。信里谈到：中央统战部和全国政协举办大连暑期读书会，主要结合国内外形势进行“三个主义”的学习，各党派都有人参加，民盟组织上层四个学习组，有16人参加。统战部、政协指定聂真、吴景芝、焦琦、程绯英、朱洁夫五人成立了工作组领导学习。在当时国际阶级斗争的风浪中，有一部分知识分子盟员在政治思想上产生了动摇，从去年起就出现了“大反复”。知识分子在社会主义教育运动中，还是个揭阶级斗争的盖子问题。第四组千家驹这个堡垒，统战部长点了名，才揭发出来，不过这还是一个开始。张毕来的文章也受到了批评等等。

村里上上下下老老少少都动起来，主要是排水。排出水的地，空出一块就抢种一块，社员家里都搞起了副业。村里有十几个病人，工作队找船把大夫接来，大队成了临时的诊疗所。水灾期间蚊子特别多，病人大部分是传染病，我们和大夫商量要特别注意霍乱传染，并准备了一些预防药。

月中，召开全村社员大会，会上王畅报告对敌斗争总结、王延福报告阶级复议总结、李宇报告人口普查工作，我作工作队的工作总结和我们所受的教育。我本来有了讲话提纲，但是讲起来就脱离了提纲，敞开思想像和社员谈家常似的，谈了些我们工作上做些什么，工作上存在的一些问题，我们在贫下中农和社员的帮助下作出一些成绩，也受到了教育，我们在工作中的缺点希望社员们给予批判改正，最后我说，我们离开以后，希望在干部和社员的共同努力下建设一个新平口，出现新的气象。我这次谈话比较随便不拘束，反而觉得很亲切自然。最后大队长任俊臣、贫协主席张秋林、工作队韩队长都讲了话。韩队长特别提出主要预防水灾后的霍乱传染问题，并宣布工作队至迟在8月25日前结束工作，25日出村。会议结束后，不少社员围着工作队动情地流露出感激和惜别之情。第二天各队社员开会，讨论昨天的报告，要求以"双十条"精神来验收"四清"工作。晚上我们听了各队的汇报，听到不少意见，看来，我们的工作有水分，片面地理解了"双十条"精神，存在宁"左"勿右的缺点。我们做了些修改，最后决定送交上级审定。

吕光光约了一批老年人和一批青年人，读村史给他们听，征求他的意见。老年人听了有些个别的历史事实、人名作了些改正。青年人听了像听历史故事似的，很有兴趣。特别听到村里祖辈不少人参加红军闹革命，参加解放军打日本，都感到本村人的光荣。工作中感到最麻烦的还是我写的定案资料，这些材料牵涉的干部很广，特别是利害关系，我尽量公正合理地写材料。往往遇到举棋不定、犹豫不决之时，就难免会宁"左"勿右，偏高偏严。在工作队内部讨论时，意见难以统一，送给韩队长，他改了又改，到了干部中讨论，还是有不少意见，特别是追赔300元以上的定案材料更难一致，主要是偏左偏右、偏宽偏严之争。这个问题成了疑难问题。最后决定，我和几位大队干部，带着材料到煎茶铺公社请示上级领导，他们对这些"疑难"问题，富有经验，给我们讲了政策精神。对退赔问题，要做到三定三允许，掌握政策要有原则性，也要有灵活性。回村后我们根据政策精神作了些修改。虽然仍有一些意见，但大家认为是比较公正合理的，问题也就这样解决了。

离村前的几天，我参加团支部大会，通过几名新团员。然后肖素花召开青年联合会，讨论组织条例和工作制度。会上青年同志们讲了话，都表示送行、惜别之意，最后我也讲了话，动了感情。我鼓励他们是未来平口村的接班人，要提高文化、学科学，建设一个新平口，特别要注意移风易俗、破除封建迷信，反对包办婚姻，作到男女平等。我指出现在还有人家供冰雹神、太上老君、张天师、灶王爷，还有说媒的算命的，这都是旧社会传下来的迷信恶习。改善这些不良现象，建设新农村，你们青年负有不可推卸的责任。几个月来，我看到平口青年生气勃勃，我相信你们一定能够担负起这个任务。最后我也感谢他们对我们工作队的帮助，并向他们告别。

最后一件事是工作队每个同志作鉴定，北京的几个同志先作鉴定，我作了自我检查然后听取大家的意见，最后写出鉴定，对我的鉴定里总有一些溢美之词，如原则性强、工作认真负责、平易近人、团结群众、虚心谨慎等。缺点方面还是韩队长过去对我的意见，工作不够大胆、束手束脚、照顾全面工作不够。一天半的时间工作队的同志全部作了检查、鉴定，有的同志在临别的时候敞开思想说出心里话，开展了互相批判，反而心情舒畅，改善了关系。

23日上午在平口的最后一顿早餐，向任德润全家告别，任大娘流出泪来，她们全家到村头送别，社员们出来帮我们拿行李。去煎茶铺途中，平口的青年们等在公路上向我们告别。我们在煎茶铺住了一夜，第二天一早机关大车来了，我们向公社同志、韩队长等工作队同志告别。车子经过天津，于下午回到北京，在全国工商联大楼下车，各民主党派代表到场欢迎。下车后我去民盟中央机关，见到工作同志、胡愈老和李大姐。我特别去了机关东院花园南房“沈钧儒纪念室”，这里看到了许多沈老珍藏的石头，沈老使用过的文物以及桌椅等。我注目良久，只见其物不见其人，顿时引起伤感。下午回到家里又和家人国男、力平、艾平、奶奶以及母亲小弟一家团聚。特别是力平已满十岁，读师大实验二小（北京重点小学），聪明才智过人，成绩名列前茅。国友的女儿李红和艾平荒年出生，影响身体发育，但现在看到她们茁壮成长，这对我都是最大的安慰。我和国男不能不感谢奶奶的养育之恩。

回北京第二天，在团中央礼堂听刘少奇同志关于四清工作的录音报告。第三天到中直俱乐部听王光美参加的卢王庄公社桃源生产大队“四清”工作的报告，上下午报告了八个小时。是日中午去国际俱乐部和胡愈老、李文宜大姐、萨空了和中央统战部彭友今（当时为统战部党派处处长）共进午餐，研究民盟中央四个学组的学习问题和民盟下一批参加“四清”工作队的名单。我向他们报告各党派参加第一批“四清”工作队的同志在霸县已向省委领导表示都愿意继续参加第二批“四清”工作队，受到领导上欢迎，希望各党派领导予以批准。关于我的问题，经过一番研究，当场由民盟三位领导同志（都是我的顶头上司）予以批准了。

回来的几天，参加政协举办的赴大连暑期读书会的同志们（都是民盟中委大知识分子），回到北京，和徐云同志向部党委汇报“四清”工作，部党委决定参加“四清”的全体同志到模式口（原是各党派机关干部的劳动基地）总结教育十天。

我在家休息了一天，给南开大学祖伯光、白凤兰、贾森和平口团支部书记肖素花等同志写了几封信，大部分时间是整理和冲洗我在平口摄影的照片（国男从苏联给我带来一架135照相机和一架照片放大机，我已学会了冲洗放大技术）。我把冲洗放大出来的照片贴在我自己装订的相册里，成了我一本值得纪念的珍贵相册。

9月7日，从霸县“四清”回来的全体同志分乘两辆大轿车到模式口，开始为期十天的总结教育。模式口多年来就是各民主党派干部的劳动基地。过去我们挖坑种的树，现在已树木成林了。9月已是北京的金秋季节，风和日丽。同志们来到这里既无压力也无困扰，可以敞开心怀畅谈个人在“四清”工作的成败得失和经验教训，为参加下一批“四清运动”作为思想准备。第二天徐云同志作动员报告。下午，传达刘少奇同志在河北省委的讲话，主要是他在河北省王光美参加的桃源生产大队“四清”工作队里蹲点所取得的经验。这些经验已成了当时“四清”工作队学习的榜样。

几天里，党支委会举行大会发言，同志们谈个人参加“四清”的体会和收获。先后发言的有：汪东林、乔福山谈个人思想改造的收获；常学良汇报花桑木大队阶级斗争情况；孙秀娥讲沙窝生产队新兴资产阶级是如何和平演变的；李道庸谈自我改造；夏从本汇报十间坊生产队发动群众工作；金凤兰汇报元里生产队的妇女工作；张淑惠讲中煎生产队学习毛主席著作的经验；黄景钧汇报煎茶铺公社修配厂失败的教训；梅廷秀讲"病在干部身上，根在阶级敌人"；徐云讲参加"四清"工作的收获；我也讲了话，谈接受贫下中农教育，从"三同"做到"五同"（同心、同德），平口村的青年工作，为生产队培养接班人的问题。我们采取大会发言和小组讨论相结合的方法，最后每人写出思想总结，在这十天里还组织同志们上山拔草参加劳动、游玩法海寺、穿山越岭游览西山八大处。部里领导同志来看望大家并举行座谈。最后一天，全体大会给党支委会提意见。晚上聚餐，互相敬酒，尽欢而散。

17日清早全体同志返回城里。十七级以上党员直接开到中直俱乐部，听艾思奇同志批判杨献珍同志（中央党校领导人，哲学家）关于"合二而一"问题的报告，上下午听了一整天。

转天，我带着问题去看胡愈老，告诉他昨天我们从模式口集训回来，没有回家，就去听了艾思奇批判杨献珍的报告，这样一个著名的马列主义哲学家说批就批，阶级斗争又出现了什么新情况？胡愈老说，不是什么新情况，去年年初从批《李慧娘》《谢瑶环》戏曲和《北国江南》《早春二月》电影，毛主席批评文化艺术界，不热心提倡社会主义艺术，热心提倡封建主义和资本主义艺术，说文化部是"帝王将相部""才子佳人部"。今年又扩展到学术界，包括哲学、经济、历史等各方面都有人受到批判。现在是在搞五反运动，发展成为政治批判了。我问到千家驹的情况，胡愈老说，统战部点了他的名，他作了检查，学习组也进行批判了，听说其他几个人（指阳翰生、沈志远等六人）都受到批判。看来这个运动还要继续深入下去。我讲讲农村"四清运动"的情况，我觉得"五反"强调清政治、清思想，要比"四清"更加紧张，知识分子又戴上资产阶级帽子，问题就是比农民多。

中央统战部党派处约葛志诚（民进）、李毅（九三）、聂轰（民革）、徐萌山（台盟）和我（民盟）研究下一批参加"四清运动"问题。

便餐后薛子正、金城两位副部长约来魏景昌(社会主义学院)、高天(光明日报)、薛若梅(工商联)、徐萌山(台盟)、徐云(统战部)和我(民盟)开会,成立党支部委员会,指定魏景昌为第二批“四清”的领队人,高天、徐云为副领队。下午三时第二批全体同志开会,薛副部长作动员报告,金城副部长传达中央组织部安子文部长的报告。第二天开小组会讨论报告。连着两天,我分别向民盟中央学习组,民盟中央机关党支部汇报“四清”工作。

党支部要徐云和我先去霸县联系我们参加“四清”工作事。我们根据这次参加“四清”的同志的志愿,想由我们这批人自己包一个生产大队搞“四清”,和县委的负责同志研究,他们表示同意,最后打电话给天津陈义堂书记得到批准。我们住了一夜回到北京,支委会开会决定10月6日全体集中出发去霸县,通知大家做好一切准备。

10月1日国庆节,上午我去天安门观礼,下午参加沈人骅(沈老长孙,我们住在同院)和周秉德(周恩来总理的侄女,从小在周总理身旁长大)的婚礼,简单朴素。有幸见到邓颖超同志,一付慈祥和善的心肠,对我们这代晚辈,鼓励有加。这几天还去看了闵刚候(原民盟中央秘书长)、林亨元同志。他们都是沈老的亲密朋友。我们谈话主要是如何纪念沈老,为沈老征集生平事迹。在离开北京的前一天,第二批四清工作队全体同志在统战部开会,讨论以集体名义向统战部写的保证书,最后一致通过。第二天10月6日全体同志出发,到达霸县,晚上十七级以上党员开会,陈义堂书记传达中央在石家庄会议精神。我们决定在霸县还要集训一个时期,然后进信安公社包一个爱国生产大队开始“四清”运动。

我们支委会,事先对信安公社和爱国大队做了些调查,也研究了工作队的分组名单,订了生活公约做好一切准备,于10月17日全体同志到达信安公社,分配了住宿,第二天早上早操,开始军队生活。在信安几天,全队整训,学习“双十条”,听地委书记牛勇关于贯彻“双十条”的报告,分组讨论学习。请武清县县委书记作学习双十条辅导报告。晚上看了地区文工团演出梆子戏曲《争儿记》,大家认为这是一出不符合双十条精神、宣扬“人性论”、模糊阶级矛盾的戏，工作队同志议论纷纷，公开提出异议。魏景昌给各组小组长作后十条的辅导报告。陈义堂书记向全体工作队同志作学习双十条辅导报告，分组讨论了两天。地委书记牛勇作整风动员报告，随即分组讨论，转入工作队内部整风。同志们每人都在小组作了检查，开展批评自我批评。最后徐云同志作了整风总结，说“四清”工作先清理自己，社会主义教育也先教育自己。

10 月中旬，屈武同志（民革中央领导人之一，化名李云）从北京来信安蹲点，他给大家带来惊人的好消息：“中国原子弹上了天，苏联赫鲁晓夫下了台。”大家听了一阵欢呼，奔走相告，顿时传遍了全体工作队。小组会上也开始议论起来。原子弹是在苏联专家全部撤走、国内正在大张旗鼓搞城市“五反”、农村“四清”的情况下，党领导中国科学家秘密地进行高科技的研究，取得如此辉煌的成绩。我也想到 8 月回北京时，看到《人民日报》和《红旗》杂志编辑部于 7 月间发表的九评苏共中央《关于赫鲁晓夫的假共产主义及其在世界历史上的教训》，洋洋三万多字大文章，对赫鲁晓夫无情地揭露，严厉地批评。我没有想到只有两个月，我们的原子弹上了天，他就被苏共中央赶下台。

11 月 14 日，我们工作队 13 个小组整队进入了爱国生产大队。进村后工作队召集生产大队的全体党员、团支委、贫协委员会、大队、小队干部开会。我们坐一边，他们坐一边，坐得整整齐齐，尹惠敏队长代表工作队说明来意，并讲了“四清运动”的意义，谈话时态度很严肃。我在场感觉到就像“板门店谈判”的场面，给干部们很大的压力。我作为工作队的指导员之一，也感到有些紧张。会后，有些同志说“今天的第一枪打响了”，我却考虑这样开头下一步如何开展工作？

进村以后全工作队分组下小队访贫问苦、扎根串联。工作队党支委同志，下去层层宣讲“双十条”，尹惠敏向全体干部宣讲，李岩（唯一不是北京来的同志，他是某县中学的老师，在队里也是指导员之一）向全体中农、上中农宣讲，我向青年团员和基干民兵宣讲，特别是陈义堂书记亲自下来给全体贫下中农宣讲，魏景昌同志给全体工作队宣讲“后十条”，我们自己一面学习“双十条”，一面反复地层层地给干部社员一条一条地讲，我们工作队的同志几乎把“双十条”都背下来了。

访贫问苦　　　　　　（王健摄）

双十条上讲“基层单位领导权已有1/3不在我们手里，而在敌人和他们的同盟者手里”，但又讲要“团结95%以上的干部”。同时我们学习“桃园经验”，强调进行夺权斗争，因而在我们具体工作中常常处在矛盾困惑之中。

工作队召开会议，徐云同志宣布我们的工作开始进入“四清”阶段。会上分工组织查账清库组、阶级复议组，指定专人写定案材料。干部“洗手洗澡”也就随之开始了。魏景昌去胜芳参加总团开会，回来传达总团指示，作战方针：“先打小队，一打到底。”小队连续召开社员大会，批判揭发干部四不清，有的小队帮助工作组查账、查工分、查多吃多占，有的小队揭露干部各种问题开展斗争，有个小队为五头牲口事还未查清即当场宣布小队长尹国安撤了职。社员逐渐发动起来，但对大多数干部采取对立态度。

工作队同志本身在这期“三同”做得不够认真，有的同志在贫下中农家同餐（我和吴万祥在贫农陈臣家吃饭），有的同志自己开伙，绝大多数工作队同志三五人同住。同劳动只做到每周参加半天大田劳动。此外，每周规定至少有半天学习毛主席著作（先后学过《矛盾论》和《反对本本主义》）。工作队同志可根据个人条件参加社员的一些社会活动。孙秀娥做了些妇女工作，我经常接触青年和共青团员。“一二·九”那天，我参加青年团支部扩大会议，到了一百多人，纪念“一二·九”北京学生运动29周年。会上我讲了当年“一二·九”运动的历史，党领导学生们和国民党反动当局斗争的情景，以及“一二·九”运动对国内开展救亡运动造成的巨大影响，对鼓舞青年的爱国爱党热情起了重大作用。

1965年　49岁

从爱国大队转固安县参加林城“四清运动”　北京轰轰烈烈开展“五反”运动　姚文元发表批判吴晗《海瑞罢官》文章　罗隆基突然去世

1月初，信安公社召开万人大会，内容有：成立公社的贫协筹委会，成立人民法庭，公社书记讲了话。魏景昌从总团回来，传达了上级指示精神，认为我们工作队的思想不解放，跟不上形势，框框太多，阻力很大，上级指示贯彻不下去。工作队领导班子，正副指导员、正副队长在支委会上作了自我检查，找出了领导班子思想上存在的问题，大家思想集中统一不够，缺乏一个强有力的中心。从今年起加强了工作队的领导，根据上级指示小队由“扫荡战”转为“攻坚战”，大队、小队同时作战。公社书记轮流下来督战。现在正是冬闲季节，大队和小队日以继夜地开会，干部“洗手洗澡”，经过几天的时间一部分干部解放了，一部分干部顶牛的、翻车的和社员公认是新地主、恶霸的，隔离反省了十余人，其中有些人送到了人民法庭。会上也出现全家下跪求情、干部假投降等等现象。经过这场斗争，群众充分发动起来，也出现了过左情绪。马文贵跳了井，刘兴元想用菜刀自杀，面对面斗争时社员大打出手，大队干部马宝桐当场被拘留，搜查了他的家。总团下令要我们急刹车，一时社员们刹不住，工作队也有人明刹暗不刹。1月下旬，总团及时向各工作队传达中央最新发出的文件《农村社会主义运动中目前提出的一些问题》（简称23条）。23条肯定干部多数是好的或比较好的，要尽快解脱他们，逐步实行群众、干部、工作队“三结合”，工作方法要走群众路线，不要搞神秘化，也不要搞人海战术……23 条还提出这次运动的性质是解决社会主义和资本主义的矛盾，运动的重点“是整党内那些走资本主义道路的当权派”。总团要我们坐下来学习 23 条，并遵照总团的指示，送到人民法庭的都要退回来，小队私自拘留的人立即放出来，今后不准面对面的斗争，而且还要把这些精神传达给社员们。工作队立即转入学习中央 23 条，并向社员宣讲 23 条。23 条里提出的是一种宽松的精神，很容易被干部和多数社员所接受。局面很快扭转过来，已经解放的干部和社员坐在一起研究退赔问题，研究今年冬天对困难户发救济布票和钱的问题。同时旧历新年即将到来，家家户户忙着过年，一时全村又出现了宽松、舒畅的局面。但是把工作队搞得很被动。

2 月 1 日，是旧历大年除夕，工作队放假几天，大部分同志都回家过年去了。我和北京来的几位同志决定把爱人孩子接到这里一起过年，尝尝农村过年的滋味，这还是生平的第一次。

这天，我和徐萌山、马德成、邓发四人骑车去胜芳，逛逛胜芳镇，我是第一次来胜芳，但从小就知道胜芳，而且对它有一种说不出来的感情。因为父亲早年开办的工厂，职工几乎都是胜芳人，胜芳的螃蟹是出名的，每年中秋前后总是一篓一篓的螃蟹送到家里，我吃了螃蟹也就和胜芳有了感情。到了胜芳镇蹓蹓大街，看看市面，到处充满了年意。我们去澡堂洗了澡，绕小路回到信安。黄景钧的爱人陈芸已到了信安。

夜深了，我和尹惠敏、徐萌山在路上一面走一面谈，户户都开着灯在守岁，走在革命大院门口，青年们正在举行文娱晚会，歌声嘹亮，民兵三五成群在村里巡逻。午夜已过，辞旧迎新，我们见了面互相拜年，社员们见面“恭喜发财”。

初一元旦，全村喜气洋洋，上午我和李云、王青（即孙起孟，民主建国会领导人之一，昆明时代是公朴先生好友，也是和李云来信安蹲点的）、尹惠敏等人给贫农协会的负责人拜年，走了七八家，最后到我和小吴（吴万祥）吃饭的贫农张臣家拜年，他们中午包饺子，还等着我回来吃。下午二时国男和力平找到爱国大队来了。力平今年整整十岁，第一次到农村，看到什么都感到新鲜，都想问问，特别感到不习惯的就是村里厕所里蹲坑。我带她们去看看我们住的队部和吃饭的张臣家。下午徐云、薛若梅也赶回来了。徐云立即约了支委几个同志传达彭真同志讲的23条。晚上张兰玉（民进女同志）约我们和黄景钧夫妇到她住处吃饭，大家一起动手，热闹了一阵。饭后我们带着力平去和村里的孩子一起放花炮，力平玩得很高兴，这样算是过了新春佳节。

1965年春节，国男（右一）带力平（左一）来爱国大队。后排右一敬季超，右二黄景钧，右三黄景钧夫人，前排右二张兰玉，右三张宰邦。（王健摄）

初二，马德成、徐萌山约我们三对夫妇（我们一家、黄景钧夫妇和吴万祥夫妇）在老马住处吃午饭，他亲自做了广东菜，有肉有酒饱餐一顿非常高兴。下午我给国男、力平并找了张兰玉、黄景钧夫妇和敬季超、张宰邦（民盟机关新来的大学生）拍了一张合影，在农村留个纪念。初三上午我带国男、力平乘火车到天津，我特意要他们到天津家里看看，见到了父亲、哥哥、弟弟、妹妹全家人。国男是我们结婚后16年第一次见到公公，力平出生后十年见到爷爷。爷爷非常高兴，儿女满堂天伦之乐，这是第一次也是唯一的一次。

父亲已年过八旬，身体健康，心情开阔、乐观，工厂交出去以后无事可做，自动给工厂去看大门，经常参加工商联召开的会议。我们听了都非常高兴，父亲应该是已经改造过来的自食其力的劳动者了。

晚上我们到五弟王陶家，王陶作为第一机床厂厂长，参加“五反”，正在准备“下楼”忙着写检查。我们在聊天，谈农村“四清”和城市“五反”，力平和几个哥哥到楼下放花放炮。住了一夜。转天一早她们回北京，我坐长途汽车回信安。

回到信安，看到李文宜同志寄来的信。信里一开头，就告诉我，去年 12 月她们正忙着民盟召开中常会和政协、人大两会时，12 月 8 日“张佳璇突然去世了”（张是民盟中央机关秘书处处长，人很正派，工作认真负责，人缘很好，是个老处女，亲人只有四姐一人），但不知是什么病，只有解剖才能查得出来。四姐来不同意解剖，当天即送火化，机关同志们为这位老大姐还举行了一个小规模的追悼会。今年 1 月份民盟的会结束后，整理张佳璇的房间，在她的铺盖里发现一封给李文宜的信，看了信才知道她是服毒自杀的。信里主要是讲她曾和一个青年谈过恋爱，恋爱曲曲折折，最后被她拒绝了，这件事一直没有向组织上交代，心里内疚而起了自杀念头。李文宜给我的信里说到胡愈老的看法：“现在社会主义革命深化，批判到芙蓉镇，她受不了啦。”我继续看下去，最后一段又看到一句令人惊心的话：“几天前，沈志远也走了这条路。”“为了政治影响，这两件事只有少数人知道”，并嘱咐我不要外传。沈志远是政协会上建议“开放农村集市贸易市场”的六位经济学家之一，已被批评这是“挖社会主义经济的墙角”“复辟资本主义”。现在城市“五反”，查政治，查思想，说明社会主义革命深化了。

春节过去，工作队的同志陆续回来，首先开会学习中央 23 条，开干部会、贫协会、青年会，层层宣讲 23 条。正在热烈宣传 23 条时，徐云同志找我，通知我上级决定把我调到固安县林城生产大队，李岩调纪家营生产大队担任指导员，另外分配几位民主党派的同志同我去。

征求我的意见，我表示服从组织分配。我们商定第二天即去牛驼公社，在牛驼住了几天，和我一起来林城的北京几位同志有：汪青山、张兰玉、李道庸、杜丁文、黄景钧、郑宏溪、李寒光等，王青也同来林城蹲点。我们开个会，也约了北京矿业学院分配来林城村参加“四清运动”的七位大学生，座谈了一次。我们一起见到了牛驼公社书记和另一位林城“四清”工作队的同志（林城是在牛驼公社领导之下），介绍了林城和郭村的情况（郭村是林城附近的小村，“四清运动”是在林城工作队领导之下），林城已有工作队进村开展了工作，因为村子大，问题相当复杂，需要补充人力，要我们大家作好思想准备。我们分组学习中央23条，准备好革命化的思想武器。于17日冒着小雪，分别坐大牛车进入林城，先我们而来的工作队同志早已在村口迎接。住和吃的问题，事先已给我们作好了安排。

晚上，我们北京来的几个党员参加了林城“四清”工作队的党支部委员会，见到张大队长兼支部书记和严副队长。在牛驼我们就听说了张队长是县里农村工作部部长，人很精明能干，有经验，有魄力，就是工作方法简单粗暴，不大听别人意见。我们见了面互相作了介绍，然后分配工作我还是指导员。张兰玉、汪青山分到东片，李道庸到中片，杜丁文到西片（每片有几个小队），黄景钧分在队部，郑宏溪、李寒光到郭村，王青留在林城蹲点，没有具体工作。大家先了解情况，学习23条，农忙时半天参加劳动。

队长口口声声说我是中央来的，要我作全面指导，也可以到片里蹲点，具体工作他和副队长（兼抓生产工作）负责，比较重要的工作开支委会讨论决定。这次“四清”我感到有个勇于负责的队长，我就轻松多了，我决定多接触群众和干部，多了解情况，宣讲23条。我完全可以自由支配时间。

进村不久，林城工作队和全体党员、大小队干部到牛驼公社参加三级干部会议，书记宣讲23条，要求大家要以严肃积极的精神、温和热情的态度宣讲和学习23条，并强调要说服不要压服。会议期间见到张淑惠同志，她说见到了高天，他在牛驼，也是工作队的指导员。

回村后,我根据上级发的学习23条辅导提纲,在村里层层片片进行辅导,23条成为我们"四清运动"中一切行动的法规了。

这个期间林城贫协筹委会正式成立,选出以李生茂为首的13位委员。工作队部分队员分片分队忙于查账查证。一部分队员调查四类分子情况,准备开展对敌斗争。公社下达指示,3月中旬开始干部和党支部委员"洗手洗澡",首先发动群众揭发问题。

3月底干部"洗手洗澡"第一轮基本结束,交代和揭发出不少问题,多数是属于经济和作风问题。会后工作队抓紧查账查证并研究退赔问题。还有少数人态度不老实、顶牛狡辩,组织小会帮助"搓澡",与此同时副队长从公社开生产会回来,传达要适应季节抓生产,种样板田畦田化,我参加工作队每天半天劳动搞试验田。

黄景钧进村后,一直在队部张队长直接领导下作资料工作。最近我发现黄的情绪波动精神烦躁,自己感到工作不顺心,和队长难以合作下去。几天前,王青同志向我提出,他想搬到郭村去(他觉得林城太大,情况又复杂),我表示同意,我想借这个机会托辞为了照顾王青调黄景钧同去郭村,经过队长同意,王青和黄景钧搬到了郭村。

黄景钧的遭遇是在我的意料之中。张队长在开始时,对我们北京来的同志表面上还比较客气。我们一起开过几次会,逐渐看出他不但工作方法简单粗暴,而且高傲自负,民主作风很差。在对待村大队党支委会的看法我们就存在分歧,他认为支书齐广等人都是当权派,经济问题和多吃多占问题严重。他常讲一句话:我看一个人如果看不到他的优点,我就把他当作坏人。但是我和他的看法相反,我没有发现对方的问题,我不会轻易作出判断。我和村里大队党支部开过会,给他们上过党课,我发现党支部书记齐广是个有文化的正派人,心直爽朗,讨论问题敢于争论。我们谈话间,他也透露出队长太主观,工作上调查研究不够,就随便下结论。一位矿业学院的同学告诉我,张队长曾说过:"中央来的工作队大都是民主党派的成员,民主党派知识分子多,右派也多。特别是队长旁边的那位肥胖的女队员,也是县里来的,最能搬弄是非,已成了队长的军师。"这个情况我早已有所察觉了。

时间不久，张队长在支委会上提出西片杜丁文（民革成员）的问题很严重，说他打击贫下中农，包庇新生资产阶级，听说还有生活作风问题。他要大家讨论如何处置。会后，我即在西片先去找一位和杜丁文在一起工作的王月芝（女、县里某机关调干），此人有正义感可信赖，她听了很惊讶，告诉我，杜丁文为人耿直，说话直来直往，这一点，他容易得罪人，所谓打击贫下中农，可能在小队开会时，对贫下中农讲话时有批评，我们队里没有人认为他是打击贫下中农。再说包庇新生资产阶级，是指队里一个中农，从小学会打铁，这两年他自己生了一个小炉子，给队里的人修理小农具，邻近的队里也常有人找他，熟人他一般不收钱，有的人他收点钱，他也参加劳动，生活比较富裕，他和周围群众关系很好，都觉得有这个小炉给大家很多方便。按王月芝分析，杜这个人太直，队长不喜欢他，想从这方面大作文章。我又和杜丁文谈了，情况基本上就是这些。他说张队长和他周围几个人搞小圈子，专门整人的，他们特别看不起知识分子，我不怕等着他们来整。

支委会开会，我首先把我所了解的杜丁文的问题如实汇报，接着提出我的意见，所谓打击贫下中农问题，我建议由小队开会把问题摊开来听听大家意见来解决；所谓包庇新生资产阶级问题，是个政策问题，我们不能随便给他戴帽子，要把情况如实向上级汇报，请示上级核定；至于生活作风问题，要拿出具体人具体事再定。最后我说，杜丁文是北京来的，这件事还是请张队长负责处理。这次会没有发生激烈的争议，我主动地提出来，会上也就这样决定了。

矿业学院的同学 4 月中旬离队返校，从下旬开始工作队同志轮流休假回家。我回北京六天，家里情况很好，国男白天工作，晚间读电视大学，单位已批准她下期（下半年）下去参加“四清运动”。民盟机关还是深入开展社会主义教育，并积极准备几天后在京中委和全体干部，以及北京市各界人士举行的 20 万人反美援越的示威游行（自去年春美军侵略越南，中国派遣军队援越）。

回村后，清政治开始了。5月上旬，牛驼大队召开清政治动员大会，刘瑛书记亲自到会作动员报告。这个会非常重要，但参加的人出来进去精神很不集中，因为这天正是阴历的“四月庙”，牛驼镇十分热闹。分团党委通知各村工作队在清政治开始前，工作队要整训两天，主要是学习23条。这两天整训听大家的发言，我觉得并没有完全统一在23条的思想上，所以我对这次清政治是没有十分把握的。在牛驼我又见到了张淑惠，谈到爱国大队“四清”工作前一阶段留有后遗症，现在是翻案成风，后面的工作更加困难了。我问她，你们总结出点经验没有？她说工作队不相信干部和群众，什么都上纲，还是怕右不怕“左”。简单的两句话，说出了工作队普遍的怕“右”病。

6月中旬麦收开始了。社员全力以赴，工作队也参加了抢收。麦收后各村工作队集中固安进行整训，刘瑛政委作了动员报告，主要内容要求各工作队本身揭发问题，找差距，发扬民主协商作风，加强团结，解决问题清除矛盾。各工作队先后作了检查，共同的问题是民主协商精神不够，经过民主讨论作出的决定，决而不行，行而束手束脚，怕右不怕左，但是揭发内部矛盾，似乎有所顾忌，有所保留。会议开了三天，就这样在沉闷的气氛中结束了。会后，刘瑛同志找我谈话，他对林城的情况比较了解，他也早已察觉了我和队长的关系问题，我简单地反映了一些情况，也作了自我检查。他很亲切地鼓励我工作要大胆些，迁就是不行的，团结常常是争出来的。他也准备找张谈话。政委这种平易近人的态度使我很受感动，而且他指出的也正是我的弱点。

高天、张淑惠也来固安开会，我们见了面像见到亲人一样，高天在牛驼听说一些我和工作队队长关系有些紧张，他开头问我林城的工作怎么样，顺利不顺利？我也忍不住地向亲人倒出苦水。我告诉他们队长不是一个人而是一伙人，我在支部里是少数，难以发挥作用，队长看不起北京来的民主党派知识分子，开始是对黄景钧态度不好，黄感到难以合作，调到郭村，最近又造谣杜丁文。他们不听我的意见，设法借分团命令把杜丁文调离了林城。你们说我不能放弃领导，但我在这种情况下，常常不知怎样作指导员工作了。高天一番劝慰一番鼓励，我已感到满足了。据我从牛驼大队北京来的工作队同志口中得知，高天在工作队里也有一些难言之隐。

回村后，干部选举，组织建设工作开始了，清经济扫尾、退赔、定案等工作也抓紧搞起来。工作中暴露出不少问题，干部间为个人恩怨、家族、宗派间的矛盾，打击报复、争夺领导权等等。对工作队意见也不少，认为清经济、工分有水分，对干部有偏见，特别是对中片一小队原选出一位中农党员作队长，大家都很满意，我们队长不喜欢这个人，换了个贫下中农作队长。认为中农虽然是党员，但中农没有吃过苦，阶级意识差。社员们为此发牢骚："选举的三满意（社员、党支部、工作队）的原则不要了，只要队长满意就行。"

选举结束了，分团薛同志来检查工作，连续两天开了支部会、贫协会、工作队队员会，要大家大揭大议选举中的问题，并经大家提出改正意见，最后刘瑛政委作出决定，重新选举。

几天后，分团派检查组到林城检查四清工作。检查组八人，分配到各片，我不知道检查组的来由，但几天来我们一起开会一起研究问题，我觉得这些同志都敢于发表个人看法，虚心听取别人意见，有民

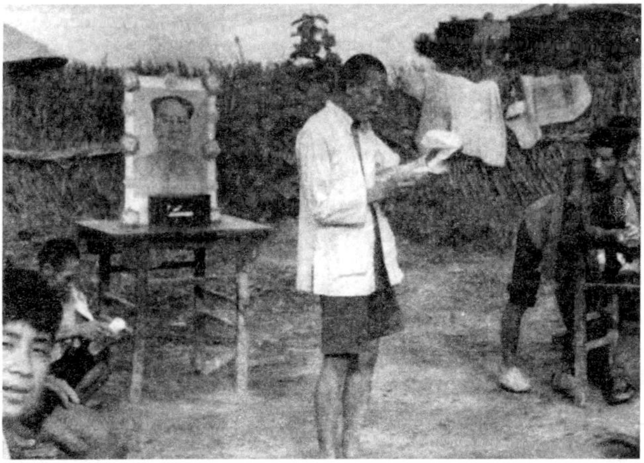

大队选举　　　　（王健摄）

主作风。我非常高兴,更希望他们长期住下来,这样不仅可以帮助我们的工作,也可以解决我们内部的矛盾。检查组的李宝林、王冠英与我在很多问题上观点是一致的。他们常找我了解情况,交流意见,他们也知道我们内部的一些问题,他们告诉我领导上(分团)已决定检查组作为工作队留下来。我听了精神为之一振,我想我不会再孤军无援了。第二天,他们就和工作队参加了各片的各项工作。

对大队党支部,特别对书记齐广、大队长齐千,我和我们的队长一直存在分歧,我很尊重他们,有事找他们商量,给支部上党课时接触的机会多,而且思想可以见面。我认为他们最大优点是心里有群众,想为群众多做些事情,是有思想有抱负的党员。上月经济扫尾时,支部的书记和几个支委都翻了案,认为林城清经济的水分大,要工作队作到三定三允许,因此也引起大、小队干部一些连锁反应。为此使我们的队长一伙人对齐千等人更加反感。在组织建设前后阶段,我们工作队(包括新来的检查组几位同志)研究大队支部书记和大队长的人选问题,我们根据下面群众反映的意见比较顺利地作出决定,齐广继续担任支部书记,齐千继续担任大队队长。经过上级党组织批示后,我找齐广谈话,他态度很明朗,积极地接受了任务,马上和齐千等人开会抓生产、抓抗旱,解决困难户的生活问题。同时召开党支部会,选举委员会,齐广、齐千、姚彬、齐均、吴泽华、齐福、闫素花7人当选为支委,群众听到选举的结果,户户议论,表示欢迎,看来新的支部委员会人选还是深得人心的。

这次大队贫协委员会选举,我们和检查组同志先作了很多调查。他们都很内行而且不少人参加过土改,调查的材料比较真实可靠。选举是由选出的64位代表开会选举(这次实到代表54人),选票相当集中,新的领导班子成立,群众是满意的,贫协委员会第一次会议由吴泽华主持,他表现积极,最后他被大家推选为委员会主任。我们工作队同志认为这是我们进村后召开各种会议里最顺利最受群众满意的一次会了。

郭村是个小村,过去素有"先进村"之称,社员少,问题比较简单。工作队郑宏溪、黄景钧、李寒光等同志负责，凡是比较重大的问题，由全工作队讨论解决，一般活动就由他们独立作战。特别是王青同志抓青年学习毛主席著作，从始至终，坚持不懈，颇得分团的好评。另外清经济、清政治、组织建设等工作，也做得很有成绩，社员是比较满意的。

总团电话会议通知，“四清运动”于 8 月底结束，各团具体安排，各村工作队于 25 日全部出村，集中牛驼整训。北京的同志决定 27 日返京。

8 月下旬，总团召开全公社贫下中农大会。会上总团领导马志杰同志作总结，肯定工作成绩，检查缺点，并指出今后努力方向。最后向全体社员告别。25 日各村工作队集中牛驼整训，薛团长作动员报告，然后分组讨论，个人作思想检查，要求互相展开批评自我批评，实际上“四清运动”已到尾声，大家心不在焉，整训走了过场。

我见到高天、林云洲、孙秀娥、李寒光、张瑞熙几位同志，研究准备回北京后向党委汇报问题。

北京的同志决定 27 日回北京，我特去看总团马志杰同志，谈谈林城工作的内幕，我和张队长一伙不正常的关系，我也检查自己的缺点和弱点，他作了公正的评论。分团的唐永昌同志也来了，他对张队长比较了解，他认为张不但作风有问题而且个人品质也有问题，他对张在工作队里的这些做法是不满意的。

林城有些村里的青年社员，包括王月芝知道我们即将离村了，特来送行，几个村里的借干吕宝靖（一村）、张文学（四村）、董玉兰（五村）、李书云（六村），他（她）们也主动向我们反映了很多有关张队长的情况，说张在工作队内部搞小圈子活动，破坏团结，大家对处理杜丁文都感到气愤。王月芝是个聪明能干的女同志，人缘好，联系群众多，她和杜丁文都是受过伤害的人。临别时她谈了队里很多情况，有些是队长暗中操作，我是没有听过的。

我们即将上车启程时，检查组的郝同志也赶来送行，特别找高大谈了些张的“罪行”，我听了似乎说得有点太过了。

林城“四清”工作结束了，我带着极其复杂的心情（自责、反省、委曲、无奈、内疚……）回到了北京。先到了家里，看到家里老老小小，特别是力平、艾平在奶奶的精心抚养下，非常喜人。遗憾的是国男参加卫生部组织的“四清”工作队，几天后即开赴冀东一带，为期一年。

我回到民盟机关开始上班。先了解宣传部的工作，8 月间的计划是组织参加学习的成员在香山饭店集中学习周恩来总理在人大常委会上所作的国际形势报告，学习中央发布的农村社会主义教育运动 23 条。我到机关时学习组的学习实际上已基本结束了。我找一些同志想了解最近这个月国内的政治动态。同志们告诉我，从去年我去“四清”以后，文化艺术界发生了一次大震动。毛主席对全国文联作了极为严厉的批评，说他们近十几年来，不执行党的政策，不去反映社会主义的革命和建设，竟然跌到了修正主义的边缘。从此，有些文化部门、文艺单位和全国报刊上开始对许多戏曲，以及对许多文艺理论观点，公开进行批判。这种批判扩展到学术界、理论界，甚至认为这是反党、反社会主义的政治问题。文化、学术领域里党内的领导干部和有成就的作家、学者受到批判后，许多撤销了领导职务，有的也不能继续正常工作，从此整个知识分子队伍的大多数，再次明确的提法是“资产阶级的知识分子”。

我听了以后，感到城市“五反运动”要比农村“四清运动”尖锐得多。据传这一年邓小平和彭真都在有关部门讲了话，他们是企图稍许缓和文艺、学术界的紧张局势，把批评引到说理的轨道上去。但是一直没有刹住车。11 月 30 日《人民日报》转载了 20 天前的上海《文汇报》发表的姚文元《评新编历史剧〈海瑞罢官〉》一文，点名批判吴晗所写的历史剧《海瑞罢官》，这篇文章措辞严厉，上纲上线，视为“一棵毒草”。民盟大知识分子对这篇文章的论点措辞很不满意，大家议论纷纷，很多人都不知姚文元是何许人也。当时吴晗是著名的历史学家、民盟中央副主席、北京市副市长。姚文元竟敢如此批评，而且该文又经《人民日报》全文转戴，这其中必有来头。大家难以预

文汇报

评新编历史剧《海瑞罢官》

《海瑞罢官》宣扬了什么

测，是不是仅仅吴晗这篇文章，是不是以后还会做出什么大文章。这次民盟中央又是首当其冲，一时弄得民盟知识分子们人心惶惶。

12 月初，民盟中央副秘书长以上级别的领导同志都参加政协组织的外地视察。临行时，秘书长胡愈老写了个纸条给我，要我在这个期间，对民盟机关的事全面照顾一下。正好在这个期间，于 12 月 7

日夜间，民盟中央委员罗隆基因心脏病突然逝世（终年 69 岁）。8 日上午 8 时我接到通知立即去罗的寓所。这时公安部、统战部已有人来过，分别带走了罗的几箱文物。当天统战部召集一个小会，研究治丧问题。决定：

（1）立即通知其河南的弟弟来北京；

（2）遗体送医院解剖检查；

（3）联系殡仪馆火化；

（4）组织一个以民盟全体干部为主的小型追悼会。

我回民盟动员同志进行工作。罗是民盟中央委员，但他是大右派，动员工作实在难以进行。统战部给我的是作为一项政治任务来完成，我只有努力去作。我首先要作民盟干部的工作，家属也从河南来了，终于开成了有家属、有几位不请自来的罗的亲密好友，其他就是将过半数的民盟干部，形式上是一个不多不少的、没有悼词的追悼会，我算完成了一项政治任务。统战部把罗的衣服、字画和无关紧要的书籍、信件送给民盟。罗的弟弟选了一些衣服、字画、纪念文物带走，其余皆由我保存。罗的骨灰无人认领，罗的后事就这样结束了。民盟中央领导同志先后回到北京。

八十

第三部分　1966年—1976年
“文化大革命”十年内战

1966年　50岁

民盟中央开展对吴晗《海瑞罢官》的批判　《二月提纲》彭罗陆杨反党集团　以陈伯达江青为首的中央文革小组成立　聂元梓的一张大字报　中共中央发表《五一六通知》和《关于无产阶级文化大革命的决定》　毛主席写《炮打司令部(我的一张大字报)》　红卫兵上街反"四旧"　毛主席检阅全国红卫兵　北京市中学红卫兵勒令民盟自动解散　红卫兵到民盟批斗吴晗、章伯钧、千家驹等人　民盟中央造反派分别成立"燎原造反队"和"驱虎豹战斗队"

新年一过,民盟中央即组织座谈会,座谈姚文元文章,批判吴晗《海瑞罢官》。参加座谈会的同志多数不理解,不同意,特别知道姚文元是姚蓬子的儿子更不服气(据说姚蓬子在文学界有劣迹)。

4月初,戚本禹又发表了一篇《〈海瑞骂皇帝〉和〈海瑞罢官〉的反动实质》在《人民日报》和《光明日报》同时刊出。戚本禹吹捧姚文元的文章"揭开了这一场不可避免的大论战的序幕",实际是根据毛主席的讲话把对吴晗的斗争从学术转入政治。民盟中央于4月中旬作出决定:从即日起对吴晗进行正式批判。接连多次举行大型座谈会。冯友兰、金岳霖、贺麟、梁思成等人都来参加,座谈气氛更显得严肃紧张起来。

2月间,彭真作为文化革命小组组长(共5人,1964年成立)召开了小组会,拟定《关于当前学术讨论的汇报提纲》(简称为"二月提纲"),这个提纲试图把已经出现的极"左"的倾向适当加以约束,把运动置于学术讨论范围内，不赞成把它变为严重的政治批判。这个提纲最后送给毛主席审阅。毛主席严厉地批评了彭真，并指责《二月提纲》混淆阶级界限、不分是非，是错误的。毛主席谈话后，中央书记处于 4 月停止了彭真的工作。

就在中央研究《二月提纲》的同时，林彪委托江青在上海召开部队文艺工作座谈会，会后写出了会议纪要，经过陈伯达、张春桥共同修改(据说毛主席也看了改了)。后以中共中央文件批转全党，并加按语："纪要对文艺战线上阶级斗争形势分析和所提出的原则、方针、政策，不仅适合于军队，也适合于地方，适合于整个文艺战线。"《纪要》也称为《二月纪要》，《纪要》出台，显然是和《二月提纲》对着干的，受到毛主席的支持。

在批判《海瑞罢官》的同时，北京市委机关刊物《前线》因登有吴晗、廖沫沙、邓拓三人的《三家村札记》，也被揭发是反党反社会主义的。

5 月间，中央政治局扩大会议通过了《中共中央通知》(后被称为《五一六通知》)。《通知》从批判《二月提纲》入手，提出文化领域和党、政、军各个领域里都混进一批资产阶级代表人物的问题，"例如赫鲁晓夫那样的人物，他们现在正睡在我们的身边，各级党委必须充分注意这一点"。同时在这次会议上通过决定，以反党集团的罪名，对彭真、罗瑞卿、陆定一、杨尚昆进行了严厉的批判和组织处分。会议决定撤销原来的文化革命小组，重新成立中央文革小组，隶属于政治局常委之下，不受中央政治局约束。中央文革小组的成员是：组长陈伯达、顾问康生、副组长江青、张春桥，组员有王力、关锋、戚本禹、姚文元等。这个组实际上成为"文化大革命"的指挥部。

5 月底，民盟举行中常会，决定停止吴晗在盟中央和盟市委担任的一切职务。6 月中再次召开中常会扩大会议，集中火力，有准备地对吴晗进行批判，连续多次，由学术批判转为政治批判。

费孝通在会上发言，认为这是复辟与反复辟的斗争，是和平演变。贺麟检查自己过去写了些资产阶级唯心主义的书，还不以为然，现在看来才感觉到自己思想对当前政治上的危害性。叶笃义批判吴晗思想深处的反动性,并作了自我检查,说自己“我的思想就是牛鬼蛇神”。

8月,党召开八届十一中全会,通过了《中共中央关于无产阶级文化大革命的决定》。决定说:“这次运动的重点是整党内那些走资本主义道路的当权派。”同时竭力宣扬、鼓励青少年的革命大方向始终是正确的,这场运动只能是群众自己教育自己,自己解放自己,要“敢”字当头,不要怕出乱子……

这次中央全会根据毛主席的提议,改组了中央领导机构,政治局常委由原来七人扩大为11人,增加陶铸、陈伯达、康生、李富春(陶铸和李富春进常委后不久即被排斥,陶铸被迫害致死)。常委排名林彪升为第二名,刘少奇原为第二名降至第八名。会议期间,8月5日毛主席写出《炮打司令部(我的一张大字报)》,指责“在50多天里,从中央到地方的某些领导同志站在反动的阶级立场,实行资产阶级专政……围剿革命派,压制不同意见,实行白色恐怖……又何其毒也!”这张大字报发人深省,虽未点刘少奇之名,但毛主席和刘少奇之间的矛盾,充分揭露出来。这张大字报指的除刘少奇之外还有邓小平(以后统称他们为“反动的刘邓路线”)。

北京大学某系党总支书记聂元梓等人在5月间贴出一张大字报《宋硕、陆平、彭珮云在文化大革命中究竟干些什么?》,矛头直指北京市委大学部和北京大学党委,措辞强硬地批评陆平等人破坏“文化大革命”。最后讲要“全部消灭一切牛鬼蛇神、一切赫鲁晓夫式的反革命修正主义分子,把社会主义革命进行到底”。5月底陈伯达接收了《人民日报》,第二天的社论就是《横扫一切牛鬼蛇神》。

毛主席看到了聂元梓的大字报,立即下令向全国、全世界公布。各地广播电台和《人民日报》当即全部广播和发表了聂的大字报全文。同时《人民日报》还发表了一篇评论员文章《欢呼北大的一张大字报》。在《人民日报》的煽动下,“文化大革命”哄然而起,全国各地报刊都登有各界人士支持聂元梓大字报的文章。

1966 年 5 月 25 日,北京大学哲学系聂元梓等七人贴出康生授意写的大字报,攻击北京市委和北大党委。毛泽东称赞它是"全国第一张马列主义的大字报",并批准 6 月 1 日向全国广播。

聂元梓等人大字报的发表,引起了更大的反映。首先青年学生立即行动起来,自认"我们是保卫红色政权的卫兵",开始集合同学组织"红卫兵"。很快许多中学生立即组织起来。毛主席给清华附中红卫兵写信说:你们的行动"说明对一切剥削压迫工人、农民、革命知识分子和革命派的地主阶级资产阶级、帝国主义、修正主义和他们的走狗,表示愤怒和声讨。说明对反动派造反有理。我向你们表示热烈的支持"。清华附中红卫兵立即公布了毛主席这封信。从北京逐渐扩展到全国。各学校、机关、团体中红卫兵组织像雨后春笋纷纷成立起来,从此,在中国土地上,红卫兵组织打着"造反有理"这面红旗成为一支敢想、敢说、敢干、敢闯、敢革命的拥有至高无上权力的政治力量。

8 月 18 日,毛主席在天安门城楼第一次检阅北京和各地来京的上百万红卫兵。检阅开始,陈伯达和林彪相继讲话,提出了四个伟大(伟大的领袖、导师、舵手、统帅。这四个"伟大"便是从此而来)。毛主席在城楼上从东走到西,举着军帽频频向红卫兵示意。广场上

“毛主席万岁！万岁！万万岁”的呼声不绝于耳。这次检阅更加提高了红卫兵的政治地位,也再一次掀起对毛主席崇拜的高潮(从此,“毛主席万岁！万岁！万万岁！”喊了十年)。

红卫兵冲向社会,豪言要“向旧世界宣战”,要“大破四旧大立四新”(四旧:旧思想、旧文化、旧风俗、旧习惯)。破四旧像闪电一样立即在全国展开了。

红卫兵没有严密的组织,也没有正规的制度,也没有共同遵守的纪律,成群的红卫兵走向街头巷尾为所欲为。先是大街上张贴标语,向行人散发传单。到处是集会、演讲、宣传,有的改街名(如长安街改为东方红大街,同仁医院改为工农兵医院)。有的闯进前门大街、大栅栏、琉璃厂、王府井、市内各寺庙,砸烂老字号的招牌,没收古董古玩,撕毁线装书,破坏佛像,砍断佛头。北京凡是名胜古迹的地方几乎都有他们的足迹。

红卫兵从大街走进小巷,居民们几乎关门闭户,红卫兵厉声喝斥,闯进即搜查“四旧”,凡是珠宝、绸缎衣服、绣花被褥、旧照片、字画古玩,以及女人的发型、金器、宝石,男人的西服、古书、洋书等当场被撕毁或没收。如果发现有“五类分子”,即拉出来揪斗。

红卫兵上街“反四旧”到处抄家

这些红卫兵的"辉煌战绩"受到中央文革和各地党报党刊的表扬。

8月底,毛主席在天安门第二次接见红卫兵。林彪讲话,他高度赞扬红卫兵"杀向社会"的行动。他说:"文化革命已经触及到政治和经济、学术的斗批改,发展到社会的斗批改。群众的革命洪流,正在改变我国整个社会的面貌。"从此各地红卫兵到北京大串联,免费坐车,到处有吃有住。串联者越来越多,同时,破四旧和抄家之风越演越烈,民盟中央机关先后也接待了红卫兵400多人,管吃住接待了两个多星期。

先后听到一些抄家死人的事情。一位文化界的朋友告诉我,8月下旬,红卫兵把著名作家老舍、萧军、戏剧家荀慧生、白芸生等30余人集中到国子监孔庙大院,他们把抄家抄来的"四旧"文物(其中包括他们的手稿和戏装道具等),当着这些人焚烧。30余人都挂上"黑帮分子""反动学术权威""牛鬼蛇神"等大牌子,进行批斗。接近古稀之年的老舍,被认为态度不好,受到加倍折磨,回家后就到附近的太平湖投湖自尽了。

南京著名老画家刘海粟是母亲(张曼筠)的学画老师。南京来人说,在几天内一批一批红卫兵先后来抄家24次,除留了他的一条命外,他一生收藏的鎏金古董、唐宋陶俑瓷器、宋元明清和他自己的书画以及钻石戒指等被全部抄走。

我的七妹王泠,1948年在解放区读华北大学。解放后随爱人去西安进高干子女比较集中的37中学教书,约一年后又调到西安市八中教语文。文革初期,八中学生给王泠贴了几张大字报,8月下旬,37中高干子弟筹委会"红恐队员"数人,突然到八中把王泠揪去,说她是资本家兼地主家庭出身的"牛鬼蛇神"。在8月31日召开的斗争大会中受伤惨死。

这场破四旧、抄家的狂潮中,我们住在西便门国务院宿舍大院的人是最幸运的了。宿舍建于解放初期,是周总理亲自参与修建成的。大院400多户人家,绝大多数是国务院下属单位的领导干部和工作

王冷同志生前照片

人员，还有照顾一些离休养老的老红军老革命。当时红卫兵运动主要是革"文化"的命，还没有注意各机关、单位领导层的当权派，而且社会上的，包括我们大院里的红卫兵不少是高干子女，所以这次破"四旧"，对大院表示相当信任，红卫兵没有冲进来，只在大门口墙上贴了一张布告，要求住户自觉破"四旧"，自觉革命，所以这场灾难我们幸免。我们觉得这个大院是北京唯一的一块太平乐土了。但下半年红卫兵内部发生派系之争，越演越烈，甚至到武斗，从此我们的大院也无宁日了。

4月间国男从冀东四清回来即回医院工作，运动基本上尚未展开。力平的学校已停课闹革命。力平上的是西单师范大学的实验二小（十年一贯制，包括小学和中学），学校很出名，许多高干（如刘少奇、乔石、刘長胜、杨成武、薄一波等）都送子女入学。学校受到运动冲击，出现大字报，但同学们年龄较小，所以尚无动静。但这场运动对她们也不无影响，力平已11岁，性格刚强，好为人先，红卫兵出现后她和一些较大的同学已蠢蠢欲动，但一时还未组织起来。

7月下旬，民盟中央召开中常会，决定成立机关"文革办公室"，胡愈之任办公室主任，李文宜任副主任，机关干部洪密、詹永泰、周克欧、黄景钧和我等都是办公室成员。以办公室名义举行座谈会，学习党中央《关于无产阶级文化大革命的决定》，并贴大字报对吴晗进一步深入揭发批判。

8月24日凌晨，民盟中央接到北京市八中红卫兵的"通告"，勒令民盟组织限期在72小时内自动解散，第二天民盟以办公厅名义，在门外贴出公告:“民盟完全接受红卫兵的意见,自即日起停止办公,报请中共中央处理,特此公告。”同日下午,北京市八中红卫兵70余人,来民盟中央机关召开批斗吴晗大会。他们事先有所准备,陪斗者有章伯钧、千家驹、张毕来和机关“三反”有历史问题的干部近十人,吴晗等跪在地上,每人颈上挂一大木牌,写上他们的罪名。红卫兵批斗后,宣读《致民主党派最后通牒》,当晚红卫兵8人到民盟进行封查,胡愈之秘书长代表民盟中央交出中央委员会及办公厅两枚公章。从此,民盟中央工作全部陷于停顿。民盟各地方组织也相继停止活动,甚至办公用房被强占,文书档案和办公设备遭洗劫。

千家驹被斗后回到家里,家里已被抄得一塌糊涂,爱人女儿均受了皮肉之苦,抄家后房东立即逼他们搬家。他们想着90岁的老母亲如何安排,这时又有一批红卫兵来家开批斗会,千家驹被逼得已走投无路了。

第二天一早,千家驹一个人走出家门,先去姐姐家看看姐姐,然后买了一瓶二锅头,乘上公共汽车到了香山,爬上“鬼见愁”,喝了二锅头,想在半醉时跳崖自杀。他在山顶徘徊时,有一行人发现他神色异常,看他走在山崖边时,就追过去盘问他,他支支吾吾,行人翻他衣服找到工作证,知道了他是中央工商行政管理局副局长,行人拉着他找到电话,通知他们的机关,机关派了小汽车把他接回去。

千家驹也想走沈志远自戕之路,虽未能如愿,但同样遭到造反派“畏罪自杀”“自绝于革命,自绝于人民”的谴责。

在这几个月里,除每天到民盟机关参加批斗外,还经常去统战部和政协。去统战部听报告,讨论问题,研究对吴晗计划,传达周总理对吴斗争三原则:(1)人人参加;(2)划清界限;(3)组织一些有分量的战斗性文章。7月份还听徐冰作关于班禅叛乱的报告,会后徐冰指示如何编辑吴晗罪行资料。

9月底,在党员大会上又听到张经武传达关于徐冰所犯方向性错误的报告(李维汉下台后由徐冰接任,徐冰下了台,由张经武接任)。统战部也开始乱起来了,特别造反派组织抄档案事,泄露了国家机密，损失很大。

我去政协主要是去学习委员会办公室，向程绯英同志汇报机关学习、批判出大字报情况，了解他们的思想动态，总结经验，并布置干部学习（学习过焦裕禄、老三篇）。曾一帆（学委会主任）同志向大家介绍各党派批判吴晗的情况，交流经验。据曾一帆统计，4月底各党派贴出大字报共3700张，农工党最多，列为榜首。各党派开展出大字报的竞赛。

我们的党支部是由民盟、民进合成。除民盟原有党员外还有民进的杨东莼、许广平，民盟的刘清扬、邓初民。一次支部会谈知识分子和统战工作问题，有些年轻的同志说，这次文化大革命，知识分子全暴露出来，地、富、反、坏、右都有；这些年民主党派除了放毒以外，没起什么好作用，没有民主党派不等于没有统一战线，苏联十月革命后，有统一战线工作，没有民主党派也可以。

10月底，党支部讨论陶铸传达中央工作会议毛主席、林彪的指示，陈伯达的重要讲话和周总理解答问题。这次会是党十一中全会的继续，斗争十分尖锐激烈，刘邓作了书面检讨，解决了各自为政的组织分散主义，以后不存在两个司令部，去掉了党内一大隐患。不久，陶铸也成了批斗的对象。

11月初，全国政协革命造反团来了一批人，到我们大院里抄了闫宝航的家，并将他带走进行审讯。

我们同闫宝航不但住同院，还是两代世交，来往比较密切。他从政协回来后，我去看他问他这件事，他说政协造反团问他许多问题，问他是否搞过情报工作、和国外情报机关有什么联系等等。这时一部分人去翻他的文件柜，抄去一些文件和信，其中没有什么是属于机密的，其实他早有准备，属于机密文件，已另外收藏。造反团说他问题很复杂，要他如实交代问题。他要他们去问周总理，说周总理是最了解他的，这是吓唬他们的。

据我了解，闫宝航一生"复杂"，就因为其"复杂"而作出丰功伟绩。1941年他得到德国法西斯进攻苏联的准确日期即报告中央，由中央转告给斯大林，使苏联有所准备，进攻日期确实无误，受到苏联大使转达斯大林的谢意。政协造反派只知闫宝航是搞情报的，情报人员就是"特务"。但是造反派还来不及整他的时候，在同一个月里，江青一伙即以所谓"东北帮叛党投敌反革命集团"罪名把他关进秦城监狱。第二年受尽迫害含冤去世。

12 月 2 日，民盟封门后，出现民盟的造反派第一张大字报。内容共 8 条，主要是指民盟当权派压制群众，推行修正主义路线，不搞阶级斗争，是一条比资产阶级反动路线更反动的路线。接着机关里先后出现了两个造反组织，"燎原造反队"与"驱虎豹战斗队"。"燎原"主要人物是新来的大学生和机关司机、炊事员、服务员等，骨干是张宰邦、涂汉清、苏风祥、王淑志。成为机关领导这次运动和一切活动的新当权派了。

"燎原"把民盟的领导层（副部长以上，有所属单位的领导不在内）组织为第四学习组，来东花园三间南房里学习（南房原即《争鸣》月刊编辑部，后改为沈钧儒纪念室，燎原造反队成立后即被封闭）。学习由"燎原"张宰邦和"驱虎豹"黄玉琴（女）每天来参加，学习组成员有民盟副主席高崇民、邓初民、史良、胡愈之（他任政府文化部副部长，两面兼顾）以及刘清扬、叶笃义、张曼筠和我等 20 余人，张宰邦讲话中讲出我们民盟的当权派是胡（愈之）李（文宜）王（健），准备下月进行检查，由群众批判。高崇民为人正直，敢说真话，不随大流，当场为胡愈之辩解，受到张宰邦、邓初民的反击。

第二天接着学习，还是他们几个人在争辩。最后，造反队第一号人物张宰邦讲了一段话，他说："不同的观点都可以讲出来，不要一边倒，造反队大方向是否对，不要口头跟着走，要看他是否高举毛主席思想红旗，讲话可以独立思考，一边倒是不是真心的，可以开展大辩论。"我真不敢相信这是造反派头头讲的话，这样公正平和、很有水平。

首先我发言表示完全同意他的意见，希望群众性的大批判能照着张宰邦的讲话精神来开展。最后我祝贺大家明天心情平和的过一个快乐的新年。

1967年　51岁

“一月风暴”“二月逆流”　民盟造反派批判当权派胡、李、王

1月3日我们恢复了学习。同一天，统战部、政协、社会主义学院革命造反派联合召开清算刘、邓资产阶级反动路线，被批判者席位上，坐着李维汉、徐冰、平杰三等几位部长，还有彭友今、郭彤等几名处长（司局级），另外有政协李金德，社院聂真等共20人左右。与会者坐满了大会议室。发言者有统战部、政协和其他统战系统的造反派，主要是揭发当权派执行刘邓反动路线罪行。

去年从8月到11月，毛主席接见了八次红卫兵，大大地壮了红卫兵的胆量，长了红卫兵的威风。这年1月从上海开始“打倒一切”，“全面夺权”刮起了“一月风暴”，以上海某厂保卫科干部王洪文为首的“工总司”在张春桥、姚文元的策划指挥下，组织了上万群众，批斗上海市委、市人委陈丕显等人，夺了市委、市人委的权。市人委改名为上海市人民革命公社，这种行动受到了毛主席的赞扬，一月风暴夺权之风立即刮遍了全中国。

社会上盛传老帅们大闹怀仁堂，大家都想探索个究竟。后来据了解，老帅们聚集在中南海怀仁堂对林彪在军委常委会上鼓噪，军队要搞大民主，“揪军内一小撮”，老帅们愤怒地提出异议，与林彪据理抗争。老帅们义正词严地斥责中央文革想把军队搞乱的做法，对上海夺权斗争表示极大的愤怒。会后，文革小组向毛主席作了汇报，当时毛主席表示的态度，他对于非议文化大革命是不能允许的，所以老

帅的抗争就被称为“二月逆流”。文革一伙人就开始了反击“二月逆流”的斗争。

民主党派在新中国成立后,成为在党领导下的参政议政党派,没有自己的政治纲领(以共同纲领为纲领),除统战部还重视外,一般社会人士不大重视,甚至讽刺民主党派是“花瓶”“摆饰”。特别在1957年反右运动后,声名更为狼藉。文化大革命一开始即被中学红卫兵一纸“通牒”封了门,而且随便可以闯进来进行批斗。民主党派组织是虚弱的,即使成立了造反队,也没有和社会红卫兵发生联系,所以他们的组织不敢像学生红卫兵那样蛮干。特别是“燎原”头头张宰邦第一天的亮相讲话,大家认为很理智,很讲道理,是比较温和文明的。所以民盟的领导层和被点名的当权派,并不过于紧张,担心的倒是怕他们引进来社会上的红卫兵。

“燎原”的安排,1月9日李文宜向机关全体干部作检查,讲了一个半天。群众批判的,主要是不满前中央文革办公室是官办的,没有工人参加;民盟中央不斗吴晗,不批张毕来,追问与吴晗、袁震(夫妇)的私交关系等等。11日胡愈之检查,30多人提意见,说他是民盟最大的当权派,在民盟包庇吴晗,群众出大字报揭发出来的问题胡愈之是他们的“保护伞”,并追问他和文化黑线的关系等等。20日加了一次高崇民的检查,主要是打击他对运动的态度,检查后,造反队认为他不是检查是“新反扑”,勒令再次检查。25日我向大家作检查,我讲了许多个人的缺点,还作了一些检查,检查了两个小时,下午群众提意见,大家不满意的是罗隆基死后我号召大家去参加罗的告别式,说我是大右派的孝子贤孙;编《争鸣》是给资产阶级开辟反党阵地;说我在四清运动中是扼杀林城四清的罪魁祸首;保存蒋介石照片是“有变天思想”(这是李公朴收藏的照相册,其中有毛主席、朱总司令、周恩来等早年的照片,后面有几张蒋介石检阅和冯玉祥、张伯岑等个人照片,过去我曾给同志翻看过)等意见。同时贴我的大字报说我是三反分子(反党、反社会主义、反人民)。我对大家的意见基本上都不大介意,使我最不能接受的是党内一位同志说我“有向上爬的思想”。他根据我说过的一句话,我说过张曼筠做办公厅主任,一天管人管钱忙到晚,不如做副秘书长清闲些。当时我的思想是:一、我没有办公厅和副秘书长的地位谁高谁低的观念;二、我看到副秘书长都是兼职平时不到机关,有会时才来,比较清闲,张曼筠身体虚弱,怕她对办公厅的工作顶不下来。我的这个想法却被党员同志认为是我利用这句话反映自己的要求有向上爬、求名求利的思想,我听了很气愤,这不是批评而是对我的侮辱。

我自信自己一向是淡泊名利,从来未向组织伸过手、张过口的。1949年民盟四中全会时,有人就替我抱不平,他说张纪域可以当候补中央委员,你为什么不能,你是参加“一·二九”学生运动、参加“民先”组织的。十年后你和他都参加昆明的“一二·一”学生运动,经历比他深。我根本没有想过这个问题,也没开过口要名要利,我一直是心安理得的。我准备第二次检查时,除了进一步检查外,这个意见,我要说明,我是不能接受的。26、27日接连胡愈之、李文宜、高崇民作第二次检查。群众给他们三人提意见,“燎原”造反队认为他们的第二次检查是“新反扑”未予通过。我积极地在准备第二次检查,但“燎原”始终没有宣布我再次作检查的时间。

胡愈之作了第三次检查,还是通不过,要他再作准备,挖灵魂深处,彻底交代。3月底“燎原”召开斗争史良大会,连续斗了几次,主要追问过去和宋美龄的关系,解放后与“章罗联盟”和司法界“黑帮”的关系。最后一次大会,把史良家里阿姨、厨师、司机都找来揭发控诉。会上我也发了言,批评她在司法部工作中有时自行其是,不尊重董老(董必武,在中央是负责领导公检法工作的)。这是我和闵刚侯在高法工作时就认为她有这个问题,我们俩商量好我在会上发言的。批斗结束时,造反队宣布要史良来机关参加劳动,最后统战部不同意,未执行。

现在已是红卫兵的天下。中南海西门府右街,红卫兵如海如潮,许多战斗组织包括外地组织,在府右街安营扎寨,一个连着一个,自称是“揪刘火线”,高音喇叭昼夜对着中南海高呼:“誓死把刘少奇揪出来。”“不把刘少奇揪出来不下火线。”“揪刘火线”的勇士多次要冲进中南海，都被中南海的门卫们劝阻。据说刘少奇在中南海里也受尽了折磨，孩子们被赶出中南海，王光美被拘留在另外一个地方，刘少奇独自一个人生活，身体多病也得不到正常的治疗，一个国家的主席受不到法律保护，一切权力都被剥夺了。

国男工作的单位北京医院也动起来了，出现了几个战斗队、造反团。国男当时任外科、妇科、耳科专职支部书记，与几个做支部工作的同志组织了个战斗队，造反派夺权后，即勒令国男到外科病房做清洁工。北京医院是中央保健医院，运动由中共中央办公厅主任汪东兴直接领导。医院里各战斗队之间的矛盾日见复杂紧张起来。国男任支部书记也被看成是当权派。

力平学校是在停课闹革命。老师们都自顾不暇，不能管教学生。力平又长了一岁（12 岁），但在这种环境里受社会影响，家里已不大好管了。经常与那些比她年龄大的同学来来往往，包括我们大院里的一些领导干部的子女。我了解到她们已经成立了红卫兵组织，我时常跟踪她，了解她们的活动，接触的是些什么人。具体战斗目标我还是不清楚，但她们交往很多，令人担心。

我自己已准备了一万多字的检查提纲，等待第二次检查。五月的一天我去鼓楼大街，遇见林城生产队的一位会计（姓名记不清了），我们聊天，他告诉我民盟有两位造反队员，到林城调查我在林城的情况。大队的人说了工作队队长的许多问题，还想把他揪到林城批斗，对我没讲什么意见，说我人稳重，做事小心谨慎，并说胆子小斗不过那位张队长。我听了以后心里有底了，回来我问黄景钧，我什么时候再检查，他说你那本检查提纲我已经看过了，检查得进了一步。现在我们需要你的是揭发胡愈之。

几天后，出版界批斗胡愈之、黄洛峰、石西民等人；民盟和文化部批斗胡愈之、萨空了等人；《世界知识》社批斗胡愈之、邹宗汉等人。黄景钧和机关造反派每次都要我们参加，会上看到胡愈之等人低着头，弯着腰，站在台上。造反派们（包括民盟的造反派们）带着阶级仇恨,勇于发言,揭发批斗,场上时有口号声助阵。我们是接受阶级教育去的。当时全国已全面开展对刘少奇大批判,燎原造反派正式宣布:民盟也即开始对刘少奇大批判。我的第二次检查因故推延了。我心里轻松了一些,在机关成了逍遥派。但在这个动乱的年代,谁能真正的逍遥?我逍遥了几天,国男出事了。

6月1日儿童节,我和力平、艾平说好晚上大家一起吃晚饭,爸爸妈妈给你们庆祝儿童节,我还准备了礼物给她们。到了吃晚饭的时间,国男还没有回来,我到阳台上张望,突然电话来了。我接电话是国男打来的,她用低沉的声音只讲了两句话:"我今天不回去住了,晚饭后你把我的被子、衣服、生活用具送到医院的收发室,有人接收。"我放下电话,告诉孩子、奶奶。大家都意识到了,一定是出了问题,被医院拘留了。我们整理一个包裹,我马上骑车送去,接待我的是个穿白大褂的战士,是北京医院里最丑的女人。她收了以后,告诉我以后每星期六下午三时后,你来把她要洗的衣服带走,把该换的衣服拿来,不许带吃的东西和生活用品以外的东西。以后我每个星期六下午遵命办理,接待我的总是那个丑女人。

我终于从国男的一个最熟的同事、同一个战斗队的打听出一些国男的消息,国男的罪名是泄密了首长(就是江青)的病情。批斗了几次,每天白天参加体力劳动,晚上写交待材料。身体尚好,没受太大的折磨。我告了奶奶和孩子们,我们都比较放心了。但是力平听了非常气愤,她很想知道医院里是什么人加害妈妈的。她说要为妈妈报仇。我们听了她说的"报仇",认为是一句气话,劝她不要太激动,事情总会弄清楚的。

力平这一年来变得任性暴躁不听话,家里更不好管教了。最近一个时期她的活动很多,听说对面的铁道部宿舍大院、总工会、华北局的造反派都有了联系。但还没有听说她们揪出谁批斗、抄过谁的家、发生过武斗。可是她们的内幕、背景、活动我几乎一无所知。

到了下半年,一副对联——老子英雄儿好汉,老子反动儿混蛋——的出现引发了争论,又出现《血统论》《出身论》,引起了红卫兵们展开大辩论。由争论又发展了许多新的组织，如“首都红卫兵联合行动委员会”，红卫兵第一、第二司令部联合起来成立了“红卫兵总部”，还有什么“西纠”“东纠”组织，互相之间斗争越演越烈。

1月，上海掀起的夺权斗争的狂潮，很快展开到全国全面的夺权斗争。在权的根本问题上，造反派组织之间发生了激烈的冲突，甚至酿成流血武斗。毛主席决定派人民解放军执行“三支两军”（即支左、支工、支农、军管、军训）任务。

社会科学院离民盟不远，我经常去那里看大字报，“文革”开始以来，那里（平房大院）成了各方面人士（以后还有些造反组织）贴大字报、开辩论会集中的地方，也是消息传播最灵通的地方。有一天我发现有十几张都是批判刘少奇《论共产党员修养》一书的。其中也透露出毛主席对这本书作过尖锐的批评。毛主席说刘少奇的这本书是欺人之谈，是唯心论，反马列主义的，不讲阶级斗争，不讲夺权斗争，只讲个人修养，每个人都是阶级的人，没有孤立的人，他讲的是孔孟之道，封建主义，资本主义都可以接受。有几张大字报是批评刘少奇宣传人性论，不宣传人的阶级性，不宣传党性。这几张大字报对我影响很大。多年来，在日益激烈的阶级斗争中，我感觉自己党性很差，是中了“人性论”“人道主义”思想的毒太深。我回家又翻阅了一遍《论修养》，看到书里引用孔孟之言十几处。我完全相信毛主席对这本书的批评。当时正是民盟造反派号召大家开展批判刘少奇的时候，我根据毛主席的批评写了一张大字报，内容主要是批评黑《修养》是要共产党员修养人性而不是党性，不是阶级斗争性。我把它贴在民盟的大礼堂里，在这里的大字报我是唯一一张批判刘少奇黑《修养》的。

8月5日，毛主席《炮打司令部》的大字报贴出一周年，《人民日报》发表《炮打资产阶级司令部》的社论指出：“党中央号召全国无产阶级革命派动员起来，集中力量，集中目标，进一步深入地广泛地从政治上，思想上，理论上，对党内最大的一小撮走资本主义当权派，开展革命大批判。”同时为纪念毛主席的大字报，天安门广场召开了

300万人的誓师大会。府右街的“揪刘火线”几次想冲进中南海没有成功。民盟机关“燎原造反队”多数人在天安门参加誓师大会，我们学习《人民日报》社论，在学习中开展对刘、邓、陶的大批判。

8月22日民盟中央主席杨明轩逝世。民盟机关由一位党员执笔写了杨明轩生平，说杨明轩同志是老党员，解放前曾任陕甘宁边区副主席，新中国成立后曾任西北行政委员会副主席，他热爱毛主席热爱共产党等等。送中央审阅，康生认为生平过于美化了杨明轩，并把杨明轩同志的“同志”二字划掉。几易其稿，并批评了执笔人“是哪个党的党员?”两天后开了一个规模不大的追悼会，我们就这样的送别了大家尊敬的杨明轩同志。

9月的一天下午，我们国务院宿舍突然闯进三四百名红卫兵，打着“经委东方红”的红旗，直奔我们对面的十三组，大喊“陈大伦滚下来”。最后几个红卫兵把陈大伦揪出来就在十三组前面一块场地批斗，还有一批红卫兵在楼上抄家，一直折腾到晚上九十点钟才散，周围的人家都在门缝里窗子里看，谁也不敢出去，弄得我们大院风声鹤唳，草木皆兵。

中央发出通知停止大串联，中小学复课闹革命，学生们说复课就闹不了革命，革命第一，革命就是最好的政治课。力平同样每天和“战友”们在一起，我有时还跟踪她，我无法打入她们的组织，结果无所收获。各地来北京串联的还是制止不住，外地红卫兵在京的尚有七八万人。武斗之风蔓延全国。

街上贴的大字报和造反派自己出版的小报越来越多了，有些大字报斗大的字夺目惊人：北大井冈山兵团召开大会声讨聂元梓，打倒穆欣的大字报，说他是“五一六”反革命组织的黑后台，是特务，已被逮捕；原文革小组的王力、关锋停职反省；统战部大字报说张经武是反党集团成员（张经武是在李维汉、徐冰下台后领导统战部工作的）……大家看了这些大字报觉得脑子越闹越糊涂了。昨天还是响当当的革命派，今天就成了反革命，现在究竟能相信谁呢？民盟机关“燎原造反队”和“驱虎豹”已成立机关革命组织代表会，由代表会领导我们学习，给我们传达了毛主席在今年7月至9月视察华北、中南和华东地区时的讲话。这个讲话非常重要。毛主席已看出各地区造反派山头林立、冲突武斗的情况，重申要“实现革命的大联合”，并说红卫兵，现在正是可能犯错误的时候，要进行教育。毛主席重申要正确地对待干部，要扩大教育面，缩小打击面，要解放一批干部，让干部站出来。根据毛主席的意见，中央和各省市从受审查干部中解脱一批，毛主席采取的这些措施对局势的继续恶化起了一定的制止作用。我们听了传达都非常高兴，希望局势将好下去，机关革命组织代表会一面领导我们学习，一面加紧审查机关干部，民盟中央机关受审查的领导干部，还没有解放。11月初民盟“革命组织代表会”贴出第一号通告，勒令冯亦代停职反省交代罪行。再次批判史良，揭露她装病请假不来，她在背后仍与一些受审查的人来来往往。12月中旬抄了刘清扬的家，机关的气氛并未因为毛主席讲话有所好转。

年终了，社会上始终保持着紧张的气氛。家里面，国男没有消息什么时候可以解脱出来，我和奶奶的心情是沉重的，力平始终还怀着一种“复仇”的心理，1967年的年末，我们就这样冷冷清清地度过了。

1968年　52岁

毛主席像章和各地区造反派出版小报流传全国　叶笃义、刘清扬、吴晗、高崇民相继被捕，关进秦城监狱　国男在医院被关押10个月　党的八届十二中全会通过《关于叛徒、内奸、工贼刘少奇罪行的审查报告》　毛主席号召知识青年到农村去，接受贫下中农再教育

元旦之日《人民日报》《红旗》杂志和《解放军报》发表新年社论《迎接无产阶级文化大革命的全面胜利》。我们在学习社论时大家都希望今年文化大革命能取得全面胜利，文化大革命就可以结束了。但是大家看到北京和全国各地武斗不断升级，新的反革命叛徒特务、反革命集团，不断揭发出来，大家感到希望也只是希望而已。

街上已出现了楚图南的大字报，这对我非常触目惊心。楚图南是昆明时代民盟云南支部的负责人，云南大学教授，老共产党员，一向是进步的诗人学者，而今天对外文委造反派大字报说他："反对毛主席、林彪""挑动群众斗群众"，要"揭开他的亲美、降美的丑恶历史"。造反派已开过批斗会，揭发他是"美国特务"。这些罪名只有造反派才能造出来的。

文革领导小组成员戚本禹，也有了大字报。主要是文艺界造反派说他是"大阴谋家""反革命两面派"。主要罪行是"背着江青在文艺界贯彻修正主义路线""反革命夺权的黑后台，镇压革命派"。接着清华、北大、学部（社科院）也有些他的大字报。

民盟中央机关造反派一位同志从东北外调回来，谈到沈阳情况，武斗之风甚盛，每日下午三时已无市面，机关干部也都已回家，工厂停工者不少，经常听到枪声。抚顺煤矿基本上处于停工状态，武斗时动过枪炮进攻。

北京市革委会发出通告，严格取缔市上倒卖交换毛主席纪念章和贩卖造反派出版的小报。从去年下半年起市上就发现有毛主席像章出售，大家抢购，戴在胸前，开始时是硬塑料制造的，后来是各种金属品，再后来发展有瓷制的，也有竹制的，由单一的头像发展为成套的，花样翻新层出不穷。

王府井南口向东单一条高台阶的行人道上，成了贩卖交换毛主席像章的集中地。我对毛主席像章很感兴趣，经常去高台阶去看看，而且买了一些（一直保存至今）。

我除买纪念章外，还亲手用有机玻璃做毛主席纪念章。我常常去鼓楼大街有一家专门卖多种颜色的有机玻璃的商店，玻璃有大有小，有厚有薄。我自己准备了一套工具：小电锯、粗细砂纸、专用胶水。我可以把有机玻璃作出多种形状，作一本毛选，一面红旗，一个

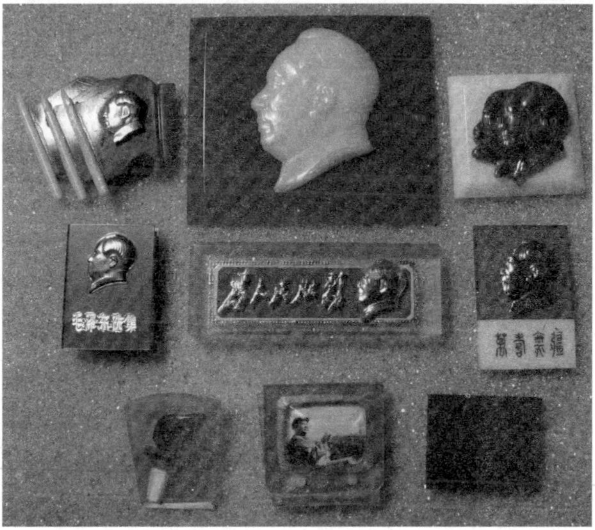

王健亲手制做的毛主席纪念章

电视，上面贴上毛主席头像，我做了100多枚，在民盟中央干部献忠心的会上，我还展示过，受到好评。这是每天晚上的作业，兴之所至，有时做到深夜。

全国各地各种造反组织出版的小报，从去年起越出越多，满街到处是报摊。小报上的新闻不是什么记者的采访，不少是独家新闻。我给力平一个任务：到报摊上看小报，把所看到的小报报名和出版者的单位都记下来。不过两三个月的时间，她已记了310多个小报（这只是一部分）。如：《造反之声》（红代会朝阳区委员会）、《工交战报》（斗争薄一波筹备处）、《红卫军报》（安徽合肥造反团）、《红二七》（铁路系统红代会驻河南联络站）、《银反造反报》（长春银行造反队）、《天山烈火》（新疆红卫兵）、《8·15战报》（重庆红卫兵）、《呐喊》（5016部队）、《打倒李井泉专刊》（重庆大学红卫兵）、《工人战报》（内蒙古）、《新武汉》（武汉赴京控告团）、《挺进报》（宁夏总指挥部）、《南疆烈火》（广西红卫兵）……我举上面的这些报名，可以说明全国各省市、各界，以及省市里的区县都可以自由出版，内容有的是抄的机关档案、文件，有的是抄家抄出的个人隐私。小报编辑特别喜欢登一些鲜为人知的机密资料（有的党中央机关造反派抢机密文件，造成很大的危害）。小报的新闻、言论是绝对自由的。北京市革委会的《通告》发布后，小报同样在卖，王府井南口毛主席像章的市场还是那么繁华，《通告》无人执行，不过是一纸空文而已。

外面传说西单商场发生爆炸、北大两派发生战斗、聂元梓被刺伤等等。大街上又出现有“打倒叶剑英”“炮轰李富春”的大字报。

4月初的一天，北京医院打来电话，说国男可以回来了，要我下午去医院，当面交人。下午我按时去了医院，国男带着一包行李已在收发室等我。还是那个丑女人，把国男交给我，说下周她可以正式上班，但因犯有“现行反革命”罪行留党察看两年，仍受管制。国男回到家里大家都很高兴，但是看她人瘦了，显得老了一些，不免令人有些心酸。当晚力平告诉我们，她们（她和其他红卫兵）想救妈妈出来，结果失败了。接着她把详情告诉我们说，国男被隔离医院后，力平带着“复仇”的心理就联系了周围的几个红卫兵组织，研究营救妈妈的计划，她们有人想方设法走进了北京医院，了解到国男被关地下室，查看了地下室周围的地形，发现附近有一堆稻草，她们想放把火，趁乱把国男救出来。力平画了一张医院的地形图分发给各行动组。就在行动的前一天，负责管理我们院和力平很熟的一位户籍民警向院里一位红卫兵头头的朋友询问一件事情。她在慌张中，把她们的计划泄了密。第二天一早，力平去34中学上课，就被工宣队叫去询问。力平能言善辩，就骗过去了。当天她马上通知各行动组停止行动，那天晚上力平还怕有人去，她守候在医院墙角，没看到一个人去就放心了。我们问她，把妈妈救出以后，你们打算怎么办？她说已准备马上坐火车到安徽奶奶家。力平当年才13岁，未成年，实在太天真幼稚，把问题想得太简单，如果真的点把火，国男救不出来，反而罪上加罪，最后一定会把责任扣在我的身上，认为是我（只能是我）筹谋划策，利用一群几乎都不满成年的红卫兵放手烧医院，而且这是中央保健医院。在这个不能说理的年代，我会成了刑事犯，甚至可以成为死刑犯的。我和国男只劝力平这件事到此为止，你和你们参与这件事的人不要向外传，要从这件事接受教训，而我和国男真是后怕得不寒而栗。

民盟革命组织代表会决定要我们第四学习组从4月上旬开始，从头读毛主席语录，这已是第三遍了。

在民盟机关，我们第四组主要是学习，参加批斗会，有时外调的人来找我们为他们调查的人写证明材料。革命组织代表会的人们忙于内查外调，组织批斗会还要有人看守管制分子。在这个期间先后两次批斗过冯亦代，揭发他是“美帝走狗”“国民党特务”的罪行，最后宣布对他实行群众专政，隔离审查、交代问题。

批斗汪淑莲、姚震中。姚本来是“燎原”的成员，就因为说了一句“每天早请示晚汇报像老和尚念经一样”，因此斗他，说他恶毒攻击毛主席，开除“燎原”队籍，停止一切工作交待罪行，第二次批斗时，已提高罪行，为“现行反革命分子”。还在审查一些人准备批斗。

我们的学习，革命组织管理不严，松松垮垮，我的第二次检查已不再有人提了。每天还是有时间就做我的有机玻璃像章，或去街上看小报，买毛主席像章。现在我真成逍遥派了。

7月1日党的生日，《人民日报》《红旗》《解放军报》发表庆祝党诞生47年社论《发扬党的密切联系群众的作风》，里面措辞比较温和。晚上中央文革为了庆祝党的生日，演出钢琴伴唱《红灯记》，毛主席和林彪及中央文革的成员坐在一排观看，脸上都显出那么欢畅。整个会场显得一片团结安定的气氛。老百姓在电视里看他们的脸色心里也松快一些。

两三个月来，毛主席几次发表最新指示，发表过关于教育革命的指示、关于坚决贯彻“7·3”和“9·4”布告（广西和陕西发生武斗问题）制止武斗的指示。

毛主席、林彪、周总理、陈伯达、康生、江青等人接见北京市红代会核心组成员，毛主席对制止武斗问题作了重要指示。9月26日《人民日报》发表了姚文元文章《工人阶级必须领导一切》，传达了毛主席最新指示：“实现无产阶级教育革命必须有工人阶级领导……”这些最新指示在报纸上发表以后，有的学生造反派放鞭炮、庆祝“毛主席最新指示”，有的学生造反组织集合起来上街游行，欢呼“毛主席万岁”。打着毛主席最新指示的标语到各大学宣传制止武斗，游行队伍到清华时，双方反而发生了武斗。

9月12日，电台广播毛主席关于知识分子政策的最新指示，并发表了《关于知识分子的教育问题》文章，其中提出了广大干部应下放劳动的指示。群众听到广播后立即敲锣打鼓，放鞭炮，有些学校工厂立即组织游行，有的即组织学习这些最新指示。

9月6日中央电台广播，西藏、新疆同时成立了革命委员会，第二天《人民日报》发表社论，题为《无产阶级文化大革命全面胜利万岁！》。10月1日首都50万人热烈庆祝国庆19周年，举国欢腾，庆祝“全国山河一片红”。

民盟中央造反组织“燎原”“驱虎豹”宣布倒旗闹革命，并接受中央的“工人阶级必须领导一切”的号召，立即成立了毛泽东思想学习班勤务组。勤务组七人组成，有：梁俊侨（司机）、詹永泰（党员干部）、王淑志（女司机）、苏风祥（原人力车夫，现帮厨）、荆辅臣（炊事员）、张宰邦和涂汉清（两个农村来的大学生）。有的干部认为詹永泰在这里很不相配，我却比较了解其中缘由。我和詹永泰是一个支部的，他为人正直，有文化，有政策水平，“燎原”很尊重他，他成为“燎原”的顾问，所以勤务组把他拉进来，我心里也赞同他进来，可以避免那些所谓的工人干出出圈的事情。民盟批斗了许多人，从来没有过动手打人（有些党派不同），我相信詹永泰是起了作用的。

勤务组成立后，抓学习毛主席最新指示，抓机关干部每周到星火公社红卫兵大队参加劳动两天，对我们第四组老年班就免了。

11月1日晚，中央电台广播中国共产党八届扩大的十二中全会公报，大家最注意的是会上批准了《关于叛徒、内奸、工贼刘少奇罪行的审查报告》，并通过决议，宣布“把刘少奇永远开除出党，撤销其党内外的一切职务”。群众听了广播之后，上了街通宵举行庆祝游行。第二天我看到一份小报，上面写了在通过报告时只有一位女中央委员没有举手，但小报也不知道她的姓名。后来大家传说证明是女性老革命陈少敏，大家对陈少敏的历史经历不太了解，但大家以她拒绝举手，担心她会引起难以想象的后果，以后再也没有听到有关陈少敏的消息了。

民盟革命组织立即组织第四组学习《公报》，并参加人大、政协、国务院直属口在政协礼堂传达十二中全会全部内容。12月份，我们第四组主要是学习和开展对刘少奇的大批判。

文化大革命开始以来，青年学生停课闹革命，闹了几年，也考虑自身的前途出路问题。当前大学不招生、工厂不招工、商业和服务行业都处于停滞状态。初、高中学生既不能升学也无法分配工作。12月毛主席发出“知识青年到农村去，接受贫下中农的再教育很有必要”的最新指示，广播发表后，青年们纷纷到天安门游行。全国很快掀起知识青年上山下乡的高潮。

1968年12月，毛主席号召“知识青年到农村去，接受贫下中农的再教育，很有必要”。此后，迅即掀起了知识青年上山下乡运动。

沈老原生活秘书何鲁陶（女），因每天照顾沈老生活，延误了治疗，到了癌症晚期住进医院。我去医院看她，她虽患绝症，但头脑清楚，精神表现乐观。她告诉我：“我的四个孩子，三个工作都有了着落，就是小弟还没地方去，听到毛主席号召知识青年到农村去，我很高兴，就让小弟去学校赶快报名，结果很快就被批准去山西河津县，明后天就走。”我和当时在场的国管局范处长都劝她，你正在养病，月底就要动手术，动了手术再让小弟去也不迟。她坚持要他走，她说：“我看他有了着落，我就放心了，否则我死不瞑目。”小弟按期走了，到动手术的那天我和范处长都去了医院，动了两个小时，大夫出来告诉我们，太晚了，手术也不能动了，不会维持太久了。我们马上通知小弟，老二在合肥也很快赶回来了。这两天，我们都去看她，她看孩子们在身边时，就对我说：“几个孩子你是从小看他们长大的，我知道，我的病不会好的了，现在我只有托付你了。希望她们兄弟姊妹互相团结，工作能作出些成绩来。”她讲话时态度很镇静，但是语气已很微弱了。我答应了她，并要她放心。两天后，我亲自看到她在痛苦挣扎中停止呼吸了。国管局范处长和孩子们一起商量简简单单把后事办了。范处长对我说，她看起来很文弱，但真是个坚强的女人。

12月26日我去机关参加大家组织的庆祝毛主席75寿辰，政协军代表也特来参加，大家献礼，向毛主席献忠心，军代表跳了忠字舞，我把我作的百余枚有机玻璃的毛主席像章拿去展览以献忠心。27号我国又一颗氢弹爆炸成功，29日南京长江大桥正式通车，全国人民热烈庆祝，并迎接新的一年。

1969年 53岁

东北珍宝岛地区中苏发生武装冲突　党中央召开第九届全国代表大会　到湖北沙洋参加五七干校　国男到江西永修县参加北京医院干校

元旦两报一刊发表社论《用毛泽东思想统帅一切》。社论里提出了毛主席关于清理阶级队伍和整党的最新指示。民盟革命组织立即组织学习三天,并去政协礼堂听传达毛主席、林彪在十二中全会上的讲话,上下午共听了六个小时。政协军代表传达上级指示,今年准备干部下放劳动,计划有70%以上,这个指示要我们随时作好思想准备。

春节放假三天,大破四旧,过个革命化的春节。春节期间,大家的精神都集中在为迎接中国共产党第九届代表大会的召开,准备以各种不同方式向党献礼。

3月间,九大开幕的前夕,苏联军队多次侵犯我国黑龙江省珍宝岛地区的边境,发生武装冲突事件,毛主席对战争到来的可能性作出了紧迫的估计,备战成了九大的议题,而且也成为各项工作的指导方针。

4月1日九大开幕,晚九时电台广播大会新闻公报。天安门灯火辉煌,呼声雷动,群众自动到天安门游行庆祝。九大于24日闭幕。新闻广播了新的中央委员会名单。27日广播了林彪的政治报告,报告贯彻了毛主席的"无产阶级专政下继续革命的理论"。28日晚广播了九大通过的新党章,接着广播九届一中全会,选举毛泽东为中央委员会主席，林彪被选为唯一的副主席，中央政治局常务委员会由五人组成：毛泽东、林彪、陈伯达、周恩来、康生，并发表了中央政治局名单，群众再次到天安门彻夜举行庆祝游行。

4月初，人大、政协军代表召集统战系统各单位举行“精简机构，下放劳动动员大会”，李代表作了动员报告，蔡代表宣布军代表将派小组进驻政协系统各机关领导工作。三天后，人大、政协第一批下放劳动干部去吉林筹备成立干校。民盟机关经过一个星期学习动员报告，最后由勤务组提出首批下放的名单有：苏风祥、高山、李宇等七人，做好准备后即去吉林。6月间人大、政协系统组织150多人赴小汤山大队支援夏收半个月，民盟共有12人，我也去参加了劳动。

7月以来，全市开展青少年阶级斗争教育，组织各种学习班。揭发社会上流氓、盗窃犯罪分子，全市大搞清洁卫生运动，加强社会革命秩序，加强组织纪律性。8月上旬，全市召开150万人的群众大会，共宣判了205名刑事罪犯分子，其中判死刑的立即执行，还有的是死缓，无期徒刑。这都是罪大恶极的抢劫、强奸、杀人的罪犯。都是经过法律程序宣判执行的，大快人心，社会也变得安定了些。

苏联再次侵略我国新疆边境裕民县。自从东北中苏边境珍宝岛事件发生后，毛主席多次谈准备打仗的问题，从那时起即开始全国性的挖防空洞和加紧三线建设的准备工作。民盟中央机关和国务院宿舍大院，都深挖了防空洞。一时又盛传疏散北京人口和户口长期迁移外地的问题。

11月初，政协军代表给统战系统干部作下放干校，疏散人口的动员报告。干部下放干校，可以携带家属，作为人口疏散，并希望全家迁移外地不要回北京。几天后，民盟机关军代表宣布下放名单，名单里有我，决定本月底出发。国男在医院军代表宣布下放卫生部江西干校北京医院大队，比我们提前动身。

我们正忙着下放干校的期间，李大姐（李文宜）要我去看看浦熙修，说她病得很厉害。李大姐知道我认识她，可以谈得来。其实我和浦熙修有过接触并不太熟，那是1947年国共合谈破裂，中共代表团被迫撤回延安，临行前中共将在南京上海的办事处委托民盟代管，上海马思南路107号“周公馆”接收后民盟要我去看管，作为民盟办事处。罗隆基从南京来上海，即住“周公馆”，罗一来浦熙修总是来看他，所以我才认识了她。我很敬佩她，她坐过国民党的监狱，国共和谈期间她有正义感、战斗力的采访报导，不愧是新闻界“能干的女将”。

在去干校的前几天，我去政协附近的锦什坊街的一个胡同里浦的住处。这是一个小四合院，浦住一间，其他房间都空着，被红卫兵们所占有，成了仓库，存放着抄家抄来的东西。我走进浦的房间，她躺在床上，见到我非常高兴。每天生活她孤单一人，突然见到民盟有人来就成亲人了。我问她身体病情和治疗的状况。她叹气地说，去年一年去医院看病不但没有好好治病，反而精神上受尽了折磨，她说去年12月她住进了北医附属人民医院，后被发现她是大右派，结果医院组织病房全体人员进行了一场批斗，并勒令下午出院。她说现在的医院好了一些，但是也受不到应有的待遇。我问到她的生活情况，她说孩子们都不在身边（据说都去外地参加劳动），白天有个钟点工，帮她做几个钟头。晚上就是孤单一人，特别在夜里，红卫兵搬东西出出进进不得安宁。我看到她床上枕边放着很多书和报纸，她说这就是我唯一的伴侣了。特别是夜里睡不着的时候更需要它，我问她是不是还写些东西，她说主要写写对过去的回忆。我们谈了一阵，劝慰鼓励她一番，最后我向她告别时，她提出一个要求，她要求请民盟和统战部考虑，把过去罗隆基给她的几十封私信退还给她，我答应她努力去办，过几天我再来看她。

第二天即向统战部汇报请示，统战部很痛快答应了她（本来统战部就认为这些信没有保留的必要）。我拿到信，过了两天我再去看浦熙修，浦熙修看一包信，对我感激万分，似乎我帮助她卸去了她多年来心灵上的重担。我告诉她，我和李大姐以及机关的几十位干部和家属最近就要去湖北沙洋五七干校了。她很难过，自恨一身是病，也没机会去了，我安慰她好好爱护身体，我们一定会回来再来看你的，就这样分别了。五个月后，1970 年 4 月浦熙修终于被病魔夺去了生命。

我和国男研究，我去湖北沙洋，她去江西永修，奶奶和力平、艾平怎么办？自从去年北京市提出复课闹革命后，力平就离开了实验二小，进入了离家较近的 34 中学，她说可以等着学校分配到农村、工厂，可是我们不放心。艾平留在小学读书，又没有人管，奶奶已年逾古稀更需要人管。研究中我们想到了奶奶的外孙女胡美光，她和她的爱人原来都在南昌洪都飞机制造厂，因厂内两派斗争，她们被分配到江西彭泽一家工厂里做电工，彭泽离永修较近，我们和胡美光夫妇商量后，作出决定，国男带着奶奶、力平、艾平先到九江，美光夫妇去九江接她们，国男去永修干校，奶奶（原国男奶妈）、力平、艾平随美光夫妇到他们家里去。这个问题已定。第二个问题是我们还回不回来？毛主席立足于打仗，号召北京疏散人口，我和国男决定作两手准备，尽量把家清理一下，把不大需要的东西尽量送人，但住房不退，以备回来还有房可住。

11 月 19 日国男带着奶奶、力平、艾平和一批行李乘车转船，于 22 日到达九江。美光夫妇去接，然后分头都平安地到了目的地。27 日我和民盟部分干部一起到达了汉口，转沙洋林家咀。

军代表传达北京市革委会领导同志关于战备的动员报告，政协军代表作形势报告，讲国内外形势，北京战备情况，机关战备情况，最后讲抓“五一六反革命集团”问题，这是大家第一次听到现在又出现了一个“五一六反革命集团”。民盟小组立即组织学习，首先加强思想上的战备准备。

12 月除夕之日，民盟小组召开迎接 70 年代的联欢大会，大家畅欢痛饮。晚上收听广播，元旦社论《迎接伟大的 70 年代》，社论里传达毛主席最近指示：“全世界人民团结起来，反对任何帝国主义。”当晚即写大字报，宣传毛主席最新指示，一直到深夜零时迎接 70 年代到来。

1970年　54岁

我经自我检查通过后解放出来　干校开始整党建党和清理阶级队伍　力平、艾平从江西返北京　农忙季节全连投入生产斗争　国男被迫承认参加“五一六反革命集团”被划为“现行反革命分子”　我因公回北京　父亲家被抄湖北荆门召开全省积极分子代表大会六连苏风祥代表干校参加

元旦过后，军代表找我谈话，要我准备在月中向民盟全体干部作检查。我在1967年准备作第二次检查提纲的基础上加以补充。在我准备期间，民盟组又搬了一次家，搬到沙洋范家台，这是统战系统13个单位的干校校部，简称为“1357干校”。这里是新盖的瓦房，可以容纳1000多人，原在吉林的干校也全部迁移到这里。

13日我向民盟同志作了两个半钟头检查，第二天第三天两个半天大家提意见。总之，大家对检查不满意，认为不深刻，没有触及灵魂深处，提了很多意见，帮我分析问题。不像1967年检查时乱扣帽子，无限上纲，还是真诚的帮助。我接受了大家有益的意见。22日我再作检查，23日听取大家意见。有的人认为有所提高，认识思想的本质和根源，当然也有人认为还有一些不足之处，并提了一些意见。最后军代表讲了话，说这次检查比上一次检查有所提高，说明思想改造前进了一步。知识分子改造是长期的，有了这个基础努力学习就可以有进一步成绩。他认为我的这次检查可以通过了。我听了以后简单地表了态感激大家，这时反而情不自禁地流出泪来，我算是解放了。

1月下旬,校部军代表召集各民主党派(包括工商联,统称民主党派)大会,作关于清理阶级队伍的报告。并宣布民主党派各自成立清队领导小组,民盟由周代表、詹永泰、苏风祥、王健等九人组成。我们即开始内查外调工作。

2月初春节放假,我们到周围村镇访问贫下中农,组织忆苦思甜座谈会,接受贫下中农再教育。

军代表决定从2月16日到28日为整党、建党的阶段。蔡副总代表给民主党派全体党员作整党建党问题的动员报告,民盟即开始学习座谈,参加者除党员李文宜、洪密、詹永泰、王健、涂汉清外,还有培养对象(汪青山、孔晓冬、顾栋銮、张宰邦、苏风祥、荆辅臣、王淑志等人)。整党建党经过半个月,同志开展批评与自我批评,斗私批修,最后,民主党派整党建党领导小组开会,批准民盟中央机关党员李文宜、洪密、詹永泰、王健四人恢复组织生活,同意涂汉清按期转正。并成立临时支部,推选王健为支部书记。整党建党从开始到临时党支部成立一直延长到3月4日才结束。其间军代表给全校作"深批极'左'思想,狠抓'五一六'反革命分子"动员报告,大家用了两天时间座谈动员报告。

我们的清理阶级队伍领导小组,主要对象有两种人:一种审查对象,经过内查外调,逐渐解放了一些人。一种人是属于《公安六条》的专政对象,我们研究,有少数人是过去搞错了,不够《六条》条件,有的虽属《六条》但情节并不严重的,也把他们解放出来。还有一些人,需要作深入调查,我们的任务还是很重的,但这两种人都是属于政治历史问题的。现在突然出来的,又增加了一类现行"五一六反革命分子",我们还没发现这类人,也不大了解这是一类什么情况的人。但却给我们增加了一项新的任务。

收到国男来信,带来了好消息,奶奶、力平、艾平都安排在澎泽县胡美光家里,力平进了中学,艾平上了小学,恢复了正常的家庭生活。国男在永修县广山镇卫生部五七干校,因为劳动积极,就得了五好五

七战士称号。她接到我的信，知道我检查通过了，整党建党重建了党支部，还被选为支部书记，高兴极了，并通知美光全家都为我祝贺。

不到一个月，又收到国男来信，信里说，她们北京医院和干校已开展了深挖“五一六反革命集团运动”，而且已挖出“五一六反革命集团”分子几人，由于过去造反派组织之间的矛盾，你咬我，我咬你，越咬越多，国男说她也被咬住了，她又一次被隔离审查了。这信以后，半年多没有来信。

4月初全校召开大会，负责生产的老夏同志作春耕夏种动员报告，全校13个单位，以连队编制，民盟为六连，人少的党派两个党派编为一个连。会后各连开会讨论并提出决心书。六连推出生产队队长张宰邦，副队长敬季超。六连生产抓得早，积肥、锄草、修理工具等，早做了准备，并开始种棉花和花生。我负责抓学习，活学活用毛主席指示，抓活思想，开各种形式的讲用会（全连讲用会、小组讲用会、床头田边讲用会）。领导同志说，人是活的，活人就有活思想，知识分子的活思想，随时抓，随时讲，随时用。讲用会随时随地都可

以开。

5月农忙季节，六队分组下去修棉田、排水道、插秧种稻、抢收油菜。有时根据上面的安排各连开展革命大批判。我们的生活是“与天斗、与地斗、与人斗，其乐无穷”。6月份，麦收季节，组织全连大会战，一直干了几天抢收脱粒、晒场打包，从早到晚，甚至干到深夜。

一场大雨，校部发出紧急命令，猪圈修坝抢险，夜里轮班看守。学校领导小组号召各连生产斗争、阶级斗争一起抓，生产大忙的时候更要抓阶级斗争。

7月中旬，收到力平、艾平从江西打来电报，说她们乘轮船两天到汉口，再乘火车到北京，说是北京中小学招生回去上学。我请了几天假，到汉口住在招待所。两天后，我到码头去接。她们也没有说明是什么号的轮船，我只好在几个码头转来转去，最后在一个码头上刚刚停下的一只轮船，下来的客人中有两个女孩子不慌不忙、若无其事地走出来，我认定就是力平、艾平。她们告诉我，身带四件大行李，在轮船上，现在还不能取，我们先到附近的旅馆订了两间房间，然后去码头取了行李。当时力平15岁，艾平9岁，主要是力平自作主张回北京，这都是红卫兵年代锻炼出来的胆量和性格。我们回到旅馆，安排好行李，出来吃了汉口的小吃，我带她们游长江大桥，第二天逛一逛汉口繁华的街市，第三天买了火车票，她们带着四件大行李回北京。她们告诉我，奶奶还住在美光家，身体很好。而我的心情是担心两个孩子回去，家不成家怎么生活，能不能进学校，国男现在究竟什么样子。我带着沉重的心情送走她们赶回干校。

校部召开全校大会，李金德作报告，动员大家研究修改《宪法》，并考虑国家机关提出的55名人大代表候选人名单，为将来召开四届人民代表大会作准备。各连抽出时间研究修改《宪法》和候选人名单，各组收集了不少意见提供校部参考。

党支部开会，决定詹永泰、涂汉清回北京加紧外调，同意接受张宰邦、苏风祥申请入党，向群众公布征求群众意见。继续开展一打三反运动，发动审调对象《公安六条》分子坦白交代，揭发检举，个人“洗手洗澡”放下“包袱”。

8月下旬，全连召开中稻收割誓师大会，全体人员投入收割工作，一忙干了几天，中间休息时，地头开讲用会。苏风祥的活思想最多，发言频频，有些发言确给人启发。六连棉田发现害虫，去请教附近大队的贫下中农，又分出一部分人去棉田打药，这些天里，大家整天在农田里，连里的天天读，校领导提倡的学点哲学，也只好暂停了。

9月初，全校召开大会，李代表传达周总理的形势报告，魏景昌传达《四五规划纲要》。晚上继续大会，李代表传达周总理在全国计划会议上的讲话，也谈了人大代表候选人的名单问题。9月9日学校向各连发出通知，今晚收听重要的新闻广播。重要新闻是党中央于8月23日在庐山召开了九届二中全会，发表公报，会议通过宪法修改草案，批准国务院关于全国计划会议的报告，并决定向人大常委会建议在适当的时候召开四届人大。听了广播，各连组织座谈，大家对全国计划会议内容感到欢欣鼓舞，并表示我们用生产斗争阶级斗争的胜利成果，迎接四届人大的召开。宪法修改草案公布后，各连布置讨论，我们六连讨论了几个晚上，因为有法律学专家林亨元参加讨

论,像老师一样给我们讲解,使大家增加了许多法律方面的知识,讨论得非常热烈。

10 月间,我们六连忙着收棉花、晒棉花、摘棉花,忙了十几天,交给国家 300 多斤,被评为一级棉,受到了学校的表扬。

北京电话要我回去开会,借了这个机会,我也探了亲。11 月 22 日回到北京,回家看到了力平、艾平,家里除了床、饭桌,书架,几把椅子,空空荡荡。她们在外婆家吃饭,力平进了 34 中学,艾平和李红在家附近的育民小学,总算吃饭、上学问题有了安排。母亲告诉我力平学习不安心,有时夜里也不回家,邻居夏老师让她的女儿小芸陪艾平睡。同院的郭彤(统战部干部处处长)也向我反映力平和她的大女儿(过去都是红卫兵)天天在一起,晚上也不着家。就是力平叫人不放心。这次回家,没有见到小弟(国友),丽君告诉我,他们所里(五机部下面在南口的军械方面的研究所)正在深挖"五一六"动员报告,党的支部会没有让他参加,领导上认为国友的问题严重,现在还没揭开,他暂时不能回家。不知姐姐(指国男)的情况怎么样?我告诉她,好久没有收到她的信了,怕是凶多吉少。

我到民盟机关报到,是党支部要我来讨论对被审查人员定案材料的。我们一个一个地讨论了一个多星期,有时军代表也来参加,完成一部分人的定案任务。我特别注意讨论林亨元的历史问题。因为他是沈老特邀来最高人民法院工作的，我们同事了四年，而且都是秘密党员，我们俩经常一起过党的生活。据专门审查他的人报告说，他的历史很复杂，老秘密党员，但和国民党军界人物（主要是海军界，同是福建人）经常有所来往，林受到怀疑，林的朋友散在各地，他们便跑了几个省。最后核实，他在上海党的领导下做策反工作，某军舰官兵起义有他的功劳，这是个好同志。我早就在沈老那里听到一些，我一直没有怀疑过他，我们过从甚密，无话不说，他划了“右派”，我们还有来往，所以党内同志说我右倾，对“右派”划不清界线，温情主义。林的历史情况，我在党内讲过，但他们不亲自调查是不相信的。

回到机关，见到黄景钧，他没下干校，他和政协造反派参加了高崇民的专案组，我问他高崇民问题的性质，是不是敌我矛盾，他告诉我，专案组定性确是国民党特务，问他高的生活身体情况，他说冬天有一次审讯时见过高，一身棉衣，破烂不堪，已不能遮体了。高始终争辩，未予承认。每天轮班批斗，对一个80岁的老人，其身体状况可想而知了（1971年7月在监狱羁押期间含冤去世）。

我回天津住了三天，首先去看看父亲，到了他的家，屋里空空荡荡，已经不像个家了。二嫂告诉我，红卫兵来反四旧，把全部家具衣物都抄走了，幸亏没有伤害人。二嫂说，红卫兵走了她还在浑身发抖，父亲镇静自若，要二嫂赶快去做饭，他已经饿了，照样吃了两个大馒头，后来大家传说成为笑谈。父亲年将九旬，身体硬朗，腿脚灵便，淡泊财物，心情乐观。我们谈起来，他很关心我的家境，特别想了解干校生活。我告诉他，在“文化大革命”我只靠边站了两三年，到了干校作了检查，大家通过了，还选我做了支部书记，孩子们随奶母去了江西干校，现在已回到北京上了学。他听了非常高兴，这对他是最大的安慰。

在天津三天，住在五弟王陶家，他是一家国营工厂厂长，红卫兵到他家里，看到墙上一张大照片，是毛主席来天津参观他们厂时，他在毛主席的身旁解说，红卫兵看到照片，没有动手就走了。但是五弟的爱人张逸（地下党员），在师范学院教书，是系里党支部书记，造反派的学生们，把她当作当权派，多次进行批斗，最后给她剃了头，这是对她人身人格最大的伤害，她出去戴着帽子，但造反派发现时，当街对她唾骂，野蛮的侮辱，做人的起码权利已毫无保障了。

在天津的兄弟姊妹都见到了，久已不见的近亲好友也都赶来见了一面，大家谈的话题，大多是这几年是怎样过来的，谈起来有幸有不幸，最不幸就是七妹王冷，惨死在西安。

回到北京去民盟宿舍探望下放干校同志的家属，还去看了胡愈之、沈兹九、李文宜、李金德，听了两次军代表作的关于学哲学的报告。11 月 17 日力平、艾平送我去车站，离开北京。

回到干校，我看到 11 月中国男来的信，信里告诉我，1 月前收到我的信，知道我的情况很好，非常高兴。下面说："几个月没有给你写信，是因为运动的需要，因为我过去参加过'五一六'反革命阴谋集团，一直隐瞒没有交待，这次交待时也是出尔反尔，拖了很长时间才交待了，现在我已参加劳动，想在劳动中立功赎罪，争取党再一次从宽处理。"（后来知道，这些话是按专案组的意见写的）下面问我力平、艾平的情况如何，她非常挂念。我看了信，我不愿意想的事情终于发生了。这就是文化大革命的"威力"，把一个好人可以说成恶鬼，把一个恶鬼说成个圣人。

干校全校正在忙着晚稻收割，一部分人去修水渠，我立刻投入进去，忙了半个多月。农忙结束后各班举行讲用会。

12 月湖北省在荆门召开全省积极分子代表大会，干校决定推选一人参加，经学校领导小组开会研究，决定推选六连苏风祥前往参加。六连接受了这个光荣任务，即开始为苏风祥的发言稿作准备。由林亨元和我帮助苏风祥选择他平时比较生动，有内容的讲用稿，加上润色作为大会讲用稿。12 月底大家欢送苏风祥去荆门。12 月 31 日，下午大家打扫卫生，出墙报，迎接新年。学校通知晚上收听新闻广播，1971 年的元旦社论，题目是《沿着毛主席的革命路线胜利前进》。听完之后，全连座谈，我们在欢欣鼓舞，"胜利前进"中度过除夕之夜。

1971年　55岁

继续深挖“五一六”反革命集团　纪念巴黎公社100周年　国男来信吐苦水　全校插秧大会战　庆祝毛主席发表“五七指示”五周年　开展批陈(陈伯达)整风运动　我参加第二批插队　林彪发动政变失败全家乘机外逃机坠人亡　父亲去世时年90

元旦一早,我们再次收听元旦社论,接着分班讨论。下午连排干部去附近红卫生产队向贫下中农送元旦社论,并举行座谈。晚上全连分班分组聚餐,有酒有肉,我们自己种的花生蚕豆,也是最好的下酒菜,大家一面吃一面聊。餐后,全连举行晚会,晚会有一项节目,要讲各地方言,我说天津话,也算一个角色,晚会上节目繁多,笑声不绝,特别是天津土话,引得大家哄堂大笑,晚会尽兴而散。

新年过后,政协从北京送来了“五一六”罪行材料,全校召开大会,李代表作一打三反,深挖“五一六”分子动员报告。各连贴出大字报,揭批“五一六”罪行,六连两天共写了130张大字报,没有挖出一个“五一六”反革命分子。

学部李代表约五、六、七连队支委谈话,学校拟将三个连合并为一个连,要支委回去征求连里同志们的意见。多数人从农业劳动方面考虑是同意合并的,学校作了合并的决定,改编为五连,任命胡一禾(原七连,农工民主党)为代连长,张宰邦为代副连长,王健为代指导员,高海文(原五连,民革)为代副指导员。同时成立新的党支部,任命刘庆森(原七连)为书记,高海文为副书记,我为支委。这是我料到的事，军代表一次找我谈话，已暗示过我，主要是国男已定为“五一六反革命集团”分子，我不再适合作党支部书记或副书记，我是早有思想准备的。

我和国男通信，我把我的身体生活情况告诉了她。很快就接到她的回信，她信里讲她现在的情况很好，积极参加劳动，身体很健康，希望我放心等等。另外附了一张信，双面写的密密麻麻，字体潦草。信里开头说：“我现在写信连长检查后可以让我自己去邮局发信了，所以我在邮局抓紧时间写了这封信，告诉你一些实况。去年全国抓‘五一六’以后，北京来人作动员报告，给我们办学习班，连长告诉我，北京有人说我是地地道道的‘五一六’，并说有旁证，这就开始逼我承认。连长说只要有旁证，你不承认也可以戴上帽子，如果承认了可以保留党籍，恢复‘五七’战士待遇。整整逼我 20 天，他们轮流审讯，我整天甚至整夜站着，不能休息，不能睡觉，有时让我念毛主席《南京政府向何处去》等文章。每天不给菜吃，只有窝头咸菜，我实在受不了啦，真想得一场暴病死了就算了，得不了暴病要自杀，反而是‘畏罪自杀’‘自绝于人民’罪上加罪。在这种情况下，但我也想到党将来总会弄清楚改正的，所以我就承认了，解决我暂时的痛苦，并想出去和大家参加劳动。后来又要我在全连大会上坦白交待，我思想很矛盾，几次想翻案，但又想翻案的后果更不堪设想了。上次寄的那封回信，是连长要我那样写的，自己一点自由都没有，难道党组织就这样冤枉人吗？我们还怎么做个党员，我越来越糊涂了……”信里还写了这场运动的过程，画出一些人的嘴脸，是想向亲人吐出心里的苦水。还告诉我，去年有人来找我，调查小弟的问题，是不是我连累了他。最后一再嘱咐我，千万不要告诉人我写这样的信给你。这封信是亲人用苦水写的，我是带着泪水看完的。

两天大雪，没有农活，全连举行革命大批判，学习中央指示批极左思潮，抓两面派，进一步揭发“五一六”罪行。整整开了一天会。四连（民建会、工商联）有京剧和丝弦人才，为了普及样板戏，又拉又唱，许多人去听去学，上了瘾，整整闹了一天，从此，全校刮起大学样板戏之风。

进了3月，开始准备春耕、犁地、送肥、育秧、挖塘、整地，忙起来了。早晚的天天读，讲用会，也没有放松。全校深挖“五一六”还是抓得很紧，放了几次揭发“五一六”罪行录音。另外干校核心小组人事调整，决定由李金德、魏景昌、王德堂、刘怀仁、马毅、刘德祥、高海文七人组成。改进了工作，加强和各连队的联系。

3月18日是巴黎公社一百周年，早晨听了两报一刊纪念文章《无产阶级专政胜利万岁》的广播。我们二排早有准备，赶出了一期墙报，题目是《纪念巴黎公社一百周年，为巩固无产阶级专政而奋斗》。下午全校召开纪念大会，几位军代表和核心小组相继讲了话，特别联系到当前的“文化大革命”，必须加强无产阶级专政才能取得最后的胜利。

我在六连担任支部书记以来，经常不定期地出版墙报（每逢重要节日、纪念日或国家出现重大事件，基本上平均每月一期）。自从六连合并五连后，我认识了原五连一位家属，青年女中学生骆保，她好学，喜欢文艺，每天写日记，和大家一起劳动外，自愿去学校医务室帮忙，想作个赤脚医生。父亲是起义的国民党外交官，尽管是起义的，但在国民党政府做过事的总不免受人歧视。骆保做人小心谨慎，内心有几分自卑感。我要她来帮我办墙报，她很高兴，帮我抄稿子，画报头，帮我设计版面，我们的墙报生动活泼得多了。她经常找我要书看，她的日记送给我看，要我提意见。她是个非常谦虚、好学、有上进心的女青年，我经常鼓励她，特别是消除自卑心理。我接触她的机会多，接触她周围的青年朋友也多了，我给她们照相，有时也参加她们的活动，自己也感觉年轻多了（后来，恢复高考，她考上了北大医学院，毕业后留学日本，在美国成了医学博士）。

4月1日是党的九大召开两年，全校以讲用会的形式，举行庆祝大会，讲用的有核心小组的同志，有养鸡的小戴，养猪的小谢，我们连的苏风祥（他也是全校木工组的木工），还有其他连的干部同志，苏风祥讲的博得好评。他自从春节从荆门参加湖北省积极分子代表大会讲用回来，在全校会上作一次汇报，他已成全校的知名人士了。我们在这几天也赶出了一期墙报，题目是《庆祝“九大”两周年，在“五七”道路上奋勇前进！》，骆保画了醒目的报头，颇吸引观众。

全校大会动员早稻插秧大会战，4月11日开始，五连全体（包括家属）出动，军代表校领导田间播音，用毛主席思想指挥这场战斗。我规定了一条，年老的包括家属不参加水田劳动，回去做点轻松农活，这些老年人感激万分（据了解，有些老人大都是原五连的旧军政人员，有的已过古稀之年）。连里有人说我右倾、温情主义，我也不以为然，因为多数同志还是表示赞同的。

毛主席发表“五七指示”五周年，早晨听了《人民日报》社论《革命化的必由之路》，接着天天读时间分班（原六连已成五连二排，排下分班，班下分组）学习指示和社论，座谈个人在干校的收获。下午全校召开庆祝大会，庆祝“五七指示”发表五周年和我校建校两周年，庆祝大会实际就是讲用会，各连都有人参加讲用，五连是推我去的，我讲的是在“五七”革命道路上知识分子的改造亲身体会。晚上我们干校和附近武锅（锅炉厂）、水文大队和武船（造船厂）的同志联合举行庆祝大会，各单位都出了节目，我们五连出了两个节目：一个是合唱，一个是自编自演的小话剧《插秧》。还赶出了一期庆祝“五七指示”的墙报。

去年8月党在庐山召开了九届二中全会，会前毛主席已表示国家不设主席，他也不担任国家主席，这次会议上林彪仍提出要设国家主席，建议毛主席仍担任国家主席，并宣传毛主席是天才，陈伯达配合林彪的意旨，选编了列宁、毛主席关于天才的语录，也竭力唱和应设国家主席和吹捧毛主席是天才的论调，毛主席察觉他们在搞宗派活动，责令陈伯达检讨，对陈伯达严厉批评。今年4月中央召开了“批陈整风”的汇报会议。会后中央发出通知，决定把批陈整风运动扩大到全国基层单位。其间中央还发出高级干部学习马列著作的通知，提高对真假马列主义的识别力。学校即于5月下旬召开全校22级以上的干部，传达批陈整风运动的报告，同时发给各连马列主义6

本书。5 月底,蔡代表在全校大会上作学习《共产党宣言》的辅导报告。我们把天天读就改为学习马列主义。

学习忙,农活也忙起来了,早稻第一遍锄草补苗撒肥。进了 6 月就开始收割小麦,全校大会战,五连接受割麦和麦田脱粒任务,全体动员通宵奋战,借来大脱粒机每小时可脱粒 4000 斤。全校会战全部小麦三天割完,五连通宵脱粒也当天完成,共脱粒 5.2 万斤。

大会战刚刚结束,蔡代表作学习《共产党宣言》第二章辅导报告。早晨学马列,中间各班分别下农田,晚上各班开活学活用讲用会。

7 月中间我听完了蔡代表作《共产党宣言》三、四章辅导报告,我就报名参加第二批插队,第二批插队各连都有人报名,最后批准了 18 人。我们决定去金星、五星两个生产队,政协的傅随贤为参加金星队的召集人,我为参加五星队的召集人。6 月下旬一早我们步行走了二三十里到达了金星、五星大队。生产队已把我们的吃住问题都安排好了。第一批的同志介绍了这里生产情况和阶级斗争情况,我们共有 8 个人,接他们的班,继续工作。我住在贫农组长高大爷家里,他为人正派,受全村人的尊敬。高大爷带着我们到几户贫下中农家里开始访贫问苦。下午都到稻田锄草,七时收工。晚上插队的同志集中天天读,学习《共产党宣言》。

这次我们下来插队三个月,要求是实行"三同",劳动方面听生产队指挥,不派工,不定额,要发挥自觉性。没有四清任务,不参与生产队的社务活动,多做社员的政治思想工作。坚持天天读(农忙时例外),主要是响应毛主席号召干部要学点哲学。这次我们带来三本书,一本是《法兰西内战》,一本是《哥达纲领批判》,还有一本是已经在学习的《共产党宣言》。另外就是借插队这个机会,多访贫问苦,接受贫下中农再教育。

插队这三个月正是夏天最热的季节,三伏天里有时气温达到 40 度,这对我们是一次严重的考验。三个月里,给高大爷家里挑水,随着社员到农田,叫干什么就干什么。稻子熟了,大队召集全体社员举行了一次双抢战斗的誓师大会。先是公社的饶书记作了动员，工宣队周同志讲了话，接着各生产队宣读各队的决心书，应战书，最后我代表插队的同志也讲了话，我壮起胆子向全场宣读挑战书，向生产队挑战，我们明明自知没有这个能力，但这个讲话却对各队起刺激和鼓舞的作用，也给自己增加了几分勇气来接受双抢战斗对我们自己的挑战。讲话后，各队表演了小节目，我们几个同志表演了合唱，找个大家熟悉的歌子，自己写了新词，预祝今年丰收，双抢战斗胜利。

双抢战斗，忙了半个多月。首先我们几个人下田割稻，我们没有定额，不记工分，所谓挑战，只有拼干劲。在烈日下，我们使出全身的劲来割了一天，不如妇女们割的一半。妇女们一面割一面说笑。收了工，吃完饭，我们个个腰酸腿疼，聚在一起，所谓天天读，实际上是议论这场战斗，老蒋（春松，农工民主党）算是行家，给我讲如何拿镰刀，割时如何找窍门，特别是要学会磨镰刀，俗语说“磨刀不误砍柴工”。大家议论了一阵，睡个早觉，明天一早起来，首先就是磨镰刀。

双抢战斗基本上结束了，我们插队的同志进行总结，同时开展了批评自我批评，对比社员，找差距，找问题。大家表扬老蒋，干活抢重的干，他在休息时给社员理发，找社员聊天，和社员打成一片，受到社员的好评。

大队召集各小队干部也作了总结，约了我们去参加，因为今年增产了，总结是今年双抢取得了胜利。大队同意我们回学校休息一个星期，争取三秋大忙前回生产队。

8月中旬，我们回到了学校，见到同志们感到格外亲切，学校也关心备至，食堂改善伙食，小卖部、缝纫组、医务室也给我们很多照顾。我们的心情轻松愉快，感到又回到了革命大家庭。

回校后即向学校核心小组汇报我们插队一个多月的个人体会和收获，魏景昌介绍干校这个时期的情况，并告诉我们统战部副部长张执一被揪出来，要组织批判。回到五连，和高海文、张宰邦谈了五连的情况，骆保来要我帮她修改壁报稿，拿来日记要我看，并带我去看干校为我们放映的电影《红灯记》《看不见的战线》。她告诉我，她已去医务室学习，她想作个赤脚医生。我找洪密谈谈审干的情况。审干工作很有进展，冯亦代的问题大体上查清了，准备解放他。我参加五连二排同志学习讨论一次《法兰西内战》。晚上找人聊天，喝啤酒吃花生，聊到深夜。难怪很多人喜欢上干校生活。

回干校住了六天，我们又回到了生产队。当天晚上高大爷和我们插队的四个人给新来的知识青年办学习班，高大爷给他们忆旧社会之苦，我们以一个插队的知识分子谈谈个人体会，给知识青年上了一堂政治思想课。

第二天，公社召开三级干部会议，我和傅随贤去参加，主要的讨论送公粮和中稻抢收问题，王书记讲了话，作了一些具体安排。8月下旬，中稻抢收开始了，我们和知青割稻不定额，不计工分，社员分组计算劳动量，男人定量1.2亩，女人和孩子定量0.8亩，我们自己估估，平均每人不超过0.5亩。在劳动中我们发现知识青年有些松懈、叫苦，我们一面割，一面鼓励，要和青年们比干劲，他们也鼓起劲来。

中稻抢收结束后，还有些农活，摘棉花、开荒、挖沟。闲时，就到贫下中农家，生产队长家串门聊天。学校来通知要我们九月底结束插队返回学校。我们抓紧学完了《法兰西内战》，开了总结会，作了结束插队的一切准备。

最后三天，我们要回学校的消息传遍了大队。大队准备通知我们住的各家给我们改善伙食，大队开个欢送会，插队的同志也可以分几斤棉花。我们听了，即向大队表示坚决拒绝，并要求在每家最后吃一顿忆苦饭。大队看我们态度坚决只好答应了。

最后一天，在高大爷家吃了一顿忆苦饭，红苕叶加上一把米，不放盐煮熟了吃。高大爷一面吃，一面讲过去日本统治时期，维持会的汉奸们勾结地主奸商们，把盐囤积起来，一石谷子（200斤）买一斤盐，老百姓买不起没有盐吃，俗话说“三天不吃盐，走路不向前”，不吃盐浑身没劲，走路都走不动了。现在可好了，不但盐敞开吃，前几天广播器每家都装上了，我们已尝到新社会的甜了。我吃一碗忆苦饭，最后上了一堂阶级教育课。

9月28日，一早我们告别了贫下中农、干部和社员们，坐上了学校的车子，回到了学校。下午学校广播政工组来稿，热烈欢迎第二批插队同志胜利归来。晚上放映《红色娘子军》和《五一劳动节》纪录片。看电影时骆保就来找我，谈庆祝国庆出墙报事，并要我写篇插队的稿子。

回来我看到一个多月前力平的信，附有一张她和一位青年合照的照片。她告诉我这个人就是出演《红色娘子军》主角吴琼华的薛菁华。现在放映了《红色娘子军》，看到薛菁华，惊叹她芭蕾舞艺术的高超，报纸上也宣传她登上了芭蕾舞艺术的巅峰。力平信里没有写她们是怎么认识的，力平的活动能力很强，又叫我高兴，又叫我担心。

参加学校核心小组扩大会议，传达周总理关于国际形势的报告，中美关系逐渐好转，美国总统尼克松拟于明年来中国访问。今年国庆不组织群众游行，为了防备苏修突然袭击，全国加紧战备。

国庆这天，上午我们去红卫生产队，串户看望贫下中农。中午学校改善伙食，各排各组聚会，晚上全校同武汉锅炉厂、水文站共同举行庆祝晚会。五连演出的节目是锣鼓词、大合唱。壁报的国庆专刊也出版了。

国庆节清闲了两天，我把在五星插队时给大家拍的照片拿沙洋去冲洗，洗出来托人带到五星分送给大家，作为永久纪念。听说收到照片的人出乎意外的高兴，有的说这辈子我还是第一次照相。我给学校的同志们照相，多数是青年人，我也给校园、集体活动、田间劳动拍了照，这都成了宝贵的历史资料了。

我们插队回来，农活不多，和傅随贤（金星队）忙着起草插队总结，经过几次讨论，一再修改，最后向干校核心小组作了汇报，结束了插队的最后一项任务。

10月中，干校党组召集全校22级以上的党员干部开会（自己带小板凳），在一间封闭严密像个大仓库的房子里传达中央文件。会上宣布不许记录不许外传。内容从去年庐山会议谈起，毛主席识破了林彪、陈伯达等一伙人为争夺权力搞宗派活动，毛主席宣布对陈伯达进行审查，对林彪下面的黄永胜、吴法宪等一伙人责令检查，林彪见形势不妙，决心铤而走险，组织“联合舰队”，策划“571 工程”（武装起义谐音）。林彪、叶群、林立果阴谋发动武装政变，企图暗杀毛主席，阴谋未能得逞，三人于 9 月 13 日仓惶乘专机潜逃，飞越国界，进入蒙古人民共和国，途经蒙古温都尔汗，机毁人亡。我们听了传达，如晴天霹雳，毛骨悚然。党员连续几天开会讨论。11 月初，李代表向全校（除少数未解放的人外）传达中央文件，我们又一起参加讨论，这是“文化大革命”中影响全局的一件大事，大家都十分关心，在观望，今后运动形势会有什么变化。

晚稻熟了，五连全连出动割稻、运稻，各排轮流脱粒，打谷、晒谷，忙了几天。11 月中旬轮到我回北京休假。

回到北京家里空荡的屋子，但心里是兴奋的。力平、艾平从学校回来，谈谈家里的情况。问问薛菁华的情况，力平说，今年 1 月薛菁华拍了《红色娘子军》的影片，公演后一举成名，她和同学慕名而去芭蕾舞剧团找她，薛为人和善，平易近人，两人谈得很投契，后来薛还来过家里。当时薛 25 岁，力平 16 岁，艾平才 10 岁，薛菁华看她们家不像家，父母亲都在干校，对她们很照顾，成了好朋友。我听了放心多了。

下楼去看看母亲（住在我们楼下二楼），她身体虚弱，儿女长期不回家，又无信来，总是担心，心里很不舒畅。我骗她国男在干校很好，劳动忙很少写信。这天是星期六，丽君从南口回来，她告诉我，国友（小弟）一直在接受审讯，不准回家，家里只有李红陪伴老人，还得到安慰。家里的阿姨自称是贫农，她在居委会支持下被推选为我们 16 组的组长。做了组长后，对本组人，甚至对母亲常常带着命令的口气讲话，她把我们三楼邻居高山家（前面提过高山是统战部某局局长，运动中服毒自杀）视为反革命家庭，但只有高山的女儿和王力平敢于顶撞她。

回来几天，要去看领导们和大院里的老人们，去看了军代表组孙组长，看了胡愈之、沈兹九。院里 80 多岁的沈谦大夫和管老。在胡愈老那里看到一本 30 年代的旧刊物《月报》。上面登有张申府、陈伯达关于“新启蒙运动”的文章，我立刻回想起 1937 上半年，我在借读北平中国大学时，“民先”组织在北京图书馆里，多次讨论过“新启蒙运动”，当时对“新启蒙运动”还一知半解。我借了《月报》，把张、陈的文章抄录下来。

住了四天又去天津。先到达文里看看父亲，父亲一个人住在二楼大约 10 平方米的小屋里。他已年届九旬，精神很好，全身无大病，食量每天需要一斤粮，食量多年不衰。脚腿差些，但一人在斗室内还能活动。见到我突然回来，意外地高兴，问我及我的家人，我只有报喜不报忧。我和父亲约好明天请二哥、家毅并带着小刚来，照一张四世同堂照片，第二天家毅和小刚来，二哥因事未到，只好给他们三人拍了一张。在天津住了三天，全家兄弟姊妹和他们下一代都见到了，王陶陪我去看看几位至亲好友，这几天心情处在极度兴奋之中。第四天回到北京，两天后，突然接到天津王陶电报，说“父亲病故速来津”。真没想到好好的人怎么这么快就走了呢？傍晚我赶到天津，见到王陶，说是今天上午中了煤气，下午送医院抢救，已来不及了。使我听了悲痛万分。约好分头通知至亲好友，明天在公安医院太平间集中。第二天午饭后在太平间大家向父亲遗体告别，中益同仁和蔡子祥也来参加了告别，匆匆见了面。下午一时半我们亲属送遗体到天津东郊火葬场火化，等着将骨灰取回。和二哥谈善后事，我回到王陶家，约好蔡子祥晚上来王陶家，见到蔡子祥，使我想起 1948 年冬，我和母亲国男等一行五人去解放区，

父亲的最后一张照片，四世同堂二哥因事未到，缺了一世。

在他家住了几天，是在他帮助下，安全去解放区的。这次约他来谈话，主要是听听他对父亲一生的评价。蔡子祥在中益是最老的职工，也是父亲最得力的助手。他说“老掌柜”（他对父亲一贯的称呼），中益同仁们心里一直把他看成是个正人君子，做事为人，一丝不苟，每天到柜上上班亲自和同仁参加收货验货，虽然是股东掌柜，对职工一视同仁。他是严于律己，宽厚待人。从来不沾酒色，也没有看过他赌博。中益公私合营，他没有任何阻碍。交出中益后，自愿给中益看大门，他很乐观。说他是资本家，抄了家他还处之泰然。一生不贪财不求名，助人为乐。我们听了蔡子祥对父亲的这番话，不是像一般讣告对死者溢美之词，实际上是最亲近朋友给父亲作的生平鉴定。我在青年时和父亲日夜相处的时候，也是个见证人。新中国成立后，又甘心作党的驯服工具，对父亲母亲成了不孝之子，我们之间像是隔了一面墙，阶级斗争越演越烈，我们的距离也越来越远。今天看到父亲遗体火化了，又听到了蔡子祥的这番话，夜里我的思想经过激烈斗争。一觉醒来，觉得作为一个共产党员，只能遵守毛主席革命路线、阶级路线的。

回到北京，准备即回干校。力平特别把薛菁华叫来，和我见了面，见到她人很大方、窈窕，讲话温和，风度文雅，不像娘子军，但是演出《红色娘子军》却是受到亿万观众高度评价。我奖励她几句，并托付她对王力平多加管教。我觉得力平能和她结为好友，我就放心多了。

回到干校，连队干部正在地头开现场会议，研究冬季劳动问题和改良土壤问题。开始挖土，担土修水渠。在晚上是各排各组活动，开生活会，讲用会，传达讨论中央文件。除夕之夜，收听两报一刊元旦社论《团结起来，争取更大的胜利》，这就是给我们指出明年努力的目标和奋斗的方向。

1972年　56岁

去江西国男干校　国男突然回北京　美国总统尼克松来华访问并签订《中美联合公报》　继续批判林彪罪行和深挖"五一六"　回北京参加各民主党派中央机关临时领导小组　1357干校年底结束

元旦社论,五连各排分别讨论,并去红卫生产队看望贫下中农,送社论,宣传社论,晚上全校庆祝元旦文娱晚会,五连演出三个节目,六连京戏组唱样板戏最为精彩,颇受大家欢迎。

一月初,全校召开大会,核心小组负责同志传达北京市革委会有关尼克松2月间来华访问文件。会后举行座谈,我参加二排小组讨论,同志们议论纷纷,有的认为美国总统亲自来中国访问,这是中美关系改善的开端;有的持怀疑态度,帝国主义亡我之心不死,不是别有用心就是到中国有利可图。讨论几次意见统一不起来,直到2月尼克松来华,和周总理会谈,在上海签订了《中美联合公报》,大家的意见才统一在公报上。

军代表组孙禾章组长从北京来到干校,到各连看看同志们。给四、五连作了一次党内十次路线斗争的报告,作为我们党史的学习。学校宣布各连学习《唯物主义和经验批判主义》,请孙组长给全校作该书第一讲辅导报告,接着各连各排各组开始学习马列主义新的一课。

我每天去伙房打饭时常常见到彭子岗,见她面容憔悴,步履蹒跚,有时见面点点头,很少讲话。有一天,她特别走在我的面前,告诉我:“浦熙修去年走了。”我告诉她我来干校前去看过她,癌症已经卧床不起了。我问她的情况怎样,她说你看看我这个样子也就看出来了。这时她的样子已失去知名大记者的风采了。

我和国男通信,商议好我们在汉口见面,一起回北京。1 月 20 日我到了汉口,和国男通了电话,她说现在情况有变化,还要等上面批准,看来回北京希望不大了。我下了决心到江西去看她。转天早晨 4 时我就坐火车到南昌,然后乘长途汽车,下午到广山,国男已在车站等我。我们沿着公路走了几分钟就到了干校四连(北京医院的连队),国男带我去见了支书、连长和齐涛(北京医院党委书记,一度也是审查的对象),大家都很热情,特别是齐涛的女儿小燕(七机部工作,来干校探亲)早就把房间打扫好给我们临时安了一个家。国男的情况,虽然还是“管制分子”,但基本上恢复了自由。我在广山住了九天,和国男同大家一起参加劳动,我们也可以参加 18 级以上的家属传达学习中央文件的会。有时我一人在房里做些家务劳动(打扫卫生,洗衣服),还烧了一次牛肉给国男改善伙食。国男在这里人缘不错,看她生活还很愉快,去年的事大家都避而不谈了。我和国男准备一起回北京,等北京医院的电报,最后北京电报来了,批示是暂不能回北京。当时不只国男一人,还有其他几人都要回北京,有人从北京听到的消息是:尼克松下月来北京,北京控制人口,特别是有些政治问题的都不能进京,大家相信这个消息是可靠的。结果只有我和小燕(受齐涛之托)在第二天,坐上了长途汽车到南昌。我们逛了南昌的街道,和小燕去百货商店土产大楼买些江西土产,晚上买到去上海的火车票,在车上坐了一夜,上午到了上海,中转签证换了车辆,赶回火车站,5 时开车,又坐了一夜,2 月 2 日下午到达北京。家里力平、艾平和薛菁华早就给我安排好床铺,做好饭菜。力平知道妈妈不能回来,火暴脾气又犯了。我下楼去看母亲,才知道一个多月前她犯了心肌梗塞,住北大医院因为大夫检查无甚危险,所以家里没有通知我们。我回来不到十天,突然接到国男电报说即时返家。我感到十分奇怪,力平才告诉我是她在一气之下给妈妈打的电报,说外婆病危，要妈妈速归，是这个原因干校才放行的。2月13日国男到达北京，回到家里大家都很高兴，特别到医院看到母亲那种喜悦的心情，这对她是精神上最大的安慰。我又觉得力平这种蛮干的闯劲，在这种非常时期也有可取之处。

我和国男在北京的这些日子里访亲会友，或者家里高朋满座，看到多年没有见过的朋友，也听到许多令人痛心的事情。有时孩子们以及薛菁华（这些日子常来家，亲如家人）陪着国男看朋友，游公园、看电影，还去芭蕾舞剧团看了一场《红色娘子军》。我去机关看看同志们，去民盟宿舍看看干校同志的家属。各党派中央机关已搬到全国工商联联合办公，并组织在京的部分领导同志和中央委员分组进行学习。在周总理的关怀下，各党派有些领导人和著名的学者受到了保护。

2月19日八个党派和工商联整党建党领导小组开会，我和王燕君、刘庆森、詹永泰列席参加，会上讨论了一些有关整党建党问题，最后讨论张宰邦入党问题，一致通过他的申请，接受他为共产党员。

2月21日尼克松总统到达北京，毛主席会见了他，在上海签订了《中美联合公报》，25日为尼克松举行告别宴会，26日上午乘专机回美国。下午我去看胡愈老，杨东莼也在，问问胡愈老昨天参加晚宴的情况，他概括地说，这次我们和尼克松会谈，调子比较低，采取不卑不亢的态度。我们外交不失大国之风。

在我和国男离开北京之前，去力平学校和校方研究力平的分配问题，校方已有考虑，准备把她们分配到农村劳动，时间地点尚未确定。我们估计她和同学们集体下去参加劳动，在一个时期可能问题不大，可是能不能通过劳动和劳动人民生活在一起，接受些教育，自我有所改造，我们是缺乏信心的。

2月下旬我和国男分别回到干校。回干校后，接连参加三个大会：一个是赵副代表到干校，召集各连支部委员传达华国锋讲话，要继续批判林彪的反党罪行，会后我们层层传达下去，各连组织了不同形式的大批判。一个是3月8日，全校召开全体学员大会，纪念国际妇女节，对妇女讲了一些祝贺鼓励的话外，核心组负责人作了进一步批判刘少奇一伙反革命集团破坏各项无产阶级政策的讲话，各连接着又转为批判刘少奇。另一个是召开全校学员大会，收听乔冠华参加联合国大会回来的录音报告，这是振奋人心的报告。我们从报告里知道去年10月，联合国大会通过了恢复我国在联合国的一切合法权利，并立即把蒋介石集团的代表从联合国中驱逐出去。我国于11月派出的乔冠华、黄华为正副团长的代表团出席联合国大会，乔冠华在大会上发言，阐明我国的外交政策。会上许多亚非拉国家前来中国代表团表示欢迎和祝贺。它说明我国国际地位的提高，外交战线上的一个重大胜利。大家听了都感到作为一个中国人无上的光荣和自豪。

清理阶级阶队伍，五连一排（民革排）旧军政人员比较多，有的同志为了调查，全国到处跑。我们二排（民盟排）问题比较简单，冯亦代问题基本查清了，允许他回家探亲。有个旧社会做县官的，查他没有什么罪行，也没有把他划为历史反革命分子，作为管制分子对待。民盟的清理阶级队伍基本上查清了，除少数管制分子，大部分解放了，任务轻松多了。

阳春3月里，我们劳动不多，积肥倒粪、剥花生、菜地里翻地收萝卜。除此之外就是开展大批判，并开展群众性文艺创作活动。这年是毛主席延安文艺座谈会讲话30周年，我们组织了座谈会，会上喜欢文艺的人提出我们也可以搞些文艺创作，反映干校生活。会后骆保找我说她想写些文艺作品，还想写小说。我鼓励她，她对这方面是有兴趣和才华的，她把这几个月的日记给我看，是用文艺笔调写的日常生活、思想活动以及心理动态。看下去就是文艺作品，引人入胜。

我们今年的生产计划，基本上是照去年操作。同志们一面下田劳动，一面开展批林整风运动，全连批，小组批，揭露林彪阴谋的本质，要求把林彪批透批臭。

林彪事件发生以后，大家看出来，中央对有些被批判的老同志态度也逐渐有所改变。如去年1月，毛主席亲自参加了屡遭批判的陈毅同志追悼会，这是不寻常的。据说中央对“二月逆流”也作出平反的决定。4月间《人民日报》发表了一篇《惩前毖后，治病救人》的社论。社论指出：“对一切犯错误的同志，不论老干部、新干部，党内的同志，党外的同志，都要按照‘团结—批评—团结’的公式，采取教育为主的方针。”这篇社论发表以后影响很大，推动了解放干部的工作，使一些老干部和专家教授从关押、审查、批判中解放出来，重新走上了工作岗位。还听一种传说，毛主席最近说过，邓小平应与刘少奇加以区别，并说他没有历史问题，打仗是有战功的。大家也都希望邓小平近期能出来恢复工作。

我们党支部学习了《人民日报》的社论，并根据社论里提出的方针，对我们审干、清理阶级队伍工作重新作一次检查，并对基本上已结案的材料，作了一些必要的修改。根据方针精神，我们又解放了一些干部，在这次工作中我们极“左”思想也受到了教育。

10月里，《人民日报》用一个整版非常醒目地登了三篇文章，批判极“左”思想和无政府主义。三篇文章题目是《无政府主义是假马克思主义骗子的反革命工具》《坚持无产阶级铁的纪律》和《一个阴谋家的丑史》（评无政府主义鼻祖巴枯宁的），我们看了以后感到非常痛快，这是对当前政府现实情况的批判。大家认为，近些年来，一系列的事实说明“文化大革命”已转向正常方向发展，大家抱着乐观态度。我们支部在布置连里认真学习三篇文章的时候，校部通知我，北京来电话有任务，要我立即回去。

10月中旬，我回到北京，立即去看李文宜大姐，她告诉我统战系统军管组副组长、全国政协军代表李启煌已宣布各民主党派机关撤销军管，在中央对民主党派机关的体制未确定之前，成立一个各民主党派中央机关临时领导小组，代行党委的职权。已推定李文宜（民盟）为组长、王筱天（两会）、王健（民盟）、王燕君（女，民革）、胡一禾（农工）、张保全（军代表）、刘庆森（农工）为副组长，李文宜大姐说，即日起开始执行任务。从此我每天就要到两会大楼（民建会和工商联）办公（各党派被红卫兵封门后都迁到两会大楼办公）。军代表李啟煌召集领导小组开会宣布，小组主要的工作任务是：发挥党的一元化集体领导；调动机关工作人员的积极性 ；加强党员的政治思想工作；组织工作人员学习马列主义和毛主席著作；继续完成清队和审干工作；落实各项政策，抓好机关斗、批、改；关心在京的上层爱国民主人士的学习和工作；对政协领导给予配合和协助；有事与各党派领导人多商量，过年过节去看看他们；各党派本身也成立一个领导小组处理本单位工作，向各党派中央临时领导小组负责。

李金德召集各党派负责人开会，研究成立上层人士学习领导小组，决定领导小组成员有：李金德、焦琦、陈此生、胡愈之、沙千里、季方、孙承佩、杨东莼、赵朴初等，并成立学习办公室，由焦琦、宋堃、张道一、王健组成。

我除了机关领导小组的工作外，还参加上层人士学习组（第二组，民盟与民进组成，组长胡愈之，副组长杨东莼）每周一三五上午学习，学习组里都是一些著名学者教授，作家，如雷洁琼、谢冰心等。我在学习组里只是一个学生，是唯一的一个没有真才实学的学生。

李金德连续召集会议，传达毛主席对批林整风的意见，认为仍然需要批判右倾思想。还要继续清查“五一六”问题。再次会议传达北京市长吴德关于市内治安问题的讲话，最近出现市民抢购粮食、有人冲进中南海、出现反革命标语、谣言很多，各单位要认真检查。

党派上层学习领导小组会议，要各组作大批判准备，主要是批判林彪的反革命修正主义路线和右倾机会主义路线。

12 月，机关上午下午开展大批判和追查谣言，因为过去大批判开展多次，大家发言重复或无话可说，批判流于形式，追查谣言，大家难辨真伪，几乎一无所获。

接到国男来信，说她现在虽然还是管制分子，但已自由多了，干校决定结束，年终大家可能分批回到北京。我从政协军管组也听到，统战系统五七干校决定今年底结束，并已联系好北京郊外昌平县沙河成立沙河干校。党派干部可轮流就近参加干校。还有可喜的是，国友在上个月恢复自由回家了。今年过年我们可以大团圆了。

1973年　57岁

继续批林整风加强理论学习　胡愈之谈和周士钊、杨东莼写信给毛主席要求见面进言　党中央召开十届全国代表大会　由批林整风转为批林批孔　交白卷的"反潮流英雄"　向大学教授发动一次突然袭击的考试

新年元旦，两报一刊联合发表了社论《新年献词》，社论指出"批修整风"要着重批判"刘少奇一类骗子"的"修正主义路线的实质"，并揭露林彪一伙反革命目的是"颠覆无产阶级专政，复辟资本主义"，"他们要联合地、富、反、坏、右实行地主买办资产阶级的法西斯专政"，"他们要投降苏修社会帝国主义，反华反共反革命"，说他们"右得不能再右了"。我看了这篇社论，和去年10月《人民日报》一整版发表的三篇文章批判极左思潮和无政府主义的精神是相悖的，我们在学习讨论中有位和新闻界有关系的老同志告诉我们，去年的三篇文章是根据周总理几次批判极"左"思潮的讲话精神撰写的。三篇文章发表以后，张春桥、姚文元指使上海《文汇报》假借群众读者名义写反对文章，说这三篇文章是大毒草。两方面形成尖锐对立的局面。据说毛主席是支持张春桥、姚文元的。今年这篇社论可能就是在这种情况下写出来的。看来我们对去年的形势过于乐观了。

年初，政协统战部军管组宣布，今年上半年批林整风要以中央一系列文件作为我们的武器，批林的罪行和"571纪要"，批判要加强理论性，批判先验论、经验主义。

几天后，宣布大家学习《唯物主义和经验批判主义》，学习第一章可以联系毛主席的《实践论》加深理解。军管组请了一位马列主义专家作了辅导报告。

1月间国男回来了。医院规定凡是参加过“五一六”的和有过政治问题的回来都住香山等待分配。有的人不适合再回到北京医院(中央保健医院),另作分配。国男最后还是回到北京医院工作,说明军代表对她在政治上还是信任的。

国男、国友都恢复了自由,而且在春节期间都回了家,母亲是很高兴的,但是近年来身体越来越感到虚弱,特别是血压高、心脏病时有发作,可能因为这些天精神过于兴奋,突然于2月23日(春节期间)傍晚呼吸急促,心跳停止,幸而国男有些这方面的常识,她立刻用手按压胸部,逐渐心跳恢复。及时叫急救车送北京医院抢救,我们一直在监护室观察心脏、呼吸的情况。专家们在讨论下一步治疗的方案。入夜,病情逐渐平稳。我们家属除一人留守外,其余的人步行回家。一路行人稀少,街道寂静异常,而家家户户灯火通明,爆竹声不绝于耳。对我们已无新春佳节的感受了。

几天后,主任大夫找我们说,他们观察了几天,心动过缓。他们研究结果,决定胸部动手术,装起搏器可以控制心律。我们没有意见,托人在南京买了个新产品(一包香烟大小),胸部动了手术,在心肌上缝上两个电极,拉出电线,连接在起搏器上,可控制心脏跳动快慢。出院后,每天早晨和睡觉前国男负责拨起搏器,拨快拨慢使心脏跳动正常。大夫嘱咐她心情不要太激动,活动不要太劳累,不要参加那些激烈的批斗会。

春节期间,我和李文宜大姐去看了几位党派领导人,有荣毅仁、胡子昂、民盟的华罗庚和高崇民的夫人。这几年他们有不同的遭遇,但都很少怨言。华罗庚在“文革”开始时,正在外地,被急电召回,勒令检查,受到批判,手稿被抄,但他没有停止工作,仍到各地推广他的“统筹法”和“优选法”(称为双法),为工农业生产服务。去年冬,他受聘担任大庆油田科学技术总顾问。我们谈起话来总是那么乐观,充满信心。高崇民夫人告诉我们,高老在狱中受到残酷斗争,他始终不承认是国民党特务和“东北叛党集团”的罪名。1971 年 7 月，他整 80 岁，含冤死在狱中。

最后我去看了胡愈老和沈兹九，这次谈话主要是想听听去年胡愈老、杨东莼和毛主席的多年老友周世钊联合写信给毛主席，要求对当前一些问题向毛主席进言一事。希望胡愈老把这件事详情谈谈。胡愈老即介绍了当时的情况说，周世钊来北京暂住，我们和他见面，谈了一些当前大家关心的问题，请周世钊写信给毛主席，并传送我们希望见面进言的要求。毛主席指定汪东兴接见了我们。去年 10 月上旬，谈了两个下午，华国锋也来听了一个下午。谈话内容由统战部李金德记录，当时我谈的主要是发扬民主，广开言路，搞群言堂，不搞一言堂的意见；周世钊谈了些湖南情况，提出教育问题，特别是中小学教育问题，希望恢复理工科大学，也应恢复文科大学；杨东莼谈的是青年问题，说目前青少年在学校里得不到良好的教育，中学毕业后又去上山下乡，青年人感到前途茫茫，国家也无法培育人才等等。胡愈老说谈完后，至今毫无反应，不知毛主席是否接受。后来据说两年后，周世钊写信给毛主席要再来北京晋见，毛主席未回信，要当时的教育部长周荣鑫向周世钊传达要周世钊“保持晚节”。

上半年机关领导小组主要抓学习，学习《唯物主义和经验批判主义》，每章都有专家来作辅导报告，此外还学毛主席的《实践论》。大组学、小组学，结合批林整风，开展大批判，上层民主人士学习组在民族宫举行联组会，进行大批判。批林，批经验主义，十余人发言，基本上都是有准备的。审干工作由各党派党员负责，遇到比较难定案的问题由领导小组讨论，当时最难定案的是民革王奇的历史问题，致公党主席黄鼎臣（老党员）历史性的党籍问题。领导小组和民革、致公党的同志多次研究，领导小组觉得对民革、致公党的同志抓住不放似乎有些过左了。两个党派同志花了不少时间，跑了很多地方调查，问题拖了很久，凭着调查材料，最后领导小组作出了比较公正的定案材料，王奇和黄鼎臣得到解放了。有些同志还不服气。

学校暑假期间，34 中学决定分配力平和她的几个同学去顺义农村插队，力平和她平时最谈得来的几位同学结伴同行，比较顺利地到达顺义。骆保和王燕云去朝阳区医院门诊部作为培训学员。我们对各党派干部的家属特别是青年人分配和老年人生活有困难的尽量做到力所能及的照顾和安排。

8月23日，党的十次全国代表大会在北京举行。毛主席主持大会，周总理作政治报告，王洪文作修改党章的报告。政治报告里批判了林彪反革命集团的罪行，说他们是一个“语录不离手，万岁不离口，当面说好话，背后下毒手”的反革命阴谋集团。报告肯定了九大的政治路线和组织路线都是正确的，号召全党“坚持无产阶级专政下的继续革命”；强调“党内两条路线将长期存在，还会出现十次、二十次、三十次”；“各条战线要把批林整风列为首要任务”。王洪文在修改党章的报告中说：这次提交大会讨论的修改草案和九大党章比较“主要是充实了两条路线斗争的内容”；“天下大乱，达到天下大治，过七八年又来一次，这是客观规律”。大会通过了新党章，除删掉了林彪为“毛泽东同志的亲密战友和接班人”之类的话外，基本上全部沿袭了九大党章的内容。只是在总纲中加上了“全党同志要有敢于反潮流的革命精神”的新要求。

大会选出了十届中央委员会，备受打击迫害的老同志，如邓小平、谭震林、廖承志、王稼祥、赵紫阳等人被选为中央委员。追随江青、张春桥的人更多的被选进了中央委员会。大会结束后，举行了中央委员会第一次会议，毛泽东当选为中央委员会主席，周恩来、王洪文、康生、叶剑英、李德生当选为副主席。选出中央政治局委员和候补委员。

大会开过之后，军管组通知上层人士和我们领导小组组织学习十大的各种文件。我参加上层人士第二组（有时也可以参加各党派小组学习），这个组里大知识分子多，和外面大学上层人士接触广泛，消息灵通。参加党派干部学习小组，发言比较随便，反映社会基层的议论多。我上下两面参加了几次学习，给我一个共同的印象是对党的这次大会，不是那么热烈，对“文化大革命”似乎有些厌倦和怀疑的情绪，甚至有人责难说："'文化大革命'还有个完吗？以后天天斗，没完没了的斗，老百姓还怎么过吗？""天下大乱能斗出天下大治吗？"

《人民日报》发表了广州中山大学教授杨荣国的文章《孔子——顽固地维护封建奴隶制的思想家》。二组学习时，很敏感地讨论了这篇文章，会上一位和北京大学有密切联系的同志反映，《北京大学学报》最近也登了冯友兰的两篇反孔的文章，不久《光明日报》和《北京日报》相继都转载了。民盟的同志说："南杨北冯"两位大教授都是民盟的盟员。民进的一位同志开玩笑说，两位"大右派"出自民盟，两位"大左派"也出自民盟。会上有人反映说，毛主席对他们的观点是同意的。还有人补充说毛主席在接见一位外宾时议论起秦始皇，毛主席说："中国历来有两派，一派说秦始皇好，一派说秦始皇坏，我是赞成秦始皇，不赞成孔夫子的。"

在另一次学习会上有人讲了毛主席看了郭沫若著作《十批判书》，写了一首七律诗《读〈封建论〉呈郭老》，这位同志大概是从郭老那里看到这首诗并抄了下来，他当场读了这首诗，我也把它抄下来，诗曰：

劝君少骂秦始皇　焚书事业要商量
祖龙魂死秦犹在　孔学名高真秕糠
百代都行秦政法　十批不是好文章
熟读唐人封建论　莫从子厚返文王

后来听说江青控制了清华大学和北京大学，指令两个大学成立大批判组，编辑林彪与孔孟之道的材料，编写批孔文章。他们认为林彪的思想根源于儒家，是尊孔反法(法家)的。大批判组聘请冯友兰为顾问，可以不做具体工作。当时有人分析江青是慕这些大教授之名抬高自己的身份。

9月初《北京日报》发表了北大清华大批判组的文章《儒家和儒

家反动》，首先批判“周礼”，接着谈到制礼的周公是旧奴隶制的“政治代表”。不久《学习与批判》杂志上发表了《论尊儒反法》一文，说“儒家和法家的斗争，是守旧和革新，复辟和反复辟的斗争”。要“彻底批判尊儒反法思潮，这是思想领域内一场具有重大意义的斗争”。接连《北京日报》整个版面登了北大清华大批判组的文章《秦始皇在历史上的进步作用》，《文汇报》刊登署名陈新的文章《这是一场革命——评秦始皇的焚书坑儒》，《人民日报》登载了署名唐晓文的文章《孔子是“全民教育家”吗?》，四月《人民日报》又登载了一篇署名施丁的文章《“焚书坑儒”辩》。学习组的同志非常重视这些文章，大家都看出来，“批林整风”已转变为“批林批孔”，借批“孔孟之道”，实际上大家都看出来，这是对周总理发动一次总进攻。

当时还出现一些异常古怪的事。沈阳一位参加高考的学生张铁生，物理交了白卷，自知录取无望，便在考卷背面写了一封信，对考试不满发泄牢骚。此事被当地领导人得知，指示当地报纸把信加工删改后发表，《人民日报》以《一份发人深省的答案》为题加以转载。因此，张铁生就成了“反潮流英雄”，不但被某学院吸收为大学生，而且入了党，成为社会知名之士。《北京日报》发表了一个小学生的日记，日记里写了一段对老师的意见，该报加了编者按语，吹捧这位小学生也是“反潮流英雄”。我在一个党派学习组里学习，发言中讲了一句“交白卷算什么反潮流英雄”？组里几位造反派对我群起而攻之，我问他们现在究竟是什么潮流该反的？一位造反派说，现在有股潮流对文化大革命都是采取消极、怀疑、甚至反对的态度，难道不该反吗？我听了，“造反有理”无可争辩，也无话可说了。

李金德召集统战系统各单位负责人汇报学习中共中央十大文件情况。首先臧剑秋汇报统战部现在集中批林批孔；马仪汇报人大机关干部，现在准备批“唯生产力论”；民族学院汇报在批孔，孔子是复辟势力的总代表；萨空了（民委）反映大家对张铁生问题意见很大；冯廷雄汇报政协学习时提出什么是九大路线？民主党派学习组有罗淑章、甘祠森、孙承佩、李文宜汇报，并提出一些问题：大家学习积极性不高,发言有顾虑;关心四届人大何时召开;九大的提法究竟对不对;反潮流与组织纪律是不是矛盾的;现在批唯生产力论有无必要?应该谈谈上层建筑与经济基础问题;当前国内主要矛盾是什么?最后,李金德、刘友法(军管组组长)宣布了几件事:中共十大和即将召开的四届人大,工农兵代表占大部分;接班人的问题是有重大战略意义的;老中青三结合;要办工农兵学习班;梁漱溟是批孔的对立面,暂不要批他;军管组准备撤销,现在先成立一个值班室,中央指定刘友法、李金德、童小鹏三人负责;军管组工作逐步移交;今后学习由李金德负责。

12月下旬,刘友法召集各单位负责人传达毛主席在中央政治局和军委会议上的讲话:大区司令员要互相对调;提倡唱三大纪律八项注意歌;要准备打仗;把北京的八大学院的教授集中起来,出一批题考考他们,他们总是看不起学生;大家要看五遍《红楼梦》;《水浒》只反贪官,不反皇帝。最后刘友法说他是根据王洪文的传达来传达的,要求各单位认真传达、学习、贯彻执行。

听了刘友法的传达第二天,我参加上层人士二组学习,还没有等我传达,就有人谈到考教授的消息。说不久前教育部和北京市的科教组开会,根据毛主席的指导,决定给教授们来一次"突然袭击,考考他们"。上午开完会,下午就组织人出考题,科教组的人坐着小轿车带着考题,分别到十几所院校去考教授。事先骗教授是开座谈会,到时候说,今天是来给你们考试。教授们感到突然,拿出考卷后,许多教授表示抗拒考试。据说考了3600多教授、副教授,不管他们的专业,都用同一个试卷考试,使教授非常反感,大部分人交白卷以示抗议,少数人接受了考试。据说同时在上海、天津仿效北京,也以"突然袭击"方式考了教授。并以此宣传"考试"是"修正主义教育路线"的表现,在教育系统认为是对"右倾回潮"大加批判。学习组的同志听了后,说今后还讲不讲"师道尊严"?教育改革如此荒唐实令人担忧。岁末,学习组同志带着气愤和嗤笑结束今年最后一次学习。

1974年　58岁

江青召开批林批孔万人大会　我去沙河干校参加半年轮训　力平去顺义插队又转到建筑公司　上层民主人士学习组联合举行批林批孔大会　去天津、北京参观学习

1月中旬,党中央把两校大批判组编写的《林彪与孔孟之道》材料发给全党,把批林彪整风运动转为一场批林批孔运动在全国开展。我们收到这份材料后,领导组首先学习讨论,接着向下传达各党派,学习后即开展大批判。上层学习小组对这份材料,讨论比较冷淡,不知林彪和孔孟之道究竟有什么联系,未免有点牵强附会。1月下旬,正值春节期间,有一天我们接到统战部通知,要我们去首都体育馆参加一个大会,什么大会统战部也不清楚。我和李大姐赶到能容一万多人的体育馆,里面几乎都已坐满了,有部队、中央直属机关、国家机关。会上先是北大、清华两校军宣队的负责人迟群和谢静宜相继讲话,宣布这是批林批孔的动员大会。会上介绍《林彪与孔孟之道》的编辑经过和毛主席的指示,发表了煽动性的演说,其中多处吹捧江青,含沙射影地攻击国务院和中央军委领导人。江青、姚文元等人在座,不时插话互相唱和。这次大会也请了周总理和叶帅等人参加,他们一言未发。据说,第二天,江青又召开了一次同样的大会。会后报刊上大量刊登两校大批判组写作班子以"梁效""罗思鼎"等化名的文章,利用两千年前孔子所传的"克己复孔""兴灭国、继绝世、举逸民"等话,借以批"周公"、批"宰相"、"评法批儒"。实际上大家已经看出来这是影射批判坚持纠正"左"倾错误的周总理和重新上来的一批老同志。这样使大家看出江青一批人的真正面目，更加引起对她们的厌恶。同时，中央内部的斗争也暴露出来，这是关系到国家兴亡的大事。大家忧心忡忡。

两次大会后，李金德召集统战系统各单位负责人，传达这两次批林批孔动员大会，传达江青的讲话，宣布今年上半年继续学习“十大”文件，开展大批判，童小鹏讲话，也要各单位认真批林批孔。

机关领导小组批准我于2月7日进沙河干校轮训。进校第一天，干校校长乔连升（统战部）介绍干校情况，成立了核心小组。干校共分9个队，包含知青共170人。编队：1队统战部、2队民委、3队民族宫、4队民族出版社、5队宗教局、6队西京办（西藏驻京办事处）和社会主义学院、7队人大、8队政协、9队八个民主党派和工商联。9队共28人，指定支部书记王健、副书记兼队长李志平（工商联）、副队长李念武（女，民进），民盟这期参加轮训的有：王健、李宇、黄玉琴、黄景钧，民盟同志编入9队2班。

乔连生召集会议研究批林批孔问题，决定各队批判一个时期后，举行全校大批判。首先要学习《林彪与孔孟之道》这本材料，从思想上要把林彪和孔孟联系起来。同时也要研究法家，法家是坚持变革的。

沙河干校的生活比沙洋干校更优越，我和李志平两人住一间房，非常清静舒适。初来学习，批判时间多，劳动时间少，一个星期有几天晚上有电影看，特别使大家满意的是有星期假日，工商联有大轿车，大家可以回家过假日。我在这次半年轮训，看了一些书，除了为大批判找了一些儒家法家的书看外，继续读了《唯物主义和经验批判主义》，并响应毛主席的号召，在每星期坐大轿车回来的路上阅读《红楼梦》。

3月初干校各队负责人进城三天，参加统战系统各单位批林批孔大会，刘友法带头批“克己复礼”；出版社工人和政协司机班都忆苦思甜；宗教局和西京办批“中庸之道”；统战部批孔子的“仁”；宗教局批“宗教回潮”；其他如李金德、童小鹏和有的代表单位的有的以个人名义的十多人都批“克己复礼”。最后刘友法讲话说，这是统战系统批林批孔第一次大战役，是圆满的结束了。我们从干校来的同志们，在回程的大桥车上议论：这次大会成了批孔大会了，既使连上林彪也是轻描淡写，没有说出点道理来；这次大会又像50多年前“五四运动”“打倒孔家店”了；孔家店并未打倒，全中国人民绝大多数还把孔子看成“至圣先师”，全中国人民把林彪看成叛党叛国的罪人，现在把他们连在一起批，能批得起来吗？老百姓们心服吗？打倒孔家店，喊了几十年，孔家店里的东西打倒了吗？当时，我问同志们，我们回干校批林批孔该怎么批法？有的同志说，批林批孔是当前“文化大革命”政治上的需要，识时务就随着批，识时务者才能成为俊杰啊！

我们回到干校，继续抓批林批孔，但是批的劲头不那么足。我作为支部书记还是要作个识时务者带头批。我在批判会上发了言，讲了儒家和法家的差异，儒家那一套是历代封建统治阶级最高的教条，法家是行法治监督官吏职守，法家为实现其政治主张曾和贵族进行激烈的斗争（这是从书上抄下来为我所用的几句话）。我发言后感慨很多。在那个年代里，一个知识分子，特别是一个共产党员，如何保持“良知”“骨气”，中央通过刘少奇三大罪行时全场只有陈少敏一人没有举手，这究竟谁是谁非，谁的党性强，只有等将来后人评说了。

干校领导小组开会，抓大批判，同时还要抓生产。生产有农田劳动，有基建工程，会上指定9队（党派机关队）搞基建。我回来传达，有人不同意，认为“党支部太软，驯服地接受了”。甚至出大字报表示反对。工商联有几位能人，这方面有些经验，也出大字报表示愿意接受这种任务。基建任务主要是建个水塔和盖厕所、修猪圈。这项工程由工商联有经验的几位同志设计、指导，各党派都出人作木工、泥瓦工，我也作了小工，运砖和泥、运沙子，帮助搭脚手木架，后来也学砌砖，我在沙洋参加了农田劳动，在沙河又参加基建工程。我很高兴尝到工人、农民劳动的滋味。

9队出版一期批林批孔壁报，向各班征稿，我从报纸上看到一幅批孔克己复礼的画，我照样画下来，写了短文批判，工商联一位同志帮我在全画涂了颜色，作为投稿，登在壁报上，非常醒目。有的同志看了之后，带着讽刺口气说这期壁报真是“图文并茂”。

我星期日回家，突然王汉斌同志未约而来，20多年没有见面了。他在解放后即在彭真身边工作，后在北京市委政策研究室。彭真成了彭、罗、陆、杨反革命集团的头子，汉斌也受到冲击。现在他已解放出来，想看看老朋友们。和汉斌回忆20年来的历史，聊聊当前的运动，不免感慨万千。

全校去附近辛庄大队参加他们的批林批孔大会，联系大队的实际大批重副业轻农业的思想。摆事实，说道理，说明重副轻农有走上修正主义，复辟资本主义的危险性，我们听了虽然觉得批林批孔内容不多，但对队里存在的问题，批的还是有些道理的。

5月7日前夕，干校传来了民族歌舞团来校庆祝“五七”演出，请了附近的解放军、公社、生产队和有关单位，有两三千人，秩序很好。这是有名的歌舞团高水平的演出，演出相当成功，观众非常满意，这是一次真正为工农兵服务的演出。

5月7日这天，是毛主席《五七指示》发表8周年，干校建校5周年。上午8时开始全校举行大会，李金德、童小鹏、武新宇、谢扶民、丹彤等领导同志特来参加。乔连生、李金德、童小鹏都讲了话，学员数人也谈了参加干校的收获。中午大家聚餐。下午各队举行座谈会，每个人谈谈自己的心得体会，谈走“五七”道路取得的收获。总之，大家把5月7日看成是我们的盛大节日，“五七”道路是我们改造的必经之路。

5月下旬，我决定去东沙屯村插队十几天，我们9队还有夏从本和杜丁文2人，全校共有17人，我们这是第三批插队了。

我们对插队生活是很习惯了，同吃同住同劳动，访贫问苦，忆苦思甜，一起上大田劳动，还开了全村批林批孔大会，我觉得每次插队和贫下中农、社员们思想情感都接近了一步。现在感觉，心中有了农民，关心他们的生活和生产，这说明自己的思想改造也前进了一步。

6月3日回到干校，插队的同志轮流回去休假三天。我回家和国男、艾平去了顺义刘辛庄生产队。在菜地里找到队长、团支书，他们认为力平干起活来还是挺有劲的，就是不大安心。还告诉我们一些知识青年的情况。我们托付队长、支书，希望给她们机会接近贫下中农，多听听忆苦思甜的报告，多给她们做些政治思想教育工作。我们也感谢她们对力平的照顾、关心。

返干校后，接着听《帝国主义是资本主义最高阶级》的辅导报告。晚上各队学习辅导报告。我和冯廷雄、刘新来、乌布里几人总结插队的经验收获，并准备出版一期这次插队总结和生产队大批判的专栏壁报。

小麦熟了，我们基本上完成厕所、猪圈的修建工程，支援其他队收割小麦。解放军来支援。人大、政协、统战部数十人在童小鹏带领下也来支援。紧张了四天，几百亩小麦全部收割完毕。我们干校40人支援附近王庄生产队，一天收割小麦将近百亩。收割小麦战斗告一段落。我们9队开始修建水塔，搬砖运水罐，去沙河拉水泥。图纸设计我们和干校已经研究出来，我和李志平、李念武开了会，作了人事安排，请工商联两位有修建经验的同志，带领一 些同志开始动工。先打好地基，搭脚手架，开始砌墙，每天砌墙大家干劲十足，升到预定的高度，借来起重机吊装水罐和大梁，然后封了顶，铺上瓦，拆了脚手架，全部工程胜利完工。从动工，到收工总计38天，全校举行酒宴，庆祝水塔终于屹立于校园之中。

在修水塔期间，照常学习、批判、休假。听了两次《帝国主义是资本主义最高阶段》的辅导报告并组织学习。听某大学教授讲“儒法斗争史”录音报告6个小时；全校听东风公社党委宣传部长吴广志讲东风公社在阶级斗争路线斗争中翻身的历史，大家听了觉得生动感人。全校去政协礼堂听北大工农兵学员张桂福讲儒法斗争史3个小时，返校后组织座谈。全校传达江青在天津工农兵批林批孔大会上的讲话，传达王洪文和李先念、华国锋在国务院部委会上的讲话。8月1日全校学员和近邻4479部队指战员共同庆祝“八一建军节”47 周年。我们还出了一期专门批判“克己复礼”的壁报。8 月 5 日全校召开这期轮训的结业大会,乔连生代表学校作了总结,冯廷雄代表全体学员讲了话,还有一位代表留校的学员也讲了话,第二天我们结束了半年的干校生活,返回机关。

机关给我们插队的同志三天假,我借着假期走走看看朋友们。首先在我们宿舍大院相继遇见了周而复(是作家又是政府官员,因为访问日本时,为了好奇参观了靖国神社而犯了错误。后搬到我们大院和另一家合住)、秦柳方(经济学家,救国会成员)和梁霭然(号称中国第一厅的国务院办公厅主任),站在院里闲谈一阵,我感觉到他们在文革中都受到不同的冲击,现在都能在院里自由自在的散步,说明现在运动是宽松多了。在和他们谈话中,听说毛主席在政治局会上批评江青、张春桥、姚文元、王洪文不要搞成四人小宗派活动,所以外面流传,称她们四人是“四人帮”,就是从这里开始的。

下午去看胡愈老,他告诉我,周总理身患癌病,日渐衰弱,明年就准备召开四届人大。“四人帮”都是野心家,一定暗中会有一场斗争。结果如何还难以预测,现在很多人为此担忧。愈老已约定几位朋友在全聚德吃烤鸭,说这些朋友里有我认识的要我也去。到了全聚德见到黄鼎臣、杨一波,都是熟人,还有致公党中委黄某夫妇、金克木(著名学者,久闻其名,也读过他的文章,但不识其人),愈老要宴请的主客是云南来的华侨庄重先生。我们见了面颇为惊讶,我们在昆明是同行,和李公朴很熟识,他开办金马书店,和我们北门书屋业务上经常有来往。我们谈了一阵当年昆明的文化界斗争的历史,又谈到当前“文化大革命”的阶级斗争。

第二天,我和国男去中央调查部(原中央社会部)看望霍世明和岳虹同志。到了调查部的大门,她们两人正在门口迎接我们,我真想拥抱她们,中国不兴这种礼节,只有亲热地握握手。到了她们宿舍畅谈了一个上午。世明是我们在天津地下工作时,能够谈心的朋友,岳虹是在延安整风“抢救运动”中没有得救,反而被推出党外,但一直还留在社会部工作。我进了社会部和她一个部门工作,她像个大姐关心我指导我，我们是一起淌着热泪宣誓入党（她是重新入党）的。我们回忆过去，畅谈今朝，心里有说不完的话，更有说不尽的感慨。

第三天，我和国男去看张光年（光未然）和她爱人阿蕙（是国男昆明云大附中前几班的同学），昆明的老朋友李孔嘉也来了。中午留我们午餐，大家畅谈，不外回忆昆明年代出版进步书刊，参加学生运动的战斗生活。也谈到文化大革命，文化界学术界许多人士接受审查进牛棚、下干校、甚至有人关进监狱含冤而去，“四人帮”的凶恶嘴脸越来越暴露出来。大家感到国家的兴亡，我们这些匹夫们也难以负责了。

这天我见到岳虹时，突然引起一个想法，这只能对国男说：“我幸亏没有去延安。”我告诉她，1938 年天津“民先”队部，有个去延安的机会，队部征求我的意见，当时由于我对延安还不甚了解，政治觉悟低加上家庭的阻力大，所以没有去，后来一直感到后悔。今天我想，如果我去了，一定留在延安，一定参加 1942 年的整风，一定会参加康生的“抢救运动”，“抢救运动”主要对象是“抢救”1938、1939 年平津去延安的学生、知识分子。岳虹的爱人被打成特务，岳虹也受影响都被开除党籍。我想到，我在汇文中学的同班同学姚大衡，1936 年他是汇文中学唯一的一个地下党员，抗战爆发后去了延安。“抢救运动”中，因为王大光（也是同班同学）的关系，整得精神不正常，说话颠三倒四，解放后分配在粮油公司工作。如果那时我在延安，我和王大光接近得多，离开学校后，1939 年他已参加中统。从广州来天津，我们还接触过，如果 1942 年我在延安，肯定我是个“抢救对象”，不知什么帽子就会戴在头上，其后果就不堪设想了。国男听了未加可否，只说了一句话：“如果你去了延安，肯定我们不会在一起了。”

我回机关上班，看了中央 23 号文件。是学习毛主席军事路线，开展批判林彪的军事路线的。转天我们领导小组成员去政协，听解放军批林彪的修正主义军事路线，和儒法两家在军事问题的斗争。

9 月中旬，上层民主人士学习组在民族宫联合举行批林批孔大会，连续三天。第一天发言的有：赵朴初、孙晓村、李俊龙、虞效忠，有人批林批孔也批了梁漱溟，这次会有释放的战犯杜聿明、郑洞国、范汉杰、侯镜如、宋希濂等人列席参加。第二天发言的有：刘斐、孙承佩、罗涵先、詹永泰、申伯纯，其中有人是专题批梁漱溟的。第三天发言的有：王芸生、吴文藻、叶宝珊、宋希濂、李寒光。这次批判大会是刘、李、童三位领导人主持，也发了言。

接力平从顺义来信，说政府来农村召知识青年合同工，她知道可能分配的工种有：国际列车员、北京饭店服务员、建筑公司工人。力平自己选择的是建筑公司。她被建筑公司接受后，立即到公司报到上工，公司分配她到材料室工作，她非常满意，她觉得做工人要比农民好。合同工是领工资的，她上工不久，就是国庆节，第一次领了工资，请了最好的朋友薛菁华、陈平、小燕（陈平的妹妹）和一位同学去成都饭庄吃了一顿。大家祝贺她已参加了工人阶级队伍，光荣地走上了工作岗位。回到家里，全家也向她祝贺。她留了几块钱给了奶奶，也想给我们要买点什么。我们告诉她，你有了工作，做了工人，这就是对我们精神上最大的安慰。

国庆节过后的一天，李大姐叫我到她的办公室，给我一个大信封。我从里面拿出一些文件，首先拿到一本是用蓝色复写纸写的，我翻开第一页，就看到非常醒目的题日《揭发王健勾结敌特祸党祸国的反革命罪行》，揭发人是民盟多年的干部，我很熟悉他的字体，一看就看出是他亲笔写的。字体很工整，共37页，大约一万多字，内容有七条罪行：一、关于“清党”；二，关于历次政治运动；三、关于民盟工作；四、关于阴谋集团；五、关于勾结敌特；六、三件疑案；七、血泪控诉。此外还有三封亲笔写的信（复印信），一封是1973年9月20日写给“最敬爱的伟大领袖毛主席”的，里面先谈国际历法改革，接着写的是胡愈之和王健的反党罪行。最后附上国际历法方案。另外两封信都是1974年4月写的，一封是给毛主席的；另一封是给“敬爱的克清同志敬请转呈最敬爱的朱总司令”的，最后都附上那本一万多字的，我勾结敌特祸党祸国的反革命罪行的材料。李大姐对我说，这些信早就从中央转到统战系统军管组，交给刘、李、童。他们找我作了些调查，也和前几年他给江青、陈伯达的信对照研究，觉得这些内容实在是太离谱了。把自己说成十全十美，把民盟机关说成是特务窝子，把胡愈之说成是历史反革命和现行反革命，这都令人难以相信。反而对他也引起了怀疑，进行了调查，事实都不是像他所写的。所以也没有找你谈话。现在把这些材料给你带回去看看。军管组意见，我们不作任何处理。我回去详细看了这些材料，觉得好笑，此人造谣的手法实在太拙劣了，反而把我抬得太高了，能有"祸党祸国"的本领。他万万没有想到，这件事暴露了自己阴险的嘴脸，搬起石头砸了自己的脚。

10 月中旬，领导小组先在党内传达后，再在全体大会上传达中央的通知，决定在最近期间召开第四届全国人民代表大会，通知里传达了毛主席的意见说："无产阶级文化大革命，已经 8 年，现在以安定为好，全军全党要团结。"

这个通知在上层人士学习组反映强烈，因为上层人士中很多是过去的人大代表，这次人大是否能被选参加毫无所知（过去代表早在一两月前各省市人大会即选举公布出来）。在讨论通知时，大家认为毛主席提出"安定""团结"，说明文化大革命已进入了一个新的阶段，可能也是最后的阶段。另一方面，大家最关心的是四届人大的人事安排问题，也就是"组阁"问题，担心"四人帮"搞阴谋篡位夺权。

不久，社会上不少风言风语，传说"四人帮"有人背后向毛主席说周总理、邓小平的坏话，江青野心大，想做党的主席。还有传说，毛主席认为邓小平人才难得，可能委以重用。大家从这些传说中猜测领导内部斗争激烈，毛主席提出"安定""团结"一定是有所指的。

机关领导小组抓紧各党派重点审查人员的定案工作，参加各党派党员小组研究定案问题，争取能解放一批人。毛主席强调"安定、团结"，同志们经过学习，有的同志思想上还没有想通。

10 月底，统战部彭友今向上层民主人士学习联组会传达天津知识分子改造大会。并宣布统战部决定上层民主人士去天津参观学习。参加参观学习者89人，出发前在民族宫集合，童小鹏讲话后，即乘大汽车出发，中午到达天津。天津市委统战部长李定同志迎接，住天津宾馆。晚六时，天津市委、市革委、军区领导同志接见，并举行宴会。我和李定同桌，他和五弟王陶是西南联大同学，要我通知王陶，希望他一起去大港油田参观。同时他问我来者都是些什么人，我告诉这里有政府官员、大学教授、作家、侨领、教育家、作家、出版家，科学家、工商业者、妇女工作者……他说民主党派中央真是人才济济。转天上午出发到大港油田，李定去接王陶，同车先我们而到，油田指挥部介绍大港油田概况，然后去油田参观，李定和王陶以及另一位联大同学一起找联大教授费孝通、闻家驷、吴文藻见面，师生摄影留念。这几天的活动，听了天津站六号门工人讲儒法斗争史、参观天津北仓重型机器厂、参观静海县小靳庄，贫下中农用样板戏、朗诵、唱歌形式汇报小勒庄的发展史、参观飞鸽牌自行车厂、参观第一炼油厂。天津的大学有三位教授汇报知识分子思想改造经验交流大会，并谈个人改造的体会。民盟中央领导同志胡愈老、楚图南、闻家驷、李文宜约天津民盟领导同志张国藩、李何林、胡毅、吴廷缪等人座谈知识分子改造和批林批孔大批判。回北京的那天上午，去杨村参观66军169师的军事演习，并参观了他们的宿舍、俱乐部等处。午餐后即返北京。参观期间每天都有文艺晚会或板样戏。我借这个机会，找人聊天，找费孝通谈了许久，听听他对知识分子的改造及当前存在的问题的意见。他无所顾忌地谈了一些当前知识分子的处境和心态，也包括他自己，都是心里话。他不愧被人们称为是"知识分子的晴雨表"。

回北京三天后，统战部又组织原班人马在北京参观新的北京饭店16层。北京市革委会副主任给大家介绍北京工农兵批林批孔的情况。开会时，吴德、倪志福、丁国钰、万里举行宴会和大家会见。我和张志让同桌，张曾任最高人民法院副院长，是我的老领导。他最关心的是林亨元同志，他说董老（必武）都认为他划右派是冤枉的，曾主张给他平反。我告诉他，林亨元在民盟接受审查，我和军代表提过给林平反的问题,并告诉军代表董老的谈话(有董老的秘书为证)。军代表说,现在“文化大革命”时期,不是时候,“革命”后再说。我告诉张老,林的政治历史经过审查是没有问题的。张老说,这一点高院是知道的,他还立过功的。三天后,上层人士又在民族宫集合,去大兴县红星公社(中朝友好公社)参观,支书介绍了情况,和贫下中农座谈(实际上是听他们忆苦思甜,甚至把大跃进时的苦也忆出来了),最后公社还准备了文娱节目表演。第二天又去了顺义县天竺公社参观,听了大队长介绍批林批孔移风易俗的成就。后又参观了第三棉纺厂、北京内燃机厂。参观北京大学除介绍大批判的情况外,参观了制药厂、电子计算机和教学改革展览。参观了清华大学,也看了电子计算机,清华的比北大的体积小,每秒可运行50万次,还看了电力动态模拟站。最后一天,在民族宫召开老教授思想改造座谈会,冯友兰、季羡林讲几十年来思想改造的心得体会,另有一位工农兵学员讲他编写《荀子新注》工作的经验和收获。我听了两位大教授的报告,知道他们在几十年思想改造的过程中努力不懈研究中国古代文学,并著书立说,为社会主义增加了许多知识财富。听了工农兵学员的讲话,他介绍了荀子的思想,说荀子是个唯物主义者,重视环境和教育对人的影响,从这里建立他的礼治和法治相结合的世界观。我认为他编写《荀子新注》是为批林批孔供应斗争武器的。

年终之前,我参加了几次上层人士第二学习组学习,相继听了罗涵先、邓初民、童弟周、谢冰心、费孝通、雷洁琼等同志的发言,有的空谈理论不联系实际(如邓初老);有的联系参观评议当前工农业和新科技的发展;有的综论当前形势一则以喜一则以忧。发言中有一致的看法,也有一些争论的问题。每次学习,不论讨论什么问题,总是谈得很热烈,特别是几位老大姐谢大姐(冰心)、雷大姐(雷洁琼)、李大姐(文宜)谈得很幽默风趣有内容,感到更为亲切。因为这个非常时期,大家在一起可以畅所欲言,抒发个人的胸怀,大家都感觉到这里是很难得的聚会。

12月上旬机关举行全体大会,李大姐宣布根据上面的安排,从

12月起学习毛主席的《关于正确处理人民内部矛盾的问题》。接着请了民族学院荆会本教授作了辅导报告，各学习组一直学到年底。

年终最后的一天，全体大会举行了送旧迎新联欢会，各单位都有节目，内容是歌颂伟大领袖毛主席，歌颂社会主义大好形势，歌颂"文化大革命"和批林批孔的伟大胜利。形式丰富多彩，有说有唱，有快板有朗诵。最后附近的红卫东小学红小兵毛泽东思想宣传队演出。全场老老少少在歌颂声中度过了1974年。

1975年　59岁

母亲突患脑溢血形成植物人　党的十届二中全会和四届全国人大先后召开　上层民主人士学习组分五路外出参观学习　“四人帮”大批《水浒》　母亲病逝(时年74岁)开展反击邓小平右倾翻案风遍及全国

新年元旦,两报一刊发表《新年献辞》社论,再一次提出“批林批孔”还要抓紧,要抓路线问题,并强调要研究儒法斗争和整个阶级斗争的历史经验,做到“古为今用”。我们领导小组立即组织学习。1月3日下午,我正参加小组学习,接到国男的电话,说母亲心脏病发作,人已昏迷。我立刻回家,北京医院急救车已到,钱贻简大夫随车而来,初步检查是脑溢血。随即送到北京医院抢救。电话通知国友、丽君、则孙赶来医院,经抢救病情已见平稳,国男一人留医院看守。第二天一早,国男电话说,一夜没有恶化,但仍昏迷不醒,家里大家商议今后轮流值班。我在机关向胡愈老、李大姐汇报母亲病情,劝他们暂时不要去医院探望。

1月上旬,领导小组向全体同志传达今年中央第一号文件,内容是任命邓小平为中共中央军委副主席,兼人民解放军总参谋长,同时任命张春桥为解放军总政治部主任。并传达了统战部的通知,上层人士几个学习组暂停两个星期学习。大家当即估计到四届人大可能即将召开。几天后听到传说,党中央召开了十届二中全会,邓小平被选为中共中央副主席、中央政治局常务委员。

1月13日到17日,四届人民代表大会第一次会议在北京举行,这次代表名单没有在报纸上公布。据说有些人还不知自己是不是代表，两天前才通知他们带些日用物品，什么时候到什么地方报到，报到时才知道自己是人大代表。这是一次向人民保密的人民代表大会。大会期间，《人民日报》报导周恩来作了《政府工作报告》、张春桥作了《关于修改宪法的报告》，最后大会选出朱德继续担任人大常委会委员长，董必武、宋庆龄、康生、刘伯承等22人为副委员长，周恩来继续担任国务院总理，邓小平、张春桥、李先念、陈锡联、纪登奎、华国锋、陈永贵、吴桂贤、王震、余秋里、谷牧、孙健等12人为副总理。其后任命的国务院各部部长中，绝大多数是久经考验的老同志，如叶剑英、万里、周荣鑫、张劲夫、康世恩等，"四人帮"的党羽只占少数，如于会咏、刘湘屏（女）。这次大会对人大、国务院以及各部人选的安排极大地鼓舞了全国人民，对我国建设社会主义现代化增强了信心。

四届人大闭幕后，刘友法、童小鹏召集统战系统各单位领导小组研究学习问题，主要的要学习党的十届二中全会文件和四届人大的工作报告，要学习列宁的革命与专政的理论，学习毛主席的"还是要安定团结为好"的指示。上层人士学习组恢复了学习，第二学习组成员中胡愈之、邓初民、谢冰心是参加这次会的人大代表，他们在会上讲了这次大会的情况，首先他们都以沉重心情讲了周总理，见到周总理面色憔悴，身患重病（当时已传说是患癌症）仍出来作《政府工作报告》，大家都为他忧心。但是听了《政府工作报告》都十分兴奋。特别是周总理讲到我国在本世纪内，全面实现农业、工业、国防和科学技术的现代化，使我国国民经济走在世界前列，博得了全场热烈的鼓掌。学习会上大家讨论工作报告，也有的出席代表谈了一些大会的花絮，说这次大会和往年不同，人民代表大会是向人民保密的大会，进去之后不大自由了，规定不能随便外出，不能对外写信、通电话，代表里很多生面孔的年轻人，但也见到多年未见毫无音信的老朋友，见了面心心相印，都不敢随便讲话，心里却有说不出的高兴。胡愈老讲了一段趣闻，他说大概是辽宁省的代表组里一位代表告诉他，

“白卷英雄”张铁生也是人大代表，在组里人缘差，大家都不大理他，而他狂妄自大，自称“我是以工农兵身份选为代表的，今天却和一些走资派坐在一起，说明这次大会没有坚持毛主席的无产阶级革命路线”。最后大会定额选举张铁生为人大常委会委员，他更狂妄之极了。会上还有人说，这次大会，“四人帮”野心家们没有得势，他们是不会善罢甘休的。大家都担心周总理、邓小平今后的日子更不好过了。

这个期间，四川的彭迪先和福建的吴从征来机关，他们都是四届人大的代表，和大家谈谈这次大会的情况，谈到地方派性还很严重，不断发生武斗，不如首都平静。听起来，他们对当前形势也都有一种一则以喜一则以忧的心情。

干部们、党支部这个时期主要的是安排学习党的十届二中全会文件，学习四届人大报告，学习新宪法。我们领导小组几次开会抓紧定案工作，我还要轮班去医院夜班看护母亲，她的情况时好时坏，好的时候也就是心脏血压比较稳定，有时能睁开眼睛看看人，但是没有表情，说不出话来，总的情况不见起色。关于气管开刀问题，大夫们会诊有不同意见，家属讨论，看到病人呼吸吃饭的困难同意开刀，最后还是动了手术，解决了局部问题。实际上已成植物人了。

今年的春节，四届人大开过，市面上有些新的气象。买年货的买鞭炮的都要排队。岁末之日，家里国友、丽君、力平都回来了，特别是菁华、陈平(廖梦醒的外孙子)来，更增加了节日气氛，国男在医院值班，大家一起吃了年夜饭，在周围的鞭炮声中度过了除夕之夜。

初二这天，从云南来北京参加四届人大开会的公朴先生在昆明的挚友张冲请我们全家吃涮羊肉，国男、国友带着孩子们都去了，我是从医院去的。他住在前门饭店，从东来顺叫来的火锅，我去得较晚，张冲正和孩子们开玩笑，当时张冲已任云南省革命委员会副主任，但毫无官架子，说话诙谐、幽默，孩子们虽然都是第一次见面，也都毫不拘束。吃饭时，张冲跟孩子们说他在“文革”时的故事。在造反派高呼“炮轰”“火烧”口号时，他自己贴了一张大字报《欢迎炮轰张冲》,造反派揪斗他,有人带头呼口号“打倒黑彝头子张冲!”(张冲是彝族人)他跟造反派说“我是红彝”,“我冲出了蒋介石的反动统治,投奔延安,加入了共产党,我就是红彝。”“造反有理,你们千万不能造共产党的反,造共产党的反就是无理。”他说还有一次造反派批斗他,高呼口号时,他自己也在喊“炮轰张冲”“火烧张冲”,反而弄得造反派啼笑皆非。孩子们听了哄堂大笑。我们吃完了一顿丰盛的涮羊肉,回到家里,孩子们都觉得张冲这个人非常豁达、很风趣。我向孩子介绍张冲是个传奇人物。他早年在云南南部彝族地区劫富济贫,给彝民做了许多好事,成为“绿林英雄”。中年参加滇军,做了师长又升为60军副军长,打台儿庄一仗大捷,反被蒋介石排除异己,被撤了军职,回到昆明意志消沉,抽上了鸦片烟,这时外公(指公朴先生)和他往来甚密,成为挚友。1946年底,这时外公已经牺牲,国共和谈破裂,蒋介石召开一党国大(国民代表大会),张冲是国大代表,借机飞到南京,秘密与共产党联系,国大开幕,他已飞到延安,并参加了共产党。党派他到东北解放区任松江省副省长,他策划国民党云南军队起义立了大功。解放后,回到昆明,曾任云南省副省长。解放后他就是参加政协第一届代表大会的代表。我像讲故事似的给孩子们讲了张冲的为人和他传奇的一生,同时也讲讲那个时代先辈们是怎样和国民党反动政权进行政治斗争的。

春节过后,机关的上层人士和干部的学习组恢复学习,主要学习四届人大的工作报告。在这个期间,“四人帮”控制的报刊连续刊登社论或个人署名文章,提出全面专政、反对经验主义、限制资产阶级法权、打“土围子”等问题。如《红旗》杂志发表“池恒”的《认真学习无产阶级专政的理论》,其中谈到从资本主义到共产主义的过渡时期时,“必然是阶级斗争空前残酷,阶级斗争形成空前尖锐的时期”(引列宁的话)。还提出“在消费品的分配方面存在着资产阶级法权”这一概念。在同期《红旗》杂志中还有一篇署名“周斯”的文章《无产阶级专政的历史任务——学习〈伟大的创举〉》中,也提到了“资产阶级法权”的问题。《人民日报》发表了《马克思、恩格斯、列宁论无产阶级专政》一文,《红旗》很快就全文刊载了这篇文章,并加了编者按语,引用了毛主席曾讲过的话:“列宁为什么说对资产阶级专政,这个问题要搞清楚。这个问题不搞清楚,就会变成修正主义,要使全国知道。”“我国现在实行的是商品制度,工资制度也不平等,有八级工资制等等,这只能在无产阶级专政下加以限制。”

三四月间,《红旗》杂志连续发表了“四人帮”的文章,姚文元发表了《论林彪反党集团的社会基础》,认为“现在主要危险是经验主义”。张春桥发表《论对资产阶级的全面专政》,这里特别论述了“限制资产阶级法权的历史和现实意义”。“梁效”发表了《批判因循守旧 坚持继续革命》文章,开头就讲“因循守旧从来就是进行革命的巨大阻力,从孔丘到林彪,一切反动派都利用因循守旧的思想,反对社会改革,复辟旧制度”。上海《解放日报》发表了《历史的经验值得注意——经验主义怎样成为王明机会主义的助手》。《学习与批判》杂志,发表了几篇文章,宣传张春桥曾经提出过的“打土围子”的口号,“土围子”是说过去民主革命时期在“土围子”中的敌人。

上层人士学习组特别注意这些文章,现在也只能从这些文章里来研究当前中央内部政局的动态,大家看了这些文章不知真像,一时弄得迷离恍惚。经过讨论,逐渐看出“四人帮”在四届人大阴谋未能得逞后,想利用舆论发动进攻,矛头对着被打倒而又出来工作的一批老干部,特别是针对周恩来总理和邓小平副总理。大家看到周总理在四届人大后身体更加虚弱。国务重任使邓小平的担子更加沉重了。同志们为他们忧心忡忡,干部们学习也是一样,都看出了“四人帮”一群野心家阴险凶恶的嘴脸。

政协召集领导小组开会,李金德宣布,中央已经批准,组织民主党派和无党派爱国人士到外地参观学习。分五个组:东北、西北、西南三个组,河北、山东各另为一组。民盟、民进是在东北组。准备6月中出发,我们回来向民盟民进上层人士作了传达并开始作准备工作。东北组共25人,除二组学习的同志外,还有四位夫人参加。25人是:张文裕、萨空了、徐楚波、葛志成、乔连升(统战部)、闻家驷、叶圣陶、叶至善、吴作人、严景耀、雷洁琼、张纪元、王历耕、罗涵先、费孝通、吴文藻、吴荣、张毕来、林仲易、李文宜和我。另外有刘芸生（傅作义夫人）、郭翼青（程潜夫人）、罗西欧（蔡廷锴夫人）、黄晚霞（蒋光鼐夫人）。东北参观团成立了党支部，书记乔连升，团的工作人员俞淑美（统战部）、詹永泰等。还带大夫和护士。6 月 15 日下午，东北参观团的同志乘火车出发，转天早 6 时到达沈阳，住辽宁大厦（北陵附近），我和吴作人同住一室。下午省委书记黄欧东和市委同志接见参观团全体同志，介绍辽宁省和沈阳市的大好形势，并准备了丰盛的晚宴。晚宴后回房间和吴作人聊天，他的言词高雅脱俗，而且幽默含蓄，聊起来耐人寻味，引人入胜。

四位夫人，右起刘芸生、郭翼青、罗西欧、黄晚霞。

（王健摄）

17 日早餐后，和张纪元陪叶圣陶、林仲易、徐楚波几位老先生逛北陵，我给他们拍照。他们都是学者文人，知识渊博，一路游览，一路讲了一些满清灭明和沈阳故宫的故事。

在沈阳逗留了八九天，参观了辽宁展览馆重轻工业部分，沈阳第一机床厂螺纹车间，沈阳电缆厂，去抚顺参观露天煤矿，参观清朝老祖宗东陵(福陵),沈阳重型机器厂,辽宁农展馆等等。还听了民政局郑希文局长介绍海城、营口地震抗灾的经过情况,他是副总指挥,组织群众抗灾救人,讲得生动感人。参观辽中县西房身大队,大队书记刘达生(党的十大代表)介绍这个穷大队翻身的经历,现在已基本上赶上了大寨。我们还听了一个15岁初中一年级女生,现在是沈阳市红代会主任杨莹的报告,汇报她的学习体会,她要为巩固无产阶级专政而斗争,誓作革命闯将。会上耄耋之年的叶圣陶老教育家最后讲了几句话,赞扬杨莹的革命精神,并表示我们老年人要向青少年同学学习。我们参观团也开了几次座谈会,大家议论东北是我国重工业区,苏联红军进军东北,运走了许多伪满时代重工业机械设备。但也看到,苏联专家撤走后,我们自力更生,奋发图强,继续发明创造许多新的产品。大家认为东北人不气馁,有信心,前途是大有希望的。在参观期间我抽空去看望了老同学霍世璋(汇文中学高我一班,老党员)和他的夫人庞文华,我们学校一别,将40余年,相见之下,感到格外亲切。他是汇文中学第一任的学生自治会主席,领导同学参加救亡运动。现在他们都是科技界的工程师,对建设东北重工业是有贡献的。我们回忆过去,谈谈当前的形势,也谈谈世明(世璋的妹妹)。世璋、文华很关心我入党的问题,怕受到王大光(汇文同班同学,以后参加国民党中统局)的影响,我告诉他们,确是受到了影响,解放前我参加党中央社会部工作才入了党,而且介绍人是罗青长(解放后任党中央调查部部长),他们也就放心了。我告诉他们,去年我见过世明,她也是社会部的干部。

25日离开沈阳到达大连,住棒槌岛和东山宾馆。1961年和沈老来过大连,也住在东山宾馆。我还是和吴作人同居一室。第二天市委负责同志来介绍大连、旅顺情况。下午开始参观,我们参观了大连炼钢厂;大连机车车辆厂;参观了战备工程,看了地下商店,中山广场的地下通道;参观了红旗造船厂,登上了"大庆"240号24000吨的油船,看了"大机"车间。旅顺是我国的海军基地,是不接受参观的,对我们则例外。我们到了旅顺军港,乘护航艇出海,参观破冰船、潜水艇、发射导弹舰和火箭舰。海军的同志详细作了介绍,说这都是中国自己制造的,大家引以自豪。82 岁的叶圣老和四位夫人同样和大家登梯爬上爬下,全部都参观了,感到极大兴趣。中午到海军招待所,即前俄国总督的住所(1961 年沈老曾在这里住过三天)。午餐休息后,上白玉山和东鸡冠山参观,海军的同志详细介绍了日俄战争时,俄国的防御工程安设炮台的据高点。

回到大连,庆祝党成立 54 周年。上下午宾馆为庆祝党的生日召开大连炼钢厂、大连机车厂、东方红商店的职工和金县小学的学生学习理论座谈会。由职工、学生汇报学习阶级斗争和无产阶级专政的理论经验和体会,我们参观团作为听众参加。发言都有准备的,内容联系当地实际,使我们了解几年来这里进行"文化大革命"的概况,这些情况,过去我们很少听到。

在大连继续参观轻工业,在金县参观金县纺织厂、金县董家沟公社、貝雕厂、红卫小学(小学生 9 ~ 16 岁训练打靶,自己挖的地道)、玻璃制品厂、工艺绣品厂、自然博物馆。7 月 6 日,上午座谈,下午上车,第二天回到北京,结束了东北之行。

回到北京,去医院值班,母亲情况不见起色,沈谦大夫也住进医院,肠癌动了手术,廖奶奶还在,病情大好。我回家整理参观笔记,也对这一次参观进行个人思想小结,为汇报作准备。各路参观团也相继回到北京。

政协举行五路参观团汇报交流会,间隔开了六天会,各团汇报人有:西北组陈此生、董其武、黄维、董义三;东北组张文裕、费孝通、叶圣陶;西南组王芸生、胡厥文、贝时璋、茅以昇、谢冰心;山东组焦实斋、吴茂孙;河北组李毅、经叔平。各团汇报有各团的特点。我们领导小组开会,总结归纳几点:各地经济、生产情况基本好转;社会秩序人民生活日趋稳定;解放不少干部恢复工作;"四人帮"在各地串联活动,争取控制舆论;仍有派性活动,武斗时有所闻;群众对"四人帮"由厌到恨,对她们的流言不胫而走。总之大家出去一趟,耳闻目睹,参观学习不虚此行。

政协学习领导小组开会讨论学习问题。焦琦讲各党派下半年学习还是以学习理论为主,要认真读书。我们机关领导小组,举行各党派干部理论学习汇报会,各党派都有汇报。这个时期各党派干部学习形成了好的风气。

8月底《人民日报》转载了《红旗》杂志上一篇短文《重视〈水浒〉的评论》,9月间《人民日报》又发表《开展对〈水浒〉的评论》社论,公布了毛主席对《水浒》的评论,说《水浒》这本书,好就好在投降,做反面教材,使人民都知道投降派。《水浒》只反贪官,不反皇帝。屏晁盖于108人之外。"宋江投降,搞修正主义。"江青借题发挥,说宋江处心积虑地排斥晁盖,"要看到我们党内有两条路线的激烈斗争"。实际上是指正在积极抓整顿工作的邓小平副总理,暗中指他架空了毛主席。

根据政协学习组的通知,各党派学习《人民日报》关于《水浒》的社论。上层学习组评议水浒,认为架空晁盖,比喻邓小平实在是风马牛不相及。干部学习组也根本评议不起来。为了批判,领导小组派人去新华书店购买了《水浒》若干套,反而引起一些人看《水浒》的兴趣。

电影《创业》是歌颂大庆石油工人为祖国献石油而英勇奋斗的精神,江青看了认为有严重问题,宣布它"十大罪状"。作者不服上书毛主席,毛主席看了作了批示:"此片无大错,建议批准发行。"《创业》才得以公开放映。各党派机关领导小组在工商联的礼堂连放了几场《创业》电影,招待干部和家属,以广宣传。

力平的工作岗位是建筑公司,公司于师傅和王师傅来家看望家属,谈到力平最近工作学习都很努力,去年9月已调到三建工作,因表现较好,准备发展她入团。全家听了都很高兴,认为在工人阶级领导教育下思想进步很快,工人和农民就是不同。我们向两位师傅表示感谢,希望力平在工人阶级教育下改造成为新人。

中央召开农业学大寨会议,邓小平在会上讲了话,会后政协学习组安排民主党派组织学习讨论,机关领导小组即召集全体大会传达。

统战部组织上层人士参观农业学大寨展览馆。国男参加了医院组织的去大寨的参观团,一时学大寨成了热门话题。

11 月上旬,力平打来电话说团小组已批准她入团,菁华听到这个消息,准备这晚庆祝一番,同时补庆昨天我的 59 岁生日和欢送国男明天去大寨。力平下午赶回来,菁华找了一些人,亲手做了几个菜,热热闹闹吃了一顿,主要是庆祝力平从今天起成了共青团员,共产主义的接班人。

第二天星期日,国友、丽君从南口回来,则孙、李湄(廖梦醒的女儿)也都来家闲谈,谈明天美国总统福特来中国访问和中美关系问题,也谈到清华、北大开展反右倾翻案风问题,这个问题我从上层人士学习小组听到,开始是由于清华大学党委副书记刘冰等人曾写信给毛主席,反映党委书记迟群、副书记谢静宜工作作风和群众关系上的一些问题,在群众中造成恶劣影响,希望中央派人来调查。这封信是请邓小平转交的。毛主席看了这封信,而且又是邓小平转来的,认为邓是支持刘冰的。同时又听信了“四人帮”的诬告,即在信上作了批示说:“刘冰动机不纯,是想打倒迟群、谢静宜,矛头是对我本人的。”这个批示传出后,立即掀起了“批邓、反击右倾翻案风”。大家听了都感到现在运动又来了,邓小平是凶多吉少。

12 月 4 日下午,北京医院打电话来,说母亲病情恶化,我和国男立即赶到医院,3 点 40 分去世了。我们通知了则孙和国友、丽君,他们都赶回家,一起研究治丧事。第二天,统战部召集政协和民盟研究治丧的具体工作,决定 8 日上午在北京医院举行告别仪式。我们立即通知至亲好友。8 日这天告别仪式完毕后,我们全家送遗体去火葬场,我回机关,看到统战部批准我们的治丧报告,决定 10 日下午 3 时在八宝山革命公墓举行追悼会。10 日下午在八宝山一号室已经来了很多亲属和朋友,有些是多年不见的。特别是全身瘫痪的高士其同志坐着轮椅来参加追悼会。他热泪盈眶,嘴在不停的颤动,不知在说些什么,使周围来吊丧的人都为之感动,我们家属更为之悲伤。

追悼会正式开始,史良主持,胡愈之致悼词,三鞠躬后礼成。家属将骨灰安放在八宝山革命公墓，2 日《光明日报》简单的登了追悼会的新闻。

12 月中旬，统战部召开了两次会议。一次是李金德约上层人士学习组汇报会，汇报人第一组甘祠森、第二组胡愈之、第三组经叔平、第四组黄鼎臣、第五组王芸生（政协组）。汇报毕，李金德讲话，说学习以阶级斗争、反修防修学习理论为纲，和一系列毛主席指示，包括教育革命、党的十大、四届人大都代表毛主席思想路线。另一次是统战部召集统战系统司局级干部和各党派机关领导小组成员会议，传达中央 23、24 号文件，中央打招呼会议的内容。主要是说清华大学党委副书记刘冰等人，用造谣污诬、颠倒黑白手段，诬告清华大学党委书记迟群副书记谢静宜，他们的矛头实际上是对着毛主席的。清华大学出现的问题绝不是孤立的，是当前两个阶级、两条路线斗争的反映，是一股翻案风。有些人总是对这次“文化大革命”不满意，总是要算“文化大革命”的账，总是要翻案。毛主席指示，要向一些同志打个招呼，以免这些同志犯新的错误。19 日我们向全体党员传达 23、24 号文件，各党小组特别在 26 日毛主席 82 岁寿辰之日学习讨论了 23、24 文件，以表庆祝之意。“反击右倾翻案风”运动，从不点名到点名批判邓小平，也很快扩展到全国。

1976年　60岁

周恩来总理病逝举国哀悼　北京南京掀起反“四人帮”怒潮　朱德委员长病逝举国哀悼　唐山7.8级大地震　参加沙洋干校轮训　毛泽东主席病逝天安门举行百万人追悼大会　粉辟“四人帮”举国欢腾

元旦,《人民日报》发表社论《世上无难事,只要肯登攀》,并发表了毛主席词二首:《水调歌头·重上井冈山》《念奴娇·鸟儿问答》。有些工厂、学校、机关元旦不放假,学习元旦社论,菁华也赶回剧团参加学习。

第二天我们上班,上午参加上层人士学习,下午参加民盟干部学习。讨论元旦社论,上层人士体会,第一首词是着重写反修斗争,第二首词是写世界革命斗争共产主义必胜的道路,实际上还是反右倾翻案风,不点名地批判邓小平。在讨论党内的资产阶级问题时,大家谈不起来,只提了一些问题,感觉这样学习实在学不下去了。

机关领导小组正在准备今年举行第一次大批判会。1月9日上午听到广播:周恩来总理于昨日上午九时逝世。我在家里,全家一片哭声。入冬以来,今天是最寒冷的一天,人们感觉天也为之变色。上午去参加上层人士学习组,全体默哀后举行座谈,久久无人发言,发言者也是泣不成声了。机关里整天广播周总理逝世的讣告和哀乐,同志们心情都非常沉重悲痛。我去统战部开会,研究参加总理告别仪式事,机关领导小组决定十位同志去参加。11日上午我们去北京医院。周总理遗体正移放在北京医院后院一间不足100平方米的停

周恩来总理

尸房里，而且只有一个门出入。外面的院子，不过两个篮球场大，来往的汽车都周转不开。据医院人说，告别的人数正由原定的六万减到四万。告别的队伍由医院排到东单。大家看到场地这种安排，又悲伤又气愤。出于无奈只能用眼泪、哭声表达出愤怒的感情了。进入室内，总理安详地躺在百花丛中，我和同志们走在遗体前，都悲痛欲绝。下午，天安门前整个长安街，从东单到八宝山革命公墓，群众自发地站在马路两侧，低头哭泣等候灵车经过，晚上长安街群众未散，等候骨灰盒灵车回来。12 日上午，机关 70 人去劳动人民文化宫参加吊唁周总理。天安门广场从早晨到夜晚，一队队群众持周总理遗像和自制的花圈，到先烈纪念碑前向周总理哀悼，还有人举行宣誓表决心，唱国际歌，广场上到处听到哭声。15 日下午，我和张保全、刘庆森、尹惠民四人去统战部集合，去人民大会堂参加周总理追悼会，邓小平致悼词，对周总理作了高度的评价，代表了全中国人民的心声。

13 日《人民日报》登有各国的领导人唁电，而新华社未发任何有关新闻。北京市新闻广播传达了吴德市长的指示，阻止群众去天安门悼念。14 日的报纸，头版头条是清华大学的大批判，而有关悼念周总理的新闻登在第三版。社会上传说毛主席对周总理从病危到去世，态度极为冷淡，治丧过程中受到了“四人帮”种种阻挠，邓小平参加总理追悼会并致悼词，也是在经过斗争取得的，群众对此悲愤填膺，敢怒而不敢言，行动上对吴德的指示于不顾，每天有更多的人默默地向总理致祭。

16日上午，机关突然接到政协电话，告知陆殿栋（史良的丈夫）在外交部学习邓小平悼词，他谈到周总理时发言过于激动，当场昏倒。北大医院大夫赶来抢救，告知史良后，送北京医院抢救，送到医院后，大夫说他脑溢血病情极为严重，现仍不断恶化，抢救到晚十时，医治无效，不幸去世。第二天一早，我和李文宜、黄玉琴去史良家慰问。当晚，世明带病和全家来看我，她们是从天安门回来的，谈起天安门的情况，谈到“四人帮”仍在阴谋活动，毛主席病情也在恶化，“四人帮”更有机可乘，我们谈起来都悲愤交集，忧心忡忡。

机关上层人士和干部的学习组，把上面布置的继续大批判搁置一边，谈论起邓小平的悼词和周总理的崇高品德战斗的一生。

春节到了，机关召开全体工作人员大会，尹惠民同志传达公安部关于敌情的报告，并追查政治谣言，要求大家提高警惕过好春节。旧历元旦我在宿舍大院里走访老人。去看了沈谦大夫、廖梦醒、将迈百岁的管易文和李一平、秦柳方家，大家见了面都在怀念起周总理，这些老同志都和周总理有过往来，特别是管老，“五四”时代就和周总理、邓颖超有了联系，廖奶奶的丈夫李少石就是周总理的秘书（被国民党杀害），他们讲了些周总理感人的轶事，讲起来都潸然泪下。

春节期间，多年不见香港“文研”的老友李少芳同志从山西来，特来家看我，我陪她去看了廖奶奶（廖梦醒），谈起来就离不开周总理。杨若余夫归来家，杨是“一二·九”时代的朋友，现在已是建筑方面工程师，谈起国务院宿舍，回忆周总理，这是总理亲自批建的第一座国务院宿舍，杨就是这宿舍的工程师。谈起来大家还是在怀念周总理。

今年春节周总理不在了，人们心情都感到抑郁沉重。所以我想多走走亲戚看看朋友散散心。和国男带着孩子们去史良家,史良喜欢孩子。我们还去了萨空了家见到萨沄和萨石。和国男、国友、丽君去看了邹师母,见到邹家华和叶楚梅。我独自去三不老胡同民主党派宿舍,看看民盟的同志和家属。我还去看了黄鼎臣。所到之处,家家挂有周总理像,人人谈论周总理,我想起法国孟德斯鸠说过一句话:“能将自己生命寄托于他人记忆中,生命彷佛就加长了一些。”可见周总理没有死,他深深记忆在人们心中。

春节过去,恢复了学习,传达了中共中央今年第一号文件。华国锋任代总理,陈锡联主持军委工作。学习讨论2月初《人民日报》发表的文章《无产阶级文化大革命的继续和深入》,这是一篇指导反击右倾翻案风斗争的文章。2月中旬,李金德传达毛主席的多次讲话,主要是讲阶级斗争问题。说阶级斗争是纲,其余都是目;“文化大革命”是干什么,是阶级斗争;一些党干部对“文化大革命”不满,是因为思想还停止在资产阶级民主革命阶段;党内走资本主义道路的当权派现在还在走;对“文化大革命”的看法是三七开,七分成绩,三分错误等等。上层学习组和干部学习组讨论了这篇文章。大家反映极为强烈,特别是周总理刚刚去世,邓小平已被点名批判,这时还强调“文化大革命”的继续和深入,显然是“四人帮”利用毛主席的这些话,加紧抢班夺权的阴谋。

邓小平自从去年主持中央日常工作以来,在多条战线做了一些调整工作。国民经济由停滞、下降逐渐转为上升,大部分地区逐渐安定,成绩是有目共睹的。正因为如此,在周总理去世之后“四人帮”更加积极在全国掀起反邓、反右倾翻案风。雷大姐(洁琼)在学习组上反映北大的情况,说北大、清华大批判组在周总理逝世后,在《人民日报》头版头条发表的《大辩论带来大变化》一文后,又在《红旗》发表了《回击科技界的右倾翻案风》一文(针对邓小平让胡耀邦在科技战线进行调整),为了配合反击右倾翻案风的需要,公映了她们炮制的电影《决裂》。而且她们还放出“白卷英雄”张铁生四处活动,在北京大学大放厥词,说对党内一些老干部要动大手术,要一个个地收拾他们。“四人帮”不但继续攻击周总理、邓小平等人，还攻击胡耀邦和华国锋（张春桥总理没当上，心有不满）。雷大姐还听说“四人帮”下一步有了安排，是想剥下“走资派”的九张画皮。会上大家猜想所谓“九张画皮”除了上面所说的几个人外，可能有其他战线整顿的领导同志。

3 月初统战部刘友法召集统战系统司局级干部传达华代总理在“打招呼会”上的讲话说：“当前，就是要搞好批邓，批邓小平的修正主义路线。在这个总目标下，把广大干部、群众团结起来。”

北京市已在各行业开展反右倾翻案风运动，国男和力平都在准备大批判稿。力平准备在“三八节”那天在 400 人的大会上发言。纪念“三八节”主要也是大批判，有些问题她也搞不清楚，连抄带编，发言稿写得还是很像样的。

3 月中旬去政协参加政协、社院、党派三方面领导小组会，李金德传达统战部领导研究下一步开展大批判的问题。与会的同志反映群众现在一再开展大批判觉得有些脱离实际，脱离群众，大批判难以展开，故决定大批判暂停一个时期。

祖伯光同志从东北来京采访，他是 1964 年在平口村一起搞四清的南开大学的学生，18 年不见了，他已是报社的记者。这次来京特来看我。谈到东北大学情况，他说今年周总理去世后，社会又出现骚乱，派性战斗时有发生，那位沈阳交白卷的张铁生最近又跑到东北。他本人是“四人帮”在沈阳的代理人毛远新给吹捧起来的，所以他到东北就有恃无恐，狂妄自大，到处发表言论，点名批评邓小平和四届人大重新上台的一些老同志，成为“四人帮”的口舌。在群众眼里不过是个跳梁小丑。他还告诉我，听说南京学生也闹起来了，他也想去南京采访。

我和南京一位大学的老同学通了信，想了解南京反“右倾”运动的情况。3 月底收到老同学第一封信，信里说事情发生在 3 月 5 日纪念雷锋日，上海《文汇报》独独删去了周总理的题词。南京大学部分同学联名写信给报社，责问他们居心何在？恰在此时，“四人帮”

在江苏省的代理人拟定一条,市民不准去梅园(梅园新村是中共中央办事处)、不准去雨花台(烈士陵园)举行悼念活动(清明节即将到来)的禁令被泄露出去了。南京大学团总支立即召开紧急会议,连夜通知全校同学做好准备,在禁令出台之前,约有400名师生高举周总理大幅遗像,抬着花圈,列队走在闹市区向梅园出发,一路上群众站在街头肃然起敬。这几天大字报、大标语满街都是:“谁反对周总理就打倒谁!”“揪出《文汇报》黑后台!”“他们正在干着林彪没有干完的勾当”……有些同学,到车站用沥青油在开往上海、北京、成都的各列车上写上大标语;有的同学在热闹地区高呼口号,发表演讲,听众极为踊跃。直到3月31日,事态仍在继续发展中。

3月底,北京群众也开始自发地到天安门广场,在人民英雄纪念碑前敬献花圈、花篮。到了4月初,群众越来越多,花圈已铺满纪念碑到广场两旁,有的朗诵、粘贴诗词,发表演讲,表达对周总理的悼念,也有些人印发悼念诗词以广宣传。

4月4日清明节,悼念活动达到高潮。北京和外地来的群众不顾当时的禁令,集聚天安门广场。声势浩大,群情激昂,据说往来群众有200万人次。

悼念周总理的花圈铺满了纪念碑四周

机关里各党派的同志自发做了一个很大的花圈,结队在天安门悼念周总理,力平和她的战友带着照相机去天安门拍照,国友带着李红也去了天安门参加群众的悼念活动。

清明前一天,机关召开全体大会,传达北京市发出禁令,不要到天安门送花圈举行悼念活动。禁令发出后,天安门人群置若罔闻,盛况依然。天安门是我和国男骑车上下班的必经之路，在天安门广场推着自行车浏览一遍。我看那些群众诗人的悼念诗歌悲壮激昂，如歌如泣，感人至深，读之令人泪下。

4月5日凌晨，天安门广场所有的花圈全部被撤走，诗歌、挽联也都扫除，彻夜守卫花圈的群众全部被捕。天安门广场戒备森严。自清晨涌向天安门广场的群众对此义愤填膺，怒不可遏。数万人聚集广场高喊“还我花圈，还我战友”，群众和天安门执勤的警察、战士发生了激烈的冲突。当时，北京市委第一书记、市革命委员会主任吴德发表广播谈话，说“天安门广场有坏人进行破坏捣乱，进行反革命破坏活动”，他命令“群众应立即离开广场”，反复播放。晚上3000多警察奉命进入广场，用木棍驱逐群众，逮捕了不肯离开的群众（两年后，新华社播发逮捕的388人经全面审查，没有一个反革命分子），造成天安门“四五事件”。

4月7日当晚，我们听到电台广播中共中央的两个决议，都是根据毛主席提议，中央政治局一致通过的：一个决议是“华国锋同志任中国共产党中央委员会第一副主席，中华人民共和国国务院总理”；另一个是“撤销邓小平党内外一切职务，保留党籍，以观后效”。第二天中央发出通知，要求各省市、自治区立即召开群众大会，宣读两个决议，牢牢掌握批邓大方向，进一步开展反击右倾翻案风的斗争。同时逮捕天安门事件的积极参与者和“幕后策划者”，有些被判了徒刑。

这时我接到南京老同学的第二封信，接着上封信讲了4月初悼念总理的情况。几乎每天都有千人以上学生群众队伍抬着花圈走在繁华地区（如新街口、鼓楼、中山东路等）示威游行，走到梅园新村或雨花台举行悼念活动，在雨花台送花圈的人每天约有14万余人。清明前那天是星期日，各机关单位学校破例不放假，照常游行、贴大字报、大标语、送花圈。即使中央通知下去之后，在雨花台的每天仍有七八万人。南京的斗争已经到了白热化，大字报、大标语、发传单，喊口号已公开点名道姓，喊出：“打倒江青！”“打倒大野心家、大阴谋家张春桥!”“打倒张春桥,消除隐患,挖出定时炸弹!”“捣毁《文汇报》土围子!”在南京人民英勇斗争的带动下,江苏省这片大地上,声讨“四人帮”的熊熊烈火已遍地燃烧起来了。

中央两个决议公开发表之后,群众的怒火未消,但学校、机关在“四人帮”淫威压制下从4月8日起不得不改变了态度。全市工人、学生上街游行拥护中央的两项决议,民主党派机关也贴出拥护两项决议的大字报。第二天,机关全体人员乘三辆大卡车到天安门参加全市各机关单位大游行。4月10日下午,统战系统十几个单位在政协大礼堂召开拥护中央两项决议,声讨邓小平罪行大会。13日,政协学习领导小组召开民主人士集会,拥护中央决议,声讨邓小平罪行。

机关领导小组临时召开扩大会议,尹惠民传达统战部开会内容,主要是防止传谣,严密追查谣言,接着各党派小组开会,追查政治谣言和去天安门抄录“反动”诗词,大家会上都表了态,我在会上也表态:我作为领导小组成员、共产党员,遵守支部决议,对同志们去天安门送花圈,进行悼念活动,不组织、不阻止,去看了诗词,这是当时我的真实情况。

丽君从上海回来,则孙从宜昌回来,她们谈谈当地在斗争中悼念周总理的情况,特别是上海斗争更加激烈,未料一夜之间,二个决议形势大变,人们心里还转不过弯来,江青就在大喊“我们赢了”。“四人帮”及其爪牙们更加疯狂起来。

五一国际劳动节,高士其全家突然来家探望,他不便下车,我们在车外和他见面,他问候家里每个人,特别问候国男的奶母。我们用藤椅把奶奶抬下来见了面。40年前高士其回国后,病已发作,身体活动不便,住在公朴先生上海家里由奶母侍候,高士其一直念念不忘,两人见面都十分激动,互相问候(由高的夫人翻译),异常亲切。高士其抖抖颤颤地在纸上写了几个人的名字,问候他们的近况并要我们代他致意。谈了十几分钟,真是一次不平凡的会见。

上层人士学习组一直还在学习,对于批邓反击翻案风、追查政治谣言已感到厌倦，谣言追不出来，批邓也无话可谈，大家聚在一起，交流交流每个人的情况，议论议论社会上的见闻，学习流于形式。一天华罗庚突然来参加学习，本来他是这个组（第二组）的成员，平时很少来参加，这次来大家非常欢迎他，都想了解他的情况。他说，大概因为我是搞数学的，所以受到冲击少些，特别感激周总理对我的保护，胡耀邦对我的支持。所以这几年除了跑医院（患有心脏病）就到全国各地跑，组织几个学生成为一个小分队跑农村、跑工厂，推行"双法"（统筹法和优选法）。在河北省保定胶卷厂普及"优选法"，提高了生产效率和质量，作出成绩普遍受到欢迎。他谈到周总理的去世，邓小平受到批判和处分，他很难过。最后他给大家背了一首109厂的工人在天安门的献诗："红心已结胜利果，碧血再开胜利花，倘若妖魔喷毒火，自有擒妖打鬼人。"其实华罗庚也是个诗人，去年他在医院时我们去看他，他说他写信向毛主席汇报他普及"双法"工作，毛主席回信称他为"同志"，他非常兴奋，便在病床上写了一首词。他背给我们听："无声霹雳破迷雾，明镜照出白骨妖。休道她，仗势欺人多显赫，下场来，纸船明烛照天烧。"

5月7日上午，机关召开全体干部职工大会，纪念毛主席发表"五七指示"10周年。尹惠民传达统战部刘友法、童小鹏在昨天紧急会议上传达公安部的紧急电话通知，坚决追查"总理遗言"和反革命政治谣言。下午各学习组开会追查检举和揭发。开会两个小时追查毫无结果。3天后机关又召开全体党员大会，传达中央11号文件，内容是说邓小平的照片、言论不能发表。接统战部值班室电话通知，为纪念"五一六通知"发表10周年，各单位要举行纪念活动。

5月16日，早晨听广播，两报一刊编辑部发表《文化大革命永放光芒》纪念"五一六通知"发表10周年。上午机关召集全体大会，李文宜、于国屏，刘德祥三同志代表领导、干部、工人在会上讲话，接着全体干部唱了练了三天的新歌《新生事物好》，会后放映《春苗》。下午学习组学习"五一六"通知和两报一刊文章，实际上是走了过场。

政协举行爱国人士学习组联组会，批判邓小平修正主义路线，并纪念“五一六”通知发表10周年。

5月下旬机关干部先后举行两次批邓，要求领导成员带头第一个发言，刘庆森带头，还有钱开泰、李德林、黄景钧、丁玉华。第二次我和王燕君带头，还有杜丁文、孔晓冬、余伯雄、彭玲。自己选定批判题目。我是批邓小平“唯生产力论”。实际上邓小平主持日常工作之后，多方面进行调整，生产力确有不小的发展，这是连“四人帮”都不能否认的，现在只能批个“唯”字。我引经据典，参考了批判邓的“唯生产力论”的文章，牵强附会起草了一篇发言提纲。第二次全体大会上我首先发言，先肯定邓小平在主持工作中生产力确是有了提高，但批邓主要的错误是“唯”生产力，批他“经济主义”“福利主义”，也引用毛主席说邓是“只抓生产，不抓革命”，集中批“唯”字，我在台上讲了一个多钟头，看见台下有些同志走来走去，似乎有些听不下去，不耐烦的样子。我在台上讲，也不知能不能自圆其说。我讲完了，看看同志们似乎轻松了许多。

6月初政协再次举行民主人士学习联组批邓大会，发言者杨东莼一人讲了两小时，尚未尽言，实际上主题并不是批邓。接着96岁的王葆真亲自登台发言。几天后原班人员又开了一次批邓大会，发言者有华罗庚、程思远、荣毅仁、徐萌山和经叔平等人。会后有人在议论“批来批去还是那一套”“我们就是驯服工具，跟着走就是了”“政协、统战部还不也是驯服工具”。

6月中下旬，领导小组组织两批干部职工数十人，到沙河干校支援麦收和插秧，我随大家凌晨三时开车去干校。有的割，有的捆、装运，有的打场，忙了一天。第二次是另外几个党派干部职工去插秧，也劳动了一天，我听到有人说：“宁可劳动一天，也不愿批判一次。”“都想找自由，不愿找别扭。”实在大批判太令人厌烦了。

7月1日两报一刊庆祝党的诞生55周年，发表社论《在斗争中建设党》。社论里引用了过去讲过的话：“这些走资本主义道路的领导人是已经变成或正在变成吸工人血的资产阶级分子，他们对社会主义革命的必要性怎么会认识足呢？这些人是斗争对象，革命对象。”社论里鼓动群众进行斗争，并进一步深入开展大批判。当天党小组、各学习组开会学习“七一社论”并要求结合大批判。所谓斗争离不开大批判，大批判离不开邓小平，既使他已经撤销了一切职位，“四人帮”还是把他当成“众矢之的”“万恶之源”。“四人帮”一伙正在积极鼓动全国上下进行斗争。7 月 6 日晚，我们听到中央电台广播朱德总司令（当时已是全国人大常务会委员长）在北京逝世的讣告，全党全军和全国人民深为悲痛。他为争取人民解放事业和共产主义事业的胜利，贡献了毕生的精力，建立了不朽的功勋，受到全国人民的衷心爱戴。8 日上午我和刘庆森在统战部集合，一起去北京医院向朱委员长遗体告别。

11 日下午我们又参加朱委员长追悼会，党的第一副主席华国锋致悼词。这天也是公朴先生殉难 30 周年，民盟中央每年的先烈殉难纪念日，文革以后就停止举行了。晚上恰巧公朴先生老朋友张光年、阿蕙夫妇和李孔嘉来看我们，又正好是星期日，国友、丽君都从南口回来，孩子们和菁华也都在家，我提出这是个值得纪念的日子，我找出一张公朴先生在晋察冀边区和朱总司令接见外国记者时的照片。大家坐在一起就成了对公朴先生和朱德总司令的追思会。特别是对孩子们教育意义很大，上了一堂政治课。

朱委员长追悼会开过不久，就有人窃窃私语说朱是“四人帮”有意害死的，说朱老总虽年九旬，身体甚好，在人民大会堂开会时，“四人帮”把室内冷气调得很低，朱老总回家就感冒发烧，入医院后就突然死亡。这些是否真实可靠，谁也无法证实，但也说明群众对“四人帮”的憎恨，不信任的程度已到了如此地步。

我参加民盟、致公党学习组，讨论资产阶级法权问题。林亨元引用马克思主义来解释这个问题。突然一位造反派站起来大发脾气，拍桌子，批评林亨元是用马克思的话来反对资产阶级法权。大家听了莫名其妙，林亨元没有反驳，学习会也就散了。会后，林亨元对我说：“这还是北大法律系大学生，蛮横无知，造反无理，不值一驳。”

我参加上层人士学习组，上面指示继续追查谣言，特别是追查

“总理遗言”延长一周,大家无话可谈,会上有人提起鲁迅的《谣言世家》,有了话题,大家谈起来很有兴趣。

我已决定参加第二期干校轮训班,月底或下月初出发。

今年我国天灾人祸接踵而至。7 月 28 日凌晨 3 时 45 分,突然发生了强烈地震,我们大院居民立即离开大楼到院中心躲避。一直余震不断。我和国男骑车上班,一路有些大楼发生裂痕,有的房屋墙壁倒塌,据说最严重的是王府井的百货大楼。我到了机关,实际上已自行放假。领导小组还有同志去。我们商量做了一些安排后,中午回到家里,上面通知还有强烈地震,居民自动搭棚作为抗震准备。国男下班,用自行车带了一些医院里发的木桩,我们用木板、大木床、塑料布搭了个棚子。晚 7 时又是一阵余震,我和国男整夜在棚里。夜深了,孩子和老人回到房间。一阵大雨,院里的人都被弄得狼狈不堪。

清晨听广播,知震中心在唐山中南地区,震级 7.8 级,并涉及天津、北京。震中心地区的人民生命财产受到巨大损失。我到机关,机关领导小组开会,组织一些干部尽快了解同志们家里的情况,有些什么损失和困难,并做了一些布置。

这两天随时有通知,随处有些传说,一阵阵紧张弄得人心惶惶。大家都想方设法在院里搭窝棚。

民革秘书长甘祠森同志的女儿、女婿从唐山死里逃生,三天三夜骑车到天津,再搭火车回北京。据他们说,这是一次毁灭性的地震,整个唐山城一片废墟。据报载,唐山这个百万人口的中等工业城市,这次 7.8 级强烈地震,约计死亡 24 万多人,重伤 10 万多人。造成如此重大伤亡,在中国历史上是罕见的。这几天,北京对外电话不通,我很关心天津家人的情况,正好家毅(我的侄子)有事到北京,来谈天津情况,要比北京严重得多。有些房屋倒塌,王陶住的房子倒了一面墙,所幸王陶和他家人都很平安。现在家家忙着找地方搭棚子,市面上和红卫兵上街反四旧时一样的紧张。

我去看了我们院里的三位老人:沈谦大夫、将近百岁的管易文和廖奶奶(梦醒),他们都很关心地震的情况和朋友们的安全,他们都是心态平和,对个人安危置之度外。

我和李大姐(文宜)去看了几位党派的领导人。有的家里安排得很好,不需我们帮助。史良已去了上海;雷洁琼正准备飞往广东;去看看闻师母,她去了孩子家,也有人照顾了。我们还去看了胡愈老,他住四合院,他和沈兹九都有安全感,也满不在乎。愈老听说金岳霖一个人在家无人管很狼狈,要我去看看他。下午我去了金岳老家。他孤单一人确是毫无准备,我知道他和梁思成有深厚的友谊,梁的儿子把金岳老视为亲人。我去找了梁的儿子,在他帮助下妥善地解决了金岳老的安全问题。

北京市当局一再通告市民:“立足于震、立足于大震、立足于北京大震。”但对市民防震没有具体措施,弄得人心惶惶,增加了紧张气氛。

到了8月中旬,中央抗震救灾指挥部办公室通知,地震形势减弱,最近北京无发生较强地震可能,逐渐恢复了正常。我去统战部开会传达吴德讲话,街道窝棚一律拆除,明日起机关恢复办公。机关开始学习,继续批邓。我本决定参加第六期干校轮训班,8月15日进校,而我作为领导小组成员暂不参加,留机关轮流值班。并决定党小组开会过组织生活,总结在地震期间个人思想活动和表现,开展批评自我批评。

我于8月19日到沙河干校参加轮训。这次我作为普通一兵,未参加党内外任何职务。我准备这次除参加劳动外多读些书,带来几本理论书和翻译小说。

这次各党派来干校的共22人,分两个小组,一是维修加工组,一是大田组。我参加大田组。大田组支部书记还是李志平,大队长是高海文,这一期轮训班的校长是统战部党派处的王任。

进了干校就开始劳动,每天下稻田拔稗子、锄草、积肥、起土垫圈,装发动机抽水,晚上看电视,同屋几个人聊天,伙食也不坏,生活得惬惬意意。

进校两个星期,我看了一本书,是美国波伦的《身居要职》,中心思想是人与人之间的关系本质上是阶级关系。一个普通工人利用各种手段变成了官僚资产阶级,地位变了,和周围人的关系也就随之发生了变化,从这里引起了许多惊人的故事,有些情节和我们解放后有些人的情况相似的。

除了劳动锻炼之外,还要学习文件,深入批邓。8 月底王任召开全校会议,传达中央 13 号文件,要抓好学习,进一步深入开展批邓。会上布置了 9 月份学习和批邓计划。星期日回家,和天津王陶通了电话,家人都很平安。菁华参加中央组织的赴朝访问团,她请了访问团的团员李秀明(《春苗》电影里女主角)和常香玉(豫剧名演员)来家晚餐。李秀明和天津有亲属关系,我们谈起来就更亲切一些。两位明星来家,家里顿时热闹起来,我们准备了酒,为她们祝贺。后来因中朝两国出了边境问题,访问团没有去成,力平和李秀明成了好朋友,一时成了我们家的常客。

9 月初,学校安排学习《人民日报》社论《深入批邓、抗震救灾》。社论说:"党的机会主义头子,总是利用自然灾害造成的暂时困难,扭转革命方向,复辟资本主义。"社论发表后,"四人帮"又印发了邓小平起草的但并未公开发表的三个文件:《论全党全国各项工作的总纲》《关于加快工业发展的若干问题》《关于科技工作的几个问题》。按语说这是"三株大毒草""邓小平修正主义纲领的产物""邓小平复辟资本主义的政治宣言"。印成小册子,广为发行,要求人手一册,深入批判。

不久,我收到第 9 期的《学习与批判》杂志,这里有一篇署名戚承楼的文章《地转实为新地兆——读洪秀全的〈地震诏〉》,文章称《地震诏》是"宣言书""声讨书""进军令",说"地震是摧毁旧世界、诞生新世界的征兆",应该"热烈地欢呼自然界和社会的大变动""创造出一个新天地新世界"。同时听到"四人帮"一伙在一次会上叫嚷:"唐山地震不过是一百万人的事,批邓是八亿人的事。""不能拿救灾压批邓。"我们在学习组讨论邓小平的《三项指示为纲》,大家认为这三项指示是调整各方面的好政策好纲领,对"四人帮"一伙不顾地震造成的几十万人的灾难,反而利用自然天灾为他们篡党夺权制造舆论的阴谋更加痛恨。到这时他们已完全露出凶恶的嘴脸,失去了全国民心。

9月5日是旧历中秋节,大田组的同志砍了一天玉米梢。晚上,有意地去吴美珍、方英、刘福珍的房间过中秋节。因为刘福珍在唐山的家属已证实了30余人,伤亡20余人,她非常悲痛,但仍坚持劳动。我们借着中秋节去她那里聊天,给她开开心。当时还约有孔晓冬、施淑贤、李志平、赵天奇、孟庆厚等人,有人带着酒和花生,大家热热闹闹地度过中秋节。大家心照不宣,看来刘福珍已感受到同志们的关心和安慰。

转天,9月9日,上午我们正在学习,听到学校广播说,今天下午4时全体学员集中礼堂听重要广播。大家有多种猜测,也有不少疑虑,我很担心,怕又是凶多吉少。

下午3时30分,王任先召集19级以上的党员开紧急会议。会上传达中央紧急通知:伟大的领袖和导师毛主席于今日上午不幸逝世,全场放声痛哭。

下午4时,全体学员集中礼堂肃立,收听中央电台广播中共中央、全国人大常委会、国务院、中央军委的告全党全军全国各民族人民书,极其沉痛地宣告,伟大领袖和导师毛主席不幸逝世。全场立即一片哭声,晴天霹雳一声,震动了全中国全世界。下午到晚上,一遍一遍地放广播,很多同志,默默无言,沉痛哀悼。

干校布置灵堂,我们轮流守灵。根据中央规定哀悼到18号。干校编了一期悼念壁报,我也写了悼念文章。接到统战部通知,9月11日上午在人民大会堂吊唁毛主席,瞻仰遗容。人数不限,但严格要求政治条件。当晚机关车子开来,我们20几人进了城。先到机关,机关连夜设置灵堂,很多同志作纸花编花圈。第二天上午10时在天安门华表下集合,11时30分进入人民大会堂庄严肃穆的吊唁大厅,走近毛主席遗体,瞻仰遗容。大厅里的哭声掩盖了哀乐,人人沉浸在极度悲痛之中。走出大厅,回到家里,国男、菁华也从人民大会堂吊唁回来。今天是星期六,国友、丽君和力平也都回来了。晚上看电视新闻,我们全家在电视前吊唁了毛主席。大家心情感到十分沉痛。沉痛之余,都担心"四人帮"将要加紧篡权,邓小平等一批老同志的命运,国家的前途将要出现什么样的局面?

9 月 18 日下午 3 时,天安门前广场举行百万人追悼大会,干校 45 名学员参加。我们先到统战部集合,然后列队到天安门广场。我们排在革命博物馆门前,远远看到天安门前临时搭的主席台上,江青身着黑衫,头披黑纱,沉着脸,不知心里在想什么。

毛主席逝世后,于 9 月 16 日,两报一刊发表题为《毛主席永远活在我们心中》社论。社论说:"毛主席嘱咐我们:按既定方针办。""永远遵循毛主席的教导,坚持以阶级斗争为纲,坚持党的基本路线、坚持无产阶级专政下的继续革命。"《光明日报》《文汇报》《解放日报》《学习与批判》等报刊也大肆宣传毛主席临终的嘱咐"按既定方针办"。都把"按既定方针办"用在头版正中显著地位登出。第十期《学习与批判》杂志还登出《按毛主席的既定方针办——上海一千万人民的战斗誓言》全文充满了炮火烟硝气味。

我参加上层人士学习组,大谈"按既定方针办"问题,有人分析,

天安门广场举行百万人大会追悼毛主席

报纸上连篇累牍反复宣传“按既定方针办”，说明毛主席逝世后，“四人帮”怕老帅们把邓小平再抬出来，所以提出一个“既定方针”。把自己扮成毛主席最忠诚的继承人。据说王洪文已通知各省市自治区，重大问题向他们及时请示汇报。雷大姐反映“四人帮”一伙在北大、清华布置一些人给江青写“效忠信”“劝进信”，甚至有人提出江青担任党中央主席、军委主席。江青还到清华大学讲话，强调“按既定方针办”就要把邓小平批深批透，批倒批臭。江青还谈到女人在历史上和社会中都起过重要作用。说西太后，名为太后，实际上是女皇帝等等。据说她的标准像已经准备好了。

10月1日国庆节，新中国诞生27年，中央通知今年国庆不组织游园活动，各单位举行座谈。上午我去机关，参加全机关的座谈会，领导小组、支部以及各学习组织，共有10人发言，我发现今天的发言有些特点，他们是用自己的头脑在讲话，无所顾忌，讲了真话，颇受大家欢迎。

国庆节过后，我准备回干校，胡愈老和李大姐要我留下一起研究胡愈老在政协联组会上的发言，发言内容是学习悼念毛主席的三个文件，不谈批邓，不谈“按既定方针办”，不谈“四人帮”的那些论调。主要的是歌颂毛主席几十年的丰功伟绩，使我们抱着充分的信心和希望。写出了草稿，在上层人士学习组上听取大家的意见，又作了修改。政协召开悼念毛主席的联组会，我已回到干校。

10月上旬，我们正在大田里洒肥，听到新闻广播。内容是：中共中央、人大常委会、国务院、中央军委会决定建立毛主席纪念堂，中共中央决定出版毛泽东选集第五卷，并筹备出版毛主席全集。田里的同志发出了欢呼声。校领导即刻写出大字报，拥护党中央的这项决议。下午学校领导小组召开全体党员大会，传达中央15号文件，中央决议任华国锋为中共中央主席，中共中央军委主席。接着召开全校大会传达中央15号文件，会后写大字报表示拥护。

我们听到中央这两项决定之后，就风闻“四人帮”已被逮捕。我收到通知，15日前要我赶回城里参加政协领导小组召集统战系统各单位负责人开会，由李金德传达华国锋 10 月 7 日关于“四人帮”阴谋篡党夺权，已于 6 号晚逮捕了“四人帮”经过情况的讲话。说是华国锋和叶剑英、李先念最后决定的，汪东兴执行的。并要求各单位检举揭发“四人帮”罪行。接着中央正式公布了粉碎“四人帮”的消息，人们兴高采烈奔走相告，全国立即一片欢腾。“四人帮”在上海妄图发动武装叛乱的阴谋，顷刻瓦解。

首都人民在天安门广场庆祝粉碎“四人帮”

我回到干校，有的同志带来螃蟹（横行霸道）和酒，大家痛饮。庆祝十年“文化大革命”的结束和全国人民第二次解放。22 日全校举行大会，庆祝华国锋任中共中央主席、军委主席，庆祝粉碎“四人帮”及其爪牙们的伟大胜利。会后鞭炮齐鸣，全校一片欢腾。晚上看电视，首都各界 130 万人大游行。军队打着大旗，敲锣打鼓，老将军、部长们走在前列。全市万人空巷，街上群众和游行队伍高喊口号。电视广播说，庆祝游行连续三天，24 日下午在天安门广场召开百万人庆祝大会。23 日下午，我回家见到菁华，她已从上海返京，她说团里（芭蕾舞剧团）有她的大字报，主要是她主演《红色娘子军》（江青八个样板戏之一），有人怀疑她和江青的关系，团里也有人怀疑她写过“效忠信”。她感到很冤枉。我告诉她，男主角刘庆棠已被捕，这就说明你和他的性质不同，和江青没有政治关系，也没有私人关系，是凭你个人的优越条件作主演的。刘庆棠是江青、于会泳（当时的文化部长）的爪牙。鼓历她挺起腰板，理直气壮地揭发她们，斗争到底。我们想到秀明演了《春苗》，会不会也受到了电影界人们的歧视？

24日，我去统战部集合，部里发给我一张上观礼台的请柬。下午2时，我们50人乘车到天安门，我和几位同志上了观礼台，看到广场百万人红旗如海呼声震天。3时大会开始，吴德讲话后，工农兵代表讲话，一个多小时结束。百万人民高呼口号离开广场。晚上看电视，全国各地以各种方式庆祝大游行。这是全国亿万人民的庆祝大游行，坚定信心"要扫除一切害人虫""敢教日月换新天"。26日我回到干校。

离年底还有两个月，除了大田作业外，就是大会小会揭发批判。大家很感兴趣的是听些、看些群众揭发出来的"四人帮"和他们的爪牙们的有关材料和劣迹，包括一些丑闻。大家争着传抄。我抄了《红都女皇》几十页材料，装订成册，还有一位外国女记者采访江青的对话，这里充分暴露了江青一心想学武则天的野心。还有一些从张春桥到小丑张铁生在各地的阴谋活动，包括上海王洪文组织民兵企图武装暴动等等材料。互相传抄，广为宣传。

时已冬至，我们宿舍煤火生得旺旺的，同屋六人都很善谈，特别是九三学社的牟小冬，虽不是我们宿舍的，但他几乎每天来聊天。他知识渊博，消息灵通，谈话幽默风趣，大家都欢迎他。每天晚上拿出二锅头，吃着我们自己种的花生，大家聊起来山南海北，舒心畅怀，我们这里出现了毛主席说的"既有统一意志，又有个人心情舒畅的政治局面"。

11月底人大常委会开会。几天前胡愈老把我召回来留下几天帮助准备在会上的发言稿。他的想法不是揭发"四人帮"，而是讲中国产生"四人帮"的根源和"四人帮"粉碎后中国需要发扬民主建立法制，才能建设社会主义国家，才能走上富强之路。草稿整理出来以后，愈老约赵朴初、王芸生、陈此生、杨东莼、李文宜在成都饭店吃饭时讨论稿子，听取意见后我们又作了一些修改。人大开会时我已回到了干校。12月2日晚上电视新闻广播，人大常委会闭幕，增选邓颖超为人大副委员长，免去乔冠华外交部部长职务，任命黄华接任。后来冯亦代告诉我，他和乔冠华是老朋友，他很了解内情，说乔被免职是冤枉的。

一天晚上，电视直播诗歌朗诵音乐会，王昆、郭兰英一些著名演员登台演出，王昆唱了几支延安时代的革命歌曲。很久没有听到了，听了感到异常亲切。郭兰英唱了一首“绣金匾”，这是歌颂周总理的丰功伟绩的，台上台下以及我们这些电视观众一片哭声。后来，郭兰英每唱一次，听众都是流着眼泪听的。

一个星期日，我回城，第二天和国男去看了周巍峙，王昆不在，周谈到王昆曾三次被“四人帮”隔离审查，两个月前才解放出来。现在每天忙于排练新年演出，又谈了文艺界的情况。被压抑多年的文艺战士们都起来忙于创作，被查禁的电影、书刊也都解放出来了，打破了八亿人民只有八个样板戏的局面。过去听不到看不到的东西又回到人民群众之中，文艺界又将要出现一片欢腾的景象。

12月26日纪念毛主席83周年诞晨。各报重新发表1956年毛主席的《论十大关系》一文。干校立即组织学习讨论，并请人辅导。大家学习讨论，与十几年学习该文没有感觉到有什么特别的新意。

除夕之日，我们全家团聚，晚上看电视，新编大型歌舞史诗《东方红》。被“四人帮”打击、关押的演员们如刘诗昆、王玉珍、王晓棠、常香玉以及王昆、郭兰英等出台演出。大家都感情奔放地歌唱毛主席、周总理以及已故的老革命家，同时也同声控诉“四人帮”。我们也满怀激情，悲喜交集直看到深夜，听到除旧迎新的钟声，迎来了新的1977年。

第四部分　1977 年—1996 年

“解放思想，实事求是，团结一致向前看”

1977年　61岁

两报一刊社论推出“两个凡是”　中共中央决定修建毛主席纪念堂　《毛泽东选集》第五卷出版　随胡愈老参加中央代表团赴内蒙庆祝内蒙古自治区成立30周年　党召开十一届全国代表大会

“四人帮”被彻底粉碎了，十年灾难也随之结束。北京和全国各地人民欢欣鼓舞举行庆祝大游行。接着各部门各单位声讨、揭发“四人帮”的滔天罪行。亿万人民感到这是第二次解放。历史翻开了新的一页。

在庆祝1977年到来的时候，人民都在缅怀周总理逝世一周年，还像去年一样，成群结队地到天安门英雄纪念碑前献花圈、献悼诗。当时我还在沙河干校，当我们每次在广播里听到郭兰英唱《绣金匾》时，我们宿舍里每位同志都已泣不成声了。

不久，听到传来的消息说天安门、长安街出现了大字报，除了纪念周总理之外，提出了一些带有政治性、理论性的一些问题，问题越谈越深，大字报越来越多，互相争论，思想非常活跃。我们在干校，每天除了规定要干的农活和修建之外，就是小组学习座谈。上面指定要学习毛主席的《十大关系》，但大家的注意力还是转移到天安门的大字报，特别是当时的小道消息、传抄的材料。不管是谁传的、哪里带来的都觉得新鲜。不久，干校传达了中央5号文件，是打击、追查政治谣言，大家又紧张了一阵，但满天飞的小道消息查来查去也查不出什么名堂，结果雷声大雨点小，一阵风就过去了。

2月7日，两报一刊发表了社论《学好文件 抓住纲》。社论里提出"凡是毛主席作出的决策，我们都坚决维护，凡是毛主席的指示，我们都始终不渝地遵循"（后来简称为"两个凡是"）。这篇社论引起了社会各界议论纷纷，在党内也展开了激烈的争辩。有的同志追忆毛主席逝世后，我们国内政治生活中有哪些事情是违反了毛主席的决策和指示？有的同志说："大概粉碎'四人帮'是搞错了。""那么这场'文化大革命'还要继续搞下去吧！"

我在干校6个多月的轮训生活结束了，又回到机关恢复上班。

在那十年灾难的日子里，我们家，我和国男、国友、丽君以及孩子们，庆幸先后平安地回到家里，只有母亲永远离开了我们。她在民盟机关，只是靠边站，没有挨过斗，几乎连大字报都没有，人们说她是"文革"中的逍遥派。但事实上她哪有一天逍遥过，儿子在南口军事机关里关进了猪圈，不许回家。女儿国男带着80岁的老奶奶和两个女孩子，迁居江西，在江西北京医院干校期间，被打成了"五一六"现行反革命，不许写信。我在湖北干校，虽然被解放了，但还要插队，接受贫下中农再教育。家里母亲一人，当时她每天的心情谁都可以想象得出来的，哪能有一时一刻的逍遥。1972年两次心脏病发作，装了起搏器得以维持。最后患了脑溢血，成了植物人，儿女们回来轮流看护，她睁着眼睛不认识亲人，躺了十个月一语未发，就这样的去了。讣告上说她是"因病医治无效不幸去世"，在那个灾难的年代里，有多少像这样"正常死亡"的父母，谁能说得清。

当时我们大家担心的是菁华和秀明。在江青"极盛"时代，菁华演了《红色娘子军》的吴清华，秀明演了《春苗》，她们也为此红极一时。现在江青倒了台，舞剧团给菁华和几个主要演员出了大字报，团里有些会也不通知她们参加，但她们都很自信，没有和江青个人有任何往来，不会受江青牵连的。

力平由三建公司，因国男托中央保建局局长的关系，调到中华医学会在会刊任编辑干事，后来又担任团的支部书记，她确实有了很大的改变。

我回到机关,又恢复了上层人士第二学习组学习。我们这个组有个特点,是个“自由论坛”。不管上面有学习计划、学习安排,指定学什么、批什么,而大家的发言是言论自由的。组长胡愈之、副组长杨东莼都是敢说真话的人。谢大姐(谢冰心)每次发言幽默又风趣,而且是用文学语言来发挥自己独特的见解。雷大姐(雷洁琼)是位政治学教授,民主运动的斗士,思维清晰,理论性强,有演说天才,善于说理斗争。还有李文宜、张毕来、葛志成等同志。大家在学习组里,讨论当前重大问题,能思想见面,敢于说出自己的心里话,这也是几年来大家聚而不散的主要原因,我在这些老师面前当个学生,确实学到了大学学府里所学不到的东西。

中共中央决定在天安门广场修建毛主席纪念堂,军代表组织民主党派上层人士和干部数十人前往参加劳动。到天安门集合后,先绕主体工程一周,然后在正阳门东侧锄土、拆房。参加劳动是一种政治待遇,凡是历史上有问题,或正在接受政审的人均不能参加。参加劳动的人会产生一种荣誉感。

3月下旬,政协组织党派上层人士学习联组大会,揭发批判“四人帮”罪行。发言者有钱昌照、孙起孟、屈武、费孝通、罗涵先、朱洁夫等十余人。4月下旬,连续三个半天参加统战系统召开的批判大会,在民族宫礼堂举行。发言比上次人数增多。

4月14日,《毛泽东选集》第五卷出版。第二天上午政协举行上层学习组联组会庆祝五卷正式出版发行,大会由许德珩主持。军代表刘友法宣读《中共中央关于学习〈毛泽东选集〉第五卷的决定》,政协、统战部领导成员李金德讲话,然后各学习组组长讲话。赵朴初朗诵诗,沈雁冰授“红宝书”,大会后分组举行座谈。学习组成员每人得书一册,与会人员皆大欢喜。

4月30日,华国锋发表题为《把无产阶级专政下的革命继续进行到底——学习〈毛泽东选集〉第五卷》文章,党派上层人士学习组和机关干部学习组响应中央号召,立即投入学习华主席文章和毛选五卷的热潮。我参加上层学习组,也参加干部学习组(民盟和致公党），在这段学习讨论中，除了"文章""五卷"以外还结合两报一刊"社论"，逐渐听到了一些不同的意见。首先在"自由论坛"组里有人提出来"究竟'文化大革命'结束了没有？""冤假错案是否能够落实政策？""毛主席讲的话，有的自己都没有做到，我们怎么'遵循'？"…… 感到困惑和疑虑的人越来越多了。上面领导学习的人认为党派里的学习出现了"混乱"现象。

6月间，菁华重返舞台演出了。秀明也去河南拍摄《大河奔流》担当主角。我们为她们恢复艺术生活而庆幸。

7月22日，中共中央发表了召开十届三中全会的公报，使大家最注目而最感兴奋的是，会议一致通过了《恢复邓小平同志职务的决议》。这个决议使大家减少了一些疑虑，增加了几分信心。8月中旬，中共中央召开第十一届全国代表大会，华国锋主席作了《工作报告》，邓小平作了闭幕词，他强调党一定要恢复和发扬群众路线、实事求是、批评和自我批评以及谦虚谨慎、戒骄戒躁、艰苦奋斗、民主集中制等优良传统和作风。在十一届一中全会上邓小平同志被选为中共中央副主席，举国为之欢庆。

7月29日，我接到统战部通知，要我陪胡愈之参加中央代表团去内蒙，庆祝内蒙古自治区成立30周年。全团到京西宾馆集中，第二天上午出发。当晚召开全团大会（共40人），伍修权主持，团的秘书长吴庆彤报告访问的日程和活动安排，胡愈老和张冲都是副团长。第二天去西苑军用飞机场，路上和蒋南翔同车，他知道我是天津人后，我们一路就大谈天津往事，特别是"一二·九"年代的学生运动，他是"一二·九"运动的领导者，就是当年我们的带路人。9时40分登上三叉戟起飞，将近一小时到达呼和浩特。尤太忠和党政军领导人到机场迎接。沿途数十万各族人民夹道欢迎，一路和荣毅仁同车，闲谈起两个星期前党派上层人士学习组一起参观过一个工业展览会，他对这些展览只见展品，社会上不见产品，意见颇多。

到了新城宾馆集中，内蒙古负责人介绍活动日程和访问参观内容。8月1日参加了内蒙古自治区成立30周年和八一建军50周年庆祝大会，尤太忠讲话，陈锡联代表访问团致辞，宣读全国各方面贺电，然后数万人群众游行，这是我们主要的任务，半天完成了。其余活动就是参观、访问、游览，参加宴会、观看各种演出。我们参观了工业、农业成就展览会，访问了一些社会名流、劳模先进分子。我们还游览了昭君墓，看了董老（董必武）在昭君墓题的诗："昭君自有千秋在，胡汉和亲识见高。"解说员告诉我们江青曾对王昭君写过评语，说她是个"卖国投降的女人"。我们再读董老最后的两句诗："词客各摅胸臆懑，舞文弄墨总徒劳。"最后董老就像是对江青所写的。

内蒙古王昭君墓前董必武题诗碑　　　　（王健摄）

8 月 3 日，胡愈老和张冲同志带一分队去包头，住树木丛林的青山宾馆，这里胜似江南景色，幽雅而安静。在宾馆里朝夕和胡愈老在一起，有时也去和张冲聊天，张老在昆明是公朴先生挚友，1949 年来北京参加政协会议，后被选为政协副主席，定居北京，我们也成了忘年之交。

在包头期间，我们参观了包钢的轧钢、压钢、无缝钢管的三个车间，参观了稀土金属展览，观看了高射炮九师的实弹演习。包头是我国重工业基地，"文革"期间，生产受到严重破坏，已面临崩溃，今年情况略有好转，工人们决心开足马力学大庆，拼命大干攀高峰，以优异成绩迎接党的十一大的召开。

大家特别感兴趣的是包头的“稀土”，旧社会这是“稀少之土”，其实是一种金属元素，解放后探明我国的稀土资源是世界资本主义国家储藏量的总和还要多几倍。特别是内蒙古的稀土矿床为最大。包头矿经高炉冶炼所得的稀土原料，是我国自力更生研究出来的一种独特的生产工艺，对我国的冶金工业、机械工业作出了重要的贡献。

五当台寺庙　　（王健摄）

张、胡二老和团员们兴致勃勃地访问了牧区蒙古包，游览了五当台寺庙，该庙是仿效西藏布达拉宫修建的。陪同我们的有位唯一穿着藏服长袍的姑娘，她长得清秀俊俏，又爽朗热情，讲了一口流利的国语。在寺庙里通用的是藏语，这位姑娘用国语给我们解说。午宴时，这位姑娘作为翻译人员坐在主桌的旁桌，恰好我们同桌。又是一次盛宴，摆的是茅台酒，市委领导致欢迎词，向大家敬酒。各桌也互相敬酒，我们这桌顿时热闹起来，有些人端着酒杯到我们这桌来，说是向大家敬酒，但主要的对象是这位姑娘，他们由敬酒到拼酒，姑娘是来者不拒而面不更色。旁边有人对我说，这是我们包头的“一朵金花”，她的名字就叫张金花。

结束了包头访问，我们回到呼和浩特。胡愈老对内蒙古经济上逐渐上升，感到欣慰，但看到一路上送往迎来，动员群众夹道欢迎，几乎每天是盛宴招待，文艺演出，愈老深感不安。我们有些同志都有同感。

在呼市的最后一天，愈老休息，全团自由活动，我去萨沄（即苦茶）家探望和辞行。解放前我们谁也不知道萨沄是蒙古人，解放后还是李维汉发现萨空了是蒙古族，从那以后发表萨空了名字时后面一定加上个“（蒙）”字，是要他做民族工作（萨空了先是新闻总署、出版总署副署长，后来长期担任民族事务委员会副主任），因此萨沄被派到内蒙古工作，并和内蒙古的一位知名画家官布结了婚。我到了他们家，官布和几位朋友正在高谈阔论，谈的都是“文革”期间那暗无天日的日子里亲人朋友所遭受的残酷迫害，妻离子散，家破人亡，而至今仍蒙冤受屈，讨不到一个公正。有的义愤填膺，有的悲痛流泪，我也动了感情。酒过三巡，席散了，言犹未尽，大家在神色恍恍中告别了。下午三时，陈锡联、乌兰夫召集全团开会，谈谈这次访问的收获和成绩，最后宣布代表团圆满结束。吴庆彤秘书长宣布明天回北京的安排，今晚不举行宴会，请大家吃顿便饭。好一顿“便饭”，茅台酒频频举杯，一道道山珍海味、名菜佳肴，大部分都是南方的水产、野味，只有一个烤羊肉是蒙古的特产。大家酒足饭饱即将离座时，桌上有些菜似乎还没有人动过，最后每桌还上个大奶油蛋糕，已无人过问了。第二天上午 8 时，飞机场上又是一幕盛大的欢送场面。在飞机上我和新闻界的同志们一起聊天，他们消息灵通，告诉我草原两姐妹也来参加这次庆祝活动，玉蓉作了某旗的文化局局长；总理的侄女周秉建 16 岁就来内蒙古插队，在庆祝宴会上穿着朴素的蒙古装；某某首长的夫人、首长的小姐也随团来内蒙古到处游览观光……话里有所对比，听起来是意味深长的。飞机到了北京，代表团的访问工作也就结束了。

访问回来就听说党的十一届代表大会即将召开,我们就开始准备大会结束后,机关干部和上层爱国民主人士分别举行庆祝大会和上街游行事。参加庆祝大会和游行也是一种政治待遇,谁能参加谁不能参加先开列名单,使我们颇费周折。

8 月 20 日晚,广播了党的十一大胜利召开的公报。广播结束后,早就集中到机关听广播的干部立即开始上街游行,从南河沿到天安门高呼口号,再到南长街队伍解散。参加游行者当然不只我们一个单位,后面的队伍是接踵而来。第二天一早,长安街已人山人海,水泄不通,党政军各机关以及各团体都走上街头,口号声,锣鼓声,又出现粉碎"四人帮"那天的群众庆祝场面。

下午我去政协,爱国民主人士举行庆祝大会,乌兰夫主持,童小鹏、阿沛·阿旺晋美、沈雁冰、胡厥文、许德珩讲了话,然后全体去天安门游行。这支队伍里多半是年逾花甲、古稀的老人,走在街上群众围观,颇引人注目。我回到家里,全家都异常兴奋,菁华回来说,文化部的队伍最精彩,她们都化装参加游行。

机关党内党外同志和上层人士学习组正在学习十一大公报和《政治报告》《党章修改报告》时,又到了 9 月 9 日毛主席逝世一周年。这天发表了毛主席在 1963 年为党内文件作的批示:"加强互相学习,克服故步自封,骄傲自满。"这段党内文件是湖南省委李瑞山、华国锋给中央写的报告,毛主席看过之后,作了批示,并发给各级党委、各部门党组向湖南省委学习。这一天,我们根据政协的安排,于下午选派部分同志去天安门参加毛主席逝世一周年纪念仪式,和毛主席纪念堂落成典礼大会,然后进入纪念堂大厅,等候华国锋主席和中央领导同志来到大厅,登上主席台,华主席讲了话后,我们列队走进了后厅,瞻仰毛主席遗容。毛主席安详地躺在水晶棺里,他将永远留在人们的心中。

9 月中旬,35 年的老朋友李国华夫妇从美国纽约回国来到北京,我们是在 1942 年在昆明认识的。他是老党员,接受周恩来的指示,率一批文化人去缅甸仰光办报纸刊物,宣扬抗日救国,一批人中有张光年、赵沨、徐迈进、王汉斌等。日本进攻缅甸后他们逃到昆明，1942年我们认识不久，他就离开昆明，我们就失去了联系。新中国成立后，“三反”“五反”运动中他在广州工作，我们又通了信，他告诉我他因为接受华侨朋友送的一支手表，被定为“受贿”而受了处分，反右运动时被划为“右派”。以后历次运动中，他都成了“运动员”，到了“文化大革命”就更不堪设想了。“文革”末期，他和夫人来北京，见到了王汉斌，我陪他见到了徐迈进、张光年。不知是通过谁的关系，终于以继承美国的大哥的遗产为由，他们夫妇和儿子办好出国手续，两天后我们挥泪告别。一个老共产党员就这样定居美国了。

9月底，党派机关临时领导小组组长李文宜在全体干部大会上作揭发批判“四人帮”罪行的动员报告，要求肃清“四人帮”的流毒和影响。各学习小组除了揭批“四人帮”外，并开展了批评与自我批评。一时在工商联大楼里楼上楼下过道的墙壁贴满了大字报，同志们互相指名道姓到了短兵相接的地步。我在学习组上首先作了检查，检查我错误地批判过刘少奇《论共产党员修养》是宣扬“人性论”的大毒草；错误地批判了邓小平的“唯生产力论”是只抓生产不抓阶级斗争。邓小平复出后，我在学习组里曾批邓的“唯生产力论”，也作了“批判唯生产力论的批判”，主要是以邓小平“三项指示”精神来作自我批评的。有些同志也作了检讨，承认当时说了违心的话，做了一些蠢事。也有的所谓造反派，避重就轻，蜻蜓点水地谈谈自己的错误，也有的自认是“真正的贫下中农”出身的说，就是给江青、陈伯达写过信也没有什么可检查的。10月底我和机关各组部分同志参加统战部系统揭批“四人帮”大会后，我写了一张大字报《借统战系统揭批大会的东风，誓把党派机关揭批“四人帮”的斗争进行到底！》这张大字报是以领导小组扩大会议的名义写的，目的是再“烧一把火”，掀起揭批的新高潮。经过大会小会揭发批判，“四人帮”批透了，我们有的同志也做了认真的检查。对那些在“文革”中犯了错误的，不能再搞揪斗，也不能给予行政处分，只能通过批评与自我批评来进行自我教育。这场揭发批判持续一个多月，取得了一定的收获。

但也仍有少数失去良知的人,为自己的错误辩护,负隅顽抗死不改悔,其结果进一步暴露了“文革”中的所谓“造反派”的嘴脸,失去同志们的信任和谅解。

10月中旬政协召开会议,传达中共中央关于明年召开五届全国人大和五届全国政协的通知。第二天又传达了中共中央关于民主党派恢复活动的指示。随即八个民主党派和工商联各自酝酿成立中央临时领导小组。民盟成立了临时领导小组,召集人为:史良、胡愈之,成员:楚图南、邓初民、萨空了、李文宜等。领导小组主要的任务是抓学习、大批判和酝酿协商民盟出席五届全国政协的委员名单。

在统战部的揭批“四人帮”之后,政协组织各党派上层人士联组会揭批大会。12月下旬举行了三个半天。报名发言者非常踊跃。第二天发言者有费孝通,他的发言博得全场热烈掌声。第三天发言者有最受听众注目的是董竹君和沈醉二人。他们所以受人注目,主要是对其人而非对其发言。董竹君在半个世纪前,是苏州青楼出名的美女,走过长期的坎坷道路,成为一位民族企业家,协助地下党工作,作出了贡献,受到党和人民的尊敬。现在她已年逾古稀,满头银发,仪表端庄,风采不减当年。沈醉是知名的中统高级特务,经过改造后,重新做人,为我们做了许多有益的工作,博得党和人民的信任。他们的发言受到全场的欢迎。

1978年　62岁

参加第五届全国政协会议　批判梁漱溟　随胡愈老参加中央访问团去南宁　党召开十一届三中全会

1978年元旦,我们迎来了《光明的中国》(这是两报一刊元旦社论)。

各党派和工商联都各自成立了临时领导小组,我们各党派机关临时的领导小组的任务已宣告结束。结束前领导小组召集全体干部大会,组长李文宜同志作了总结报告。会后,同志们对李文宜同志这几年主持领导小组工作成绩是肯定的,特别是在许多问题上,敢于违抗"四人帮"的意旨,在处理机关人事、审干问题上是比较宽容的。我作为领导小组的副组长,几年里我说过一些违心的话,也做了一些违心的事,但自认没有做过对不起同志们的亏心事。在同志们面前,扪心自问是无愧于心的。

"文化大革命"打乱了全国政协会议,停顿了14年未能开会,党的十一大以后,中央决定于2月举行第五届全国政协第一次全体大会,民盟中央推举我为全国政协委员。我给李大姐、胡愈老写了一封信,推荐林亨元同志作政协委员,因为我听董老的秘书告诉我,董老说过林亨元划右派是冤枉,所以我在他尚未落实政策的情况下胆敢写这封信。李、胡二老见信后表示同意,最后经统战部批准。林亨元同志参加了五届政协会议(对冯亦代我还不敢推荐他)。我和李大姐同车去友谊宾馆报到,委员报到者络绎不绝。

晚餐的时候,我走进餐厅,餐厅里摆了几十桌,随便入座。我就找个空桌坐下,这时委员们陆续地走进餐厅,周扬走来在我这桌坐下，我是在电视里见过他的，这时他还没有官位，但已恢复了自由。接着白杨、秦怡、张瑞芳走近桌旁，看到周扬在座，她们也就围着他都坐下了。我们这桌突然成了人们，特别是新闻记者注目的焦点。我和张瑞芳在1949年5月第一届青年代表大会上有过接触。70年代初，她参加访问团去日本，我们欢送菁华时见面交谈过。而白杨、秦怡只是在电影里见过的。大家都是劫后余生的人，今日还能相见都感到亲切。我们这一桌很自然地围绕着文艺界、围绕着周扬无拘无束地谈起来，特别关心的是文艺界的朋友们，有的还不能到会，有的已永远不能相会了。在大厅里，我举目张望，年轻的年老的都那么活跃、兴奋。突然听见猛的一声"哎呀！你还活着！"看到两人跑到一起紧紧地拥抱，周围的人也为之动情。

会议开了几天，小组会上，多半是议论十年浩劫，谈论个人的遭遇，怀念含冤而去的朋友们。当然，对今后政治、经济、文化、教育的建设也提了不少意见和提案。

会议中间，我和萨空了在礼堂外厅休息，几乎无法聊天，一直是应酬来往的熟人。我们见到了赵丹、李定、寿进文、戴爱莲，戴介绍我们认识了白淑湘和王昆。谈话间又了解其他一些朋友的情况。萨空了的朋友多，他听到的也多，他说他的感受是"悲喜交集"。

晚上我去看了邹师母（沈粹缜）和胡愈老。胡愈老要我留宿，陪他一起研究起草"对文字改革第二批简化字的意见"的提案（胡愈老曾任文字改革委员会的主任），并开列了联署人的名单。第二天我到各小组按名单征集意见并希望联署签名，共20余人，有的签了名，有的提了修改意见，更有一些人同意而不愿签名，他担心签了名会不会被怀疑是反对文字改革？反对文字改革是要划为"右派"的。

这是胡愈老第一个提案，也是我的第一个提案，我们心无余悸，因为相信为提案而划"右派"的日子将一去不复返了。

26日五届人大正式开幕，政协委员在二楼列席参加。华国锋主席作《政府工作报告》。在小组讨论中，对十年规划感到振奋人心，对社会主义法制缺乏信心，谈到知识分子问题大家感到伤心。特别是使大家疑虑的是去年出版的《毛泽东选集》第五卷里对知识分子的看法和反击右派的文章。是不是对知识分子的看法基本上还没有变？大家对五卷出版疑虑甚多，不得其解。

会议期间我见到了十世活佛班禅，他也是政协委员，和大家一起坐着大面包车参加会议。他已经不像1950年我们访问青海塔尔寺时那么庄严神圣13岁的小活佛了。现在长得粗壮高大，40岁左右。他穿着藏装，讲着汉语，平易近人，和蔼可亲，在人群中自愿学习雷锋，搀扶老人上车下车，在人们心目中他已是人而不是神了。一天中午我们同桌用餐，同桌的人互不相识，但都愿意和班禅交谈。出乎大家意外的是，他首先作自我检查，说曾犯过错误（藏民发生一次暴乱），后来得到党的帮助，思想有了变化。他谈得坦率诚恳，同桌的人谁也不去追问这些。我提到28年前去青海塔尔寺访问过他，并给他拍了一些照片，还谈到访问团长是沈钧儒，他现在住的地方就是沈钧儒旧居。他听了很感兴趣，并希望送给他一些有关他的照片。我们在谈话间，旁桌的费彝民跑过来向班禅介绍自己是香港《大公报》的费彝民，约班禅写些东西，在香港《大公报》上发表。他支支吾吾似答应又非答应，似乎有点不知所措了。我们也鼓励他写点对这次大会的观感、对十年规划所抱的希望等等。实际上我们是给他出了题目，指引了方向，他表示试试看，似乎答应了。后来是否写了我们不得而知。

政协会议的最后一天是选举，邓小平被选为政协主席，班禅被选为副主席。

两会结束以后，机关忙于传达和组织学习，研究如何开展党派工作。这时各党派收到的人民来信来访日益增多。“反右”“文革”的问题暴露得越来越深入了。我们处理这些问题必须按照上面的政策，没有政策只有暂时拖着、等着，我们同情受害者，希望中央尽快定出政策来。

5月6日四妹云章从天津来，她是去西安参加七妹王冷追悼会的。她从西安回来后又来我处告诉我，王冷在西安教书被该校的“高干子弟筹委会”和“红色恐怖队”揪斗，直至打得气绝（前面我已详细介绍过）。“文革”结束后，同学们控诉、鸣冤，要求惩办凶手，当局为了平息众怒，即予平反，并举行纪念活动，出版《王冷同志之死》，附有照片，七妹遍体鳞伤，皮裂骨折，惨不忍睹。这是我的家属在这场灾难中受伤害致死的第二人。

5月下旬，政协宣布，学习暂停，准备对梁漱溟开展大批判。原来是梁漱溟在二月的政协小组会上发言，他说新中国有了宪法，"文革"中撇开宪法，人民生命财产均无保障；毛主席已经去世，"人治必将由此转为法制"。他还说，毛主席错误地发动"文革"，毛主席已去世，"必须彻底否定'文革'"等等。梁发言后，当然受到了小组同志的围攻。现在再次组织的大批判，而发言者很少讲人治、法治问题，大多数是批判他一贯反对毛主席，反对社会主义的，特别是《毛泽东选集》五卷上的《批判梁漱溟的反动思想》一文，成了最有力的批判武器，该文讲梁漱溟是个"伪君子""用笔杀人的杀人犯"、一生一世没有做过"一丝一毫"的好事。连续几次的批判会上，对"文革"没有彻底否定，而梁漱溟却被彻底"否定"了。这几次批判会，唯有一人自始至终没有发言，他就是特赦犯黄维，因而大会的领导人决定派干部找黄谈话，摸摸他的思想有什么顾虑，做做思想工作。黄维和来人谈了一番话，最重要的一句是："不要因人废言。"不知去做思想工作的同志听了作何感想？

这种批判会政协也想扩展到党派上层学习组，我们第二组听到政协批判梁漱溟的情况，谢大姐（冰心）也介绍了文联开会批判文艺界的一些情况，我们组对梁的讲话批不起来，决定不搞批判，但是对"人治""法治"问题却议论热烈，多数人公开表示同意梁的意见。

5月23日，民盟中央常委会根据中共中央1978年4月5日通知的决定，召开了扩大会议通过《中国民主同盟关于摘掉章伯钧、罗隆基右派分子帽子的决定》。会后，人们在议论，有的人为章、罗摘掉了帽子而庆幸，有人说章、罗摘掉帽子，"章罗联盟"可能也不存在了。有人反驳说"凡是"《五卷》里写的，"章罗联盟"是不可能随着帽子也摘掉的。划过右派，摘掉帽子的同志对这个"决定"不以为然。他们说，20年前我就摘了帽子，当然对党的"宽大"感激涕零，而在别人的眼里还是“摘帽的右派”,工资、职务、政治待遇都没有恢复,20年来嘴还是不敢张,笔还是不敢拿,家里人照样受连累。“文革”一来,我们这些人都是既定的揪斗对象。摘帽不等于“落实政策”,更不是“平反改正”,摘帽的右派就像放出来的罪犯,档案里都留有“前科”。很多人期望今天为章、罗摘掉帽子,可能是为下一步落实政策平反改正创造条件。

6月中旬,广州珠江电影制片厂导演王为一同志来民盟,经洪遒同志介绍特来找我,洽谈拍闻一多的电影一事。我见到王为一,也见到了赵丹、黄宗英(内定他们是扮演闻一多夫妇的),一起谈剧本。我陪他们去见了闻先生的夫人、子女和闻先生生前好友。他们见了楚图南、费孝通、钱伟长和在昆明一起开展民主运动的战友们。我们还去过清华园,参观了闻先生常去的图书馆、教课的课堂,以及他的故居,他们取得了很多第一手资料,准备回去修改剧本,搭好班子,再来联系。忙了一两个月,但不知为什么,以后再也没有联系了。影片也没有拍成。

与此同时,著名的翻译家姜椿芳同志正在组织班子筹办大百科出版社,编辑出版大百科全书,他想到民盟的一些知名的大知识分子、教授学者们。经九三学社牟小东同志介绍,姜椿芳要我陪他找民盟的同志。第一位找的是钱端升教授,我和姜椿芳登门拜访,他们见了面,亲切地谈起来,是请他出山的。我听他们在研究如何筹办出版社,物色一些学有专长的大知识分子,提出了一系列名字,这些名字里多数是像钱端升一样还没有落实政策的右派分子。我听了感到惊喜,我相信知识分子不敢张口、不敢动笔的日子应该过去了,姜椿芳的来访将为知识分子施展才华开辟了一条途径,为此我对知识分子祝贺,对大百科出版社祝愿它早日成立起来。

8月初,民盟中央临时领导小组开会,决定在领导小组下设立临时工作委员会。成员有:萨空了、李文宜、费孝通、高天和我共10人。工作委员会成立后,即深入下层开展调查研究工作,对当前落实知识分子政策和进行科研工作等问题进行调查,并决定在一年时间内,深入各地,了解情况,交流经验,为明年召开民盟第四届全国代表大会做好准备。

12月中旬,我被派随同胡愈老参加中央访问团,去南宁庆祝广西壮族自治区成立20周年。14日上午我们乘飞机到达南宁,和先期到达的陈此生、沈兹九、萨空了、彭友今(访问团秘书长)会合。中央代表团分五路分团进行访问,决定由胡愈老率一分团去桂林。第二天上午,胡愈老约了广西民盟的负责同志们座谈,下午游邕江。

12月16日上午新闻广播,中美两国决定自1979年1月1日起建立外交关系,并发表了联合公报。这是我国外交的一大胜利。访问团的同志集体欢庆,相信我国在当前国际形势一片大好情况下,正是加紧实现四个现代化的大好时机。

这两天参观了热带植物研究所、水产研究所和博物馆里革命文物陈列部分。这里陈列了胡愈之、陈此生出版的进步刊物,也有他们的革命活动的足迹。这里我看到了陈望道、邓初民的著作,陈列馆的历史上也记载了杨东莼曾在这里积极宣传马列主义,是一位革命思想的传播者。

20日我们分团乘火车到达桂林,从车站到招待所一路万人夹道

中央访问团赴南宁庆祝广西壮族自治区成立20周年,胡愈之团长(前排右四)和团员在桂林。左三为彭友今,左四为萨空了。(王健摄)

欢迎。我们住在榕湖招待所。这里树林湖水、幽静宜人,王震将军也住在这里,有时同桌用餐,常以新疆生活、盛世才的暴行作为闲谈的话题。这几天的活动有:代表团开会,到八路军办事处纪念馆参观,部分人游七星岩、芦笛岩。登叠踩山顶,可望桂林全景。

22 日整天乘船游漓江阳朔,这是“风景甲天下”的游览区。这天天阴多云,水无倒影,而且水位太低,到处见滩。两岸突起山峰,缺水而显不出其秀丽。久仰其名,今日亲临其境不免有几分失望。船行阳朔,上岸登山,半山有一亭,系周恩来、陈毅等四人照相之处,大家也抢着照了相。又到大榕树风景区,据说大榕树有 1300 多年历史,电影《刘三姐》中的抛绣球场面即在此地拍摄。游人都来此拍照留念。

23 日代表团开会分团汇报,晚上举行宴会。宴会开始时,李达将军报告大家一个好消息:越南边境,我们对来犯之敌予以还击,取得了胜利。全场为之欢腾。席上我吃了一些从来没有吃过的新奇名菜:蛇肉、狸肉(果子狸)、马肉米线、银耳鸭等等。大家互相敬酒,畅饮开怀。晚 11 时,中央电台广播了党的十一届三中全会的公报,大家认为这是经过粉碎“四人帮”后的两年徘徊,举行的有深远意义、伟大转折的重要会议。会上的基本思想是根据邓小平《解放思想,实事求是,团结一致向前看》的讲话精神的主要议题。会议高度评价了关于实践是检验真理的唯一标准问题的讨论,认为这场讨论对促进全党和全国人民解放思想实事求是有重大意义。如果思想僵化就不能前进,生机就会停止,就要亡党亡国。大家听了精神为之振奋。

第二天我和萨空了夫妇去甲山招待所看他们的老朋友、金石书法家钱先生。又同去甲山,萨空了 35 年前曾被关过的集中营旧址,原为尼姑庵,现为一孤寡老人的住所。大家坐下来谈谈往事,空了同志不胜感叹。晚上电视上播放了纪念毛主席 85 岁寿辰的盛大演出。入夜,我们听到新闻广播,报导人民大会堂举行了隆重而肃穆地追悼彭德怀和陶铸同志大会,参加者两千余人。

我们的分团访问结束,于 27 日下午我和胡愈老、沈兹九、萨空了夫妇乘飞机到达广州,准备在广州召开民盟区域性的座谈会。

1979 年　63 岁

中美建立外交关系并发表联合公报　民盟在广州召开区域性座谈会　随胡愈老参加中央慰问团赴云南慰问中越边境反击战官兵　全国政协五届二次大会　落实政策平反冤案错案　民盟召开第四届全国代表大会

1979 年元旦,大家忙着座谈会,没有准备祝贺新年活动。打开报纸,令人极为兴奋,中美两国同时宣布自今日起建立外交关系并发表联合公报。公报指出:美国承认中华人民共和国政府是中国的唯一合法政府,台湾是中国的一个部分。全国人大常委会发表《告台湾同胞书》,建议台湾和大陆之间尽快实现通航通邮。另一条新闻是三中全会后,政法系统抓紧落实政策,错划右派改正者列举有某某等若干名。第一名就是林亨元,我看了以后立即寄了一封航空信向他表示祝贺。今年的新年国际国内形势一片大好,我们在欢欣鼓舞中度过。

这几天,民盟中央参加座谈会的领导同志李文宜、费孝通、高天、张毕来和干部以及有关地区的同志陆续到达广州。5 日上午座谈会正式开幕,一连几天是务虚会。费孝通听了地方同志的讲话后即席发言,他提出"民盟是干什么的?"第二天我也即席发了言,我是根据费老提的问题而发的。我直截了当地说,民主同盟是搞政治的,是干民主的,过去我们是向蒋介石争民主,搞民主运动,李公朴、闻一多临死前都在喊着民主,现在我们是在中国共产党领导下建设社会主义民主。如何建设民主制度,如何加强国家的法制建设,这将是民主党派在党的领导下，今后一项重要的政治任务。

务虚会休息时，我见到陶金同志，他在几天的会上一言不发。我动员他说，你是文艺界、电影界的代表人物，这里听不到文艺、电影界的声音，你没有尽你代表的责任。他对我倾吐了自己多年积压在心里的苦水，他思想上存在顾虑。经我动员，第二天他在会上发了言，他的讲话确是有代表性的。

接到北京的电话，民盟要我回北京，这时费孝通同志也因事要赶回去。1 月 10 日我们同机返京，一路上我们还是谈务虚会上的一些问题。

民盟中央已于去年 12 月底成立落实政策小组，由李文宜任组长、办公室由罗涵先、林亨元负责。要我赶回来参加这项工作，这是三中全会以后一项紧迫的任务。

回京后，参加上层学习组学习三中全会文件，批判了华国锋提出的“两个凡是”的错误方针，同时学习《光明日报》发表的《实践是检验真理的唯一标准》的文章。特别是学习了三中全会确定的今后的指导方针：“解放思想、开动脑筋、实事求是、团结一致向前看。”对我们这些思想上禁锢已久的知识分子是个极大的鼓励，也明确了今后努力的方向。

这些日子除了学习，就是研究“右派”落实政策问题。机关干部

实践是检验真理的唯一标准

本报特约评论员

检验真理的标准只能是社会实践

理论与实践的统一，是马克思主义的一个最基本的原则

(下转第二版)

"右派",经过我们小组研究后提出意见送盟中央临时领导小组审批。中央委员"右派"要和统战部共同研究。民盟的"六教授"问题,章伯钧、罗隆基以及"章罗联盟"问题,是我们研究中最棘手而最复杂的问题。

今年春节我和国男于1月30日(正月初三)回天津看望家里的亲人。天津下雪,冰天雪地,但我们回到家里,亲人团聚,从心里感到温暖。

1976年地震后的天津,残垣断壁到处可见,街上的"临建"比比皆是。我们住在达文里父亲住过的那间小屋里,是侄儿家毅结婚的新房。在天津住了四天,见到了兄弟姐妹和下一代的孩子们。我还探望了几十年的老朋友们,见到中学、大学同校的郭绍曾,20年代的老同学杨帛青,30年代一起参加抗日工作的刘毅然宫平夫妇。去过我的出生地北马路北门西的吉祥胡同,去过我青年成长的北马路四合院,遇见了对面鲜果铺卖西瓜的,年已75岁的胡大爷,也还是那么硬朗。也去看望了中益工厂的同仁们,以及在我们去解放区前给我们最大帮助的蔡子祥及其全家。我们逛了劝业场,吃了起士林西餐。这些对我来说是旧地重游、老友相逢,心情是激动、兴奋而喜悦。对国男来说,一切都是新鲜的、生疏的。临行时,我和市委统战部部长李定同志电话联系,民盟中央拟在天津召开三北区域(东北、华北、西北)座谈会,希望统战部予以协助。

3月下旬,中央组织中央慰问团赴云南中越边境慰问参加自卫反击战的官兵们,胡愈老任副团长。组织上又要我陪同胡愈老随团前往。和胡愈老到西郊机场,送行人中有罗青长同志,我特别去和他打了招呼。九时登机起飞,十二时许到达昆明,接迎的领导人中我只认识张冲,他已是这一届我们投票选出的全国政协副主席了。我们进了城住园通街连云巷招待所,这是33年前我们北门书屋附近的一条街。到了招待所我独自一人就跑到北门街,街口的那棵大树更加苍劲,北门街还是一条碎石小路,我找到北门书屋的旧址和对面我们编辑部的那幢小楼,依然如故。如今,书店已变了粮店,我看见不少人去买粮食。回想当年，每天也是不断的有人来这里买书，求知的人如饥似渴，那时我们供给他们的是精神食粮。

第二天上午，昆明军区司令员报告自卫反击战的经过情况。下午召开了四千人的群众大会，慰问参加自卫反击战的战士、民兵、民工们。会后，文艺团体表演了精彩节目，这次慰问团带来的有：中国京剧团、东方歌舞团、中央广播文工团，杨秋玲、刘长瑜、王昆、侯宝林、马季以及上海越剧演员王文娟、徐玉兰等都参加了演出，受到群众热烈的欢迎。

这些天，慰问团和战斗英雄举行座谈，去医院慰问伤病员，访问战斗英雄家属，然后分团到中越边境各地区进行慰问活动。因昆明地区空气稀薄，胡愈老心脏供血不足。总团程子华同志和总医院院长动员愈老提前回北京，我留慰问团继续活动。我征得程子华同志同意，国男来昆明几天。4 月 1 日国男乘火车到达昆明，张冲负责接待，把我们安排在和他同一个招待所。我和国男一面随团慰问，一面也可自由活动。

我和国男都把云南看作是我们的第二故乡，是父亲和闻一多伯伯战斗、流血、牺牲的地方，国男也离开 33 年了。我们是要抽出时间看看父亲的朋友们。去看云大附中杨春洲校长和丁素秋老师，去医院看了方仲伯同志，看了青年会的王齐兴老先生，看了资助过民主运动、投资我们出版社的周禾书老先生。看过开辟云南滇南根据地的军区司令员朱家壁夫妇。离开昆明之前，我们去看了浦汉英、宋昉同志和张天放老先生，他们都是 20 年代爱国民主战士，解放后成为党的忠实朋友。临行前，浦汉英、宋昉夫妇请我们吃午饭，宋昉拿出一大瓶果子酒，这是三十多年前，我们全家离开昆明时，母亲把一大瓶泡了多年、父亲喜欢喝的果子酒送给她们的，她们保存至今。我们每人倒了一杯果子酒，宋昉、浦老举杯祝我们幸福，并嘱咐我们像父亲一样热爱祖国，热爱人民，为社会主义事业作出贡献。

所有见到的这些老人们都已到了耄耋之年，几乎无一人逃脱了反右，或“文革”的灾难，所幸者绝大多数落实了政策，但也有的如方仲伯夫人不幸逝世,王齐兴一家落实政策还带着“尾巴”。

4月5日清明节,杨校长和我们去了西山为父亲扫墓,并在聂耳墓、郑一斋墓、张天虚墓、杨杰墓前行礼。他们是云南的骄傲,人民永远不会忘记他们的。

国男见了许多老同学,去了母校旧址龙头村。我们还去了近日楼,游了翠湖,到了师范学院(原西南联大旧址)参观了“一二·一”运动史料室和李公朴、闻一多史料室的展览。最后到“一二·一”四烈士墓前和闻一多墓前致敬。4月8日杨校长组织附中国男亲密的同学共九人,行车四小时到路南县石林风景区,石林多石无山,怪石竖立成林,秀丽雄伟形状各异,是为世界罕见的奇景,所以能闻名于世。

在我们游览访友的同时,还参加了慰问团第一分团赴温泉区慰问伤病员。去病房慰问,听战士报告,参加座谈,听到很多可歌可泣的故事。一个失去了一条腿的伤员,思想负担沉重,未婚妻从远地赶来探望,精心护理,在战士座谈会上她公开表示,对象的伤愈合后,要求组织批准即举行结婚。这种忠诚无私的感情给战士们极大的鼓舞,我们听了也深受感动。

4月10日上午,方毅团长及全体慰问团成员同机飞返北京,16天慰问团的工作胜利结束。

回到机关后,听说机关干部右派基本上都改正了,中央委员一级的仍在讨论。我接到冯亦代同志的一封短信,告诉我他已落实了政策,“使我一改二十余年‘破帽遮颜’的生活,心里十分铭感”。我深知他20年里远离了朋友,放下手中的笔,生活中唯一的安慰就是“书”和他患难与共的老伴。从此,他抬起头,又拿起笔,晚年成了多产作家。

这个期间,两位理论工作者,张冲的女儿张大简、女婿冯宝兴常来家看我。他们告诉我中央召开务虚会的情况,他们看到务虚会上的发言,也选了一些给我看。会上的发言,确实是解放了思想,开动了脑筋,实事求是地谈问题。有些问题是过去不敢谈的。如提出为

"四五"天安门事件平反;为刘少奇同志恢复名誉等等,同时,还谈到对"两个凡是"党内激烈争辩的情况。我为三中全会确定的指导方针而出现当前生动活泼的新局面而鼓舞。

香港《大公报》来人,转达了费彝民的意见,希望国男和我写回忆李公朴的一生,准备在七月纪念李公朴殉难33周年时发表,字数不限,可以连载。我们开始找资料,研究写作大纲,立即动笔撰写。

6月15日全国政协五届二次全体大会开幕。邓小平讲话,许德珩作政协报告。18日全国人大五届二次大会开幕,政协委员二楼列席参加,叶剑英致开幕词,华国锋作了三个小时的《政府工作报告》。这些天各小组主要是围绕政府工作报告进行讨论,大谈民主、法制问题,有意见、有建议谈得非常热烈。大会期间新闻记者摄影记者是最忙的人,会里会外采访,跟踪摄影。而今年我发现记者们除了围着电影明星和知名人士采访外,最使记者们注目的就是王光美了。

大会闭幕后,我和国男赶着写回忆文章。稿子完成了,大约有1.2万字左右。决定以国男的名义发表,题目最后改为《我的父亲李公朴》。香港《大公报》从7月12日起连载九篇,20日登完。陶行知是在李公朴殉难后13天,因受国民党反动当局迫害突患脑溢血去世的。7月20日在政协举行纪念陶行知先生和育才学校创办40周年座谈会。由教育学会主持,发言者赞颂陶行知爱国主义精神,育才学校在抗战时期作出的贡献,但对陶行知的教育思想,因批判《武训传》的影响,仍不能作出公正的评价。我们会后议论对待陶先生有个"落实政策"公开平反问题,但也感觉到真正做到"解放思想,实事求是"又谈何容易。政协大会以后,几个月里民盟多次召开落实政策的会,在机关开,到统战部开,讨论的主要是浦熙修、章伯钧、罗隆基的问题,因为他们是毛选五卷点了名的人物,因此大家发表意见非常慎重。当时李文宜同志在昆明参加民盟,是民盟里最早的共产党员,她多年在民盟领导层工作,是最有发言权的,她本着解放思想实事求是的方针,她不承认民盟有什么"章罗联盟",从《章罗联盟批判》一书里也找不出能构成章罗反党反社会主义的言论和什么纲领、路线，她主张应该给他们平反改正。她在民盟会上这样说，在统战部会上也是这样说。我作为一个共产党员不隐瞒自己的观点，我表示完全同意她的意见。李文宜同志的讲话给落实政策小组的同志们鼓了气壮了胆，最后大家敞开思想，打破顾虑，一致同意李文宜同志的意见。冯亦代同志改正后，精神焕发。人民出版社副社长范用请他负责编辑《读书》月刊，他正在准备去美国参加“笔会”。

落实政策不是一帆风顺的，不少人来找小组的同志反映情况，要求协助落实政策。民盟机关的一位抄抄写写的文书，儿子在大学读书时划了右派，“文革”中因“心怀不满”而“闹翻案”，最后送去“劳改”。三中全会后，全国“大张旗鼓”地落实政策，这位大学生不但右派翻不了，劳改也出不来。我和林亨元同志去过劳改所，了解情况，劳改所推学校，学校又推劳改所。民主党派派去的人不受重视，最后以党组织名义才算落实了政策，讨回了公道。8 月 28 日，美国副总统蒙代尔访问中国，新华门前席地静坐着一排上访人员，大都是要求落实政策的。

9 月 5 日、14 日我们先后参加邓拓同志追悼会，吴晗、袁震同志追悼会。据了解廖沫沙同志也落实了政策。到此，“三家村”正了名，平了反，吊唁者悲愤交集，默默地只有“化悲痛为力量”了。

筹备了一年的民盟中央第四次全体代表大会于 10 月 11 日开幕，相隔第三次大会 21 年。大会由史良致开幕词，胡愈之作《工作报告》，李文宜作《关于修改盟章的说明》。胡愈之在读完报告稿后，即席讲了一段话。他以其个人身份承担了他在民盟中央担任秘书长职务期间，工作所执行的“左”的错误，诚恳地向受到政治牵连和不公正待遇的盟内同志们表示道歉。胡愈老的这段话，勇于承担责任的态度，使与会同志深受感动。

我参加小组讨论。几天来，小组发言有的思想解放，提的问题比较大胆、尖锐，也有的还有压力、顾虑、心有余悸。各组讨论最集中的问题是和知识分子密切相关的 1957 年反右问题。

会外我接触了新华社、光明日报的记者，他们调查了民盟在反右运动中的情况。他们得悉,民盟中央委员划右派者占 1/3,成员中划右派共约 6000 余人(当时民盟成员约三万余人),这是他们准备收集的《内参》材料。同时,《光明日报》的同志还谈到《实践是检验真理的唯一标准》文章发表前后,党内激烈争辩的情况。

大会进行到第六天,宾馆的墙上突然发现了七张大字报。质问胡愈之为什么掩护民盟大反周总理?胡愈之和王健对沈钧儒搞阴谋诡计;王健窝藏大战犯、大汉奸的照片;"我给陈伯达、江青写信是光明正大,根据组织原则的";王健煽动少校特务周克欧(民盟干部)组织对我围攻、敬季超主持三天半的会对我进行批斗等等,具名人为一民盟干部。这里大部分是他给江青、陈伯达信里的内容。大字报用语也都是"文革"期间的口气和词句。与会同志看了认为这是干扰大会,破坏安定团结,拟予以反击。经领导上考虑,决定置之不理。这也不过是大会中的一个插曲而已。

大会结束后,第二天召开了一个中全会,会上史良当选为主席,胡愈之、楚图南、李文宜、费孝通等九人为副主席,高天为秘书长。我被选为中央委员、常委,被推举为副秘书长兼办公厅主任。"文革"以后新的领导班子正式组成。会后,我向常委会正式提出,我坚决不担任办公厅主任职务,如果让我暂时挂个名义,我要求调张纪域同志和金若年同志来参加办公厅工作。不久,张纪域和金若年先后调到中央,办公厅一切由他们负责,我是个挂名的办公厅主任。

有的同志问我,为什么坚决不作办公厅主任,不可理解,大家认为这是好差事,在一定的范围内有人权又有财权,何乐不为。我说我自信清高,淡泊名利,不求名不争权,同时我作为共产党员不给民主党派管家,这也是李维汉部长说过的。

1980年 64岁

邓小平作《目前的形势和任务》报告 恢复刘少奇名誉 “六教授”和章、罗平反问题 全国政协召开五届三次大会 公审“四人帮” 我患颈椎病住院动手术

各党派从工商联大楼搬出,回到自己的单位恢复办公。党派上层人士学习班也宣告结束。民盟中央恢复“文革”前的学习,组织在京常委、中委、候补中委和文教界的部分盟员,分为两组,每周学习一次。学习政策、文件,沟通思想,联络感情,参加学习的成员大多数是学有专长的学者教授。

1月16日,在人民大会堂聆听邓小平同志作了三个钟头的报告,题目是《目前的形势和任务》。这篇报告振奋人心,这是从现在起到20世纪末的指导社会主义建设的大政方针。其中分析了国际国内形势,提到当前一些社会思潮中还存在着阶级斗争的问题。去年12月,北京市革委会关闭了“西单墙”(人们称作“民主墙”)。一个公园的管理处工人魏京生,在“西单墙”“进行反革命煽动”,并“向外国人提供军事情报”被判处徒刑15年。邓小平在报告里特别提到了“西单墙”,说明阶级斗争是存在的,并以此提高人们的警惕。

民盟中央和民盟北京市委在春节期间联合举行“迎春茶话会”,中共中央组织部部长胡耀邦同志特来参加,会上他鼓励民盟同志要“敢字当头,敢于反映情况,敢于提意见,敢于抓工作,敢于帮助我们共产党纠正缺点”。他的讲话很快传达到全盟,这是胡耀邦给民盟的新春献礼,全盟受到极大的鼓舞。

2月，党的十一届五中全会决议，恢复刘少奇为伟大的马克思主义者和无产阶级革命家、党和国家主要领导人之一的名誉。会议还通过了成立中央书记处，选举胡耀邦为总书记。这又是一个振奋人心的决定。

4月1日，我在机关石板地上失足摔了一跤，振荡了脊髓，全身瘫痪了半个小时，逐渐恢复感觉，全身如针刺一般。后经北京医院专家检查，认定是先天性的脊椎狭窄，严重的颈椎病，需要大手术，否则会有全身瘫痪的危险。国男和大夫研究后，决定秋凉后再动手术。在这期间，右半身时感麻木，软弱无力。遵大夫嘱，每天散步锻炼，练习书法，活动右手右臂。我逐渐养成习惯，坚持不懈。我照常去机关，但已不能骑自行车上下班了。

5月16日《人民日报》发表社论，题为《恢复毛泽东思想本来面目》。第二天下午，在人民大会堂隆重举行刘少奇同志追悼会，会上邓小平同志致悼词说："根据确凿的证据，在党的十一届五中全会上，彻底推翻了林彪、江青一伙强加在刘少奇同志身上的种种罪名，郑重地为他平反昭雪，恢复名誉。"这两天，中央电视台播放"少奇同志人民怀念你"的节目。播放少奇同志的子女纪念父亲的文章，我们全家听了都潸然泪下。

这些天，我的心情很不平静。想到在那暗无天日、群魔乱舞的日子里，堂堂的共和国主席，未经审判，没有查证，就被一张大字报、三顶黑帽子而置于死地。还有那些丧心病狂、随声附和的人们，下井投石，齐声诛之讨之，我就是其中的一个。我写过一张大字报，批判《论共产党员修养》是宣传资产阶级人性论。在参加全场肃穆的追悼会时，我躬身自责，内心羞愧，无地自容。当时理论界、文学界正在展开人性论、人道主义、异化论等的争论，仍有一些人谈人色变，把人性、人道、人权，以及自由、民主都看成是资产阶级的专利品。争论相当激烈，报纸、杂志上不断登有这类文章。这正是我学习、悔过的时机，我要求自己提高认识，提高理论水平，我要写一篇像样的自我检讨，以慰少奇同志在天之灵。

刘少奇同志已昭雪平反,《论共产党员修养》也恢复了名誉。6月间,我和张毕来去怀仁堂听邓力群讲《论共产党员的修养》的学习辅导报告。听完了报告,我又将全书重翻阅了一遍,有了新的认识,也有了与过去不同的感受。更感到自愧,愚昧无知。这是我第四次读这本书了。

我每周到医院烤电、理疗两三次,常常为身患颈椎病所困扰。6月的一天,全身瘫痪的高士其坐着大红旗突然来到我们家的门口,是来看看我们和奶奶的(高老念念不忘,一直把奶奶视为恩人)。奶奶已年过八十,不能下楼,我们用藤椅将她抬到楼下。两位老人相见,紧紧握手,奶奶已忍不住流出热泪。高老讲话困难,讲出声音须经他儿子翻译,才能略知一二。他们只能用表情互相问候互相安慰。奶奶上楼后,高老半身躺在车里,用发抖的手,写了些歪歪斜斜的字,问我们好,问候那些没有见到的人。高老要我和国男陪她去看望我们院里的年将百岁的管易文老同志,他们言语都很困难,但相见之下,表情都很喜悦、乐观。高老的儿子告诉我,高老每天在家里特制的椅子和案桌仍在工作,有位能看他的口型、听得懂他的话的夫人和秘书,是他最得力的助手。我看到高老这样顽强、乐观的老科学家,一直都还在奋斗不懈。这对我还能自由活动的颈椎病的患者,解除了困扰,受到了极大的鼓励。我常以高老自励、自勉,以增强毅力和信心。

6月27日,民盟举行中常会扩大会议,传达《中共中央批准中央统战部〈关于爱国人士中的右派复查问题的请示报告〉的通知》文件中对民盟所谓"六教授"等右派问题均予改正,恢复名誉。[六位教授是曾昭抡(已故)、费孝通、黄药眠、陶大镛、钱伟长、吴景超(已故)]。对章伯钧、罗隆基未予改正。文件中说明:"章罗联盟"在组织上并不存在;民盟中央在1957年提出的《对于我国科学体制问题的几点意见》和《我们对于高等学校领导制度的建议》的基本内容是可取的,不是所谓"章罗联盟"的反动纲领。文件传达后费孝通、陶大镛、钱伟长等同志讲了话,态度很平和,对三中全会以后党认真贯彻拨乱反正,落实政策方针做出了成绩等等。但会后与会同志议论纷纷,主要是章、罗和“章罗联盟”问题。“章罗联盟”既然在组织上并不存在,所谓“章罗联盟”的反动纲领也被平反,而章伯钧、罗隆基为何不予平反?

8月28日,政协五届三次全体大会开幕,30日列席五届人大三次全体大会。叶剑英委员长致开幕词,华国锋作了《政府工作报告》。小组会上发言踊跃,气氛热烈,地方的同志反映各地落实政策、人民生活情况。对这次章、罗未予落实政策问题,提出许多疑问。这届人大会议,同意华国锋辞去国务院总理职务,选举赵紫阳担任国务院总理。

11月20日下午,审判林彪、江青反革命集团起诉大会开始,我们在电视里看到,在庄严的法庭上,林、江反革命集团都站在被告席上,人心大快。民盟盟员参加起诉大会的有审判员费孝通,姚文元的辩护律师韩学章(上海),旁听的有民盟部分地区的负责人。民盟中央史良、楚图南、萨空了、李文宜也参加了起诉大会。我参加过旁听,受审的是陈伯达,他在这群反革命罪犯中是服罪态度较好的一个。但罪行累累,也逃不脱法律的制裁。

我接到北京医院通知,于12月2日住进了北京医院接受治疗。住进医院以后,每天要作许多准备工作,需要一个星期的时间。我利用这个时间,每天在床头开始写我的自我检讨。先写了个提纲,题目暂定《人性的复归》。副标题是四读《论共产党员的修养》的体会。内容提要:我认为“文化大革命”是剥夺人权、灭绝人性的一场空前的大悲剧;我一度失去良知,成了“四人帮”的帮凶。检讨提纲写了将近2000字,文字粗糙,想在身体复原后再写成文章作为正式检讨。

17日上午我被推进了手术室,抬到了手术台。我的心态一直是比较平静的,因为我相信大夫,相信自己的身体。大夫做好了一切准备,注射半身麻醉,要我和大夫合作。我已经感觉到手术开始了,动来动去,也听到剪刀声。想到在我的中枢神经周围动刀动剪,确实有些紧张,自己给自己鼓气、壮胆,两个小时过去了,手术也结束了,医院吴蔚然副院长一直在手术台旁边，他告诉我手术是成功的。嘱咐我要平躺半个月，头部和上半身不能摇动。我以最大的耐力、毅力度过难关。

出了手术室，国男告诉我，脊突剪断了四节半，放松了对脊椎的压迫，这是先天性的脊椎狭窄症。

我的病房是两人的房间，另一位病人是74岁的老人田舒民，河南农大园艺系主任，法国留学生，也是民盟盟员。从我住院那天起，我们就做了朋友。田老谈到他在国外的青年时代，他就认识了现在民盟的地方负责人姜震中、高一涵、唐哲等人，还有北京的李平衡（无党派人士）。谈起来我们更有话可说了。

住院期间除了每天上午大夫查房，接受各种治疗外，我定时听广播新闻、小说连播《天云山传奇》《红楼梦》，还要接待家里人、朋友们的探望。每天日夜是国男、力平、艾平轮流看护，她们给我一种安全感。我卧床平躺了十几天，身体、精力逐渐恢复，田舒民同志也出院了，病房只我一人。在今年最后的一天，全楼除了几位值班的护士外，都去参加院里的新年晚会。这是我生平第一次住院，也是第一次和国男在这幽静的环境里，别有风趣地共度除夕之夜。

1981年　65岁

批判白桦和《苦恋》《关于建国以来若干历史问题的决议》发表　和楚图南去昆明参加民盟成立40周年大会　陶行知恢复名誉　民盟中央举行成立40周年纪念大会

新年元旦，值班的大夫、护士来查房，祝贺新年。主治大夫说我身体恢复得很好，可以下床活动，到院中散步，再有一个多星期就可以出院了。这些天医院的同志们和机关的同志们不少人来探望、拜年，国男把收集的印刷精美的年历卡，作为新年贺卡送给大家。新年过得很愉快。1月10日我办了出院手续，走访了所有给我治疗看护的同志，向他(她)们表示衷心地感谢。他(她)们再三地嘱咐我："千万不要再摔跤""注意不要剧烈运动""不要骑自行车了"。不能骑车是我感到最遗憾的。从此我就告别了骑了几十年的自行车。

回家后休养了一段时间。报纸上、杂志上仍不断地看到讨论"人性论""人道主义"等文章，我再看看我在病床旁写的那篇提纲，觉得理论性差，情绪化很浓，很不满意，准备多学习一段以后再作修改。这个期间，王稼祥夫人朱仲丽送给国男一本她写的《江青野史》，成了我的消遣读物。书里写了50年代国男陪江青到苏联养病的那段历史，也写了我，江青知道我是给民主人士沈钧儒做秘书的，虽然没有讲我的坏话，但可以看出来她在选择国男之前，对我也政审过的。在她的言谈中，我就是"党内的民主人士"。

中央召开务虚会以来，全国知识界、文艺界思想非常活跃，提出许多理论性问题进行讨论、争辩，但极左思潮仍在推波助澜。4月间,《解放军报》发表了批判白桦的电影文学剧本《苦恋》,一时引起文艺界的轰动。我托一位文艺界的朋友找到了一本登有《苦恋》剧本的《十月》文学杂志。故事情节是讲一个高级知识分子建国后能够发挥自己的专长感到喜悦,不久,政治运动连连不断,知识分子遭受苦难,到了“文革”更逃不脱悲惨的命运。剧本里影射了“个人迷信”危害的问题。后来我从一位文艺界知情人那里听到,该剧本由长影拍成影片《太阳与人》,在内部审查时有不同意见。胡耀邦听到以后,找了夏衍、陈荒煤等人帮助作者和导演修改。我不能理解的是,去年我亲自听了邓小平作了三个多小时的报告讲到:“文艺界刚刚开了文代会,我们讲,对写什么,怎么写,不要横加干涉……我们坚持‘双百方针’和‘三不主义’,不继续提文艺从属于政治这样的口号,因为这个口号容易成为对文艺横加干涉的理论根据,长期的实践证明它对文艺的发展利少害多。”话讲得很清楚,文艺界的同志受到极大的鼓舞,怎么一年来情况就大大改变了。照过去的经验看,只能理解是阶级斗争又出现了新情况。

庆祝党成立60周年的这天,《人民日报》全文发表了党中央十一届六中全会上通过的《关于建国以来的若干历史问题的决议》。我认真地阅读了全文,约3.5万字。第二天,统战部召集13级以上干部开会,传达六中全会内容和《决议》起草经过。《决议》是经过长期酝酿,4 000多各方面人士讨论,无数次修改后提出的。在《决议》公布前的两个星期,统战部组织民主党派上层人士讨论这个草稿,在工商联大楼会议室里民盟和民建、工商联的同志一起参加讨论。民建、工商联出席的有:孙起孟、吴雪之、黄玠然、王筱天等;民盟的有:李文宜、萨空了、张毕来和我等。讨论的不是全文,只是有关部门负责起草的关于反右斗争的一部分。草稿上写着有“反右是为了战略上的需要”的一句话。有些同志不同意这个观点。我的意见是:1956年党的八大会议已经明确指出,我国阶级矛盾已不是主要的了;1957年2月毛主席的讲话里说,“主要矛盾是人民内部矛盾”,“急风骤雨式的阶级斗争已经过去了”。我认为这就是当时我们的战略方针，在这个方针指引下，开展反右斗争有什么需要？《决议》发表了，草稿上"反右是为了战略上的需要"那句话是不见了，但是《决议》里说明了反右斗争是因为"在整风过程中，极少数资产阶级右派分子乘机鼓吹'大鸣大放'，向党和新生的社会主义制度放肆地发动进攻，妄图取代共产党的领导"，所以对这种进攻进行坚决的反击是完全"必要的"，而且是"正确的"，问题就是"扩大化"了。当时我对这种提法抱着怀疑态度。

7月上旬，民盟召开中常会，会上通过了全盟学习《决议》的通知，通过了楚图南同志代表民盟中央赴昆明参加民盟成立40周年和李、闻殉难35周年纪念大会，最后还通过了我第二次写的辞去办公厅主任的报告。会后，楚老找我，要我和国男作为李公朴家属一起去昆明参加大会，并要我代他准备大会的发言稿。回家我和国男商议，这次大会改为小弟国友去参加，电话里楚老表示同意。我们一行包括了闻师母和闻立雕于7月15日民盟先烈纪念日的前一天乘飞机到达了昆明。

与此同时，二女儿艾平（人民大学学生）、国友的女儿李红（第二外国语学院学生）并约了两位同学（其中一位是留学中国的加拿大女学生）想利用暑假去昆明旅游。艾平和李红并可作为李公朴家属参加纪念大会。她们乘火车到达昆明。

我们到达昆明，在飞机场见到了老前辈老朋友朱家璧、方仲伯、杨春洲、杨明等同志。朱家璧同志在抗战期间是个延安归来驻在滇南带兵的军人，他喜爱读书，是我们北门书屋的老主顾，我们称他是个"带枪的文人"。解放战争期间，他任滇南游击区司令员，现在作了省委统战部部长，能文能武，深受民主党派知识分子的敬仰。

我们住在省委招待所，见到了原西南联大的李凌同志，他从北京赶来，是为审阅修改《一二·一运动史》初稿的。他找我一起回忆当年和王汉斌同志在联大办现实社、出版现实壁报、经常在茶馆开会的那段历史，他写个初稿，要我修改补充，我们给这本运动史增添了一页。

第二天上午，民盟省委举行李、闻殉难35周年大会，我们作为家属带着艾平和李红前往参加。那位加拿大姑娘也要求列席，她喜爱中国，喜欢知道中国的历史，她已能听能讲中国语言。她说她参加了这次大会，等于上了一堂语言课、历史课，收获很大。会上我见到了一些民盟的同志和李、闻生前的老朋友，他们深情地怀念过去一起战斗的日子，有的淌出了热泪。会后，楚老和全体家属到李、闻墓前(李公朴墓已从西山迁移到西南联大旧址闻一多和“一二·一”四烈士的墓后)献花、默哀，加拿大姑娘和我们一起在墓前合影留念。

下午，我和楚老参加民盟成立40周年纪念大会，楚老、杨明和中共省委副书记高治国相继讲了话，他们高度评价民盟在民主革命中所起的作用。大会在大雨中进行，参加者千余人。

留在昆明期间，我和楚老参加了民盟的各种座谈会，接见和拜访了一些老朋友，我也去看望了旧日的老同学。我和国友特别带着艾平、李红去北门街、学院坡，看看北门书屋和爷爷外公开店、住所和殉难的旧址，给她们讲讲当年的情景，上了一堂爱国主义教育课。加拿大姑娘也去了，听了很感兴趣，她说她像看了一部革命斗争的电影。

楚老先回北京。民盟招待李、闻家属游石林、西山。朱家璧陪我们去安宁温泉，在西哈努克别墅休息，去军区游泳池游泳。回到昆明，出乎意外地遇到了国友岳父的弟弟，久居加拿大的陈志让教授和夫人加拿大人玛丽教授，他们带着研究生到中国做社会调查，他们早就认识这位加拿大姑娘，我们一起畅游翠湖，请他们吃了一顿西餐，结束了这几天愉快的旅行。

25日下午我和国友乘飞机回到北京(艾平、李红和两位朋友又到其他地区旅游)。26日下午，我和国男又搭上了去青岛的列车，这是政协组织委员们第一次暑期休假旅行。

国男带着大百科出版社的委托翻译俄文百科辞典的医学部分；我带着笔墨纸砚准备练习书法，和准备民盟史稿以及有关民盟资料，为今年12月民盟中央举行纪念成立40周年，出版《民盟简史》和《民盟四十年大事记》作准备。

上了列车，见到的都是熟人。彭友今夫妇、孙起孟夫妇、吴觉农、

王健和张国男在石林合影

赵君迈都带着孙儿、孙女。意外的发现张光年和阿蕙也在车厢里，他们是另一个系统组织来的。一觉醒来就到了青岛。我们住在离海边很近的宾馆，下午国男就带着吴老、赵老的孙子、孙女下海了。

我在手术以后，脊椎虽然放松了压力，但先天性脊椎管狭窄是没有办法治疗的，加上脊椎受过一次激烈的震动，留下了后遗症。右身麻木，右腿无力，我不能下水，每天坚持体操锻炼，包括书法也是对手臂的锻炼。在体育锻炼之余，即抓紧时间修改盟史稿，补充大事记初稿。孙起孟同志好学，善于思考问题，我和彭友今同志多次和他讨论《决议》，向他领教，特别在当前“阶级斗争”问题上，大家发表意见，没有结论，但都觉得这些问题是值得进一步深入探讨的。

我们去看过光年、阿蕙一次，光年谈了一些文艺界的情况。几天后，北京电话催他赶回去。估计文艺界又发生什么新情况。我和国男参加政协组织的崂山旅游。一路上遇见香港电影公司鲍方在拍《崂山鬼恋》。在仰口海滨，到了《青春之歌》林道静想跳海自杀的地方。我和国男脱离了集体，去寻找一座架在一条小溪上的木桥，那是1953年，我和胡愈之、华岗、吴晗夫妇游崂山时，在桥上给他们三人拍了一张相。现在华岗、吴晗已在“文革”中受尽了折磨，含冤而去。我很想和国男在桥上也拍张相留影纪念，但周围无一游人，无法拍成，悻悻而归。

在结束这次旅行的前一天，我们在向大海告别。在沙滩上见到了陆璀和陆慧年同志，陆璀同志也是政协委员，会议期间多次见面，但很少交谈。这次我们有机会畅谈。她是“一二·九”学生运动的领导人之一，清华大学学生，全国学联代表，1936年8月到日内瓦出席世界青年大会，和陶行知在巴黎成立了全欧华侨抗日救国联合会。11月她和陶行知到美国，走遍了美国从东部到西部的各大城市，她们把中国抗日救亡运动推向了全世界。在斯诺的报导中，称她是“中国的贞德”（贞德是法国15世纪著名的民族女英雄）。陆慧年同志是著名的新闻记者，在抗日救亡运动中出生入死作出了卓越的贡献，她们是我最敬佩的女性。也都是救国会成员。

在青岛休假了20天，国男每天到大海游泳，并成了初学游泳者的教练。她利用空余时间，全部完成了大百科全书出版社委托她的翻译工作。我除了练习书法，还了一些墨债外，根据叶笃义、罗涵先等同志修改小组的讨论意见，修改了《民盟简史》初稿，并对《民盟四十年大事记》作了修改和补充，完成了预期的任务。20天的休假收获很大，不虚此行。

回到北京，党支部开会，学习中央30号文件，内容是要加强党对文艺界的领导，批判错误思想和不健康的文学作品。会上继续批判白桦的《苦恋》和所谓暴露文学、伤痕文学，以及赵丹的思想。所谓赵丹的思想，有人介绍，是指他在临终前讲过“党不要对文艺界干预太多”这类的话，后来受到一些人的批判，有人说“赵丹临死还放个屁”。我感到这是意识形态领域里的“阶级斗争”又展开了。

9月15日下午四时，统战部党委召集紧急会议，传达中央指示，内容是要下决心解决当前干部身上精神萎靡不振、松垮涣散的不良风气，和坚决克服一切向钱看的不良倾向等等。党支部第二天开会，讨论中央指示，大家认为这些现象确实是存在而且是严重的。当时，一个是向钱看，一个是向外跑，已出现了知识分子外流的现象。大家发表意见，觉得这种社会不良风气绝不是空口议论，也不是一道指示就可以解决的。要研究这种社会现象的根源。

天津的老战友岳亭同志（1938年天津“民先”的负责人之一）专

程到北京，找我和北京的“民先”老同志。他为收集天津党史资料而来，特别是“民先”在1938年和1939年那段历史，成为天津党史的重要一部分。我和岳亭同志谈过几次，我提供一些资料，他回去写成初稿，我为我们当时的地下活动被列入天津党史而感到光荣。

9月中旬，中秋节这一天，力平(她已进北京电影制片厂工作)带来了一颗闪亮的明星，《庐山恋》的女主角上海电影厂的张瑜来家做客，同来的还有来过家的达式常，也是上影的一颗明星。他们是特意来共度中秋佳节的。《庐山恋》上演以后，张瑜一举成名，影迷们把1981年称为“张瑜年”，张瑜的发式、服装也被女孩子们成为追求的时尚模式。我初见张瑜，给我的印象是一个文静、清纯、靓丽还带着几分腼腆的姑娘。谈话间，她讲她自己：“我还没有感觉到我是个明星”“不习惯这种生活，到处都不自由”“现在更觉得自己需要学习、需要提高了”。我很高兴，看到她仍保持清醒、朴实、不张扬，没有飘飘然的感觉。我勉励她：这是你生活中转折的时期，要看清社会上那种不正之风，不要学那些“明星”的种种恶习，还要加强学习不断提高。她说夏衍老前辈写信给我，也是这样鼓励我的。今年中秋我们没有注意天空的月亮，而是和两位明星畅欢度过的。因为他们在北京拍戏，时常来家闲谈，我们很谈得来，都很喜欢她，后来我们认她作了我们的干女儿，她也同意，从此成为家庭的一员。

1981年，张瑜获得百花奖和金鸡奖

10月中旬，民盟和政协举办陶行知90诞辰纪念大会，邓颖超主持大会并讲了话，胡愈老最后讲了话。他说，在解放初期对《武训传》的批判同时也批判了陶行知,他受到了文化专制主义的江青的恶毒攻击。今日纪念陶行知,重新研究和学习陶行知的人民教育思想,肯定他在革命教育事业中所作的伟大贡献是十分必要的。他和邓颖超对陶行知都作出了公正的评价,恢复了陶行知是"伟大的人民教育家"的名誉。大会经久不息的掌声,满足了大家压抑已久的心愿。

11月底,参加了政协召开的五届三次大会,列席了人大五届三次会议,听取赵紫阳作了政府工作报告。民盟小组对当前改革开放的经济发展形势感到鼓舞,并对当前教育智力投资、义务教育等问题提了一些建议和意见。同时,大家反映当前社会不正之风日益严重,文艺战线思想混乱,知识分子心有余悸。谈得很热烈,但又觉得在政协会议上"说了也白说、不说白不说"。

12月中旬,民盟中央在政协礼堂举行成立40周年纪念大会,史良主席发表了长篇讲话,系统地回顾了民盟40年的战斗历史。统战部乌兰夫部长代表中央致词,肯定民盟40年的历史是和中国共产党共患难、同战斗、长期合作的历史。民主建国会中央胡厥文主委代表各党派也讲了话,参加大会者1 000余人。统战部老部长李维汉同志也亲临大会,倍受与会同志欢迎。通过这次大会,纠正了曾经被歪曲了的民盟形象,从而扩大了民盟在人民群众中的影响。会后第二天,民盟中央召开中央委员会,总结了今年的工作,讨论明年的工作计划。会上大家很重视乌兰夫部长昨天的讲话,因为他是代表中共中央对民盟和知识分子作出评价的,大家表示非常满意。叶笃义同志在发言中,顺口讲出了乌兰夫同志的讲话是委托民盟拟稿,是由王健执笔的。我听了当即声明,我的原稿统战部在对知识分子的估计问题上改动了几句话,改动的更加切合实际。后来我从统战部得知,这个稿子是经过彭冲、胡乔木审阅修改后定稿的。

张瑜一直在北影拍戏,今年最后一天,我们约她来全家团圆,共进晚餐。张瑜、力平、国男都有酒量,今晚我们开怀畅饮。晚餐后,观看电视晚会节目,一直到深夜,钟声鼓响,鞭炮齐鸣,一起欢度除夕良宵,迎接新的一年。

1982年　66岁

起草《关于知识分子问题的调查报告》　大连休假　中共中央十二大胡耀邦当选为总书记　章伯钧骨灰移放到八宝山　政协、人大第五届四次大会开幕

新年过后，中国传统的新春佳节气氛越来越浓，福建民盟每年照例送来大批的漳州水仙分给机关的同志们。我和高天同志带着水仙去统战部看望于刚、金城同志和老部长李维汉同志。于刚同志送给我们一本最近他写的油印成册的诗。金城向我们了解一些资料，准备写党派里的老朋友的纪念文章。李维汉同志正在办公室里埋头写书，他说对过去一生的工作作些回忆与研究是有意义的（1986年出版了他的《回忆与研究》一书，上、下集）。他谈到统战工作，认为在新的形势下统战工作要有新的突破。我提出李部长曾说过统战工作是一门科学，有它本身的发展规律。我要求李部长有机会在小的范围内给我们讲一讲，上一堂课。他摇摇头说"不行了"。看到他，年过八旬的老人，经过了十年灾难，受尽了摧残，确实显得衰老了，但他的思维还是那么清晰又令人欣慰。我们希望他益寿延年，能写出更多的东西来。

我和金若年同志借着春节期间去看望民盟的一些老同志和机关已故老同志的夫人，特别是"文革"中含冤去世的同志的家属，表示节日的慰问，生活困难的给予经济上援助。这是民盟多年来的老传统。我和国男看望了张光年夫妇和王汉斌、彭珮云夫妇，还有多年不见以及"文革"中受过折磨的老朋友，大家相见感到格外的亲热。电影界和体育界联合举办了春节联欢会，张瑜、郭凯敏和力平、艾平前往参加。在会上张瑜、力平认识了郎平，后来她多次来家里做客。正是这个时期，中国女排战胜了美国、古巴和日本，夺得了世界冠军，女排的主力郎平已成了闻名世界的一颗灿烂的体育明星。我们为和郎平交了朋友而感到光荣，为中国女排而感到骄傲。

春节初五，民盟中央机关和民盟北京市委会联合举办了“新春茶话会”。在政协三楼，到会者四五百人。有讲话、有表演、有唱歌、有朗诵，出乎大家意料之外的是侯宝林同志到场参加，大家欢迎他讲话，他的讲话像单口相声，既幽默又风趣，博得全场捧腹大笑。真不愧是相声大王、语言大师。侯宝林同志原是民盟的盟员，1956 年民盟发展组织，大批知识分子、知名学者、艺术家参加了民盟，侯宝林就是其中之一。1957 年反右斗争开始，民盟罪状之一就是 1956 年“恶性大发展”，有些新盟员划成“右派”，也有不少新盟员要求退盟，侯宝林也是退盟者之一。经过了 25 年，侯宝林兴致勃勃地来民盟参加联欢会，说明他对民盟还是深有感情的。

2 月上旬，民盟传达了中共中央《关于检查一次知识分子工作的通知》。民盟于中旬召开中常会，决定今年盟的工作重点是协助党和政府做好知识分子工作。会上决定成立以楚图南为组长的“知识分子工作研究小组”，并向盟的各省、市组织发出“关于开展知识分子政策落实情况调查研究工作的通知”。几个月来，我和研究小组的同志一起参加一些座谈会，接触了盟内外各方面的知识分子，也看到不少地方寄来的调查报告，我写了一篇 5000 多字的《关于知识分子问题的调查报告》，我说明这仅供起草文件的同志们参考的。负责编辑《情况反映》的詹永泰同志看了，征求我的意见后便刊登在《情况反映》上，发给了全国各省市组织，以供参考。

我接触的知识分子，大家谈论起来，深有体会，现在还是“官本位”的社会，中国知识分子没有得到社会上应有的地位，常常受到的多灾多难。根据中国科学院郭沫若院长统计，中国总共有 394 万知识分子，其中 384 万是普通知识分子，10 万高级知识分子，在我们这样一个大国里有三百多万知识分子是十分难得可贵的。全国解放以来,除了参加共产党者外,绝大多数属于资产阶级知识分子。1956年2月1日党召开了知识分子问题会议,周总理作了报告,提出知识分子中绝大部分,已经为社会主义服务,成为工人阶级的一部分,这是给知识分子"脱帽加冕",知识分子听了奔走相告,欢喜若狂。《工人日报》发表社论,指出"必须认识,知识分子是工人阶级一部分,他们在我国社会主义建设事业中起着重大作用,我们必须以同志般的态度来对待他们,任何排斥和歧视他们的态度都是错误的"。但是到了1957年开展反右斗争,在《人民日报》社论中写到:"1956年社会主义改造的高潮刚来以后,我国政治形势就发生了深刻的根本变化……在资产阶级和资产阶级知识分子中……还没有成为真正为社会主义服务的政治力量。"在这场反右斗争中,划了55万名"右派分子",其中绝大多数是曾被加冕的知识分子。就民盟的情况来说,33188盟员划为右派的5 785人(占17.43%),中委层的180人中划为右派的61人(占33%)。到了1962年春,党在广州召开科学工作和戏剧创作座谈会,周总理又作了关于知识分子问题的报告,重申了我国知识分子绝大多数已是劳动人民一部分的观点。陈毅同志在会上也讲了话,他说:"工人、农民、知识分子是我们国家劳动人民中间的三个组成部分,他们是主人翁。应该取消资产阶级知识分子的帽子,今天,我给你们行'脱帽礼'。"就在这一年的秋天,党召开八届十中全会,会上毛主席大谈阶级斗争,而且要年年讲,月月讲。会上还批判了知识分子"单干风"和"右派"的"翻案风"。此后1963年全国大城市开展"五反"运动,部分县市开展"四清"运动,阶级斗争又出现紧张局面。到了1964年,政协四届大会上,民盟负责人在大会发言,自觉地承认:"自党的八届十中全会以来,民盟成员和所联系的知识分子,有人闹过'翻案风',刮起一阵'单干风',这一次思想'大反复',是一场激烈的阶级斗争,和1957年右派猖狂进攻的性质是相同的。"又把知识分子资产阶级的帽子戴上了。到了1966年,十年"文化大革命",知识分子有的进牛棚、关监狱,有的走上自戕之路,知识分子的命运不堪设想了。

“文革”结束之后，中央在一次会上宣布：知识分子是工人阶级一部分。于是今年7月间，民盟中央召开了专门会议，邀请了中共中央和政府人事部门派员列席会议。会后，整理了大家的意见写成《关于进一步落实知识分子政策的若干建议》。内容包括：知识分子的地位，健全领导管理体制，合理使用人才，妥善处理平反改正后的遗留问题等。据说这个建议受到了中共中央的重视，并给予高度的评价。

7月底，政协组织委员休假，我和国男选择了去大连。我们一起登上火车的有高天、张纪域、张学铭等十几位委员和家属。到了大连，我们住在禁止一般人游览的棒槌岛区的宾馆，这是我第三次来大连，也是第三次住在棒槌岛。政协组织委员们参观游览，我是有选择地参加，国男除参加政协的活动外，有时间就去大海游泳，我一人在宾馆时就舞笔弄墨，练习书法，为北京医院大夫们去日本参观学习，写了十几张条幅作为馈赠日本人的礼物。这次来大连，还要做的一件事是，要把胡愈老大事年表整理出一份初稿。

张学铭来大连，很少人认识他，他身体肥胖影响他的行动，所以很少外出游览，常常一人在宾馆大厅里闲坐。我主动地去找他聊天。30年代初期，他任天津市市长，我是天津市市民。当时天津市百姓对他掌管天津市政，颇多好评。我告诉他，当时市民们对他的评论：年轻有为、英俊潇洒、倡导清廉、实行新政。他听了非常高兴。我还举个例子告诉他，当时公安局局长王一民，因全市更换新门牌，每户多收了两分钱，最后被市长革职查办，这件事是深得人心的。他承认确有此事。他也说了一些他那时处境的难处。他说日本“浪人”天天捣乱，社会治安难以维持，这是一般市民不了解的。当我探问他的老兄张学良近况时，他矢口不谈。他在十年浩劫中是怎么过来的，我更不便多问了。

民盟的钱伟长、谈家桢、千家驹等同志先后来到棒槌岛，钱老是参加国际会议来的，他介绍同来参加会议的美籍华人、学者卞学镄夫妇,并告诉我卞是天津人。我作为同乡和他交谈了几句,便知他是天津名门“八大家”之一的卞家。钱代他向我索书,我写了一首鲁迅诗以赠之。据我听到老人的传说,天津“八大家”曾显赫一时,而今他们的后代,多数都成了好逸恶劳的公子哥或已经成了四分五裂的破烂户。卞学锁走出国门,逃脱了封建大家庭的囚笼,学有专长,有所贡献实幸事也。

这次来大连和同志们见面闲谈,常常很自然地就谈到了中央的《决议》,这是大家关心的问题。我听到的意见概括地说:《决议》里对毛主席和毛泽东思想的评价和分析大家基本上是同意的。对文化大革命的全盘否定和对停止使用“以阶级斗争为纲”的口号是满意的。对建国以来历次运动,多次发动的人为的阶级斗争,难以理解。

休假结束了,国男去长春看望老朋友张大简。我到天津住几天,看望家人和几十年不见的老同学、老朋友。我到了天津,王陶去接,把我送到睦南道市委招待所。几天里见到了家里的三代人,见到了“民先”的岳亭、黄平、梁卫国等30年代一起共过患难的老同志,同时也找到了失散已久不知去向的温湄同志,她是我在1938年最早开展“民先”工作的女同志。见了面,她有说不完的话,诉说别后她的坎坷道路和悲惨遭遇,谈到伤心处,热泪盈眶。我找到的法商同学、汇文同学,陆续来招待所,这都是1936年以后很少见面的老同学。我们一起回到母校,一起去看望健在的老师。特别去探望已经瘫痪的汇文老同学沈国瑞同志。他卧床已久,见了我们,有话说不出来。我回忆到,当年我们高中毕业班就集聚在他的家里,等候电话,听从学联号召,抗拒政府的统一会考。也就在他家里,那天分散后就各奔东西。一别就是半个世纪,同学都已近古稀之年,又相聚首在他家里。面对瘫痪老友,有话无法交流,告别时大家含泪而去。真是“相见时难别亦难”,不胜人世沧桑之感。

9月以来,国内连续出现了几件大事:中共中央召开了十二大,胡耀邦当选为总书记;朝鲜金日成主席来中国进行国事访问;英国撒切尔夫人访问中国商谈香港问题;中国女排夺得了世界冠军;又适逢国庆、中秋佳节，全国欢庆，国内人心振奋，国际声誉空前提高。

民盟组织在京中委和机关干部学习十二大文件和邓小平同志讲话。邓小平同志提出，从1981年到本世纪末，力争使全国工农业的年总产值翻两番。大会决定，在提出建设经济目标的同时，要努力建设高度的社会主义精神文明和高度的社会主义民主。大家讨论热烈，精神为之振奋。特别对于胡耀邦出任党的总书记，对我国改革开放、解放思想、加速经济建设、政治体制改革，繁荣文化艺术寄以厚望。

张瑜和力平从哈尔滨拍戏回来（力平在几月前已正式调北影工作，满足了她的心愿），听说郎平出席了党的十二大代表大会，我们约她来家晚餐，听听她讲述十二大会议内容和她在国外参加比赛的情况。在用餐时，她谈了她和袁伟民、孙晋芳、周晓兰四人作为党的十二大代表出席大会倍受大会代表欢迎，她是第一次参加那样的大会，心情像参加比赛时一样地兴奋紧张。讨论得非常热烈，盛况非凡。谈到在国外参加比赛，每次取得胜利，听到全场欢呼，看到台上摇着国旗，听到义勇军进行曲的国歌，不由自主地流下眼泪。那种为祖国骄傲、自豪的心情是难以用语言形容的。我们听了也为她感到骄傲、自豪。

天津民盟举办各党派成员书画作品展览。11月上旬我和萨空了、吴作人、萧淑芳夫妇、刘开渠、金若年等同志，以及几位书画家同车去天津。第二天书画展开幕，市委书记剪彩，全馆展出460余幅，我的一幅书法，已精裱展出，跻身于书法家之林，自我观赏尚好。展出后观众反映良好，也显示出民主党派人才济济。举办书画展这是党派史上的一个创举。

11月15日上午，去八宝山革命公墓，举行章伯钧骨灰移放仪式，仪式由政协主办，农工、民盟参加，骨灰移放到革命公墓内，但存在人们心里的疑团难以解决，人们期待的为章伯钧落实政策（右派改正问题）还是落空了。

民盟盟员，北京大学金岳霖和贺麟两位教授光荣地参加了中国

1982 年天津举行书画展，张瑜（左一）和王力平（左四）与吴作人、萧涉芳夫妇。（王健摄）

共产党，民盟部分同志集会向他们表示祝贺。他们的入党，成为大家关注的新闻。他们都是著名的哲学家，金是研究逻辑学，贺是研究黑格尔，而到了晚年终于接受了马克思主义。正如诗人闻一多早年长期在故纸堆里，难得一下楼（人们称他为“何妨一下楼主人”）。但他一旦走下了楼，找到了真理，就奋不顾身，勇往直前。贺麟、金岳霖和闻一多都是知识分子，良知不泯，追求真理的精神是一致的。金岳霖同志入党我不了解，对贺麟同志入党，两年前他就和我谈过，当时他打听出我是北大学生王陶的哥哥时，就找我到他家谈他要求入党的愿望，当时王陶是北大学生自治会常务理事，贺麟是学校训导长一类的职务，他们经常有所接触。所以他希望王陶给他写个证明材料，说明当时他在学生运动时对待学生的态度和表现。王陶经过慎重的考虑，并和当时北大的同学一起研究，如实地写了证明材料，说他当时对学生没有采取敌视的态度，明的应付学校，暗中是爱护学生的，和当时的教务长陈雪屏仇视学生的态度完全不同。贺麟认为这是很关键的材料。现在已被批准入党，见到我感激万分，多次约我和王陶到他家做客。我们去过一次，家里和一般干部的住房一样，非常朴素，

章伯钧先生骨灰移放仪式

除了一些旧家具外，到处是书。他和他的夫人都是和蔼可亲、平易近人的老人。他们安贫乐业，淡泊名利，我们相信，他的入党动机是纯正的。

11月下旬，政协、人大第五届五次全体大会相继开幕，听取了赵紫阳同志作第六个五年计划的报告。民盟小组讨论极为热烈，各地同志汇报地方情况和存在的问题，最后大家比较集中讨论的还是知识分子落实政策的问题。就这个问题，我根据在调查知识分子问题整理的材料，作了40分钟的发言。最后我讲，知识分子在今天"官本位"社会里是难以取得应有的地位和受到法律保障的，这就是必须进行政治体制改革的问题。政协会议期间，上影的达式常和潘虹也住在我们的宾馆，他们来北京是准备拍摄《人到中年》电影的。我约请达式常和钱伟长同志见了面，在钱的倡议下，又约了几位中年的政协委员和机关干部，一起座谈当前中年知识分子的情况和问题，大大丰富了我们的调查报告，《人到中年》剧本也成了我们讨论的议题。

12月下旬，民盟中央召开调查知识分子落实政策工作汇报会，约请民盟各省市有关负责人参加，会议开了八天，最后写出《座谈会纪要》，作为今年调查知识分子问题的总结。

1983 年　67 岁

×××致总书记的一封信　政协第六届第一次大会开幕救国会部分老同志集会　民盟第五次全国代表大会开幕

新年刚过,家里来了一位完全意想不到的“小朋友”,她来北京开会,特来看我。她是大连棒槌岛宾馆开电梯的女服务员小闫。去年在大连休假期间,在宾馆里每次上下电梯她看我走路困难,总热情地搀扶,因此就熟悉了。她的服务态度好,大连的报纸上表扬过她。她长得端庄、清秀,也讨人喜欢,博得我们休假同志们的好评。一年来通过几次信,她自称“小朋友”,渴望学习,要求进步。这次来北京,是参加全国评选先进工作者大会,第一次来北京,又参加这样盛会,感到非常荣幸。会议期间,她在电话里告诉我她已经被选为全国先进工作者。我特地到她住的前门饭店向她祝贺,并为她送行,我们相约保持通信联系。

统战部转来一份指定给高天、叶笃义和我的文件,内容是民盟干部×××写给中共中央总书记胡耀邦的信,信里写道:“亲爱的耀邦同志:新年好!由于民盟中央胡愈之同志等人的宗派情绪,长期抹煞张澜先生作为党的忠实朋友的历史作用,清除张澜先生对进步事业的深刻影响,打击与张澜先生关系密切而忠诚党的事业的同志,致使党所尊重的张澜先生竟蒙辱于九泉之下,而张澜先生的亲友则受宗派之害于无极……”下面写了家人和朋友如何义愤,并希望和其家人“前来向您面陈一切”。具名是:“张澜先生生前秘书、民盟中央盟讯编辑×××83.1.7”。文件上面有胡耀邦同志的批示,要统战部研究处理。统战部把文件送给我们,只是让我们知道这件事,并未让我们去处理。至于这件事如何处理我们没有过问。过了一个时期,不知是统战部还是政协批示的×××被调离了民盟中央机关,荣任政协机关的"文史专员",和沈醉、文强等专员们在一个办公室里办公。

我回想四年前,民盟四代大会时,×××出了七张大字报,其中两张大字报是说:"胡愈之同志为什么要盟中央批判沈钧儒故主席?""胡愈之同志和王健为什么要对沈老搞阴谋诡计?"大字报里说"我们民盟同志无不真诚爱戴、深切怀念敬爱的沈钧儒故主席!"沈钧儒和胡愈之的深厚友谊是人所共知的。张表老是盟内德高望重,受全盟尊敬的领袖。现在令人不解的是:胡愈之以什么宗、什么派的情绪,既反对沈钧儒又反对张澜?相隔四年,几张大字报和一封信,互相矛盾,我们难以看出他的用心何在?

今年的新春佳节,统战部举行新春联欢会,邀请各民主党派文艺工作者和电影演员表演精彩节目。当晚民盟在四川饭店举行宴会招待《垂帘听政》电影摄制组的香港著名导演李翰祥夫妇和著名影星刘晓庆,演员中民盟成员有项堃、王培和俞平(女)。宾主畅欢,共度佳节。一个月以后,民盟中央在民族宫大厅举办书画展览会,统战部部长乌兰夫剪彩,习仲勋等中央领导同志参加了开幕仪式。这是在天津书画展的基础上,又征集了全国民盟书画家的作品,很多著名的书法家,还有他们收藏的精品,蒋兆和的珍贵《流民图》也送来展览。参观者称赞是琳琅满目,美不胜收。这里的作者,许多是50年代反右前入盟的盟员。其中不少人打成"右派",也有不少人退出民盟。在相当长的一个时期里知识分子和文化艺术界人士远离了民主党派。特别是"文化大革命",这些人也都成了革命对象。出现了百花凋谢、百家齐喑的局面。经过这次从春节联欢到书画展览,对艺术界、书画家是一次大集会、大检阅,也说明了真正人民的艺术、真正的传统的文化是永远革不掉的。

今年新的一届政协,第六届第一次大会在6月4日开幕。

这次政协又增加许多新人,多半是落实政策以后安排进来的,冯亦代就是其中的一人。这次他参加政协，我们同屋，他的左腿行动不便，我的右腿成瘸，同病相怜，出入相扶而行，同志们取笑说我们“狼狈相济”。他是文学家、翻译家，在文学艺术界交游甚广，我也因为他多认识了一些新朋友。我从他那里增加知识广阔见闻，受益匪浅。我们是讲真话的朋友。厌恶那些空话、假话、套话。亦代同志在小组会上的发言，会后听到的反映是受大家欢迎的。

会议期间，我和“民先”的老同志、政协委员郝诒纯（女）一起去看看他的弟弟郝诒谋，当年他在天津曾担任过“民先”的大队长。一别45年，他年过花甲，但身心多病，已成衰弱的老人。他的夫人是彭真夫人的妹妹，为此，在“文革”期间他也吃尽了苦头，现在“文革”已彻底推翻，但病魔一直还在残害着他。我们老朋友再度相逢，既高兴又悲伤。

民盟借政协开会期间开展三胞（海外侨胞、港澳、台湾同胞）工作。胡愈之出面邀请香港、澳门部分的人大代表和政协委员在北京饭店举行招待晚宴。席间，胡愈之、王匡、费彝民先后讲了话，大家对完成祖国统一大业充满信心。我陪李文宜同志坐第三桌，除我一人外，都是女同胞，而且都是女明星、女艺术家，在座的有著名的香港电影明星夏梦、石慧、王丹凤（民盟中常委）等人，席间大谈香港电影、电影界情况。我的40年代“文通”的老朋友廖一原同志，新中国成立后一直在香港，先后出任新联影业、凤凰影业、长城电影等公司的董事长，现任华南电影工作者联合会会长。对他长期坚持“导人向上向善，不搞黄色暴力，不引人走向邪路”的电影制片方针，深受广大观众赞誉。我谈起他，在座的几位明星不但熟悉他，而且认为他是正派的电影“大亨”。

政协大会即将结束，进行选举，邓颖超当选为政协主席，费孝通当选为副主席。在政协闭幕的那天，费孝通代表民盟作大会发言，内容主要是加强智力投资和普及义务教育等问题，对政府在普及教育问题上提出批评意见，也提出了积极的建议。博得全场八次热烈鼓掌。当天在祝贺政协闭幕的晚宴上，我正好和费孝通、王光英等人同

民盟作三胞工作。李文宜(右二)与香港几位明星,左起王丹凤、夏梦、李文宜、石慧。 (王健摄)

桌,大家向费孝通表示祝贺,当时我听到他在表态时讲的一句话,他说:“就是作了副主席,我费孝通还是费孝通。”大家相信他,是知识分子的代表人物,不会因为作了副主席而失去了“学者的本色”。当时王光英大谈天津的情况,这是我比在座的人更加关注的。

7月上旬,救国会纪念委员会约请在京的救国会部分老同志集会,出席的有钱俊瑞、陆璀、吴人琨、吴茂荪、王枫、高大、沈谱、千家驹、徐盈等20余人,92岁坐轮椅的张申府也赶来参加。这些老同志虽都深居北京,也都二三十年,甚至四五十年没有见面。会上我首先简单报告了这两年救国会纪念委员会所做的工作:救国会大事记已整理出初稿;沈老年谱沈谱正在收集资料并负责编写;1985年1月沈老110年诞辰,拟举行纪念会并编辑出版《沈钧儒纪念文集》;沙千里的遗作《漫话救国会》今年内即可出版;1937年他写的《七人之狱》,三联书店准备明年重印。继由钱俊瑞主持并讲话。接着大家发言,对纪念救国会工作、发动大家写纪念文章、开展爱国主义教育提出了积极意见。会后合影留念。

今年政协组织委员们去齐齐哈尔休假避暑。民盟同志们自己组织去西安休假,还带有干部,一面休假,一面研究工作。参加的有高天、林亨元、叶笃义、冯亦代、罗涵先和他们的家属。我和国男还有敬季超、詹永泰二人同去。上车第二天,经三门峡、潼关、华阳县,远远看到了华山,下午到达西安。住在离市区 20 多公里的陕西宾馆一号楼,据宾馆人告知,三个小时前,意大利共产党总书记贝林格一行刚刚离开这里,这是作为国宾招待的。宾馆周围树木成林,有小溪,有亭阁,高雅幽静,是修养避暑的胜地,而我们住进来大家都深感不安。下午,民盟、市政协、市统战部领导同志来宾馆叙谈,并设宴隆重欢迎。入夜,罗涵先一阵昏迷,大口吐血,一时大家惊慌,急送人民医院抢救。转天,我们接到市民盟通知,立即搬到城里止园招待所。止园是杨虎城的故居,现在已成了纪念“西安事变”的遗址。我们先去了医院看望罗涵先,他女儿在旁看护他,据大夫说可能饮酒过量引起的,没有什么危险。住止园后,我们一面开会,一面游览名胜古迹,这些天游览了大雁塔、碑林、华清池、捉蒋亭,参观了秦始皇墓、兵马俑、到了六千年前古代人生活遗址“半坡村”。最后去了八路军办事处,上了一堂从“西安事变”国共第二次合作,到八年抗战那一段党史课。我们多次开会,反复研究,提出了一份民盟五大推荐新的中央委员和设置执行局委员的名单,完成了上面交付的任务。

国男的云大附中同学顾昆,在西安中国人民解放军政治学院任副院长。因为他的关系,我们在民盟的同志离开西安后,多留了几天,由顾昆负责接待。这时,罗涵先的病情好转,但仍住院检查,有其女儿陪伴。9 月初,我和国男飞返北京。

从叶剑英委员长对台湾和平统一发表谈话后,政协成立祖国统一工作组,民盟也开展了对台工作。民盟的王丹凤同志来北京参加会议,她刚刚从台湾回来,以她身份在台湾作了团结文艺界、电影界的朋友工作,颇有成绩。不久,她准备去美国、加拿大。我们研究争取定居加拿大的老牌“电影皇后”胡蝶回祖国观光。后来王丹凤去了加拿大,见到了胡蝶,当时她年已八旬,身体尚健,王丹凤做了工作,好言相劝,她顾虑多端,仍是不肯回来,我看到了她们的合影,二人携手相依，亲密无间。我想到了去年廖承志写信给台湾蒋经国称兄道弟，为了完成祖国统一大业，廖信里说："如弟方便，余将束装就道，前往台北探望。""尚能与吾弟手中成此伟业，必为举国尊敬、世人推崇、功在国家、留名青史。"而蒋经国一再声言："不接触、不谈判、不妥协。"可见台湾和海外有些人士，对共产党的成见、畏惧之深，完成祖国统一大业，前途阻力之大，仍需作不懈的努力，但要有充分的信心。

公朴先生的老朋友程远女士，留学德国，思想进步，热情豪放。30 年代因营救刘思慕一家脱险，在苏州被军统特务逮捕，送训练班二个月，后查出她非共产党员而释放。"文革"期间被定为"特务"受尽折磨。"文革"结束后，程远家人为程远落实政策事找过我，要我介绍他们去找沈醉，了解当时情况，写份证明材料。其后我接到通知程远已落实政策，在八宝山革命公墓举行追悼会。我和国男接谌小岑老先生(我们住同院，是"五四"时代人物)一起去八宝山参加追悼会，会上见到王炳南、刘思慕、周巍峙及其家属数十人，出乎意外的发现沈醉也在会场。他走在我的面前特别向我说明，他是以一种谢罪的心情来参加追悼会的。他详细告诉我，程远一案，是他主办的，他写了证明材料，程远参加训练班并未参加军统，也未参加过任何军统活动。而且经他调查程远不是共产党员，戴笠才签署了释放令。我听了，握着他的手，虽未讲出感谢的话，但手上已经表示了。

筹备已久的民盟第五次全国代表大会于 12 月 14 日在京丰宾馆举行。费孝通同志作工作报告，习仲勋代表中共中央向大会致贺词。分小组讨论时，主要是议论社会主义物质文明和精神文明。大家关心的是当前形势，特别是在意识形态领域里的阶级斗争。现在还是谈"人"色变，民主、自由成为禁区。从封闭"西单墙"到批判白桦《苦恋》，反对资产阶级自由化斗争一直没有停止过。虽然"文革"已结束，政策已落实，而知识分子心里的余悸未消。民盟的同志从反右斗争以来，最为敏感，会上有人说："你有肝，我无胆"，怎么做到"肝胆相照"？

最后大会通过了《决议》和盟章，选举出中央委员会，增设中央执行局，协助主席主持盟务工作。在第一次中央委员会上，选举史良为民盟中央主席；胡愈之、楚图南、苏步青、华罗庚、彭迪先、萨空了、李文宜、费孝通、闻家驷、高天、叶笃文、谈家桢、陶大镛等人为副主席；高天、罗涵先、吴汉家、叶笃文、冯亦代、杨明、张毕来、林亨元等人为执行局委员，我也被选为委员之一，又接受为民盟中央文史委员会主任。《决议》要求“盟的各级组织必须坚持四项基本原则，遵循‘长期共存、互相监督、肝胆相照、荣辱与共’的方针，充分发挥民盟作为一个为社会主义服务的政党作用”。大会于25日胜利闭幕。

1984年　68岁

民盟中央举办现代科学技术知识讲座　赴太原调查山西民盟工作　美国总统里根访问中国　民盟召开为“四化”服务经验交流会　王云五孙女王万菊回国观光　老奶奶病逝　《沈钧儒纪念文集》出版

民盟五大以后，中央增设执行局，主持盟务面向全盟，工作繁重。全国分几个大区，我和冯亦代分工联系华北区各省市盟的组织。1、2月间执行局多次开会和费孝通、钱伟长、谈家桢、陶大镛几位副主席共同研究今后如何开展工作，确定智力开发、咨询服务方针，举办现代科技知识讲座，由民盟主席、副主席和盟内专家学者亲自讲授，共10个专题。2月底在中山堂开办第一讲，由谈家桢副主席讲遗传工程问题，全场座无虚席。建设四个现代化，需要全民提高科学知识水平，民盟这项工作一直延续下去，于7月到11月举办第二期，我有选择地听课，确实受益匪浅。也深受青年知识分子所欢迎。

第六届政协成立了各种委员会，我被推举参加了以杨成武为主任的文史委员会政治组。第一次开会，研究文史资料的收集、编写计划。与此同时，我正在编辑《沈钧儒纪念文集》为纪念沈老诞辰110周年，争取年底出版。

新年伊始，党内雷厉风行地进行整党。党支部召开全体会议，传达整党委员会薄一波同志讲话，主要是进一步肃清“左”的思想影响，增强党性教育，开展批评自我批评。我作为党支部书记，带头作了思想汇报和自我检查，汇报中正面谈了对党的认识，和学习薄一波同志讲话收获并检查了反右和“文革”运动中左的思想，伤害了机关一些同志，也做了一些错事、蠢事。我错误地批判刘少奇同志的《论共产党员修养》和邓小平“唯生产力论”，在运动中起了推波助澜的作用。检查中最后要求自己要彻底消除“左”的思想，不惟书、不惟上，解放思想，独立思考，敢说真话，不作违心之言。做人要光明磊落，有错认错，不推诿，不隐讳，敢于批评自我批评，我认为这是加强党性的基本条件，也是我今后努力的目标。

3月中旬，整党告一段落，我和冯亦代、敬季超乘车去山西太原调查山西民盟工作。到太原，首先去看望了主委冯素陶和夫人陈端仪同志，他们是在昆明时代父辈的老朋友，北门书屋的常客。第二天分别会见了几位副主委，谈话间露出领导班子的团结问题。经过几天参加各大学民盟支部的座谈会，了解到盟内和知识分子一些问题。也见到学校党委和统战部的负责人，侧面也听到了一些情况。主要是主委和党员副主委对非党副主委不够尊重，不够信任，实际上还是“左”的问题。会外我们还作了个别盟员家庭访问。到了重型机械厂周广信工程师的家里，他是中国女排周晓兰的父亲，因为周晓兰的关系，政府拨了两间一个单元给他。而另一位盟员是会计师，年已66岁，家里人口多，住房条件差，在院里自己搭盖一间，多次向单位申请，一直未得解决。这次调查知识分子问题中，绝大多数还是落实政策问题，以及房子、工作待遇、职称，和反右、“文革”遗留下来的诸多问题。有的同志讲话时含着眼泪很激动，也有的流露出消极情绪。尽管如此，大多数盟员工作还是努力的，对三中全会的改革开放政策、四个现代化建设感到兴奋，还是有信心的。

冯素陶主委召开了一次常委团结会，这是常委们到的最多最齐的一次会，会上的发言都表示加强盟内团结的愿望，会后人们反映会开得很成功，气氛很好，这种会山西民盟还是第一次，是走向团结的好兆头。

我和冯亦代同志去看望我们40年前在香港的老朋友盛舜和李绥（李少芳）夫妇，他们多年来在文化、出版界工作做出了成绩，现在住在太原，都已年过花甲，离休在家过着幸福的生活，老友重逢，回忆往事，倍感亲切。

4月上旬我们回到北京，中旬我们又去天津，中央统战部于刚同志已先来天津，准备和我们一起调查研究。我们参加了南开大学、天津大学民盟支部座谈会，科技界、文艺界、大专院校、财经学院盟员座谈会。大家发言侧重的是对落实政策和教育改革问题；知识分子的作用、使用、开展业务为四化服务问题。我们还去了静海县大丘庄，禹作敏书记介绍了大丘庄工农业发展情况后，到其家参观，他住在新盖的楼房七八间，室内铺地毯，楼上楼下装电话，现代化用品几乎一切齐全。这时禹作敏似乎是带着情绪讲了一段话："有人找我的历史问题、经济问题、作风问题都找不到，找我骄傲问题。我说，骄傲得还不够，特殊，特殊得还不够，书记就要带这个头，不然大家就不敢了。"我听了觉得他有点"财大气粗，忘乎所以"了，但眼前毕竟是不可否认的事实。接着我们又参观一般干部家庭。庄里到处是新盖的瓦房，住房都比城里宽敞，一般干部每年收入可达7 000元左右。我们看了非常振奋，深刻感到大丘庄的发展，给大家树立了改革开放的好榜样，也给大家带来了发家致富的新希望。

我抽空去王陶家，他已约好兄弟姐妹十多人在家大团聚。我并利用这次机会想看望分别40多年的至亲好友们。和三妹佩章去看了已年逾古稀，精神尚好的大表姐。我一人还去看望了当年风采多姿聪慧过人的二表姐，她住在市郊的一所破旧的四合院里，我们相见已不相识了。她和我同年，体弱多病，显得衰老憔悴，生活困难，已孤身一人。我万万没有想到她的晚年如此凄凉。她唠叨了一些家常琐事，我悻悻告辞而去。第二天，我去看望一位在海大小学教书，后来去冀中打游击的刘毅然同志，他带我去看我们海大小学唯一能找到的学生朱佩瑛，现在已经58岁，做了医院的小儿科的大夫，我们亲切地谈了一阵就分手了。我打听温湄的情况，他不了解，多方询问，始终没有找到，感到有些失望。表弟李浩普特来看我，"七七"事变后，我们逃到租界时他刚刚上小学，现在已是党校的党史教师了。23日，我和冯亦代、于刚同志同车返京。

4月26日,美国总统里根访问中国,中美关系有了进一步发展,我们的外交政策取得了重大成绩。当日下午,民盟在和平宾馆设宴招待澳门何东爵士女儿郑何艾苓,她已年过八旬,神采奕奕,是老教育家。席间,她大谈中国文化、教育,并提出有益的意见。她热爱祖国之情溢于言表,对祖国精神文明建设寄以希望。

5月中旬,全国政协和全国人大第六届第二次大会先后开幕,人大会上赵紫阳总理作《政府工作报告》。我和冯亦代同屋,我们都没有列席参加这次人大的大会。他带来几本伯明翰的小说,准备翻译。我带来沈老纪念集的一批征文稿,抓紧审阅修改,同时我还要认真地写一篇纪念沈老的文章。虽然参加了政协的小组会,但精神很不集中,现在反"资产阶级自由化",形成不搞运动的阶级斗争,大家发言都很小心。这次会上,我们都没发言。政协会议期间,召开一次民盟中央执行局会议,借此机会找一些地方同志谈话,主要是就当前经济工作改革和对外开放的新形势下,民盟如何加强思想建设和组织建设的问题。听到了很多批评意见和改进的建议。

《沈钧儒纪念文集》稿子基本已全部收齐,分送一部分给沈谱和冯亦代审阅修改。最后,我全部看了,并加修改,再送千家驹审定,后即交人民出版社范用同志,我并选了20多张照片,建议范用用我在三峡给沈老拍的一张照片作为封面。一切办妥,全部交出,如释重负。

7月,政协组织暑假休假,我和国男报名去烟台,并带力平同去。这次同行者有高天夫妇、张毕来夫妇,还有胡耐秋等人。我们住在海边的华侨宾馆。国男又接受了新的翻译任务。我们随政协组织的旅游,游览了小蓬莱、烟台山、西炮山。并到了蓬莱县,这是久负盛名的仙地,八仙过海到过此地,海市蜃楼也常在这里出现,风景奇观,确非一般山水可比。我们去了牟平县,参观西关生产大队,他们农业人口占2%,工业、副业人口占98%。参观了私人住宅,一般都是两层小楼,室内设备应有尽有,社会福利老小均得到周到照顾。招收外面来的工人、干部1 000余人,我们认为这里的情况要比河北静海县大丘庄更胜一筹,这完全证明了改革开放政策就是使一部分人先走上致富之路。

国男、力平有时间就去下海，国男在晚上忙她的翻译工作。我闲情逸致练习书法，为政协和民盟的同志们写了一些条幅。高天同志常常抓我和毕来谈民盟工作，并就近和山东民盟的同志开了几次小型座谈会。抗战胜利纪念日即将到来，上海《新民晚报》要我写篇文章，我写了一篇短文《“八一五”之夜》并怀念公朴先生。寄给上海《新民晚报》，感谢他们长期免费赠阅。

我们全体去游威海市，乘军舰到了刘公岛。这是甲午之战邓世昌英勇抗敌，全舰覆没的地方。耻辱的历史不可忘记，眼前的强大海军舰队又感到无上的荣耀。

7月26日，返回北京。8月中旬，又和冯亦代以及机关干部几人去上海参加民盟各区座谈会，和民盟领导同志研究民盟工作的远景规划。利用会议以外的时间，我去了龙华烈士公墓为公朴、韬奋两先生扫墓。探望邹师母和嘉骊，去看望我曾经住过的“周公馆”和40年前住过的霞飞路，这些日子我沉浸在往日回忆之中。

我们集体去老上海城隍庙，走上了九曲桥，过去的老字号，现在都换上现代化新装，繁华依旧。旧日的风韵，在老人的眼里似乎有些变味了。

即将离开上海，去访了张瑜的父亲和母亲，他们都是革命老同志，朴实善良，我们一见如故。最后也去了张瑜、张建亚的新婚小家庭。上海的8月，正是酷暑，张瑜在灯下汗流夹背地在准备功课，为参加上海高中水平的考试。她是个喜读书有志气的青年，她知道自己的“底子薄”，要努力赶上去。这对一个已闻名全国的女明星来说是难能可贵的。我有这样一个干女儿感到荣幸。临行前一天，市委统战部设宴招待，这次招待惊动了汪道涵、胡立教、陈国栋这些上海党政最高领导人，使我们殊感不安，对他们的深情厚谊深为感谢。

上海之行结束，大家返回北京，我和李宁去南京，是为到国家第二档案馆查些资料。到南京由民盟接待。档案馆副馆长唐彪，是我中法大学的同学，他给我许多方便，看了许多档案，包括敌伪档案，据说还有大批档案尚未整理出来，仍在库里积压。我和李宁利用空隙时间参观了长江大桥，游玄武湖、莫愁湖、夫子庙、秦淮河，并约定时间访问了梅园新村，这原是中共代表团办事处，现已成纪念馆。负责人热情接待，我谈了“瓷如意”的故事（解放前，国共和谈破裂，董必武离开南京时将“瓷如意”送给沈老，建国后，沈老又将“瓷如意”奉还梅园）。见证了当时党和民盟的合作，董、沈二老的深厚友情。

蒋介石的“总统府”，现已成为各民主党派的办公地址，民盟江苏省委会也在那里办公。其西花园是洪秀全的天王府，孙中山也在这里就任临时大总统。民盟约了一些教育界的同志来“总统府”开了个小型座谈会，主委陈敏之主持会议，大家对当前文教界、知识界存在的问题，反映一些情况，也提出不少意见。很多意见都是急需解决的问题，有些是多年议论一直没有解决的问题。晚上我整理记录，准备回去汇报。

今年的国庆是建国35周年，国内经济腾飞，国际地位提高，香港问题中英发表联合声明，回归有期。开展三胞工作成绩显著，在这大好形势举国欢腾过国庆。上午天安门隆重举行阅兵仪式，邓小平同志亲自检阅，然后群众游行，五彩缤纷，盛况空前。民盟趁此大好时机着手筹备近期召开全国为“四化”服务经验交流会。执行局同志赴各地方进行筹备工作。我和冯亦代、叶笃义赶到天津，研究天津市盟参加大会名单，审阅大会发言，最初选定45篇。10月30日到11月8日，民盟在政协礼堂举行全盟为四化服务经验交流会大会，各省、市选出222名代表出席。大会发言交流了民盟讲学、办学、咨询、培训、支边、扶贫等各方面经验。会议期间《经济日报》总编辑，我的汇文老同学安岗（原名安正元），特来我们的招待所，我们约有十多位很有成就的大知识分子座谈，他认为这是一次难得的采访，听到许多新的情况。他和胡愈之、费孝通交谈当前经济改革问题很有收获。他认为民盟人才济济，希望今后加强联系。

在国庆节后，我们接触海外回来的华人华侨，进行三胞工作。我们见到袁世凯的孙女、陈嘉庚的儿子、孙女和龙云的二代家属，他们从海外归来，他们热爱祖国，表示为祖国“四化”尽些力量是他们的心愿。

1949初，我正在东皇壑社会部工作时，我们宣布国民党战犯名单，其中有王云五之名，他的孙女儿王万菊，长期生活在台湾和美国，她很想来大陆一游，但恐惧心理不能消除，未能如愿。我从刚由美国回来的朋友那里得知此事，便和商务印书馆总经理商议（王云五原是商务印书馆创办人），决定邀请她们回国观光。12月，王万菊和其美国丈夫、女儿到达北京，由商务印书馆负责招待。我去看望她们，亲切交谈，打消她的顾虑，一起安排在北京期间的活动计划。

商务印书馆领导同志出面，招待王万菊全家，并邀请了五位商务的老人，他们都是王云五老同事，对王云五了解甚深。王万菊听了许多她从未听过这些有关祖父的历史，而且听到老前辈们对她祖父的事业成就和赞扬非常高兴。其中一位老人开玩笑地告诉王万菊，王云五的绰号叫“四百万”，绰号的来源，是当年他编了一本“四角号码”字典，还计划出版一套“百科全书”和“万有文库”所以得此绰号，引起大家一阵好笑。座谈会后参观了商务近年来出版的图书，主人拿出一本商务重印的王云五的四角号码字典，送给王万菊，她惊喜不已。晚上商务在北海公园仿膳（过去清朝皇上的御厨房）宴请王万菊一家，室外一片湖光倒影，室内古色古香，使她又是一阵惊喜。饭后，我送她们回宾馆，王万菊告诉我她今天的感受，见到的听到的，和

1984年12月，中央统战部副部长李定（右二）在北京饭店招待王万菊夫妇和女儿。

她走进北京之前想象完全不同，她说在飞机上一些离奇古怪的想法、疑虑，说出来会成为笑料了。

王万菊是心理学家，她很希望和中国心理学学者见见面座谈。通过民盟的关系，我和中国科学院心理研究所取得联系，他们介绍了我国心理学界权威荆其诚同志，为接待王万菊做好准备。

转天，统战部李定副部长在北京饭店宴请了她全家，并赠送一盘国庆35周年天安门检阅游行的录像带（她回美国后，写信告诉我，这盘录像请了他们全家和朋友们以及一些华侨华人都看了，大家对祖国的那种感情她实难以言传了）。下午我又陪她们参加中国科学院心理研究所组织的专家座谈，王万菊非常满意。两天后民盟费孝通副主席和执行局同志在北京烤鸭店宴请王万菊全家，宾主亲切交谈，十分融洽。她对烤鸭很感兴趣，她们吃烤鸭还是生平第一次。最后我和国男、力平在家里请王万菊一家吃了一顿北方饺子，吃的很简单，是想让她看看大陆一般老百姓的家庭生活，她们觉得新奇。17日我们送她们去机场，飞往上海后即返回美国，王万菊含着热泪向我们告别。

上海民盟打来电话告知，王万菊全家抵上海后，上海民盟谈家桢主委出面宴请了王万菊一家，张瑜也被邀请，王丹凤作陪，又给了王万菊一个惊喜。席间，谈家桢对王万菊一家表示欢迎，同时希望张瑜参加民盟，张瑜认为民盟都是大知识分子组成的党派，自己不敢跻身其中。

家里的87岁的老奶奶，50多年来扶养了国男、力平两代人，成为我们家的功臣，受全家爱戴。入冬以来突发高烧，送医院急救不幸去世，举家悲痛。骨灰安放在人民公墓，立碑植树予以厚葬，以报50多年养育之恩。

年底，人民出版社送来了《沈钧儒纪念文集》，印刷、装帧精良，美观，特别是封面，完全接受我的设计，采用我给沈老在三峡拍的半身像，背后有山有水，沈老美须飘然，神态自若。他很喜欢这张照片，这也是我的得意之作。照片占了整个封面，和《宋庆龄纪念集》完全一致的规格。书里的每篇文章，每张照片，都是我看过改过，精心选用的，我感到十分满意。这是我对沈老最好的纪念。

1985年　69岁

纪念沈老诞辰110周年　中法大学和法商学院校友会先后成立　《群言》月刊出版　“两会”提前召开　《民盟简史》征求意见　参加“世界政党问题科学讨论会”　力平、张瑜、艾平先后出国　纪念章伯钧诞辰90周年

今年第一天,民盟中央邀请正在参加作家协会的盟员同志40多人在京西宾馆宴会,共度新年。作协负责人张光年同志(40年代在昆明曾一度参加民盟活动),还有盟友,著名女演员、作家黄宗英同志均被邀请参加。和作家们在一起,言谈笑语,满堂生辉。我们借此机会,向大家宣布,民盟机关刊物《群言》杂志,今年将出版对外公开发行,欢迎作家们投稿,予以支持。

第二天,是沈老诞辰110周年纪念。下午在人民大会堂东大厅举行纪念座谈会。党中央领导同志彭真、习仲勋、乔石等前来参加。史良主持会议,胡愈之、张友渔、梁漱溟、千家驹、叶笃义、沈谱等相继讲话,钱俊瑞因病不能到会,寄诗一首以表怀念之情。沈老家属40余人从各地赶来聚集一堂。座谈会后中央领导亲切会见并合影留念。我特别找了沈老身旁工作人员警卫、厨师、司机、管理员等十几年一起工作的伙伴,今年难得一聚,也拍照留念。当场每人拿到了一本《沈钧儒纪念集》,我感到无上的欣慰。

年初天津法商学院校友庄林、朱光、刘瑞芳等多次开会商议,成立了天津法商学院校友会筹备会,联系北京、天津的校友和老师,准备适当的时候正式成立校友会。成立校友会的目的,除校友间加强密切联系外,更重要的是希望恢复天津法商学院,和树立李大钊烈士塑像。因为李大钊烈士是法商最早的老校友。

与此同时,中法大学校友会正式成立,崔乃夫(民政部部长)被选为会长,苗培时、封明为、杨明和我为副会长。我们的老师、老校友健在的还有严继慈、孙晓村等。校友会的目的也是希望恢复中法大学,继续和法国里昂大学保持联系。法商、中法这些老校友都已届古稀之年,大家想在改革开放的新形势下发挥余热,作些贡献。我参加校友会各项活动,和老校友聚集一堂,不但加深感情联络、回忆往日的学校生活,更希望找回当年那种朝气勃勃的战斗精神,为社会主义建设服务。

王万菊回美国后,不断有信寄来,她知道力平、张瑜读书心切,都想深造,所以她来信表示愿意大力帮助她们赴美国留学,并愿作她们经济担保人,同时寄来旧金山大学申请书两份,这更鼓励了她们去美留学的决心。她们开始作各种必要的准备。关于出国路费问题,她们不愿增加家庭负担,决心自己筹划。张瑜利用本身的优越条件,力平有组织能力,集合几位电影界、艺术界的演员去大城市演出(当时这种演出风行一时,以后人们称之为“走穴”)。她们去美国的路费都是从几次演出筹划出来的,没用家里一文钱。

《群言》组成了编委会,几次开会讨论编辑发行等问题,也讨论过发刊词和第一期目录。4 月 20 日《群言》杂志在民族宫举行创刊发行仪式。从反右以来,将近 30 年,民盟又有了自己的面向社会的机关刊物,大家对它寄予厚望,能在“百花齐放,百家争鸣”的号召下,办出一个有特色的“知识分子群言堂”。

今年的“两会”提前召开。3 月 25 日,全国政协六届三次会议召开,27 日列席人大开幕式,听取赵紫阳总理《政府工作报告》,小组讨论,谈出了形势大好的一面,也谈出大好形势背后的一面,如:干部下海从商、知识分子外流、物价波动、世风日下、人心不安等等。会上还讨论了三峡工程问题和香港回归、一国两制问题,民盟的同志对三峡工程问题,认为工程巨大,耗资数百亿,要更多专家论证,应慎重从事。对一国两制问题大家意见不一。我也发了言，首先声明我对这个政策体会不深，现在我是持怀疑态度的，我认为建国以来，从毛主席到邓小平同志对资本主义视为死敌。历次政治运动，必先以“资本主义猖狂进攻、反对社会主义制度，反对共产党领导，推翻共产党取而代之”为由发动，直至今天，仍在不断地在反对资产阶级自由化，反对全盘西化。而香港回归，实行一国两制，允许资本主义存在于共产党领导下的社会主义国家里，我难以置信。但反过来说，香港是东方的一颗“明珠”，如不是“明珠”是否采取一国两制？所谓50年不变，当今世界风云变幻，50年前途发展谁能预卜？接着叶笃义同志发言，他和我的意见基本上是一致的，但他学识渊博，精通古今中外，又善于辞令，以古喻今，语言风趣，耐人寻味，相比之下，我的讲话直言无隐，显得粗俗得多了。

政协大会结束后，天津法商学院校友会在政协举行成立大会。先把天津的校友30余人接到北京，住政协的招待所。14日上午北京的校友、老师和天津的校友聚集政协礼堂第一会议室，到会的老师有张友渔、白公烈、樊弘（双目失明，开会坚持到底）等和校友70余人。母校在1937年被当局勒令停办至今，已将半个世纪，今天又能在盛世重逢，大家庆幸振奋不已。会议由我主持，首先静默三分钟，向第一届老校友李人钊烈士和在抗日战争、解放战争牺牲的老师和校友们表示衷心的悼念。接着庄林同志报告校史和校友会筹备经过。其后校友讲话，最后通过章程，选出庄林为会长，彭友今、朱光、刘瑞芳、王健、朱其华为副会长。会后在政协礼堂门前全体合影留念。

解放前部分的《民盟简史》（征求意见稿）于1981年发出后，很少有意见反映回来，后来知道曾有人写信给叶笃义，对简史表示不满。其后，我召集了文史委员会在京委员座谈，听取大家修改意见，我们加以归纳整理。还准备今年下半年去民盟的发源地四川成都、重庆和四川民盟的同志一起研究修改。

党的马列主义理论家熊复、廖盖隆同志在烟台召开世界政党问题科学讨论会，邀请社科院、各大学理论工作者参加，同时也邀请了各民主党派。民盟原定为高天，因临时有事不能前往，所以推我参加。高天早有准备，写好了发言稿。我仓促上阵，毫无准备。7 月 8 日我和冯亦代坐火车去烟台，他是参加翻译家会议的。同车的还有民革的沈求我，统战部的宋堃和其他党派的同志。到烟台后，仍住华侨宾馆。

10 号大会开幕，熊复主持，廖盖隆、宋堃和两位民主党派同志宣读论文，其中有民盟。我上了台，首先声明，民盟是推定高天来参加，他不能来由我代替，他的发言搞已印发给大家，这是正式的发言。我是自由发言，个人发言，不代表高天，更不代表民盟。我讲了半个小时，主要内容是民盟在解放前走的是不是中间路线问题（因为这个问题在民盟内部争论很多）。我在发言中说，当年国共合作期间，民盟是“中间派”“第三方面”，但辩证地看，绝对的“中”是不存在的，不是偏左就是偏右，民盟成立时三党三派，后来有两个党派跟国民党走，有四个党派选择了共产党。1946 年旧政协召开，民盟和共产党始终保持一致，国民党一党召开伪国大，民盟跟随共产党都拒绝参加。因此被国民党宣布为非法团体，强迫解散。民盟在香港召开了三中全会，旗帜鲜明地主张与共产党携手合作，打倒蒋介石，解放全中国。这就是民盟历史所走过的道路。至于中间路线思想，在当时盟内也大有人在，把国共看成是半斤八两，内战是各打五十大板。民盟三中全会集中批判了中间路线思想。民盟的政治纲领中有些词句是带有中间的色彩，但主要的是看行动，行动是跟共产党走的。

我的讲话在小组讨论也引起了争论，当时大家把“走中间路线”看作是“既反对国民党，又反对共产党”的一条路线，是一种贬义词。这个问题讨论到会议结束时也没有取得共识。（后来我在盟内几次讲盟史时，讲过这个问题，有人表示赞同，有人是避而不谈。）

会议结束后，组织大家参观游览，我因来过烟台，均未参加。我和冯亦代约了烟台民盟的同志座谈，了解一些情况，还都是各处听到的老问题。总的情况是“形势大好，问题不少”。16 日我和各党派同志同车返回北京。

8月中旬，政协组织委员们去北戴河休假，住北戴河中直休养所，同行的有张毕来夫妇和冯亦代同志。餐厅里还见到了赵君迈、沈醉、孙承佩等很多熟人。政协组织大家游览秦皇岛、山海关、姜女庙，燕赛湖。国男每天游泳，我也下了几次水，更多的时间是在沙滩上找熟人聊天。和沈醉聊天，讲了他过去的经历。像听电视剧故事似的。和冯亦代聊天，像读他散文，语言幽默风趣，寓意很深，耐人寻味。我带有副业，练习书法。还带了些新的资料，补充救国会大事记，争取在明年纪念救国会成立50周年前印出来。8月下旬回到北京。

9月6日民盟中央委员会主席史良同志因病逝世(终年85岁)。11日举行告别仪式，胡耀邦、彭真、万里、习仲勋、王震、李德生、杨尚昆等和首都各界600多人出席仪式。9月下旬民盟召开中常会，推选胡愈之为代主席。

10月上旬，我和冯亦代、薛博民乘火车到达成都，几天里除拜会四川民盟领导人，举行座谈会了解四川省和成都市的民盟情况外，我们主要任务是来征询四川同志对民盟《简史》意见的。同时我们也邀请了贵州唐弘仁、云南杨维骏，他们都是老盟员，也来成都一起参加座谈。连续开了几次会，听取了大家意见，有的是从简史的结构章节、有的是从文字表达、有的是事实资料，很多意见是可取的。我们做了详细的记录，表示回去加以整理，认真修改补充后再征求大家意见。10日，我们和唐弘仁乘小飞机飞往重庆，住在民盟机关招待所，每天和盟的机关同志接触更便于了解情况。重庆是民盟的发源地，现在还有几位老盟员在主持重庆民盟的工作。我们开了几次座谈会，听取人家的意见。会上见到民盟元老冯克熙同志(当年民盟总部《民主报》的经理)。他主持会议，参加者还有金锡如、杨槐、张茂延、沈自强、胡甫崎等12人，大家提了一些宝贵的意见。但也有的说简史写得太“左”，有的不满把民盟说是中间路线，也有的认为《简史》写的只有沈钧儒救国会是进步的，表示不满。甚至有人说《简史》是“扬沈(钧儒)抑张(澜)”。我对简史是浙大历史系教授编写的经过做了必要的说明,对所有这些意见都如实地记录下来,带回去加以研究,再作修改。

会议期间,唐弘仁同志带我们去参观臭名远扬的“渣滓洞”。他是关在这里“犯人”中的幸存者,他介绍当时“犯人”的生活、斗争情况,他指给我们“江姐”住过的房间。我们还看到了周围的高墙、铁丝网、墙角的碉堡。我们从《烈火中永生》电影中已经很熟悉这个地方和这段斗争的历史,今天唐弘仁亲自给我们解说,又上了生动的一课。

我们离开重庆,登上上海轮经三峡到武汉,再乘火车返北京,薛博民同志是第一次来重庆,冯亦代同志在抗战时期久居重庆,但都未游过三峡,所以这次就是为了他们而走水路的。登轮后,每经一处名胜古迹,必有人解说。经过巴山时,我想起小瑜的《巴山夜雨》,我在船里给小瑜写了一封信,谈了我经过“巴山”的感受,并祝贺她主演《巴山夜雨》成功而得奖。船经葛洲坝,工程建筑十分壮观,等了一个半小时出坝后,已经进入湖北境内。到汉口后,湖北民盟同志陪我们参观武昌起义纪念馆,游长江大桥,登上了新建的黄鹤楼,金碧辉煌,古色古香,到六层顶峰,眺望全市,一览无余。是日晚上了火车,第二天中午回到北京。

回到北京后,叶笃义秘书长向机关处级以上干部传达中央负责同志关于天安门北大学生游行事件的讲话。我认为几年来改革开放经济发展成绩显著,政治体制改革停滞不前,激增了社会不安定因素。学生上街游行这是个信号,政治体制不改革,官僚主义严重,政治腐败、社会不正之风日趋蔓延,人民民主不能正常开展,学生上街提出反对官僚主义,严惩腐败,这绝非一时的冲动。前途如何发展令人堪忧。

10 月间,力平和小瑜出国事,护照、签证一切都已办妥,机票已登记下月 2 日。目前积极准备行装。小瑜在上海同步进行,届时也将同机飞往美国。她们的事没有要我们操心,这种自力更生的精神,使我们对她们即将远行独立生活感到放心。

11月2日上午,我们全家送力平去飞机场,力平带着眼泪走进了机舱,飞机到上海停留,小瑜登机后,继续飞行。十天后,又送艾平,她是通过王万菊介绍的一位美国朋友的帮助,自己办好了一切出国手续,也起飞了。她们已走进了新的天地,接受新的考验。一个月后,国友的女儿李红(学德文的)去了德国,她的朋友茹洁去了意大利。我们的国务院宿舍里不少青年人也都远走高飞了。我去机关,向执行局主任高天汇报孩子们出国事,他说他的小儿子目前正在畅游欧洲,将来究竟落脚何处,难以预卜,现在的青年们感到在国内是飞不起来的。

11月11日,民盟中央和农工民主党中央在政协联合举行章伯钧诞辰90周年纪念座谈会。中央统战部部长杨静仁参加并讲话,肯定章伯钧一生是爱国的、进步的、作了有益于人民、有益于国家的好事,对民主革命、新中国的建立和社会主义事业,作出过力所能及的贡献。

民盟和民革中央都新建了办公大楼,大楼带来了一些新气象。民盟和民革两个党支部合而为一,书记是沈求我(民革),我任副书记,12月起开始党内整风,第一阶段学习文件,第二阶段对照检查,我们约请机关党外同志座谈,听取他们的意见。党小组决定明年月初,开始对照检查。国男去昆明参加"一二·一"运动40周年大会后,即赶回来参加党内的整风学习。岁末,我们在家认真地准备检查提纲,要求自己世界观改造也能够做到辞旧迎新。

1986年　70岁

整党对照检查　胡愈老逝世　参加政协六届四次大会　参观视察深圳、珠海　盟中央召开组宣工作会议　纪念民盟成立45周年和李闻殉难40周年　去山西五台山暑期休假　纪念罗隆基诞辰90周年

新年元旦，第一个电话是陆璀同志打来的，她对我和全家热情地慰问和祝贺，她是我最尊敬的革命老大姐，她给我带来了一年的好兆头。

新年过后，党小组即召开支部大会，团支部书记、委员和申请入党的同志列席参加，书记沈求我带头作对照检查。第二天听取大家意见。接着我作检查，回顾历史，联系自己的思想实际，深挖思想，主要是右倾思想。“文革”十年，三年靠边站，接受群众的批判，七年处于领导地位，说了一些错话，做了一些错事，执行了当时的极“左”路线。三中全会后，经过学习，思想有所转变，但有些问题，和中央的方针政策未能完全保持一致。接着我谈了这次整党的收获和今后努力的方向。至于我对《关于建国以来的若干历史问题的决议》和当前反对资产阶级自由化的问题，有些疑问，因我思考尚不成熟，所以在这次检查中没有提及。正在听取同志们意见的时候，突然接到胡愈老侄儿打来的电话，说胡愈老病情恶化，我和高天立即赶到北京医院，终于医治无效去世(1月16日，终年90岁)。去年史良同志不幸去世，而今愈老也离开了我们，同志们深为悲痛。民盟中央决议由楚图南同志代理主席。

2月中旬，党内整党对照检查结束，统战部召开党员大会动员第三个阶段，党员重新登记和组织处理阶段。这个阶段在我们的支部是比较简单，没有组织处理问题，顺利的通过了。

3月，为天津法商学院校友会事，庄林同志和大家商议，主要是为了恢复母校。几个月来，校友会为复校多方奔走，最后找到了原法商学院教授，老共产党员阮慕韩的儿子，现任的国家安全部部长阮崇武，他对我们积极支持，惟因原校旧址长期住有武警部队，无处可以搬迁，他也无法相助。我们只好改变主意，想在天津找政法方面的学院，作为法商学院的继承和延伸，更主要是树立老校友李大钊烈士的塑像以宣传革命精神，法商老校友们在这个问题上是一致的。因为在建国以后，在中国共产党的创建问题上，只宣传毛泽东而很少宣传李大钊，校友们心里都有些不平。因此大家认为复校、宣传李大钊、树立李大钊像是我们这代校友不可推卸的责任。

3月下旬，参加政协六届四次大会并列席人大会议，听取赵紫阳作的七五计划报告。我和李文宜、叶笃义、冯亦代在浙江厅（为优待老人、伤残人而设），坐在沙发，整整听了两个钟头报告，内容丰富，第七个五年计划，宏伟而艰巨，令人鼓舞。

社会上老百姓对每年人大、政协开会已有些议论，说两会一开，全市戒备森严，两会车辆通行无阻，老百姓骑车走路随时可能堵塞。高级饭店、旅馆几乎全被占用。新闻报导形式主义、报喜不报忧，缺乏透明度等等。我们许多在会里的同志，同样也有这种意见。但尽管如此，这几年来经济的发展，人民生活不断改善，还是有口皆碑的。

我利用政协开会的机会，把《简史》经过再次修改的稿子，送给老同志们审阅，特别找了叶笃义同志。解放前大家有争议的是民盟宣布解散的那段历史，他是亲身经历全过程，他是有发言权的。他审阅后作为定稿，准备在今年纪念民盟成立45周年时出版发行。

6月上旬，政协组织部分委员去广州、深圳、珠海视察，我们乘飞机在广州白云机场降落，即乘车去深圳，住翠湖宾馆。第二天集体上街，看到许多新建的大楼平地而起，到处是酒家、饭馆，几乎家家装有鱼骨天线(特区特许的)。我们参观了工业展览会、东方迪斯尼、度假村、罗湖桥,登上52层的国贸大楼顶层大转盘,俯视深圳、九龙尽在眼底。我们还看了走集体致富道路的镇南村,与静海大丘庄、烟台牟平县相比各具特色。晚上市委设宴招待,书记介绍了深圳发展情况,大家为之振奋,使我们看到了改革开放的前景。这几天我们还参观了工厂、商场,去了中英边界的沙头角。这是在一条窄窄的中英分界线的小街上,两边都是商店,一边背后是深圳,一边背后是九龙,行人随便走,两方警察的任务是监视越境的行人。这条小街成了“特中之特”。

我们从深圳到蛇口,然后坐船到珠海,走到了拱北中澳边境检查口。站在拱北口前,再迈一步就是澳门,大家都在想着祖国统一大业已提上了议事日程,在本世纪内,港澳回归在望,国耻洗雪有期了。第二天我们到孙中山的故乡中山县,参观了翠亨村的中山故居,听了孙中山在1924年讲话录音。并到中山港参观了码头和验证大厅,全部都是现代化设备。我在大厅注视进口检查,对来客的衣服用品免予检查,而对带来的书刊报纸检查极严,被扣者甚多。14日乘车到广州,住广东迎宾馆,这是我第三次光临了。在广州的两天里,参加了民盟广东省委会的座谈会,参观了黄花岗七十二烈士墓,参观了最豪华的白天鹅宾馆。最后参加了一次盛大的宴会欢送我们回北京。

此次出行,一路上我得到一些意外的收获。和龚普生同志聊天,我知道她是老共产党员,长期在国外从事外交工作,谈话才知道她和民盟还有过一段历史关系。抗战期间,她在美国是纽约民盟支部的创始人之一,她谈了当时民盟的情况,她为民盟宣传、募捐作了不少工作。和国际问题专家郑森禹同志聊天,知道胡愈之创办《世界知识》的始末。和沈谱在一起也得到一些有关救国会和沈老鲜为人知的史料。这些资料对于我搞文史工作来说,都是十分宝贵的。

回京以后,参加执行局会议,研究即将召开的组宣工作会议。忙着筹备7月内举行的纪念李闻殉难40周年和举办民盟历史资料和先烈生平事迹展览事。组宣工作会议开了一个星期,与会人员对如何加强自身组织和思想建设，开创民盟工作新局面，畅所欲言。特别是中青年盟员，对当前政治体制改革问题敢于提出意见。对“长期共存、互相监督”方针（今年是“长期共存、互相监督”方针提出30周年）从30年来列举了一系列成绩，也畅谈了历次运动，人为的阶级斗争严重地破坏了方针的贯彻，影响了党与民主党派的关系，伤害了知识分子的心。执行局主持会议，本着“百家争鸣”放的方针，鼓励大家畅所欲言，虽然也听到一些过激之词，但绝大多数是针对时弊，中肯之言。我们从这次会上也看到这一代中青年人的爱国意识、参政意识、忧国意识是积极的可喜的。

7月15日下午，在政协召开纪念民盟成立45周年和李闻殉难40周年纪念会，我和国男、国友（他从美国斯坦福大学进修归来）前往参加，张光年夫妇也应邀参加并讲了话。闻立鹏和国友作为家属讲了话，国友讲话向来是无所顾忌，敢于直言，会上大谈加强民主、自由，实现先烈遗愿。会后有人说他讲得好，“放了一炮”。我赞成他的讲话，但也担心有人会把他的讲话和“资产阶级自由化”混为一谈。晚上，中央电视台本来计划播放纪念李闻节目，届时电视里介绍了闻一多生平，采访了闻立鹏。而只字不提李公朴，家里人们看了都感到失望、不满。我认为这件事绝非偶然。很早有人向我反映过，为什么纪念先烈时，相比之下很少提到李公朴。特别是在延安参加李公朴组织的“抗战建国教学团”的团员鹿野（教授）和苗培时（民俗文学作家）也同样有此感觉，从吴晗《哭公朴》一文中，可以看出这个问题是有其历史原因的。文中说：“过去受了国民党中伤的毒，公朴蒙受了多少谣言的灾害诽谤、中伤……他用最有力的武器来回答这些莫须有的诽谤、中伤，他在加倍的工作。”艾思奇夫人王丹一同志告诉我，1942年延安整风时，艾思奇也被审查交待与李公朴的关系。而周恩来是最了解李公朴的。1940年李公朴从延安回到重庆，准备到昆明，周恩来派方仲伯（抗战建国教学团团员）陪李去云南，并指示他说：“国民党顽固派迫害他们，我们就要保护他们……他们可以起到我们起不到的作用，那就是争取中间势力，包括中等资产阶级、开明士绅和地方实力派。”（方仲伯著《李公朴传》）从许涤新纪念李公朴文章《碧血千秋》里看到，1946年7月周恩来正在上海和领导上海工作的同志们开会，听到李公朴被暗杀的消息，“他掉下了悲愤的热泪，他责问当时参加会议的一位负责同志：‘你总认为李公朴是政客，是投机分子。我问你他的生命是不是为民主运动而牺牲的？李公朴当然是有他的缺点，但是缺点并不是他主导的一面。应该肯定他是一位为民主革命而献身的战士。’”以上这些都成为历史，但现今这种成见可能还会有一定的影响。至于电视台纪念不纪念李公朴，那是主管部门领导们考虑的事，而我认为，李公朴是属于人民的，他会永远留在人民的心中。

7月底，在京西宾馆听了万里同志作关于政治体制改革的长篇报告。民盟执行局的同志举行座谈，大家认为近年来，官僚主义严重，贪污、腐化成风，政治体制改革是当前需要大抓特抓的迫切任务。政治体制改革应随经济改革开放同步进行。物质、精神文明两手抓，政治、经济改革要两条腿走路。在座谈中，大家联系到月初听到的费孝通同志随胡耀邦总书记赴英、德、法、意四国进行友好访问的报告，认为这是政治体制改革的先声，使大家对胡耀邦重视党外知识分子，破格的做法，增强了信心。

这个期间我多次听到邓小平同志谈到政治体制改革问题。6月底在党的最高层会议上邓小平说：“我提到要注意政治体制改革，包括党政分开和下放权力。我想中央的领导同志，特别是书记处的同志，要考虑一下这个问题。”9月间，邓小平同志接见日本友人时讲到：“现在经济体制改革每前进一步，都深深感到政治体制改革的必要性。不改革政治体制，就不能保障经济体制改革的成果。”同月，在中央一次会上，邓小平同志说：“我想政治体制改革的目的是调动群众的积极性，提高效率，克服官僚主义。改革的内容，首先是党政要分开，解决党如何善于领导的问题……改革总要有个期限，不能太迟，明年（指1987年）党的代表大会要有一个蓝图。”同月，邓小平接见波兰外宾时谈到我们政治体制改革有三个目标：巩固社会主义制度;发展社会主义社会的生产力;发扬社会主义民主,调动广大人民群众的积极性。看来,党已把政治体制改革提到议事日程上来,而且有了迫切感,我们对于明年党的代表大会上那张蓝图寄予深厚的希望。

8 月初,参加政协组织的暑期休假,我们选择了去山西五台山。火车先到大同,目的地是我国佛教四大圣地之一五台山。我们先在大同开始游览,游览了善化寺、华严寺、云冈石窟。到应县看木塔,乘车到浑源县参观 1 400 多年的悬空寺,这是在半山上悬空搭建的一所寺庙,外国游客惊叹为奇迹,说是“中国的骄傲,世界的骄傲”,它成为北岳恒山著名的风景之一。13 日,我们乘大轿车上山,经过 2 800 公尺高峰公路到了五台山核心地区的台怀镇,住在茅蓬山庄,这原是为林彪修建的别墅,内部装修豪华,周围占地据说拆了两座寺庙,但林彪从未来住过。我和国男住的房间,玻璃窗占了一面墙,双人床大的写字台,对我是大有用武之地。可惜室内没有电视,听不到新闻广播,我们与世隔绝了。这对出家人来说,远离红尘,这正是清心寡欲净身修佛的好地方。

在五台山上我们游览了显通寺、塔院寺、龙泉寺。偏远处还有个

悬空寺　　　　　　　　（王健摄）

集福斯，有位圆通法师据说是民盟机关的一位女同志翟雅琴的妹妹翟尧臣，解放前出家来五台山的，住集福斯，现圆通法师已成为统战对象的宗教界知名人士。

第三天，我这个右脚半瘸的人和年过八旬的邵力子夫人傅学文跟随大家一起爬了三四百级台阶，台阶多碎石陡坡，走走停停，坚持到达了菩萨顶，参观了广兴寺和园兴寺。一路有向导解说，说得满山都是神话。休息时和傅学文老人聊天，聊到邵力子，我称他为“和平老人”，是国民党的开明人士。傅老告诉我，早年邵力子是共产党员，脱党若干年后，仍希望恢复党籍，经周恩来同志劝他，还是留在国民党内更有利。这段历史是鲜为人知的。

在五台山住了几天，白天游览寺庙，晚上和叶笃义以及他的孙儿玩麻将牌。我有充分的时间和叶笃义聊天，谈心。也有充分的时间练习书法，几天里为茅蓬山庄负责同志、为政协、统战部的同志写了多张条幅。写的大都是有关五台山的诗词。“净几明窗墨正浓”舞笔弄墨这是我在五台山上的一大乐事。

8 月 22 日，我们在五台山顶峰公路盘旋一个多小时，北望恒山山脉，南望太行山山脉，在公路上悬崖行车虽很险峻，但如天马行空，令人心旷神怡。到了大同上了火车回到北京。

10 月 24 日，民盟中央在政协礼堂三楼举行罗隆基 90 周年诞辰纪念座谈会，新任的统战部部长阎明复参加会议并讲了话。肯定了罗的一生是爱国的进步的，为人民为国家作了好事，为民主革命，为新中国建立，为社会主义事业和世界和平事业作出了应有的贡献。会上千家驹讲话，他认为“章罗联盟”是千古奇冤。他提出中央对章、罗既然有了公正的评价，现在是应该到了改正平反的时候了。

11 月间，国男去香港参加培侨母校校庆 40 周年。高天同志要我去沈阳、丹东和民盟省委、丹东市委商调俞泽猷同志到中央工作事，我要办公厅毕树林同志（他是丹东人）陪我前往。先到丹东，和民盟市委研究后，会见了俞泽猷同志，并参观了以他为厂长的上万职工的化纤厂。我们接触间，给我的印象他是个精明能干，很有头脑的事业家。我相信高天等民盟领导同志发掘人才是有眼光的。再去和中共市委统战部交谈，尹副部长表示，既然盟中央调用，他们也无意见。最后征询俞泽猷同志个人意见，他表示服从组织分配。至此在丹东的工作已顺利完成。离开丹东的前一天，盟市委同志陪我走上鸭绿江大桥，乘汽艇沿朝鲜边境观光，上岸后登上锦江山，远望朝鲜国土，回想那炮火纷飞、烟硝迷漫、中国人民志愿军雄赳赳气昂昂跨过鸭绿江的年代，建立起的中朝友谊将万古长存。

转天到了沈阳，住北陵辽宁大厦，当天即和民盟省委领导人交谈，省委对俞已有安排(拟安排为省盟的副主委)，经过一番谈判，省盟表示如中央工作需要，我们只有同意。最后去看中共省委统战部的负责同志，他们很爽快，只要民盟内部商量决定，我们毫无意见。现在一切都已办妥，就等待盟中央的调令了。我在大连的“小朋友”小闫，当时正在北陵(宾馆附近)参加劳模学习班，约她来宾馆见面，四年多不见，“小朋友”长大成熟。她告诉我，学习后，可能调到大连市里机关工作，她学习成绩优良，受到领导嘉奖。我向她祝贺未来的生活、工作将更加美好。晚上参加了省里领导同志的宴会后，即和毕树林同志回到北京。

回到北京，即参加统战部召集的党员大会，传达当前上海、合肥、武汉等地学生上街游行的情况，传达作家刘宾雁发表了《第二种忠诚》报告文学，抨击“个人迷信”导致专制独裁政治的结果，在国内引起很大反响，刘宾雁受到开除党籍处分。今年12月又掀起了“反对资产阶级自由化”的高潮。第二天，郎平带着新婚的夫君来家看望我们，他们带来中国女排四连冠的喜讯，我们祝贺她的新婚和她为祖国争得了荣誉，大家闲聊了一些女排的趣闻，放松了这几天“自由化”闹得过分紧张的情绪。

12月31日民盟举行五届三中全会，会上钱伟长副主席作《工作报告》，追加冯之浚、吴修平、张芝联、张纪域四人为中央执行局委员，决定明年1月2日召开全国代表会议。成立费孝通、陶大镛、林亨元等数人为中央人事小组，研究新领导班子人事提名问题。

全国代表会议的工作班子于29日进驻京丰宾馆,各地代表已陆续到京。第二天,中央人事小组作出决定,勒令民盟中央秘书长办公室主任詹永泰即日撤出民盟机关(詹已进入宾馆),撤出的理由没有宣布。会后我从林亨元同志处得知,会上有人认为詹永泰"太左",不宜在民盟工作,他为詹作了几句解释而遭到反驳。就这样詹不明不白地被撤出了民盟,成为"不受欢迎的人"。

詹永泰同志是共产党员,反右斗争前调来民盟。在当时极"左"思潮指导下积极参加反右斗争。詹永泰同志为人正派,原则性强,不徇私情,有工作能力,笔下也颇流畅。在民盟工作30年,熟悉盟务,成为得力的干部。

1987年　71岁

民盟召开全国代表会议　传达邓小平对当前形势的讲话　胡耀邦辞去总书记职务　政协举行六届五次会议　赴美国探亲游览　党的十三大选举赵紫阳为总书记

一年之始，我个人的想法是，这次民盟的全国代表会议是一次为进行“重大改革”的特殊会议。我已年届古稀，按国家政策规定早应离休。我向执行局主任高天、盟中央秘书长叶笃义正式提出，要求退出中央委员会，希望这次候选人不再提名，离休后我计划今年去美国看看孩子们，同时对头号的资本主义国家和“资产阶级的自由化”作些初步的研究。他们说你还是政协委员，不要考虑退休问题。

听说詹永泰住了医院，元旦下午我和李文宜去医院探视。见到他才知道他几个月来精神上患了一种查不清的病，时而紧张，时而心慌，严重时一人不敢出差远行。我们安慰他心胸放宽些。他只谈病，闭口不谈民盟的事，他只是说了一句话：“我们要以大局为重。”他的精神镇定，承受能力很强，我们也感到宽慰。

2日，民盟全国代表会议开幕，习仲勋、阎明复，全国政协和各民主党派负责人到会祝贺。会议主要议程是传达并讨论全国统战工作会议精神，讨论民盟今后的工作，调整中央领导机构等。8日闭幕，选出费孝通为主席，增选千家驹、关梦觉、罗涵先、马大猷、冯之浚为副主席；增选丁石孙等21人为中央常委。吴修平为秘书长。会议接受楚图南辞去民盟中央主席，并决定成立以苏步青为主任的中央参议委员会，撤销中央执行局。我仍被选为中央委员、中央常务委员，兼文史委员会主任。因我仍是政协委员,没有离休问题。

会议期间,统战部宋堃向民盟主席、副主席、执行局委员传达邓小平同志对当前形势的讲话《要旗帜鲜明地反对资产阶级自由化》,说近来学生闹事是一件重大事件,北京市公布了游行示威的规定,必须坚决执行。还说凡是闹起来的地方,都是因为这几年反对资产阶级自由化旗帜不鲜明、态度不坚决的结果。谈话里点了方励之(中国科技大学副校长)、王若望(上海作家协会理事)、刘宾雁(曾任作家协会副主席、人民日报记者)三人之名,说他们狂妄之极,想改变共产党,他们有什么资格当共产党员?同时也点了周谷城、费孝通、钱伟长之名,说在学生闹事中他们的态度是好的。关于反对资产阶级自由化问题,从80年代开始中央就多次提出过的,近两年谈的更多。不久,听说方励之等人被开除了党籍。看来,邓小平同志的讲话已起了决定性的作用。同月16日,广播播放了"重要新闻":胡耀邦同志因工作上失误,辞去总书记职务,决定由赵紫阳同志代理。这又是一件很重大的事件,社会上立即引起了强烈反响。大家议论纷纷,猜测党内最高层对"反对资产阶级自由化"、对"清理精神污染",以及"学生闹事"等问题是有重大分歧的。大家对当时社会上的不安定因素与日俱增,这是使人民最堪忧虑的。

一个星期以后,党支部开会讨论中央3号文件,批判胡耀邦同志的严重错误。有些同志思想上一时转不过来,有人对学生抱同情态度,我一直弄不清楚什么是"资产阶级自由化",究竟它的标准是什么?

1月16日是胡愈老逝世一周年。《群言》编辑部早就约我写篇纪念文章,我也作了准备,我写了一篇《和愈老相处的日子里》。里面有五篇小文章,根据不同的年代写了不同的内容。这五篇小文章我送给《群言》三篇。其余两篇,一是写胡愈老在解放初期坚决主张解散救国会事,我对毛主席的批评未表同意,另一篇是写胡愈老几次批"左"的言论。因为我估计《群言》是不会刊登的。

春节到来,接到力平、小瑜、艾平从美国打来的电话,陈平从日本打来的电话，还接到胜利归来的郎平电话，向全家祝福、拜年。

党中央、国务院一年一度的春节团拜在人民大会堂二楼宴会厅举行，参加者四五千人。新上任的代总书记赵紫阳讲话，强调坚持四项基本原则，反对资产阶级自由化。民盟新选出的主席费孝通代表各民主党派讲了话。讲话后有文艺演出。每年这一天，我来参加团拜，主要的不是听首长讲话、名角演出，而是可以见到很多熟人，可以意外地见到多年不见的老朋友，这是难得一聚的好时机、好地方。

春节过后，恢复上班。党支部开会，统战部要求支部为詹永泰同志作鉴定，他出院后回到统战部工作。同志们给詹永泰鉴定时，都愤愤不平。有的同志在问：盟中央临时的人事小组有没有任免权？詹永泰究竟犯的什么错误？我们在这里工作还有保障吗？大家为顾全统战的大局，谁也不再提什么了。会后我再一次向民盟中央常务副主席高天同志提出离休问题。他告诉我，政协委员没有离退休问题，只是不再担任实权工作（如组织部、宣传部、办公厅等），我向他表示不管实权不实权，都是民盟工作，我按国家政策自己宣布离休，今后我在文史委员会没有完成的工作我仍负责，日常工作由副主任金若年同志负责。同时我向他报告，我已开始办理出国手续，于暑假中去美国探亲三个月，他已默许了。

3 月下旬，全国政协六届第五次会议开幕，邓颖超主席致开幕词，费孝通副主席作工作报告，第二天人大会议开幕，赵紫阳总理作工作报告，我和冯亦代同志坐在屋里看直播大会报告。参加几次小组讨论。会议期间，我和民盟联络委员会副主任高山同志协助香港培侨中学在京的校友们，借用民盟中央会议室成立北京校友会。香港培侨中学校长吴康民是人人代表，原培侨老帅岁培元（现任广州市副市长）、培侨创办人陈曙光（女，曾参加东江游击队），以及李文宜同志（1948 年曾在培侨任教）和北京的培侨校友约 30 多人，均参加了北京校友会成立大会。国男是积极分子，被选为会长。我和高山也被邀请参加。会后，民盟联络委员会设宴招待全体校友。从此民盟和香港培侨建立了友谊联系，这也是民盟的三胞工作。下午我陪吴康民上了天安门城楼参观。这是为人大代表、政协委员开放的。我们都是第一次登上天安门城楼，看到天安门广场，世界最大的广场。吴康民是周游世界的旅行家，对广场称赞不已。晚上，冯之浚同志来家，和我、国男、国友、丽君一起去长城饭店，会见王万菊夫妇，并经他们介绍认识了美国人 Weiman 和 Jilie 夫人，他们是来中国旅游，并想和中国发展贸易关系。大家谈得非常融洽，后来 Jilie 夫人成了我们在美国的朋友。

王万菊夫妇 1984 年来中国以后，多次来中国游览过名胜古迹，去过西藏也去过海南。她动员她叔叔来过，她也介绍一些美国朋友来过，有的是为文化交流，有的是来做生意。王万菊为和我国邮电部门联系，我和她去访问邮电学院教授、民盟的叶培大同志；她去重庆，我介绍她去见过当时任副市长的民盟冯克熙同志；后来她介绍美国五位女性朋友来中国，一方面旅游，一方面作学术交流，她们都是心理学学者，希望和中国的心理学家交谈，我找了师范学院和心理学研究所民盟的林传鼎同志，他约了几位专家一起座谈，谈得非常满意。她们想进一步了解了中国，对中国产生了浓厚的兴趣。

5 月间，我们拿到护照办好出国手续，并登记了 6 月初的飞机票。我们的计划是先和陈平（中国进出口公司驻日本三利公司职员）一起到日本在东京住两天，然后我们两人去美国，三个月后从美国到香港，由香港回北京。

关于法商校友会复校和树李大钊塑像事，我们和天津市委书记谭绍文同志通了电话，他表示尽力帮助解决。今年是李大钊英勇就义 60 周年，我们校友会在万安公墓李大钊陵园举行纪念会。北京和天津的校友 30 余人参加，张友渔和刘及辰两位老师也特地赶来。我们举行了纪念仪式，会长庄林同志带领我们在李大钊同志像前宣读誓词，我们再一次向党宣誓。

我和国男写信给阎明复同志，告诉他我们决定去美国的事情。他在电话里要我们在国外注意作三胞工作和华人华侨工作，同时表示帮助我们解决一些外汇问题。临行的前一天，统战部副部长武连元、党委书记马晓力、党派处的同志孙楠、马隆、詹永泰和管对外联络工作的三局徐局长以及民盟的高天同志设宴欢送我们。席间徐局长介绍美国和台湾当前政治情况,并提醒我们应该注意些什么,这些对我们来说是十分重要的。第二天,6 月 3 日我们和陈平登上了飞机开始远行。第一站到达日本东京,住在陈平的三利公司宿舍,都是中国人,饮食起居像在家里一样。三利是在一条小街上,周围不少住家,一户紧连一户,很多屋里的家具,如冰箱、热水器、自行车等都放在门外,摆得整整齐齐,街上干干净净,一望而知国民的素质。走上大街,行人匆匆,节奏紧张,几乎看不到逛大街的闲人。入夜,条条大街,特别是著名的东京银座,满街是霓虹灯广告,五色缤纷,令人目眩。陈平带我们坐了地铁,游了浅草寺庙,像我们春节赶庙会一样的热闹。他开车游览市容,特别让我们看看天皇的皇宫、田安门靖国神社、首相官邸和国会大厦。我猛然想起,今年是日本侵略中国的“七七”事变整整 50 周年。50 年前的今天,日本刽子手们正在这里阴谋策划进犯中国。而今天我来了,一个抗日分子、共产党员来了,昂首阔步走在日本的国土上,我为我们今天的祖国感到骄傲与自豪。

第二站我们到了夏威夷。艾平和她的丈夫 Rick 特地从洛杉矶赶来,我们住在 Rick 的爸爸在海滨的别墅。艾平和 Rick 带我们游览市容,特别到中国人多的街道商店,在中国城的文化街上,看到一块石碑上刻着“四海之内皆兄弟也”的题字。书店里几乎都是台湾、香港出版的书刊。在夏威夷人的眼中常常把中国人看成是日本人。

8 日,我们经过长途飞行到了旧金山。Rick 的父亲 Dick 早就在机场等候我们。Dick 和国男同岁,也到了退休之年,他是国家资深的建筑工程师,旧金山的一座大桥是他设计建筑的。他很富有,夏威夷、旧金山、内华达州都有他的住宅、别墅。在旧金山我们到 Dick 家,见到他夫人 Ina。家里房子摆设豪华,但他们都很俭朴,没有雇工,自己亲自下厨。餐具都很高级,吃得比较简单,招待我们的第一餐就是一盘沙拉和意大利面条。这就是到了美国,在一个富有的家庭里给我们的第一个印象。

在旧金山住了几天，艾平和 Rick 陪我们坐车、乘船游览市容，拜访了几位朋友。丽君的妹妹蓉君，来旧金山多年，读了几年书，参加了工作，结了婚，买了新车。她来接我们到她住的 Berkeley（伯克利）大学附近，她带我们参观 Berkeley 大学。这是著名的大学，学校像个公园，里面除了学生外，什么人都可以走来走去，甚至还有推幼儿车进来的。这就是美国生活的"自由化"。蓉君特地带我们去一条出名的 Teleghy 小街，街上各种小摊，书籍、服装、首饰、用品……各种杂货，来往的人奇装异服，有的赤背上街，女人剃了阴阳头，有的人穿背心短裤长筒靴，不少人穿的中国布鞋，这条街又脏又乱，据说是 Hippy（嬉皮士类似"文革"的红卫兵，这是我个人的解释）集中的地方。60 年代受到中国"文化大革命"的影响，有过左思想，对政府有反抗情绪，还听说"文革"开始时，有的学校也闹了一阵罢课，要求教育改革。

王万菊住在旧金山的郊区幽静的半山上，我们去看她，她们的生活也很俭朴。王万菊是心理学医生，家里就是门诊部，每天上午都有患者来访，收入可观。家务事一切自理。王万菊和她丈夫 Ben 带我们游览附近 Redwood 森林公园，参观了印第安人古迹。星期六，王万菊夫妇带我们到市中心戴维斯音乐厅听中国交响乐表演，前半场是台湾人指挥，下半场是李德伦指挥，最后一个节目是刘德海琵琶独奏"十面埋伏"，鼓掌欢呼不停，加了几场表演，才谢了幕。刘是民盟的同志，我为他感到骄傲。我看到了今天的场面，台湾大陆同胞同台演出，台下除少数外国人外，台湾大陆同胞坐在一起，大家都是中国人，和平相处，祖国的和平统一在这里似乎已经实现了。

接着是到 Lake Tahoe（Tahoe 湖属于内华达州，是 Rick 父母长住的地方）。艾平和 Rick 带我们先通过著名的"金门大桥"，Rick 一路讲述大桥的历史。到了一个小镇，停下来在一家中国餐馆午餐。Rick 说这是中国人最早到这里淘金的地方。这个镇里老华侨很多。镇的街中心，特为中国淘金者铸了一座铜像。后来我读了一本淘金者的血泪史，他们过着非人的生活，没有一个淘金致富的中国人。

Lake Tahoe 是个湖，据美国人自己说是个世界最大、最深、最清洁的湖，位于加利福尼亚和内华达两州之间，属内州管辖。Rick 父亲在这里修建一所高级别墅，前门临街，后门在湖畔，退休后，长期居住于此。美国各州有各州的法律，内华达州公民纳税少，这是 Rick 父母长居在此的主要原因之一。

Linda 女士（右三）和王健（左一）、张国男（左三）在一起合影

我们在 Dick 家住了几天，他把楼上最好的房间让给我们，窗外一片蔚蓝的湖色，像生活在画面里一样。第一天正好是美国的"爸爸节"，艾平和 Rick 送来贺卡和礼物。力平、小瑜也从洛杉矶打来电话。Dick 带着我们驾驶自己的游艇游湖，我们也学会了驾驶。我每天用餐时，坐下来和大家聊天，他们很想了解中国，我们也很想了解美国，生活在一起，互相交流，艾平给我们做翻译。艾平带我们去看一位多次来过中国，而且去过西藏、云南的 Linda 女士，她也是心理学家，对中国、对佛教很感兴趣。她虽是美国人，但家里布置了中国佛像和西藏带来的民族装饰品。她带我们走了 15 公里崎岖的山路去她曾住过的一个小镇，在几位农村的朋友家做客，让我们了解他们的生活情况。这些朋友们都很朴素、热情，没有城市人那些习气。我

们参观了镇上作皮件的、首饰的、修理家具的作坊，这是个手工业者的小镇，他们都是有一技之长的劳动者，生活得简陋但还比较富裕，其中有一位小学教员，到中国桂林、西藏旅游过，了解一些中国的风俗习惯。请我们吃了午餐都是本镇的土产，别有一番滋味。Linda 是个知识分子，很了解中国，问我政协是什么性质的机关？问“文化大革命”时期情况，还有人问我对总统尼克松的看法，我说他是打通中美关系的第一个到中国的总统。她们对他批评很多，主要是“水门事件”。看来她们虽然住在穷乡僻壤，但关心政治，都有一定的文化素养。Linda 送我们回来又去看了一场印第安人的舞蹈表演，让我们大开眼界。

艾平和 Rick 带我们开始向最后一站洛杉矶出发了。进了加州，游览加州著名的风景区国家公园，面积很大，有山有水，车子到处通行。我们游了一个上午，在我的眼里，和我们那些名山大川相比，真是小巫见大巫了。

为了要我们多看看名胜古迹，路上走了两天，游了著名的古迹，山顶上建筑的一座赫氏古堡，赫氏是英国移民，卖酒发家的，但他个人一生是滴酒不沾的。古堡原为私宅，后捐献国家，内部建筑富丽堂皇，成了加州的一处游览的景点。入夜，我们在车里远望一片灯海，已进入了美国第二大城市洛杉矶。到了日落大街，力平、小瑜的住家到了。

她们住在墨西哥人的住宅区，生活都很朴素。力平、小瑜来美国已经两年，艰苦的日子基本上过去了，生活也安定下来，小瑜进了州立的北岭大学电影系（陈冲也在这里学习过）她学的是制片，课外还在一家知名的导演私人开办的电影学校学习表演。力平进了 L. A. City college（市立的学院）也学电影制片。她们的经济来源，力平在一家朋友的法律事务所，每周假日去打扫卫生，有时还帮助事务所在调查取证方面作一些工作，每月有一定的收入。小瑜来了美国两年，知道她的人越来越多，不断有人来约她作电视广告，后来我们认识了一位知名的会计师，美籍华人曾任过加州代理州务卿的顾衔时先生(后来我们介绍他到北京,见到统战部和民盟的负责人,对中美文化交流起了一定的作用),他认为小瑜符合条件,所以申请了南加州浙江同乡会对品学兼优的学生给予的奖学金。这对她的生活确有不小的帮助。因为她是知名的影星,所以她在留学生中算是最幸福的了。好莱坞也有机会找她去拍戏,但她对剧本角色选择比较严格,所以演出机会不多。陈冲曾演过一部侮辱华人的片子《大班》,深受华人华侨不满,所以他们对小瑜寄以希望。

王万菊的父亲王学政,全家三代人在一家豪华的酒店设宴接待我们全家。他们虽久居美国,但中国人的习俗仍很浓厚。我们亲切交谈。特别是王云五基金会已成立,想为大陆同胞做些事情(王学政之弟王学哲去年已到过北京谈及此事)。王老先生爱国之心,思乡之情溢于言表。希望尽快完成祖国统一大业,成了我们共同的心愿。

在洛杉矶期间,和力平、小瑜一起生活。她们学习很紧张。小瑜选课多,力平只学制片,选课较少。课外时间经常带我们去参观一些值得一看的地方。如好莱坞大街的中国剧院和蜡人馆等,每次国男和力平到超市买菜,我总是到附近书店,我买了些了解美国、研究美国的书和港台出版的报刊(大陆报纸买不到的)。在假日中,我们游览了迪斯尼乐园和好莱坞"电影城",这是到洛杉矶的来客必游之地。我们去游迪斯尼乐园那天,正是"白雪公主"50 周年,乐园里举行了盛大的彩车游行,更增加了大家的游兴。好莱坞电影在我青年时代就着迷了,今天身临其境,游览了全部,听到解说员讲了电影制作、演员的故事,还看到许多特技表演,揭示好多电影制作的秘密。

力平、小瑜学校放暑假期间,Dick 夫妇请我们一家四人去美国东部旅行。第一站到了美国最繁华的大城市纽约。下了飞机,车行一小时到了临港口的 12 街,住在中国领事馆里。使馆的同志嘱咐我们,旁边的 42 街 44 号是流氓小偷最多的街,你们千万要当心。晚餐后我们去百老汇街看歌舞演出,经 42 街,确实看到一群衣履不整的闲散青年在街上游逛。街上又脏又乱,像过去我们上海的黄浦滩。

入夜我们从住房的窗子向外看，港口码头灯光通明，汽车如流，行人不绝，这是纽约城给我们的第一个印象。

在纽约住了三天，昆明的老朋友李国华派他大儿子开车带我们各处游逛。我们抓紧时间去了林肯中心、坐马车游中央公园、大都会博物馆、洛克菲勒中心，参观了联合国大厦，登上了102层的帝国大厦俯览全市、走进了华尔街，坐着游船沿着曼哈顿岛远望世界贸易中心两座大楼，走近了高举火炬的自由女神。解说员说，去年美国国庆，纪念自由女神落成100周年时大修了一次，所以我们看到的是焕然一新了。

李国华（右五）与王健（右四）、张国男（左一）、王力平、张瑜在驻纽约中国领事馆门前合影

最后一天，李国华、林元坚夫妇请我们全家到他们家里午餐，他们住在大儿子家，生活得很安定、舒适。他们是从台湾、香港的报纸了解中国的形势，林元坚对国内局势仍有不安之感。李国华说林之坚在国内时，一个运动接着一个运动，而我又是"运动员"，实在把她搞怕了，不然还不会到这里来养老。我想听听他对纽约的一些看法，他说生活是比较安定自由，但就像老上海一样，富人的天堂、"冒险

家的乐园”。他们因为儿子的关系也还能住在这里。一个曾多年为党工作的老共产党员，就在这里异国他乡将了此一生。

王健在纽约到华盛顿的火车上

从纽约坐了四个小时的火车到达华盛顿。李国华已通知在华盛顿的儿子来接。一路所经之处建筑庄严雄伟，街道整齐，不愧是大国的首都。路上经过了中国城，街口一座新建的牌楼，金碧辉煌，纯粹的中国古代建筑，“中国城”三个金字是吴作人题写的，更有亲切之感。我们得到大使馆张德广、郑淑兰夫妇的帮助，住进了新华社的招待所。下午我们就开始游览首都城，先到肯尼迪中心，这里是个大剧院，又去了水门大楼，司机告诉我们“水门事件”就是在这里发生的。晚上我们去中餐馆晚餐，餐厅工作的多数是台山人或上海人，一位上海人副教授在餐厅里打工。我们闲聊起来，问他为什么作了教授还来打工？他的答复很简单，教书不如餐厅挣钱多。

在华盛顿，参观游览的地方很多，我们只有抓紧时间走马观花。大使馆郑淑兰陪我们参观了杰克逊纪念馆、林肯纪念馆、华盛顿纪念碑、国会大厦。最后参观了林肯被刺的剧场和他逝世的住处，结束第一天的旅游。第二天参观了白宫，这里比较严格，只能从后门进，而

在水门大楼前合影。左一张国男、左三王健

且有的地方可以去，有的谢绝参观。然后到郊区参观了华盛顿故居和阵亡将士公墓。晚上逛了唐人街，在一家中餐馆用餐。老板是天津老乡，出来已30多年，乡音未改而鬓毛已灰白了。

最后一天，我们参观了美国发展史的综合馆，这对研究美国历史的发展是很有意义的。我们看的时间比较长，而且我还作了些记录，其后又看了工业馆、艺术馆。艺术馆的建筑是美籍华人贝聿铭设计的。小瑜很感兴趣，其中大部分是现代化艺术作品展览。从这个馆的建筑，到现代艺术作品，离奇古怪，我看不懂，也难以接受。我感到自己离“现代化”实在是太远了。

最后我们参观了“美国之音”的办公楼。一位从台湾来了六七年的苏小姐陪同我们参观。当时我是带着怀疑、好奇甚至敌意的心情参观“美国之音”的。因为我们官方一向是把它看成是代表美国政府“亡我之心不死”“唯恐中国不乱”的“美国之音”。苏小姐带我们参观了录音室、播音室，见到了许多中国人。出乎意料之外地还认识了民盟一位同志的姐姐肖媛，在国内凡是听美国之音的人都熟悉她的名字。她热情地接待我们，就是她认出了小瑜，提起了《庐山恋》,许多中国青年人围上来,亲切地问这问那。有人建议小瑜和台湾演员合演一部祖国统一的影片,也有人说看了《大班》很生气,希望小瑜演一部为国争光的电影。我们大家谈得很亲切友好,而我们的心情变得复杂起来,为什么国内有人对“美国之音”又骂又要偷偷地听,不就是从这里听到一些国内听不到的东西?如果我们的媒体有一定的透明度,谁还去听美国之音。出来以后,苏小姐陪我参观了美国历史博物馆,特别请了一位美国青年解说。他讲了一口流利的中国话,他对我们非常友好,他说他不久就要去中国南京大学学习。结束了华盛顿的旅行,7 月 24 日乘飞机飞回洛杉矶。

7 月底,Rick 比较清闲,他和艾平想陪我们出游两处旅游者不可不游的地方。Rick 开车,艾平和我、国男四人先到 Las Vegas,世界闻名大赌城,这是个金迷纸醉花花世界。各种不同形式的建筑,到处是霓虹灯广告,引人入赌。我们找了几个饭店(也都是赌场)都已客满,最后 Rick 在恺撒皇宫最豪华的饭店订了房间,我们立即到街上游逛,满街五光十色令人眼花缭乱。这是个赌徒的世界,赌和嫖总是联在一起的。我们住了两天,没有赌兴,开开眼界也就满足了。8 月

王健、张国男在美国拉斯维加斯

2日,Rick又带我们去大峡谷。Rick租了直升飞机,我们坐上飞机在峡谷上空周游了半个小时。有深渊、断壁、各种颜色土质的小山头,峡谷辽阔,空无一人,这又是一个世界。我忙着拍照,留下世界上少见的景点。下了飞机,乘车沿途游览,中途住了一夜,8月3日赶回洛杉矶。

大峡谷　　　　（王健摄）

回到洛杉矶安下心来,每天在家里静静地看看书,看看报,每次趁力平和国男去超市买菜的机会,送我到图书馆借些书,认真学习学习,了解了解这个资本主义超级大国。

安静了一个半月,准备归国行程了。9月上旬,Rick和艾平陪我们去夏威夷,到了夏威夷还住在他们的海滨别墅。我们住的是独立的一所小楼,周围有游泳池、网球场。国男可以每天游泳,我在中学时代是"网球健将",可惜现在只能站在网球场上抽拍几下了。

到了夏威夷一定要去珍珠港。"珍珠港事件"才正式揭开了第二次世界大战的序幕。我们在晴朗的一天,Rick和艾平带我们到了Honolulu(檀香山夏威夷州首府),然后坐船到海湾美国主力舰沉没的地方珍珠港。到了纪念馆先听了珍珠港的历史,又看了日本大轰炸的纪录片,馆里陈列着一只大铁锚和大钟,还有一间纪念阵亡将士的大厅,墙上刻着一千多阵亡将士的名字。走进大厅看见有各国游客。日本人在夏威夷移民最多,这里有日本公园、庙宇、墓地、日本

珍珠巷　　　　　　　　（王健摄）

城，日本人到处可见，只是在珍珠港很少见到日本人。

在夏威夷住了14天，除了珍珠港外，还参加当地民族的歌舞、音乐会，特别是夏威夷风行的草裙舞更引人入胜。大部分时间在家里，国男游泳，我安静地读书，Dick和Ina总是在忙，自己做饭，整理花草，集装箱运来的家具，他们也参加搬运。晚上坐在一起聊天，谈中国、美国、夏威夷的风土人情，互相之间毫无拘束，不分国籍，无所不谈，我们之间确实"自由化"了。我们的英语水平很不够，靠义平作翻译。

9月22日我们飞往香港，到达香港时已万家灯火了。国男的同学、校友会的负责人来接，他们早已给我们订好的北角昌明楼招待所。这是我第三次来香港了，我对北角这个地区是非常熟悉的。第二天首先去中环三联书店，见到了经理肖滋先生和吴康民校长的夫人黄穗良，参观书店的各个部门，看到一些好书。肖滋赠送《江青秘传》《蒋经国传》。我也看到一本关愚谦关怀祖国思念故乡的新作。提到关愚谦，十天前我们在夏威夷见过他和他的夫人（德国人），他是我们大院里管易文老人的长子，"文革"初期他在外交部工作，借接待日本代表团之机，利用代表团团员护照出逃海外。历经坎坷到了德国，做工、上学、教书，成了教授，定居德国。曾做过许多有益于祖国的工作，并经常发表文章，为祖国宣传。但他始终担心国内有关方面追究，不敢回国。他托我去外交部了解了解，疏通疏通。我回国后，请楚图南同志问了外交部。外交部答复此案已转公安部。楚老再问公安部时，该部答复是此案尚未销案，答应尽快研究解决（两年后，关愚谦夫妇来北京，说明此案已经解决了）。

这两天我们自由活动，主要是看望国男的同学和朋友。这些朋友当年都是花季年华，而今家成业就，儿女成行了。大家相见畅谈往事、展望未来，共同的心愿是，香港回归之日，我们再能畅聚一堂。两天后，我们上了半山，经过我40多年前住过的坚道，经常走过的活里活道，到了列提顿道，见到了王远猷四哥（40多年前一直这样称呼他），我们自香港沦陷至今已有46年未见面了，见到他已年近八旬精神矍铄，全家安康，十分欣慰。畅谈别后生活、香港经济发展，也谈到远馨（即王大光）和远威（妹妹）。远馨已退出台湾政坛，全家定居美国。远威在汕头，数十年历尽坎坷，终于落实了政策，参加民盟，被选为市政协代表，经常发表文艺作品，已有出头之日。时到中午，远猷和夫人陪同我们下山到香港最繁华地区一家大酒楼，设宴接风，远猷全家祖孙三代十余人，共聚一堂。席间我举杯感激四哥和远威在日本占领香港我最困难时候给我的援助，保护我的安全，终生难忘。大家频频祝酒，尽欢而散。下午又是一场难忘的聚会。40多年的老友廖一原（“文通”的朋友）派车来接我们到他家里小坐，然后一起去看了培侨吴康民校长，同去尖沙咀一家豪华酒楼晚餐。廖一原已成香港电影界大亨。席间大家最关注国家政局，香港言论开放自由，使我听到许多国内听不到的新闻，共同感觉到“文革”结束，经济改革颇见成效，但政治形势仍有动荡不安之感。

最后两天，参加了民盟十几位老同志的宴会。国男同学陪我们乘电缆车登上了太平山，围绕山顶走了一圈，远眺香港，半山高楼崛起，与美国现代化城市相比美。我们还参观了培侨的新校舍，晚上校友会设宴招待。结束了香港之行，也结束了四个月的旅行，9月底回

王健(前排右三)1987年9月27日在香港与香港盟员合影

到北京。

民盟支部要我谈谈这次美国之行的见闻观感,我是做了些准备。我想讲的题目是:坚持社会主义、重新认识资本主义、发展马列主义。我讲之前首先声明,这个题目太大,理论家可以写一本书,而我没有这个水平,特别是我还是第一次去美国,只能粗浅地谈谈自己的认识,夹杂一些见闻观感。

我从胡绳在今年三月《人民日报》特别发表了《为什么中国不能走资本主义道路》文章谈起,我读了受到启发。回顾旧中国走资本主义道路,只能沦为半封建半殖民地国家。共产党推倒了三座大山,消灭了剥削,人民当家作主,实行社会主义制度才能经济发展,民族复兴,这是符合中国国情的,中国必须要坚持走社会主义道路。我重点谈的是重新认识资本主义的问题。在美国我特别注意对经济危机的一些评论。20年代末美国经济危机,就被认为资本主义已到“垂死阶段”。现在认识到资本主义周期性发生的经济危机,同时也产生了解决经济危机的手段,其自身有调节和变革的能力,使危机得到缓解。所以说,资本主义的发展是有其长期性的。因为有些人“恐资症”,谈资色变,把资本主义说得十分可怕,他们看不到资本主义国家科学技术革命,大大地发展了生产力,还有其先进的科学化的管理、民主法制等等制度，而这些对我们建设社会主义都是值得借鉴的。我谈到发展马列主义问题，马列主义本身就是发展的科学，它探索人类社会发展的基本理论，是不可动摇的。但有些论点随着时代前进和不同的国情，应不断地有所发展。马克思死于19世纪80年代，100年后的今天已进入信息时代，我们要敢于承认马克思有些观点已不适用于今天。所以教条主义、本本主义的危害性就在这里。毛主席在民主主义革命时期，根据中国国情写了《新民主主义论》等光辉著作，大大发展了马列主义。而夺取了政权。新中国成立后，毛主席治理国家有些背离了马列主义，强调阶级斗争，一直到"文革"使国家走上了亡党亡国的边缘。这种沉痛的教训，全党全国人民应该吸取。这次我在国外住了四个月，换个新环境虽然不习惯，但有新鲜感。回国以后，似乎闻到一股封建主义的腐朽气味，有的把封建主义贴上社会主义标签使人的思想受到束缚，这是我国长期形成的痼疾，绝非一朝一夕所能解决的。我讲了两个多小时，还觉得没有把想讲的痛痛快快地讲出来，但可能有人已把我的讲话看作是"资产阶级自由化"了。

10月下旬，政协组织部分委员们赴浙江一带视察，我和张纪域一起报了名。先到达杭州，再去绍兴。一路有袁永熙(西南联大学生中党的负责人，爱人是陈布雷的女儿陈琏，共产党员，在"文革"中两人受尽了折磨，陈琏终于走上其父自杀的道路)、李希泌(云南名流李根源之子)、梅阡(电影戏剧界知名人士)聊天颇不寂寞。到绍兴住龙山宾馆，第二天参观了周恩来故居、秋瑾故居、鲁迅故居、鲁迅纪念馆、三味书屋、百草园，还参观了兴办工业先富起来的富强村。村长、县长作了介绍，并放了录像，给大家指出来一条致富之路。晚餐时见到了柴泽民同志(曾任驻美国大使)，我和他谈到美国顾衍时下月来中国事，他表示愿意接待他。25日到上虞，这是胡愈老的故乡。参观了乡镇企业，都已富起来了，我们已看到了改革开放初步取得的硕果。回到宾馆，听了电视转播党的十三大开幕式，赵紫阳同志作《沿着有中国特色的社会主义道路前进》的报告。下午去王羲之的鹅池、大禹陵，晚上参加了当地负责同志的宴会。转天到了宁波市，听取党政负责人介绍改革开放以来取得的成就，以及下一步的设想和目前存在的问题。我们上了一课，对我都是很新鲜的。我们去了奉化溪口，参观了蒋介石故居别墅，最后还去了蒋母墓地，现在我们重修得焕然一新。大家对墓地毫无兴趣，但溪口山清水秀景色宜人。我们还参观了北仑港，这是南方的一个大港，它对宁波未来的经济发展至关重要。去看明代的藏书楼天一阁（“文革”中遭到了浩劫），现存书33万册。看了香港包玉刚捐款创建的宁波大学，参观了教学楼和图书馆。馆里陈列了一套台湾印行的《四库全书》，同志们深有感触地说，如果是在“文革”，这部书也将付之一炬了。

最后又回到杭州。趁着大家游西湖，我一人去看望分别多年的老朋友陶志新。她瘦了，也老了，但还是那么热情。当我们还年轻的时候，她在感情上受到折磨，但我们能互相理解，一直仍保持着真挚的友谊。现在看到她儿女都有成就，过着幸福的生活，我感到十分欣慰。转天我们全体回到北京。

11月2日党的十三大胜利闭幕，选出了赵紫阳、李鹏、乔石、胡启立、姚依林为政治局常委，赵紫阳为总书记。接着举行中外记者招待会，总书记阐述十三大的精神，绘出未来改革开放的雄伟蓝图，以及中国在国际上所应起的作用。全国人民为之振奋。其后听统战部的传达报告，党支部组织十三大文件学习。民盟中央召开了五中全会，号召全盟学习中共十三大文件，贯彻十三大精神以开展明年的工作，争取新的成绩。

1988 年　72 岁

政协七届一次大会千家驹大会发言　民盟中央成立区域发展研究委员会　胡风彻底平反　民盟中央烟台会议　民盟举行六届全国代表大会

党的十三大以后，国内出现了新的气象，特别是民盟召开新年春节联欢会，节日的气氛更为浓厚。今年春节政协举办的联欢会，全楼开放。有各种游戏、娱乐和舞会。我带全家参加，足足玩了三个小时尽兴而归。2 月 10 日我和叶笃义同志去统战部参加招待各党派老同志的春节联欢会。会上统战部部长阎明复同志讲话，亲切诚恳，特别对历次运动受过委屈的同志讲了一些知心话，使与会者感到异常温馨。会上大家频频举杯敬酒，祝贺团结万岁！理解万岁！第二天中午机关里举行庆祝春节冷餐会，统战部武连元副部长和几位局领导特来参加。在新建的大楼六楼举行舞会，我也被推上了场，几乎场场不虚。

龙年元旦，人民大会堂照例举行团拜。李鹏讲话，大家都在找老朋友谈话，这是一年一度难得的一聚。

3 月 24 日，新的一届政协第七届第一次大会开幕，我因再次被推举为政协委员参加了大会，和冯亦代同志同屋住国谊宾馆。第二天七届人大第一次会议开幕，李鹏作工作报告。我和亦代同志在宾馆看电视现场直播，听了两个半小时，内容基本是把党的十三大决议，通过人大会议合法化，然后在全国贯彻实施。小组讨论异常热烈，对工作报告，表示赞成并受到鼓舞，同时大家也反映出各地存在的困难和问题。

会议期间,香港培侨中学北京校友会照例在民盟机关举行一次聚会。吴康民校长(香港的人大代表)特约香港著名影星、歌星汪明荃小姐(人大代表)来参加校友会,受到全体校友们的欢迎。吴校长和校友讲话后,大家邀请汪明荃唱歌,她唱了《万水千山总是情》,使会场气氛引入高潮。会后,高山以联络委员会名义特备了午餐,宴请全体校友,畅欢而散。

政协会议最后两天是大会发言。民盟经济学家千家驹作了30分钟的讲话,题目是《关于物价、教育、社会风气的几点意见》,这是大家关心的问题。他在谈物价问题时,认为当前"物价上涨的幅度超过工资增加的幅度"。对生产资料"以牌价(计划价格)购进各种物资,转手间以市场价出售,即可获得厚利",所以有的主管部门与不法分子勾结,走后门、批条子、请客送礼,贿赂成风。千家驹主张在调整物价的同时,大幅度调整职工的工资。他建议除能源交通和已经上马的基本建设之外,其他基建投资统统停止五年。根据千的统计,这样可以消灭80亿财政赤字,省下这笔钱可以用在调整物价、提高职工工资和教育文化卫生科技事业上。千说这样做可能阻力很大,主要是在某些主管部门一贯好大喜功,认为只有基本建设才是经济发展的标志和动力。因此,他认为我国的经济体制非动大手术不可,迟动不如早动。谈到教育问题时,他说党的十三大报告中讲应把发展科学技术和教育事业放在首要地位,而实际上各省还是把基本建设投资放在第一位,各地党政领导第一把手抓经济而不是教育,考核成绩看工农业生产的增长数字而不是教育发展速度。千还说义务教育法颁布了三年,文盲不但没有减少,反而逐年增加。千家驹举了一个动人的事例说,老作家冰心女士看到中小学教师的悲惨境遇,就写了一篇《我请求》为中小学教师大声疾呼,但至今未为大人先生们所重视。他并列举我国小学教师的待遇相当于香港小学教师的百分之一,大学教授相当于香港大学教授的五十分之一,现在我们的老师的实质工资都达不到抗战前旧中国的十分之一。所以社会上流传

在全国政协会议上，民盟小组会后，中外记者采访民盟副主席丁石孙(左二)。(王健摄)

说："现在样样都涨价，只有教师与废品跌价了。"最后他谈到社会风气问题，他认为社会风气不正，每况愈下，特别有一些党员和国家干部，利用手中职权营私舞弊，贪污腐化，甚至进行经济犯罪活动。要树立良好的社会风气，必须自整顿党风、官风做起。要完备法制，要做到"皇子犯法与庶民同罪"；要加强舆论监督，不能报喜不报忧。报纸上能否真正开展批评与自我批评，将是衡量我国改革能否深入的一个标志。

千家驹30分钟的发言中，时而举了一些生动而具体的事例，说明当时存在的严重问题，博得全场31次掌声，有的长达一分钟。不久，也听有的当权者认为千家驹是"哗众取宠"。可见官民之间，其反差之大也。

大会最后一天，是选举新的领导班子，照例是按照候选人名单等额选举。选举结果，选出李先念为主席，王任重、阎明复、方毅、钱伟长等32名副主席。会上令人惊异的是，千家驹不在名单之列，竟得票很多张，有3票选他为主席，几十票选他为副主席。这种现象是人大、政协以及党和民主党派历次选举所罕见的。

政协会议结束后，我们开了两次法商校友会，也请了不久前曾参加姚依林同志召开的“一二·九”学生运动纪念会（准备编写“一二·九”史料）的姚大衡和安岗同志来参加，这都是“一二·九”运动的老战友，校友会会长庄林同志主持这两次会。会上谈到了法商复校和立李大钊像事，听说姚依林表示支持，并给天津市委作了指示。5月间我和庄林、陆树元同志一起去了天津。当晚市委书记谭绍文同志和市委宣传部部长在天津俱乐部设宴款待。席间谈及复校事，谭绍文同志支持我们的想法，并帮我们出了一些主意，初步考虑想以天津一所政法方面的学院作为法商学院的继承，进一步争取建立成为正规的天津政法大学。大家非常高兴，更为高兴的是，我们此行能很快见到市委书记，而且平易近人地和校友们坐在一起研究问题，这确是难能可贵的。

5月间，民盟中央成立了以费孝通为首，有钱伟长、罗涵先、冯之浚、吴修平等组成的区域发展研究委员会，把工作纳入以经济建设为中心的轨道。制定了“关于西北三省发展战略研究工作大纲”。并倡议治理黄河三角洲的落后状态。民盟中央向国务院提出《关于建立黄河上游多民族经济开发区的建议》，后又提出建立长江三角洲经济协作开发区的设想。费孝通同志早在80年代初又重理社会学旧业，到农村、乡镇去考察、去探索，提出许多大问题进行思考，颇有所得。现在费老又当选民盟主席，全国人大常委会副委员长，这对他的研究工作增加了许多便利条件。他已届耄耋之年，仍不辞辛劳，奔走全国各地，志在富民。和钱伟长、冯之浚等同志不懈地进行区域发展战略研究，为协助党和政府作出可喜的成绩。

6月18日，中央办公厅发出《关于为胡风同志进一步平反的补充通知》，这个《通知》为胡风案件作了彻底的平反。这是第三次的《通知》。第一次是在1980年，中共中央7号文件，指出：“所谓‘胡风反革命集团案件’是一桩错案……一律予以平反，恢复名誉。”被监禁在北京秦城监狱14年，羁押在成都看守所被判决为无期徒刑的胡风，释放出狱，恢复自由。第二次在1985年，中央在上次《通知》

中遗留的几个政治历史问题，经复查后予以平反撤销。这次是第三次《通知》，认为从胡风全部历史看，在政治上他是拥护党中央的，所以作了彻底的平反。这三次的《通知》不能不归功于十一届三中全会的召开，和胡耀邦同志对落实政策、拨乱反正、平反冤假错案的决心，否则胡风不会有出头之日。但不幸的是，胡风恢复自由后五六年就去世了，而这五六年正是文艺界、理论界开展批判资产阶级自由化的年代。胡风平反后，虽然曾担任了政协常委、作家协会的顾问，但是在这个年代里他又能创作些什么？从三次《通知》，有人透露“胡风案件”发生的真相。

在第一批材料公布后，经全国人大常委会批准逮捕了胡风（这是一次经最高权力机关依法逮捕的，但是属于“无罪论定”的），关在秦城监狱10年没有宣判。1965年判处胡风14年徒刑，已监禁了10年，余下4年监外执行。1966年胡风和全家过了一个团圆的春节，春节后胡风被遣送成都。“文化大革命”爆发以后，胡风又被羁押，以“现行反革命”罪被判决无期徒刑，不准上诉。胡风失去自由，先后达25年之久。

在50年代开展这场“肃清胡风反革命集团”的斗争，共触及有2000多人成为“胡风分子”。虽然有不少人后来得到解脱，但正式定为“反革命集团分子”的仍将近80人。这批人的家属、好友、学生受到株连，长期蒙冤者不知其数。有人认为胡风案件，不同于50年代批评俞平伯、马寅初、梁漱溟等人的个人问题，而是建国以来第一次向知识分子发动的强烈的阶级斗争，是一件牵涉几千人的“反革命集团”大案，1980年中央对“胡风案件”已承认是桩错案，一律予以平反，并释放了胡风出狱。

7月中旬，我和国男带着菁华和她的女儿米米去北戴河参加政协的暑期休假，住在政协新盖的“培训中心”大楼。民盟的同志就是冯亦代、叶笃义和我们三户人家，我们都带着自己的“作业”，我带的除笔墨纸砚外就是一批历史资料，借休假期间编写整理。小米米已四岁，什么都第一次，出远门、看大海、坐船、游泳都是新鲜的。她们参加政协组织的游览，我们在家做“作业”，闲时找朋友一起聊天，这些都是说真话的朋友，我们无所不谈。中直休养所住的有金城全家、程子华同志夫妇，我们去看望他们。他们谈了些自身过去的经历，都是很宝贵的历史资料。特别是程子华同志，谈了 1938 年和公朴先生在山西的一段历史，给我们编写公朴先生传记补充了一些鲜为人知的资料。

民盟从北京打来电话，说 8 月上旬盟中央在烟台召开全国性的暑假座谈会，问我和冯亦代同志去不去参加，我们都不去，5 日只有叶笃义同志去参加了。

参加烟台会议的同志回到北京，听说这次会开得很好，大家敞开思想，畅所欲言。但没有几天，又听到全然不同的反映，统战部派去参加烟台会议的同志认为，这次会有些人讲话过了头，出了圈，引起了领导的重视。民盟中央 8 月下旬召开统战理论研讨会。邀请参加者多数是有一定理论水平的盟员。第一天的会上，同志们有备而来，开门见山，有理论，有见解，我听了很有启发。同时大家对当前社会存在种种不安定因素，官僚主义严重，贪污腐化成风，法制不健全，有法行不通，民主政治迟迟不能改革，领导思想上还没有迫切感，要求政治要有透明度，民主党派要有知情权、议政权、监督权等等。大家都认为会开得很好，做到了畅所欲言。统战部派有同志从始至终参加了会议。8 月底，民盟中央的党员领导干部，在萨空了同志家里召开了一次民主生活会，楚图南、李文宜、林亨元、高天等参加，高天同志介绍了烟台会议和理论研讨会的情况。他总的看法是，大家思想很活跃，参政议政的意识很强，但有些发言过于激烈，过了火，有些人情绪不大对头，对民盟中央出现这样现象有些担心顾虑。

9 月初，民盟中央召开中常会，阎明复部长到会看望大家并讲了话。他对民盟过去的工作成就予以肯定，但对烟台会议提出一些批评意见给大家参考。是月中旬，民盟中央召开“改革问题座谈会”，各省市负责同志前来参加，先传达阎明复同志在中常会上的讲话，然后进行分组讨论。下午高天传达中共中央关于物资、工资改革方案的文件。高天传达,不许录音、不许记录、不能公布数字,统战部派人与会。传达后立即将中央文件带回。大家听了印象不深,但同志们反映各地不少情况,特别是有些城市学生上街游行请愿,物价飞涨,抢购成风。有的同志分析,当前群众情绪可能出现“一触即发,不可收拾”的局面。有的省市来的同志说,下面流传民盟中央在烟台开会,开成了“资产阶级自由化”的会,有人主张把民盟成为一个“反对党”等等。因而民盟中央对形势估计过于严重,向地方组织下达《通知》中用了一些“文革”中的词句,似乎民盟中央已出现了“阶级斗争新动向”。四川省民盟主委冯克熙同志参加了烟台会议,民盟中央有些领导同志认为他在这次会议上的讲话起了带头、煽动作用,所以一时他成为众矢之的。我和冯亦代、林亨元、叶笃义等同志对冯克熙同志接触较多,也了解较深,从民主革命到今天,他追随党热爱党无二心,他敢讲真话是党真正的诤友。如果把“资产阶级自由化”加在他的头上,这是最大的偏见,甚至是诬蔑。烟台会议后,冯克熙同志多年来受到了压抑。

民盟第六次全国代表大会于10月8日至16日在北京召开。中共中央书记处书记、统战部部长阎明复同志代表中共中央致贺词,钱伟长副主席作了《在社会主义和爱国主义旗帜下,推进政治民主、改革开放,为建设有中国特色的社会主义而奋斗》的工作报告。在小组讨论中,代表们发言,事先都写好了讲稿,讲话很谨慎,气氛很沉闷。大会开了8天。闭幕词里说:“这次大会是民盟历史上一次空前的盛会……这次大会所取得的成绩,是充分发扬民主的产物……这次大会一定会在盟的历史上产生深远的影响。”(在大会闭幕的这一天,传来了萨空了同志不幸去世的消息)六届中全会第一次全体会议上选举楚图南同志为名誉主席,费孝通为主席,钱伟长等14人为副主席。这次会上仍选我为常委,继续分担文史委员会主任工作。文史工作是管死人不管活人,管过去不管现在的工作,适合我的想法,这是有些逃避现实的想法。

会后,我去三联书店找到三联的一位同志谈胡愈老文集编辑出版事，同时也谈到当前文化、出版的危机十分严重，一切都商品化，文化出版工作者都成了商人，前途令人堪忧。

今年最大的问题是物价改革问题。8月，中央北戴河会议，决定大步进行价格改革，长痛不如短痛，下决心开放绝大多数商品价格，闯物价改革关。但是在通货不断膨胀的情况下，导致物价飞涨（根据有关部门统计，今年物价上涨比去年高18.5%）引起全国性的抢购风潮。大件商品抢购，就连火柴、手纸、肥皂、白糖也一抢而空。特别是国家控制的商品，国家定的平价和市场价相差悬殊，如钢材平价不到700元一吨，而市场价将达2 000元。掌权者有权批条子，平价买市价卖，有的人一夜之间可以成为百万富翁。权力腐败，日甚一日，引起群众极为不满。各大城市学生上街游行，反对官僚、反对贪污腐化、反饥饿、争民主等等。政府当局认为这是少数别有用心的人煽动学生闹事。《人民日报》说这是封闭西单墙后第四次资产阶级自由化思潮泛滥。我想今年民盟的烟台会议也会被列其中。

岁末了，我做了一年的回顾。我已年过古稀，几次和高天同志谈，他总是劝我，也要林亨元、叶笃义同志劝我，说了很多理由要我留在民盟，允许我有事就来，平时可以自由活动。我虽照样参加政协、民盟会议，但无所作为。冯亦代同志和我一样，他主要精力在写作、翻译、编《读书》杂志。张毕来同志也有隐退之意，他想致力于红学研究。今年我做了两方面工作，一是回到过去（历史），面向故人（历史人物），这是我本职的文史工作，一年来做出了一些成绩。二是走向国外面向华人，这是我响应政府号召开展的三胞工作。今年我接待了西德周仲铮夫妇（周是“五四”时代的新女性，因反抗封建婚姻出走国外）。这是她第二次回国（1952年回国，我们给她在天津举行了画展）。这次来是想见见邓颖超同志（她们是“五四”时代的老朋友），通过邓大姐秘书联系，邓大姐在西花厅接见了她。回来后她感到十分荣幸，兴奋不已。我又陪她去见了她的老朋友谌小岑，二老都过耄耋之年，相见热烈拥抱，谈到中国几十年翻天覆地的变化，都不胜今昔之感。我还邀请去年在美国结识的加州代理州务卿华人顾衍时先生,他也是第二次来中国。这次来是想和中国学术界接触,作些中美文化交流工作。他带了他的近著《龙的故乡》,书里洋溢着思乡爱国之情。下半年,请来了久居香港的熊式一老先生(他的孙女起了推动作用)。他早年定居英国,是牛津大学的学者,著名的翻译家。他曾翻译过很多中国古典著作。吴作人夫妇在法国留学时结识了他。这次来他见到了许多老朋友,看到了新中国繁荣景象,特别是对香港回归,祖国统一更增强了信心。顾衍时和熊式一两先生都受到民盟、政协、统战部领导的热情接待。年终了,我给国外朋友写了信,发了贺年片。我想借此机会尽量加强和国外华人联系,向国外介绍中国,也想更多地了解外国,增加见闻,学习一些先进的东西。

1989 年　73 岁

党和民主党派成立多党合作问题小组　政协召开七届二次大会　Rick 邀请武汉编钟歌舞团赴美演出　胡耀邦去世　春夏之交爆发一场“政治风波”　国男随医院赴庐山旅游　党中央召开十三届四中全会撤销赵紫阳总书记职务，选举江泽民为总书记　和国男赴避暑山庄旅游　政协组织赴天津视察

新年刚过，艾平和 Rick 就飞来北京。他们已决定把湖北武汉编钟歌舞团请到美国十几个大城市巡回演出。去年为这件事已来中国两次，也去了武汉和该团洽谈，订了合同。这次来主要是办理文化部批示和机票、签证等事宜。文化部副部长英若诚在人民大会堂宴请艾平和 Rick，以及美国基金会的负责人。席上都满足了艾平和 Rick 的要求。最后还和国际文化交流中心取得了联系。Rick 和艾平二人兴趣很大，干劲十足，但是他们也有思想准备，因为这次在美国大规模地演出中国古典乐舞，能不能被美国人接受，确实是带有很大冒险性的。

我在香港出版的《镜报》看到一篇王若水和胡乔木争论人性论和异化问题的文章。王若水和胡乔木都是党内的马列主义理论家，也都是党内宣传部门的领导人，为什么这类文章不能见之于北京，而要发表在香港？

1 月中旬，民盟召开中常会，会上传达了赵紫阳总书记关于多党合作问题的讲话。大家开展讨论，多数人认为赵紫阳同志重提多党合作制度的几点措施，颇有新的内容，这是标志多党合作又进入了一个新的阶段，会上也有些同志采取观望态度。

党中央成立了以赵紫阳总书记为首的多党合作问题小组，各民主党派主席作为成员参加。赵紫阳提出：完善共产党领导的多党合作和政治协商制度，进一步发挥民主党派和无党派爱国人士在国家政治生活中的作用。对如何领导、如何合作、如何参政、如何监督进行研究。决定在一年内起草出一个方案，成为党和民主党派共同遵守的原则。这个决定是对我国政治体制的改革、完善和发展我国政治体制制度的重要措施。各民主党派及其广大成员对它寄予极大的期望。同时，各民主党派也成立了多党合作问题小组，民盟小组是以高天为首，我也被推举为成员之一。近两个月来，盟支部、党支部以及在楚图南同志家里的党员生活会，都在议论多党合作问题。我在会上提出我个人的看法，引起了不同的反映。我花了几天功夫，写出了一篇《多党合作历史的回顾与反思》一文，送给高天，征求他的意见。他看了以后，觉得回顾建国前的那段历史写得很好，对建国后的这段历史的回顾与反思，他诚恳地劝告我，在小会上讲讲可以，最好不要发表，我很了解他的心态，接受了他的意见。后来民盟再版建国前的简史时，高天要我为简史出版写篇文章，我就用了上述那篇文章的前半部分，交给宣传部，他们定个题目是《多党合作是历史的必然》，由宣传部安排在民进的机关刊物《民主》上化名发表了。我这篇文章说明了我国是个多党的国家，全国解放前主要是国民党和共产党两个大党。国共之间还有代表各阶级、阶层的小党派，有的称为爱国民主党派。国共两党曾有过两次合作，但如果说是多党合作，我想应该说是从中国民主政团同盟（三党三派同盟）成立时开始萌芽，另外几个爱国民主党派相继诞生而逐渐发展形成的。回顾这段历史，正如邓小平同志所说："我国各民主党派在民主革命有过光荣的历史，同我们党有过长期合作，共同战斗的历史，是我们党的亲密朋友。"《中国民主同盟简史》就是最好的见证。

没有多久，"六四事件"发生，赵紫阳总书记被撤了职，研究小组也随之流产。想在一年后拿出来一个共同遵守的原则方案也随赵紫阳消声灭迹了。

2月下旬,民盟召开主席会议。秘书长吴修平赶来,即时传达统战部的紧急通知,内容是陈军等人为释放魏京生事,发起签名,民盟有四人参加签名,冯亦代是其中一人。现在事态仍在发展,在香港、台湾引起强烈反应。传达没有讨论,今后事态如何发展也难以预料。我打电话去问冯亦代同志,他对此事不以为然,他认为魏京生应该放出来了,签名是每个人的权力,他反而劝我不必惊慌,但统战部对此事认为是相当严重的。(事后了解,亦代未受影响,魏京生也未释放。)

3月19日,政协七届二次大会开幕,第二天列席全国人大大会,听取李鹏总理作工作报告。大会小会开始讨论。民盟马大猷副主席在大会上代表民盟小组发言,反对三峡工程立即上马,要求组织专家进一步提出论证。这个问题是这次两会大家最关注的问题,多数代表、委员提出意见,对这样巨大的水利工程要求政府慎重从事。会议中,四川省民盟负责人冯克熙同志到我们房间聊天,他谈到去年民盟的烟台会议上,他说了一些心里话,反而成为"众矢之的",直到民盟六大,精神上受到压抑。冯克熙是民盟的元老,1957年被划为右派,1982年后任重庆民盟主委、副市长、民盟中央常委,他是个讲真话的朋友,今天他仍有1957年之感。

今年政协会议,千家驹请假未来参加。后来据他自己说,大会召开前,民盟中央特派一位副主席到深圳,对千说如果这次在大会发言,须经民盟组织通过,因为他是民盟小组的成员。因此千借故请假,不来参加。今年千家驹没有到会,但我收到的大会发言稿中另有一位作了惊人的发言。他是香港的政协委员,香港《镜报》文化企业有限公司董事长徐四民。他发言的题目是:《人民要求民主,权利必须制约》。我因为这两天忙于湖北歌舞团赴美问题,未参加大会,不了解会上的情况。但看了发言稿,他开门见山,直截了当地讲政治体制问题。他认为政治不民主,国无宁日,民无宁日。他回顾40年前共产党依靠人民群众、仁人志士抛头颅洒热血取得了政权，到今天没有认真建立一套可以使国家长治久安的民主政治制度。自1957年“反右运动”开始，国家政治生活只有“集中”，没有“民主”，党外没有，党内也没有。权力没有制约，决策由少数人说了算，甚至是一个人说了算。如果有人说出一句反对的话，立即扣以“反党”“反革命”的帽子，遭受到家破人亡的命运……“我以亲身经历，深有体会。今天看到国事如麻，问题成堆，环顾周围，并不具备讲真话的环境……去年一年里发生不少惊心动魄的事件，如物价暴涨、钞票狂发、官倒私倒横行、社会风气败坏、犯罪率高升、治安告急等等，已不是什么小道消息了。这些都是对政府投了不信任票的一些实际行动……40年来反复动荡，运动不绝，不是老百姓说话太多，而是长官意志的‘一言堂’太多造成的恶果……我特别寄望于邓小平主席，他老人家今年已经八十有五高寿了，应该为国保重身体，国家事务可以不管或少管，唯一盼望他老人家，运用他崇高的威望和智慧，破除几千年遗留下来的封建流毒，为建立一套民主的政治制度，为国家的长治久安奠下基石……”最后他讲“我和中国共产党风风雨雨忧患与共40年，肝胆相照，说出一些真诚之言，祈求彻底改进，如有冒犯，幸祈鉴谅”。

正在政协大会的那两天，我接到国男电话通知说，文化部对外联络局扬言，他们加派的行政人员和翻译5人，要我们给他们办理护照签证事，如不能同湖北编钟歌舞团大队人马同时出发，歌舞团也不被批准启行。我听了感到问题严重。歌舞团70余人签证都已办好，已定3月29日乘飞机赴美，Rick在华盛顿已安排4月30日首场演出，并邀请美国总统到场观看，而且新闻发布会在好莱坞著名电影明星派克的大力支持下开得很成功。演出新闻已公布出去，如歌舞团不能如期赴美，一切计划均告失败。国男多方努力，文化部主管部门坚决不同意。最后我想到只有动用阎明复书记处的力量干预此事。我和阎明复联系，约在28日上午8:30在统战部会面。到时见了面，我大略介绍情况后，他即指示秘书王健民同志（我们很熟悉，经常打交道)按照我的要求办理。健民同志立即用红色专机给文化部打电话,找王蒙部长不在,找到副部长刘德有,几句话问题迎刃而解,大队人马明天准时出发。我们及时为文化部的五位同志办了签证,定了五张机票,两天后可以成行。一天里我们的任务胜利完成。从这次的亲身经历,我第一次借用了书记处“权”,才深知“权”的威力大矣哉!

9月中,北京医院老干部组织去承德避暑山庄旅游四天,我作为国男的家属报名参加。当天到达了承德,大家参观外八庙,这是康乾盛世建造的皇家园林,有山有水,風景确有特色。这里又是庙又是寺,每一处都有名堂,也有一段历史,我不写游记也不去记它。这些老同志们游性很高,晚饭后医院特别请来一位老师教大家标准舞。我和国男在50年代就经常参加舞会,这次学舞大家都夸我们跳得最好,并要我们表演示范。我和国男单独活动,到了避暑山庄蒙古包。我们在很少游客来往的湖畔,似身在世外桃源。我在北戴河的20天,脑子里几乎没有一天离开天安门,而到这里,远离尘世,一切皆空了。

10月上旬,政协组织委员们每年一次的视察,这次我们去天津。有些同志是第一次到天津的,所以先游览市容,参观新火车站和立交桥。这两天我们去过塘沽经济技术开发区,参观了两个新建的现代化工厂,参观了集装箱码头和天津电冰箱厂,生产可耐牌电冰箱,产品获得国际金奖牌。还参观了一所有现代化设备的重点中学,大家都很满意。但是我们看的都是成绩的一面,对来这里参观的人是报喜不报忧,使我们得不到全面的了解。

我和大家又去了一趟静海大邱庄,这是第三次了。每次来都有新发现,因为大邱庄在不断成长。书记禹作敏陪我们参观小学,人才中心,参观钢厂,到钢厂的总经理家做客,二层楼小洋房,楼上楼下十几间房,只住两人,布置得富丽堂皇。我们觉得这里生活超前消费,似乎有些过分,而禹作敏不以为然,使人感觉到总有一股暴发户的狂妄傲气，但他这些年确实做出了很大成绩。大家也无话可说。

我们还参观了天津微型汽车厂，该厂生产夏利牌和大发牌汽车，因为国家控制很严，下面运转不灵，开工不足，这是个国家的经济体制需要改革的问题。

参观期间，看了一场大型歌舞剧《唐宋风韵》。这是李瑞环市长支持下为国庆40周年献礼的节目。散场后我和舞蹈家资华筠同车，我想听听她的意见。她觉得为了献礼，太注意外表形式，场面大，有气派，但是令人有华而不实之感。

回到北京以后，连接力平、艾平来信并附有 Rick 的父母的邀请信。他们一致要我们在美国住一个时期，同时告诉我们艾平已经怀孕了。我和国男商量决定明年1月去美国。

秋冬之交，东欧社会主义国家也掀起了政治风波，罗马尼亚国内发生动乱，先是听说总统齐奥塞斯库下落不明，很快就听到新闻广播，总统和夫人被逮捕，并被人民处以极刑。周围其他社会主义国家也出现了大动荡大改组的局面。12月底，在中直礼堂我听了中联部副部长关于东欧的形势报告。形势仍在急骤的发展。我们这里缺乏透明度，不可能知道得更多。明年初到美国，我想要研究东欧的政治形势和发生剧变的根源。

12月下旬，党内又布置一次党员清查，每人要做思想汇报。大家讲讲当时的真实情况，作了自我检讨，也就过去了。

到了年终，回顾今年这一年，我主要的工作还是搞文史工作。春夏之交这场政治风波，我不能不面对现实，每天剪报、录像（从电视中），收集了各方面有关资料，这也都是明天的历史，我的本职文史工作。今年和文史委员会的同志完成了纪念民盟成立50周年画册初稿；看完了四川民盟送来的《张澜传》初稿；看沈谱编写的《沈钧儒年谱》初稿；我和文物出版社盛永华同志合作编辑《胡愈之画册》；受陕西省民盟委托，征集杨明轩同志史料；各党派成立编辑小组，民盟在叶笃义同志主持下编辑《事件与人物录》；救国会大事记初稿全部整理出来，送李庚、孙晓村同志审阅；协助胡序文收集胡愈之文稿，准备出版《胡愈之文集》；几年来在统战部于刚同志领导下编写民主党派史（解放后部分）写成初稿，交文史委员会准备编写民盟历史。此外我还参加政协文史委员会的一些会议，审阅各地有关民主党派史料来稿。这是我一年来文史工作的概况，主要还是依靠金若年副主任和同志们，他们在工作中比我出力更多。

今年千家驹到了美国，他身为民盟中央副主席，行前和民盟没有打个招呼，直到他在美国发表了一些关于"六四事件"批评共产党的文章才知道他的动向。大家怀疑他是因为"六四事件"不辞而别，仓促出走的，对他颇多议论。我和国男决定明年初去美国，12 月中旬我向组织上请了假，向统战部打了报告，统战部一局的几位领导同志特设宴为我们送行。临行前参加一次民盟的主席会议，大家要我在美国去看看千家驹，劝劝他尽快回国，希望他"不要走得太远了"。最后我去看楚图南同志，向楚老辞行，他也嘱咐我，做做千家驹的工作，要他洁身自爱，还是早点回来好。

1990年　74岁

北京解除戒严　和国男赴美国探亲　东欧社会主义国家发生剧变　在美国见到千家驹和谈家桢　赴苏联莫斯科和列宁格勒参观游览

1月12日，李鹏宣布从今天起北京解除戒严。第二天一早，我和国男登上了飞往美国的飞机。这纯属巧合。一路行程1.1万公里，飞了10多个小时，到达了美国西部洛杉矶。

力平在机场接我们，她介绍给我们同时接人的程季华先生，他是《中国电影发展史》的主编。还有一位大提琴家戴先生。和程先生谈起来，他的夫人就是国男在香港培侨中学的同学。

我们到了力平的新家，小瑜早就在大门口等候我们了。晚上艾平和Rick来，全家团聚了。

新家比较宽敞一些，地处郊区，环境非常幽静，这是朋友暂借给他们住的。力平、小瑜的生活已安定下来。力平读的是市立L. A. C. C学院，小瑜读的是州立C. S. U. N北岭大学，他们都是读的电影系。假日里小瑜在一家小学里开设的中文学校教在美国出生的不会讲中国话的中国儿童(人们称他们叫"ABC")。力平在假日里还是到朋友的律师事务所打工，也帮他们做些案件的调查工作。她们的生活基本上是有了保障。艾平已有身孕，产期大约在8月，他们借此要我们在美国多住一些日子。

这次我来美国，心里一直存着两件事，一件是千家驹的问题。要先了解了解他的情况，再去找他谈，劝劝他回去；二件是要了解东欧的局势，真相如何（国内了解得不多，透明度不够），为什么共产党国家落得如此悲惨的地步？

来了些日子，生活逐渐走上规律，学校的寒假结束了，常常搭力平小瑜的车子，先把我送到华人区的图书馆，然后她们去上课，下了课再来接我。图书馆里中文的书籍报刊很多，书籍里有不少大陆出版的，还有些是研究美国政治、经济、历史等方面的书。特别是有些新出版的报刊，完全可以满足我的要求。另外，力平和国男去超市买菜时，她们把我放在一家有熟人的、比较进步的书店里（利民书店）看书，她们买完菜再来接我。这里很多大陆出版的新书，我看到有于刚主编的《中国民主党派》一书，还有不少台湾、香港的杂志我买不起，但可以抄，有的书刊还可以借出来，有熟人就有很大方便。

我看到两本台湾出版的杂志《传记文学》。一本里有冯亦代纪念乔冠华的文章。另一本（1989 年 8 月号）上面有两篇千家驹的文章：一篇是《半个世纪历史的重演》注明是“千家驹十三年前旧作”。文章内容是 50 年前（1926 年）北洋军阀政府时代的“三一八惨案”，对比 50 年后（1976 年）纪念周总理的“四五惨案”。最后他加以说明是“1977 年 1 月 6 日周总理逝世一周年‘四人帮’揪出后三月写”。另一篇是《我在文革中的遭遇与自杀经过》，这一篇我在国内已经看过了。还有的是大陆名人的稿子，如新凤霞与溥仪的故事，柳无忌介绍“南国学会”，章含之写《我与父亲章士钊》等。千家驹的文章没有提到“六四”，但杂志的编者把他的文章和他到了美国联系到“六四”，就大作文章了。

我决定去看看千家驹，但我还是先去领事馆，从那里了解了解他的情况。小瑜陪我去领事馆，见到了总领事马毓贞同志，先聊聊东欧形势，他说目前还不断发展，阿尔巴尼亚、蒙古国也闹起来了，苏联、东欧问题概括一句话说，这些国家长期以来专制独裁、压制民主，人民失去了信仰，共产党失去了民心，所以就闹成了这种局面。我们谈到了千家驹，他说是比较了解千家驹的，说他写了一些文章，对“文革”他心里有些怨气，对党在处理“六四”问题上很有意见。现在他还是政协常委，政协开会通知都是从领事馆转给他。我们谈话间，看来他对千家驹到美国，以及写了的一些文章，似乎不大以为然。最后马毓贞谈到张瑜，在我面前大大夸奖她，说她与陈冲不同，华侨都寄希望于她能拍些为国争光的片子。在领事馆里我们还有些熟人，国男医院里同事的女儿、女婿，和民盟老中委吴鸿宾的儿子，和他们谈话的内容，最关心的是去年的“六四”。他们那种内心不安的心情是能理解的。

几天后，我和国男专程看望千家驹，他住在台湾人集中的高级住宅区，他住的房子是一所宽敞的小别墅，据说是陆铿借给他的。他和夫人赵甲素因语言、交通关系，很少外出，来客也不多，千家驹每天读书、写作，到处找他要写文章。千说，稿费从优，收入可以维持生活。

千家驹见到我最关心的是想知道民盟的朋友们对他的反应如何，是想推他还是想拉他。我转达了楚老、费老对他的致意，他非常高兴。他向我表明，他没有参加“六四”任何活动，他是接受美国一些学术团体邀请，在 7 月间到美国的。这里的报纸说我被点名批判，逃离大陆，真是无稽之谈。他说他到这里除了有些学校或学术团体请去作学术性报告他去参加外，他是一不接触“民运”分子(“六四”后逃出来的学生)；二不接受记者采访；三不去台湾，这一点是严格遵守的。谈到写文章事，他说“文章是要写的，知识分子还图什么？心里的话要说出来，写出来。说真话，国内就是很难说真话”。最后补了一句“我写文章也是为了生活”。

我听他谈话，觉得他对自己要求还是比较严格的，至于发了一些牢骚，写了一些国内有些人不喜欢的文章，他说，这里他所接触的大学生、华侨知识分子、领事馆里的一些青年们，大都还是赞成和同情他的。我带着几分规劝他的话说：“像前年(1988 年)你在政协大会上的发言，半个小时就有 30 多次鼓掌。现在大陆上的人有一种心理，凡是在国外，特别是在美国，你讲得再好，他总是觉得你有背景，不是美国就是台湾，所以大家抱有怀疑。还是回去讲，社会效果好得多。”他说“还不是有人说我‘哗众取宠’吗？”我说“哗了众取了宠，有30多次鼓掌有什么不好？反正现在谁也不敢再‘反右’，再搞‘文化大革命’了”。他夫人在旁插言说：“千老是想在适当的时候还是要回去的，在这里我们很谨慎，处处要留有后步。”我听了心里也就有底了。

站在千家驹住的别墅后凉台上，远望就可以看到台湾人投资修建的金碧辉煌的西来寺，寺里的主持人星云法师。千家驹说他和星云法师交往过，而且他已皈依佛门了。我听了感到惊异。如果说信，从他写的那篇“自杀经过”文章里，确是有些看破红尘的念头。说不信，从最近写的文章里，他还是留恋生活，关心朋友，心系国内的政治、经济、社会的发展。总之，我对看破红尘，皈依佛门，是抱着几分怀疑的态度。这次我们的一番谈话，我觉得眼前的千家驹还是过去的千家驹。

3月初，全国政协召开一年一度的大会，我已经请了假。3月10日我再次看望千家驹，并转送高天给他的信。他告诉我，领事馆已转来政协的通知，通知他回去参加政协常委会和全体大会，他已经回信说他因身体关系不去参加了。我们聊起来，他估计这次政协会将会和人大会一样，一定是完全和中央保持一致，不会听到什么不同的声音。他说他在《当代》杂志上写了一篇谈论经济规律的文章，实际上是对江泽民谈经济问题的质疑，他已了解到这次大会《工作报告》的基调。他准备看到《工作报告》发表后，还要写文章。现在他正在为《传记文学》写一篇回忆三位老朋友的长篇文章《回忆胡政之、胡适之、胡愈之》特别着重写的是胡愈之。

谈到目前台湾大选，他说国民党正副总统竞选，已经出现了一次混乱局面，中国人缺乏民主传统，一旦有了自由和权力，就可随心所欲，为所欲为，现在竞选闹得大打出手，制造暴乱。千家驹表示他绝不会去台湾。

千家驹认为国内政治和国外民运分子都是走向极端。国内政治不民主，没有人敢说真话。民运分子，口口声声反对共产党，想推翻共产党，成不了大气候。两者都是不可取的。他说国内，暂时不想回去，看看形势，总是要回去的。

7月底，谈家桢(民盟中央副主席)夫妇来洛杉矶探亲，我们约好去看千家驹。我们先到了千家，大家异国相会，倍感亲切。谈老身体大好，背也挺直一些。我们一面吃一面谈，谈美国生活，谈国内政局。谈老劝千还是回国，回国要比在国外所起的作用更大一些。千表示，看看情况，将来还是要回去的。

谈家桢夫妇(左一、左二)来洛杉矶和千家驹(左三)交谈。右起分别是王健的女儿王力平、夫人张国男和王健。

谈老还记得张瑜，1985年张瑜陪王万菊去上海，谈老设宴接待。谈老欢迎她参加民盟。这件事谈老还没有忘。问我，我如实告诉他，张瑜认为民盟成员都是中年大知识分子，她自己认为太年轻，而且当时正在准备出国深造，所以没有考虑入盟问题，现在她在这里北岭大学深造了。谈老说这些年轻出名的女明星他对张瑜的印象最好。最后大家合影尽欢而散。

这次我来美国，看到中文报纸和港台出版的杂志，连篇累牍地登载东欧共产党国家的混乱、瓦解、崩溃的报道和评论，有文字也有照片，读之令人触目惊心。特别是美国政界、新闻界对东欧是幸灾乐祸，推波助澜，惟恐天下不乱。当我见到中国朋友，特别是青年朋友时，谈到东欧问题时，他们更关心国内问题，常常把两个问题联系在一起，混为一谈。我开始研究东欧社会主义国家的问题。

去年12月2日，罗马尼亚总书记齐奥塞斯库在罗共中央总部大楼，召开群众大会，他发表演说，当场触怒了群众，立即举行示威抗议，齐的亲信的安全部队向群众开了枪，因而激怒了更多的群众，包括学生、工人、知识分子，于22日发生了激烈的战斗，到处是反对齐奥斯斯库和共产党的标语。国防部长拒绝接受命令，不肯向人民开枪，军队倒戈，和人民并肩作战，最后齐奥塞斯库宣布辞职。据说他试图逃往中国，没有成功，终于连同妻儿同时被捕，被人民处决。罗马尼亚经过了两天激烈的战斗，共产主义的灯光从此熄灭。

罗马尼亚书记齐奥塞斯库之所以如此悲惨的结局，不是偶然的。根据有关资料分析，齐氏执政了24年，学习斯大林模式的一党专政，独裁统治，破坏了党内的民主集中制，形成了“一言堂”。特别在他执政的后期，严重地脱离群众，独断专横。在用人方面任人唯亲，他的妻子、儿子、妹夫、儿媳……约有40余人安插在党、政、军等部门担任要职，罗马尼亚全国的党、政、经济、军事和其他方面的大权完全掌握在齐氏家族的手中。这种现象除了在历史上的封建王朝和法西斯帝国可以发生，在现在资本主义国家里是不可能发生的，却在社会主义阵营里发生了。

除了罗马尼亚的几个东欧社会主义国家，如东德、波兰、匈牙利、捷克、保加利亚等国家，他们的人民长期对共产党统治不满，人民起来反对，也发生一些斗争，国家没有动武力，没有发生流血事件，但是共产党严重地脱离群众，失去民心，共产党不得不退出，或是被赶出政治舞台，形成和平演变，共产党的红旗在整个东欧变色了。这种巨大的变化是有其现实原因，也有其历史的根源。

远在1956年苏联召开党的20次代表大会，赫鲁晓夫作了“秘密报告”，全盘否定了斯大林，这在苏联国内特别是东欧几个一直被苏联控制的社会主义国家引起巨大的震动。人民要求民主，反对专制独裁，妄图解脱苏联的控制，争取独立自由的要求逐渐提高。60年代，世界资本主义发达国家科学技术、经济发展日益增长，而苏联及东欧国家逐年呈现下降趋势，严重影响人民生活的提高，引起人民对党和政府的不满。1985年戈尔巴乔夫上台后，提出了所谓“新思维”，对党要进行彻底改革，主张苏共实行民主化，提出“民主的、人道的社会主义”改革方案。他提出了实行多党制，放弃党的领导地位，很快在全国和各联邦共和国出现了各种形式的党和民众组织，他们主张取消民主集中制，经济上实行市场经济。等等这些，变化之大，发展之快，造成国内政局的动荡不安，当然也直接影响了东欧社会主义每个国家。

民主德国和联邦德国（所谓东德、西德）长期以来在经济发展上相差悬殊，东西柏林筑了柏林墙，东柏林工人、市民因生活困难，纷纷逃往西德，被称为“难民潮”。去年11月政府当局在人民的压力下做出允许公民可旅居西德的决定，致使东柏林民众捣毁了柏林墙。党内经过激烈斗争，于12月德共召开了紧急大会，决议与斯大林主义决裂，选出反对派民主组织领袖为党主席。

匈牙利在苏共20大发动的非斯大林运动鼓舞下，一批不满共产党的知识分子和党员，成立了号称争取民族独立、民主自由、反对匈共专权的“裴多菲俱乐部”，受到了当局压制和苏联的干涉，因而引起了数十万人的示威游行，砸毁了斯大林铜像，践踏了红旗。一年前被撤职、被开除党籍的原总理纳吉出来主政，取消一党专政，成立多党制政府。纳吉执政13天，苏联出兵镇压，纳吉被逮捕，两年后绞刑处死。去年初，匈牙利人民党成立，成为合法的反对党，为以反革命处决的纳吉举行国葬，匈共发表文章表示抛弃一切形式的斯大林主义，实行全国自由大选。匈共解散，组建匈牙利社会党，通过党纲，与共产主义决裂。国民会议通过宪法修正案，实行多党制，从此走上社会党的道路。

波兰在1956年因经济困难，政治动荡，发生了“波兹南事件”。其后多次经济改革未能成功，经济发生危机引发了大规模工人罢工，

“团结工会”应运而生。8 年后，波兰组成了由“团结工会”成员（非共产党）领导的联合政府，去年 11 月波共召开中委会，决定放弃传统的马列主义，并计划在今年的党代表大会上成立社会党。

捷克于 1968 年“布拉格之春”掀起了民主改革浪潮，苏联立即出动了 50 万军队（其中包括波、匈、保、东德的华约部队），一天之内占领了捷克全境，“布拉格之春”被残酷镇压了。20 年来民主运动受到压制，地下组织、地下刊物纷纷出现。去年冬天出现了第二次“布拉格之春”50 万群众大游行，要求捷共领导下台，要求对话，要求政治改革，示威游行遭镇压，百余人被捕。11 月捷共中央总书记、主席团、书记处集体辞职，成立一个非共产党占多数的政府。捷共宣布解散军队、边防警察、内务部、司法部内的一切党组织（工厂、学校的党组织仍保留）。

保加利亚 30 年来不断地刮起经济改革、民主改革的烈风，去年下半年为尤甚，首都逾十万人举行抗议集会，要求“民主”和“透明度”。保共中央全会解职了 4 名政治局委员和 2 名候补委员，宣布将前任总书记日夫科夫开除出中央委员会，并被驱逐出境。保共领袖宣布取消宪法中共产党一党执政的条文。

南斯拉夫和阿尔巴尼亚两个社会主义国家情况和上面的几个国家虽然有所不同，但国内的矛盾，社会种种不安定因素是长期存在的。

南斯拉夫是改革的先行者。铁托抛弃了斯大林的经济体制，而没有动摇一党专政的政治体制。由于铁托死后，没有权威领导人物，造成党内分化。联邦制国家各共和国发展不平衡而造成分崩离析，民族之间的矛盾日益加深，加之经济衰退、物价飞涨、失业率升高，工人多次罢工，口号是“我们要面包”“罢免无能官僚”“打倒政府”等等。南斯拉夫的这座火山已经冒烟了。

中国称赞的“欧洲社会主义一盏明灯”的阿尔马尼亚，在经济困难的压力下做了一些改革，但是很不彻底，经济困难还是纾解不开。总书记霍查把党政成为终身制，加上民族矛盾重重，经济和民主的改革也成为全体人民最迫切的要求。

我在整理东欧剧变这些材料时,也是联系到我们国内的历次运动,特别是去年春夏之交发生的那场政治风波,给自己提出了一个问题:“中国会不会也像东欧一样发生剧变?”去年中国的那场政治风波,其规模之大,范围之广是东欧各国历次的人民抗议、示威大游行所不能比拟的。人民对政府的不满,提出一些口号要求,有些是和东欧国家相同的,但我在认真、严肃地思考这个问题后认识到,从本质上我们和东欧是不同的,我坚信我们不会走上东欧道路的。

我的理由是:(一)中国共产党是个几十年久经考验的党,是紧密联系群众,深得民心的党。我们是靠自己的力量推倒了三座大山,解放了自己,建立起中华人民共和国。人民从心里喊出“没有共产党就没有新中国”。(二)各民主党派在共产党和国民党的长期斗争中选择了共产党,认识了“只有共产党才能救中国”,和共产党亲密合作建立新中国。接受共产党的领导,在党的领导下多党合作,不可能实行多党制,更不可能成立反对党。各党派没有可能,也无实力和共产党“轮流坐庄”,更无可能取共产党而代之。(三)欧洲在巴黎公社失败后,出现了社会民主党、社会党、工党,他们标榜社会主义,实际上是修正了马列主义的一种现代化改革主义思潮。以资产阶级民主自由为口号,反对无产阶级革命与无产阶级专政。主张多党制,实行自由经济体制,这就是民主党、社会党的基本纲领。东欧社会主义国家,长期以来受到这种思想影响,根深蒂固。当他们解除苏联的控制后,再受到戈尔巴乔夫《改革与新思维》的影响,民主党社会党思潮很快地泛滥起来。去年下半年,东欧社会主义各国相继发生了剧变,是有其思想和历史根源的。民主党社会党思想在中国也存在过,但没有形成思潮,始终是处在被批判的地位,不能成为气候。中国没有像东欧国家那种和平演变的可能。(四)去年春夏之交发生了学生游行,学生的游行队伍中越来越壮大,包括了工人、市民、知识界、知名学者、教授、作家、新闻记者、文化界、宗教界、科技界、各民主党派、国家机关和中共中央各部门干部以及部分解放军、人民警察、人大代表、政协委员等等都走上了街头，或上书给中央。同时也受到了海外华侨华人和知名学者、演员和歌星的声援和支持。但各界一致要求对话，不要对抗，同意接受中国共产党的领导，这一点是我们和东欧各国的根本不同。

在整理东欧资料期间，力平、小瑜搬了新家，面积虽小一些，两层楼住着很舒服适用。特别是楼下的小客厅，明窗净几，外面有个小院，四季开着各色的玫瑰花。我每天早起，做操，然后在小客厅阅览书报。我重头学起，读了《共产党宣言》《马克思传略》，选读《资本论》部分章节、《列宁传》。还读了《美国经济史》和《华尔街大佬》等书。有时闲情逸致舞笔弄墨练习书法。这里环境十分幽静，但我脑子里总是忘不掉“六四风波”“东欧剧变”，更关心的是苏联的红旗还能插多久？为了这些，我和国男商量今年回国，绕道去苏联一游。早在去年谢弥东（父亲是中国人，老红军，母亲是北京医院的苏联专家，他们在 1936 年作为志愿军赴西班牙参加保卫马德里之战时相识结了婚。50 年代，父亲去世，谢弥东随母亲回莫斯科）就约我们去苏联。现在考虑是应该去一趟看看，以后可能机会难得了。

艾平和 Rick 结婚 4 年，她已加入了美国籍。我和国男因为他们的关系很快地拿到了绿卡。力平、小瑜即将毕业了，下一步就要考虑工作问题。好莱坞有人介绍小瑜去拍戏，但选角色试镜头时，她觉得中国人受歧视，所以对好莱坞不抱任何希望。她决心在亚洲有中国人的地方，去台湾或回国内拍戏。她虽然已经成名，报纸宣传她是电影界的“双料皇后”（同时得到百花奖和金鸡奖）但她没有因此而自

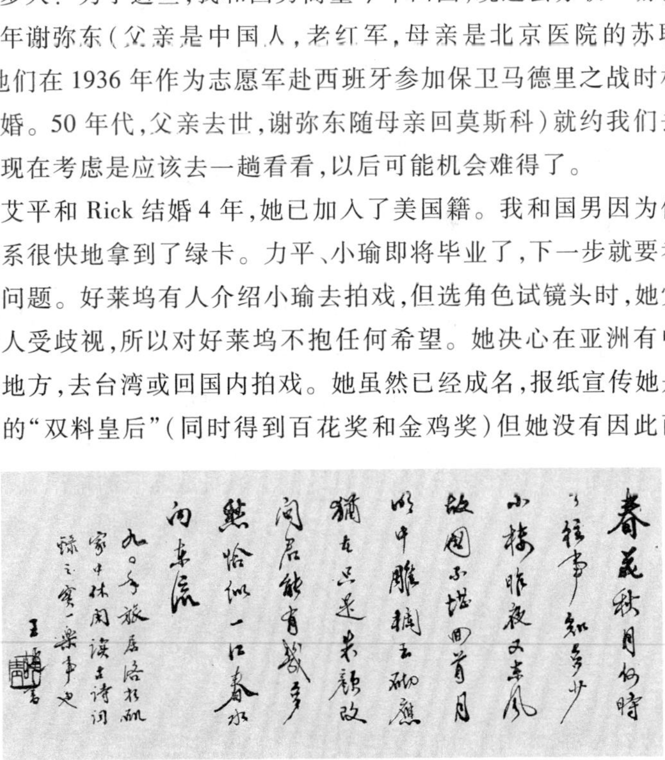

满。仍保持着朴实、单纯、不张扬、淡泊名利的美德。喜欢读书，来美国后每天写日记（先用中文，以后用英文），五年来坚持不懈。她为了拍戏事，找到了一位经纪人在台湾为她奔走为她宣传。她还在担心台湾能不能接受大陆演员，可是她到了台湾，台湾报纸、杂志上对她已大肆炒作了。据说她是大陆明星第一个闯进台湾的。进了台湾，很快和台湾电影界、电影电视台、新闻界联系上了。在台湾也掀起了一阵“张瑜热”，报纸宣传，杂志以张瑜作封面，看来台湾是接受而且欢迎大陆演员的。小瑜在台湾打好了基础，签订了拍戏的合同，准备明年初和力平（以小瑜的经纪人身份）再去台湾，正式开拍电视剧，再次走上影坛。

艾平、Rick 也搬了新居，宽敞明亮，环境幽静，房后院是一片绿草地。这一带纯粹是白人居住的地区。在这里，我和国男度过银婚40周年纪念。在这里，小 Baby 诞生了，正是 Rick 希望要的一个女孩。爷爷和奶奶（Dick 和 Ina）从 Lake Thaoe 赶来，家里顿时生气勃勃、喜气洋洋。

今年的国庆节，领事馆隆重举行庆祝活动，我们全家接到了请柬，是在好莱坞山上枫林小馆举行鸡尾酒会。马毓贞总领事夫妇忙着和来客打招呼，到会的 600 多人盛况空前。和领事馆的人聊天才知道，马毓贞已内定将出任驻英大使，这次是举行庆祝会也是告别宴会。最后我们和马毓贞夫妇一起合影以留纪念。

我们来美国已经 10 个月，给机关发了几封信，有的报告情况，有的是请假续假，现在写了一封，报告我们要去苏联，由苏联大约 12 月上旬直接回国。为了去苏联，我们尽量了解目前苏联的情况，以便做好必要的准备。目前的情况主要是人民生活困难，食物缺乏，像我们60 年代初期，天灾人祸闹饥荒一样，社会治安基本上还是好的。因此，我们就要多买些各种食品、罐头、方便面等，飞机票已订了 11 月7 日，从美国经大西洋先到南斯拉夫首都，也预定了从贝尔格莱德到莫斯科的飞机票。

我在离开洛杉矶之前，又去看了千家驹，向他辞行。谈了一阵，

王健（右二）、张国男（右三）1990 年在洛杉矶领事馆和总领事马毓贞夫妇合影

临别时，他要我向民盟中央各位领导、老朋友们问候，同时他把自己最近写的几篇文章，要我带给民盟的领导同志们以表其心志。他最后对我说：我还是要回去的。

11 月 7 日是 10 月革命节，苏联诞生 73 周年，也是我 74 岁的生日。这天坐上去苏联的飞机，我的心里百感交集，思绪万千。回想 1951 年，我去过苏联。当时苏联、社会主义阵营、共产主义运动正是蓬勃发展兴旺时期，我也是风华正茂年代。而今天，苏联衰老了，我也是进入古稀之年。人的生命是有限的，而历史是永恒的。资本主义国家天天幸灾乐祸的喊着，共产主义之光将会永远在地球上熄灭了。我坚信马列主义、共产主义将随着历史的发展而前进的。而为什么出现了东欧剧变，苏联告急这种局面？我反复思考，结合东欧一个一个国家的蜕变的教训，我初步得出了一个结论：统治者严重地背叛了马克思主义，实行独裁政治，压制民主，脱离广大群众，失去了民心，必将受到历史残酷的惩罚。我想了很多，不知不觉已到了第一站芝加哥，停留 1 小时继续飞行。入夜，飞机飞过了大西洋，到达贝尔格莱德。留宿一夜。第二天一早,我带着照相机走向市区街头,人来人往,看不出发生过巨变的迹象。我在街上没有目的地拍了几张照片,就是为了说明我来过南斯拉夫。东欧8国,我已去过匈、波、捷、东德,现在又增加了一国。回到宾馆乘大巴到飞机场,换了一架小飞机,飞行两个多小时,到达了莫斯科。远远就看见谢弥东在向我们招手了。我们的计划今晚就去列宁格勒,几天后再返莫斯科。

到了弥东家天色已晚,全家人:弥东的母亲卡佩娜(国男熟识的苏联专家大夫)、妻子达玛拉和女儿小尤娜,还有一位带着小胡子的中年人,是特别为我们来介绍列宁格勒的。全家热情地招待,我们吃了一顿丰盛的晚餐,餐后急忙整理行李,把带来吃的东西大部分留下来,弥东送我去车站上了车。车厢里冷冰冰乱哄哄,一个个大大小小的"走私包",同厢的人一看便知是"跑单帮"的。我们走进车厢,疲乏已极。一觉醒来,即将到达列宁格勒。待车停不久,就有一位中年胖女人走进车厢,这是我们已约定好的,她叫沙沙,帮我提行李,走出车站,指着前面说,走10分钟就到她们家了。她们住在一排普通市民的楼房里,前面有个广场,树立着一座普希金的铜像,称为普希金

张国男(左一)卡佩娜(左二)和弥东(右二)一家　　(王健摄)

广场。这里安静整洁，有秩序，讲文明，市民都彬彬有礼，不愧是历史名城。到了沙沙的家，见到她70岁的妈妈和两个正是花季年华的女儿。沙沙是搞服装设计的，书架上摆满了自制的、穿着各种民族服装的布人，本月18日准备去美国展销。妈妈在附近小邮局工作，虽已退休，但还需要她协助工作，两个女儿一个喜欢乐器、唱歌，一个喜欢集邮。我很高兴，在这里意外地遇到了集邮伙伴。

全家都是那么热情，对我们外来人特别亲切关怀，使我们确有宾至如归之感。我觉得，这里和美国不同，他们把客人当做家人，而在美国常常把家人视为客人。如 Rick 在她爸爸家就像个客人。

下午沙沙带我们游览市容。我们这代人青年时代，读过俄国小说，了解些苏联历史。新中国成立后，看苏联电影、听苏联音乐、唱苏联歌曲，对苏联产生了一种特殊的情感。

走了几条主要的大街，市面非常平静，多数人已穿上了冬装。行人熙熙攘攘，有些商店门口排着长队，秩序井然。我们走过涅瓦河，经过一个小岛，最终的目的是去参观阿芙乐尔巡洋舰。毛主席在《论人民民主专政》里讲："十月革命一声炮响，给我们送来了马克思列宁主义。"这声炮响就是从阿芙乐尔舰上发出的。它震撼了世界，改写了人类的历史。天晚了，不能上舰参观，我们站在岸上，带着激动崇敬的心情，向它行注目礼，许久，许久。

第二天和沙沙先参观博物馆，后到了普希金大剧院。大剧院的舞台设计师出来接待我们，他给我们介绍剧院的历史和内部各种建筑，里面金碧辉煌，可以和莫斯科大剧院相比美。我们从一层走到六层，还参观了沙皇坐过的包厢。我们出了剧院，门前是一片广场，过去非常严肃的广场，现在已摆满了各种摊子。有的是卖画的，有的当场给人画像的，也有的演奏吉他和各种乐器的，看来是个文化广场。但有些找游客换美金，这很像我们国内自由市场出现过的现象。我从沙沙那里得知，美金在苏联过去是不能流通的，现在到处是美金商店，这种店物价高，但什么都可买到。美金和卢布（币制改革后为金卢布）比例，国家牌价是1美金:0.60金卢布，以后倒过来1.60:1美金。金卢布不断下跌，现在是6:1美金，黑市就更乱了。当前苏联的经济情况，从这里就可以略知一二了。吃饭时，我们一面吃一面聊天。我们听到了苏联人民目前的生活状况。沙沙告诉我们，本地人买商品都要身份证，外地人来本地住要登记户口（就是我们的临时户口），私人不能存有美金，给国外发信一定使用国家规定的信封等种种限制。最近手纸很缺，许多物品都要限量配给。机关干部工作怠惰，效率很低，上面官僚主义严重。这些情况我们听起来并不生疏，这种生活我们都经历过。苏联曾号称超级大国，走到了今天这种地步，确令人可悲。

第三天，沙沙带我们坐电车到彼得大帝住过的夏宫，今天不能参观，只能在周围树林绕行一周，然后到另一座宫里的博物馆参观。下午在家休息，大女儿演奏、唱歌，表演节目。小女儿拿出她的集邮本，老太太从邮局里带来邮票样本，任我们挑选。全家热情地陪着我们，国男和她们语言上交流，那种亲切之情实在令人感动万分。

在列宁格勒最后的一天，上午沙沙陪我们去参观庄严、雄伟的冬宫。走进冬宫大门，参观了一个一个大厅，厅厅悬挂着大幅油画，陈列历史文物和帝王塑像。我们还参观了宫里的珠宝馆，馆里陈列着帝王的日常用品、服装、首饰，以及家具、武器等等，无处不见黄金、珠宝、钻石，就连厕所里也不例外。帝王们过着穷奢极侈的生活，刮尽了民脂民膏。出了大厅，去存衣处取外衣时，存衣处的一位青年工作人员认出我们是中国人，突然对我们问了一句："你们的革命失败了，你们是反对政府的吗？"国男听懂他的话，立即反问他：你们的改革怎么样？他说，也失败了，目前我们的生活很困难，政府也没有办法。听起来他很悲观，感到前途茫茫。

下午我们去彼得大帝青铜像前照相，彼得大帝雄赳赳骑在一匹高大的骏马上，更显得威风凛凛。沙沙告诉我们，有人提议把列宁格勒改为旧名"圣彼得堡"，也有人坚持反对。这也说明了苏联的政局动荡不安。

丰富的晚餐，有说不完的话，感谢主人的深情厚谊，除七旬老人外,全家去车站送行,临行依依,不能不扬手告别。告别朋友们,告别列宁格勒。

王健在冬宫门前留影

车上过了一夜,回到了莫斯科。卡佩娜老人腾出自己一居室给我们住,她住到儿子弥东家。我们计划在莫斯科住半个月左右,11 月底回北京。在这里语言没有障碍,交通问题有地铁,三层通道,四通八达。国男来过多次,自己从来没上过街,这次来在弥东的夫人达玛拉的指引下坐地铁可以走遍全城。我们可以自由地独立生活了。

达玛拉常来看我们,每次来都带来一些吃的东西,而且都是商店里不易买到的食物,如蛋糕、香肠、鸡腿等,有的是配给的,有的是走后门弄来的。这种生活我们太熟悉了,当年我们还是“糖豆干部”“肉蛋干部”,某级以上的干部可以到政协文化餐厅吃一顿。现在苏联的生活倒退到我们 30 年前。经济上如此,而政治上的混乱要比我们严重得多。

沙沙和一位律师朋友特来看我们,沙沙是为去美国想去莫斯科美国大使馆办理出国签证的。我们用罐头招待他们。这位律师是共产党员,坐下来就大谈国事,她说苏联前途十分暗淡,加盟共和国都自己选举主席,中央戈尔巴乔夫已被架空了。各加盟共和国闹着要独立,将来可能成了很多国家。许多党员退了党,有些党组织已经不存在了。有的地方共产党属于非法的,未来的苏联将成什么样子,实不堪设想。临别时,我们把多余的 100 多块美金送给沙沙,她感激涕零。我们在苏联国家多灾多难的时候分别了，大家也都流了眼泪。

我们回到莫斯科了。弥东在莫斯科市议会里工作，他准备去北京、香港商谈购买冬天御寒服装事，我介绍他找政协和有关部门的熟人，愿助他一臂之力。连下了两天大雪，莫斯科的雪景最美丽。达玛拉陪我们坐地铁去参观克里姆林宫。克里姆林宫以及周围的建筑，40年前我们几乎都参观过了，现在又走了一遍，没有太大的改变。旅游者排着长队来参观，还有的老师带着一批学生，想必是来上历史课的。我急于想着在红场照相。40年前来时不能带照相机，这次来一定在红场上、在列宁墓前多照几张留作纪念。红场来来往往的游人很多，我们照了相，带着留恋的心情走来走去不肯离去。一位中年人走过来问我们是不是中国人？从什么地方来？我们告诉他是从北京来，他不由地唱起“莫斯科——北京”这个50年代最熟悉的歌子来，我们也随他哼着。他说他很爱中国很爱北京，可惜没有机会去看看，他十分羡慕我们能来莫斯科。我们对他说，不管莫斯科和北京离得多么远，中苏两国人民永远是亲密的友好的。

我和国男二人独立生活，这还是一生中的第一次。我在家里做

王健、张国男在红场留影

饭，她出去上街买菜。达玛拉教我做罗宋汤、烤鸡腿，加上带来的罐头，我们生活得很不错。这些日子，几乎每天出去，坐地铁去办临时户口，去蒙古大使馆办过境签证（我们决定乘火车回北京）。晚上看电视，力平、小瑜有电话来，她们已到了台湾，小瑜开始拍戏了。生活很充实，心情精神也很舒畅。我们听了非常高兴，也很放心。

参观列宁墓是有规定时间的，我们按规定的时间，再一次去了红场，列宁墓前已排着长队。我们排了半个多钟头，才走进了大门，这是我第三次来瞻仰列宁遗容。走进陵墓里，人们慢慢地移动前进，精神集中地注视着水晶棺，列宁还是那么安详地在这里长眠，身上覆盖着红旗。特别的柔和灯光，照耀着面色滋润，眼前就是伟大的导师列宁。大家屏着呼吸，以肃穆的眼光凝视着列宁。我已意识到这是我最后一次来向列宁告别了。

走出列宁墓，在红场绕了一圈，走到红场拐角的另一条街的墙上，建了一座教堂型的小木制的亭子，中间挂着一幅神像，不少行人，男人、女人、老年人、青年人，走在亭前，向神像祈祷膜拜，有人站了很久默默祷念。这个很简陋的小木亭在川流不息的虔诚教徒的心目中成了朝拜的圣地。列宁墓到小木亭相隔不到数百米，半个多小时内我看到了完全不同精神信仰的两个世界。

我和国男走出红场站在莫斯科大饭店门前，我40年前来过这里，当时是吴晗、沙千里住过的地方。对面一条大街就是高尔基大街，街口左边三四百米处就是我和沈老40年前两次来莫斯科住过的National Hotel，现在依旧在那里。高尔基大街还是那么多人来来往往，这是我最熟悉、来往最多的一条大街。特别是那座高尔基的高大的铜像，我多么想走过去再看看他，可惜踏着雪地，穿过马路，逛高尔基大街，腿脚不便，兴致已不如当年，只有望街兴叹了。苏联的朋友给我们介绍，在莫斯科近郊有一个新处女名人墓园，许多伟大的人物安葬在那里，与其说是墓园，不如说它是艺术博物馆，很值得一游。

我们去名人公墓的那天正是天阴，零下四度，几天来最寒冷的一天，我们踏雪出游。我们照路线图顺利地到达墓园。墓园游人稀少，

红坊拐角处一座小木亭成为了朝拜的圣地　（王健摄）

只有个别服务人员在打扫卫生。这是个幽静的林园，但有着比繁华城市更引人入胜的境地。躺在林园里的有上千位知名的苏联人，有伟大的科学家、文学家、艺术家、共产党历任的政治局委员、功勋彪炳的将军元帅，还有很多是在国家建设中的劳动模范和人民英雄。这里没有一点让人们阴森森的感觉，而看到的都是一座座各种姿态，栩栩如生的人物塑像，其雕刻与装饰也都是艺术与文学的结晶。我们在著名作家、诗人法捷耶夫、马雅可夫斯基、果戈理的塑像前停留一刻，因为读过他们的作品，对他们更加仰慕。国男发现了尤金大使的坐像和苏联文化部女部长福尔采娃浮雕像，50 年代国男和她们有过几次接触，所以感到亲切，国男特别在他们的塑像前摄影留念。

我们巡回穿行在墓碑丛中，一只纯白大理石的白天鹅，美丽的舞姿倒在大理石的乌兰诺娃陵墓上；科学家的塑像旁，他们的数理方程式刻在花岗石上；诗人在低头沉思；音乐家在伴着他的乐谱；将军的胸前挂满了勋章，使我们目不暇视，美不胜收。周围的墙上在一排排、一块块特制的方砖上，刻着英雄的名字，到处放着束束鲜花，是有亲人、朋友、游人们前来悼念。这里要比历史博物馆更丰富生动得多。

最后我们找到了赫鲁晓夫的墓碑。这是赫鲁晓夫的儿子请来的一位艺术家精心设计的。他设计了一座半边黑色半边白色的大理石组合成的框架赫鲁晓夫的头部雕像就放在中间。这是一座别开生面的作品。艺术家以黑白对比来比喻对赫鲁晓夫生前毁誉参半的历史评价。这是他儿子同意设计的。听说王明的墓也在这里，我们没看到，也不想专门去找了。

我们在莫斯科最后的一项日程是到列宁山参观莫斯科大学和去中国驻苏大使馆拜访参赞张震同志，想听听他谈苏联的当前形势。11月25日星期日，气温降至零下10度。我们把所有御寒的衣服都穿上，显得臃肿不堪。列宁山是国男熟悉的地方，中国新的大使馆在1959年建成，国男还去参加祝贺宴会。莫斯科大学离大使馆不远。我们到了列宁山，远远就看到一座高大、尖屋顶、雄伟庄严而现代化的建筑，那就是莫斯科大学。我们走到学校大门，朋友的女儿、莫斯科大学生杜晔就在门口等候我们，一起上了十几层楼到她的宿舍，每人小小的一间，有个沙发，晚上打开作床铺，还有一些简单的家具。坐下来谈谈学校情况，然后参观大楼，内部陈旧失修，有些地方因星期天不开放。然后我们按约定时间，到了大使馆，见到了张震同志。他又约了研究室主任潘占林同志一起来谈谈苏联当前政局情况。他们谈到苏联目前的混乱局面，戈尔巴乔夫的新思维着重政治改革，形成了多党林立，还有几十个党派申请成立。有些地区部门已失去共产党的控制。戈氏的新思维，上台几年，多数人表示拥护，而现在经济衰退，人民生活困难，加上多党互相争权，所以大失民心。苏联的前途和戈尔巴乔夫的政权，已到即将崩溃

赫鲁晓夫的墓碑　　（王健摄）

的边缘。但目前苏联还拥有足够的核弹头和美国相对抗,黄金贮备还可能延缓一些时日,但是爆发危机恐怕也只是时间的问题。我们谈了国事,又谈了苏联人民生活情况便告辞了。

在莫斯科的十几天里,虽在苏联困难时期,而我们的生活却是丰富多彩的。这是我们生平第一次在异国他乡,冰天雪地,自由自在,无忧无虑地一起生活。我们就把它作为今年40年银婚的蜜月旅行了。

我们回程的火车是27日晚12时开行。这天一早我们起来,把住房作了全部大扫除,下午接回来卡佩娜老人,达玛拉带着女儿尤娜也来了。我亲自做了两个中国菜,达玛拉作了真正的罗宋汤,我们把没吃完的罐头全部留给她们。我们一面吃,一面聊天,卡佩娜满腹牢骚向我们倾诉,她在西班牙保卫马德里战争中认识了谢维进,后结为夫妻。同回中国,先为新四军服务,全国解放后,调北京医院工作,已确认她为中共党员。1961年党准许她回国,从事医学科学院研究工作,后因“文化大革命”未能再回中国。在苏联不承认她在中国为党工作26年的工龄,不享有苏联应有的退休待遇,生活异常困难。1987年和儿子来中国为谢维进(中国老红军,曾任海军后勤部部长)骨灰安葬八宝山革命公墓举行仪式。经国男在北京医院协助下多方奔走,最后得到张爰萍、伍修权的帮助,卫生部批准给她一次性的离休金5000美元。当时她提起来对国男感激不已。

没有不散的宴席,我们不能不向老人家告别了,互相祝愿,互相叮咛,大家流着泪分手了。达玛拉把我们送上了火车,车开动了,慢慢地驶出车站。我向红场的方向望去,别了,莫斯科!

车厢里有两位上海光学仪器工厂的厂长和工程师,他们带团(9人,其他人住硬席卧铺)在西德学习回来。这两位都是高级知识分子,有共同语言,一路上是不会寂寞的。我在车里一路上看到了农村、小城镇、桦树林,贝加尔湖就走了4个小时,我几乎不停地站在窗前观望、拍照。车子停过基洛夫、秋明(油田出产地)、新西伯利亚、伊尔库茨克几个大站,我们下车散步,国男急忙跑到车站上特设的小亭子里去买邮票，本地的明信片，也带买些快餐食品。第四天到了苏蒙边境，停车，苏联海关检查，九车厢里搜查出几十公斤私运的羚羊角。检查后车继续开行，进入蒙古边境再停车。蒙古检查人员检查护照，我们是过境的就简单一些。车走在蒙古国，窗外几乎是一望无边的雪原，看到的是一群群的牛羊。车行一天半，就到了中蒙边境。经过边境时我看到一块石碑，上面刻着两个大字“国门”，大家兴奋起来，我们已踏上祖国的土地了。车在二连站停下了，全体旅客下车。车站附近有一所大楼，灯光通明，大家进了大楼，这里有海关，有军人、警察，还有医务检查站、银行、邮局、小卖部和俱乐部、电影院，大家可以自由行动了。国男在蒙古境内车身摇动，她为了保护我腰部受了伤，行动不便。朋友们驾着她下了车，看了外科医生，幸而没有骨折。我给机关打长途电话，告诉他们车次，到达时间，并希望车子能进站台上接我。同时告诉他们上海有九位同志想住我们的招待所一夜，第二天代买去上海的车票，要他们作好安排。大楼里热闹非凡，大家又吃又喝，玩玩乐乐，像已经回到家里一样。这时列车正在换宽轨、换车头和餐车。两个多小时后，我们重回车上，高枕无忧地睡了。第二天(12 月 4 日)晚 7 时到达北京。站上见到俞泽猷、金若年、毕树林还有两位同志，更出乎意外的是，机关的大面包也开来了，为的是接上海的九位同志。老毕说，招待所以及明天的车票都安排好了，上海九位同志惊喜若狂，对民盟的周到热情服务赞扬不已。我和国男在回家的路上计算着，今年年初从北京坐飞机向东方在空中飞行，年底又从西方坐火车在陆上重返北京，整整绕了地球一圈。但走来走去，还是我们中国好，自己家里好。

回到北京，立即紧张起来，电话频繁，家里和机关一年来积存的信件，有的需要及时处理的。其中已发现了早到的贺年片，提醒了我，也要开始做好准备，国内国外几十封，都是每年一度不可废除的节日祝贺。另外一件重要的政治任务，我必须在今年内完成党员重新登记的补课。我花了几天时间，认真地写了个人总结报告，交给了支部。定期召开了支部大会，先是我讲讲东欧剧变的前因后果和苏联现状,我总结经验教训,我对我们中国共产党、有中国特色的社会主义还是有信心的。最后支部书记敬季超同志宣读支委会的决议,通过我党员重新登记的总结报告。这是第三次我重新又作了共产党员。

我和国男去看望楚图南同志,楚老已92岁高龄,身体健康,头脑清晰,我转达了千家驹对他的问候,并告诉他千准备在适当的时候定要回来的。楚老感到欣慰。

我和张毕来同志去香山附近的解放军医院探望高天同志,慰问健康、医疗情况后,向他报告千家驹在美国的情况,并带给他千写的几篇文章,和对大家的问候。我说,从他几篇公开发表的文章看,言词虽然有些尖刻,但还是爱护、关心社会主义国家兴衰的。不像有的人说他“走得太远了”,也不像自己说的“看破红尘,皈依佛门”。他问我是不是他向谈家桢同志表示,他还是要回来的?我们交谈中,听起来高天对千还是有几分不相信、不放心的。

12月30日,民盟机关举行全体工作人员辞旧迎新座谈会。钱伟长副主席出席并讲了话,有些同志也讲了话,会上点名要我讲话。我除了讲一些祝贺新年的吉利话外,简单地讲了一些千家驹在美国的情况,这是民盟在我临行前交给我的任务。首先我转达千家驹对民盟领导同志们的问候,接着我谈他在美国除了写文章,应邀讲学外,很少外出活动。千表示过,一不和民运分子来往;二不接见记者;三不去台湾。他曾对我和谈家桢同志表示过,他准备在适当的时候会回来的。我说他给我的印象,基本上还是1988年在政协大会上发言的那种态度,可以说,千家驹还是千家驹。接着有些同志讲话,不再谈论千家驹,也不追问他什么,似乎有所忌讳,避而不谈。不少同志讲话中都对明年新的一年经济改革、政治体制改革寄予厚望。

1991年 75岁

民盟中央讨论千家驹问题　民盟举行成立50周年纪念大会　天津法商学院举行校友会老干部座谈会　国友猝死在北戴河　苏联发生“八一九”政变　国内洪水成灾　张瑜力平从台湾来北京，张瑜参加赈灾义演　和国男去美国过圣诞节　苏联红旗降落

新年过后，党支部开会传达讨论党的十三届七中全会重要文件《中共中央关于制定国民经济和社会发展十年规划和“八五”计划的建议》。民盟召开六届三中全会，进驻香山饭店。冯亦代同志夫人安娜于1月初不幸去世，亦代同志忍痛来参加会议，我们同室相伴，我能了解其内心的悲痛，但无法为其分忧，而他有一种精神力量支撑着，一定要完成和安娜共同翻译的一本世界名著。

民盟小组会上讨论《建议》，大家看到未来十年发展蓝图，深受鼓舞，一致拥护。会上议论最多的，还是知识分子本身的问题和目前国内经济问题，以及最近美国发动的海湾战争问题。最后大会作了关于人事任免的决定，通过七次代表大会提前召开的决定。

3月中旬，民盟中央召开主席会议，讨论千家驹的问题，决定撤销其政协委员职务。一个星期后，召开中常会，决定撤销千家驹民盟中央副主席、常务委员职务（仍保留中央委员）。对盟员范增，因他在“六四”后去了巴黎，在巴黎发表了一篇“出国声明”，对政府处理学生运动不满。而且到法国后，又去了美国、中国台湾。他在国外行动，深为国内外华人所不满，会议决定开除其盟籍。3月下旬，政协、人大先后召开大会。我和冯亦代同志进驻二十一世纪饭店。我和亦代坐在电视机前聆听政府工作报告。晚上，民盟党小组开会，传达江泽民、李鹏讲话，要求大家发扬民主，畅所欲言。而在小组会上，大家发言谨小慎微，拥护的意见多，不同的意见少，谈本身业务多，谈国内政治少，空气沉闷，列席的记者也不感兴趣，中途退场。有些同志在会外议论，当前知识分子心有余悸，加上东欧剧变，苏联的政局不稳，大气候阴沉，国内也是多云天气，尽管总书记、总理给大家鼓气，也不易吹散人们心中的云雾，难以出现期盼多年的“生动活泼的政治局面”。

是年为民盟成立50周年，三四月间，民盟中央、中国革命博物馆、文物出版社共同举办了“中国民主同盟50年历史文献暨盟员著作展览”，在政协礼堂隆重举行民盟成立50周年纪念大会。出版了《中国民主同盟简史》（解放前部分修订本）、《中国民主同盟50年》（挂图）和《中国民主同盟历史文献》（1949—1988）。还有一本《中国民主同盟50年》大型画册，我和文史委员会同志们经过多年收集、整理、编辑、一改再改，早已编辑成册，送请领导审阅定稿，但因某种原因至今未能出版。50周年纪念之日，不能和大家见面，这是我在任期间的一大憾事。

今年五六月是敏感的月份，社会治安，加紧布防。这些日子里，小道消息各种流言满天飞，弄得人心惶惶。6月4日那天，市面上平平静静，报上发表了政府任命芮杏文、胡启立、阎明复（三人在“六四”后受了处分）为政府副部长职务。显得一片和平的政治气氛。

6月底，天津法商学院母校校友会拟在纪念党成立70周年的日子里，举办校友会老干部座谈会。杨思慎同志特从天津赶来约请校友会的会长、副会长、老同志到天津去参加。我们一起去看了会长庄林同志，他已神志不清卧床不起。再看副会长刘瑞方同志，他肺部癌症正在治疗中。还分别看望了朱光同志和张友渔老师，他们都已年过九旬，行动不便，惟有彭友今同志和我可以参加。我们到达天津政法管理干部学院（即法商学院母校），这时天津中共市委谭绍文书记、市长聂壁初同志已先到达了。稍休息片刻即举行李大钊纪念室揭幕仪式，聂市长讲了话，卢受采校友代读了张友渔老师的讲话，然后参观李大钊纪念室。中午市委在干部俱乐部宴请我们北京来的校友，席间谭书记表示对树立李大钊雕塑像愿予以协助。我们希望母校在党的领导下，培养更多的政法方面的人才，为争取办成一所正规的政法大学而努力。

7月中旬，政协组织委员们暑期休假，我和国男报名去丹东。各党派委员报名者共21家。17日乘飞机一小时许到达丹东。这次我们参观了化工厂、机械厂、工艺美术厂、金笔厂，和88岁的李文宜大姐登上了凤凰山。我们所到之处都准备了笔墨，要求来客留言题字。我舞笔弄墨，来者不拒，从而和几位喜爱书法的同志结下了翰墨缘。26日晚11时，接北京长途电话，是菁华从家里打来的，告知小弟国友在北戴河休假期间，心脏病突发，抢救无效逝世。如晴天霹雳，悲痛万分。和国男通宵未能成眠，决定明日乘飞机返京。第二天又接菁华电话说，国友工作单位美国研究所决定，遗体在北戴河冷藏一个星期，候其家属回来后（当时他夫人陈丽君在美国，女儿在德国）再考虑后事，因而我们暂缓返京。我与民盟机关电话联系，决定将遗体运回北京，但据北京市规定外地遗体不能进入北京。民盟办公厅李大平、毕树林同志千方百计借来急救车到北戴河，将国友遗体作为急救病人深夜运回北京，暂存北京医院。我们于7月底回到北京。陈丽君也于8月2日返回。陈丽君主张丧事一切从简，最后在医院举行了一个少数人参加的告别仪式，社科院美国研究所撰写国友生平，对其在美国斯坦福大学进修回国后，曾发表多篇学术论文、研究报告，针对我国经济改革提出很多建设性的意见，给予高度的评价。国友生前性格耿直，聪慧过人，执著钻研，勤奋好学，敢于独立思考，针砭时弊，有其父威武不屈之遗风。16岁参加革命，从军旅生活到美国经济研究室主任，壮志未酬，不幸英年早逝，终年58岁。我们在四十五年里痛失父子两代亲人，何其惨哉！悲哉！

丧事料理完毕，国内又洪水泛滥成灾。每天注视电视，军民团结一致，上下一心，奋不顾身和洪水斗争，发动全国人民献衣捐款，举行各种义演赈济灾民。力平、小瑜有电话来说，她们准备回北京，小瑜参加义演。与此同时，苏联发生了“八一九”政变，电台广播“戈尔巴乔夫被解除总统职务，副总统替代总统，保守派上台”。两天后又广播戈尔巴乔夫又回到莫斯科，以总统身份发号施令，代理总统已潜逃。这是一场未遂的政变。其后陆续有新闻广播，苏联共产党被宣布解散，苏共成为非法组织，各地逮捕苏共领导人。列宁格勒已改为彼得堡，恢复沙皇时代的名称。有人提议把列宁墓搬出红场，也有人反对。苏联解散共青团，还想封闭列宁博物馆。搬迁列宁墓事，公民起来保卫列宁等等。8 月 27 日，民盟召开主席会议，费孝通、高天传达中共中央关于苏联目前局势的讲话，认为这次政变已定为反党反社会主义的性质，背景被确认是美国中央情报所策划。叶利钦已全面暴露出他的反革命的嘴脸。党支部多次召开了支部大会，讨论苏联的政变问题，大家对苏联政变的真实情况还不清楚。表态都是和中央的报告保持一致。对如何从苏共的政变吸取教训，有的同志认为要加强党员的思想教育，也有的同志认为尤为重要的是首先要加强党中央本身的思想建设、组织建设。大家一致认为，建立一个团结的、民主的、廉洁的、密切联系群众的党中央，任凭有多大的风浪，国外反华势力多么恶毒的阴谋，都能顶得住的。像我们和洪水战斗一样，全国上下团结一致，终会取得胜利的。

8 月 24 日力平、小瑜从台湾回到北京。小瑜连续两天登台参加赈灾义演，同台的有她国内影视界的老朋友，以及港台专程参加的著名演员。小瑜当场捐款两万元。演出后，接受记者采访，深得舆论界的好评。

力平、张瑜在台湾，逐渐打开了局面，小瑜演出得到了金马奖，并在颁奖大会上见到了“行政院长”郝柏村，郝对小瑜来台湾表示欢迎，并合影留念。9 月间她们再返台湾。在台湾除拍戏外，还参加一些社会活动，结识一些工商界和一些上层人士。回去不久，就有人找她们想到广西柳州作柳州木棺材的生意。今年，艾平、Rick 再次邀请湖北编钟歌舞团赴美巡回演出，这次演出是成功的，但该团争取去台湾演出，终未能成行。

今年台湾废除了“戡乱条例”，两岸关系逐渐和缓，互相往来，探亲旅游也日渐增多。力平、小瑜介绍台湾从事建筑方面的企业家刘熊伦夫妇到北京，盟中央曾在东交民巷幽静的紫禁宾馆宴请刘熊伦夫妇。我和冯之浚副主席和夫人、俞泽猷、魏东周等同志出席接待。席间，商谈大陆修建公路、桥梁等业务问题。这次的会见是今后合作的良好的开端。刘夫人喜字画，她参观荣宝斋后，想在台湾开设荣宝斋分店。我和国男请他们在全聚德吃了烤鸭，他们很感兴趣，又有在台湾开设烤鸭店的想法。他们第一次来大陆，认为此行不虚，发现和大陆可以合作的项目很多，表示今后常来常往，不失良机。下半年，力平、小瑜又介绍一位台湾的郭大姐来北京，她祖籍山东青岛，她回来想投资并购置房产。冯之浚副主席接见了她，并介绍山东党政方面负责人，使他在山东大有发展的机会。我们想借孩子们在国外和台湾各方面的关系，利用当前大好时机，尽可能地做些三胞工作，争取台湾早日回归祖国，完成两岸统一大业，这是我们和全国人民的共同心愿。

艾平、Rick 代表他们父母邀请我们去美国过圣诞节，同时今年国男和她们父母都是花甲之年，想一起庆祝六十大寿。我们接受了邀请，她们预定了 10 月底的飞机票。我向高天和敬季超两同志请了假去美国三个月，得到他们的同意（高天是盟中央常务副主席，敬是党支部书记）。同时我提出下届政协我已超过年龄，肯定不再提名，民盟中央明年召开七大我也希望不再提名。而且我决定在七大前申请办理正式离休手续。他们不作正面答复，反而谈了一些个人内心苦闷，特别是对当前统战工作的困难，以及“六四”以后民盟在社会上的地位日趋低落等等，我听了引起了我对他们的同情。出国前两天，我去北大医院看望张毕来同志，大夫说他是气喘病，但查不出原因，他精神尚好，我告诉他我日内去美国特来向他告别，希望他早日康复，回来再读他的红学研究专论。没有料到，这次分别，竟成永别了。

10月31日，我们登上飞机。到达洛杉矶后，艾平接我们回家，首先非常高兴地看到14个月的活泼可爱已经满地跑的能说话的小Becca。

这次我来美国，带来公朴先生的两本日记（狱中和延安边区的日记）我准备整理出来并加注释。另一任务是收集苏联"八一九"政变前前后后的有关资料，从这里可以研究，为什么苏联共产党走到这种地步？红旗还能插多久？

来洛杉矶后，很少出门，在家翻阅报纸杂志，收集有关文章资料。抽空去看看朋友。我去看了千家驹夫妇。千家驹一开头就说，政协、民盟撤销我政协常委、民盟的副主席是我意料中的。接着谈到当前国内、国际形势。他拿出两天前（10月22日）在《明报》发表的《一封给陈云、薄一波的公开信》，题目是《唯有和平演变能救中国》，我一看"和平演变"四个字就有些刺目。我对千说，"和平演变"在国内是最忌讳的，最可怕的字眼，这封公开信，肯定不会在国内公开。千说，在国内一说"和平演变"就谈虎色变，其实有什么可怕，改革开放就是和平演变，两者是一回事，不是两回事。例如：我国开办了经济特区，吸收外资，成立了数以百计的"三资企业"，学习西方的先进技术，科学管理，以促进我国经济的发展，这样的和平演变有什么不好。接着他又谈到"新的资本主义"问题，他认为现在的资本主义已不是《资本论》里所说的资本主义初级阶段，也不是列宁时代所讲的垄断资本主义，更不是斯大林所说是两个世界平行市场的资本主义，而是一个新型的，含有些社会主义因素的资本主义。他举些事实说明这个问题。信的最后一段，千希望这两位党国元老大力支持改革，做改革派的后盾，而不要拖改革派的后腿。

我听了他的讲话，又细读了这封信，我对"和平演变"有了新的认识。对"资本主义"，比我的认识更新更深了一步。我看了这封信主要内容，是积极拥护邓小平同志改革开放的态度。我自信，我的评价没有错，"千家驹还是千家驹"。但他已被政协驱逐出来，民盟把他赶出了领导层，但还没有完全断了组织关系。

我们还谈到许家屯，去年我在报纸上就看到有关他已来洛杉矶的报导。千家驹告诉我，许家屯的命运比他更坏，罢免了人大代表、人大常委会委员，而且开除了共产党党籍，撤销了党内顾问委员会职务，实际上是断绝了他归国之路。他说民盟还没有开除他的盟籍，他还是想适当的时候是要回去的。

到美国我还是喜欢逛书店，去图书馆。翻阅过去的报纸刊物，看到些国内看不到的出版物。我看到一份一向是反共的报纸，登了一条千家驹的报导，标题上写着“大陆政协常委千家驹严词直谏中共时政”，其中有一段是：“千家驹直陈当前中央有法不依、有令不行、有禁不止现象相当普遍，而干部清廉问题，更是导致中共政权急剧下降的关键。他把大陆民众积怨已深的问题归纳为三：社会风气日趋腐败；官僚主义、贪污行贿日益蔓延；倒卖之风，屡禁不绝。千家驹指出，目前大陆有待解决的困难很多，若从长远战略角度分析，莫过于教育问题。他大声疾呼：把智力投资放在第一位，大力发展教育事业，是刻不容缓的头等大事。”我读了这段新闻，我认为该报编者，目的是想借千家驹之口揭露共产党，反对共产党，但也恰恰以此证明了千家驹身在异乡，远离大陆，而心系祖国，他没有宣传反党反社会主义的言论。

我看到大量材料说斯大林是个暴君，在他统治时代是一党专政，专制独裁，大清洗、肃反扩大化，杀人如麻；政治迫害及流放，遍布全国的劳改营；告密制度，群众闻风丧胆，敢怒而不敢言。到了80年代，戈尔巴乔夫上台后提出改造国家改造党的“改革与新思维”，他看到党内存在种种弊病，各级党违法乱纪，滥用权力，压制民主，他主张党应该民主化，提出民主的、人道的社会主义，受到人民的拥护及西方国家的赞扬。戈尔巴乔夫提出多党制，取消民主集中制，实行市场经济，很快全国各种政治背景的，合法的不合法的政党、政治组织纷纷出现。政治上互相争夺权力，闹得政治一片混乱。在经济上，市场经济来得太急，使生产下降，物价上涨，失业人口增加，形势每况愈下，人民群众怨声载道。8月间，苏联9名政府要员，包括副总统、内务部长、国防部长、克格勃头目，宣布成立国家紧急状态委员会。在8月19日那天晚上，趁着戈尔巴乔夫全家在黑海休假时，他们宣布总统因健康关系不能视事而接管政权。本来想逮捕两月前公开声明反共反社会主义，而又被选为俄罗斯联邦总统的叶利钦。叶利钦闻讯后，带领他的人马闯进了议会大厦，他可以自由地和外界电话联系，甚至可以和西方国家通话争取援助。国家紧急状态委员会失去了周围军队、工人、群众的支持，叶利钦抓住时机，站在议会大厦门前的坦克上，激昂慷慨地发表演说，号召工人罢工、市民罢市，保卫国家。

“八一九”政变之后，群众云集克格勃总部门前示威，同时出现了大规模反苏反共潮流。在几个广场上用大吊车推倒了捷尔任斯基(肃反委员会的头目)铜像。马克思半身铜像被涂上绿漆。斯维尔德洛夫的全身雕像也被砸掉。数万人在围观，甚至有人鼓掌叫好。莫斯科和列宁格勒的很多人明确表示支持叶利钦和民主派。俄罗斯当局查封了苏共中央大楼。8月24日，戈尔巴乔夫宣布辞去苏共总书记职务，并建议苏共解散，其后俄罗斯各地区党组织和苏联各加盟共和国的党组织都被解散，或停止活动，或改名为社会党。从此苏联共产党退出了历史舞台不复存在了。

美国已进入了冬季12月，美国的12月和中国阴历12月一样，节日的气氛一天天地浓厚起来。大小商店的橱窗已布置了五色缤纷的圣诞节礼物，特别显著的是商店门口圣诞老人笑脸迎接顾客，圣诞树点上了彩灯。我们为小Becca准备礼物，买了一棵圣诞树，在家里布置起来。这是她去年出生以来第二次过圣诞节，而我出生了75年这还是第一次。12月17日力平、小瑜从台湾胜利归来，小瑜的爸爸妈妈也先期从上海来到洛杉矶，我们大家团圆了，像是天天在过圣诞节。

Rick的爸爸妈妈住在Lake Tahoe，每年25日他们要各地的子女都到他们住处，全家团聚共度圣诞佳节。今年特别邀请了我和国男，除过圣诞节外还要庆祝三位同龄人(国男和Rick的爸爸、妈妈)的60周年大庆。21日Rick开车，我们全家出发了，3个小时到了旧金山，我们看了几位老朋友，住了一夜，第二天又走了3个小时到了

Lake Tahoe。Dick 和 Ina 非常高兴，忙着布置，第二代第三代大人和孩子们陆续来到。我和国男单独住在附近的一座房子里。白天我整理日记（已整理了 2.6 万多字），晚上看电视、和国男逛街散步。街上有些人家已在门前装上了彩灯，但今年经济衰退，圣诞节的气氛就暗淡的多了。

这些日子里，急骤变化的苏联，各地举行大罢工，罢工的口号不是为争得工人本身的利益，而是反对自己阶级的政党——共产党，这种残酷事实是令人难以理解的。25 日圣诞节，Dick 一家不信奉耶稣，没有任何宗教仪式。大人们在包装礼物，孩子们穿上节日服装，这是孩子们最快乐的一天。晚饭后，孩子们围在客厅里的圣诞树旁，坐在地毯上，五颜六色精美包装的礼物放在中间，每人打开自己的礼物，都发出了一阵阵惊喜。我也得到 Dick 和 Ina 的一件礼物，是一大本精装的集邮册，这是他们知道我集邮赠给我的，这正是我所需要的。

1991 年 12 月 25 日圣诞节，Dick 一家看着欢乐的孩子们过节。当天晚上苏联宣告解体。

正在满堂欢笑、兴高采烈的时候，到了电视新闻时间，我在另一间房里独自一人看电视，今天主要的新闻是转播苏联刚刚发生的一件震惊世界的大事，戈尔巴乔夫发表讲话，虽然我不能完全听懂英文的解说，但我已听出来这是他在克里姆林宫发表的最后一次讲话。几天前，几个独立国家召开首脑会议，宣告苏联解体，现在是戈尔巴乔夫辞去总统职务，向全国人民最后的一次讲话。讲话之后，克里姆林宫屋顶的红旗慢慢降下，三色的旗子升起。镜头里还有列宁像被推倒。叶利钦在讲话，我完全看懂了，从今天起，苏联共产党、苏维埃社会主义联邦共和国已彻底退出历史舞台了。我一个人呆呆地在想，一个横跨欧亚大陆、幅员辽阔、资源丰富，拥有1500多万共产党员的社会主义超级大国，就这样黯然退出历史舞台了吗？入夜我脑子里想得很多很多。我想到整整半个世纪前（1941年）德国法西斯大举进攻苏联，苏联全国、全党，上下团结一心，为保卫社会主义祖国浴血奋战。“共产党员，前进！”的口号，号召党员冲锋在前。在最艰苦的日子里，党和士兵、市民同甘共苦，“一切为了前线！”直到“乌拉”的口号响彻前线和后方。想到也是半个世纪前，日本帝国主义发动太平洋战争，日本进占九龙，就是今天——圣诞节之日，香港政府宣布投降，日军登陆香港，英国国旗降落，日本旗到处可见。整个香港处于恐怖状态。我想到，在我青年时代，读的那些苏联名著《青年近卫军》《士敏土》《钢铁是怎样炼成的》，受他们的启蒙而走向革命。还能记住保尔的遗言和马雅可夫斯基的诗句。我想到40年前（1951年）我第一次来到苏联，住在红场对面的饭店里，第一晚在窗外看到红场的红星，我独自一人跑到红场。几天后我们代表团第一次走进列宁墓，瞻仰列宁遗体的情景。联想到去年最后一次向列宁遗体告别，向红场告别时内心的感受。我突然想起明天就是毛主席的生日（12月26日），如果他老人家还活着，不知作何感想？

圣诞节过去了，我们在回洛杉矶前的告别宴会上，感谢Dick和Ina的热情招待，大家共同向三位同龄人祝贺六旬大寿。岁末回到了洛杉矶，力平、小瑜和她的爸爸、妈妈大家团聚在除夕之夜。拿出了美酒，举杯祝贺，祝贺新年快乐，祝贺老人们身体健康，祝贺力平、小瑜从台北胜利归来，并祝她们90年代再造辉煌。我们在异国他乡度过了一个难忘的悲喜交集的除夕之夜。

1992年　76岁

俄罗斯叶利钦上台　澳洲之行　邓小平南巡讲话　政协召开七届五次大会　再次赴美国探亲　民盟召开七大　千家驹回香港

新年元旦喜事多,国男香港培侨的老同学叶思园从澳大利亚墨尔本打来电话祝贺新年,并邀请我们去澳洲旅游。在孩子们的支持下,我们下了决心,接受了邀请。

刘熊伦先生和夫人去年来美国,夫人分娩,生了一男孩,全家视为至宝。满月之日,适逢新年,借元旦吉日,大摆宴席,招待至亲好友。我们全家也被邀请之列,席间欢声笑语,喜气洋洋,大家举杯频频祝酒。在座的除我们一家之外,都是在美国的台湾人。刘先生告诉我们,在台湾主要的矛盾不是国民党和共产党,而台湾的本地人和外省人,是2000万和200万人的矛盾。外省人宁愿共产党来,也不希望本地人搞台独。如果台湾独立,可能会杀外乡人。他们寄希望于大陆早日解放台湾。从此看来祖国统一,人心所向,只须待以时日而已。

我们计划是先到悉尼,住张光年女儿家,再去首都堪培拉,最后到墨尔本老同学家,从那里回到北京。我们的计划和悉尼方面以及叶思园通了电话,一切就这样约定了。

我翻阅了几天的报纸,了解戈尔巴乔夫解职后的俄国。新闻报导了,圣诞节那天,戈尔巴乔夫发表辞职讲话交出政权后,又签署一个命令,正式交出对原苏联370万部队的指挥权。继而把原苏联庞大的核武器库存移交给俄罗斯总统叶利钦。

叶利钦向联合国递交信函,俄罗斯正式接替了苏联在联合国的席次、权利与义务。

美国总统布什在电视演说中赞扬戈尔巴乔夫"是本世纪最重大一项发展的关键人物,他对一个集权式的独裁政体做了革命性的改变,而且将苏联的人民从桎梏中解救了出来"。

美国、欧洲共同体、加拿大、埃及、叙利亚、以色列、伊朗等国纷纷承认叶利钦领导的俄罗斯共和国以及原苏联加盟的其他共和国,宣布独立。

新华社报导,中共谴责戈尔巴乔夫说:"戈尔巴乔夫的'新思维、开放、和政治多元主义',带来的是政治混乱、种族冲突,经济危机。""一手造成他的国家分崩离析的混乱局面。""中共副外长田增佩及对外经济贸易部长李岚清,已于25日前往俄罗斯和其他苏联加盟共和国访问,目的显然是建立外交关系。"

1月下旬,我看到邓小平同志视察武汉、深圳等的讲话摘要。他说:改革开放迈不开步子,不敢闯,说来说去是怕资本主义的东西多了,走了资本主义道路。要害还是姓社姓资的问题。判断的标准,应该主要看是否有利于发展社会主义的生产力;是否有利于增强社会主义的综合国力;是否有利于提高人民的生活水平。邓小平还说:现在有"右"的东西影响我们,也有"左"的东西影响我们,但根深蒂固还是"左"的东西。中国要警惕"右",但主要是防止"左"。我读到这篇讲话,感觉比读了一本马克思主义经济学更能解决我国当前的经济问题,这就是发展了马克思主义。只有邓小平同志才有权、有胆、有识、敢讲、能讲这些话。这些话给那些小脚女人、胆小怕事、瞻前顾后、因循守旧的人,扶了一把,推了一下,打打气,壮壮胆,打开了改革开放的大门,指出了前进的方向,努力的目标。我相信它对我国经济上改革开放将起巨大的推动作用。同时,我也希望邓小平同志,在我国当前政治体制改革问题上,也能有胆有识的发展马克思主义,画出一幅人民真正能当家作主的政治体制蓝图。

千家驹打电话给我，他的护照到期，要我和领事馆联系，办理护照续期的事，我去参加领事馆举办的春节联欢会，见到了新的总领事王学贤同志，了解到一般人办理续期护照，到领事馆随时可办，而对千家驹则需要上报外交部。我把情况电话告诉千家驹时，他已意识到自己是受另眼看待的人了。

离开洛杉矶前几天，我去看了千家驹，一是想听听他对邓小平讲话的反映，二是向他辞行。一见面，他先问我看了邓的深圳视察讲话没有？同时他拿出最近写的文章，他说他非常拥护邓的讲话。他的文章不但表达了拥护，而且提了一些建设性的意见。接着他拿来一张报纸，上面登有民运分子写的文章，说千家驹"对共产党仍存在幻想""对共产党小骂大帮忙"。我看了确是好笑。千说，民运分子内部争权，互相倾轧，都想做头目。有些活动，也成不了气候，反而被人看不起。千表示："我不赞成民运那批人的主张，我要求民主，要求改革开放，我不反对共产党，我还是过去的我。"这一点我是相信他的，我在民盟机关里我就说过："千家驹还是千家驹。"

2月5日我和国男向家人告别，登上飞机。先到夏威夷，换了飞机继续飞行，飞向大洋洲到了悉尼，光年同志的女婿小龙开车来接，住在他们家里，一切为我们安排好了。晚餐时，安迪（光年的女儿）小龙和安东、玲玲（光年的小儿子、儿媳）下了班都来了。大家一面吃一面谈。他们关心的是国内和国际最近发生的一些大事。这些事他们一知半解，见到我们，追根问底。我谈了"六四"风波，谈了东欧剧变和苏联解体，谈谈情况，也谈了我的看法。这些对他们来说都觉得是新鲜的，听了非常高兴。我们决定明天去首都堪培拉一日游，回来再游悉尼。

第二天一早，安迪开车送我们到一家旅行社，参加首都一日游的旅行团。团里都是香港和台湾的中国人，我们大陆来的就颇受注目。车行四个多小时到了堪培拉。堪培拉是个新兴城市，这里的建筑业很多是现代化的，闻名的花园城市，洁净又宁静，国会大厦是全市的焦点，外观就像个艺术馆，展现了澳大利亚人民的文化和创意。大厦周围建筑,外景十分美观。我们参观造币厂、战争纪念馆,都是一掠而过。最使人注目的是使馆区。每个国家的使馆建筑都有其本国的风格,但美国不同。它说不上有什么本国风格,如果说能表现其风格的话就是"霸气"。美国大使馆整整占据一个小山头,远远看上去非常显著。最壮观而最具有特色的还是我们中国的大使馆。琉璃瓦大屋顶,古色古香,它代表了我们庄严的文明古国。我和国男在使馆门前照相,香港、台湾的游客也抢着在那里留影。有的要和我们一起合影,我非常高兴,一时兴之所致想到了四句话:"兄弟阋墙,同根炎黄,中华一统,再造辉煌。"这只是一个希望,但愿这个希望能在本世纪内得到实现。在回程的路上,大家有说有笑,特别是国男用广东话和他们交谈(我的广东话不过关)更增进了同胞间的友谊。回到悉尼,和小龙一家聊到深夜。

王健、张国男在澳大利亚首都堪培拉中国大使馆门前合影

第三天是星期假日,安迪、安东他们四人都不上班,约好先逛唐人街,繁荣的商业中心,这里虽是唐人街,西方友人也不少。小龙带我们到一家广东酒家,我们进了大厅,已高朋满座。小龙事前已约定好了桌位,国男还约了原北京医院的大夫刘义及夫人和儿子(都是中苏的混血儿),是想介绍他们认识,以后有个互相关照,而且医生

总是受欢迎的。大家做客异乡,一见如故,一面吃一面聊天。一边还有乐队给顾客助兴。安东突然发现乐队里打琴的是大陆歌星毛阿敏从前的男朋友(又是经纪人)。他告诉我们,就是他把毛阿敏的钱全部骗到手,私自跑出国了。立刻毛阿敏就成了大家议论的话题了。我是毛阿敏的崇拜者,喜欢她的歌声高亢,清脆婉转,节奏感强,而且人们称赞她台风正派。去年10月10日,北京纪念辛亥革命80周年大会上,我第一次见到杨尚昆讲话,也第一次见到毛阿敏登台演唱。她朴素大方,台风端庄,确实给人们印象良好。特别是去年在美国,图书馆里看到一本内蒙出版的《百柳》杂志上,长文介绍毛阿敏艺术生活。从一个上海女工,到巴黎大赛得到大奖,是一篇个人艰苦勤奋的成功史。我一直是很钦佩她。而在座的对她各种议论,褒贬不一,难以定论(据说后来毛阿敏到了香港完全变了,社会流言蜚语很多)。但80年代她的那几首歌,我是百听不厌的。

第四天,我们的计划是游览悉尼。旅行社给我们安排的是一辆小轿车,游客只是我们两个人,司机和向导是一对青年夫妇。上车后我们做了自我介绍。司机邓某,在香港学建筑学,来悉尼做了工程师,夫人是旅行社的,也是大学生,他们经常合作利用闲暇时间出来"打工"。他们说今天随我们愿意到哪玩就到哪玩,不受约束。我们很高兴,我们之间是朋友关系,而且有共同语言,这要比参加旅游团自由多了。夫人一路上介绍悉尼旅游景点,讲述当地的风土人情。我们先到了海滩观潮,远望悉尼歌剧院,像一对扬帆出海的海船,又像一颗颗张开的白贝壳,新颖奇特,雄伟壮丽,这就是闻名世界的建筑,悉尼以及澳大利亚的象征。我们从海滩登上了七八十级台阶,走进了歌剧院,我一面听向导解说,一面从各个角度照相,我到过不少名胜古迹,从不写游记,我的游记就是一本本的影集。我们参观了音乐厅、休息厅和酒吧,简单朴实大方,建筑风格确有独到之处。我们再去悉尼塔,登到最高层俯览全市,既有欧洲式的古老建筑,又有现代化的高楼大厦。夫人告诉我们,澳大利亚是古老的大地,年轻的国家,正式建国只有200年(1988年澳大利亚庆祝建国200周年)。这里还有中国公园——谊园,是80年代广州和悉尼结成的姊妹城市,由广州园林局负责设计、指导营造的。有楼台亭阁、小桥流水。我们来自中国,这种园林就不去了。我们登上游轮,沿海港顺流而下,从水上远望歌剧院和拱形大铁桥更加美丽。蔚蓝的天水一色,清新而宁静的大自然,游人心旷神怡,令人陶醉。我们上岸后,乘单轨电车,游览悉尼市区。所到之处,树木成林,街道洁净,行人行车,秩序井然。我们走进市中心繁华地带中国城唐人街,车水马龙,热闹非凡。中国式的餐馆酒楼到处皆是,普通话、广东话、福建话,时而可闻。西方人反而成了外国人。这里的环保工作大不如悉尼市区,而对我来说,闻到了乡土气,听到了乡音,看到了祖国的风情,倍加亲切之感。

青年夫妇把我们送到家,作为朋友接待他们,我们不好付给小费,便赠送中国景泰蓝的小礼物以表谢意。我们准备乘今晚的火车去墨尔本。和小龙、安迪等四人简单地吃了晚饭,他们送到车站,我们登上火车,招手告别。

我们坐的是双人车厢,小小的车厢里是应有尽有,一只长沙发,晚上打开当作双人床,临窗有小桌,床对面有小衣柜,另外一小间是个卫生间,关上门可以淋浴,下面拉出来是个大便缸,中间拉出来是个洗脸池,墙上有饮水设备,非常方便、别致。车上旅客不多,无人打搅,我们安安静静睡了一夜好觉。

转天一早醒来,凭窗远望,看到的是小丘、树林、村庄、草地和羊群,一片大自然景色。9点多到达墨尔本站,叶思园来接,回到家里,他夫人Rose早已在大客厅恭候了。这里是个僻静的住宅区,房子很大,孩子多房间多,给我准备的是最幽静的一间,后边一个小院子,可以晒太阳做体操。叶思园喜欢中国古董,墙上挂着中国字画,我们坐在客厅里,不像是做客在异乡。

第二天,电话里已约好了王碧蓉(民盟《群言》杂志的女同志)在城里中心车站见了面。王碧蓉带我们到公园、博物馆、战争纪念馆,我们走在林荫大道上聊天。她来这里有一年半,生活尚未安定下来,她准备去一位80多岁的老太太家里帮她料理家务。我劝她还回《群

王健(左一)、张国男(左二)在叶思园(右一)家中做客

言》工作,她说也曾有过这种想法。她打算今年夏天回北京再去美国伴读,实际上她已告诉我,在美国已有上大学的男朋友了。

我们到了中国城,在唐人街一家广东酒家午餐(同时国男事先已约了医院一位同志的儿子任星也来午餐),餐后我们四人去一家中国书店,大部分都是香港出版的书刊,不少是大陆禁止入境的。我把她们带到叶思园家,代他家约请了这两位中国青年人。

叶思园和夫人 Rose 今晚准备了 B. B. Q 大餐(主要是烧肉,自助餐方式),Rose 烤肉是拿手的,叶思园还作了各种小吃,包括中国的小吃。叶的孩子们都回来了,他还请了同事和侨领,特别是邀请了中国领事馆总领事和领事馆的全体人员。客人们称叶思园为“叶博士”,他在这里交流颇广,是个小有名气的人物。我们知道,他是个久居澳洲,热爱祖国,为祖国做出贡献的人,这里大家对他颇为尊敬。大家聚集在我住的房后小院子里,随便用餐,自由交谈。这对王碧蓉和任星来说还是生平第一次。

餐后,大家到客厅闲谈,叶思园向大家介绍国男是他的老同学,是李公朴的女儿。领事馆的同事们说他们是从小学课本里知道“李闻事件”的,他们要国男讲讲当年的那段历史,大家听得很入神。我和王碧蓉和任星回到房间,谈谈北京的情况,国内的政局。我发现国内国外的老百姓的看法基本上一致的。10 点钟朋友们都散了,临别时国男一再嘱咐任星,好好读书、注意人际关系,经常给爸爸妈妈写信。我把王碧蓉托付了叶思园和 Rose 希望他们多关心照顾她。

转天,一天阴雨,没有出门,国男帮 Rose 打扫卫生,我看叶思园赠送给我的一本《金瓶梅》(国内是删节本)。就这样消磨了一天。第二天,天气转晴,上午 Rose 开车带我们去 40 公里外的水库、草原。到处是牧人和羊群,还看到了澳洲的土著人的生活。下午叶思园下班回来,我们带着准备好的晚餐,去企鹅岛,海边风大犹如冬季(现在澳洲正是夏季,美国是冬季),我们都披上了棉大衣。海滨有看台,层层坐满了人,我们在海风里吃了一顿野餐。这时夜幕降,企鹅上了岸,成群结伙,大摇大摆地走在沙滩上,国男用 400 度的胶片挤在人群里给企鹅照相,一直跟着企鹅找到它们自己的家。据讲解员说,企鹅生活很有规律,准时出海,准时回家。群鹅回家也有一定的路线,观众围着它们,跟随它们,和平共处互不相扰。这里真正是个和平、自由、平等的世界。12 点我们才回到了家。

2 月 15 日,我们就结束了澳洲之行,一早到了飞机场和叶思园夫妇告别。飞机经广州,于晚 10 时许到达北京。回到家已深夜了。

回到北京,听到机关里一些令人心烦的事情:郭培德(文史委员会干部)住了医院,甘恢理(研究室干部)心脏病加剧,詹永泰自从 1986 年受到刺激离开民盟后,身体一直不好,现在对自己身体失去安全感。此外还有请病假的、出国的、下海从商的、家里搞副业的、甚至请事假而去东欧跑单帮的。在机关的同志不少人感到终日无所事事。而另一方面,民盟中央领导层费孝通、冯之浚等有关同志,这几年来仆仆风尘,不辞辛劳,深入各地调查研究,提出了关于建立黄河上游开发区的建议、振兴黄河三角洲进一步的建议、长江三角洲经济协作的设想、关于珲春出海口建设及图们江地区开发的建议等等。“志在富民”为经济发展做出了积极的贡献。民盟中央上层与下层之间如此不协调,这也是当前的一种畸形现象。

我去看过叶老和林老，都反映当前政治气氛低沉，特别谈到千家驹，说他的那封公开信和几篇经济论文在国内反应强烈。像他在1988年政协会上的讲话一样，多数人鼓掌，也有人准备批判。林老告诉我，主要是千提出的“和平演变”和对资本主义的看法问题。我回想1987年我从美国回来以后，在机关里和同志们谈旅美观感，我的题目就是“坚持社会主义，重新认识资本主义，发展马列主义”，第二年（1988年）我看到《求是》第5期杂志上登了一篇许家屯写的《重新认识资本主义，自觉建设社会主义》一文，我觉得比我讲得深刻得多，但不料中共中央领导层就有人组织了批判文章。现在又批判千家驹，看来这个问题是个禁区。但令人不解的是，既然经济改革可以吸取资本主义有利于我们的东西，为什么资本主义不能重新认识？到今天还是谈资色变。

3月18日政协七届第五次大会开幕，我和冯亦代进住21世纪饭店，这是我们最后参加的一次大会了（我们已超过年龄）。我和亦代说好，最后一次会我们要表现好一些，尽量不缺席。小组要发言，做到善始善终。下午大会开幕，李先念主席因病未到，由方毅主持，洪学智作了工作报告，不到一小时就散了会。晚上在大厅里，见到了许多老朋友，大家都意识到这是政协的最后一次聚会了（已到不能再提名的年龄），更感到亲切。

第一天，民盟小组会上首先抓住知识分子问题，还是多年没有解决的老问题，有的旧调重弹，大家认为问题非常重要不能不谈。讨论了半天我只插了一句话：“在官本位的社会里，知识分子没有应有的地位，问题是难以解决的，说了也白说。”

晚餐后，在大厅里见到了董竹君老人，过去见面点点头，今天我特别坐下来和她聊聊天。她满头银发，面色滋润，风采不减当年。每年开会她的提案最多，大到兴国大业，小到日常生活小事。我们从提案谈起，也谈到她写回忆录，最后联系到外公陈志潜（陈丽君的父亲）。他们都是成都人，过去有过来往。提到陈志潜的名字，老人记得很清楚，追问我他的近况，身体如何？我告诉她陈老也年将九旬，现住成都，前两年还去美国讲学、写书，董老听了非常高兴，并要我代她转达问候。

人大开幕，我们列席听李鹏作政府工作报告。第一次小组讨论时，召集人事先和大家打了招呼，说今天民盟是开放组（有港台记者参加），大家不要谈三峡问题，因为外面传说民盟是反对三峡工程的。也不要谈千家驹的问题，要注意内外有别。这个招呼实际上也是告诉大家，今年人大会上将要作出三峡工程上马的决定，就不要再议论了。这半天开放组讨论结束之后，我问《人民日报》的记者，民盟组讨论的情况如何，他老实地告诉我，讨论内容平淡、冷清，不像过去讨论那么热烈。第二天小组会不开放了。亦代同志抢先发言，针对召集人打的这个招呼提出意见，他认为，民盟从来没有从根本上反对过三峡工程，讨论的都是对这样大的工程要采取慎重态度，要从我们国家的经济实力，要从人民的子孙后代着想，作科学论证。如果民盟组向来关心三峡工程而今天反而避而不谈，倒使港台记者感到奇异。内外有别，开放组反而不能开放。至于千家驹问题，早已有了定论，谁也不再去谈他了。

民盟小组党的临时支部，抽出晚上时间开了一次会，高天传达江泽民总书记的口头讲话，内容是对当前共产主义运动提出几个令人应该深思的问题："为什么70多年的社会主义苏联灭亡了？""为什么社会主义生产力不如资本主义发展？""为什么资本主义垂而不死？""为什么有些马列主义观点不能解决当前的问题？"接着苏步青、李文宜、林亨元、冯素陶、刘开渠等都是八九十岁的老人发了言，肯定这些问题都非常重要，作为一个共产党员必须思考而且要作出答案的。大家认为总书记敢于提出这些问题，说明党内思想是进一步解放了。

听了总书记能提出这几个最敏感的问题，我很兴奋，认为中国共产党应该认真地思考，认真总结作出解答。如果把建国以来一些重大问题认真总结，接受教训，我想总书记提出的这些问题只要"解放思想，实事求是"是不难作出答案的。

民盟最后一次小组会上，亦代和我发了言，亦代揭露文艺界“左”的干扰，80年代大反资产阶级自由化而现在仍在继续，文艺界死气沉沉。我谈了邓小平同志南巡讲话里讲姓资姓社的问题，提出了三个“有利于”作为标准，这样确实能解决一些人的顾虑，解放了人们的思想。但今天仍有人谈资色变，可见在理论研究工作上和如何建设有中国特色的社会主义，如何重新认识资本主义，克服恐惧症，摆脱“左”的束缚，还是个长期而艰巨的任务。

大家对叶笃义同志历次发言很感兴趣。这次他就反官僚腐败问题发言，他引了几句孔子的话，针砭时弊，措辞用语深刻而风趣。人们说他“语不惊人死不休”。我认为他的惊人之语常常是以古喻今，言人之不敢言的实话，在今天是难能可贵的。

6月19日中央统战部向党内司级以上干部传达中央4号文件。20日中南海约请各民主党派主席、副主席通报中央4号文件，因系绝密文件只作口头传达。

半个月后，党支部向全体党员传达中央四号文件精神，大家体会经济改革，政策进一步放宽，干部可以从事经济、贸易、商业工作。民盟中央机关也召集了各地来社会主义学院学习的盟员举行座谈，主要的议题是如何为经济中心服务问题。有的同志说，所谓为经济中心服务，不外从事经济开发、技术协作、经营管理等，目的就是多挣钱。海南岛来的同志反映，有其他省的四位省级干部改行到了海南岛开公司办企业，都发了大财，而中央拨发海南岛的经费不过3亿，经济收益不如江苏的一个县，不如离职省长的一家公司，省长的公司成了高级的个体户。现在是变革时代，五花八门，无奇不有，牛鬼蛇神，也兴风作浪，按着邓小平讲的三个“有利于”，究竟是姓“资”姓“社”也弄不清楚，有人解释说，“大公小私”是姓“社”，“小公大私”就姓“资”。会上各地同志结合地方情况热烈谈论个人心得体会。高天作了总结讲话，谈到民盟六大以来，坚持“一个中心，两个基本点”的基本路线，以经济建设为中心，面向社会，为“四化”建设服务，做出了可喜的成绩，特别是费孝通主席功不可没。最后他的一句话结束语是:民盟以经济工作为中心就是最大的政治。

这个时期,中俄边境的几个城市,以及东欧的几个国家,通商往来大大活跃起来。股票、证券市场在中国也日益火热,人们称呼"倒爷""股民"们的其中一部分人先富起来,中国的经济已呈现出了繁荣景象。

经济形势大好,随之而来的拜金主义也成为人们的信条。社会不正之风也日甚一日。菁华的弟弟从深圳来,他谈到深圳特区大有发展前途,他调到深圳几个月,公司赚了42万元,但省里来的领导,吃、住、玩、拿,几个月就花掉了17万。在深圳经商不大吃大喝难以办事。弄钱之道五花八门,偷税漏税各显其能。一部分人是先富起来,何尝会想到社会之安定,国家之富强。另一方面,经济腾飞,政治改革一直飞不起来,"左"倾思潮一直阴魂不散。

国男参加母校纪念活动从昆明归来,见到许多老朋友、老同学。云南的经济正在发展中,老朋友们都能安贫乐业,无所奢求,但心情并不舒畅,特别是一些党内同志,心里总还有些化解不开的疙瘩。1947年昆明"七一五"国民党大逮捕,将近100人关进监狱,受尽折磨。有些同志参加滇南边纵游击队,直到全国解放。新中国成立后,曾被批为"地方主义"。"文化大革命"到来,一部分同志又打成"叛徒集团"。这些问题今天虽都已过去,但心理上的后遗症难以消除。我们宿舍大院里一位古稀之年的老同志,看到当前社会政治、经济不平衡,贫富悬殊,上下不通,发展畸形,小道消息、打油诗到处流传,有的人是"端起饭碗吃肉,放下筷子骂娘"。他觉得"我活了70多岁,入党50年,越来越不知怎样做人,怎样做个共产党员了"。

今年下半年,民盟中央忙着筹备提前召开第七次全国代表大会。领导同志们到各省市调查研究,物色人才,准备各种文件,研究人事安排等。我因年龄关系,下届政协不再提名,我要求民盟七大也退下来。和高天同志谈并转人事小组打了招呼,希望下届中委不再提名,我可以彻底从民盟解放出来。我计划在身体健在时还要出国旅游,整理过去收集的历史资料写点东西,阅读早已准备离休以后要读的书，静静地思考反思历史和现实存在的问题，好好安排晚年属于自己的时光。离休离而不休，利用余生之年，认认真真做点力所能及的事情，记住保尔的话："不要为虚度年华而感到羞愧。"

我和国男决定7月上旬去美国，这次带去的作业是，为纪念李公朴殉难50周年，整理公朴先生生平资料，准备编辑出版《李公朴画传》。同时，整理编辑救国会成立60周年纪念文集。这都要求在1996年6月全部完成。救国会这段光荣历史，毛泽东主席在延安曾给予高度评价。救国会结束后成立的以沈老为首的九人纪念委员会，现在除千家驹和我外，已都离开人间。而千身在海外难以顾及，我是国内唯一健在的人，当责无旁贷了。

出国前，沈人骅和沈谱合编的《沈钧儒年谱》已出版了，沈谱送来两册，要我转送千家驹一册，并代她致以问候。

7月10日，我和国男到达洛杉矶。力平、小瑜都在台湾，我们住在艾平家，小Becca即将两周岁，已能说几句中文，更加活泼可爱。艾平要我们把毛主席纪念章都带给她，她愿意永久保存，因为她生长在那个年代，对毛主席的纪念章有着深厚的感情（至今她仍保存着约有一千多枚）。

到了洛杉矶，和老朋友们都通了电话，同时即开始我的工作。

报纸登了党的十四大可能提前召开的新闻。电视节目里每天播放美国总统竞选新闻。到了7月25日，奥运会在南韩汉城开幕，每天有比赛节目，我们的兴趣已转到奥运会。特别对连获五连冠的中国女排特别关注，但连续使大家失望，女排败于荷兰队，败于古巴队，三战三败。最后又发现女排巫丹服用禁药而被停止参加比赛。女排十几年的荣誉已付之东流。大家不胜惋惜，不由得都想念着郎平。不久前郎平来过电话，她生了一个女孩，我们把小Becca婴儿时的衣服寄给她，她表示感谢。我想当她看到女排如此惨败的结局，不知会作何感想？

奥运会各项比赛，中国获得金牌名列前茅，始终和独联体、美国相角逐，这是补偿了女排的惨败，给中国人的一点安慰。

7月底,我和国男去加拿大温哥华一游,先乘飞机到西雅图,下了飞机就上了旅行社准备的大巴士。车上有40多人,大家作自我介绍,有的香港人,有的台湾人,当国男介绍我们是从北京来的,全车热烈鼓掌表示欢迎。车友们交谈起来,不少人去过大陆,他们对大陆的观感很好。尽管对"文革""六四"不能谅解,但对大陆的经济发展是众口一致的,特别是对奥运会中国的金牌不断上升很觉得自豪。

经过加美边境很快地到了温哥华。首先到了唐人街中餐馆吃午餐,到处可以碰到中国人。下午,参观当地名胜古迹。第二天一早乘轮渡前往温哥华岛,也称之为维多利亚岛(据说英国维多利亚女王来过此岛)。岛上建筑、生活习惯都是典型的英国风格。岛上主要的是闻名世界的布查特公园。公园里有世界各国的奇花异卉,可以称作世界花卉博览会。我们大开眼界。出了公园到维多利亚市,游览市容。到处是些鲜花点缀,古老的马车轿车,以供游人乘坐观赏。下午乘海轮回温哥华游览了伊丽莎白女王公园,留宿一夜,即返西雅图。在归途中,导游组织大家表演节目,有的唱广东戏,有的唱英文歌,还有的唱黄梅戏。有的人提出要国男唱一支大陆歌曲,而且点名唱《东方红》,全体游客鼓掌欢迎。国男满足了大家的要求,车厢里一片欢声笑语,充满了团结和谐气氛。

到达西雅图和旅友们依依告别。国男和住在西雅图的北京医院老同事沈利贞通了电话,约定今晚在我们旅馆见面。旅游局给我们换了一辆小轿车,司机作向导,遍游西雅图城。回到饭店,晚上沈利贞和周光裕夫妇准时到来,他们是北京医院妇科和外科专家,来美将近四年,在北京医院虽已退休,但来美国后仍在工作,发挥其特长。他们告诉我们,西雅图不是游览城市,但波音飞机制造厂不可不参观。该厂的兴衰关系一个市的兴衰。工厂大,技术人员多,高级工程技术人员中,中国人占了相当的比例。第二天我们参观了波音飞机制造厂,厂子确实很大,也碰见一些黑头发黄皮肤的人,使我们叹惜中国人才的流失,也包括沈利贞夫妇在内。下午返洛杉矶。

旅游回来两天,我们全家带着小 Becca 去千家驹家,并留下午餐。千把他最近写的三篇文章给我看:《论可能是改革逆流的三个"变数"》《过激的政治要求不利改革》和《股票投资市场过热能使改革失败》。他说,这都是针对国内经济发展中存在的问题提出的建设性意见。他说他作为一个中国人,一个经济学者这是应尽的义务。他听到了国内对他的反映再次表白,几年来我的态度没有变,不接触民运分子,不去台湾,蒋纬国派人邀请我去,我拒绝了。没有国内的谅解,我不会回去的,现在还不是时候。我觉得他对这些问题,还是严肃对待的。接着他谈了许家屯的一些情况。给我一篇许家屯今年四月写的文章《试论和平演进——世界社会主义运动低潮后的反思》。千对这篇文章的观点表示赞同,认为和他今年二月写的那封"公开信"精神是一致的,但他对许家屯到了美国后,在报上连续发表回忆录是不赞成的。中午午宴时,我说了今天是我们结婚42周年,当年千老还参加了我们的婚礼。千家驹举起了绍兴酒向我们祝贺。并说1947年冬在香港,我们住在一个楼里,就看出你们的感情不一般了。在孩子们面前揭了我们的隐私,引起大家一片笑声。小Becca是第一次参加这样的宴会,表现大方,有礼貌,受到大家的夸奖。

回到家里我认真地读了许文和千文,我觉得他们文章都是看到了邓小平同志的"南巡讲话"后受到启示而写的,同时也是向中共中央十四大召开前提出的经济改革、政治改革建设性的意见。但不知国内领导会如何看法,这就难以预料了。

8月中旬,艾平送我们和Becca去Lake Tahoe见到Dick和Ina,每天从清早我就坐在湖边的凉台上,沐浴着清风,朝阳,看到一片平静的湖水,我安闲地开始我的工作。在Tahoe湖住了一个多星期,工作之余和Dick驾驶电轮去游湖,艾平带我们逛周围的小镇,晚上一定看电视新闻。这些日子总统竞选,已到了白热化,总统候选人的夫人们都出来助阵。

回到洛杉矶住了几天,我们决定经过夏威夷住几天就回北京。力平和小瑜从台湾回来准备去旧金山,拍一部反映中国青年人在美国生活电影。

我和国男离洛杉矶之前又去看了千家驹,向他们辞行。千告诉我,他对国内形势发展比较乐观,他想回去了。计划是10月初到多伦多去讲学,11月就准备回香港再转深圳。他说他和王若望、许家屯做法不同,我一直留着一条回归的路。我很高兴,我们相约国内见面,告辞而别。

10月上旬,我们和艾平、Rick、小Becca一起到达夏威夷,我们还住在那座独门独户的小楼里。Dick和Ina也来了。Rick弟弟一家,以及住在夏威夷的妹妹一家都来了。这是Dick家族的大团聚,是来夏威夷度假的,我和国男成了他们的嘉宾。今年是Dick和Ina结婚40周年,大家是在海边的一家富有夏威夷风味的高级饭馆为他们祝贺。晚上只点着蜡烛,一条长桌上全家16人围坐,席间Ina打开了大家的祝贺卡和礼物,我们为Dick和Ina结婚40周年有了今天这兴旺局面表示祝贺。第二天全家都穿上了夏威夷的花衬衫,花花绿绿的民族服装,去参加民族音乐舞蹈联欢晚会,广场到处是火把照亮。仪式开始,两位古代勇士从地窖里取出烧猪肉分给来客食用,然后在台上做各种古代舞蹈节目表演,游人们也可以登台共舞,一时台上台

王健、张国男在夏威夷

下全场欢声雷动，大家且歌且舞，更令人注目的是土著人的火把舞、草裙舞，全场忘我的欢畅，达到高潮。

10月12日是国男61岁生日，我们自己都忘了，晚餐时Ina读全家的祝贺卡祝生日快乐。饭后，打开电视正是中共中央十四大开幕的实况。江泽民总书记作政治报告。Dick和Ina听到英文解说后，向我们表示祝贺。其后是美国总统候选人的新闻。今年总统竞选人除了共和党和民主党提出候选人外，又多了一位没有党派的大富翁斐洛，自己拿出1亿元来参加竞选，现在已到三位竞选人开始大辩论的阶段。电视台主持人提出问题，三人分别答辩，每人滔滔不绝地讲一遍，我们听不出来谁占上风。我问Dick，他说民意测验，支持率克林顿略高于布什，斐洛是不可能的。并说斐洛是富翁，不需要去筹竞选经费，但他是逢场作戏的，大概只是为了借此出出名而已。中途他退出竞选。

从Tahoe湖畔到了夏威夷海滨，我生活在海阔天空，有似仙境。但是脑子里思想起伏，思绪万千。就眼前的Dick家族来说，Dick从不动产方面已拥有五六所高级住宅和别墅，大大超过了百万富翁。平时我们看到海滨别墅重新装修时，Dick自己设计，自己参加劳动，参加施工。家里从来不请保姆，除每周一次请人来整理卫生、剪草浇花外，家务事一切自理。儿女们都独立生活，经济上界限分明。每年借寒暑假全体家属聚一次。美国的富翁家庭，子女们都以自食其力为荣，包括政府高官显要的家庭也基本如此。同时我们看到的是美国依法治国，守法已成公民的义务。如中国青年在“文革”期间“无法无天”，造反成性，出国留学，最显著的变化是事事以守法自律。所以我联想到，国内在80年代多次“反对资产阶级自由化”，我在美国看到的都地地道道的资产阶级，法律已赋予了他们言论出版等等自由，一切合法行为均受到法律保护，在我个人认为这还有什么自由化可言。按照我们的权威解释是“‘资产阶级自由化’就是反对社会主义制度，妄图建立资本主义制度，全盘西化”。中国两千年的封建主义思想至今仍根深蒂固，八亿农民和人口半数的文盲，生产力不发展，法制不健全，在这些基础上何以能建立资本主义，所谓“全盘西化”我觉得这更是白日说梦。

我又联想到，从历次总统竞选认识了资本主义民主的虚伪性。竞选人到处筹划竞选经费，继而互相对骂，互相揭丑，夫人出台帮腔助阵，堂堂国家总统竞选，常常演成一出闹剧、丑剧。上月我读了一本美国人写的《美国经济史》，讲述企业家为政治家撑腰，政治家为企业家效劳的关系。作者引用了宾夕法尼亚州的参议员博伊斯·彭罗斯坦率的描述：“你们把我们送进国会，我们就通过法案使你们赚钱，你们再把赚得的一部分利润捐献作为我们的竞选经费，让我们再进国会去制定更多的法律，使你们发更大的财。使我们留在这里是你们的责任，而我们的责任则是立法。”总统是最大的政治家，企业家（包括军火商）当然要拿出更多的一笔利润捐给总统竞选，当选的总统当然要更忠诚地为企业家们服务。这就是美国的政治。现在每天电视里正在演出这一幕幕的政治闹剧。

以上可以说明资本主义国家是有些可取的东西，但也必须看到那些应该摒弃的东西。总之，资本主义和封建主义相比是进了一大步。

入夜，随着窗外的雨声，思想不停地翻滚，时而兴奋似有所得，时而困惑，惑而不解，静寂的小楼对我来说并不静寂。

在夏威夷住了一个多星期，我们回到北京。回家后得悉十四大刚刚结束，民盟的大会（七大）已决定12月19日在京丰宾馆开幕。高天病了两个多月了，我和俞泽猷去看望他，精神尚好。我谈了千家驹的情况，并说他有回国的想法。他告诉我今年七大选举中央委员，因增加了一些年轻的新人，但仍要保留一些老人，劝我打消辞去中委提名的意愿。临别时，他要我写个关于千家驹在美国情况的书面报告给他，他说他要向统战部汇报的。高天同志在民盟重任在身，终日事必躬亲，认真负责，勤勤恳恳，兢兢业业，有人说他是积劳成疾，我把他看成是民盟的周恩来。但是我们有些问题看法是不一致的。

11月4日晚，电视广播克林顿当选了美国总统，美国的竞选闹剧也终于结束了。第二天上午，我到统战部听十四大的传达报告。这次大会鲜明地提出，要以邓小平建设有中国特色社会主义理论武装全党，指导一切工作。坚持和完善中国共产党领导的多党合作和政治协商制度是邓小平理论的一个重要部分。传达三小时，其中三分之二是重读了江泽民总书记的报告原文。接着机关党支部每周党日学习、讨论贯彻十四大政治报告。张光年同志曾参加了十四大开会，我和国男特别去看望他，谈到大会情况，他说会上反“左”还是有些顾虑，一般发言不出报告范围，但会议气氛是团结的，对改革大家还是有信心的。

12 月 19 日晚我进住京丰宾馆，亦代同志已住了进来。第二大中常会上见到了冯之浚、谈家桢同志，他们说，据闻千家驹已到了香港，有意回深圳，上面没有表示，民盟也不知作何表示。21 日在中全会上见到香港来的王丹凤同志，她告诉我千家驹已回到香港，她还在她们开办的素菜馆宴请了千，目前千正在办理回深圳的手续。现在已证实千家驹确实回到香港，他能不能返回深圳，就要看大陆的高层领导们能不能“容”他。22 日上午，民盟七大开幕式在人民大会堂举行，田纪云代表中共中央致贺词，钱伟长副主席代表盟中央作了题为《努力发挥参政作用，在建设有中国特色社会主义的伟大事业中作出新贡献》。分组讨论时，我和亦代同志参加讨论的次数不多，反而会外找些同志谈话，倒听到一些会上听不到的内容。最后大会选举，冯亦代、叶笃义已转为参议委员会，我仍被选为中央委员，出人意外的是，中央委员候选人名单上未提名的千家驹竟获得了 46 张选票。到了中央委员会选举常委和主席、副主席、秘书长时，还有人选举千家驹，我也被选为常委。从这次选举千家驹之得票，也可以看出部分人的心理，这对中央领导层同意不同意千家驹回到深圳也有一定的参考价值。

1993 年　77 岁

经济改革大潮更加猛烈　全家乔迁新居　叶笃义光荣入党　千家驹定居深圳　赴洛杉矶探亲访友　墨西哥之行　冯亦代结婚四喜临门

今年经济改革大潮来得更加猛烈。从新年、春节贺年片上，从春节前市场、家庭里就可以感觉到了。倒贴的“福”字不够了，换上了“招财进宝”，没有财怎会有福？代表喜庆的红色也不够了，金色出现得多了，没有金“喜”从何来？媒体上大肆宣传，经济深入改革，市场出现一片繁荣景象。我回到机关，听说下海从商的比去年增多了。有人不怕违反政策，不怕处分，请假出国跑生意。也有的同志按照正常手续办理退职，调离了机关。王碧蓉从澳大利亚回来，《群言》没有留住她，又去了美国。社会上更是五花八门，走向莫斯科，走向东欧各国，这是一条新开辟的生财之路。俄文又吃香了，几位从事俄文翻译的同志，筹划到莫斯科开个专卖方便面的商店。某学校一位俄文教授，被一家贸易公司聘为俄文顾问。外省的几位党校的同志，想弃学从商，去东欧做生意，特来向国男咨询。一天，我突然接到十年前在大连休假认识的那位“小朋友”（棒棰岛宾馆的女青年服务员）从大连打来电话，她正在一家企业办公室里值班，想起了老朋友，在电话里先是问候寒暄，接着大谈她们的企业，如何发展起来的，前景如何，她已是这家企业一个部门的头头了，对自己工作非常得意，也很自信，而且将来可能发展到北京来。我听了感到突然、茫茫然，几乎都弄不清对方是什么人打来的。形势发展神速，新鲜事物层出不穷。一个优秀服务员、勤奋好学的青年,几年不见,一跃而成为企业家。时势造英雄,出人才,这不能不说是件大好事。我真正感觉到自己已走向衰老,难以与时俱进了。

今年上半年,台湾刘熊伦和夫人来北京,想谈判三峡工程投标事,台湾郭大姐多次来北京购置房产。Rick 和艾平带两位美国朋友来中国,他们抱着中国申办 2000 年奥运会有 80% 的可能性,所以来和电台有关方面洽谈奥运会时期电视直播问题。同时美国朋友还和中国企业家商谈合资开办史泰龙餐馆事,他们认为如果中国申办成功,还有很多事情可做。国内的特大新闻是,著名影星刘晓庆也下了海,大做房地产生意,她的目标是想做个"亿万富婆"。今年两会开会,"红色资本家"荣毅仁当选为国家副主席,30 多位私营企业家当上了全国政协委员。我想这也是经济大潮把他们冲上政治舞台的。

一位经济评论家曾说过:1993 年是中国一个史无前例的年份,美金涨,黄金俏,房地产热,股市上下翻腾,集资债券遍地开花,开发区雨后春笋,惟有国库券喊冷。白条子、绿条子满天飞(指农民粮款和欠邮政汇款)。这都是改革开放带来的新问题。

天津市静海县大邱庄成为改革开放的先锋。支部书记禹作敏,有远见、有魄力,创办乡镇企业,确有特色,先富起来,1991 年工农业总产值 18 亿元,比 1978 年增长千倍,媒体宣传他是"中国第一村"。我们和禹几次交谈过,很健谈,有见解,但都觉得他过于狂妄,目空一切。他的名言是:"抬头向前看,低头向钱看,只有向钱看,才能向前看。"我们都不以为然。今年 5 月,禹作敏出了事,被公安机关扣押。后来才弄清楚,小邱庄出了人命案,禹作敏竟敢包庇罪犯,和公安对抗。后从村里搜出枪支弹药,大邱庄已成了"农民帝国"。禹作敏是政协委员,这是政协会后发生的事。禹案未了,又发生了"沈太福事件"。沈太福空手创办了北京长城机电科技产业公司,以年息 24% 骗取市民投资,媒体为他宣传,有些上层人士也为他讲话。仅半年时间,非法集资 10 亿元。民盟机关也有些同志申请投资。后被政府发现其欺骗行为,勒令停止。案发后发现沈太福贪污行贿,情节极为严重,政府依法予以处决。

天津来人说,天津的经济工作,改革开放大大落后于形势,国营企业破产、停产,工人生活、医疗毫无保障,大家怨声载道。

还有人反映,全国减少耕地面积1000多万亩,说是批建开发区,可是开而不发的开发区占了绝大多数,人民心疼,农民遭殃。

停产的国营企业,职工们减少工资,集体到市委、市府门前静坐、请愿竟无人过问,而企业领导们照样出国"考察",分房子,坐新车。

报上登有一则新闻:西藏高原,中尼边境的一个2000居民的小镇,近年来富裕起来。记者特去采访镇长致富之道,镇长说:"教育兴,边民富。"镇长很重视知识分子,也懂得科学教育的重要作用,所以找到了致富之道。"科学兴国",中央早已提出,问题是各级领导们有些人没有认真执行。

今年上半年,我们家里完成一件大事,就是搬了家。在这个宿舍大院里从16组搬到了7组,从三楼搬到一楼,从三间搬到了五间房,这是多年来要解决而一直难以解决的一件大事。为换房子,从办手续到大装修、买家具,几乎全靠国男和力平(正好她和小瑜从台湾回来)奔走、操劳。我的任务是借此机会把书籍、报刊、档案、资料大加整理,我捆了将近百包。装修完成后,机关来了四名锅炉工,最强的劳动力,动手搬运,不到一天,全部都安顿妥当。他们不要报酬,连一顿饭都不肯吃。我们真的遇到了四位活雷锋。

人大、政协会后,党支部学习两会文件和江泽民总书记讲话,丁石孙同志的组织关系转到民盟的支部来,大家非常高兴,表示欢迎。丁石孙同志已被选为民盟副主席,他学者风度,平易近人。会上他谈到参加两会的体会,谈到当前教育界的情况,谈到他从1984年出任北大校长以来的感受。他的讲话像是给我们上了一课,我们把他看作又是同志又是老师。

叶笃义同志去年从民盟中央委员会退下来以后,找李文宜同志和我说他有两件事要做:一是把自己一生写出来;二是想满足最后的心愿参加共产党。我们表示欢迎。当时我心里有数,1984年统战部对叶笃义同志的历史和政治表现已作了书面的肯定和公正的评价。而且于刚同志对我讲过，也转达了李维汉同志的意见，认为叶笃义同志的表现可以考虑他的入党问题。因此我事前做了工作，用事实说话，说服那些党内和党外对笃义同志不了解甚至有怀疑的同志。7月10日，召开支部大会，讨论叶笃义同志入党问题。笃义同志先作了自我介绍，然后我和同志们讲了话，最后表决顺利地一致同意通过。老同志们向他祝贺。当时我的感触很多，笃义同志能有今日，实在来之不易。过去同志们误会过他，每次运动都挨过整，一直到秦城监狱，他良知不泯经受了考验，晚年仍以入党为其一生的归宿，我深为之感动。散会后我们走在门外，我和他再次握手，祝贺他，接着我出自内心对他说了一句："我们对不起你。"他紧紧地握着我的手久久不放，他知道我讲话的意思，但彼此都心领神会了。

广东的一位民盟老同志来北京，他谈到千家驹的情况，他听说千已到了深圳。说千在香港要求回到深圳时受到了阻碍，一气之下给江泽民、乔石写了一封信，请香港工委传真过来，信里说明他出国的经过，在美国的情况，现在准备回国受到了阻碍，希望总书记予以批示。据说这封信三天后，就回了信，千才回到深圳。还听说，广东省中共省委负责同志和民盟的领导同志去看望了千家驹。他在香港出版的书，只能让夫人亲自带回来，不能邮寄。看来千的自由还受到一定的限制。

搬了新家，安定下来。我们决定再去美国暑期休假三个月。我照例地向行政和支部写了报告请假，很快得到秘书长的同意。

7月20日我和国男乘飞机到达洛杉矶，住在力平、小瑜家，我又回到了那间小客厅（我的小书房）。这次我来，给自己安排了一些作业，其中还是整理和编辑李公朴画传，争取在他殉难50周年（1996年）纪念会前出版。因此，我带来几本研究20年代到40年代的历史资料和书刊，以及几本个人的回忆录（其中一本是夏衍的《懒寻旧梦录》），这是李公朴一生的重要历史背景材料，也正是中国历史大动乱，光明与黑暗、进步与倒退斗争的年代。我在整理材料中遇到了多年来有争议的一个问题。问题是:1941 年 4 月 13 日,苏联和日本在莫斯科签订《苏日中立条约》,条约中提到“苏联保证尊重满洲国的领土完整和不可侵犯,日本保证尊重蒙古人民共和国的领土完整和不可侵犯”。当时救国会在重庆的领导人沈钧儒、章乃器、王造时、史良、胡子婴、张申府、刘清扬、沙千里和从华北敌后晋察冀边区回来不久的李公朴等九人,出于爱国义愤,联名写信给斯大林,表示这个条约妨害了我国领土与主权的完整,感到莫大的遗憾,并表示拥护我政府宣布其无效的声明。当时周恩来同志得悉后,劝说沈老,认为此信容易在客观上可能产生不利影响。据说救国会同仁设法收回这封信,沈老和李公朴、沙千里等人都觉得此事作得欠妥,只有章乃器不以为然,坚持反对,因此,他声明退出救国会。去年在编辑《沈钧儒文集》时,回避了这个问题。现在出版的《沈钧儒年谱》上,说到沈老听了党的讲话,即撤销签名,后来多次为此事“躬身自省”。当时有人站在苏联立场认为,苏联和日本签订中立条约,有利于集中力量在西线打击希特勒德国,这是无可讳言的。但也有人认为,苏联和我们的敌人,出卖我国的领土主权,是可忍孰不可忍。现在我认为一向高举爱国旗帜的救国会,如果对此保持沉默,今后何以领导群众爱国运动?何以取信于全国人民?苏日中立条约签订两个月后,德国进攻苏联,苏联全力以赴地抵抗法西斯入侵。而日本也解除了后顾之忧,全面加紧对付中国。同年,日本把东北的轰炸机几乎全部飞到重庆,轰炸三个小时,造成“大隧道惨案”。同年,日本疯狂地轰炸珍珠港,同时侵犯九龙香港,南下进军菲律宾和马来西亚。《苏日中立条约》无疑的是鼓励了日军南下,这已是无可争辩的事实。这个问题我带回北京,找人商量,最后还是在《画传》里回避了。

我读完了厚厚的一本夏衍同志回忆录《懒寻旧梦录》。夏衍和李公朴是同一时代的人,他回忆从 20 年代到 40 年代这段历史时,李公朴正是从青年时代,逐渐成熟,参加爱国运动、民主运动年代。书里提供了许多宝贵的资料。同时这里也记载了夏衍同志在党的领导(特别是周恩来同志的领导)下,出生入死为革命做出了重大的贡献。他在回忆中坦率、深刻地做了反思，给我很大的启发，也解决了一些我久久惑而不解的问题。

其中有一段夏衍回忆，1945 年下半年，美国向日本投了原子弹，苏联出兵东北，日本宣布无条件投降。苏军在东北拆走日本和伪满所有的工厂设备，做了些极不友好行动。国民党为此组织了一次 5000 多人的反苏示威活动。夏衍带着极其矛盾的心情（可能是奉命的）写了一篇三四千字为苏联辩护的文章，他知道这种文章几个大报肯定是不会登的，最后他找到了马叙伦，并在文章前面加上"文责自负"才登在柯灵主编的《周报》上。文章发表后没有发生什么作用，反而不如平时的三言两语小文章可以很快传出去影响大。从这件事夏衍接受了教训："这只能多出一个结论，就是写文章，一是要讲真话，二是要顺人心。"1984 年夏衍写完了他的回忆录，在全书最后的一页里，又作了全书的结束语，更加发人清醒。他说："我又想起了五四时期就提过的'科学与民主'这个口号，为什么在新中国成立后 17 年，还会遭遇到比法西斯更野蛮、更残暴的浩劫，为什么这场内乱竟持续 10 年之久？……科学是社会发展的动力，这种思想没有在中国人民的心中扎根，两千多年的封建宗法思想阻碍了民主革命的深入。解放后 17 年，先是笼统地反对资本主义，连资本主义上升时期进步的东西也要反掉。60 年代又提出了'兴无灭资''斗私批修'这样不科学的口号。17 年中没有认真地批判过封建主义……封建主义宗法势力，却'我自岿然不动'！1957 年以后，人权、人格、人性、人道都成了忌讳的、资产阶级的专有名词。于是，无法无天，戴高帽游街，罚站罚跪，私设公堂，搞逼供信，都成了'革命行动'。……我们这些受过'五四'洗礼的人，竟随波逐流，逐渐成了'驯服工具'，而丧失了独立思考的勇气。当然，能够在暮年'觉今是而昨非'，开始清醒过来，总比浑浑噩噩地活下去要好一点。我还是以屈原的一句话来作为这本书的结语：'路漫漫其修远兮，吾将上下而求索。'"

他说了真话，也顺了人心。

夏衍同志今年已逾九旬，仍不断地上下求索，每天笔耕不辍。目前我在为先辈编书,读先辈著作,学先辈做人,走先辈的路,我也要鼓起独立思考的勇气,发扬今是,力改昨非,反省自己,以利后人。

我每天看报,报上连载《许家屯回忆录》、胡绩伟的《办报生涯五十年》,还有戈扬的《湖边漫谈》,他们和夏衍过去的经历不同,但对有些问题上却有共识。他们走出国门,才有了独立思考、讲真话的勇气。话讲得不一定都很正确、适当,但确是说的真心话。我一直弄不清什么是"资产阶级自由化",像他们三人如果在国内,是不是可以看成是资产阶自由化的典型?

我和国男、艾平、小 Becca 去拜访了公朴先生的老朋友王齐兴,他和世纪同龄,今年已是 93 岁高龄的老人,使我们惊讶而喜悦的是他和一位 52 岁的小林结了婚。小林家里和王老是世交,小林信仰基督教,素来敬重王老为人。王老来美国后,住老人公寓,身边无人照顾,小林以基督教精神自我牺牲,为照顾老人,远走异乡,愿和王老结成伴侣。王老生活幸福,精神倍加焕发。我这次特来拜访,也是为了收集公朴先生的有关资料。王老详细地讲述了公朴先生初到昆明,第一位要找的人就是王老。住在王老的基督教青年会,得到王老的掩护,帮助他组织青年读书会,公朴先生每周请进步人士如孙起孟、曾昭抡、潘大逵、辛志超等人去讲课。还出版油印小报等等,使公朴先生得以顺利地开展青年工作。这段历史过去我只一知半解,不得其详,现在听到第一手材料,了解到来龙去脉,对我帮助很大。王老很喜欢小 Becca,一老一小玩得欢畅,最后我们告别时,王老还引吭高歌,唱了一首"满江红"。

医务工作者兰燕邀请我们到她家吃饭,两年前和小瑜一起参加她的婚礼,我们也成了朋友。她生了女儿,为此请客祝贺。她的爸爸妈妈定居澳大利亚也特地赶来。我和她爸爸聊天,他是老上海,他认识上海民盟的彭文应和陈仁炳,而且有多年深交。他告诉我,30 年代彭文应在上海曾通过周恩来资助过共产党,新中国成立后,周恩来作了总理,见到彭时还提到此事表示感谢。他说陈仁炳英文好,翻译了很多英文古典名著,这都是人才。他反问我,他们成了大右派,究竟犯了什么罪？判了什么刑？为什么右派都改正了，他们至今没有改正？问得我张口结舌。我只能说我在《章罗联盟资料汇编》里知道彭与陈是罗隆基小集团成员，是罗隆基在上海的代理人。他深有感慨地说："这都是人才，为什么新中国就不那么爱惜人才？"兰燕的爸爸妈妈都是大知识分子，但不知他们为什么远离祖国，定居异国他乡，至今不肯回国？

我出国前，陶行知基金会一位负责人托付我到洛杉矶去看看一位任玉书女士。抗战期间任在重庆是陶行知的学生，她非常尊敬陶的为人，愿把自己在洛杉矶的服装店全部服装运到中国，变卖后款项全部献给基金会。要我和任玉书当面谈谈。我到美国后即和任通了电话，任说她不但认识陶先生还和沈钧儒很熟悉，而且她特别钦佩救国会七君子的爱国精神。我到她家里、店里看到处处是服装，她说这些服装在美国卖不出去，想运到中国变卖。她完全不了解今天国内市场的需要，我看到这些服装是很不适合当今中国人口味的。我们多次交谈，并和国内联系，终因服装数量大，打包、运输、国内销售和经营管理等等问题，困难很多终未能如愿。但我们已成为亲密的朋友。

任玉书年逾古稀，为人热情，关心政治，仍有一颗炽热的爱国之心。谈到祖国经济腾飞，兴高采烈，听到祖国官僚腐化，视恶如仇。她虽久居美国，但心里始终把陶行知和沈老作为圣人。在她的客厅茶几上放着一座硬木雕塑的老寿星，老寿星酷似沈老，所以多年摆在这里，以示怀念之情。她听我说，我们正在筹备出版沈老的文集，因经济问题拖迟了出版。她立刻拿出了一张现成的890美元支票（合人民币5000余元）给我作为捐献。文集因有了这笔钱，如期出版了。

我的工作初步完成，画传的框架基本上设计了出来，还要充实一些资料。回国后的工作还是艰巨的。

力平、小瑜一直在国内拍戏，我们有艾平、Rick照顾，现在艾平、Rick要去Lake Thaoe，我们感到没有车外出不便，又感到没有安全感。这个期间小菲常常来陪伴我们。小菲原是叶笃义同志的儿媳，离婚后来洛杉矶，和北岭大学文学系教授Gus（美国人）结婚。我们在北京即已熟识了。在这个期间我们和小菲、Gus经常来往。Gus喜欢中国，喜欢我做的中国菜，喜欢中国古典文学，特别是唐诗。我书写了一幅李白诗，Gus挂在他的客厅里，和其他收藏的文物一起成为室内的点缀品。我们一起商议，决定在Gus休假的几天里，同去墨西哥旅游。9月下旬，Gus开车，我们四人先到美墨边境的San Diego，住海滨旅馆，参观加州大学，游览市容。第二天通过边防站检查口，没有任何检查就进入了墨西哥。车子到达Posorado城。一路所见像是中国的农村。进了Posorado城，这是墨西哥比较大的城镇。我们下车徒步观光，满街是小商贩，多半是贩卖白银首饰。引人注目的是，四五岁的儿童，拿着一盒口香糖，追赶行人叫卖，妇女背着婴儿，手提各种装饰品也在沿街大声吆唤，招揽顾客。我们在一条街上就发现两家中国人开的餐馆。我们特别找了一家墨西哥人开的烤肉店，坐在街上吃大饼加烤肉，完全是当地的土吃法。我们走在另一条街，店里大都是陶土制造的工艺品，有些是仿古的。这是墨西哥当地的土特产。我们选购一些作为旅游墨西哥的纪念。

第二天，我们坐上车到了一条最繁华的街上。像北京王府井一样，行人熙熙攘攘，商店里卖些高档的物品，顾客服装打扮也全然不同，已失去了墨西哥的特色。我们找了一家墨西哥餐馆，吃了一餐龙虾，四个墨西哥人在餐桌前演起了吹奏乐，为的是给顾客助兴，而他们是以此为生。下午，我们就开始回程到了洛杉矶，在小菲家住了一夜，看到报纸知道2000年奥运会的主办权已确定为悉尼，前三轮投票，中国一直领先，最后投票中国只两票之差而落了选。中文报纸登了这则新闻都带着愤愤不平的情绪，反映中国人民和海外华人华侨失望的心情。几天后，听到一种传说，说奥委会最后一轮投票的几天，电视里连续播放“六四”录像，解放军开枪射击老百姓，街上死尸、医院里的伤病员的镜头频频出现，大肆宣传中国没有民主、人权等等。如果这种传说确实的话，可见国际反华势力、别有用心的人，抓住时机，给中国致命的一击，其用心何其毒也。但也有个别人说：“塞翁失马，焉知非福。”

张国男在墨西哥的繁华大街上　　　　（王健摄）

10 月间，我们回到北京。第二天力平、小瑜也从上海到达北京，大家都住进了新家。回家以后我们都在忙，力平、小瑜忙着会见影视界的朋友筹划下一个戏。我也开始我的工作，忙着采访一些人，探望几位老朋友，特别要去看看林老、叶老和亦代同志。先见到叶老，随便谈谈美国见闻，特别告诉他小菲的情况。他告诉我亦代和黄宗英准备结婚的消息。11 月 13 日是亦代同志大喜的日子，我去祝贺他三喜临门，一喜是结婚之喜；二喜是亦代同志今年 80 大寿；三喜是他们住上了新房的乔迁之喜。黄宗英满头银发，风采不减当年，她风趣地说：我们还有一喜是“早生贵子”，她接着解释说，我们俩的双人集就要出版了。民盟的一些同志和丁石孙同志都来了，大家团聚，祝贺他们四喜临门。这里只有清茶一杯和欢笑满堂。

11 月份间党内召开十四届三中全会，通过《中共中央关于建立社会主义市场经济体制若干问题的决定》。民盟召开全国组宣工作会议，讨论民盟如何适应社会主义市场经济的建立，更好地担负起参政党的历史使命，组织动员全盟投入改革开放和经济建设的洪流中去。机关支部开会学习讨论中央会议文件精神，并贯彻执行。民盟中央召开中常会、中全会。12 月中旬民盟和其他党派、工商联召开了全国智力支边扶贫经验交流暨表彰大会。我有选择地参加了一些会议。所得到的印象，可以概括四句话是“形势大好，问题不少，一则以喜，一则以忧”，反映了会上多数同志的心情和感受。

新年即将到来，北京市政府宣布从 12 月 1 号起禁止燃放鞭炮。这条新闻使北京市民议论纷纷，感到莫大的遗憾。他们有生以来，是在鞭炮声中度过新年的，市民们很不习惯听不到鞭炮声，怎能辞旧迎新，怎能算是过年呢！

1994 年　78 岁

《中国民主同盟五十年》大型画册出版　正式办理离休手续　楚图南、于刚、张纪域、高天相继去世　和国男去欧洲旅游　去武进、上海收集李公朴历史资料　参加民盟中常会和中全会

今年春节听不到鞭炮声,北京人感到没有过年的气氛,特别是有些盼望"一声炮响,黄金万两"的人更感到失望。我和周围的人过的这个年反而气氛很浓。我们靠的不是炮声,而是人气。我和党的同志一起参加统战部的联欢会,部长王兆国、副部长蒋明宽、刘延东上台唱歌,部里的同志自编节目,登台表演,台上台下连成一片,愉快地迎来新春。我和民盟同志一起,费孝通主席、钱伟长副主席等领导同志和全体工作人员、离退休的老同志共聚一堂,文娱节目不少是请来的民盟著名演员,节目精彩,掌声不绝,全场欢畅,同享节日快乐。我和家人在一起,丽君的女儿李红全家从德国回来,艾平和小 Becca 从美国来,以及在北京的则孙一家,老老小小欢聚一堂,这是十年来难得的一聚。天伦之乐,其乐融融。我们既保持了中华民族的传统,又有西方的情调,别具一格的。今年的春节良宵,是国际性的大联欢。

据报载,今年春节过年,医院里眼科、外科病人很少,也无因爆竹引起的火灾。但仍有少数不法之徒偷运鞭炮贩卖,爆竹之声时有所闻。市民听不到炮声,不断发出怨声,而封建迷信,拜神求财之风不减往年。可见移风易俗,提高人民文化素质,是今后长期的一项艰巨的任务。

3月上旬，机关的同志去看李文宜同志，祝贺她91岁寿辰。李大姐精力充沛、思维清晰，每天用放大镜读邓选。目前她正在秘书的帮助下撰写自己一生的回忆录。李大姐20年代参加共产党，在党内经历了许多重大事件。她说她要如实地把它写出来，留给后人研究历史作为参考。谈到历史，大家联想到这几天中央电视台正在播放《肝胆千秋》七集电视纪录片，这是中央统战部几位负责人策划，各党派有人参加制作的。刚刚放过第三集《同舟共济》这里叙述新中国建国以来，党和民主党派同舟共济的这段历史。说党一向是贯彻统一战线政策、重视知识分子的。党提倡"百花齐放，百家争鸣"方针，为知识分子脱帽加冕，成为工人阶级的一部分，充分发挥知识分子的作用等等。但是到了1957年，党开展的一场急风骤雨的反右斗争，电视剧里只轻轻地讲了一句，1957年反右斗争扩大化，然后紧接着到了"文化大革命"，周恩来总理如何保护各党派的头头们，中间这段历史就一笔抹过了。这一集是和民主党派密切相关的，而且大家也都亲身经历过这段历史，看过电视剧的同志都感到既无同舟也无共济。我想我们屡次抗议日本对侵华战争教科书，篡改历史，提出要"以史为鉴"，而我们自己却不敢正视历史，不能做到以史为鉴，又何以能说服日本，何以总结经验，吸取教训，教育后人。

同月间，《中国民主同盟五十年》大型画册出版了，这是文史委员会同志们辛勤编辑多年，争取在1991年民盟成立50周年出版，竟拖延了三四年。内容有所删改，虽不能尽如人意，但终于出版了，也值得祝贺。而民盟在建国以后这部分历史，已由文史委员会同志写出初稿，迟迟至今领导上未予审阅，不能定稿。在我留任期间未能付梓，深为遗憾。

叶笃义同志退出民盟领导层以后，着手撰写自己一生的回忆录，现已完稿，拟交群言出版社出版。因内容写得过于真实，引起领导注意。叶老表示，书可以不出，但不能改动一字。后经领导层层请示，最后决定，书可以出版，因内容不适应当前的政治潮流，所以限制印数，只送领导参考，不对外发行。最后叶老表示同意，说少出总比不出好，送领导参考也正是他的所愿。叶老在电话里告诉我说，他自己解剖写自己竟成了“禁书”，岂不好笑。我告诉他，现在的中国人就有一种逆反心理，“禁书”可能比你预期的读者还要多。

民盟主席办公会上研究了机关里的一些老同志离休问题，我也在离休名单之内。4月的一天，丁石孙副主席特地来访。丁石孙是我尊敬的民盟领导、党支部的同志。我首先向他敞开心扉作思想汇报。我谈到参加民盟机关工作40多年，学无专长，平平庸庸，虚度年华，是一生的憾事。这些年我多次向高天提出离休事，今年我已78岁，政协一退，要求民盟也批准我退下来。最后我对今后民盟工作提了一些意见，对多党合作提些我的看法。丁石孙同志表示民盟工作确有一定的难度，需要加强与改善。我说高天同志（盟中央常务副主席）身患绝症，长期卧床，全盟都寄希望于你了。他表示今后的工作深感任重而道远。

4月11日接到电话噩耗传来。95岁的楚图南同志不幸去世，几天后，统战部于刚同志也去世了。他们都是我尊敬的老师和领导，痛失良师十分悲痛。民盟不幸，噩耗再传，6月15日张纪域同志（民盟中央组织部部长）去世了。4天后，高天同志去世了，他们都是民盟有功之臣，鞠躬尽瘁死而后已，我在他们的遗像前，悲痛之极而内心感到羞愧。同月间，民盟中央召集我和金若年、周克欧、敬季超、高山等14人开了一次小会，一位副主席和秘书长主持，秘书长宣布我们14人，从今天起正式办理了离休手续，副主席对大家讲了几句鼓励之词，然后秘书长代表组织馈赠每个人的一件告别礼物，一件温暖的化纤毛毯。接着宣布散了会。我们没有机会讲话，连一句感谢组织的话也没有机会讲，就这样离开了工作过40多年的民盟中央机关。这对民盟来说，老同志们生离死别，不免使人有些伤感。但另一方面，我们又高兴地看到了民盟新人辈出，呈现出一片新的气象，也给人们带来新的希望。

本来，近几年我已处于半离休状态，而今天正式宣布离休，不免有许多感慨。两天来，我想了很多很多。“文革”结束后，特别是三中全会以来,解放思想落实政策,大家心情舒畅。而我在民盟机关工作,不断受到困扰。1974年×××写信给毛主席、朱总司令,揭发我祸党祸国七大罪行。1979年×××七张大字报。1983年他又给胡耀邦总书记写信,诬蔑胡愈之搞宗派打击张澜。四川民盟有的同志说《民盟简史》是“扬沈抑张”。凡此种种都是明确地把矛头指向胡愈老和我,也指向救国会。胡耀邦总书记上任不久,宣布民主党派中央机关共产党员,除解放前入党入盟者外,全部撤出,以利于党派的组织独立。民盟詹永泰同志,经史良、胡愈之写信给中央统战部要求留在民盟机关,得以批准。1986年史良、胡愈之相继去世,代理主席楚图南同志一再表示退出代主席职务,因而决定是年年底召开换届的代表会议。会议尚未开幕,詹永泰同志已进入宾馆,参加大会筹备工作,但在一次领导人的会议上,未宣布任何理由即把詹永泰同志清除民盟机关,当晚即搬出宾馆。不久,在选举中央委员的会上,有人秘密散发攻击我的小字报,妄图把我也赶出中央委员会。民盟出现这些情况,我作为共产党员,又是救国会会员,我不能不面对现实。但我感到困惑,我几次要求离休,未得批准,只好和民盟保持了一定距离。我有自知之明,才疏学浅,平平庸庸,没有给民盟做出什么贡献。但我也自信,我虽不才,但良知未泯,我没有做过对不起民盟的事,我在民盟犯过错误,但我有错认错,不推脱、不隐瞒、不欠账。没有向组织伸过手,争过名,图过利,抢过权。至于说对待张表老,表老一向是无党无派,年高德劭,是政团同盟三党三派众望所归的领袖。我在盟里50年,我还没有听说过有谁在背后非议过表老,压抑过表老,特别是救国会同仁们。我坦白地说,我对民盟是于心无愧的。我已离开了民盟机关,我轻松了,解脱了,我完全可以处理属于我自己的时间,开始新的生活。

我和国男早已想去欧洲旅游,现我已正式离休,我可以无忧无虑下了决心,并提早了我们的行程。

6月27日我和国男登上了飞机,先到了洛杉矶。住在力平、小瑜家里,又回到我的温馨的小屋了。小院的玫瑰还在盛开着。力平、小瑜从台湾打来电话，准备下月中回洛杉矶。今年上半年她们一直在大陆，北京、上海、成都(国男也同她们去了成都游览了峨眉山)、西昌、西安、香港到处奔波，忙于拍戏。亚洲艺术影视文化中心很赏识小瑜，给她创造条件和机遇，使她能充分发挥她的艺术才华。我们到了美国，就听说李谷一、刘长瑜等国内著名演员在此地公演，已轰动这里的华人华侨。这两年国内经济腾飞，国外声誉提高，和我第一次来美国的情况已大不一样了。

这些天，去见了几位老朋友，同时也意外地遇到一些熟人，又结识了几位新朋友，远在异乡，旧友新交都是很可贵的。

我们约小菲和 Gus 晚餐，小菲带来两个朋友，见了面才知道是叶笃义同志的弟弟方实和他的女儿叶维力。方实在新华社工作，叶维力是波士顿一所大学里的历史系教授，而且是研究中国近代史现代史的。我们见了面，谈的最多的是有关叶笃义同志光荣入党和出书的情况。七月中旬，力平和小瑜从台湾回到洛杉矶。

我和国男出国前曾去看过杨敏如同志，她谈到她儿子罗晋在美国读大学，婚姻问题很不顺心，现在和爱人分开了。一个孩子要罗晋带，生活增加了不少麻烦。她告诉我们罗晋的地址，说如有机会去看看他。我和力平谈话中提到罗晋，力平说我们在实验二小是同班同学，他功课很好，是学习委员，我是文体委员，大家都知道他家住在部长楼(南沙沟住的都是部级干部，当时邹家华也住在那里)，他爸爸是造原子弹的很有名的科学家，妈妈是大学教授。我告诉力平，她妈妈是民盟的，在师范大学教古典文学，也教过苏联文学，我们在民盟学习时，她很健谈，大家都喜欢她的发言。力平插话说，罗晋可是老实人，和爱人的生活作风完全不同。她爱人也是学电影的，我们都见过，她根本和罗家不是一路的人。我记得有一天力平开车，我们一起去看过罗晋，他一人带着孩子，很可怜。我要力平给他找个对象，以后他们的情况我们就很少过问了。

任玉书大姐和她丈夫请我们吃早茶，他们带来一位朋友胡金铨先生，他是香港影视界的人物，力平认识他。此人见识多，交际广，和力平谈电影圈子里的事情，也和我谈起旧人旧事。他大谈黄苗子、潘汉年、杨宪益、黄宗江，更了解张东荪和民社党，后来他才说，他是民社党头头胡海门的侄子。

我们去看王齐兴老先生，见到了云南人董坤靖和他的女儿董云莎。董坤靖是国男在昆明同学董坤德的哥哥，谈起来，他就在天津中共市委工作，他和在天津的五弟王陶和妹夫林子元（天津市委统战部）都很熟悉。更感到意外的是，董云莎原来就是王陶任厂长的天津第一机床厂的职工，她对厂长王陶印象没有架子，平易近人，颇有好评。我们全家去领事馆参加王学贤总领事告别招待会，他晋升了中国特派联合国的全权大使，特举行招待会向大家告别。到会者中外来宾数百人，会上见到很多熟人。力平特别介绍给我们一位洛杉矶某市的“歌星市长”，美籍华人，还介绍了冀朝鼎的弟弟冀朝理，虽是初交，但都是中国人，互相见面，倍感亲切。我们在回家的路上觉得到了美国到处可以见到中国人，而且随地可以遇到熟人，感到地球显得越来越小了。几天以后，我和国男开始欧洲旅行，想看看地球的那一边。

8 月底，我们参加了旅行社组织的欧洲旅行团（共 28 人，5 位老人，其中一位老太太，和我同龄，儿子陪同，带着轮椅），我以为我是年龄最高的，看到这位老人，而且带着轮椅，内心才解除了顾虑。

8 月 29 日上午，我们上了飞机，先飞到纽约，然后继续飞行了 8 个多小时，越过大西洋到达了英国伦敦。办理了入境手续后，全团旅客又上了旅行社早已准备好大型旅游巴士，开始在欧洲的大地上漫游了。

首先参观的是温莎古堡，这是皇室度假的别墅，听说戴安娜和查理王子分居后住过这里。这件事好像比温莎还要出名。然后到泰晤士河参观伦敦塔，陈列室中有历代帝王皇袍，这里最出名的是存有一颗号称世界最大的钻石“非洲之星”。再去西敏寺参观了丘吉尔的衣冠冢，他生前讲过，他不愿意遗体葬在这里，因为他不喜欢和这里有的人做朋友。这一天最后到了白金汉宫、国会大厦、圣保罗大教

王健、张国男在英国国会大厦前

堂，只能在外面观看，不能入内参观。我们只拍了几张外景，也算来旅游了。

伦敦号称是雾都，而今天是晴朗的。我们是在伦敦的主要街道上，正遇上铁路工人罢工游行，汽车堵塞。伦敦警察平时是不带武器的，而今天全副武装戒备森严。我们经过了海德公园，这是我从青年时代就知道的地方，这里是可以自由发表演说的。但据一个旅客讲，其实公园只有一角，一张凳子可以享受自由，此外，即以犯法论。

第二天，上午去了欧洲最古老的纪念碑——巨石阵（Stonehenge）。据说，距今有四千多年，看到的只是横的竖的十几块大平板石头，周围一片荒地，至于纪念碑的来历，向导也说不清楚。这里一掠而过，就到了牛津城。牛津大学本校和各个学院遍及全城，街上到处是书店，是一座浓郁的文化城市，我们参观牛津大学一部分，见到的教授学生们都很朴素，这是世界名牌大学，大家是怀着仰慕的心情来参观的。

我们结束了英国旅游，下午登上了万吨的豪华游轮，渡过北海，前往荷兰。那是风车之国、花卉之国。游轮上各种娱乐，体育活动一切具备，我们上了游轮吃了自助餐，夜深了，就到客舱，连大海都没有

王健、张国男在英国白金汉宫前

看一眼，一夜就睡到了天明。荷兰首府阿姆斯特丹到了。上了岸，坐上旅游车，一路上是绿绿的草地，遍地是牛羊。进了城，处处是鲜花，特别是郁金香，供应世界各地。我们参观了暖房，木鞋的作坊，起士食品制作厂，这都是本地的特产。最后参观了一家著名的钻石切割工厂，英皇皇冠钻石就是这里切割的。新的切割法，要有72面，世界上佩戴72面钻石的第一人就是戴安娜，可谓风头十足了。我们听到解说，这个工厂里有100多职工和技术人员，中国人占1/10。中午到唐人街中餐馆午餐，后游览市容。街上自行车多，还有有轨电车，到处是古老的建筑，参观了18世纪巴罗克式的宫殿和纪念碑。我们也去了色情的“红灯区”。

下午五时，我们就进了比利时，国境线不查护照，自由通行。到了首都布鲁塞尔，有“小巴黎”之称。我们先驱车去原子能展览馆，这是号称世界最高大的原子结构，这对我是一窍不通，只看看雄伟的结构，照了张相而已。再去广场参观哥德式的市府大楼，这里游人甚多，许多艺人街头演奏。经过了“红灯区”，步行参观“小于连溺尿”铜像，传说敌人想炸毁这座城市，小于连一泡尿熄灭了引线，保住了全城，他成了小英雄。第二天一早到了滑铁卢战场，当年英荷联军与拿破仑展开血战的地方，最后拿破仑大败而逊位。这里只有一个山头，一座小小的铜像。但在历史上拿破仑及其法典却占有极其重要的地位。上午10点车开到法国边境，没有检查护照就直开到巴黎。

大车一直开到凯旋门、香榭丽舍大道和协和广场，又去游览了艾菲尔铁塔。两个钟点，巴黎最著名的景点一掠而过。下午乘玻璃游船游塞纳河，晚上登上了艾菲尔铁塔顶点俯览巴黎夜景，全城灯火尽收眼底。

王健（左一）、张国男（右一）在比利时原子能展览馆

第二天，参观了巴黎圣母院和卢浮宫，看到了世界闻名的蒙娜丽莎、爱神维纳斯、胜利女神三件无价之宝。中午旅游车停放在凯旋门路旁，全团自由活动，我和国男走近凯旋门，仔细看了四面的浮雕像，走下地下室，有街道四通八达。我们上上下下跑来跑去，对凯旋门有了较深的印象。下午参观凡尔赛宫，这是世界上最豪华的皇宫之一，宫内到处是浮雕、壁画，在一间约百米的大厅里，全厅顶画据说画了17年。一切设备富丽堂皇。这里参观走了一个半小时，旅行社请了一位法国人闵飞霞女士导游，她汉语讲得很好。我们谈起来，知道她曾在北京外文出版社任义学翻译两年，她认识爱泼斯坦和冯亦代同志。一路我们交谈，成了萍水相逢的朋友。

第三天在去瑞士的路上，途经枫丹白露，下车参观了拿破仑极盛时代的皇宫，也参观了拿破仑的棺木。但这些要和凡尔赛宫的富丽豪华则无可比美了。到了日内瓦，先到喷泉湖畔停车参观。瑞士在我们的心中是“世界公园”“中立之国”“和平净土”。这里各种国际组织很多，联合国欧洲总部就设在日内瓦。我们参观中部和国际红十字会组织，游览市容。这天正好是星期日，商店都不营业，路很窄，

张国男在巴黎圣母院前　　　　（王健摄）

也不整齐，自行车多，房屋老旧，厕所里外墙上乱画，总之给我们的印象和我们心中想象的不同。我们的朋友容思小姐，去年就约我们来日内瓦一游，到她家做客。不巧的是我们来到日内瓦时，她在香港，赶不回来，失去一次见面的机会，颇为遗憾。晚上，我们特别到了一家有日内瓦特色的饭店用餐，一面吃着别有风味的晚餐，一面听音乐看表演，音乐是根据顾客的国籍演奏的。时而奏出了日本歌曲，时而奏出俄国音乐，台上台下齐声歌唱。她们没有奏出中国歌曲，大概他们把我们的旅行团当作日本人了。

第四天，一早出发，又进入法国境内，车子沿着阿尔卑斯山脉到了白朗雪峰，乘缆车登上 1.5 万呎顶峰，峰峰相连，白雪蓝天相映，大家都有进入仙境之感，享受了大自然之美。下了山，钻个山洞，10 分钟后出了洞，就到了意大利的境内。在意大利境内沿着利维拉蔚蓝海岸走了几个小时，到达摩纳哥（大公国），这是一个面积不到 2 平方千米，世界上最小的国家之一。站在山上就看到了全城。我们只参观了皇家大赌场，游览了一个多小时，算是旅游了一个国家。继续前行一个多小时，又进了法国，到地中海海滨城市尼斯，这是个闻明世界的香水城市。在尼斯过了一夜，转天上午，我们去香水工厂，大家选购了一些香水，我们也买了几瓶，不是为了香水，而是喜欢各种各式精美的小瓶子。不到两小时，我们又进了意大利境内，正式开始在意大利观光旅游。

法国白郎雪峰

意大利是欧洲古老国家之一,是我们旅游的重点城市,也是我们和整个旅行团一起旅游的最后一站。我们和同车的旅伴就要分手了。大家谈得更加亲热,路上和一位原籍山西的老太太交换姓名,她叫李续月仪,山西姓续的引起我们注意,问她知不知道山西有个续范亭?她惊异地说,他就是我的叔公公,我告诉她张国男就是李公朴的女儿,李公朴和续范亭在山西一起工作过,而且成了最亲密的朋友。老太太只知道续范亭在国民党地区的事迹,特别是那段人所共知的爱国事迹,续痛恨蒋介石不抗日,在中山陵前点火自焚,以死相谏,幸而得救。我告诉她,后来续和共产党合作,贡献很大。我们谈得非常亲切,从此我们做了朋友。

我们沿着热那亚湾,经过热那亚市到了比萨城,沿途看到了3000多年前埃及式的古堡,参观比萨斜塔,比萨塔的倾斜度已禁止进入塔内参观。我们在市区游览一周,即去文艺复兴的发源地佛罗伦萨,先到米开朗广场,然后步行市区观光,整个的城市就是一座博物馆,主要的是表现出人文主义思潮,从建筑、雕刻、绘画、音乐等方面到处可以看出科学、文化艺术的普遍繁荣。意大利皮货出名,大家到一家皮货商店选购,店里有两个来自大陆的大学生打工,一位是天津小白楼人(我在小白楼附近住了三年),对这位老乡就倍感亲切,

比萨斜塔

为此,国男选购了一件皮夹克,我买了一条皮腰带,以尽同乡之谊。

转天,一早上了太阳公路,直奔首都古罗马。中午到达罗马。首先去参观斗兽场,以及周围的古老教堂。然后去世界天主教中心梵蒂冈,这里人口只有 1300 人,为特殊形式的政教合一的国家。我们参观世界最大的圣彼得大教堂,确实是我们所看到的教堂中最高大雄伟、庄严肃穆的宗教圣地。教堂里每个雕塑、壁画以及窗上的五色带着各种花纹的玻璃,导游都能说出它的来历、年代。参观后到外面广场休息,据说这是仅次于天安门广场的世界第二大广场。我们在意大利最后一天是游览水城威尼斯,这是马可·波罗的故乡。我们到了码头,上了水上游轮,沿河参观两岸,经过不同形式的古老桥梁,据说这里的桥梁大大小小各式各样有 400 多座,我们在绿波里荡漾着,时而穿梭于纵横交错河道。两岸不少窄小支流(类似北京的小胡同),小船来来往往,就像我们江南的水乡。凡是读过莎士比亚的《威尼斯商人》剧作,对威尼斯和这里的商人可能都有个先入为主的印象。我们在这里没有进过商店,不知商人是老实还是奸诈,但对威尼斯的观感,不像传说的那么神奇美丽。两岸的建筑都很老旧,支流河水显得混浊。我所欣赏的就是这个水上城市,奇异的桥梁水乡。这和陆上参观又是一番景色。游轮经过火车站,我向大家告别,一个人上了岸,在车站广场休息。国男和导游回旅馆去取行李，返回后，导游陪我们进了车站买了票，和他道谢握别。我们吃晚餐，上了车，服务员取走了护照，给我们去办入境手续，10点钟车子开始启程，我们也渐渐进了梦乡。第二天早六时，车子到达德国境内的第一站慕尼黑，我们已经看到了李红推着小车进站来接我们了，心里喜悦万分。慕尼黑位于德国南端，多瑙河支流河畔，李红住家在汉堡位于德国北端，她是昨天乘飞机到慕尼黑的。我们下了车，推着行李，走到车站附近的旅馆，到了旅馆第一件事是和力平、小瑜通了电话，让她们放心。我们初步考虑，离团旅游，不受约束，可在德国多住几天，也可以和李红一家享受家庭生活。上午游览市容，下午去步行街逛商店，坐地铁，晚上吃了一顿纯粹欧洲风味西餐，喝了有名的慕尼黑啤酒。第二天上午，我们乘子弹头的快车，到第二站法兰克福，位于德国中部，这是欧洲旅行者坐飞机的中转站。我们定了一家旅馆，然后李红带我们乘火车到莱茵河畔一个小城市Riderhin。这是山水秀丽的风景区。我们在河边散步时，一位青年女郎走在我们面前，自我介绍是德国电视台记者，今天山上正在举行庆祝葡萄酒节，电台录像，希望请东方人参加。征求我们意见，我们欣然同意。我们坐上她的车上了半山一个小广场上，一群人正在布置会场。不少客人陆续到来，一切都很简单。七时开幕，市长、酒会会长讲了话，还选了五位美女戴上皇冠。音乐开始全场跳舞，电台女郎向李红采访，三位美女也站旁边，电台录像，最后也要我们用中文讲几句话，由李红翻译。她们很高兴，全部都录下来了。她们向我们敬酒，我痛饮了几杯美酒。然后电台女郎用车子把我们送回旅馆。第二天，上午我们坐船游莱茵河，沿着两岸观光，一小时后搭火车返回法兰克福。下午乘快车北上到汉堡，这是德国北部最大的城市。再坐火车一小时经过易北河便到了李红的家一座古镇 Lubeck。李红的丈夫 Michael 是德国人，学校老师，对中国很感兴趣，女儿 Tina 三四岁，满口中国话，Michael 会做中国发面包子，他们经常吃中国饭，李红几乎把他家中国化了。

在李红家过了几天家庭生活，小 Tina 比 Becca 小一岁，同样有混

王健（右二）和李红（右三）一家合影

血儿的美丽、聪明。她流利的中文使我们完全沟通了。全家都喜欢中国饭，我就大显身手，做了几个拿手菜，特别是狮子头，小 Tina 最喜欢，从那以后我就成了“狮子头爷爷”。一天我们去了汉堡，通过了易北河大隧道。从南岸到北岸，参观了市容和市政大楼，另一天，我们到波罗的海海滨，在海滨散步，野餐，休闲生活了一天。

9 月 17 日即开始回程了，李红一家陪我们先到柏林，参观市容，游览夏宫、胜利碑、凯旋门、议会厅、市政大厦、苏军纪念碑，最后到了布兰登堡和平门。李红告诉我们，李鹏曾来德国进行国事访问，经和平门时，中国学生和华人华侨在这里集会，向李鹏提出抗议，坚决不允许他经过这个门。李红还告诉我们，这个门的两边原来就是柏林墙，1989 年被东德人拆毁，现在种上了树木，再也找不出遗迹了。我们在一家店里花了 7 美金买了一块大拇指大小的柏林墙砖，装在一个精致的有机玻璃框架里，成为有历史意义的纪念品了。

1951 年，我随沈老率领法律工作者代表团来过东柏林，那时是他的极盛时代。现在旧地重游，街道、树木、房屋依旧，而显得破烂失修，特别是人的精神面貌，商店的门前冷落，已大不如往日了。李红告诉我，东西德统一后，西德背了一个大包袱（指东德），所以目前德

德国柏林布兰登堡和平门　　　　(王健摄)

国经济上困难很大。第二天我们去27公里外的历史名城波茨坦首府。这是1944年英美苏三国元首举行"波茨坦会议"的地方。1951年我也来过这里,当时解说员详细介绍了会议的情况,以及哪个元首坐的是那把椅子。现在看到的基本是原封未动,我反而可以给李红他们做解说了。回到柏林又住了一夜,转天我们告别了李红一家,登上了民航客机,飞行了9个小时,9月20日,回到了北京,这天正是旧历的中秋节。我们经历了22天的旅游生活,顺利地完成了欧洲旅行,我们又环绕了地球一周。

回到北京,又忙起李公朴画传的编辑工作。我感到还缺少公朴先生青少年时代和美国回国后上海生活的一段资料,所以我和国男商量,很有必要去家乡常州武进和上海一趟,访问公朴先生青年时代前妻的女儿李国华和尚健在的一些亲友们。我们约了丽君同去,正值公朴先生的同宗近亲李宗海夫妇也回家探亲,和我们一路同行。我的祖籍也是武进,当然也很想借此机会去看看。事先已和家乡取得联系,县里、镇里都表示欢迎。公朴先生是武进县湖塘镇生人,如今湖塘镇已是百名明星镇之一。10月上旬我们乘火车到了武进,镇上的人来接我们。走在镇上,所到之处,一片繁荣景象,已无身在农村、乡间之感。村支部书记李雪明同志负责接待我们,住在镇里一家富丽的金龙大饭店。饭店的规模不亚于政协开会时住的宾馆。改革开放,一部分人先富起来,一个镇先富起来,在湖塘镇已见到成效。

下午我们参观常州的革命烈士馆,馆里陈列了瞿秋白、张太雷、恽代英、李公朴烈士的遗物和著作。馆长给我们介绍该馆成立经过和今后计划。他知道我们的来意,表示愿对我们的征集资料工作予以支持。

村支书带我们参观了一家新兴的工厂——玛瑙洁具厂,是制造冲浪浴池的现代化企业。这种浴池不但可以洗澡,而且可以冲浪,冲击全身,使肌肉运动,在洗澡时可起健身作用。这种冲浪浴池,我只在美国 Lake Tahoe 的 Dick 海滨别墅里使用过,在我所见过的大饭店、大公馆里(包括欧洲)还都没有见过,而这个小镇上居然有十几户人家都安装了,真不愧是个明星镇,镇也以此为荣。但我在想,发展工业,先富起来,要贴近居民的生活实际,如果过于超前,在民间能否行得通?能否维持得长久?村支书告诉我,下月,全国百名明星镇将聚集湖塘镇,举行会议,交流经验。我建议玛瑙洁具厂制造冲浪浴池的经验应总结总结。

我们特别访问了和公朴先生同年(93 岁)的李雪山老人,他和公朴先生是同镇邻居,少年时代,他们经常在一起。雪山老人,精神矍铄,头脑清晰,他谈到公朴先生少年时代的性格和爱好,还谈了些有趣的小故事。这对我们了解公朴先生的为人和后来的成长是有帮助的。

晚上我们到村支书李雪明家参加晚宴。李在村里(古方村)不但担任党支部书记,还兼任古方农工商贸实业的总经理。家里住的是座旧楼房,但房间、后院都很宽敞。家里设备如沙发、热水器、大哥大等几乎应有尽有。席设两桌,八盘冷,八盘热,最后上的是大闸蟹。主人说,现在正是吃螃蟹的季节,准备了一篓,要大家吃个够。我们这些从北京来的干部,见到这样场面,相形之下,觉得自己有些寒酸了。

我们去了公朴先生故居,现在仅存两间房屋,尚有人居住。武进县委准备改建故居,已列入规划之中。我们还采访了公朴先生同乡老友的家属子女们,想从他们那里寻找一些有关公朴先生的资料,核对了一些照片,他们也提供了一些线索。

武进县委约请当地一些老人和民营企业家举行座谈会,我们这些外来的家乡人也被邀请参加。县委书记报告本县经济情况和今后发展计划,同时也谈到纪念革命烈士,修建烈士故居,开展爱国主义教育的规划。一些老人和企业家讲了话,我们听了家乡形势一片大好,受到鼓舞。我作为公朴先生家属借这个机会也讲了话,我从开展爱国主义教育谈起,报告他们北京拟在 1996 年公朴先生殉难 50 周年举行纪念活动。现在我们正在着手编辑一本公朴先生画传,希望在座的老同志们提供我们一些有关资料,同时我们也在为出版画传筹划出版经费,希望家乡的企业界给予经济上的支持。在座的对公朴先生谈不出多少具体的材料,但企业界的同志们热诚地表示,愿为出书给予经济上的援助。这是我们来武进的一大收获。

在武进的最后两天,我们参观了瞿秋白、张太雷故居,也看到史良住过的房子,参观了无线电电阻车间和钢板厂加工厂(两万元起家,现在已建起工厂和一幢办公大楼),我们所见所闻,既受了历史革命传统教育,又看到了当前实行的改革开放的方针政策的成果。大家都感到此行不虚,受益匪浅。

湖塘镇的同志们计划在我们去上海之前,招待我们去浙江千岛湖一游,征求我们意见,我们欣然同意(丽君去上海探亲没有参加)。我们一行乘镇上准备的大巴,向杭州开行,到达杭州住了一天,大家不看西湖,忙着看朋友。我的老朋友陶志新已去世,我和国男去看原北京医院的王西真,她家里富裕起来,但身体衰弱多了,见到我们又惊又喜,有说不完的话。第二天,我们从杭州先到建德县,再到湖边。我们一行 8 人,分成两只小飞艇,穿上救生衣,然后在一片广阔湖里,飞跃前进。一路远望大大小小数不清的岛屿,统称为千岛,20 多分钟到了天池,这是我们游览的目的地。大家登岸,他们在爬山,我独自坐在湖边茶社饮茶休息,以观湖光山影。巧遇统战部宋堃副部长和浙江民盟的同志们来此一游。国男等人下山回来,我们再次飞跃返程。当晚住建德县城的一座古老的山庄里。转天一早出发去瑶琳,游览浙江省十佳风景之一的瑶琳洞。进了洞,曲折广阔,雄伟壮观,洞里各种形状的岩石,灯光明亮,五光十色。洞里走了一个多小时,出了洞口,乘车直奔上海。一路远望一座座新建的三层楼房,不少人家屋顶装有天线塔,说明村民之富,已进了小康。我们坐在车里,走在沿公路的田间边上也看到一幢幢三层楼房的精美模型,大都装有天线塔。司机告诉我们,这都是现代化的坟墓,家人孝子希望老人死后仍能像生前一样的享受,这说明村民之富有,但更说明村民的封建愚昧,我认为经济改革要发展教育,移风易俗更是必要的。

到了上海,住在繁华地带北京西路的一家饭店,看到商店物资丰富,市民衣着时尚,显出繁荣景象。但交通堵塞,行人熙熙攘攘,环境卫生较差,社会秩序又显得一片混乱。北京西路是我过去经常来往的地方,很多旧房屋仍在,新的高楼大厦耸立其间,这里正处在改革开放的转型期。

我们首先去了衡山公园,瞻仰沈老的铜像。这是两年前,救国会的同志们在北京多次和雕塑家一起开会研究在上海为沈老立像事,最后决定铜像立在衡山公园,因为沈老的号为衡山。我们和丽君、李国华一起去上海革命公墓,见到了陵园主任,听他谈陵园的修建计划和目前施工情况,并带我们到现场参观。最后我们去公朴先生和邹韬奋先生墓前献了花。下午,将近黄昏,我去上海郊区小瑜的新家,一座两层的小洋楼,见到了她的爸爸妈妈。热情接待,亲如家人。这些年来,小瑜学成归来,经常奔走大陆台湾之间,在影视界一帆风顺,大展宏图,也该有个安定舒适的家了。

离开小瑜家,我们特意去外滩看看,外滩是夜上海最亮丽的旅游景点。每天夕阳西下,整个外滩各大建筑彩灯齐放,与江水相映,吸引着中外游客。在我世界旅游中,这样多彩缤纷沿江的夜景,还是很少见的。

在上海最后的两天里,我们拜访了一些亲朋好友。我和宗海去看了 84 岁的陆诒同志。他是最早的新华日报记者,出生入死在战地采访。新中国成立后,走上了很长的一段坎坷的路,现在住在三室一厅的旧楼群里，室内几乎没有一件新的（更不说是现代化了）家具，一个床头柜还是夫人陪嫁带来的。陆诒同志很知足、乐观。他开玩笑地介绍他夫人说：我们是奉父母之命结成的夫妇，从来没有那些山盟海誓、如痴如狂的浪漫史，几十年恩爱，贯彻始终，白头偕老。和他夫人谈起来才知道，她还是量才妇女补习学校李公朴、张曼筠的学生。她谈了一些当年补习学校的情况和对老师的印象。陆诒同志是公朴先生的老朋友，曾写过纪念公朴先生的文章，这里有些宝贵的资料。这次我来是找他核对几张公朴先生战地活动的照片，请他加以说明和注释。陆诒和公朴先生在华北边区曾有过往来。

我和国男、宗海去华东医院探望95岁的邹师母（邹韬奋夫人），她躺在病床上，面色显得消瘦，但精神尚好，头脑还很清醒。见到我们，面带笑容，我们走到床前，她拉着我的手，马上叫出我和国男的名字。嘴里说："真快，几十年了！"激动得流了眼泪。明天是她的寿辰，我们献了鲜花向她表示祝贺，说了几句安慰她的话。临别时，把床摇起来邹师母半躺着，我们和邹嘉骊（女儿）、朱宗英（儿媳）围着她照了几张相以留纪念。出了医院，嘉骊带我们去韬奋基金会，去取事先约定好她给我准备的有关公朴先生的资料。她提供的一些资料都是比较宝贵的。

我和国男约好公朴先生侄女李为冰，到她家吃晚饭。一方面是看望她们一家，同时也想从她那里收集一些资料，她父亲是公朴先生的二哥李公愚，是对公朴先生青少年时代帮助最大的人。和李为冰谈话时，谈过去家庭生活情况，谈他所听到父亲说过的有关公朴先生事迹，核对了一些我们已掌握的材料。

最后一天，我们游览了上海新兴起的市区浦东。我们经过延安路到浦东的隧道，浦东完全改变了过去的面貌，高楼崛起，蔚然成为一座现代化城市，我们游览了市容，然后经南浦大桥到南市，游览豫园，逛了城隍庙，城隍庙也起了变化，老城遗址仍然保留，但多了许多新的建筑，外商也打入进来，这里还保持传统小吃，但咖啡、XO、卡拉OK也充进市场。我在一家小吃店里和一位老人聊了几句，他感叹地说:“毛主席、周总理的时代过去了。”言外之意对眼前看到的变化似乎难以认同。改革的潮流是不可阻挡的,但刮来了一阵阵不正之风,也确令人难以接受。

11月5日,我们一行乘飞机回到北京,机上巧遇统战部李定同志(原副部长兼任全国工商联副主席),他去武进参加全国百星镇大会归来,我们交换意见,对经济突飞猛进,一些乡镇企业先富起来,确实令人可喜可贺,但是随之而来的一些问题,也令人担忧。谈起来我们颇有同感。

参加党支部会,听取统战部领导同志传达四中全会报告,报告都是报纸公布的文件内容,没有起学习辅导作用。我读了薄一波同志就加强党的建设问题答记者问,他把四中全会文件精神讲得非常透彻,特别是将民主集中制问题,从理论到实践讲得十分清楚。我从这里体会到,在党的历史上不少经验教训,就是没有把民主与集中摆正,没有把民主集中制实现制度化和模范化,多数情况是强调集中而忽略民主,所以出现一言堂、家长作风,甚至独断专行,搞个人崇拜。薄的讲话,对我学习四中全会文件提高了认识,加深了理解,起了指导作用。

民盟定于12月中旬召开中常会和中全会,同时召开参议委员会。我已正式离休,本拟请假不去参加。我和林老、叶老、亦代同志通了电话,亦代同志要赶着出书,已请了假。林老、叶老不但他们自己参加也劝我去听听各地方的情况,见见老同志,不要失去这个机会。我接受他们的意见,进住了香山饭店。晚餐时就见到许多老同志,令人高兴的是这些老同志们都是身体健康,红光满面。九十多岁的李大姐(李文宜)、天津的赵老(赵今声)、河南的吴老(吴绍骙),山西的冯素陶、山东的吴富恒都来了。林老、叶老西装革履。张芝联同志还是那么潇洒,风度翩翩,他心脏做了大手术,复原后也到会了,今天大家欢聚一堂,确是难得的机会。

参加了大会小会,听了统战部领导作的报告,党校校长龚育之同志作的学习邓选的报告和民盟中央副主席钱伟长的工作报告。也参加了小组讨论，听到各地的同志反映的情况，也提出许多问题和意见。吐了真言，讲了不少难处，认为地方党委对统战工作不够重视，今天的统战工作还是人治，依人而异，民盟的工作不好做。所谓多党合作是领导与被领导关系的合作，能有多少真诚的合作？各地同志反映地方经济建设方面的辉煌成绩和各级政府所做的艰巨工作，这是主流，但另一方面不正之风日益猖獗。四川同志说，有的单位领导，不但大吃大喝报公账，就连嫖娼、豪赌也能报公账。老百姓气愤在胸，但是很少人敢于举报。事实上，这种现象又何止于四川。

会后，我继续忙着编辑画传工作。我特去拜访了范用同志，他是在读书出版社工作过多年的老同志（曾任人民出版社副社长、副总编辑），他一直保存有公朴先生主编的《读书生活》半月刊和《全民周刊》，从创刊号到终期完整无缺。还存有1946年“校场口血案”有关公朴先生一些资料，如公朴先生受伤的医院检查报告、对特务捣乱法院的诉状和各界人士的慰问函电等等。可用的材料十分丰富，十分宝贵，而且都是第一手真实可靠的资料，大大的充实画传的内容。

今年一年，我大部分精力是用在编辑画传上。上半年写了很多信，和公朴先生有过联系的人，或老朋友的家属子女们，征集核对资料。也访问了一些人，特别是一些老人，如孙起孟、夏衍、王丹一（艾思奇夫人）和林老（林伯渠）的女儿核对资料，鉴别照片。下半年主要是去了家乡一趟，最后又找到了范用同志，初稿已基本完成。首先送张光年同志审阅，并请他为画传写篇序文。明年准备送周巍峙同志（青年时代曾协助公朴先生工作多年）和张则孙同志（从小在公朴先生家里长大的姨侄，后一起去延安）审阅后再加修改即可付印了。忙了一年，总算拿出了一本比较像样的初稿，我如释重负，轻轻松松地在迎接1995新的一年。

1995年　79岁

读叶稚珊的《沉默的金婚》和叶笃义的《虽九死其犹未悔》《李公朴画传》初稿完成　再度赴美旅游　冯亦代、黄宗英、陆璀新著出版

新年到来,迎接新春佳节。这个期间不断接到各方面朋友寄来的贺年卡,不外都是一些祝贺之词,福寿吉祥的话。我收到《群言》的小叶(叶稚珊)寄来的不是贺卡,而是她的一本散文集,是以书里的一篇散文《沉默的金婚》作为书名的。我首先读了这篇文章,这里是讲她的公公徐盈和婆婆彭子冈在金婚那天,是在沉默中渡过的。他们都是在解放前就出了名的进步的新闻记者,我也听沈老说过,他们是在重庆大轰炸就是在一起共过患难的。我在1950年参加中央西北少数民族访问团时,子冈是随团记者,因而我们时有接触。我和徐盈是在救国会集会时认识的,和他们二人原都认识但来往不多。1957年他们都被打成右派,从此再也见不到他们,也读不到他们的文章了。

《沉默的金婚》是小叶1986年写的,当时正是第三次反对资产阶级自由化的高潮(根据《人民日报》的报导),同时也在批判伤痕文学。小叶的文章当然还算不上是伤痕文学,但她轻描淡写,几笔就把她公公婆婆内心世界描绘出来,"焦虑和难过""流过血、淌过泪""内心深处累累伤痕"而他们从未有抱怨和牢骚。我亲身感受过知识分子最痛苦的时候就是沉默,他们又是在金色日子里沉默。"这金婚时的沉默,这沉默的金婚,令人心碎。"我读到这里也为之动容。

不久，我又收到叶老（叶笃义同志）托人带给我的，他的80回忆《虽九死其犹未悔》一书。我拿到书立刻和他通了电话，向他祝贺。他告诉我，书只准印60本，不准对外，要我看了不要扩散（这就是上级批示的）。这本书写了他的出身和经历，新中国成立后经历过了一段坎坷的道路。他翔实地写了1957年是怎样当上了右派的，在“文化大革命”中的遭遇，在秦城的四年监狱生活以及多次审讯，最后写了“认罪书”宣布释放。他是本着“就我记忆力所及，尽量写具体，写详尽。”问题就出在“具体、详尽”，所以只能印书60本，不能公开。我读完以后，想起了谢老（谢觉哉老人）曾写过的一首诗，诗云：“行经万里身犹健，历尽千艰胆未寒，可有尘路须拂拭，敞开心肺给人看。”我并不是要把叶老比作谢老，只是诗里有的词句，很适合叶老，这本书确实做到了“敞开心肺给人看”，而且他也做到了“历尽千艰胆未寒”。在他晚年退出民盟的领导班子以后，他唯一的愿望就是入党，最后终于光荣地参加了共产党。我信笔把这首诗写成条幅送给叶老，诗后加以注释：“拜读大作，我感受良多，近来偶阅谢觉哉老人六二年透视检查后赋诗一首，寓意深切，录之以奉笃义同志笑纳。”写毕，觉得开头九个字不妥，这无疑地是暴露了他送书给我，有扩散之嫌，会给他增添麻烦，所以我只好去掉这九个字又重写了一幅寄给他。这个年代写书送书，看书送诗心里都有些战战兢兢。

公朴先生画传初稿虽已交出去了，但我还继续收集资料，使画传编得更加充实完美，我又找到两个老人：一位是和公朴先生一起去延安见毛主席的谷军同志，一位是公朴先生在延安组织的抗战建国教学团的团员苗培时同志。谷军同志已年逾八旬，耳聋眼瞎（只有左眼在阳光下才能看到一些）。听到朋友说他还在世，我和他夫人通了电话，两天后，谷军和夫人主动地亲自来到我家，并带来他近来的诗作，使我们感动万分。

谷军同志告诉我们，当年他是生活书店职员，1938年12月他和公朴先生夫妇以及张则孙相约一起从西安到延安，很快地见到了毛主席。毛主席对他们讲了一番话，公朴先生要他即将毛主席的讲话尽快设法传到重庆生活书店。生活书店于1939年3月在内部的油印刊物《店务通讯》上刊登了毛主席这段讲话。我听了这段宝贵的资料很高兴，第二天就找到了生活书店的同志，他帮我想方设法找这期《店务通讯》，最后还是从上海邹嘉骊那里帮忙找到的，他寄来《店务通讯》的复印品，我如获至宝，为本册增光。

另外也是想方设法辗转托人，找到了和公朴先生一起奔驰在敌人后方的抗战建国教学团团员苗培时同志，他是民俗文学作家，经常下基层采访老乡工友生活，写了一些通讯和通俗作品。他告诉我1940年初春，抗战建国教学团到平西参观了涞、涿、房、良和宛平各县工作，他和公朴先生还到了北平外围作了详细的考察，他说他为《青年报》连续写了几篇《历史故事》，内中有一篇是写《李公朴上方望北平》短文。他把这篇短文复印品寄给我，短文里还配了一幅二人站在山头上远望的插图，这又是一件为本册增光添色的至宝。像考古学家一样，古迹越挖越多。不断激励了我把这册画传编得更加完美，还要深挖下去。最后又送给丽君（当时她在大百科全书编辑部工作）审阅修改。

天津法商学院校友会还有最后的一件事没有完成，就是在天津母校树立李大钊的塑像事。3月底我们接到雕塑家的电话，说李大钊全身塑像已初步完成，请大家去审定。我们约定大家在德内大街雕塑厂见面，我和彭友今、陆树元和几位40年代的校友们，特别请了李大钊亲人李葆华和朋友李运昌二老到场，他们见过李大钊本人，主要是听取他们的意见。我们也提了一些修改的意见就定下来了。准备再加修改后，即运往天津，定期举行正式立像仪式。使我十分遗憾的是李大钊的塑像即将树立起来，而为立像积极奔走活动的校友会长庄林、副会长朱光、刘瑞方三位同志都病倒了。正式举行立像仪式之日，我和彭友今去参加行礼至祭。

清明时节，我和国男、力平（小瑜一人去上海）去天津，下午我们约了王陶、家毅去陈林庄公墓为父亲扫墓。这是1971年父亲去世24年后第一次为他扫墓。我和王陶自认是不孝之子，我捧着父亲的骨灰盒，感到内疚。母亲骨灰尚在北仓，由家毅负责找来和父亲骨灰安放在一起，并约定日后再来为父母扫墓。当晚由力平主办，约请了我们兄弟姊妹四家人，在一家饭馆，设宴三桌，老老小小30人，四世同堂，大家借此团聚，也是为了悼念我们的先辈。这还是王氏家族的第一次，增进了全家人团结和谐的气氛。

我和国男准备下半年再去美国。上半年在编辑公朴先生画传的同时，也在编辑胡愈之画册。我把我已收集的照片、资料写上文字说明和胡愈之生平大事记初稿，整理后交文物出版社盛永华同志，她在初稿的基础上加以补充，并作了大量的文字工作。最后我们去胡愈之的老朋友、出版界的权威人士王仿子同志家，一起研究画册的编辑出版之事，研究决定在我出国后由盛永华负责，定稿后交三联书店出版。我如释重负，即可作出国的准备了。

我接到民盟召开中常会的通知，我准备请假，但接到林老电话，他说去参加，并约定几位老同志也去，要我也去参加。王丹凤同志特别从香港赶来，住在北京饭店贵宾楼，我坐车先去接她，然后去参加开会。一路上她谈到千家驹在香港、深圳的近况，她说他有些衰老，很少发表文章，据说统战部、民盟中央都有人去看他。谈到香港社会很多不安定因素，6月4日那天香港举行了万人大游行等等。

在会场上见到北京的、外地的老同志都到了，林老行动困难，有人陪着他赶来了。大家都知道这种例会都是形式主义，但老同志们"见一次少一次"的心理是可以理解的。会上讨论的是政协常委会通过的《政协全国委员会关于政治协商、民主监督、参政议政的规定》。这些内容所谓政治协商、民主监督，从1949年政协成立就谈起，年年谈，今年作出规定，可能明年还要谈，大家觉得没有什么新意。老同志们会上、会外交谈，谈得很亲切很默契。至于费老的讲话，秘书长的传达和常委会的工作报告，会后看看《简报》也就是了。第二天常委会我请了假，看到会后《简报》上是继续讨论《规定》，并通过决议和人事任免，任命了程国生、魏东周、毕树林三位为副秘书长。我在家读亦代送给我的巴金的《随想录》，自得其乐，颇有所得。

接光年同志电话，公朴先生画传初稿他已翻阅了一遍，并写好了序言。我和则孙同去周巍峙家。我作了交代，先请周审阅提出了修改意见后，并交则孙，等我秋天回国后，即可完稿。

6 月底，我和国男坐上飞机先到洛杉矶。力平、小瑜都在国内拍摄《太阳有耳》影片。艾平来接，在洛杉矶住了两天，我们带着小 Becca 去看望 95 岁的王齐兴老人，他的身体很好，给小 Becca 唱歌讲故事，他谈到两年前写完了长篇的回忆录，准备发表。他选了几段给我看。怀念公朴先生、怀念祖国和故乡之情溢于纸上，读之颇为感动。他是因为平反结论还留了尾巴，心里不放心，决心出国的。

艾平已搬到旧金山郊外住宅区，7 月初我们到了旧金山。先到城内逛逛唐人街，在世界书店里买一本上个月出版的《炎黄春秋》月刊和《李志绥回忆录》。车行至郊区到了艾平的新家。新家门前一片开阔地，门后是一个有小桥流水，树木成林的绿色小花园。我和国男很喜欢这个环境，每天早晨我在门前做操，晚饭后，我们在小花园里绕园一周，这是我们一天最消闲的时刻。

我们去了王万菊和 Gary 家，他们夫妇都是心理学医生，但都皈依佛门。每天焚香、静坐、诵经。Gary 很关心政治，谈到美国，他认为目前美国经济衰退，缺乏远景计划，形势将向亚洲转移。艾平带我去邻居华人傅太太家，她是天津东亚毛纺厂的高级职员，她认识宋棐卿，说宋见过刘少奇，对国内的政策多变，心存疑虑，所以宋离开了大陆。我作为天津同乡，介绍大陆的经济发展现状，劝她回去看看，她未置可否。

在艾平家住了一个月，看完了《李志绥回忆录》。李志绥是毛主席的保健大夫，在毛主席身边工作了多年。国男因常陪苏联专家到中南海会诊，认识了他，对他的为人印象还是比较好的。国男看了他的回忆录，觉得他写的有些情况与事实不符，写毛主席身体状况诊治医疗方面的多，写政治方面的比较少，是符合他保健大夫的身份，但书里也暴露了毛主席个人生活、思想作风和一些言论，我们觉得是不应该的。正因为如此，这本回忆录在国内是禁书，在美国成了畅销书。

在美国我们还看到了两本书，一本是《毛主席和他的女人们》，一本是自称为周总理的“私生女”，写的她母亲和周总理是怎样认识的，是怎样偷着生活的等等。这两本书文笔拙劣，漏洞百出，极尽造谣诬蔑之能事，为许多华人所不齿。千家驹也曾著文予以批驳。今年夏天，四川民盟的老同志冯克熙也来到旧金山探亲，这是位敢说真话的朋友。我们通了两次电话，像在北京见面时一样畅所欲言。他认为《李志绥回忆录》要比上面讲的两本书，写书的态度比较平和很有分寸，书的内容确有可信之处，他对这本书是肯定的。一个多月以后，国内汪东兴等135人发表了一封公开信，揭露和批驳李志绥的阴谋和虚构。我们看了这封信，信的内容不谈，看到135人的名单，其中不少知名之士，但有些人是否和中南海有过联系令人置疑，因而这封集100多人写的公开信，反而难以起到预期的效果。

我和国男商议决定，8月初去Pennsylvania（宾夕法尼亚州）匹兹堡看望国男母亲从小学到大学的老同学谢纬鹏阿姨，祝贺她96岁生日，并借此机会再去加拿大看看闻名世界的Niagara（尼亚加拉）大瀑布，再去多伦多看望多年不见的老朋友玛丽夫妇。我们先到了芝加哥，下了飞机艾平就租了一辆小轿车，我们坐着小轿车开始了长途旅游，这次带着小Becca，路上不感寂寞。一路上经过农田，3小时进入Indian州，我们在一个镇上，路旁有些最便宜、最方便的小旅馆住了一夜，转天到该州首府，正赶上车赛，观众拥挤，行车堵塞。我们游览了市中心，街上黑人较多。我们继续赶路，进了Ohio（俄亥俄）州。在州的首府郊外小城镇里住进了小旅馆，这里还有游泳池，附近有商店。国男带着她们去游泳，我去逛了几家小商店，买了几件当地的小玩艺留作纪念。转天一早到了首府Columbus城，我们参观了科学馆，这里有很多中小学学生在老师带领下来上科学实验课的。小Becca看了各种科学实验很感兴趣，流连忘返了。我们上车走了3个多小时到了Pennsylvania州和West Virginia州、Ohio州三州交界的一个小镇里，据说这里是过去印第安人集居之地。我们在商店里看到印第安人的土特产。车子继续开行，进了宾夕法尼亚州，在一家日本人开的饭馆晚餐，这里见到两位中国学生，一男一女，男的是兰州来的，女的是湖南来的，每天晚上没有课就来这里打工，他们说生活虽苦，为了求学上进只好忍受几年，这种情况在美国到处可见。饭后乘车赶路，已万家灯火。到了匹兹堡城谢纬鹏阿姨的女儿玮玲家，这是她给我们安排的住宿。我们放下行李，国男就和玮玲去看了纬鹏阿姨，她一个人单独住在附近公寓里，这是西方人的生活习惯。

第二天，国男和她在昆明云大附中的老同学马瑛通了电话，马瑛夫妇设宴请我们一家和玮玲一家，还特别邀请了纬鹏老人在一家中餐馆午餐。我和纬鹏阿姨已 8 年不见了(1987 年国庆节她们全家到过北京)，现在行动虽有些不便，但还是那么神采依然。国男和马瑛已半个世纪不见了，一见如故。马瑛和玮玲不用我们介绍，她们早在这个区里华人的集会上见过面了。谢纬鹏阿姨是大使夫人，她经常写一些文章发表，在这个区里是个小有名气的老人。宴席上大家向她致敬，为她 96 岁华诞祝贺。我们也为异国他乡的中国人的情结而感到欣慰。

晚上纬鹏老人兴高采烈地在一家高级中餐馆请大家晚餐，还请了几位朋友，欢聚一堂，又是一番盛况。席间纬鹏老人说本月(8 月)26 日至亲好友们将近百人就在这个饭店里给我祝贺 96 岁生日，希望在座的都能到场，大家难得一聚，也祝贺大家健康长寿。

又住了一夜，一早我们整理行李，决定今天离开这里。10 时，我们去老太太公寓看望她，她已准备好二三十年代的旧照相册，特别给国男看过去她父亲、母亲的一些照片。一面看照片一面讲照片的年代背景，特别讲了和她父亲母亲交往的历史和婚礼那天的故事。我们挑选了一些照片带回来复印。老太太还送给我们她在 80 年代写的《天涯忆往——一位大使夫人的自传》(上下两册，台湾出版)。中午，她留我们吃了一碗很简单的寿面。饭后我们向她告别时，她流了眼泪，我们安慰她说等她百岁生日再来祝寿。

我们上车开行两个多小时，到达美加边境。我们坐在车上拿出

张国男在尼亚加拉大瀑布前合影　　　　（王健摄）

绿卡，边防哨警连看都不看就通过了。再走一小时，世界闻名的Niagara（尼亚加拉）大瀑布已展现在我们眼前了。我们在附近找了一家小旅馆，放下行李就步行走向大瀑布，只见翻滚的水雾，听到隆隆响声，感受到一阵阵凉风迎面扑来，8月初的暑气已被驱散，突然间心旷神怡换了人间，但我们还没有正式进入大瀑布的游览区。

晚上，我们和多伦多的朋友玛丽夫妇通了电话，告诉她们我们到多伦多的时间并希望代订一家旅馆，她听我们即将见面，感到异常高兴。

第二天一早，我们和各国旅客一起排队购票进入游览区，服务小姐给每个旅客发了一件塑料雨衣，登上了观瀑平台。今天天色晴朗，但片片云雾，点点雨珠从水中飞来，这里成为长年的雨季。听导游介绍，这里位于美国和加拿大交界处，有伊里湖和安大略两湖，一高一低，水流经戈特岛处，一分为二，加拿大的一侧水从高高的悬崖急流而下冲向深渊，浩浩荡荡汹涌澎湃极为壮观，加拿大瀑布宽度约800米，比美国一侧瀑布宽一倍多，相比之下为之逊色。国男和艾平、Becca登上游艇，走进瀑布，水流汹涌咆哮水花四溅，游艇颠簸，流水打着漩涡，有些妇女儿童惊呼起来，国男她们却感受到惊险的乐趣。

我们走出瀑布游览区，参观了古老的教堂，登上 Skylon 塔，凭栏远望，看到大瀑布全部画面，气势磅礴，真乃天下奇观。

晚上我们再次登上 Skylon 塔上晚餐，大瀑布在强大的灯光照射下，时而呈现红色，时而呈现蓝色，灯光不断变色，使人扑朔迷离，如真似幻，又像身在童话仙境之中，Becca 看得出神了。

转天，早餐后我们坐上车子直奔多伦多。下午到达多伦多市，找到了预定的旅馆，玛丽夫妇已在等候了。北京一别，十多年不见，热烈拥抱，互相问候，庆幸又能见面了。多伦多是玛丽的家乡，她带着我们游览了市容，晚上她尽地主之谊，请我们在安大略湖湖边饭店吃海鲜。玛丽谈谈她们的生活，谈谈加拿大的国情，这几年加拿大经济

在多伦多张国男(左一)与玛丽(右一)夫妇合影

衰退，福利降低，失业问题严重。她认为中国改革开放经济发展迅速，前途大有希望。玛丽和中国有着深厚的感情，她曾任教北京农学院，和陈志让(陈丽君的叔叔)离婚多年后，又和该校阮教授结婚。他们对农业科学种田、改良水稻深有研究。玛丽曾多次深入中国农村，调查研究，帮助农民科学种田。而且她能做到像我们在“文革”期间下乡插队一样，和农民同吃同住同劳动(实行三同)，深受农民

的热爱。我们在吃饭闲谈时,她仍关心中国农村的现状,还深情地想念那些一起三同过的农民乡亲们。饭后,玛丽和阮教授送我们回到旅馆并商定了明天的活动日程。

第二天上午逛中国城,下午参观一个古老的庄村,看看当地居民古老的生活。玛丽怕我走路劳累,租了一辆轮椅代步,这是我生平第一次坐轮椅,反而使我一路参观觉得很不自在。下午4时我们到了大街公共汽车站,在这里就和玛丽夫妇分手了。玛丽是个富于感情的人,惜别依依眼里含着泪花,不知什么时候还能再见了。我们离开了多伦多市区,在一个小镇上过夜,然后赶路,出了加拿大境,到Michigan(密歇根州)底特律城(汽车城)。继续前进又回到了芝加哥。芝加哥是美国仅次于纽约的第二大城市,是全国铁路枢纽,国际航空站。我们在芝加哥住了两天,游览了市中心,后乘游轮顺河而下游到密西根湖。一路所见高楼林立,行人稠密,显然是座繁华的商埠。我们上岸登上了号称世界之最的110层的摩天楼,俯视芝加哥全城,到处都是耸天的高楼,这里除了高楼,没听说有什么名胜古迹,游览景点。我们归心似箭,也不想多留了。我们到了城外郊区,艾平约了一位同学吃饭,在郊区经过黑人区,高楼零星可见,街道房屋显得零乱。据艾平的同学说,这带是贫困的地区,文盲很多,社会秩序也不安定。我们在吃饭时,艾平的同学谈到他初来的时候,抱着很大希望,但住下来困难很多,不想长期留在美国,但又不想回去,他说在这里"打肿脸充胖子",心情非常矛盾,这里他对老同学说出了心里话。

我们在旅馆里和力平、小瑜通了电话,他们从上海已到达了香港,不久将返美国洛杉矶。力平告诉我们《太阳有耳》影片,已通过国家电影局审查,她们很有信心,想争取参加国际电影大赛。

8月13日下午在芝加哥艾平退还了租用的汽车,我们登上飞机,飞行5小时返回旧金山,我们的旅程到此结束了。这次旅行,走了两个国家,7个州(包括加拿大安大略省),大大小小13个城市,车行1700多英里(合中国3060多公里),美国中部我们也游览过了。

力平、小瑜来电话,她们已回到洛杉矶,在我们回洛杉矶后,力平一定要带我们参观一所"鬼屋"。这是任何游览区看不到的景点。所以叫"鬼屋",是19世纪70年代来福枪制造商发了大财,死后其妻子以他的遗产开始建筑了这座小楼房,是为了被来福枪杀死的死鬼还愿的。所谓"鬼屋",也是个"怪屋"。一进小楼,所见都很"怪",小路、小楼梯曲曲折折,小房间、小门小窗,各色玻璃窗,墙壁、家具布置得怪里怪气,都使人感觉阴森森的。据说全部建筑花了500多万,建了38年直到她死。解说人带着我们绕来绕去,上上下下走了一个多小时,虽然是座几层的小楼,但还只参观了一半,我的腿脚不方便,实在感到有些劳累,我们就中途退场了。我们觉得屋怪,而这位夫人也够怪,但她倾全部遗产为鬼还愿,是有人性和忏悔之心的,也就不足为怪了。

我们在洛杉矶全家又团聚了。当晚看了《太阳有耳》影片录像,故事很感人,小瑜第一次扮演农村妇女是成功的。我们也鼓励她们参加国际影赛,是有希望的。第二天,我打电话约李绪月仪全家去中餐馆午餐,这是去年欧洲旅行时结识的朋友。我们订了中餐馆欣圆,李绪月仪和她的母亲、儿子、媳妇、女婿全家都来了,虽然都是新交,但这一年来我们的通信往来,已一见如故了。谈话的中心是围绕她们先辈绪范亭先生一生的历史。因为绪范亭先生是公朴先生的亲密战友,而我正在编辑李公朴画传,所以对绪老先生知之较详,她们虽然都是绪家亲属,但对绪老的情况老一辈是一知半解,中青年则一无所知。我曾寄给李绪月仪一张李公朴和绪范亭在延安穿着军装的合影,以及绪范亭赠给公朴先生亲笔写的诗,李绪月仪收到后来信说非常珍贵,而且感到光荣,因而她们对国男异感亲切。席间我告诉她们今年是抗日战争胜利50周年,绪老先生是中国人尊敬的抗日救国知名人士。早年他参加过孙中山的同盟会,参加过辛亥革命,曾担任国民党军事学校校长。30年代国民党蒋介石不抗日,东北沦亡,绪老先生气愤之下,跑到中山陵(南京)想以火自焚,幸而得救。后到山西参加救亡运动,担任国民党第二战区民族革命战争战地总动员委员会主任委员,开始和共产党合作。李公朴就在他的总动员委员会里担任宣传部长，他们在工作中建立了亲密的友谊。后来他们都到了延安，绪老先生担任过山西绥远边区的军区副司令。1946 年 7 月国民党暗杀了李公朴生生，转年绪老先生病死在山西，共产党追认他为共产党员。我讲了绪老先生的一生光荣事迹，她们像听历史故事一样，很感兴趣，特别是现在和十年前相比，海外华人华侨对祖国的经济繁荣、国际地位空前提高感到骄傲，对共产党的看法也大大改变，李绪月仪一家听到她们家里出了一个共产党员，从她们的表情上看，似乎有些荣誉感。

力平、小瑜回到洛杉矶，所以我们想同她们一起多住些天。安下心来去图书馆看看这些日子的旧报纸、期刊，在书店买了几本大陆买不到的书刊。从这里可以找到一些讯息，一些新的思维和观点，尽管有些我不能同意，但可以作为参考，广开思路，受到启迪。过了几天安闲读书的生活，和力平、小瑜共度了中秋佳节，于 9 月 12 日回到北京。

回到北京我和张则孙、周巍峙通了电话，过问李公朴画传稿子的事。几个月他们都还没有看，张则孙因身体关系，不能看，周巍峙答应即抽出时间抓紧审阅。没有多久，他把稿子送来，非常认真负责的提了几条修改意见。我花了几天的功夫又作了修改补充，基本上定稿了。再和盛永华通电话，把李公朴画传送给她最后审阅，她是经验丰富的编审，同时她告诉我，胡愈之画册也大有进展，已决定由三联书店出版。

我的住房在国务院宿舍大院里从 16 组搬到 7 组，已经一年了，在新房装修上设备上比较现代化，居然成了大院里的一个样板，院里不少人来参观过。同时也闹到了机关，机关的同志想来庆贺新居，我分了三批请同志们来家午餐招待。86 岁的林老（林亨元）知道以后也特别赶来。我亲自下厨作了几个拿手菜，特别是我打破传统作的糯米鸭和酱豆腐肉受到了男女同志们的欢迎。

今年是昆明“一二·一”学生运动 50 周年，“一二·九”学生运动 60 周年，云南省委将隆重举行纪念。国男接到请柬，前往参加。

她到昆明后每天有电话来报告纪念活动。费孝通、王汉斌两位副委员长也都到会参加，因而提高了纪念活动的规模。第一天举行大会，3000多人参加，费和王都讲了话。国男参加纪念活动后，约了几位同学去大理、瑞丽，以及缅甸边境旅游，12月9日飞返北京。

12月初，民盟中央在香山召开中常会和中全会。因林亨元同志去参加，约我一定也去参加。到了香山报了到，没有去参加会议，和林老聊天。丁聪来到房间，特地来交卷的。原来是我根据郭沫若同志纪念公朴先生的文章里所说的："我要向中国的雕刻家或画家们建议，假使有人要替李公朴造像，希望不要单造一个李公朴，一定要像圣母像那样，抱一个孩子在手里，而且要脸贴脸地呈现着十分和亲的神气……有人如要问民主精神应该怎么形象化？我毫不踌躇，这样地告诉他：像公朴抱着小孩那样和亲的态度就是真正的民主精神。"按照这段话的精神我请他画的这幅画，我准备把郭老的这篇文章和丁聪的这幅画放在画传的首页，可表现出郭老赞誉公朴先生为"民主之神"。

第二天中全会开幕，照例的《工作报告》，我在屋里看张芝联同志送来的他的新著《从〈通鉴〉到人权研究》，我读到其中关于资治通鉴的一篇论文，感到惊奇，在我的印象中他是个洋学生，青年时代从燕京大学到美国耶鲁研究所再到英国牛津大学，是攻读西洋史的，居然能在二十四五岁时写出这篇对中国古典史学很有深度的文章，真是奇才。他也是个敢说真话的朋友，常常听他的发言，颇令人寻味。会议期间不断有朋友来聊天，云南的民盟领导同志杨维骏，参加纪念"一二·一"50周年后从云南赶来，谈到纪念大会情况说，费孝通和王汉斌同志相继在大会上讲了话，但报纸上只登了王汉斌的讲话而不登费孝通的讲话，有人说他们过去是师生关系，而今天是党与非党、领导与被领导的关系，是不足为怪的。有的同志谈当前贪污腐败问题越来越烈，联系到最近中央北京市委书记陈希同贪污案，以及前副市长王宝森自杀事件，虽都已作了组织处理，但社会上议论纷纷，疑团重重。我们房里大家聊天，有时比小组会谈得还热闹。

这次会冯亦代同志没有来参加，会后我去看他，他正在忙于写作。他送给我他和黄宗英新出版的《归隐书林》和《命运的分号》散文集，另外还有宗英个人的散文集《半山半水半书窗》。我带给亦代的只是从美国99商店（每件商品都是0.99美元）买的两打黑色圆珠笔，每次从美国回来都给他带来一二打，他说这是他写作最需要的东西。我们交往多年，从未互相请过客、送过礼，仅仅送书送笔而已。

12月9日是纪念"一二·九"学生运动60周年，为了纪念60周年，陆璀同志出版了她的大作《晨星集》（陆璀说她的著作很少，寥若"晨星"），派她的女儿及时送给我一本，也是为了纪念"一二·九"运动。她在电话里特别感谢我，说是我帮助她找到的资料写成的，其实这些资料是她在斗争中自己创造出来的。我在电话中也特别感谢她，是她参加领导了"一二·九"运动，是"一二·九"运动唤醒我，从那时起才开始一步一步走向革命的。

年末了，先是李红一家从德国飞来，菁华、陈平一家从香港回来，艾平带着Becca从美国赶来，力平、小瑜从深圳回来，在北京的还有美光一家，连国男、丽君共18人，我们在除夕之日，到附近西厢酒楼吃烤鸭，至亲好友国际大家庭大团圆，辞旧岁，迎接新的1996年。

国际大家庭

1996年　80岁

人大副委员长、民革主席李沛瑶遇害　救国会成立60周年举行纪念会　李、闻殉难50周年纪念座谈会　《李公朴画传》出版　最后一次赴美探亲　林亨元同志病逝　叶笃义同志半身瘫痪

新年过后,我又开始忙起来,今年6月是救国会成立60周年。7月是李、闻殉难50周年,要举行纪念会同时还要举行李、闻生平事迹展览会。李公朴画传要争取在6月间出版(闻一多画传由其家人编辑,同时出版),我除了编辑李公朴画传外,还要和文史办公室同志们一起筹备纪念会和展览会(主要是金若年和办公室同志),画传初稿已由张光年、周巍峙、盛永华审阅过,最后交民盟周昭坎同志美术设计和画版样,由金若年和吴志实(群言出版社负责人)联系出版印刷事。武进家乡赞助10万元已汇来,闫明光(上海某集团董事长,公朴先生老友的家属)已答应赞助的捐款始终没有到位,但我在后记中指名感谢了她。二月中画传版样全部已打印出初样,再交陈丽君看看,她也提了一些意见,我又作了修改。周巍峙、张则孙二人增加了一篇序文,我和国男、丽君以家属的名义写了后记,我负责的工作已全部完成,由吴志实同志带到深圳付印。

每年一度的人民大会堂春节团拜会,我收到请柬没有去。我去了机关的春节联欢会,借此机会和同志们见见面。汪青山同志从香山赶来了,机关全体同志团聚在六楼大会议室,室内布置得五色缤纷,桌上每人清茶一杯,摆着盘盘的水果、蜜饯杂拌,充满了浓郁的节日气氛，大家坐定，费老、钱老主席副主席相继讲了话给大家拜年，丁石孙常务副主席也向大家致新春祝词。同志们兴致开始热烈起来，主持人秘书长宣布联欢会到此为止，散会。同志们面面相觑，感到讶然，清茶刚刚品出味道，水果蜜饯还没有来得及入口，会场上联而未欢，同志们互相摇摇头不欢而散。有的同志喃喃地说：统战、统战，秘书长连机关的同志们都统不起来，还谈什么统战？

2月初，北京发生了一桩重大的凶杀案，被杀者是全国人大常委会副委员长、国民党革命委员会主席李沛瑶（是国男在香港的培侨中学同学）。他是在深夜被宿舍大院巡夜的警卫潜入其房中，图财害命，用菜刀砍了几刀砍死的。据报道，死者面目全非，血肉模糊，惨不忍睹。消息传出，全市震惊。2月中旬我家打工的莫阿姨，全家以及邻居（都是住在简陋平房，外地来打工的）被歹徒团伙在光天化日之下挨户勒索、抢劫，并扬言还要再来。莫阿姨全家逃散，都不敢报警，怕歹徒再来报复。这是在首都北京，上至副委员长，下至外来的民工，生命财产都无保障，弄得人人自危，户户不安，不断听到人们叹息“这是什么世道！”

力平、小瑜、艾平从德国柏林打来电话说《太阳有耳》影片在46届柏林国际电影节获得了银熊奖和国际影评最佳影片奖。我们听了都十分高兴。两天后，力平、小瑜、胜利归来。小瑜在飞机场被记者包围，晚上电视播放了采访新闻。回到家里，不断收到朋友们（包括香港、台湾）的电话祝贺。我们也为她感到荣幸。

三四月间，救国会老同志们多次开会，研究救国会成立60周年举行纪念会事。金若年和革命博物馆的同志积极筹备李、闻殉难50周年生平事迹展览。国男去三峡旅游（三峡即将截流，传说风景区可能被破坏）。我还要忙着接待台湾多次来过的郭大姐（原籍山东人），她准备去山东买房子，经营房地产业。刘熊伦先生继续和有关方面联系，想去三峡工程上投资。5月间吴志实回北京，带来了画传的全部印出的大样，我和国男、丽君最后审阅校对，交周昭坎去深圳监印，6月底出版。

6月1日是救国会成立60周年，是日下午在人民大会堂安徽厅举行纪念座谈会，中共政治局常委李瑞环和各党派领导人前来参加。发言者有王兆国、费孝通，张劲夫代表救国会老同志们发言，老会员徐雪寒、秦柳方书面发言，沈谱作为沈老亲属也讲了话，沈谱在讲话中提出建议，想进一步收集救国会的史料，出版一本救国会纪念文集。会后，李瑞环亲自走向沈谱面前，对他的建议表示支持。散会后，李瑞环和救国会50多位的老会员合影留念。

救国会是在1936年“中华民族到了最危险的时候”成立的，到新中国成立后即自动宣布结束，它有着14年的光荣历史。毛泽东主席在延安见到柳湜同志（共产党员、救国会负责人之一）时曾说过：“中国的抗战是由两种力量打出来的：一、红军北上——这是武的；二、救亡文化运动——这是文的。在救亡文化运动中，救国会起了中心作用。”毛主席对救国会的评价，对救国会的老同志们起着鼓舞作用。纪念座谈会后，部分救国会的老同志又多次集会，接受了沈谱同志建议，并作出了具体措施，组织了编辑小组，进一步收集史料，征求老同志们写回忆、纪念文章。我的任务除了写纪念文章外，要把已有的救国会大事记初稿再加整理，尽量做到充实、完善，作为重要的一部分编在文集里。

7月上旬民盟中央举行李公朴、闻一多50周年纪念座谈会，我和国男前往参加，首先费孝通代表民盟中央讲话，会后一位作家协会的同志和一位清华大学的同志以及50年前亲身经历过李、闻惨案的金若年同志相继讲了话。最后我和韦英同志（闻立雕）作为李、闻家属也讲了话。我没有讲稿，只是脑子里有个讲话提纲，讲了他们不同的出身、经历，到民主运动中并肩作战结成了亲密的革命友谊，其中谈了一些他们交往中生活中的故事。散会后，张芝联和另一位女同志说我的发言最好，我说大概是没有讲那些“套话”的关系，张开玩笑地说，所以你作不了宣传部长。他说的确实是老实话。“文革”前我作过几年宣传部副部长，“文革”后他一度兼任宣传部长，我们都有亲身体会。80年代初民盟中央换届改选时，我自愿去文史委员会，他被调任联络委员会。我面对的是过去是先辈故人，他面对的是海外三胞和洋人，我们都不善于那些“套话”，工作也都不需要那些“套话”。

纪念会那天的下午，民盟在革命博物馆举办纪念李、闻殉难50周年和生平事迹展览，我和国男、丽君以及力平、小瑜一起去参加。先在休息室里见到了王汉斌、彭珮云、雷洁琼几位领导同志，费老也赶来了，是请他们来剪彩的。我们走进大厅参观一周。王汉斌走过来寒暄几句，并要我代他问候王陶。对青年人来说，这次展览是弘扬先烈为争取民主而献身的精神，开展爱国主义教育，今天还是有其现实意义。

《李公朴画传》如期出版。我们分送给国家领导人和一些老同志朋友们，很快我接到叶笃义同志的电话，他收到画传表示感谢，他对画传称赞不已，说是他看到的画册里编得最好的一本。我编这本画传是花了一番心血，但这里还有金若年、周昭坎、何云华、吴志实等同志的辛勤劳动，他们的功不可没。叶老的溢美之辞，我还是不敢个人领受的。

我编了这本《画传》确实是花了几年的时间，我自己也很满意，因为这里有画又有传，要比《画册》内容丰富得多了。当然这和公朴先生的丰富多彩的战斗生活是分不开的。

上半年我在计划中的任务已经完成，但与此同时，我的身体健康状况发生了变化。失眠、食欲不振、心脏间隙、颈、背酸痛，虽然过去出现过这些现象，但今年发作频繁，而且又出现了小肠疝气，我在医院作过胃镜，带过24小时监护心脏动态机器检查，作过电疗、按摩，也找过特异功能的“神医”。我最重视的还是心脏，经医院检查，心脏间隙问题并不严重，我见到同龄人周巍峙同志，他也带有间隙现象，照常工作，还出走各地。因此我放心了。和国男决定7月中旬仍去美国。

7月13日到达洛杉矶，准备住四五天就去旧金山。这几天抓紧时间去看看王齐兴老人、李开阳（国男的云南同学）、任玉书夫妇、小菲和 Gus，我送给他们《李公朴画传》。特别是王齐兴和李开阳，都在昆明见过公朴先生。任玉书在重庆是陶行知的学生，特别崇拜救国会七君子。Gus 教授虽是美国人，但他对中国现代史有兴趣。我还邮寄给李绪月仪一本，书里有绪范亭的照片、手迹和李公朴的合影。特别寄给匹兹堡的谢纬鹏和纽约的李国华，这都是公朴先生多年的亲密朋友。这本画传对她们来说是最有意义、最值得纪念的珍品。17 日我们回到了旧金山，艾平为了 Becca 上学又搬了新家。

7 月 19 日，26 届奥运会在美国亚特兰大开幕，每天按时看奥运会节目，中国运动员的成功与失败都联系着亿万颗中国人的心。

中国运动员的消息不断传来，唐灵生爆冷门，举重打破了世界纪录。男子团体体操失利。李小双获得个人全能冠军。女子团体体操成绩不佳。中国女排战胜美国，这是我们全国人民最关心的比赛项目。

从 1988 年汉城 24 届奥运会，“五连冠”的中国女排，因新老队员更替后球队实力下降，在半决赛中以 0∶3 惨败，名落第四。“兵败汉城”全中国人民为之惋惜。1992 年巴塞罗那奥运会，中国女排在小组赛战败之后，一败再败，最后只获得第七名。教练引咎辞职，队员巫丹因“兴奋剂事件”永远离开了国家队。中国女排再次惨败巴塞罗那，深受国人的责难。中国女排“铁榔头”郎平在女排最困难的情况下，临危受命担任女排教练。这次奥运会，郎平带来了重整旗鼓的希望，比赛表现出复苏的势头和良好的精神面貌。击败美国，战胜日本，在四分之一决赛中以 3∶0 战胜德国，在半决赛中又以 3∶1 力克俄罗斯队，在最后的决赛中以 1∶3 负于正处在高峰时期的古巴队，居于第二名。郎平提高了女排的赛技水平，大家对女排重返顶峰寄以厚望。我们看完了中国女排决赛，也就等于看完了奥运会。

在这个期间，我为救国会纪念文集写了一篇 3700 多字的稿子，并把救国会 14 年的大事记 3 万多字重新审阅整理一遍，定为初稿，回国后打印若干份送救国会老同志征求意见，再作补充修改后，最后定稿。

我的身体情况,每天服用国内带来的药,不见显著成效,心理和精神状态也都受到一定的影响。我们特别去看望了王万菊和Gary,他们夫妇二人都是心理大夫,近几年来研究佛学,家里客厅的一角,开辟了佛堂,供有佛像和很多供品。使我感到不解的是Gary是美国人,竟然对中国印度佛学很有研究,每天她们要打坐诵经,是虔诚的佛教徒。王万菊对我从佛学思想给我作心理治疗,她讲中文的表达能力较差,再加上讲了些佛学哲理,我自认水平太差,实在听不大懂,没有起到她所预期的效果。当我拿出《李公朴画传》送给她们,她们很感兴趣。我们逐图给她讲解,王万菊对那段历史只从书本里知道一些,但也很多误解。而Gary是一无所知。听我们讲历史故事津津有味,她们把我们也看成是"革命英雄",王万菊鼓励我写回忆录,写我们经历的动人事迹,她说她也准备写书,正在积累资料。看来她们虽皈依佛门,但并没有看破红尘,还是想有所作为的。

我在书店看了近期香港出版的《争鸣》杂志,这是我每次到美国总要阅读的一本杂志,我认为它立场比较公正,资料比较真实,和那些专门造谣诽谤、挑拨是非的刊物无可比拟。这一期登有潘汉年30年代担任中央情报工作的事迹,说他深入虎穴,机智灵活地进行斗争。文章里没有半点恶感。另一篇是登载党内"内参"上有关对香港问题的中央指示,还有今年政协大会中民主党派政协委员的发言和提的意见,这些都是在北京中下层人士看不到的。《争鸣》杂志所以不受大陆欢迎可能就是它有"揭秘"之嫌。我认为出现这种现象,一是大陆的透明度不够,二是大陆的"失密"问题是相当严重的,两年前,我在美国见到一位从台湾来的朋友,半开玩笑地对我说,台湾可以出版中共中央红头文件汇编了。

奥运会闭幕后,我们全家准备出去旅游,因我的身体关系不拟远行,就去旧金山南部一些有风景区的小城市。艾平开车,到了Canmel小城市,全部是欧洲风格的建筑,商店住宅都显得小巧玲珑,颇具特色。车行半个小时观赏全城一周,街道行人肃静整洁,秩序井然。我们到一家欧洲风味的饭馆晚餐,在露天围着火炉吃的是烧烤食品，别有风味。饭馆满座，尽是各国的游客。晚上我们车开到海边，这是看日落彩云的游地，我们站在沙滩远望彩云日落，海阔天空，心旷神怡，这对我是最好的精神治疗。

在这里过夜，第二天一早到另一个小镇。这里一条街都是摹仿中国古代建筑，在一家中餐馆雅叙园早餐，园里古色古香，我们感到格外亲切。餐后开车去游览区，这里有21个景点，我们走马观花，走走停停，花了一天时间游览了不少景点。夜幕降下，我们开车走了两小时回到家中。收到李开阳从洛杉矶寄来的信和特别寄给我的一种比较温和安眠药（他儿子是大夫）。信里满腹牢骚，情绪消极，现在身居异乡，远离战友感到寂寞。他谈到青年时代参加革命后走出国境，多年秘密为党工作，今已离休。而国内新一代的当权者不理睬，冷漠待之。心有落叶归根之念，但又不知将来走向何处？我和国男看到来信，深表同情，但又无能相助，徒呼奈何。

小姨蓉君（丽君的妹妹）听说我们即将回国，带着儿子士楠（丈夫因病未来）约我们到海滨一家广东餐馆"饮茶"。馆内高朋满座，门外长队等候，我们临窗望海，品尝广东各种小吃，畅谈美国风情。我见到士楠，心里深有感触，10多年前，我在成都见到他时，他还是被家人、朋友视为难以管教的"小流氓"，我曾托民盟为其介绍工作，但在那种环境里工作也难改变其恶习。两年前来美国后，被迫地走上自食其力之路。现在学会了语言，学会了开车，也学了一技之长，成为日本餐馆里的三级厨师，已经变成一个安居乐业、奉公守法的中国移民。这说明人是可以改变的，但环境对一个人的变化也将起着重要的作用。从这里得到的启示，是值得我们深思反省的。

离开旧金山的前两天，我们开车走了一个多钟头的路，去到Rick的办公处，看望他和小Becca（暑期来她父亲处休假）。办公室的人都在忙，小Becca由一位雇佣的小姑娘看管，暑期过得非常愉快。Rick下了班，我们在聊天，他特别对我们赠送的《李公朴画传》感兴趣，他仔细地看，我们一张一张地给他讲解，他了解了中国为争民主英勇斗争的历史，他觉得我们做了一件非常有意义的事，做得很成功，特向我们表示祝贺，我们接 Becca 回来，特向 Rick 告别。

今年我已届 80 耋耄之年，我决定放弃绿卡，告别旧金山，告别美利坚合众国。结束了美国最后的一次旅行，于 8 月 24 日回到北京。

一个半月的旅行，对我的身体健康状况没有改善，带去的治胃病的特效药不起作用，安眠药换了几种，反而增加了剂量。回来后到医院检查，心脏情况并不严重，胃镜检查没有癌症，颈椎病脊髓狭窄，只有大头针细的空间，所以全身四肢动作更加迟钝，发展下去，不会致命而会致残。这是我所担心的。经精神科大夫检查，已发现我有些老年忧郁症。理疗科大夫针对我的病症教我一套体操，我每天散步作操，保持胸襟开阔，心情平静，这是对我新的考验。

我在院里散步，见到邻居 84 岁的谢邦选老人。他是参加过长征的老红军，谈到身体情况，他前列腺增大，还有小肠疝气，曾动过四次手术，留有后遗症，心脏也不大好。他每天出来运动，乐观豁达，他对当前社会风气很看不惯，但说他抱着“耳不闻、眼不见、心不烦、平平安安过晚年”的态度。他知道我的身体状况，劝我“遇到任何困难要想得开一些”。我每天坚持锻炼，保持乐观的态度，向老红军学习。

9 月中旬，我接到林老电话，他告诉我，笃义同志突患脑血栓送进医院抢救。他说他的身体情况也日渐衰退，最后叹气说“老境凄凉”。我听了以后，立即和机关通了电话，知道叶老目前情况未脱离危险，暂不要去医院看他。“老境凄凉”，我也有了同感。

“老境凄凉。”我应该多去看看林老，以往到一定时期，林老电话约我去他家谈谈，这次我主动打电话想去看他，他很高兴，而且说要留我午餐，我也高兴。我们见了面总是有谈不完的话，但林老从没有抱怨牢骚。他是法学家，非常关心国家的民主法制建设问题，他知道我也学过法律，在法院我们一起工作过几年，我们每次谈话内容总是离不开这个主题，他敢于独立思考，针砭时弊。这次我们谈话，首先他高兴地告诉我，几十年争论不休的“无罪推定”问题，终于被党和国家接受了，在我国刑事诉讼中已确立了“无罪推定”原则，他认为这是完善法制建设的需要，也是向民主迈出一步。过去林老给我讲过，有人否定“无罪推定”，认为这是体现资产阶级意识，是维护资产阶级统治的工具，所以在我国极左思潮统治下，“无罪推定”屡遭批判，成为禁区。林老说：我们在历次运动中，运用“有罪推定”原则，凭思想、言论定罪，大兴文字狱，伤害了多少无辜。“无罪推定”是以事实为根据，法律为准绳，有利于防止以人代法，以权代法、个人专断和保障人身权利，巩固社会安定。最后林老说归根到底是个政治民主问题，政治不民主，法制建设也是空谈。我们一面吃一面谈，林老取出保存了10多年的茅台酒，以酒助兴，林老谈话常常有些激动。我看到林老虽身处“老境”，而他全心关切国家大事，仍满怀激情，从他精神面貌看不出半点“凄凉”。

今年春季小瑜的《太阳有耳》获得柏林电影节银熊奖归来，即着手筹备下一个影片的拍摄工作。小瑜、力平与台湾导演合作，决定拍摄《太阳火》故事片，在上海已经开机，最后还有几个医院、教堂镜头，准备回到北京拍摄。国男帮她们联系北京医院，请天津家里人联系天津的法国教堂，忙了一阵，进行顺利。开摄后要请媒体广为宣传，现在媒体流行有偿新闻，大兴“送红包”之风。联系业务，有求于主管，则须送礼设宴。礼物、宴席分等级，有层次，高层宴席每人一两千元不足为奇。人们说此风不可长，但此风却越刮越烈，刮到每个角落（连号码都有不同的价格，安电话、买大哥大、BB机，号码可以自选，如有88、168这种“吉祥”数字，价格就大不相同），不知此风要刮到何时？我相信如果我国执政掌权的人不顺风而去，敢于顶风而上，中国就有希望。

今年是我和薛博民同志的80岁生日，10月间民盟离退休干部借开会机会为我们祝寿，林老闻讯也特别赶来。会上林老讲话祝贺我们，我接着也讲了话，在长期（将近半个世界）共过事的老同志面前我感慨万端，回忆当年我在民盟工作，把民盟看成是“阶级斗争的最前线”，我们贯彻了“左”的路线，作了些错事，伤害了一些同志，我表示歉意。经过几十年的交往互相加深理解，消除积怨，建立了深厚的友谊，愿大家团结友爱、互相理解、安度晚年。

机关办公厅的同志找我,商量给我们祝寿事,他们计划当天在六楼大厅举行,机关同志都可参加,会后在楼下翠园儒澜轩(民盟招待所食堂)聚餐,搞得热闹一些。我和薛博民同志的意见是不铺张,不惊动更多的人,不设午餐。就在三楼会议室有关的部分同志见见面吃蛋糕就可以了,办公厅的同志看我很坚持,他们也就同意了。原定在我生日那天是11月7号,因7号统战部有会有些同志去参加,故改在6号。是日,丁石孙常务副主席、冯之浚、吴修平副主席亲临祝贺,各部门的同志们相继而来,主席简单讲了几句祝贺的话,我没有什么可讲,我给大家切蛋糕,愿大家共同健康长寿,最后合影留念。

1996年民盟中央丁石孙主席为王健祝八十寿辰

7号生日这天,一早艾平、Becca从美国打来电话,王陶代表全家从天津打来电话,力平、小瑜在家主办,并联名艾平、Becca、菁华和女儿米米以及美光一家送了一个80朵鲜花的大花篮。上海菁华的父母送了一副百寿图,代表全家祝贺。晚上丽君、美光和任宏一起来家家宴,席间力平和小瑜送给我一只昂贵的名牌手表、小瑜亲笔写的祝寿卡,晚上菁华和米米从香港打来电话祝寿,从今天起宿舍暖气开始供应,屋内如春,这几天我的睡眠、食欲也大有好转。整天充满了亲

民盟中央的同志为王健作八十寿

人的关爱,喜气洋洋,欢乐和谐的气氛。我没有忘记,今年是苏联十月革命节79周年,苏联人民更没有忘记,数万人冒着严寒,踏着积雪,集合游行纪念。苏联是解体了,而马克思主义是在发展中永生的。第二天力平和小瑜为筹款事赴往青岛去会见台湾郭大姐,国男赴往香港参加母校培侨中学建校50周年。我和金若年、李庶去沈谱家研究救国会纪念文集编辑和出版问题。我们都年过古稀、耄耋之年,退而不休发挥余热,以度晚年。

是月中旬,民盟中央在香山召开中常会、中全会,林老身体衰弱,但在机关孙惠来同志的帮助照料下进住了香山,李大姐坐着轮椅也前往参加,已过九旬的冯素陶(山西)、赵今声(天津)老人也都从外地赶来,我还有什么理由请假,我只有去饭店报到。晚上我陪林亨老在楼上共进晚餐。

这两天林老痰多,有轻微烧度,精神稍差。中全会开会我陪着林老未去参加。会上统战部刘延东副部长作了三个多小时的形势报告,费老和一些老同志们在台下端坐静听,贯彻始终。会后,听冯克熙、张芝联同志反映,大都是文件、报告上看过的,没有什么新的内容。亦代同志来参加参议委员会常委会，中午张芝联、王丹凤都来聊天，互相交流情况传递讯息，听到了不少社会的新奇传闻。

各地来的与会同志，不少老同志来看望林老，特别是福建91岁的张振乾老人，特意为林老来参加会议，相见之下，喜相逢又不免有些伤感。驻会医生来看望林老，并作了些检查，初步确认为肺炎，经多人劝说林老，始接受住院治疗。民盟会议照常进行，于11月26日大会通过了费孝通、钱伟长、谈家桢辞去民盟主席、副主席职务，选举他们为名誉主席、副主席，补选丁石孙为主席。在大会闭幕式上，费老、钱老和丁石孙同志发表了语重心长的讲话。

会后的几天，我和金若年去北大医院探望林老、叶老。林老正在输液，近来烧度略有增加，痰也未减，肺炎有所发展，精神上有些负担。我们再去叶老病房，看上去叶老气色比上次略有好转，右身瘫痪，讲话困难，耳聋稍好，惟头脑清楚，精神负担则更加沉重。见到我们，他用左手拍着床，勉强说了一声“完了”！他似乎失去了信心，我们劝他，他也只好苦笑置之。我们两人出来，心里都有一种说不出来的滋味。

12月15日早晨，接到金若年的电话，传来噩耗，林老去世了。我为他半生坎坷、才华未尽感到惋惜。接着机关有四位同志来电话告知了这不幸的消息。虽然我是有些精神准备的，但是听来还是感觉突然。林老走了，我失去了一位可尊可敬的老师，知心的朋友，敢说真话的同志，我深为之悲痛。第二天我接到徐城北同志的电话，又传来了噩耗，徐盈同志去世了。这是一个一生勤勤恳恳兢兢业业，忠于党忠于人民的好共产党员，从1957年沉默了，直到金婚的喜日，还是在沉默中度过的。“文革”后，他已经出来，我们常在会议上见面，但他很少讲话，很少交往，也很少看到他发表的文章，他仍然保持沉默。现在他在沉默中去了，远行了，但他过去的文章将会留传后世，他公正廉洁的人格永远记在朋友们的心里。

这些日子里林老常常在我的思念中，很想写篇纪念文章以寄哀思，但提起笔觉得沉重写不出来。而脑子却浸在回忆之中。林老早年参加革命，为党做了许多工作，特别是策划国民党海军起义，林老功不可没。在旧社会林老执行律师职务，为平民百姓维护人权伸张正义，解放后，即致力于社会主义民主法制建设。1957 年为给高院党组书记提了些意见被划为右派，批他主张“司法独立”否定党的领导。林老被发配到北大荒，两年以后调到民盟成为一般干部。“文革”其间，受到审查，下放干校，参加劳动。一个法学专家没有自己辩护的权利，低头沉默了 20 多年。三中全会后已经拨乱反正，他恢复名誉，恢复工作，仍全力为社会主义民主法制而努力。我们经常交谈，谈的是关于司法审判独立，冤狱赔偿、人治、民治、有罪、无罪推定等等问题，以及政治体制改革、发扬民主问题，这是他最关心的。再想他的为人，一生淡泊名利，正直敦厚，对过去的光荣事迹从不宣扬，对几十年的委屈也从未一句怨言（解放后为司局级到临终仍是司局级，几十年没有晋升，林老处之泰然）。林老时常告诫我：“现在主要的是反‘左’，但是我们自己身上‘左’的东西还不少，要时常警惕。”初时我还不以为然，但当在市场经济出现新鲜事物时，我想起林老的告诫，确实还有不少“左”的东西，这一点我始终不敢忘怀。

为了纪念林老，怀念林老，想的很多很多，但如何把它组织成为一篇文章，现在还不行，因为我脑子里一直处在悲痛与混乱之中。

1996 年即将过去了，艾平回来探亲，除夕之日力平、小瑜也从西安回到北京，晚上并约丽君和美光，一家亲人相聚共进晚餐。今年的年夜饭非常简单，但是大家谈得很欢畅。饭后一面谈一面看中央新年晚会电视节目，到了午时 12 点，电视里的新年钟声响了，电视里电视外的人们齐声欢呼迎接 1997 新的一年，迎接香港回归。

后　记

我的《八十年生平纪事》写到这里就此停笔了。重新翻阅一遍，就像一本流水账，它一笔一笔地记载了20个世纪80年里我的个人生活和我所接触的一个角落里的社会，现在看来写得拉拉杂杂，篇幅很长，而且当时思想认识有片面性，时“左”时“右”，甚至发发牢骚，谈谈感想，其中还有不少错误，这只能说是水平所限，但可信之处是不失其真。今后我还想写，但不再写流水账，想学习巴金的《随想录》，想到什么写什么，不拘形式，不限字数，不修饰文字，随想中也包括回忆、纪事，更着重自省与反思，不是写文章，而是在讲话，但是要讲真话、实话、心里话。要真正学到《随想录》里敢于求真的巴金精神。

跋

在《民盟历史文献》丛书付梓之际，掩卷回首，民盟先贤们的音容笑貌挥之不去，不绝如缕，久久难忘。在编辑此丛书的过程中，我们每每被他们为信仰、为理想奋斗的坚定精神所感召和感动。

人不能没有理想和信仰，一个民族也不能没有自己的理想和信仰。我们的先辈们，正是怀揣民族富强、人民福祉的赤诚之心，身先士卒、鞠躬尽瘁；凭借自身高尚的人文品格和社会良知，与中国共产党团结合作，为中国社会的前途和命运探索了一条新的宪政之路；和平、民主是人类社会的两大主题，也是中国共产党人和各民主党派所共同追求的理想。

如今，面对着他们的拳拳之心和丰功伟绩，我们感叹！赞叹！怀念！更要继承！

《民盟历史文献》在整个创作和出版过程中，得到了来自社会各界人士的关注和厚爱。我们要特别感谢为此丛书孜孜不倦地考证、核实、梳理、完善的各位专家、学者，是他们的认真严谨，才使此丛书能够客观地展现历史的真貌；更要特别感谢中共中央统战部与民盟中央给予我们的鼎力支持和重视，没有他们的指导和帮助，我们不可能完成如此厚重的出版工作任务;还要感谢各省、市、地区的民盟组织,为搜集、挖掘、抢救民盟的历史文献资料做出的不懈努力和贡献;感谢每一本书的作者,是他们的辛勤笔耕和一点一滴的忠实记录,才集成了民盟历史的全貌;感谢为此丛书付出辛劳的编辑以及所有工作人员,感谢你们辛勤的劳动和无私的奉献。

谨以此丛书献给所有伟大的民主革命先驱者;献给为共和国诞生抛洒了智慧和热血的先贤们;献给那一段筚路蓝缕、以启山林的峥嵘岁月。

《民盟历史文献》编委会